„… euer Leben fort zu dichten."

Herausgegeben von
Ralf Georg Czapla

RÜCKERT-STUDIEN

Herausgegeben
im Auftrag der Rückert-Gesellschaft
von
Hartmut Bobzin, Ralf Georg Czapla
York-Gothart Mix, Thomas Pittrof

Band XXI

———————

ERGON VERLAG

„… euer Leben fort zu dichten."

Friedrich Rückerts „Kindertodtenlieder" im literatur- und kulturgeschichtlichen Kontext

Herausgegeben von
Ralf Georg Czapla

ERGON VERLAG

Jahrbuch der Rückert-Gesellschaft

Die Rückert-Gesellschaft wird gefördert durch die Stadt Schweinfurt.
Den Druck des Jahrbuchs unterstützten die Stiftung
der Sparkasse Schweinfurt und die Stadt Coburg.

Bibliografische Information der Deutschen Nationalbibliothek
Die Deutsche Nationalbibliothek verzeichnet diese Publikation in der
Deutschen Nationalbibliografie; detaillierte bibliografische Daten sind
im Internet über http://dnb.d-nb.de abrufbar.

www.ergon-verlag.de

ISSN 0557-4404
ISBN 978-3-95650-123-4

Inhalt

Ralf Georg Czapla
Zu diesem Band...9

I. Aufsätze: Friedrich Rückerts *Kindertodtenlieder* im Kontext

Andreas Urs Sommer
Die Philosophie und der Kindstod..19

Ralf Georg Czapla
Wiedererweckung in der Poesie?
Eine Gedankenfigur und ihre Variation
in Kindertotengedichten von Andreas Gryphius,
Joseph von Eichendorff, Friedrich Rückert,
Wilhelm Raabe und Nelly Sachs 49

Jost Eickmeyer
„Ein Herzensbrechen, das kein Mund recht kann aussprechen."
Kindertotendichtung im frühneuzeitlichen Protestantismus.................69

Karin Vorderstemann
„Nur gestorben bist Du, nicht verloren."
Kindstoddichtungen in Musenalmanachen und
literarischen Taschenbüchern des 18. und 19. Jahrhunderts...............101

Denis Forasacco
„In ihrem großen Leib [...] waren zwei Früchte:
ein Kind und ein Tod."
Das Thema des verweigerten Lebens in der
Literatur des 19. Jahrhunderts..145

Volker Hesse
Kindstod im 19. Jahrhundert
Betrachtungen zu Friedrich Rückerts *Kindertodtenliedern*
aus medizinischer Sicht..179

Sascha Monhoff
Die Poetologie von Totenklage und ‚Totenersatz'
in Friedrich Rückerts *Kindertodtenliedern*.............................213

Michael Neumann
Vom Furor der Formerfindung
Friedrich Rückerts *Kindertodtenlieder* 233

Inhalt

Sascha Monhoff
Das Totenbuch der Natur
Die ‚Lesbarkeit der Welt' in Friedrich Rückerts
Kindertodtenliedern 247

Silvia Irina Zimmermann
„Mein Kind ist mein einzig gutes Gedicht!"
Kindstod und Kinderlosigkeit bei Carmen Sylva:
Von der poetischen Trauerverarbeitung bis zur
Legitimierung literarischer Öffentlichkeitsarbeit
im Dienst der Krone 267

Friederike Reents
In Memoriam Morgue
Gottfried Benns tote Kinder 291

Alexis Eideneier
Dialogizität der Trauer
Die Kindertotendichtungen von Stefan Andres 311

Ralf Georg Czapla
Kindstod als Pop-Spektakel
Destination Anywhere mit Jon Bon Jovi und Demi Moore 323

II. Aufsätze: Poetologie und Ideengeschichte

Jacqueline Arnold
„Spielwerk" des Biedermeier?
Friedrich Rückerts Sprachkonzeption in dessen
Dissertatio philologico-philosophica de idea philologiae
als poetologische Konstitutive 341

Arne Klawitter
Fernklingende Poesie
Friedrich Rückerts Idee einer versöhnenden Weltpoesie
und seine Spracherweiterungen unter dem Zeichen
der Weltliteratur 369

Lucas Eigel
„Die Künste sind noch jetzt im Bunde."
Kunsthistorische Gedichte Friedrich Rückerts
und Wilhelm Waiblingers 389

Inhalt

III. Literarisches

Rolf Stolz
Friedrich Rückert trifft Gottfried Benn
Ein Totengespräch 411

Reinhold Münster
Der Mops im literarischen Bestiarium
Mit zwei unveröffentlichten Gedichten
von Friedrich Rückert 419

IV. Rezension

Franca Victoria Schankweiler
Das Familienbuch des Johann Conrad Schweighauser.
Ein Basler Selbstzeugnis aus den Jahren 1663-1712.
Hg. von Silvia Flubacher und Simone Zweifel.
Basel: Schwabe, 2012. 429

V. Aus der Gesellschaft

Georges Tamer
Der Islam als Gegenstand lebhafter Beziehungen
Nachruf auf Wolfdietrich Fischer....................................433

Abbildungsverzeichnis 437

Personenregister...439

Beiträger und Herausgeber des Bandes............................447

Zu diesem Band

„In Holland nennen wir eine Frau, die ihren Mann verlor, *een weduwe*, eine Witwe; einen Mann, der seine Frau verlor, *een weduwnaar*, einen Witwer; ein Kind, das seine Eltern verlor, *een wees*, eine Waise. Aber wie nennt man Eltern, deren Kind gestorben ist? In Holland haben wir dafür kein Wort. Was erzählt das von uns?"[1] Was der niederländische Entertainer und Liedermacher Herman van Veen 2010 für seine Muttersprache feststellte, gilt für andere Sprachen nicht minder. Will man Eltern bezeichnen, die ihr Kind verloren haben, so sucht man vergebens nach einem Wort. Zu unbegreiflich ist der Verlust eines Kindes, als dass er sich begrifflich fassen ließe. Im Deutschen behilft man sich mit einer Umschreibung, um die lexikalische Lücke zu beheben. Man spricht – in Analogie zum englischen „bereaved parents" – von „verwaisten Eltern". Pate gestanden hat dafür das gleichnamige Buch der US-Amerikanerin Harriet S. Schiff, das 1978, ein Jahr nach seinem Erscheinen in den Vereinigten Staaten, ins Deutsche übersetzt wurde und als Erfahrungsbericht einer Betroffenen inzwischen weltweit Leserinnen und Leser gefunden hat.[2] Nur notdürftig füllt diese Paraphrase die Lücke in unserem Wortschatz, auch wenn sie sich inzwischen im Sprachgebrauch eingebürgert hat. Dabei ist der Kindstod kein seltenes, sondern ein fast schon alltägliches Phänomen. Zweimal pro Stunde oder zwanzigtausendmal im Jahr stirbt allein in Deutschland ein Kind, sei es durch Totgeburt, Frühgeburt, Krippentod (SIDS), Unfall, Krankheit, Suizid oder Gewaltverbrechen. Selbsthilfegruppen für trauernde Eltern kennt man hierzulande erst seit 1984. Die niederländische Ausgabe von Harriets Buch, die im selben Jahr erschien wie die deutsche, trägt übrigens den Titel *Rouw om een kind*, „Trauer um ein Kind". Es scheint, als habe die Übersetzerin Irene Ter Ellen ebenso verzweifelt nach einem „Wort" gesucht wie nachmals ihr Landsmann Herman van Veen.

Als Friedrich Rückert im Winter 1833/1834 innerhalb weniger Wochen seine beiden Lieblingskinder Ernst und Luise an Scharlach verlor, gab es die institutionalisierte Betreuung verwaister Eltern noch nicht. Die Fürsorge für die Hinterbliebenen übernahmen in jener Zeit Familienange-

---

[1] Herman van Veen: Wie nennt man Eltern. In: ders.: Im Augenblick. Regie: Aaron Rokus. Niederlande: Harlekijn Holland BV, 2010. Fassung: DVD. 135 Minuten, hier 15:43-16:10 (Nr. 8).

[2] Harriet S. Schiff: The Bereaved Parent. Boston, Mass., 1977; dies.: Verwaiste Eltern. Stuttgart, Berlin 1978.

Abb. 1:   Kindstod als Mahnung? Oft bleiben Kindergräber nach Ablauf der Liege-
frist noch erhalten, so z.B. das Grab des 14jährigen Lantschner, dessen
Vorname schon nicht mehr lesbar ist, auf dem Gemeindefriedhof in
Biberwier/Tirol.

hörige, Verwandte, Freunde oder ein Geistlicher. Zuweilen nahm sich
auch ein Arzt dieser Aufgabe an, wie wir aus Wilhelm Raabes Novelle
Holunderblüte wissen, die rund dreißig Jahre nach Rückerts *Kindertodtenliedern* entstand. Oft genug aber mussten Eltern ihr Leid und ihre Trauer
mit sich selbst ausmachen. Statt in Gesprächskreisen oder Therapien
suchten sie Trost in der Kunst, in der Musik oder in der Literatur. Wem
es gegeben war, zu schreiben, der verwandelte seinen Schmerz in Verse;
wer kein solches Talent besaß, tröstete sich mit Gedichten, die andere in
vergleichbarer Situation zu Papier gebracht hatten. Trotz zahlreicher Al-
ternativen bietet die Beschäftigung mit Kindertotendichtung auch heute
noch einen wichtigen Weg zur Therapie von Verlusterfahrungen. Der
1997 gegründete Bundesverband *Verwaiste Eltern und trauernde Geschwister in Deutschland e.V.* (VEID), Mitglied des Paritätischen Wohlfahrtver-
bands, hält auf seinem Internetportal eine eigene Seite mit Gedichten
bereit, die von trauernden Eltern geschrieben wurden.[3] 112 Gedichte
waren am 1. Mai 2014 dort zu zählen, weitere Texte sollten nach Auskunft der Redaktion folgen. Schreiben bzw. Dichten gerät auf diese
Weise zu einem performativen Akt individuellen Trauerns.

---

[3]   http://www.veid.de/thema-trauer/leseecke/gedichte.html [Abruf am 1. Mai 2014].

Der durch den Tod erzwungene Abschied von seinen Nächsten und Liebsten gehört zweifellos zu den schmerzlichsten Erfahrungen des Menschen. Während man beim alten, oft von Krankheit und Siechtum gezeichneten Menschen von Erlösung zu sprechen geneigt ist, empfindet man den Tod eines Kindes, das die Schwelle zum Leben gerade erst überschritten hat, als fundamentales Unrecht, und anders als etwa in der Antike ist man heute weit davon entfernt, frühes Sterben als Auszeichnung durch eine numinose Macht zu begreifen. Die Zäsur, die der Tod setzt, ruft bei Eltern und Geschwistern Entsetzen hervor angesichts der Endgültigkeit, die damit verbunden ist. Während der Greis, der im hohen Alter sein Leben beschließt, eine Vielzahl von Dingen hinterlässt, in denen die Erinnerung an ihn weiterlebt, weil sie ihm lieb waren und gewissermaßen zu ihm gehörten, zeigt sich das früh beendete Leben eines Kindes oftmals als spurenlose Existenz. Nur wenig bleibt von ihm zurück, manchmal auch gar nichts. Dichtung ergänzt hier – durchaus in religiösem Sinne –, was fehlt.

* * *

Der vorliegende Band fasst die Beiträge einer Tagung zusammen, die von der Rückert-Gesellschaft aus Anlass ihres 50jährigen Bestehens vom 3. bis zum 6. Oktober 2013 in Schweinfurt veranstaltet wurde. Mit den *Kindertodtenliedern* widmete sie sich jenen Dichtungen Rückerts, die am entschiedensten nachgewirkt haben. Die Sammlung, die erst nach dem Tod des Dichters von dessen Sohn Heinrich herausgegeben wurde und seit 2007 erstmals in einer philologisch verlässlichen historisch-kritischen Edition von Rudolf Kreutner und Hans Wollschläger vorliegt, sollte dabei nicht isoliert betrachtet, sondern im Horizont der Geschichte von Literatur, Musik, Philosophie, Medizin und Film verortet werden. Fächer- und Epochengrenzen wurden auf diese Weise überschritten, Interferenzzonen der medialen Realisierung von Kindstod deutlich gemacht, wie nun der vorliegende Band dokumentiert, der durch Aufsätze zur Poetologie und Ideenwelt Friedrich Rückerts abgerundet wird.

Obwohl Philosophie seit ihrer Entstehung mit dem Tod beschäftigt ist – Philosophieren heißt Sterben-Lernen –, ist bislang kaum untersucht worden, wie Philosophen das Thema des verfrühten Todes von Kindern behandeln, seien es eigene, seien es fremde. Der Beitrag von Andreas Urs Sommer holt dies in einem Durchgang durch die Philosophiegeschichte von der Antike bis ins 19. Jahrhundert nach und analysiert die jeweilige Bewältigungsbedürftigkeit ebenso wie die Bewältigungsversuche. Während für antike und frühneuzeitliche Philosophen der Kindstod zur Lebensnormalität gehörte und nicht anders zu behan-

Abb. 2: Kindstod als historisches Ereignis? Mit der
Beisetzung der vierjährigen Catharina Reuter
begann 1807 die Geschichte des Alten Fried-
hofs in Siegburg.

deln war als sonstige, stets drohende Verlusterfahrungen, avanciert er in
der Neuzeit zu einem singulären Übel, das die Welt- und Orientie-
rungsgewissheit der Zurückbleibenden fundamental in Frage stellt.

Ralf Georg Czapla unternimmt in seinem ersten Beitrag eine *tour
d'horizon* durch die Kindertotendichtung vom Barock bis in die Zeit
nach dem Holocaust. Aspekte der Typologie des Genres kommen dabei
ebenso zur Sprache wie Beobachtungen zur Rezeption der Gedankenfigur ‚Wiedererweckung durch Poesie' und zu deren Modifikation.

Jost Eickmeyer wendet sich in seinem Beitrag der Kindertotendichtung des frühneuzeitlichen Protestantismus zu. Angesichts kriegerischer
Auseinandersetzungen, grassierender Seuchen und einer hohen Kinder-

sterblichkeit gehörte der sehr frühe Tod von Kindern im 16. und 17. Jahrhundert zum Alltag der Menschen. Literarisch wird dies in einer Vielzahl von Totengedichten auf Kinder fassbar, die eng mit der Trostliteratur praktischer Seelsorge und ihren einschlägigen Prätexten verbunden sind. Eickmeyers Beitrag legt einen Querschnitt durch die kindbezogene Epikedien- und Totendichtung im Luthertum der Frühen Neuzeit, der grundlegende Argumentations-, Motiv- und Traditionsstränge namhaft macht, welche die Kindertotendichtung der Zeit charakterisieren. Ausgehend von Luthers Umgang mit dem Kindstod bis zum Ende des 17. Jahrhunderts werden diese Merkmale an unterschiedlichen Gedichten aus diversen Kontexten (Paul Schede, Johannes Posthius, Andreas Gryphius, Simon Dach, Paul Gerhardt, Margaretha Susanna v. Kuntsch) verfolgt und zueinander in Beziehung gesetzt.

Dass der Kindstod zu den großen literarischen Themen des 18. und 19. Jahrhunderts gehört, zeigt der Beitrag von Karin Vorderstemann. Obwohl vor allem in den seinerzeit beliebten Musenalmanachen und Taschenbüchern zahlreiche Gedichte zu diesem Thema publiziert wurden, hat sich die Forschung dieser Texte bislang nicht angenommen. Vorderstemann bietet daher einen chronologisch-typologischen Überblick über die Kindertotendichtungen in den genannten literarischen Organen. Neben der besonderen Eignung der Musenalmanache und Taschenbücher für das in hohem Maße persönliche Sujet und deren publizistischen Konventionen werden dabei vor allem die Authentizität bzw. Fiktionalität der Gedichte sowie intertextuelle Referenzen beleuchtet.

Denis Forasacco geht in seinem Beitrag der Frage nach, wie die durch den Kindstod verursachte Trauer literarisch verarbeitet wurde, wobei er den Kindstod in den Themenkomplex des „verweigerten Lebens" einordnet. Neben Werken deutschsprachiger Dichter werden auch solche fremdsprachiger Autoren herangezogen. Forasacco weist nach, dass der Verlust eines Kindes, dem nunmehr eine eigene Identität zugeschrieben und das als „Eigentum" angesehen wird, im 19. Jahrhundert eine private Dimension annimmt. Das Kind hat einen Namen, es kann nicht mehr in das mythische Opfer um der Kunst und Poesie willen verwandelt werden, wie dies noch in der Romantik der Fall war.

Volker Hesse veranschaulicht im Rückgriff auf Friedrich Rückerts *Kindertodtenlieder* und auf das Tagebuch von dessen Frau Luise, wie das qualvolle, langsame Sterben der dreijährigen Tochter Luise und des fünfjährigen Sohnes Ernst für die Eheleute zu einer existenziellen Erfahrung wurde. Erstmals wird in der Forschung der zeitliche Verlauf der Scharlacherkrankung der fünf Rückert-Kinder im Horizont der zeitgenössi-

Abb. 3: Ein Doppelgrab für ein Geschwisterpaar – im 19. Jahrhundert keine Seltenheit. Elise Greuell aus Siegburg
wurde 4 Jahre, ihre Schwester Caroline nur ein Jahr alt.

schen Medizin dargestellt und bewertet. Hesse vergleicht dabei die Kindersterblichkeit, die medizinische Betreuung und die Trauerarbeit im
19. Jahrhundert mit der des frühen 21. Jahrhunderts und geht auch auf
vergleichbare historische Krankheits- bzw. Todesfälle ein. Darüber hinaus befasst er sich mit der Trauerbewältigung von Zeitgenossen Rückerts
beim Verlust eigener Kinder. Hesse sieht in der Sammlung der *Kindertodtenlieder* einen psychischen Selbstbefreiungsversuch des Dichters, mit
dem er seinen Kindern zugleich Unsterblichkeit verleihen wollte.

Sascha Monhoff zeigt an ausgewählten Gedichten ein für Rückerts
Kindertodtenlieder zentrales Verfahren der Trauerarbeit auf: Die Gedichte
besetzen die von den Betrauerten nach deren Tod hinterlassene Leerstelle im Gefüge der Umwelt des lyrischen Ichs. Das Sprechen vom

Nichtvorhandensein der Toten mit ästhetischen Mitteln gibt der Abwesenheit der Verstorbenen eine eigene, ontologisch fassbare Realität. Die Gedichte werden auf diese Weise zu einem Ersatz für die Verstorbenen: Sie „beschreiben" die entstandene Leerstelle und füllen die Lücke, welche die verschwundenen Körper in der physischen Welt hinterlassen haben, mit ihrem eigenen „Corpus".

Michael Neumann führt an einigen Beispielen vor, wie Rückert nicht nur eine Vielzahl älterer Gedicht- und Strophenformen lebendig fortgeführt– und dies in einem Ausmaß, das zu seiner Zeit höchst ungewöhnlich war –, sondern in seiner Lyrik durch Variation, Kombination und Neuerfindung auch unentwegt neue, deutlich profilierte Formen hervorgebracht hat, und bestimmt die *Kindertodtenlieder* als einen Höhepunkt dieser Entwicklung in Rückerts Lyrik.

In einem weiteren Beitrag untersucht Sascha Monhoff die Funktion der Metapher von der „Lesbarkeit der Welt" in Rückerts *Kindertodtenliedern*. Die Welt des lyrischen Subjekts ist nach dem Tod der Kinder durch ein Sinndefizit gekennzeichnet, da die Kinder als konstitutive Elemente seines Sinnhorizonts fehlen. Aus der vormals unhinterfragten Lebenswelt des Subjekts, für die der traditionelle Jenseitsbezug das passende ontologische Modell bereitstellte, wird eine Umwelt, die das „Sinnverlangen an die Realität" (Hans Blumenberg) nicht mehr unmittelbar befriedigen kann. Das Subjekt entwirft deshalb ein Deutungsmodell, das es erlaubt, Sinn und Hoffnung, z.B. auf die Auferstehung der Kinder, in die Welt „hineinzulesen". Dass und warum dieses Modell in der modernen Welt nur bedingt belastbar ist, reflektieren Rückerts Gedichte zugleich mit.

Silvia Irina Zimmermann lenkt den Blick vom Bürgertum zum Adel und zeigt, wie Königin Elisabeth von Rumänien, geborene Prinzessin zu Wied (1843-1916), nach dem Tod ihrer einzigen Tochter im Kindesalter (1874) ihre persönliche dichterische Trauerarbeit auf einen weiteren, öffentlichen Wirkungskreis übertrug und in der Rolle als kinderlose Königin ihrer literarischen Begabung einen neuen Sinn gab. Als unter dem Pseudonym Carmen Sylva dichtende Königin wollte sie durch ihre literarischen Werke sowie durch ihre Übersetzungen rumänischer Volksdichtung und zeitgenössischer rumänischer Dichter ins Deutsche Kultur und Geschichte des 1881 neu gegründeten Königreichs Rumänien im Westen Europas zu einer größeren Bekanntheit führen. Sie hoffte damit Rumänien ein geistiges Erbe zu schenken.

Dass Gottfried Benns frühe Leichenlyrik im Hinblick auf Ton und Darstellungsweise im scharfen Kontrast zu seinen Trauergedichten *Mutter* und *In memoriam Höhe 314* steht, zeigt der Beitrag von Friederike

Reents. Dennoch ist der sprachliche Umgang mit den toten und über-lebenden Kindern in der Leichen-, Sektions-, und Arztlyrik deutlich humaner als der mit dem übrigen Personal. Während dieses drastisch und mit zynischer Kälte bloßgestellt wird, erfahren die Kinder eine schonendere Behandlung; ihr Sterben und Leiden werden versachlicht. Benns Totenlieder sind daher nicht nur, wie häufig angenommen, zy-nisch und kalt, sie können auch innerhalb der frühen Phase den Tod von Kindern (und den in der Rolle des Kindes hilflos erlebten Tod der Mutter bzw. später dem des Bruders) von der ansonsten geradezu para-digmatisch umgesetzten „Ästhetik des Hässlichen" ausnehmen.

Alexis Eideneier wendet sich in seinem Beitrag der katholischen Kin-dertotendichtung zu. In seinem zwischen 1942 und 1945 entstandenen und 1948 erschienenen *Requiem für ein Kind*, einem Zyklus aus 22 Sonet-ten, verarbeitet Stefan Andres den Tod seiner ältesten Tochter Mecht-hild, die an Fleckfieber starb. Gefühle der Leere und der Ohnmacht bestimmen zunächst die Trauer des Vaters, dazu die Einsicht in die End-lichkeit des irdischen Lebens. Seine katholische Prägung lässt Andres je-doch stärker an eine schicksalhafte oder göttliche Macht glauben, als die meisten seiner existenzialistischen Zeitgenossen dies taten. Zum Verlust-schmerz gesellt sich in seinen Gedichten daher die christliche Zuversicht des Weiterlebens bzw. die Vorschau auf das ewige Leben. Entsprechend ist Andres' *Requiem* durch ein Nebeneinander und Gegeneinander von divergierenden narrativen Instanzen strukturiert. Die Verlusterfahrung bringt sowohl Verlustklage (*lamentatio*) als auch Verstorbenenlob (*lauda-tio*) und Hinterbliebenentrost (*consolatio*) in Einklang. Die Ambiguität des Redeverkehrs innerhalb dieses Textes ergibt sich durch die Interfe-renz zweier immanenter Sprechweisen, von Rede und Gegenrede zwi-schen Verlustschmerz und Rückhalt, zwischen Klage und Hoffnung, zwi-schen Tod und Auferstehung. Diese Dialogizität kennzeichnet auch Andres' Roman *Der Taubenturm* (1966), der gleichfalls das Motiv des Kindstods behandelt. Aktueller Verlustforschung zufolge gehören so-wohl bewusste Trauer als auch die Orientierung auf neue Lebensziele zur Bewältigung. Genau dies führt Andres' Sonettzyklus vor: In seiner Zwie-sprache zwischen aktualisiertem und distanziertem Kindverlust, zwi-schen Kummer, Sehnsucht, Leere und christlicher Heilserwartung ist er poetisches Beispiel einer gelingenden Trauerarbeit.

Am Beispiel von Mark Pellingtons Videoproduktion *Destination Anywhere* befasst sich Ralf Georg Czapla in seinem zweiten Beitrag mit der Rezeption des Kindstods in der populären Kultur. Der Film erzählt von den verzweifelten Versuchen eines jungen Paares, den Unfalltod ihrer Tochter zu bewältigen. Während Jon, gespielt von Jon Bon Jovi, ziellos durch die Straßen von Manhattan zieht und Abend für Abend Zerstreuung in Bars sucht, greift Demi Moore in der Rolle der Janie zur Flasche und betrinkt sich bis zur Besinnungslosigkeit. Nach und nach entwickeln beide Elternteile jedoch Strategien einer produktiven Trauerbewältigung, die denjenigen Rückerts und seiner Frau nicht unähnlich sind. Im Film ist es freilich Janie, die Texte schreibt und in ihnen ein Repertoire an Gedächtnismetaphern abruft, wie es auch in den *Kindertodtenliedern* zu finden ist.

Jacqueline Arnold beschäftigt sich in ihrem Beitrag mit dem poetologischen Potential von Friedrich Rückerts theoretischer Schrift *Dissertatio philologico-philosophica de idea philologiae*, die sie im biografischen und poetischen Kontext des Frühwerks verortet, um anschließend ihre politische Relevanz herauszuarbeiten. In einer Analyse der durch sie vermittelten Sprachkonzeption kann so ein Zusammenhang zur politischen Lyrik plausibel gemacht werden. Darüber hinaus geht Arnold der Frage nach, inwieweit die Poetologie des Frühwerks als ein poetologisches Programm gelten darf, auf dem die im Werk vorhandene Ambivalenz von Biedermeier- und politischer Lyrik gründet. Die mit Rückerts Werk verbundenen divergierenden Charakteristika der Weltabgewandtheit und Weltversöhnung, des Patriotismus und Kosmopolitismus sowie des Gelehrten- und Dichtertums gelangen so zu einer Synthese.

Obgleich Rückert das Chinesische nicht beherrschte, veröffentlichte er 1833 unter dem Titel *Schi-King. Chinesisches Liederbuch* eine Nachdichtung des *Shijing*. Im lyrischen „Vorspiel" zu diesem Liederbuch entwickelt er den Begriff der Weltpoesie, mit dem er die Utopie einer alle Grenzen überschreitenden Weltversöhnung verbindet. Arne Klawitter vergleicht in seinem Beitrag Rückerts Nachdichtung mit anderen Übertragungen dieses chinesischen Klassikers und betrachtet die Gemeinsamkeiten und Unterschiede zwischen Goethes Begriff „Weltliteratur" und Rückerts „Weltpoesie".

Lucas Eigel untersucht in seinem Beitrag Gedichte, die Friedrich Rückert und Wilhelm Waiblinger auf den Maler Raffael verfasst haben, und verortet sie sowohl im Gattungszusammenhang der Ekphrasis als auch im Traditionszusammenhang der literarischen Italienreise und im Epochenzusammenhang der späten Kunstperiode. Die Gedichte gestatten einen Blick in die kunsthistorische Vergangenheit. Bezugnehmend auf sie reflektieren die Autoren den eigenen Standort in der Literaturgeschichte sowie das Problem künstlerischer Nachahmung und Nachfolge.

Rolf Stolz lässt Friedrich Rückert mit Gottfried Benn zu einem Dialog in der Tradition des Totengesprächs zusammenfinden, Reinhold Münster verortet den Mops im literarischen Bestiarium und Franca Victoria Schankweiler bespricht mit der Edition des Familienbuches des Juristen Johann Conrad Schweighauser ein wichtiges Dokument Basler Wissenschaftsgeschichte.

Den Band beschließt Georges Tamers Nachruf auf Wolfdietrich Fischer, der über Jahrzehnte die Geschicke der Rückert-Gesellschaft mitbestimmt hat. Ich habe Wolfdietrich Fischer im Oktober 2006 auf einem Rückert-Symposion in Eichstätt kennen und ihn als einen Mann der leisen Töne schätzen gelernt, der fachkundig, aber immer mit Bedacht und Zurückhaltung sprach und auf dessen Urteil ich stets vertrauen durfte, sei es als studentisches Mitglied der Rückert-Gesellschaft, sei es als deren Erster Vorsitzender oder als Mitherausgeber der *Rückert-Studien*.

Sankt Augustin / Heidelberg   Ralf Georg Czapla

Die Philosophie und der Kindstod

von

Andreas Urs Sommer

Dass der Tod eines eigenen Kindes überhaupt das Schlimmste sei, was einem Menschen widerfahren könne, gilt heute in der westlichen Welt geradezu als eine moralische Gewissheit. Friedrich Rückerts *Kindertodtenlieder* fühlen wir uns so nah, weil sie genau dieser moralischen Gewissheit immer wieder neue Wendungen geben. Moralische Gewissheiten sind freilich etwas, was Philosophen zum Nachdenken reizt und Philosophiehistoriker dazu provoziert, genealogische Recherchen anzustellen: Wie hat etwas zur allgemein geteilten Gewissheit werden können, was offensichtlich nicht in allen kulturellen und geschichtlichen Kontexten als Gewissheit galt? Die philosophiehistorische Arbeitshypothese, der ich hier nachgehen will, lautet: Am Umgang mit dem Kindstod lässt sich exemplarisch demonstrieren, wie sich Wertungsweisen und mit ihnen das menschliche Selbstverständnis ändern.[1]

Aber weshalb sollte man, um den Wandel in der Einschätzung des Kindstods zu ermessen, ausgerechnet, wie es der Philosophiehistoriker tut, die Philosophen befragen? Sind für mentalitätsgeschichtliche Wandlungen nicht andere Zeugnisse viel repräsentativer als das, was Philosophen in ihrer notorischen Abgehobenheit da und dort zum Thema notiert haben mögen? Ohne die Aussagekraft anderer Quellen für mentalitätsgeschichtliche Fragen schmälern zu wollen, führe ich als Erwiderung auf diese Fragen eine zweite Arbeitshypothese ein: Die Werke von Philosophen artikulieren in der Geschichte des Abendlandes der letzten zweieinhalb Jahrtausende die in einer Epoche möglichen Lebens- und Denk-Haltungen auf besonders deutliche Weise. Indem sie zuende denken,

---

[1] Andreas Rett: Die Geschichte der Kindheit als Kulturgeschichte. Mit einem Gespräch des Autors mit Hubert Christian Ehalt. Wien 1992 (Wiener Vorlesungen im Rathaus, 11), S. 9, argumentiert, es seien „immer die Kinder, anhand deren Stellenwert sich erkennen lässt, auf welchem Niveau sich die jeweilige Kultur befand oder befindet". Der Umgang mit Kindern dient Rett also als Indikator kultureller Entwicklung, wobei für ihn eine hochentwickelte Kultur diejenige zu sein scheint, die wie die unsere Kinder und Kinderrechte im historischen Vergleich außerordentlich hoch veranschlagt. Sichtlich wird diese Position von nicht weiter reflektierten, geschichtsphilosophischen Prämissen bestimmt.

loten sie die Extreme des jeweils Denkmöglichen aus. Als direkt oder mittelbar Betroffene sind Philosophen vom Kindstod in gleicher Weise existenziell herausgefordert wie andere Menschen auch, aber als Meister der distanzierten Selbst- und Fremdbeobachtung sind sie imstande, über dieses *malum* in klarer Form zu unterrichten, so dass sie – wenigstens im Idealfall – auch ihren heutigen Leser noch über die Tiefschichten des Moralhaushaltes, der Wertungsweisen einer vergangenen Epoche Aufschluss zu geben vermögen. Sie sind, weil *ex professo* zu sich selbst und zu ihren Mitmenschen kritisch distanziert, in der Lage, auf die Spezifität des Verlustes zu reflektieren. Sie mögen gefühlt haben wie ihre nichtphilosophischen Zeitgenossen – in der Vormoderne beispielsweise den Kindstod wegen großem Kinderreichtum und hoher Kindersterblichkeit als viel undramatischer empfunden haben als wir heute –, aber sie erwiesen sich als beredt und zugleich nüchtern genug, um ihre Leser über den Kindsverlust und dessen Lebensrelevanz genau zu unterrichten. Philosophen, so weiter die Arbeitshypothese, sind einerseits repräsentativ für ihre jeweilige Zeit, sind aber andererseits stets auch im Begriffe, ihre Zeit zu transzendieren, Denk- und Empfindungsalternativen zu ihrer Zeit zu formulieren.

Bisher sind dies freilich noch sehr allgemeine Mutmaßungen über die Kompetenz und den Zeitbezug von Philosophen, so dass diese als Auskunftspersonen über alle möglichen Belange menschlichen Lebens in Frage kommen könnten. Aber weshalb sollten gerade in Sachen Kindstod die Philosophen Gehaltvolles zu sagen haben, zumal sie doch oft genug als kinderlose Singles – „ein verheiratheter Philosoph gehört in die Komödie", meinte Nietzsche[2] – über wenig eigene Familienerfahrung verfügt haben? Familienerfahrung ist sicher nicht das, was die Philosophen zu Äußerungen über den Kindstod in besonderer Weise prädisponiert. Was diese Philosophen oder doch zumindest eine stattliche Anzahl unter ihnen jedoch ihrem eigenen Selbstverständnis nach auszeichnet, ist ein besonderes Verhältnis zum Tod – man könnte sagen: ein grausig intimes Verhältnis. Philosophieren heißt sterben lernen, will es eine seit der Antike vielfach untermauerte und vielfach variierte Tradition. Deren Beginn markiert Sokrates im Kerker, als er, so Platons Bericht, auf seine Hinrichtung wartend, dem von ihm selbst verkörperten Philosophen meinte nachsagen zu müssen, er trachte nach „nichts an-

---

2   Friedrich Nietzsche: Zur Genealogie der Moral [1887] III 7. In: ders.: Sämtliche Werke. Kritische Studienausgabe in 15 Einzelbänden, hg. von Giorgio Colli und Mazzino Montinari. Bd. 5. 3. Auflage. München, Berlin, New York 1999, S. 245-412, hier S. 350f.

derem als bloß zu sterben und tot zu sein".[3] Den Philosophen sokratisch-platonischen Zuschnitts stand die Trennung der Seele vom Körper als finale Wünschbarkeit vor Augen, während solche, die keinem Leib-Seele-Dualismus anhingen, dem Tod die kalte Schulter zeigten. „Das Philosophieren über den Tod war seit je zwiespältig. Es sollte den Menschen an ihre Sterblichkeit erinnern und wollte sie doch zugleich lehren, den Tod zu verachten."[4]

Nun, die philosophische Todesintimität bietet noch keine Gewähr dafür, dass die Philosophen tatsächlich Gehaltvolles zum Kindstod zu sagen haben. Nur die Probe aufs Exempel kann Belehrung darüber bringen, ob ich mit meinen Hypothesen zur Repräsentativität philosophischen Denkens in Sachen Kindstod richtig liege. Also werde ich versuchen, in einem Gang durch die Geschichte des Denkens von der Antike bis ins 19. Jahrhundert einige Aufklärung zu gewinnen.

Die Frage nach dem philosophischen Umgang mit dem frühen Tod der Kinder steht eben nicht für sich allein. Hinter ihr steht die Frage, wie sich der abendländische Gefühls- und Moralhaushalt überhaupt verändert hat. Der Kindstod könnte eine Art Brennspiegel sein, um solche allgemeinen Veränderungen auf beispielhafte Weise zu veranschaulichen. Die hier unternommene Exploration kann freilich wenig mehr sein als ein Stochern im Nebel, denn wie sollte ich gewährleisten, dass die paar zufällig gefundenen Äußerungen zum Thema Kindstod repräsentativ und nicht bloß idiosynkratrisch sind? Daher ist das Folgende nicht mehr als die erste Skizze zu einer hypothetischen Geschichte über die Veränderung im abendländischen Moralhaushalt anhand des philosophischen Umgangs mit dem Kindstod.

Bevor ich in den ersten drei Abschnitten zur Antike, zur christlichen Epoche und zur Neuzeit Strategien philosophischer Annäherung an den Kindstod veranschauliche, möchte ich die für uns schwer erträglichen sozialen Realitäten in Erinnerung rufen, auf denen diese Strategien aufruhten. Nach Philippe Ariès und Edward Shorter ist – obwohl das eine problematische Generalisierung darstellt – für vormoderne Gesellschaften „die Gleichgültigkeit der Mütter gegenüber den Kleinkindern charakteristisch".[5] „Diese Gleichgültigkeit war eine direkte und unaus-

---

3 „ὅτι οὐδὲν ἄλλο αὐτοὶ ἐπιτηδεύουσιν ἢ ἀποθνῄσκειν τε καὶ τεθνάναι". Platon: Phaidon 64a und 80e.
4 Michael Theunissen: Die Gegenwart des Todes im Leben, in: Rolf Winau/Hans Peter Rosemeier (Hg.): Tod und Sterben. Mit einem Geleitwort von Jörg Zink. Berlin, New York 1984, S. 102-124, hier S. 102.
5 Edward Shorter: Die Geburt der modernen Familie. Deutsch von Gustav Kilpper. Reinbek bei Hamburg 1983 (rororo, 7681), S. 197.

weichliche Konsequenz der Demographie".[6] Nach Ariès nahm diese Gleichgültigkeit beim Adel und im reichen Bürgertum vom 16. Jahrhundert an allmählich ab – ablesbar an der Entwicklung des gemalten Kinderporträts[7] –, während nach Shorter diese Verhältnisse in den unteren Schichten bis Ende des 18. Jahrhunderts andauerten und sich auch mit der Industrialisierung im 19. Jahrhundert zunächst nicht besserten.[8] *Grosso modo* wurden die Kinder – sogar Babies – sich selbst überlassen; elterliche Betreuung scheint oft gefehlt zu haben. An diese Vernachlässigungsthese hat sich eine breite, teils heftig geführte Debatte angeschlossen, die wir hier nicht nachzuzeichnen brauchen, zumal uns die Frage nach der ‚sozialen Konstruktion‘ der Mutter- oder Eltern-Rolle hier nicht beschäftigen soll.[9] Ablesen wollen Forscher wie Ariès und Shorter die Gleichgültigkeit gegenüber dem Kindswohl namentlich am „offensichtliche[n] Fehlen von Trauer angesichts des Todes eines Kleinkindes".[10] Die drastischen Quellenbelege lasse ich aus: all die Beispiele von Kindsmisshandlung und Kindsaussetzung, die offenbar weniger Ausdruck krimineller Energie als vielmehr der schieren sozialen und finanziellen Not gewesen sind, die Eltern oft weder ausreichend Subsistenzmittel für Ernährung und Unterbringung ihrer Kinder noch ausreichend Zeit für elterliche Fürsorge ließ. Die Kindersterblichkeit war

---

6   Philippe Ariès: Geschichte der Kindheit. Mit einem Vorwort von Hartmut von Hentig. Aus dem Französischen von Caroline Neubaur und Karin Kersten. München 1975 (Hanser-Anthropologie), S. 99. „Die Vorstellung, dass solch ein Kind bereits eine vollständige menschliche Persönlichkeit verkörperte, wie wir heute allgemein glauben, kannte man nicht." (Ebd.).

7   Vgl. ebd., S. 100-107.

8   Shorter, Die Geburt der modernen Familie (Anm. 5), S. 198f.

9   Elisabeth Badinter: Die Mutterliebe. Geschichte eines Gefühls vom 17. Jahrhundert bis heute. Aus dem Französischen von Friedrich Griese München, Zürich 1981, vertritt die These, dass es sich bei der sogenannten Mutterliebe um ein ideologisches Konstrukt handle, erfunden, um die Emanzipation von Frauen zu verhindern. Dagegen hält z. B. Stephen Wilson: The Myth of Motherhood a Myth. The Historical View of European Child-Rearing. In: Social History 9/2 (1984), S. 181-198, Mutterliebe sei nicht bloß sozial konstruiert, sondern eine anthropologische Konstante. Entsprechend sei auch die These einer vormodernen Kindsvernachlässigung zurückzuweisen, für die es keine hinreichenden Belege gebe. Vielmehr hätten vormoderne Mütter ihre Gefühle einfach auf andere Weise zum Ausdruck gebracht. Eine gute Übersicht über die Debatte gibt Claudia Opitz: Pflicht-Gefühl. Zur Codierung von Mutterliebe zwischen Renaissance und Aufklärung. In: Querelles 7 (2002): Kulturen der Gefühle in Mittelalter und Früher Neuzeit, S. 154-170, bes. S. 154-155 (http://www.zefg.fu-berlin.de/media/pdf/querelles_jahrbuchaufsatzopitz.pdf; abgerufen am 8. September 2013), vgl. auch Linda Pollock: Forgotten Children. Parent-Child Relations from 1500 to 1900. Cambridge 1983 (Cambridge paperback library).

10   Shorter, Die Geburt der modernen Familie (Anm. 5), S. 200.

enorm hoch; in Baden beispielsweise hatte im 18. Jahrhundert „ein Kind im allgemeinen nur eine Chance von eines zu drei oder eins zu vier [...], bis zur Erreichung des Erwachsenenalters zu überleben".[11] Sozialhistoriker überrascht es dabei nicht, dass Eltern bei dieser geringen Wahrscheinlichkeit, ihr Kind großziehen zu können, wenig Interesse an einer engen emotionalen Bindung zu ihrem Nachwuchs hatten,[12] wäre jeder Kindstod dann doch als eine schier unerträgliche psychische Belastung empfunden worden, der sich niemand freiwillig aussetzen dürfte. Die emotionale Distanz der vormodernen Eltern zu ihren Kindern bestärkte nach den historischen Rekonstruktionen wiederum den Mangel an elterlicher Fürsorge, da sich diese in drei Vierteln der Fälle wegen eines frühen Kindstodes ja nicht auszahlte. Man könnte aus all dem die Schlussfolgerung ziehen, dass emotionale Distanz und physische Vernachlässigung sich Jahrtausende lang gegenseitig aufschaukelten, so dass es aus dem Teufelskreis hoher Kindersterblichkeit kein Entrinnen gab.

Das eben Skizzierte betrifft freilich vor allem die unteren sozialen Schichten. Die Sorge um den eigenen Nachwuchs setzte in Bevölkerungsgruppen, deren Subsistenz gesichert war, schon früher ein und ist sogar schon in den ältesten Kulturdokumenten der Menschheit greifbar. Diese Sorge verdankt sich namentlich dem starken Interesse an der familiären und (im Kontext des Adels) der dynastischen Sukzession: Kinder als ökonomisches oder soziales Kapital. Das hat Forscher wie Shulamith Shahar dazu veranlasst, gegen die Auffassung zu polemisieren, „im Mittelalter seien die Menschen aufgrund der hohen Sterblichkeitsrate gegen den Tod abgestumpft und hätten [...] den Kummer nicht so stark empfunden".[13] „Der Tod eines Kindes war oft nicht nur ein emotionaler, sondern auch ein materieller Verlust."[14] Die dafür beigebrachten Belege stammen aus dem Adel, dem reichem Bürger- und Großbauerntum, so dass sie nicht prinzipiell die Gleichgültigkeitsthese von Ariès und Shorter widerlegen. Dennoch raten Shahars Evidenzen zu Zurückhaltung bei vorschnellen Allgemeinaussagen, z. B. die Vormoderne habe sich generell nicht für Kinder interessiert. Stattdessen führen sie zu einer anderen heuristischen These, nämlich: *In der Vormoderne ist die*

---

[11] Ebd., S. 230.
[12] Vgl. ebd., S. 234.
[13] Shulamith Shahar: Kindheit im Mittelalter. Deutsch von Barbara Brumm. München, Zürich 1991, S. 185. Shahars Buch versammelt zwar eine Reihe instruktiver Beispiele für den Umgang mit dem Kindstod; es fehlt ihm aber an explikativer Kraft.
[14] Ebd., S. 184.

Bandbreite des gesellschaftlich akzeptierten Umgangs von Erwachsenen mit Kindern viel größer als in der Gegenwart. Entsprechend vielfältiger sind die Reaktionsschemata auf den Kindstod, den man – je nach sozialem Kontext – ebenso als tiefen Verlust wie als gleichgültiges Widerfahrnis hat empfinden können. In der Moderne, bei uns, gilt nur noch das Empfinden des tiefen Verlusts als gesellschaftlich akzeptabel.

Die Philosophen, mit denen wir es hier zu tun haben, reflektieren meist die Sichtweise dieser gehobenen sozialen Gruppen und sind oft Sprachrohr einer alten Wertschätzung des Kindslebens. Schauen wir uns also einige Testimonia etwas näher an.

1. Antike Gemessenheit der Trauer

In Platons (428/427-348/47 v. Chr.) *Phaidon*, jenem schon zitierten Dialog, in dem Sokrates (469-399 v. Chr.) seinen Anhängern angesichts seiner bevorstehenden Hinrichtung die Unsterblichkeit einer vom Körper unabhängigen Seele plausibel machen will, geht es wesentlich darum, die Furcht vor dem Tod zu nehmen: „sollten nur viele, denen menschliche Geliebte und Weiber und Kinder gestorben sind, freiwillig haben in die Unterwelt gehen wollen, von dieser Hoffnung getrieben, dass sie dort die wiedersehn würden, nach denen sie sich sehnten, und mit ihnen umgehen würden; wer aber die Weisheit wahrhaft liebt und eben diese Hoffnung kräftig aufgefasst hat, dass er sie nirgend anders nach Wunsch erreichen werde als in der Unterwelt, den sollte es verdrießen, zu sterben, und er sollte nicht freudig dorthin gehn?"[15] Sokrates tadelt die falsche Weltverhaftung angeblicher Liebhaber der Weisheit. Diese sollten in froher Erwartung jenseitiger Weisheitserkenntnis ebenso von ihrem irdischen Dasein ablassen können wie diejenigen, die auf das Wiedersehen mit ihren bereits verschiedenen Lieben im Hades hoffen. Zu diesen Lieben zählt Sokrates auch die υἱοί, die Schleiermacher mit „Kinder" übersetzt. Wortwörtlich sind die υἱοί die Söhne, die männlichen Nachkommen. Nun ist Sokrates nicht vorrangig an der Trauer um diese Söhne oder an der Kindersterblichkeit, sondern am Nachweis der Seelenunsterblichkeit interessiert. Aber immerhin gibt uns der von ihm gewählte Vergleich darüber Auskunft, dass unter freien Bürgern der griechischen Poleis die Trauer um den vorzeitig verstorbenen Nachwuchs als normal empfunden wurde und man dessen Tod nicht einfach

---

[15] Platon: Phaidon 68a-b. Übersetzung von Friedrich Schleiermacher.

gleichgültig gegenüberstand. Allerdings sind υίοί nicht notwendig Kleinkinder, sondern Söhne jeglichen Alters, so dass der sokratischen Rede keineswegs entnommen werden muss, dass man bei den Griechen um verstorbene Säuglinge und Kleinstkinder getrauert habe. Ausschließen kann man es allerdings ebensowenig, wird doch selbst die Kindsmörderin Medea in Euripides' gleichnamiger Tragödie von zärtlichen Gefühlen für ihre Kinder heimgesucht, oder Kleinkindern wird auf manchen römischen Grabsteinen ein Denkmal gesetzt. [16]

Während sich Sokrates auf den Nachweis der Unsterblichkeit konzentriert und die Trauer um den Tod der Söhne nur vergleichshalber heranzieht, sind spätere Platoniker wie Plotin (205-270 n. Chr.) durchaus mit der Frage beschäftigt, ob der Tod naher Angehöriger nicht die erstrebenswerte Glückseligkeit des Menschen beeinträchtigt. Bei Plotin gehören die sich nach ihren verstorbenen Söhnen sehnenden Eltern und die sich nach der Weisheit sehnenden Philosophen nicht einfach zwei geschiedenen Sphären an, die man allenfalls um der Verdeutlichung willen miteinander vergleichen kann. Bei Plotin steht der Weise der menschlichen Leiblichkeit vorbehaltvoll gegenüber: „Demnach wird er auch bei widrigen Geschicken in seiner Glückseligkeit nicht beeinträchtigt; denn auch so bleibt sein derartiges Leben; und wenn seine Hausgenossen und Freunde sterben, so weiss er, was der Tod ist",[17] nämlich die Befreiung der Seele von den leiblichen Fesseln. „Aber wenn auch Hausgenossen und Verwandte durch dieses Leid ihn betrüben, so betrüben sie doch nicht ihn, sondern den unvernünftigen Theil in ihm, dessen Trauer er nicht als die seinige aufnehmen wird."[18] Die Ingeniosität von Plotins Vorschlag besteht also darin, dass er die Trauer selbst beim Weisen zwar nicht leugnet, sie aber einem Teil seiner Persönlichkeit zuschreibt, der daran gar nicht wirklich teilhat, weil er nicht der νοῦς, der vernünftige Geist ist, so dass die Trauer um die Hausgenossen (οἰκεῖοι) zwar da ist, aber das, worauf es beim Menschen eigentlich ankommt, nämlich seinen Geist, nicht zu affizieren vermag. Die philosophisch-selbsttherapeutische Anstrengung besteht darin, gerade diesen

---

[16] Vgl. Euripides: Medea, V. 879, 1018, 1044 u. 1048; zu Jasons Trauer V. 1300 u. 1373. Dazu sowie zu den Grabinschriften siehe Christina Tuor-Kurth: Vorstellungen vom Kind in der griechisch-römischen Antike und im frühen Christentum sowie Entwicklungslinien in die Kirchengeschichte. Dokument JUC_7_476 des 30. Deutschen Evangelischen Kirchentags, 25. bis 29. Mai 2005, S. 4, http://www.kirchentag2005.de/presse/dokumente/dateien/JUC_7_476.pdf; abgerufen am 8. September 2013.

[17] Plotin: Enneaden I 4,4. Übersetzung von Hermann Friedrich Müller.

[18] Ebd.

unvernünftigen Affekt der Trauer vom Geist und seiner Klarheit fern-
zuhalten. In Plotins Konzept ist die Stabilität der Glückseligkeit (εὐδαιμονία) das bestimmende Anliegen, dem nur gerecht wird, wer das Physische und das Vergängliche zu distanzieren versteht. „Keineswegs aber
wird, wenn der Glückliche etwas nicht will, durch das Vorhandensein
dieses schon etwas von der Glückseligkeit weggenommen; denn sonst
würde jeden Tag etwas von der Glückseligkeit sich ändern oder ausfal-
len, zum Beispiel wenn er ein Kind verliert oder sonst etwas von seinen
Besitztümern. Und so gibt es Unzähliges, was nicht seiner Erwartung
gemäß verläuft, ohne jedoch ihn von dem ihm gegenwärtigen Ziel zu
verrücken."[19] Plotin benutzt statt wie Platon die maskulinen υἱοί das
neutralere παῖδα im Akkusativ, das sich auf ein (durchaus auch kleines)
Kind beider Geschlechter beziehen kann. Im Folgenden wird dann aufgelistet, dass der εὐδαιμονία des Philosophen keine irdische Drangsal –
weder Gefangenschaft noch Folter – etwas anhaben kann. Aufschlussreich ist nun die Gruppierung: Kinder sind Bestandteil des persönlichen
Besitzes; sie sind Eigentum, und ihr Tod wird parallelisiert mit einem
Vermögensverlust. Das eigentliche Eigentum eines Menschen machen
nach Plotin jedoch nicht seine äußerlichen Güter aus, sondern sein
νοῦς, der sich durch das Schwanken der äußerlichen Vermögensstände
weder beindrucken noch beeinträchtigen lassen darf.

Entgegen dem klugen Ratschlag, irdische Widerfahrnisse von sich fern
zu halten, treten uns antike Philosophen gelegentlich auch als tief Trauernde vor Augen. Das wohl berühmteste Beispiel ist Marcus Tullius Cicero (106-43 v. Chr.), der um seine längst erwachsene, bereits zum dritten Mal verheiratete Tochter Tullia – seine „Tulliola" – bitterlich weinte,
als sie 45 v. Chr. im Kindbett starb, obwohl er selbst sich bereits jahrelang im Genre der philosophischen Trostliteratur geübt und Bekannte
brieflich über die *immatura mors* ihrer Söhne hinwegzuhelfen bemüht
hatte.[20] Alle Freunde seien, so berichtet Plutarch,[21] herbeigeeilt, um dem
Vater beizustehen, aber Cicero habe sich in seinem exzessiven Schmerz
nicht trösten lassen. Von seiner eigenen jungen Frau ließ er sich scheiden, ihr vorhaltend, sie habe sich hämisch gefreut über den Tod ihrer

---

[19] Plotin: Enneaden I 4,7.
[20] Vgl. dazu Bernhard Zimmermann: Philosophie als Psychotherapie. Die grie-
chisch-römische Consolationsliteratur. In: Barbara Neymeyr/Jochen Schmidt/
Bernhard Zimmermann (Hg.): Stoizismus in der europäischen Philosophie, Literatur, Kunst und Politik. Eine Kulturgeschichte von der Antike bis zur Moderne. Bd. 1. Berlin, New York 2008, S. 193-213, besonders S. 202f.
[21] Plutarch: Cicero 41,7-8.

Stieftochter. Überliefert ist in Ciceros Briefcorpus ein Trostschreiben seines Vertrauten Servius Sulpicius, das nicht nur auf gedrängtestem Raum klassische Topoi der Trost-Rhetorik versammelt, sondern Cicero als Fachmann auf diesem Gebiet selbst in die Pflicht nimmt: „Vergiss nicht, dass Du Cicero bist und ein Mann, der die anderen zu belehren und beraten pflegt! Ahme nicht die schlechten Ärzte nach, die bei den Krankheiten anderer die Kunst des Heilens auszuüben pflegen, aber unfähig sind, sich selbst zu heilen."[22] Ein Hauptmittel der Tröstungsstrategie ist der Vergleich: Gewiss, es sei ein Übel, Kinder zu verlieren („malum est liberos amittere"), aber gebe es nicht Schlimmeres – der Zustand des Gemeinwesens beispielsweise, der Untergang der Republik? Und was wiege das Leiden des Einzelnen angesichts all der in Ruinen liegenden Städte, an denen Servius Sulpicius jüngst in Griechenland vorübergesegelt ist? Gemahnten diese Ruinen nicht stets daran, dass jeder Mensch früher oder später sterbe? Wenn Tullia nicht jetzt gestorben wäre, wäre ihr dieses Schicksal unvermeidlich in wenigen Jahren beschieden gewesen. Und habe sie nicht alle Glücksgüter genossen, die einer Frau zuteil werden könnten – habe sie nicht ihren Vater im Glanz höchster politischer Ehren gesehen, sei sie nicht die Gattin vornehmster Männer gewesen? Wie das Leben selbst erscheint auch die Trauer begrenzt: Die Zeit mindere und lindere den Schmerz („nullus dolor est, quem non longinquitas temporis minuat ac molliat").

Den vornehmen Römer, wie er uns in Cicero vor Augen steht, bekümmert gewöhnlich nicht der Tod eines Kleinkindes, dessen Überleben nach modernem europäischem Verständnis höchste Priorität zukommt, weil es die Fülle von Lebensmöglichkeiten und Lebensansprüchen zu verkörpern scheint. Dem vornehmen Römer wird stattdessen das Sterben eines bereits erwachsenen oder doch – wie wir bei Augustinus sehen werden – an der Schwelle zum Erwachsensein stehenden Kindes zum Leidensfaktor. Der Grund dafür ist einfach: Die demografische Wahrscheinlichkeit, dass ein Kleinkind tatsächlich erwachsen werden und damit seine Möglichkeiten ausschöpfen würde, war zu gering, um seinen Tod zum Gegenstand tiefer Trauerarbeit zu machen.

Dennoch gibt es durchaus Ausnahmen – in der Philosophie ist die vielleicht prominenteste die *Consolatio ad uxorem*, der Trostbrief des Plutarch (ca. 50-120 n. Chr.) an seine Frau Timoxena nach dem Tod ihrer

---

22 Servius Sulpicius in Marcus Tullius Cicero: Epistulae ad familiares 4,5 („Denique noli te oblivisci Ciceronem esse et eum, qui aliis consueris praecipere et dare consilium, neque imitari malos medicos, qui in alienis morbis profitentur tenere se medicinae scientiam, ipsi se curare non possunt").

einzigen gemeinsamen, damals zweijährigen Tochter. Diesem Brief ist nicht nur zu entnehmen, dass dass das Paar früher schon zwei Söhne verloren hatte, sondern er frappiert moderne Leser vor allem durch eine anrührende Schilderung des Liebreizes und des individuellen Charakters des Kleinkindes.[23] Mehr noch als über das Kind erfährt man darüber, welche Haltung – nämlich Zurückhaltung, Absehen von allen exaltierten Gefühlsbekundungen – einer Frau ziemt, die gerade ihr Kind verloren hat. Und dann werden Güterabwägungen angestellt: Vor der Geburt der Tochter habe man doch auch nicht mit dem Schicksal gehadert, bloß weil damals das Kind noch nicht auf der Welt gewesen ist. Weshalb sollte man es dann heute tun, wo einem doch nicht mehr fehlt, als was einem schon damals gefehlt hat?[24] Im Gegenteil: Heute können sich die Eltern der verstorbenen Tochter mit Freude erinnern und haben also trotz des Verlustes mehr als sie vor der Geburt der Tochter gehabt haben. Während Servius Sulpicius im Trostbrief an Cicero auf das allmähliche Verblassen der Erinnerung im Fluss der Zeit setzt, propagiert Plutarch in einer gräzisierenden Adaption der römischen Memorialkultur die Erinnerung als das, was das verstorbene Kind am Leben erhält und als etwas Positives: „wie die Kleine selbst uns das Süßeste, was wir liebkosen, anschauen und hören durften, in ihrer Person darbot, so soll auch das Zurückdenken an sie in uns verweilen und mit uns leben und uns mehr, um ein Vielfaches mehr erfreuen, als der Gram uns betrübt".[25]

Bei Lucius Annaeus Seneca (4 v. Chr. – 65 n. Chr.) weitete sich die Abfassung philosophischer Trostliteratur zum eigenständigen Geschäftszweig aus. Er verfasste drei monografische Trostschriften – *De consolatione ad Helviam matrem, ad Polybium* und *ad Marciam* – und kam auch sonst öfter auf das Problem der Trostbedürftigkeit zurück. Marcia ist nun tatsächlich eine Mutter, die schon seit drei Jahren den Verlust eines Sohnes beklagt, aber Seneca bleibt in dieser philosophischen Trostarbeit doch so allgemein, dass die Abhandlung in Briefform über weite Strecken auf beliebige Fälle der Trostbedürftigkeit anwendbar scheint. Die übergreifende Strategie zielt einerseits auf eine Vergleichgültigung des Todes: „Mors

---

[23] Plutarch: Consolatio ad uxorem 2-3. Deutsch in: Plutarch: Lebensklugheit und Charakter. Aus den ‚Moralia'. Ausgewählt, übersetzt und eingeleitet von Rudolf Schottlaender. Bremen 1983, S. 27f. Michel de Montaigne widmet eine seiner frühesten Veröffentlichungen seiner Frau, nämlich Etienne de La Boéties Übersetzung von Plutarchs *Consolatio ad uxorem* (vgl. Sarah Bakewell: Wie soll ich leben oder Das Leben Montaignes in einer Frage und zwanzig Antworten. Aus dem Englischen von Rita Seuß. München 2012, S. 178).

[24] Vgl. Plutarch: Consolatio ad uxorem 8, Ausgabe Schottlaender, S. 32.

[25] Plutarch: Consolatio ad uxorem 3, Ausgabe Schottlaender, S. 28

nec bonum nec malum est."[26] Andererseits ist der Tod selbst die große Macht der Vergleichgültigung, löscht er doch alle Schmerzen und Leiden, um uns wieder in den Zustand vorgeburtlicher Ruhe zu überführen.[27] In gedrängter Form bietet die neunundneunzigste *Epistula moralis ad Lucilium* die marmorkalte stoische Lehre zum Umgang mit dem Kindsverlust. Der Brief, den Seneca hier an seinen philosophischen Korrespondenten Lucilius weiterreicht (nur für unsere Begriffe eine unerhörte Indiskretion), ist an einen gewissen Marullus gerichtet, der seinen kleinen Sohn („filium parvulum") verloren hat und vom dem man sagt, er trage diesen Schicksalschlag auf weichliche Weise („molliter").[28] Der stoische Lehrer schlägt einen rauheren Ton an als Plutarch gegenüber seiner Gattin, auch wenn er sich wie dieser länger über unziemliche Trauergebräuche und vor allem über das plakative Zur-Schau-Stellen der eigenen Trauer auf der Bühne großer Begräbnisse aufhält. Offensichtlich hat man sich in der frühen Kaiserzeit gerne einem exzessiven Trauerkult von pathetisch gesteigerter Emotionalität ergeben, der modernen Leser viel weniger fremd anmutet als Senecas scharfe Kritik. Denn Marullus gegenüber tritt er nicht als sanfter Trostspender auf, sondern als philosophischer Zuchtmeister, der den sich in der Trauer verlierenden Vater zur Ordnung ruft.[29] Die Diagnose lautet: Marullus leidet an einer „Torheit der Tränen" („lacrimarum ineptia"). Er weine töricht um seinen kleinen Sohn – wie würde er erst weinen, wenn er einen Freund verloren hätte? „Ein Sohn von ungewisser Hoffnung [incertae spei] ist verschieden, ein Kleinkind; nur eine Kleinigkeit an Zeit ist verloren."[30] Der Verlust eines Freundes wiegt in diesem Vergleich viel schwerer als der Verlust eines Kleinkindes, das die Amme besser gekannt habe als der Vater. Überdeutlich zeigt sich hier der Unterschied zum modernen Gefühlshaushalt, der die Potentialität dessen, was aus einem Kind noch alles hätte werden können, höher veranschlagt als die Aktualität eines erwachsenen Menschen, der seine Lebensmöglichkeiten schon zu einem guten Teil ver-

---

[26] Lucius Annaeus Seneca: De consolatione ad Marciam 19,5.

[27] Vgl. ebd.: „Mors dolorum omnium exsolutio est et finis ultra quem mala nostra non exeunt, quae nos in illam tranquillitatem in qua antequam nasceremur iacuimus reponit."

[28] Lucius Annaeus Seneca: Epistulae morales ad Lucilium 99,1.

[29] Der stoische Kaiser Marc Aurel hat sechs Kinder verloren und soll sich nur vier Tage Trauer zugestanden haben, war aber im Briefwechsel mit seinem Lehrer Fronto, der den Tod eigener Kinder betrauerte, nicht geneigt, ein strenges Trauerverbot zu verhängen, siehe Marcel van Ackeren: Die Philosophie Marc Aurels. Bd. 1: Textform – Stilmerkmale – Selbstdialog. Berlin, Boston 2011 (Quellen und Studien zur Philosophie, 103), S. 156-157.

[30] Seneca: Epistulae morales ad Lucilium 99, 2.

wirklicht hat. In der stoischen Denkweise hat das Leben – wie der Tod – selbst auch keinen Wert, sondern es kommt nur darauf an, was man aus diesem Leben macht – und das ist bei einem Kind viel unsicherer als bei einem Erwachsenen, der den Pfad der Tugend schon eingeschlagen hat: „Vita nec bonum nec malum est: boni ac mali locus est."[31] Im Gefühlshaushalt des antiken Menschen verdunstete die Potentialität künftiger Lebensoptionen eines Kindes hinter dem stets vor Augen stehenden Risiko, früh zu sterben. Wer nicht ständig im Irrealis leben wollte, tat gut daran auszublenden, was alles aus verstorbenen Kindern hätte werden können. Gewiss: Seneca erweiterte die Rhetorik der Trostgründe, blieb aber ganz im vorchristlichen Empfindungs- und Moralrahmen. In diesem Rahmen ist schiere Potentialität weder wertvoll noch erstrebenswert.

2. Christliche Verjenseitigung

Aurelius Augustinus (354-430) war vor seiner Konversion zum Manichäismus und danach zum Christentum nach eigenem Zeugnis den sinnlichen Genüssen durchaus zugetan. Um 372 – als er 18 Jahre alt war – brachte seine im ganzen Œuvre namenlos bleibende Konkubine einen Sohn, Adeodatus, zur Welt, von dem der Vater sprach mit dem Zusatz: „ex me natu[s] carnaliter de peccato meo", „von mir fleischlich gezeugt durch meine Sünde".[32] Dennoch bereitete dieser Sohn dem Vater viel Freude; er scheint sich durch herausragende geistige Fähigkeiten ausgezeichnet zu haben, die der Vater mit einigem Stolz rühmte, nicht ohne sich durch den Sohn stets wieder an die eigene Sünde erinnert zu fühlen. Gemeinsam mit dem Freund Alypius unterzogen sich Vater und Sohn 387 bei Bischof Ambrosius in Mailand der Taufe: „wir wurden getauft und die Sorge um unser früheres Leben wich von uns" („et baptizati sumus et fugit a nobis sollicitudo vitae praeteritae"). In die Taufgeschichte ist nicht nur die Darstellung von Adeodatus' erstaunlichen Fähigkeiten eingebettet, sondern auch die Erwähnung seines Todes. Während Augustinus später dem Hinscheiden seiner Mutter Monnica breiten Raum gibt, bleibt für das seines Sohnes nur ein einziger Satz: „Rasch hast du [sc. Gott, den Augustinus in den *Confessiones* als Adressat anspricht] sein Leben von der Erde wegberufen, und sicherer erinnere ich mich an ihn, weder etwas fürchtend für sein Knabenalter, seine Jugend noch für den ganzen Menschen." („Cito de terra abstulisti vitam

---

[31] Ebd., 99, 12.
[32] Aurelius Augustinus: Confessiones 9,6.

eius, et securior eum recordor non timens quicquam pueritiae nec adulescentiae nec omnino homini illi.")[33]

Mehr will Augustinus weder über den Tod seines Sohnes noch über seinen Umgang mit diesem Tod verraten. Und doch verdichtet sich in diesem einen Satz ein ganzes Programm des christlichen Umgangs mit dem Kindstod: Entscheidend ist, dass das Kind getauft ist, denn nur so kann es nach der das ganze Mittelalter hindurch weiter ausgefeilten Sakramentslehre überhaupt des Heiles teilhaftig werden.[34] Voraussetzung für die Taufbedürftigkeit ist wiederum die Sündenverfallenheit aller menschlichen Kreatur, einschließlich der Kinder, die Augustinus beileibe nicht für primär unschuldig hält. Im ersten Buch der *Confessiones* ist er im Blick auf seine eigene Kindheitsgeschichte darum bemüht zu zeigen, dass bestenfalls das körperliche Unvermögen von Kindern unschuldig sei, keineswegs aber ihr Geist („ita imbecillitas membrorum infantilium innocens est, non animus infantium").[35] Die „innocentia puerilis" hält er für ein Phantom,[36] und zwar zunächst nicht aus dogmatischer Voreingenommenheit, sondern aus Erfahrung an sich selbst und an seiner Mitwelt. Dass Augustinus diese Erfahrung dann mit Hilfe von Paulus zur Erbsündenlehre systematisiert hat, ist allerdings offenkundig – ebenso, dass der Glaube an die Sündenverfallenheit von Kindern quasi die Verallgemeinerung des individuellen Schicksals von Adeodatus darstellt, der als der in Sünde – nämlich Augustinus' eigener Sünde – Gezeugte eingeführt wird. Dank der *concupiscientia* sollte fortan nach christlicher Theologie jedes Kind als in Sünde gezeugt verstanden werden. Einzige Heilung bietet die Taufe, die Adeodatus zuteil geworden ist, so dass sich der Vater über dessen jenseitiges Leben keine Sorgen zu machen braucht.

Das Schicksal der ungetauften Kinder beschäftigte seither die Vernunft und die Imagination der westlichen Christenheit, galt fortan doch das ungetauft verstorbene Kind als verloren. Diese Lehre bewirkte eine tiefgreifende Verschiebung im abendländischen Gefühls- und Moralhaushalt: Fortan stand nicht etwa das verpasste diesseitige Leben eines Kindes im Mittelpunkt allfälliger Anteilnahme, sondern sein jenseitiges Heil. Man könnte dabei vermuten, dass die drohende Verdammnis das Kinderschicksal erst interessant gemacht hat, während bis dahin der Tod oder das Leben eines Kindes nur in höheren sozialen Schichten über-

---

[33] Ebd.
[34] Vgl. auch Aurelius Augustinus: De civitate dei 21,14.
[35] Augustinus: Confessiones 1,7.
[36] Ebd., 1,19.

haupt Beachtung fand: Wenn am Tod eines Kindes ein ewiges Leben oder eine ewige Verdammnis hängt, verdient es andere Aufmerksamkeit, die freilich gleich wieder abebbt, sobald durch die Taufe für das ewige Leben gesorgt ist. Um die Angst vor der Kinderverdammnis zu beschwichtigen, erfand die mittelalterliche Theologie den *limbus infantium*, die Vorhölle, in der den ungetauft verstorbenen Kinder zwar die Seligkeit der Gottesschau vorenthalten wird, wo sie indes ohne Höllenstrafen ihr jenseitiges Dasein fristen.[37]

In dem einen Satz, den Augustinus dem Sterben seines Sohnes widmet, ist aber nicht nur die Erleichterung darüber spürbar, dass sich Adeodatus mit der Taufe den Eintritt ins Himmelreich gesichert haben dürfte. Viel bemerkenswerter erscheint, dass der Vater die verpassten Lebensoptionen seines Kindes nicht nur nicht beklagt, sondern sich sogar froh darüber zeigt, dass ihm diese Lebensoptionen erspart geblieben sind. Wir haben bei Seneca gesehen, dass er die Potentialität dessen, was aus einem verstorbenen Kind noch alles hätte werden können, gering veranschlagt und sie nicht als Argument für Trauer um das eigene Kind gelten lässt. Augustinus nun steht diese Potentialität sehr deutlich vor Augen, er kann ihr aber nichts Gutes abgewinnen: Sie besteht in mannigfachen Verlockungen und Anlässen zur Sünde, so dass derjenige glücklich zu preisen ist, der kurz nach der Taufe reingewaschen stirbt. Die Potentialität des irdischen Lebens ist nicht nur gleichgültig, sondern negativ: Sie stellt eine Gefahr dar, die zu bannen der Tod bei Adeodatus gerade recht(zeitig) kam. Man darf also postulieren, dass das, was für den modernen Menschen als das Furchtbarste am Tod eines Kindes gilt, nämlich die Nicht-Verwirklichung all dessen, was in ihm angelegt ist, für den christlichen Menschen von der Spätantike bis in die Neuzeit gerade das eigentlich Begrüßenswerte an einem solchen Tode war: Dieser Tod schied die Kinder von der Möglichkeit künftiger Sünde ab, die viel schwerer wog als die Möglichkeit künftiger guter Taten. Denn mehr als ein Himmelreich gab es für niemanden zu gewinnen, und das war den getauften Kindern sicher, während sie in ihrem späteren Leben noch vielfach Gelegenheit erhalten sollten, es zu verspielen. Besser also, man starb, bevor sich solche Gelegenheiten boten.

---

[37] Zur Sozialgeschichte des Limbus und zu den magisch-frommen Tricks, auch für Totgeburten noch die Taufe zur erwirken, siehe Jacques Gélis: Les enfants des limbes. Mort-nés et parents dans l'Europe chrétienne. Paris 2006.

3. Neuzeitliche Metamorphosen

In geradezu idealtypischer Weise verbindet Leone Battista Alberti (1404-1472) in *I libri della famiglia* (1437/41) antike und christliche Motive: Sterben die Kinder frühzeitig, sei es „Pflicht der Väter, sich eher dankbar der vielen Freuden zu erinnern, die ihre Kinder ihnen gewährt haben, als sich darüber zu betrüben, wenn der, der sie dir geliehen hat, sie zur Zeit zurückfordert. Man rühmt die Antwort eines Alten, des Anaxagoras, der […], als er vom Tode seines Sohnes hörte, […] sagte: er habe gewusst, daß er einen sterblichen Menschen gezeugt habe; und es erschien ihm nicht unerträglich, daß einer, der geboren war, um zu sterben, nun den Tod gefunden habe. […] Vielleicht könnte man sogar sagen, daß es einem Vater […] gewiß weit geringeren Kummer verursachen müßte, wenn seine Kinder ohne schlimmere Fehler und ohne zu erfahren, wieviel Leid im Menschenleben ist, sterben. Was für eine Plage ist doch das Leben! Selig, wer so vieler Drangsal entrinnt und im jugendlichen Alter im Hause der Väter in unserm Vaterland seine Tage beschließt.“[38] Der erste Teil dieser Einlassung ist ein Echo aus Plutarchs *Consolatio ad uxorem*: Die Erinnerung an das verstorbene Kind wiegt den Schmerz auf, ja übertrifft ihn. Erinnerung an das vergangene Gute und Schöne ist nach diesem Modell keine Quelle des Verdrusses, sondern ein Mittel der Leidensminderung. Unterstrichen wird Albertis antikisierender Gestus mit dem Hinweis auf einen berühmten, dem Vorsokratiker Anaxagoras zugeschriebenen Ausspruch.[39] Auch das Ende der Einlassung lässt sich als Variation eines vielfach überlieferten, pessimistischen Topos aus der vorchristlichen Antike lesen, wonach es das Beste sei, nicht geboren zu werden, das Zweitbeste aber, möglichst bald zu sterben.[40] Vor allem aber spiegelt sich hierin die von Augustin angestossene christliche Sicht, die mit der Anspielung auf den über das Kinderschicksal bestimmenden Gott deutlich indiziert ist – eine Sicht, die dem irdischen Dasein nichts abzugewinnen vermag und die die Potentialität des künftigen Lebens

---

[38] Leon Battista Alberti: Über das Hauswesen [Della Famiglia]. Übersetzt von Walter Kraus, eingeleitet von Fritz Schalk. Zürich, Stuttgart 1962, S. 47f.

[39] Überliefert bei Valerius Maximus: Dictorum et factorum memorabilium libri 5,10,6.

[40] Theognis 425-428; Sophokles: Ödipus auf Kolonos 1224f.; Plutarch: Consolatio ad Apollonium 27 u. Marcus Tullius Cicero: Tusculanae disputationes 1,48,115; siehe die ausführliche Besprechung des Topos bei Jochen Schmidt: Kommentar zu Nietzsches *Geburt der Tragödie*. Historischer und kritischer Kommentar zu Friedrich Nietzsches Werken, hg. von der Heidelberger Akademie der Wissenschaften. Bd. 1/1. Berlin, Boston 2012, S. 142f.

negativ als permanente Versuchung zur Sünde sieht. Dieser von Alberti reproduzierte Gedanke mag schlecht passen zum modernen Bild von der lebensbejahenden Renaissance; und es ist schwer zu entscheiden, ob er hier nur taktisch agiert, um fromme Leser nicht zu vergrätzen. Unbestreitbar ist aber, dass die verlorenen, positiven Lebensoptionen der früh verstorbenen Kinder gänzlich ausgeblendet bleiben.

Auch nicht ohne klassische Bildungsreminiszenzen kommt Michel de Montaigne (1533-1592) aus, wenn er nach dem Tod mehrerer eigener Kinder anhand der *Metamorphosen* Ovids (VI 304) von Niobe, der stolzen Mutter berichtet, die all ihr Söhne und Töchter verloren hat, bevor sie in einen Fels verwandelt wurde, „pour exprimer cette morne, muette et sourde stupidité qui nous transsit, lors que les accidens nous accablent surpassans nostre portée" („um so die dumpfe, stumme und taube Tumbheit auszudrücken, die uns erfasst, wenn wir Unfälle erleiden, die unser Fassungsvermögen überschreiten").[41] Die verstreuten Äußerungen zum eigenen Verlust klingen nicht danach, als ob sie unter dem Eindruck eines derart niederschmetternden Schlages niedergeschrieben worden wären: „j'en ay perdu, mais en nourrice, deux ou trois, sinon sans regret, au moins sans fascherie" („ich habe zwei oder drei Kinder, freilich im Säuglingsalter verloren, nicht ohne Anteilnahme, aber doch ohne Wut").[42] Nicht einmal über die Anzahl der verlorenen Kinder kann Montaigne genaue Rechenschaft ablegen, was offensichtlich die Nebensächlichkeit der Angelegenheit noch einmal unterstreichen soll. Bezieht sich der „regret" nur darauf, dass die Kinder eben nicht als Erben großgeworden sind, während er den Winzlingen selbst keine Träne nachweint? Oder verbirgt sich hinter der demonstrativen Gleichgültigkeit bei einem Autor, der freimütigste Auskunft über das eigene Befinden verspricht, nun doch, wie manche moderne Interpreten annehmen, eine vom Kindsverlust tief verwundete Seele?[43] Für solche Interpreten ist es offensichtlich nahezu unvorstellbar, dass zu anderen Zeiten tatsächlich ganz anders empfunden worden ist als sie selbst heute empfinden.

Besonders auffällig ist diese Diskrepanz zwischen belegten authentischen Äußerungen und modernen Gefühlsprojektionen bei einem Landsmann von Montaigne, der als Begründer der modernen rationalistischen Philosophie gilt, nämlich bei René Descartes (1596-1650). 1635 hatte ihm eine Magd eine uneheliche Tochter namens Francine gebo-

---

41 Michel de Montaigne: Essais. Texte établi et annoté par Albert Thibaudet. Paris 1950, S. 32 (livre I, chapitre II: De la tristesse).
42 Ebd., S. 83 (livre I, chapitre XIV – in der Ausgabe 1595: chapitre XL).
43 Vgl. z. B. Bakewell, Wie soll ich leben (Anm. 23), S. 184.

ren, die er zwar nicht offiziell legalisiert zu haben scheint, die er aber zusammen mit der Mutter als angebliche junge Verwandte bei sich wohnen ließ, bevor sie 1640 starb. Es liest sich nun wie eine Rache der Interpreten an ihrem scheinbar so durch und durch von Rationalismus beseelten Protagonisten, wenn sie ihre eigenen Emotionserwartungen auf ihn projizieren. So wird beispielsweise behauptet, Descartes habe sich dank seiner Tochter, ihrer Geburt und ihres Todes intellektuell völlig neu orientiert und sei erst dadurch zum metaphysischen Denker geworden.[44] Das Zeugnis, das wir von seiner angeblich so großen und herzzerreisenden Trauer haben, ist derart dürftig, dass damit verglichen der eine Satz, den Augustinus dem Tod seines eigenen Kindes der Sünde widmet, geradezu ausschweifend geschwätzig wirkt. Dieses Zeugnis findet sich in einem Brief an Alphonse de Pollot von Mitte Januar 1641, der dem Adressaten zum Tode seines Bruders kondoliert und ihm deutlich machen will, dass dieser Verlust nicht schwerer wiege als der früher von ihm bereits erlittene Verlust einer Hand.[45] Gefühls- und geschlechtergeschichtlich interessant ist an dem Schreiben vielleicht auch, dass Descartes Pollot sehr wohl Trauer und Tränen zugesteht, die keineswegs nur für Frauen reserviert zu sein bräuchten. In diese allgemeinen Erörterungen flicht er eine persönliche Bemerkung ein: „J'ay senty depuis peu la perte de deux personnes qui m'estoient très-proches, & i'ay éprouué que ceux qui me vouloient deffendre la tristesse, l'irritoient".[46] Wer die beiden so nahen Personen sind, erfährt der Empfänger des Briefes nicht – neben der Tochter war Descartes' Vater im Vorjahr verstorben –, ebensowenig wie heutige der Leser Spezifisches über die Trauer um das eigene Kind im Unterschied zur Trauer um den Vater.

Der Brief scheint im 17. Jahrhundert überhaupt das Medium der sporadischen Auseinandersetzung der Philosophen mit dem Kindstod gewesen zu sein. Die Würde eines Abhandlungsgegenstandes erreichte das Thema jedenfalls auch beim kinderlosen Baruch de Spinoza (1632-1677) nicht, der sich am 20. Juli 1664 brieflich an Peter Balling wandte. Dieser

---

[44] Russell Shorto: Descartes' Bones. A Skeletal History of the Conflict Between Faith and Reason. New York 2008. Die Phantasmagorien, die moderne Interpreten an die Anekdote knüpfen, Descartes habe auf seiner Überfahrt nach Schweden 1649 eine täuschend lebensechte Automaten-Francine dabeigehabt, die schließlich der Kapitän über Bord zu werfen befahl, will ich hier nicht erörtern: Sie verraten nichts über Descartes und seine Tochter, umso mehr aber über die Befindlichkeit ihrer modernen Interpreten.

[45] René Descartes: Œuvres. Publiées par Charles Adam et Paul Tannery. Bd. 3: Correspondance, janvier 1640 à juin 1643. Paris 1899, S. 278-280, hier S. 279.

[46] Ebd., S. 278f.

hatte sein Kind verloren und war davor schon von düsteren Vorahnungen heimgesucht worden. Eingangs macht sich Spinoza sichtlich Sorgen um das Befinden des Freundes, obwohl er ihn doch eigentlich philosophisch gegen die Unbillen des Schicksals oder vielmehr der Meinung dieser Zeit gerüstet weiß.[47] Dann aber geht er nicht auf Ballings Verlusterfahrung ein und verweigert sich der landläufigen Kondolenzrhetorik. Stattdessen liefert er eine Erörterung der Psychologie von Vorahnungen,[48] die ihn nicht gerade als empathischen Teilhaber am Leiden anderer ausweist.

Auch nicht an emotionaler Teilhabe ist John Locke (1632-1704) interessiert, wenn er im *Essay concerning Human Understanding* (1690) von falschen, aber habitualisierten Verbindungen zwischen Vorstellungen (*ideas*) handelt: „Hat sich eine solche Verbindung befestigt, so kann die Vernunft, so lange jene währt, nicht helfen und sich von deren Einwirkung befreien; die Vorstellungen der Seele wecken einander, wenn sie entstehen, ihrer Natur und den Umständen gemäss. Hier zeigt sich der Grund, weshalb die Zeit manche Gemüthsbewegungen beseitigt, worüber die Vernunft trotz ihres anerkannten Rechtes dazu, keine Macht hat, und sie selbst bei Denen nicht überwinden kann, die in andern Fällen auf sie zu hören geneigt sind. Der Tod eines Kindes, an welches der Mutter Augen sich täglich erfreuten, und was die Lust ihrer Seele war, entzieht ihr allen Genuss des Lebens und stürzt sie in alle erdenkbaren Qualen. Man versucht es in solchem Falle mit den Tröstungen der Vernunft; aber man könnte ebenso gut Jemandem auf der Folter predigen, und glauben mit Gründen der Vernunft seine Schmerzen lindern zu können, wenn ihm die Beine auseinander gerissen werden. So lange nicht die Zeit das Gefühl dieser Lust und ihres Verlustes von der in das Gedächtniss zurückkehrenden Vorstellung des Kindes dadurch, dass diese Verbindungen überhaupt in der Seele nicht mehr auftreten, getrennt hat, sind alle Vorhaltungen, selbst die vernünftigsten, vergebens. Deshalb verbringen Die, bei denen dieses Band zwischen beiden Vorstellungen sich niemals löst, ihr Leben in Trauer und tragen ihren unheilbaren Kummer bis in's Grab."[49] Locke

---

[47] Baruch de Spinoza: Epistola XXX (nach neuer Zählung: Epistola 17). In: Der Briefwechsel des Spinoza im Urtexte hg. mit einer Einleitung über dessen Leben, Schriften und Lehre versehen von Hugo Ginsberg. Leipzig 1876, S. 73-75, hier S. 73.

[48] Zu der dahinterstehenden Konzeption sehr klar Wolfgang Bartuschat: Spinozas Theorie des Menschen. Hamburg 1992, S. 289f.

[49] John Locke: Versuch über den menschlichen Verstand. In vier Büchern. Übersetzt und erläutert von Julius Heinrich von Kirchmann. Bd. 1. Berlin 1872, S. 426f. (2. Buch, 33. Kapitel, § 13).

versucht also für jenen etwa von Servius Sulpicius im Trostbrief an Cicero gemachten Befund, wonach die Zeit den Schmerz lindern werde, eine bewusstseinsanalytische Erklärung zu finden. Dieser Befund trifft demnach nur zu, wenn die Vorstellung von lustvollem Wohlgefallen am noch lebenden Kind und die Vorstellung der Trauer über den Kindstod im Laufe der Zeit voneinander entkoppelt werden; hält hingegen die Verbindung der Vorstellungen, an, tut es auch das mütterliche Leiden. Für die Entwicklung des Frauen-Rollenbildes ist es typisch, dass auch hier (wie beispielsweise bereits bei Plutarch) die Mutter und nicht der Vater selbstverständlich als Trauernde auftritt. Immerhin kann Locke die mütterliche Trauer um das tote Kind als so selbstverständlich darstellen, dass sie als Anwendungsfall im Rahmen seiner Bewusstseinsanalyse ohne weitere Umschweife eingebracht werden kann: Offensichtlich verstand sich – entgegen der Vernachlässigungsthese von Ariès u. a. – für Lockes zeitgenössische Leser diese Trauer von selbst und wurde nicht als unerhörtes Phänomen wahrgenommen.

Im 18. Jahrhundert verbreitete sich der Strom literarischer Zeugnisse zum Kindstod kontinuierlich, um dann in der Debatte um den Kindsmord im Sturm und Drang zur Springflut anzuwachsen.[50] Diese wohlbekannte Auseinandersetzung will ich hier nicht aufarbeiten, auch nicht die Vorschläge zur Verbesserung der Lebenssituation der Mütter, die versucht waren, ihre Kinder umzubringen oder auszusetzen, oder die

---

[50] 1780 löste die in den von Isaak Iselin herausgegebenen *Ephemeriden der Menschheit* (2. Band: Julius bis Dezember 1780, S. 610-614) ausgelobte Preisfrage, wie dem Kindsmord abzuhelfen sei, ohne die Unzucht zu begünstigen, ein ungeheures Echo aus und provozierte bei einem Preisgeld von 100 Dukaten über 400 Zuschriften mit häufig sozialreformerischen Vorschlägen. Eine Übersicht über die Debatte und ein repräsentativer Antwortvorschlag sind abgedruckt in: Anne Conrad/Kerstin Michalik (Hg.): Quellen zur Geschichte der Frauen. Bd. 3: Neuzeit. Stuttgart 1999 (Reclams Universal-Bibliothek, 17024), S. 120-124, zur Interpretation siehe Michael Niehaus: Wie man den Kindermord aus der Welt schafft. Zu den Widersprüchen der Regulierung. In: Maximilian Bergengruen/Johannes Lehmann/Hubert Thüring (Hg.): Sexualität – Recht – Leben. Kunst und Wissenschaft um 1800. Paderborn, München 2005, S. 21-41, sodann Kirsten Peters: Der Kindsmord als schöne Kunst betrachtet. Eine motivgeschichtliche Untersuchung der Literatur des 18. Jahrhunderts. Würzburg 2001 (Epistemata. Reihe Literaturwissenschaft, 350). Vgl. ferner die Beiträge in: Frank Häßler/Renate Schepker/ Detlef Schläfke (Hg.): Kindstod und Kindstötung. Berlin 2008. Nach den dort gemachten Angaben sind übrigens noch heute „etwa 5% der plötzlich verstorbenen Säuglinge Opfer einer Tötung" (S. 166. Ebd., S. 227 wird sogar die Zahl von 11% genannt). Einige kulturgeschichtlich aufschlussreiche Informationen finden sich auch in Marita Metz-Becker (Hg.): Kindsmord und Neonatizid. Kulturwissenschaftliche Perspektiven auf die Geschichte der Kindstötung. Marburg 2012, allerdings kaum unter Bezug auf die Preisfrage von 1780.

allmähliche Humanisierung des Strafrechts bei Kindsmord,[51] sondern mich angesichts der Fülle in radikaler Selektion üben.

Jenseits aller philosophischen Reflexion fällt zunächst einmal auf, dass der Kindstod im Zeitalter der Aufklärung selbstverständlich in öffentlichen Diskursen präsent ist. Das gilt selbst bei eigens für die Jugend präpariertem Lesestoff. Im *Geschenk für die Jugend auf das Jahr 1782*, einer einschlägigen, moderat-aufklärerischen Anthologie mit Gedichten und kurzen Prosatexten, wird beispielsweise gleich zu Beginn in einem Lehrer-Schüler-Dialog die Möglichkeit, dass ein erkrankter Freund sterben könnte, unverhohlen angesprochen,[52] sodann die lange „Rede eines Vaters bey der Leiche seines sechsjährigen Sohns an die versammelten Gespielen desselben" abgedruckt,[53] worauf ein Gedicht „Auf den Sarg der Luisa Magdalena Lavater" von ihrem Vater Johann Caspar Lavater folgt.[54] Heu-

---

51 Diese Humanisierung wurde schon früh durchaus kritisch gesehen, so in einer Monografie, die ich angesichts ihrer Plagiierungsrate unter neueren Arbeiten ein Standardwerk zur Rechtsgeschichte des Kindsmords nennen würde, wäre sie nicht von meinem Urgroßvater geschrieben worden: Julius Wehrli: Der Kindsmord. Dogmatisch-kritische Studie unter Berücksichtigung des französischen und schweizerischen Rechts. Inaugural-Dissertation der hohen Juristischen Fakultät Bern Anfangs April 1888. Frauenfeld 1889, S. 161f.: „Ist man aber darüber einig, eine Privilegirung in der Tat eintreten zu lassen, so verlangt freilich die Gerechtigkeit, dass man in der Milde doch nicht allzuweit gehe. Es ist daran festzuhalten, dass es sich immerhin um ein Tötungsverbrechen handelt, und zwar um ein solches, das von einem Ascendenten an seinem leiblichen Verwandten verübt wird und deshalb niemals mit Verbrechen gegen die Vermögensrechte auf eine Linie gestellt und wie diese bestraft werden kann. / Es sei ferne von uns, im allgemeinen gegen die Humanität aufzutreten, welche als Haupterrungenschaft des modernen Kriminalrechts angesehen werden muss; aber ebenso sehr wie übertriebener Rigorismus ist zu brandmarken die im Gewande der Milde auftretende weichliche Philantropie [sic], die den Verbrecher verhätschelt, ohne sich dessen gewiss zu werden, dass allzugrosse Humanität, die man dem Übeltäter entgegenbringt, sich sofort in Rücksichtslosigkeit und Brutalität verwandelt, sobald wir das Opfer der Tat, welches damit allen Angriffen schutzlos preisgegeben wird, näher ins Auge fassen. Es wäre in der Tat ein schwerer Irrtum, die Konnivenz gegen den Mord und das Verbrechen im allgemeinen für Menschlichkeit zu halten; vor die Wahl gestellt zwischen rücksichtsloser Strenge und empfindelnde Billigkeit, würden wir der erstem weitaus den Vorzug geben, da sie viel mehr Garantien für eine gesunde Entwickelung des Rechtslebens bietet."

52 [Johann Friedrich Stein/Andreas Ulrich?] (Hg.): Geschenk für die Jugend auf das Jahr 1782. Straßburg: J. F. Stein, Buchhändler an der Schloßergaße [1781] = Taschenbuch für Kinder und junge Leute. Straßburg: Joh. Friedrich Stein, Buchhändler [1781], S. 16.

53 Ebd., S. 150-156. Die Seele des kleinen Verstorbenen sei unsterblich und gehe einem besseren Leben entgegen. Sein eigenes Leiden thematisiert der Vater mit keinem Wort.

54 Ebd., S. 156f. Lavater beschwört die Liebe Gottes und die Unschuld seiner einjährig verstorbenen Tochter.

tige Leser verblüfft, wie selbstverständlich in der Jugendliteratur das Thema Kindstod behandelt wird – und eine welch geringe Rolle darin das
Leiden der Angehörigen, namentlich der Eltern spielt. Entsprechend un-
terkühlt wirkende Bemerkungen findet man auch in Kontexten, die keine
pädagogischen (und allenfalls sozialdisziplinatorischen) Rücksichten ver-
langten, beispielsweise in Georg Christoph Lichtenbergs (1742-1799) Su-
delbüchern: „Wenn ich einen Nagel einschlage, nur um etwas anzuheften,
so denke ich immer, was wird geschehen, ehe ich ihn wieder herausziehe.
Es ist gewiß hierin etwas. Ich heftete den Pappdeckel im November an
mein Bett an, und ehe ich den Nagel noch herauszog, war mein vortreff-
licher Freund Schernhagen in Hannover, und eines meiner Kinder gestorben, und die italienische Reise zu Wasser geworden."[55]
Ganz anders klingen da jene von Heinrich Heine in *Zur Geschichte der
Religion und Philosophie in Deutschland* (1834) zitierten, „gräßlich witzigen
Worte",[56] die Gotthold Ephraim Lessing (1729-1781) seinem Freund Johann Joachim Eschenburg am 31. Dezember 1777 nach dem Tod seines
Kindes bei der Geburt schrieb: „ich verlor ihn so ungern, diesen Sohn!
denn er hatte so viel Verstand! so viel Verstand! – Glauben Sie nicht, daß
die wenigen Stunden meiner Vaterschaft mich schon zu so einem Affen
von Vater gemacht haben! Ich weiß, was ich sage. – War es nicht Verstand, daß man ihn mit eisern Zangen auf die Welt ziehen mußte? daß er
sobald Unrath merkte? – War es nicht Verstand, daß er die erste Gelegenheit ergriff, sich wieder davon zu machen? – Freylich zerrt mir der kleine
Ruschelkopf auch die Mutter mit fort! – Denn noch ist wenig Hoffnung,
daß ich sie behalten werde. – Ich wollte es auch einmal so gut haben wie
andere Menschen. Aber es ist mir schlecht bekommen."[57] Für Heine ist es
1834 „herzzerreißend, […] wie das Schicksal auch jede Freude diesem
Manne versagt hat und wie es ihm nicht einmal vergönnte, in der Um-
friedung der Familie sich von seinen täglichen Kämpfen zu erholen".[58]
Sicher kann man sich fragen, ob dieses Idealbild eines Familienidylls
nicht eine biedermeierliche Rückprojektion darstellt, die Lessings eigene

---

55 Georg Christoph Lichtenberg: Schriften und Briefe. Hg. von Wolfgang Promies.
    Bd. 2: Sudelbücher II. Frankfurt/M. 1994, S. 178 (H 11).

56 Heinrich Heine: Zur Geschichte der Religion und Philosophie in Deutschland.
    In: ders.: Werke und Briefe in zehn Bänden. Hg. von Hans Kaufmann. Bd. 5.
    Berlin, Weimar 1972, S. 253.

57 Gotthold Ephraim Lessing: Sämtliche Schriften. Hg. von Karl Lachmann. Drit-
    te, aufs neue durchgesehene und vermehrte Auflage, besorgt durch Franz
    Muncker. Bd. 18. Leipzig 1907, S. 259.

58 Heine, Zur Geschichte der Religion und Philosophie (Anm. 56), S. 253.

Bedürfnislage nur unvollkommen wiedergibt. Im Brief an Eschenburg dominiert jedenfalls jene alte pessimistische, dann christlich universalisierte Gedankenfigur, wonach dieses Leben nicht gelebt zu werden lohnt. Allerdings wird man die selbstquälerisch-sarkastische Brechung dieser Gedankenfigur nicht überhören, denn Lessing selbst scheint, wie der Schlusssatz belegt, bis jetzt sehr wohl an die Möglichkeit und Wünschbarkeit irdischen Wohlergehens geglaubt zu haben und erst unter dem Eindruck des Todes daran irre zu werden. In Lessings brieflichem Abschied von seinem Sohn persistiert also bei aller bemüht bitter-ironischen Distanzierung noch immer die altabendländische Erwartungshaltung an das Leben und an den Tod – nämlich von ersterem nichts, von letzterem hingegen alles zu erhoffen. Dass dies vor allem dem momentanen psychischen Selbstschutz des Vaters dient und keineswegs dessen generelle Präferenz für eine christliche Jenseitsorientierung indiziert, versteht sich fast von selbst. Bemerkenswert ist aber doch, dass nicht einmal ein Lessing das Modell vom Leben, das sich nicht zu leben lohnt, umzustoßen bereit ist, wenn das Eigene auf dem Spiel steht. Als Haltung bleibt in der Betrübnis ein entdogmatisierter Rest-Stoizismus.

Auf solchen Rest-Stoizismus lässt sich Voltaires kurze Erzählung *Les deux consolés*, 1756 erstmals erschienen, nicht festlegen. Sie handelt von einem Philosophen namens Citophile, der sich zuerst als Tröster einer untröstlichen Dame aufspielte, bis er selbst Opfer eines Schicksalsschlages wurde: „Tags darauf verlor der Philosoph seinen einzigen Sohn und war an dem Punkt, Kummers zu sterben."[59] Der Vergleich mit anderen Persönlichkeiten, die ebenfalls ihre Kinder verloren haben, linderte seine Trauer nicht. Nach drei Monaten trafen Citophile und die Dame erneut aufeinander „und staunten, einander bei gutem Humor zu finden. Da ließen sie der ZEIT ein schönes Denkmal errichten mit der Inschrift: DER TRÖSTERIN."[60] Das Tröstungsmittel ist hier noch immer das altbekannte, aber der Kindstod – zumindest der Tod des einzigen Sohnes – rückt doch selbst bei einem erklärten Philosophen zu einem Leiden eigener Prominenz auf.

Im Jahrhundert der Aufklärung gibt es gelegentlich auch Texte, die eine andere Tonart anschlagen. Am 8. Dezember 1791 schrieb Johann Georg Schlosser (1729-1799) an Georg Forster: „Ueber meinen Tod [...] will ich mit jedermann mit Wohlgefallen philosophiren; aber über den Tod meiner Kinder und Derjenigen, die ich liebe, habe ich's nicht so

---

[59] Voltaire: Erzählungen. Hg. von Martin Fontius. Berlin 1981, S. 162.
[60] Ebd.

weit gebracht, will's auch nicht so weit bringen."[61] Mit diesem Satz und dem nachfolgenden Eingeständnis, dass er zwar den eigenen Tod nicht scheue, aber doch, diejenigen entbehren zu müssen, die ihn „am lebhaftesten und wärmsten fühlen machen", eröffnet Schlosser eine Beileidsbekundung, die sich stark von dem unterscheidet, was wir bei Seneca, bei Plutarch, bei Descartes oder bei Spinoza zu lesen bekommen: „Der Tod Ihres Kindes ist mir [...] um Ihrer selbst willen schwer auf gefallen." Denn Schlosser geht von einem tiefgreifenden Mit-Leiden des Vaters mit seinem Kind aus: „solch ein Geschöpfchen so leiden zu sehen!" Nach einer dann recht ausführlich entwickelten, an Francis Hutcheson erinnernden Theorie der universellen Empathie stehen wir in einem emotional „innigen Zusammenhang mit anderen Wesen".[62] Entsprechend scharf weist Schlosser „die egoistische Philosophie der Stoa und die organische der Helvetius'e *etc.*"[63] zurück, denn offensichtlich gibt es keine Möglichkeit, sich wirklich vom Leiden anderer abzusondern. „Unsere Theilnahme an Andern ist zu innig, als daß sie gelernt oder durch Erziehung, Art, Menschenwerk könnte erzeugt worden sein". Die Emotionalität als solche wird zu einem Wert: „ich liebe Sie um der Schmerzen willen, welche Sie um Ihr Kind gelitten haben und würde mich hassen, wenn ich nur den Gedanken mir einfallen ließe, daß ich weiser sein würde, wenn ich mich für einen solchen Schmerz unzugänglich machte." [64]

Der Brief Schlossers an Forster ist ein kapitaler Beleg für die Aufwertung des Gefühls im Umgang mit dem Kindstod am Vorabend der Romantik. Das Gefühl, nämlich das Mit-Leiden mit dem verstorbenen Kind, avanciert zur zentralen Kriterium des fortan für angemessen gehaltenen Umgangs mit dem Kindstod: Wer mit seinem sterbenden Kind nicht mitlitte, wer nicht zutiefst in Mitleidenschaft gezogen wäre, erschiene in Schlossers Augen als Soziopath. Schlossers Brief kündigt die Etablierung eines neuen, in Europa wenigstens dominant werdenden Musters im Umgang mit dem Kindstod an, nämlich die schrankenlose Emotionalisierung dieses Geschehens. Alle Tröstungsstrategien und Leidverwindungstechniken, die Religion und Philosophie über zwei

---

[61] Johann Georg Schlosser: Brief an Georg Forster, Karlsruhe, 8. Dezember 1791. In: Georg Forster: Werke. Sämtliche Schriften, Tagebücher, Briefe. Bd. 18: Briefe an Forster. Hg. von der Akademie der Wissenschaften der DDR. Berlin 1982, S. 473-476, hier S. 473. Für den Hinweis auf diese wichtige Quelle danke ich Franca Victoria Schankweiler.

[62] Ebd.

[63] Ebd., S. 474.

[64] Ebd.

Jahrtausende lang mühsam implementiert hatten, verdampfen in der Gluthitze des absoluten Gefühlsgebots, das nun die Oberhand gewinnt und bis in die Gegenwart den Umgang mit dem Kindstod bestimmt: Eltern, die den Tod ihres Kindes nicht für das schlimmste in ihrem Leben mögliche, sie innerlich am tiefsten betreffende Übel halten, werden nicht – wie das Seneca getan hätte – um ihrer Seelengröße willen gerühmt, sondern gelten als moralische Ungeheuer.

Begleitet wird bei Schlosser die Theorie universeller Empathie von einer neuen Beurteilung der dem Kind todeshalber verschlossenen Lebensoptionen: „So wenig es Ihnen noch war, so viel konnte es sein und werden.“[65] Man übertreibt nur wenig, wenn man diesen Satz als *die* Gegenformel zu Augustinus' Erleichterung über das frühe Sterben seines Sohnes identifiziert: Für das moderne Bewusstsein rückt das ins Zentrum, was das Kind seines frühen, jetzt als verfrüht empfundenen Todes wegen alles verpasst hat. Nun werden die entgangenen Lebensoptionen aufgerechnet; an die Stelle der elterlichen Erleichterung über die dank des Todes verpassten Gelegenheiten zur Sünde tritt nun der Gram über verpasste Gelegenheiten zur Selbstverwirklichung.

Indes hat sich der neue Umgang mit dem Kindstod keineswegs gleich flächendeckend durchgesetzt. Im 19. Jahrhundert wurde der romantische Überschwang, womöglich wider Erwarten, nicht allbeherrschend. Ralph Waldo Emerson (1803-1882) entwickelt – natürlich ohne Schlossers Brief zu kennen – sogar ein eigentliches Gegenmodell zur Theorie universeller Empathie, wenn er postuliert, dass die Seele niemals ihre Gegenstände berühre, niemals zu den Dingen selbst, damit auch nicht zu den anderen Menschen vorstoße: „People grieve and bemoan themselves, but it is not half so bad with them as they say. […] In the death of my son, now more than two years ago, I seem to have lost a beautiful estate, – no more. I cannot get it nearer to me. If tomorrow I should be informed of the bankruptcy of my principal debtors, the loss of my property would be a great inconvenience to me, perhaps, for many years; but it would leave me as it found me, – neither better nor worse. So is it with this calamity: it does not touch me“.[66] Dem Vergleich zwischem dem Verlust eines Kindes und dem Verlust eines Besitztums sind wir bereits bei Plotin begegnet, der sich freilich noch alle Mühe gab, die vernünftige, angeblich eigentliche Natur des Menschen vor den Affekt der Trauer sicherzustellen, die sich im unvernünftigen Wurmfortsatz der Seele

---

[65] Ebd., S. 473.
[66] R[alph] W[aldo] Emerson: Essays. Second Series [1844]. Second Edition. Boston 1856, S. 52f.

austoben darf. Bei Emerson hingegen steht die Behauptung – und zwar ganz kontradiktorisch zur romantischen Inbrunst – dass die Trauer wie überhaupt alles, was von außen kommt, die Seele eigentlich nicht berührt. Er bedarf offenbar keiner Stählung durch stoische Trotztechniken; er scheint von Natur unempfindlicher als es die Romantiker von Schlosser bis Rückert zu sein vorgeben. Heutigen Lesern, eingeübt in schrankenloser Emotionalisierung, kommt Emersons Vergleich zwischen Landguts- und Kindsverlust zynisch vor – so sehr Kind und Landgut zunächst beide eine ökonomische Ressource darstellen mögen. Wer wird heute dagegen nicht seine moralische Entrüstung aufpeitschen, um als tadelloser Gefühlsmensch durchzugehen?[67] Eine völlig andere Sprache als in seinem Essay spricht Emerson übrigens in seinem Gedicht *Threnody*, das er kurz nach dem Tod seines fünfjährigen Sohnes an Scharlach 1842 zu schreiben begonnen hatte, und das eine tiefe Verzweiflung zu artikulieren scheint: „The South-wind brings / Life, sunshine and desire, / And on every mount and meadow / Breathes aromatic fire; / But over the dead he has no power, / The lost, the lost, he cannot restore; / And, looking over the hills, I mourn / The darling who shall not return. // I see my empty house […] / The favor of the loving Day, – / Has disappeared from the Day's eye / […] Nature, who lost, cannot remake him; / Fate let him fall, Fate can't retake him; / Nature, Fate, men, him seek in vain."[68] Man könnte argumentieren, die Lyrik gebe einen viel unmittelbareren Einblick in das Gefühlsleben als die Essays, in denen der Philosoph in weiser Gefasstheit aufzutreten habe. Gedichte wären dann authentische Zeugnisse innerer Befindlichkeiten. Die umgekehrte Argumentation scheint mir jedoch plausibler: Die lyrische Form erzeugt gerade im 19. Jahrhundert Fühlzwänge, die dem lyrischen Ich eine di-

---

[67] Es wäre eigener Überlegungen wert, warum gerade im englischen Sprachraum Mitte des 19. Jahrhunderts kühle Distanz zum Gefühlsüberschwang in Fragen des Kindstods anhält, vgl. William Makepeace Thackeray: Vanity Fair or A Novel without a Hero [1847/48]. In: ders.: The Works. Bd. 1. London, Edinburgh, New York 1899, S. 685f. (Chapter 61): „Which of the dead are most tenderly and passionately deplored? Those who love the survivors the least, I believe. The death of a child occasions a passion of grief and frantic tears such as your end, brother reader, will never inspire. The death of an infant which scarce knew you, which a week's absence from you would have caused to forget you, will strike you down more than the loss of your closest friend or your first-born son, a man grown like yourself, with children of his own. We may be harsh and stern with Judah and Simeon, our love and pity gush out for Benjamin, the little one."

[68] Ralph Waldo Emerson: Poems. Boston, New York 1904 (The Complete Works. Concord Edition, 9), S. 148f. Den Hinweis auf Emersons Gedicht verdanke ich Denis Forasacco.

stanzierte Haltung geradezu verbieten und pathetisches Weherufen verlangen, wenn der Tod eines Kindes zu beklagen ist. Womöglich verrät die emotional weniger hochgepuschte und dadurch weniger reglementierte Essay-Prosa wesentlich mehr über Verfasser-Befindlichkeiten als es Gedichte vermögen.

Ein Aufrechnen von positiven und negativen Aspekten des Kinderhabens, wie es der zu seiner Zeit hochberühmte Philosoph des „Unbewussten", Eduard von Hartmann (1842-1906) unzimperlich unternahm, um dabei zu einem durchgehend negativen Resultat zu gelangen, würde heute wegen akuter politischer Unkorrektheit und seelischer Grausamkeit als eklatant elterngefährdend eingestuft. Solange man noch darf, zitiere ich ihn trotzdem: „Vergleicht man […] die Freuden einerseits und den Kummer, Aerger, Verdruss und Sorgen andererseits, welche Kinder den Eltern bringen, so dürfte das Ueberwiegen der Unlust wohl kaum zweifelhaft sein, wenn auch das vom Instinct beeinflusste Urtheil sich dagegen sträubt, besonders bei Frauen, bei welchen der Instinct zum Kinderaufziehen viel stärker ist. / Man vergleiche vorerst die Summe der Freude, welche durch die Geburt, und die Summe des Schmerzes und Kummers, welche durch den Tod eines Kindes in den Gemüthern sämmtlicher Betheiligten hervorgerufen wird. Erst nach Anrechnung des hierbei sich ergebenden Schmerzüberschusses kann man an die Betrachtung ihres Lebens selbst gehen. […] In der ersten Zeit überwiegt die Unbequemlichkeit und Schererei der Pflege, dann der Aerger mit den Nachbarn und die Sorge um Krankheiten, dann die Sorge, die Töchter zu verheirathen und der Kummer über die dummen Streiche und Schulden der Söhne; zu alledem kommt die Sorge der Aufbringung der nöthigen Mittel, die bei armen Leuten in der ersten, bei gebildeten Classen in den späteren Zeiten am grössten ist. Und bei aller Arbeit und Mühe, allem Kummer und Sorge und der steten Angst, sie zu verlieren, was ist das reelle Glück, das die Kinder dem bereiten, der sie hat? Abgesehen von dem Zeitvertreib, den sie als Spielzeug gewähren, und von der gelegentlichen Befriedigung der Eitelkeit, durch die heuchlerische Schmeichelei der gefälligen Frau Nachbarin, – die Hoffnung, nichts als die Hoffnung auf die Zukunft. / Und wenn die Zeit kommt, diese Hoffnungen zu erfüllen, und die Kinder nicht vorher gestorben und verdorben sind, verlassen sie das elterliche Haus und gehen ihren eigenen Weg."[69] Vergebliche Hoffnung auf das, was aus den Kindern werden kann: Das ist die höhnische Karikatur jenes so hehren Motivs der Potentialität des Kinderlebens, aus dem

---

[69] Eduard von Hartmann: Philosophie des Unbewussten. Zweite vermehrte Auflage. Berlin 1870, S. 606f.

dereinst alles werden könne. Hartmanns Quintessenz: Auch wenn die Kinder überleben, wird meist nichts daraus – jedenfalls nichts, was bei den Eltern positiv zu Buche schlägt.

4. Unvorgreifliche Generalisierungen

Auf den allerletzten Seiten von Anatole Frances (1844-1924) Roman *Le crime de Sylvestre Bonnard, membre de l'Institut* zieht sich die titelgebende Hauptfigur aufs Land zurück und genießt da im Kreis seiner Lieben einen beschaulichen Lebensabend. Sein ehemaliges Mündel und sein Schüler erfreuen sich einer reinen, ehelichen Liebe und haben einen Sohn, nach dem alten Mann „Sylvestre" benannt. „Le petit Sylvestre n'avait rien d'extraordinaire."[70] Und stirbt doch bald. „Pauvre Jeanne, pauvre mère! / Je suis trop vieux pour rester bien sensible, mais, en vérité, c'est un mystère douloureux que la mort d'un enfant."[71] Der Junge verschwindet so schnell wie er aufgetaucht ist. Die Schilderung dieses Kindstodes ragt in die alte Welt hinein, in der ein Kindstod nur ein Faktum unter anderen war – keineswegs ein Geheimnis –, und weist in eine Zukunft voraus, in der dieser Tod völlig unverständlich und untolerierbar geworden ist, ein „mystère douloureux", ein „schmerzliches Geheimnis".

„Geheimnis" klingt noch verhalten positiv – so, als ob wenigstens ein Gott die Lösung dafür bereithielte. Im 20. und 21. Jahrhundert haben sich in säkularen Kreisen derartige Hoffnungen verflüchtigt. Der Tod eines Kindes, der im klassisch christlichen Weltinterpretationsrahmen kaum kritische Theodizee-Fragen provoziert hat, ist nun für die immer weniger werdenden Betroffenen und für das teilnehmende Publikum ein starker Grund, nicht an die Existenz eines gütigen Gottes zu glauben. Jetzt müsste Gott, wenn es ihn gäbe, wegen des Sterbens von Kindern vor das Tribunal der individuellen Gefühle gezerrt werden. Dennoch bleibt in der Moderne eine ausgedehnte intellektuelle Kindstoddebatte aus, denn das Problem ist in Europa und den USA zu partikular geworden, betrifft es dank markant verbesserter sozialer und medizinischer Rahmenbedingungen jetzt im Unterschied zu früher doch nur noch sehr wenige Eltern. Gleichwohl gilt heute der Tod des eigenen Kindes als das Schlimmste, was einem Menschen überhaupt im Leben widerfahren kann.

---

[70] Anatole France: Le crime de Sylvestre Bonnard, membre de l'Institut [1881]. Paris o. J., S. 321.
[71] Ebd., S. 322.

Unser Gang in die Geschichte des Denkens hat die historisch-kulturelle Variabilität der Trauer um den verstorbenen Nachwuchs augenfällig gemacht und lässt offen, in welchem Maße solche Trauer zum biologischen Programm von Hominiden gehört. ‚Früher‘ war der Kindsverlust ein Verlust unter anderen, auf einer Linie mit dem Verlust etwa des Vaters (Descartes), der Hand (Spinoza) oder eines Landgutes (Plotin und Emerson). ‚Heute‘ hingegen ist man zu behaupten geneigt, der Kindsverlust sei ganz und gar unvergleichlich. Diese Unvergleichlichkeitsbehauptung indiziert einerseits eine Veränderung im abendländischen Moralhaushalt, andererseits hängt sie anscheinend auch mit der durch die Abnahme der Kindersterblichkeit objektiv viel größer gewordenen Seltenheit des Ereignisses zusammen. Was selten ist, muss besonders, herausgehoben, exklusiv, ja wertvoll sein – und sei es im Negativen. Hinter der werthierarchischen Exklusivstellung des Kindstodes in der Moderne könnte seine Seltenheit stehen. Diese Seltenheit macht den Kindstod zum schlimmsten aller Übel. Ermöglicht sie nicht es den meisten Menschen, sich glücklich zu schätzen, weil sie von diesem Übel verschont geblieben sind?

Ein alternativer Erklärungsansatz, warum im westlichen Moralhaushalt der Kindstod zum schlimmstmöglichen Übel geworden ist, wird darauf abheben, dass wir im Unterschied zu früher zu glauben pflegen, dass in unseren Kindern etwas Eigenes stirbt. Glauben wir das, weil wir heute bei all den Möglichkeiten, die wir als Multioptionsmenschen haben, faktisch die meisten dieser Möglichkeiten unrealisiert lassen und sie deshalb auf unsere Kinder projiizieren? Früher hingegen konnten die meisten Kinder bestenfalls nur die Möglichkeiten realisieren, die ihre Eltern bereits realisiert hatten, wurden Bauern wie ihre Eltern, oder Gerber, oder Schneider. Nur unter Adligen und Großbürgern war das partiell anders, entsprechend war dort die Trauer über den Kindsverlust größer.

In der Gegenwart verfolgt man das Projekt Kind. Und das Kind ist oft das einzige Groß- und Langzeitprojekt des heute zwischen Kurzprojekten hin und her huschenden Projektmenschen. Das Projekt Kind ist das einzige, mit dem der Durchschnittseuropäer etwas unbedingt Wertvolles, etwas für die Ewigkeit Gültiges herzustellen hofft – daher ist das Verhältnis zu den eigenen Kindern heute so angstbestimmt, verlustangstbestimmt. Denn heißt es nicht überall, die Würde des Menschen sei unantastbar und der Wert eines Menschenlebens sei absolut? Aber wie kann dieser Wert absolut sein, wenn es in der Natur des Menschen – auch unserer eigenen Kinder – liegt, endlich zu sein?

Der Tod eines eigenen Kindes ist zum einen der Tod eines Anderen, der Tod eines von mir Geschiedenen. Zum anderen empfindet gerade der moderne Mensch den Tod eines eigenen Kindes partiell als seinen eigenen Tod. Im Tod eines eigenen Kindes stirbt etwas von mir, meine Gene, meine Hoffnung, meine Zukunft. Das unterscheidet diesen Tod vom Tod anderer Menschen. In den modernen europäischen Gefühlshaushalt ist die Vorstellung eingeschrieben, die eigenen Kinder seien uns das Nächste, weshalb wir an ihrem Tod den Tod überhaupt am intensivsten erlebten (weil wir den eigenen Tod nicht erleben können, allenfalls das eigene Sterben). Das setzt jedoch voraus, dass wir tatsächlich denken, die eigenen Kinder seien unsere Nächsten. Der antike oder frühneuzeitliche Mensch hat bei Kleinkindern offenbar noch nicht so empfunden. Diese Auskunft sagt etwas über unser Verhältnis zu unserer Umwelt. Die Frage nach dem Kindstod ist also auch deswegen philosophisch relevant, weil sie Auskunft darüber gibt, wo Menschen den Tod am stärksten zu spüren glauben und was sie als das ihnen Nächste empfinden.

Deshalb ist es charakteristisch, dass John Locke den Gram bei Müttern um ihre verstorbenen Kinder offenbar für etwas Verbreitetes hält: Mütter sind im 17. Jahrhundert mitunter untröstlich über den Tod ihrer Kinder, weil ihre Umwelt sich wesentlich konstituiert durch die Kinder, was für die jeweiligen Gatten nicht in dem Maße gilt. Der Blick der Philosophen auf den Kindstod ist also wesentlich durch Geschlechterrollen bestimmt, weil die Welt der Männer eine andere Welt war als die Welt der Frauen. Auch in der Antike und in der frühen Neuzeit ist der Kleinkindverlust gelegentlich als schlimmes Widerfahrnis empfunden worden, aber doch nur von bestimmten Personen in bestimmten Gesellschaftsschichten, namentlich eben von verheirateten Müttern gehobener Klassen. In der Moderne hat eine Demokratisierung und Egalisierung dieses Gefühls stattgefunden, so dass sich gegenwärtig niemand dem Konsens des Trauern-Müssens, des Leiden-Müssens entziehen kann. Würde man heute einem trauernden Elternpaar einen Brief schicken wie ihn Seneca an Marullus schrieb, würde einem das als sittliche Verfehlung oder zumindest als psychopathologische Defizienz ausgelegt. Die am Umgang mit dem Kindstod in der philosophischen Verschlingungsgeschichte gemachten Beobachtungen könnten eine starke These unterfüttern, nämlich die, dass der Gefühlshaushalt (und vermutlich auch der Moralhaushalt) vormoderner Zeiten viel stärker differenziert gewesen zu sein scheint – und zwar je nach sozialen Rollen und Schichten.

Um zu begründen, weshalb Kindstode in der Moderne zu einer ultimativen existenziellen Katastrophe geworden sind, wird man die Wandlung des Menschenbilds in Anschlag bringen. Man wird argumentieren, das hänge an der philosophischen Aufwertung des Individuums in der Neuzeit, der Entdeckung seiner unveräußerlichen Würde. Man könnte aber einen kühleren Erklärungsversuch ergänzen wollen: Je dysfunktionaler Kinder im Leben der Eltern im Verlauf der Modernisierungsprozesse werden, je weniger sie als unmittelbare ökonomische und soziale Ressource, als Kapital der Eltern taugen, desto mehr stilisiert man ihr Leben zu einem Selbstzweck, einem Wert an sich. Man kann das positiv sehen, quasi als Verwirklichung von Kants Kategorischem Imperativ, im Menschen jeweils immer auch einen Zweck an sich zu sehen. Mancher mag das aber auch für eine Verlegenheit halten: Als unsere unmittelbaren jetzigen Helfer und künftigen Versorger haben Kinder ihren Zweck für uns eingebüßt: Auch ohne eigene Kinder werden künftig Jüngere unsere Renten bezahlen, uns pflegen, füttern oder ertragen.

Es hilft beim Geschäft der Selbstrelativierung, das dem eigenen Wohlbefinden zuträglich ist, den eigenen Moral- und Gefühlshaushalt kritischen Rückfragen zu unterwerfen.

Wiedererweckung in der Poesie?

Eine Gedankenfigur und ihre Variation in Kindertotengedichten von Andreas Gryphius, Joseph von Eichendorff, Friedrich Rückert, Wilhelm Raabe und Nelly Sachs

von

Ralf Georg Czapla

In Erinnerung an meinen Mitschüler Dietmar Mrosek (1965–1973)

Im sog. „Gräfinthaler Mirakelbuch", das 1671 ohne Angabe eines Verfassers gedruckt wurde und gemeinhin dem Wilhelmitenmönch Fridericus Schaal zugeschrieben wird, findet sich unter der Überschrift „Ein todtes Kind / so vertruncken / kombt wunderbarlich zum Leben" das folgende Exempel: In einem Dorf namens Lautzkirchen unweit von Blieskastel im Saarland lebten einst die gottesfürchtigen Eheleute Simon und Catharina mit ihrer zweijährigen Tochter. Beim Spielen mit Gefährten am Ufer der Blies, einem Nebenfluss der Saar, soll das Kind am Donnerstag der Pfingstwoche ausgeglitten und ins Wasser gefallen sein, wo es über eine Stunde lang gelegen habe, ehe die Eltern es entdeckten. „So bald sie das todte Kind herauß gebracht", weiß der Chronist zu berichten, „gedachten die betrübten Eltern an die Wunder-Gnaden/ die bey der Mutter GOttes zu Gräffenthal außgetheilt werden; fallen auff ihre Knye/ verlobten dasselbige Kind der Mutter JEsu in das Gottshauß/ die da ist das Heyl der Krancken/ auff daß das Kind möchte wiederumb zum Leben gelangen/ mit Versprechen Sie zubesuchen. Bey wehrendem Gebett hat das gemelte [d.h. besagte; Anm. d. Verf.] Kind/ welches ein Stund todt und noch mehr/ ohn einiges Lebens-Zeichen gebliben ware/ angefangen den Athem zu schöpffen/ die Augen auffgethan/ und wieder zu sich kommen/ mit grosser Freud und Verwunderung der Eltern und aller gegenwärtigen/ welche der Mutter der Göttlichen Gnaden wegen eines so herrlichen Mirackuls mit sambt dem Kind einhelliglich Danck gesagt."[1]

---

[1]   Zitiert nach: Reiner Marx: „Die Zeit bringt Frucht". Saarpfälzisches Autorenlexikon. Homburg 2008 (Saarpfalz. Blätter für Geschichte und Volkskunde, Son-

Die Erzählung folgt einer Dramaturgie, wie sie für viele Texte barocker Mirakelbücher – das 17. Jahrhundert gilt als Blütezeit dieses seit der Spätantike vitalen literarischen Genres – nahezu klassisch geworden ist: Kinder kommen durch Krankheit oder Unfall zu Tode und werden auf wunderbare Weise wieder zum Leben erweckt. Ob sie vielleicht nur bewusstlos waren oder scheintot, so dass das Wunder überhaupt geschehen konnte, darüber zu spekulieren, ist müßig. Der Überzeugung der Schreiber nach waren sie jedenfalls tot, dahingerafft von einem Schicksal, das umso unerbittlicher erscheint, als es gerade die Jüngsten traf, Kinder im Alter von zwei, drei oder vier Jahren, die vom Leben noch nichts wussten und die nach dem religiösem Verständnis jener Zeit frei waren von Sünde und Schuld. Im Unterschied zu ihren Eltern, die zumeist nach Heiligen oder biblischen Gestalten benannt sind, bleiben diese Kinder in Mirakelerzählungen oft namenlos. Ihre Wiederweckung wird dadurch exemplarisch im Sinne der Textgattung. Beispielhaft zeigt sie, dass die Hinwendung zu Gottvater, zu Christus, zu Maria oder zu den Heiligen Rettung in tiefster Not oder Bedrängnis verspricht. Selten besitzen Erzählungen vom Kindstod eine aitiologische Komponente. Führen andere Mirakelerzählungen auf die Gründung von Wallfahrtsorten oder Gnadenbildern, jene tun es nicht oder nur ausnahmsweise.

Im Falle der Wundererzählung des „Gräfinthaler Mirakelbuchs" bringt ein Gebet, das die Eltern in demutsvoller Haltung zur Gottesmutter sprechen – sie fallen dabei „auff ihre Knye" –, dem Kind die Rettung. Von anderen Maßnahmen, ihre Tochter wiederzubeleben, erfährt man bei Fridericus Schaal nichts. Keine Akutversorgung im Sinne der Ersten Hilfe wird eingeleitet, kein Ritual wie das Besprengen des Leichnams mit Weihwasser oder seine Berührung mit Kruzifix und Rosenkranz vollzogen. Offenbar versprach man sich von solchen Maßnahmen nichts. Stattdessen artikuliert sich in dieser Erzählung ein Grundvertrauen gegenüber Texten, die Hoffnung, man brauche nur das Zauberwort zu treffen, und alles werde wieder gut. Der Text, im konkreten Falle das aus der Seelennot heraus improvisierte Bittgebet, ist Bannspruch gegen das Numinose der bedrohlichen Naturwelt. Die biologische Kontingenz des Menschen wird überwunden durch das Wort.

Die Aufklärung hat die Mirakelbücher mit ihrer Verpflichtung des Menschen auf die Macht des Gebets vehement bekämpft. Nicht zuletzt

---

derheft), S. 138-140, hier S. 140. Das „Gräfinthaler Mirakelbuch" ist nur in einem einzigen Exemplar erhalten, das unter der Signatur C1 in der Bibliothek des Landesarchivs Speyer aufbewahrt wird. Da Titelblatt und Schluss des Druckes fehlen, lassen sich keine zuverlässigen bibliografischen Angaben machen.

die rückläufige Zahl solcher Sammlungen in den Jahrzehnten nach 1750 macht dies deutlich. Das Wunder ist zwar des Glaubens liebstes Kind, nicht aber eines nach Kausalzusammenhängen fahndenden Verstandes. Kein Verstorbener lässt sich, sofern er tatsächlich und nicht nur scheinbar tot ist, wiederbeleben, indem man ihn bespricht. Dem aufgeklärten Geist erschien das Gebet daher wirkungslos. Geblieben ist bei aller Rationalität allerdings das Vertrauen in den Text. Er vermag einen Verstorbenen zwar nicht ins Leben zurückzurufen, transponiert in eine künstlerische Form aber, vermag er seine Existenz ästhetisch zu erhöhen und ihn damit auf einer sublimen Ebene weiterleben zu lassen, sein „Leben fort zu dichten, / Daß es nichts mir kann vernichten", wie Friedrich Rückert es in den Schlussversen eines seiner *Kindertodtenlieder* formuliert, die als Epitaph auch eine Holztafel am Grab seiner beiden frühverstorbenen Kinder Luise und Ernst zieren.[2]

Poesie wird damit zur Widerrede gegen das Unabwendbare. Dem biologischen Ende des Lebens begegnet sie, indem sie im Medium der Kunst einen neuen Anfang setzt. Dies mag ein wesentlicher Grund dafür sein, weshalb sich für das Genre der Kindertotendichtung, das, wie Hans Wollschläger es formulierte, „allen Epochen das Urheberrecht verweigert",[3] zumindest in dieser Hinsicht keine nennenswerten Traditionsbrüche erkennen lassen und weshalb es auch heute noch gepflegt wird,[4] inzwischen sogar in eigens dafür eingerichteten Internetforen.[5]

Der Gedankenfigur der poetischen Wiedererweckung gilt das Interesse des vorliegenden Beitrags. Er spannt den Bogen von den im Zeichen barocker Frömmigkeit stehenden Kindertotengedichten des Andreas Gryphius bis zur Post-Shoah-Dichtung einer Nelly Sachs und nimmt exemplarisch Gedichte in den Blick, die sich bei aller thematischen Konvergenz in der äußeren Form variabel zeigen. Kindertotendichtung tritt in allen nur denkbaren poetischen Formen in Erscheinung, in Sonetten und Oden ebenso wie in Elegien und Epigrammen, in Ghaselen

---

[2]   Friedrich Rückert: „Immer that ich ihren Willen". In: ders.: Kindertodtenlieder und andere Texte des Jahres 1834. Bearbeitet von Hans Wollschläger und Rudolf Kreutner. Göttingen 2007 (Schweinfurter Edition), S. 29.

[3]   Hans Wollschläger: Der Gang zu jenen Höhn. In: Friedrich Rückert: Kindertodtenlieder. Mit einer Einleitung neu hg. von Hans Wollschläger. Frankfurt/M. 1988 (insel-taschenbuch, 1545), S. 9-43, hier S. 11.

[4]   Vgl. Kindheit im Gedicht. Deutsche Verse aus acht Jahrhunderten. Gesammelt, hg. und kommentiert von Dieter Richter. Frankfurt/M. 1992, S. 153-212.

[5]   Vgl. dazu die Website der „Sternenkinder": http://www.mein-sternenkind.de/gedichte/gedichte [Abruf am 14. September 2013].

Die von mir das Leben hatten,
haben es zu früh verloren,
soll die Mutter ihrem Gatten
haben sie umsonst geboren?
Nein ich hab es mir geschworen,
euer Leben fortzudichten,
daß mir nichts es kann vernichten.

Friedrich Rückert

Abb. 1: Rückerts Verse auf der Grabtafel für seine
Kinder Ernst und Luise. Sie befindet sich an
einer Birke, die vermutlich zu Lebzeiten des
Dichters gepflanzt wurde.

und Madrigalen nicht minder als in stichischen Alexandrinerreihen und freirhythmischen Versen. Für Trauer gibt es offenkundig keine festgelegte literarische Form. So tritt zu der Frage, *wie* Dichter mit dem Kindstod umgehen, zugleich diejenige nach der inneren Sprachform und dem sogenannten Redekriterium: *Wer* spricht in dem Gedicht, *wer* ist das prävalierende Textsubjekt? Ist es ein Elternteil, ein Verwandter, sind es Geschwister oder Freunde oder ist es sogar die bzw. der Verstorbene selbst? Welche Sprechhaltung nimmt dieses Textsubjekt ein? Ist das Gedicht monologisch angelegt oder richtet es sich halbdialogisch an ein Gegenüber? Klagt das lyrische Ich, sinnt es oder betet es vielleicht?

Wenn in der Literaturwissenschaft von ‚Kindertotendichtung‘ gesprochen wird, so ist damit zumeist die poetische Klage über den Verlust *eigener* Kinder gemeint.[6] Diese semantische Eingrenzung ist jedoch ahistorisch und wurde wohl unter dem Eindruck der lyrischen Zyklen Friedrich Rückerts und Joseph von Eichendorffs getroffen, die in ihnen der Trauer über den Verlust ihrer Kinder Ausdruck gaben. Vertonungen durch namhafte Komponisten wie Gustav Mahler oder Othmar Schoeck haben zur Popularisierung dieser Texte beigetragen und dafür gesorgt, dass sie weitaus stärker im kollektiven Bewusstsein gegenwärtig sind als die oftmals nicht minder eindringlichen Kindertotendichtungen des Humanismus und des Barock. Den beiden großen Gedichtzyklen von Eichendorff und Rückert steht jedoch eine Vielzahl von Einzelgedichten literarhistorisch kanonisierter wie nicht-kanonisierter Autoren gegenüber. Nicht immer gelten diese dem Tod des eigenen Kindes; zuweilen beklagen sie auch den Verlust, den Freunde oder Verwandte erlitten haben. Um sie poetologisch zu klassifizieren, behilft man sich mit einer Fülle von Textsortenbezeichnungen, die nicht trennscharf voneinander geschieden sind. Sofern nicht der unspezifische Terminus ‚Kasualgedicht‘ bemüht wird, mit dem sich fern aller inhaltlichen Kategorien im Grunde jede ereignishafte bzw. anlassbezogene Dichtung bezeichnen lässt, greift man zu ‚Nänie‘, ‚Elegie‘ oder den deutschen Entsprechungen ‚Trauergedicht‘ und ‚Klagelied‘. Von ‚Kindertotendichtung‘ ist bei fremden Kindern seltener die Rede.

Leben im Zeitraffer.
Kindertotengedichte des Andreas Gryphius

Die Kindertotengedichte des Andreas Gryphius gelten sowohl eigenen als auch fremden Kindern. Sie entstanden unter dem Eindruck des Dreißigjährigen Krieges, den der Schlesier unentwegt als Folie für seine Betrachtungen über frühzeitiges Sterben nutzt. Daneben finden sich Gedichte, die keinen unmittelbaren biografischen Bezug erkennen lassen, sondern den Kindstod als Vergegenwärtigung der *vanitas* thematisieren, wie z.B. die *Begräbnis-Ode eines Kindes an die Eltern*.[7] In der *Grab-*

---

6   So zuletzt Achim Aurnhammer: Kindertotenlieder der Renaissance. In: Hans-Jochem Schiewer/Stefan Seeber/Markus Stock (Hg.): Schmerz in der Literatur des Mittelalters und der Frühen Neuzeit. Göttingen 2010 (Transatlantische Studien zu Mittelalter und Früher Neuzeit, 4), S. 51-82.

7   Andreas Gryphius: Begräbnis-Ode eines Kindes an die Eltern. In: ders.: Vermischte Gedichte. Hg. von Marian Szyrocki. Tübingen 1964 (Gesamtausgabe der deutschsprachigen Werke, 3; Neudrucke deutscher Literaturwerke, NF 11), S. 130-132.

schrifft Marianae Gryphiae[8] gedenkt Gryphius seiner Nichte Marianne, der Tochter seines als Pfarrer in Freystadt wirkenden Bruders Paul:

> Grabschrifft Marianae Gryphiae seines Brudern Pauli Töchterlein
>
> Gebohren in der Flucht/ umbringt mit Schwerd und Brand/
> Schir in dem Rauch erstückt/ der Mutter herbes Pfand/
> Des Vatern höchste Furcht/ die an das Licht gedrungen/
> Als die ergrimmte Glutt mein Vaterland verschlungen.
> Ich habe dise Welt beschawt und bald gesegnet:
> Weil mir auff einen Tag all Angst der Welt begegnet.
> Wo ihr die Tage zehlt; so bin ich jung verschwunden/
> Sehr alt; wofern ihr schätzt/ was ich für Angst empfunden.

Die poetische Grabschrift gehört zu den geläufigsten Textsorten innerhalb der frühneuzeitlichen Kindertotendichtung. Anders als es bei einem Epitaph zu erwarten wäre, teilt Gryphius jedoch nicht das Geburts- und das Sterbedatum seiner Nichte mit, sondern blickt ausschließlich auf die Umstände ihres kurzen Lebens. Dazu wählt er die Form des Rollengedichts, d.h. er fingiert das Epitaph als Rede des toten Kindes, die er in zwei gleichlange, nach dem Prinzip der Klimax wirkungsvoll aufeinander abgestimmte Abschnitte (V. 1-4 und 5-8) gliedert. Das Leben der Marianne Gryphius, die am 8. Juli 1637 während des verheerenden Brandes von Freystadt geboren wurde und bald darauf in „Rauch" (V. 2) und „Glutt" (V. 4) umkam,[9] steht exemplarisch für das Leben vieler Menschen in der Zeit des Dreißigjährigen Krieges, dessen Dauer über die eines Menschen-

---

8 Andreas Gryphius: Grabschrifft Marianae Gryphiae seines Brudern Pauli Töchterlein. In: ders.: Oden und Epigramme. Hg. von Marian Szyrocki. Tübingen 1964 (Gesamtausgabe der deutschsprachigen Werke, 2; Neudrucke deutscher Literaturwerke, NF 10), S. 209. Zum zeitgeschichtlichen Hintergrund vgl. Antje und Mathias Ernst: „Ich habe diese Welt beschawet und bald gesegnet: Weil mir auff einen Tag alle Angst der Welt begegnet." Kriegserfahrungen im Spiegel von Andreas Gryphius' Grabschrift für seine Nichte. In: Benigna von Krusenstjern/Hans Medick (Hg.): Zwischen Alltag und Katastrophe. Der Dreißigjährige Krieg aus der Nähe. Göttingen 1999 (Veröffentlichungen des Max-Planck-Instituts für Geschichte, 148), S. 497-506; Claire Gantet: Exil, songes et nostalgie de la paix durant la guerre de Trente Ans (1618-1648). In: Sylvie Caucanas/Rémy Cazals/Nicolas Offenstadt (Hg.): Paroles de paix en temps de guerre. Toulouse 2006, S. 281-293.

9 Gryphius schildert den verheerenden Brand von Freystadt in seinem Gedicht *Fewrige Freystadt*, dessen zweite Fassung den Titel *Uber den Untergang der Stadt Freystadt* trägt; vgl. Andreas Gryphius: Fewrige Freystadt. Erste Neuedition seit 1637. Text und Materialien. Mit neu aufgefundenen Autographen hg. von Johannes Birgfeld. Hannover 2006; Andreas Gryphius: Uber den Untergang der Stadt Freystadt. In: ders.: Vermischte Gedichte (Anm. 7), S. 171-173. Mit seiner realistischen Darstellung der aussichtslosen Lage der Stadt und des Versagens der städtischen Obrigkeit bei der Bekämpfung der Feuersbrunst stieß der Dichter bei Zeitgenossen auf heftige Kritik; vgl. dazu Marian Szyrocki: Andreas Gryphius. Sein Leben und Werk. Tübingen 1964, S. 26f.

lebens weit hinausging, legt man die Berechnungen des Astronomen Edmond Halley zugrunde, der für die Einwohner Breslaus eine durchschnittliche Lebenserwartung von gerade einmal siebzehn Jahren ausgemacht hatte.[10] Erfahrungen, die der Mensch im Laufe eines Lebens erwirbt, wurden oftmals innerhalb einer kurzen Frist gemacht, ja, wie im Falle der Marianne Gryphius, sogar in einem Augenblick: „Weil mir auff einen Tag all Angst der Welt begegnet." (V. 6). Klage und Hader finden sich in den acht Alexandrinern nicht, „so etwas wie ein absurdes Glück", das Klara Obermüller zu vernehmen meint.[11] allerdings auch nicht. Jung an Lebenszeit, alt an erlittener Angst – in dieser Antithese erfasst Gryphius die Paradoxie eines Kinderlebens in der ersten Hälfte des 17. Jahrhunderts.[12] Das verstorbene Kind lebt weiter, indem es lehrhaft über sein Ende spricht.

Ein gänzlich anderer Ton bestimmt dagegen Gryphius' Sonett *Auf seines sohnes Theodori absterben*.[13] Der trauernde Vater nimmt den Tod seines offenbar kurz zuvor erst geborenen Kindes am Neujahrstag[14] zum Anlass für ein persönliches Zwiegespräch mit Gott:

Auf seines Sohnes Theodori Absterben.

> DU forderst HErr von uns zum Neu-Jahr dein Geschencke/
>   Das du auf kurtze Frist uns und der Welt vertraut.
>   Nimm den! Ich laß es hin; es hat die Welt geschaut
> Und wie sich in der Welt ein Mensch in Schmertzen kräncke.
> Es schaut nun freudig an / wie lieb reich GOtt bedencke/
>   Den Er durchs reine Bad abwusch / wofür ihm graut/
>   Dem Er ein Grab allhier und dort ein Schloß auffbaut
> Und zu sich rufft / daß Er sich nicht von Ihm ablencke.

---

10 Vgl. Edmond Halley: An Estimate of the Degrees of the Mortality of Mankind, drawn from curious Tables of the Births and Funerals at the City of Breslaw, with an Attempt to ascertain the Price of Annuities upon Lives. In: Philosophical Transactions No. 196 (Jan. 1692/1693), S. 596-610 und 654-656, hier S. 654.

11 Klara Obermüller: Auf einen Tag all Angst der Welt. In: Frankfurter Anthologie. Gedichte und Interpretationen. Hg. von Marcel Reich-Ranicki. Bd. 12. Frankfurt/M. 1989, S. 24-26, hier S. 25.

12 Gryphius meint hier zweifellos die reale Erfahrung des Krieges, die das Kind in der kurzen Frist seines irdischen Lebens gemacht hat, nicht etwaige Erfahrungen im Mutterbauch, wie Claire Gantet annimmt; vgl. Claire Gantet: Der Traum in der Frühen Neuzeit. Ansätze zu einer kulturellen Wissenschaftsgeschichte. Berlin, New York 2010 (Frühe Neuzeit, 143), S. 318f.

13 Andreas Gryphius: Auf seines Sohnes Theodori Absterben. In: ders.: Sonette. Hg. von Marian Szyrocki. Tübingen 1963 (Gesamtausgabe der deutschsprachigen Werke, 1; Neudrucke deutscher Literaturwerke, NF 9), S. 111.

14 Vgl. den Kommentar von Marian Szyrocki, ebd., S. 250.

Zeuch hin! zeuch frölich hin! Ob schon mein Hertze bricht/
Beklag ich, liebstes Kind doch deinen Abschied nicht/
Weil dir weit besser ist als ich je wüntschen können.
Du forderst grosser GOtt diß werthe Pfand von mir;
Ich weigre ferner nicht. Wolan es zeucht zu dir:
Was wirst hergegen du mir vor ein Neu-Jahr gönnen?

Sieht man einmal vom ersten Terzett ab, in dem sich das lyrische Ich unmittelbar an das verstorbene Kind wendet, so trägt das Gedicht weitgehend gebethafte Züge. Es richtet sich an einen geistig-personal gedachten
Gott, in dessen Allmacht die Fähigkeit gelegt ist, zu geben und wieder zu
nehmen. Gott fordert, heißt es gleich an zwei markanten Stellen des Gedichts (V. 1 und 12), und der Mensch hat sich seinem Willen zu fügen.
Diese Dialektik, die er beim Tod seines Sohnes schmerzvoll erfährt, birgt
für den Dichter zugleich ein Moment des Trostes, denn das „Grab allhier" ebnet dem Verstorbenen den Weg zum „Schloß" im Himmel (V. 7).
Das Kind hat, wenn auch nur für kurze Frist, die Welt in ihrer Sündhaftigkeit und ihrem Leid erkannt; es hat sie überwunden und hat nun teil
an der ewigen Seligkeit. Garant und Unterpfand dafür ist das „reine Bad"
der Taufe (V. 6), das es in die Gemeinschaft derer hat eintreten lassen, die
Gott „lieb reich" (V. 5) bedenkt, weil sie ihm wohlgefällig sind. Bitternis
findet sich in diesem Gedicht nicht. Im frühzeitigen Tod seines Sohnes,
so schmerzhaft er ihn auch erlebt, findet Gryphius eine Bestätigung der
göttlichen Ordnung, die für ihn trotz allem unzweifelhaft bleibt: „Ich laß
es hin" (V. 3), fügt er sich in das ihm auferlegte Schicksal, „[i]ch weigre
ferner nicht" (V. 13). Sterben und Tod stellen sich ihm als ein Wechsel der
Welten dar, den Übergang vom irdischen Vaterhaus in das Haus des
himmlischen und ewigen Vaters. Mehr als das Faktum des Kindstods er-
schreckt den Dichter allerdings dessen Zeitpunkt. Der Heimgang seines
Sohnes am Neujahrstag bedeutet für ihn ein Zeichen, das einen düsteren
Schatten auf das anbrechende Jahr wirft.

Kindstod als Vergewisserung von Lebenseinsamkeit bei Joseph Freiherr von Eichendorff

Im 19. Jahrhundert ging die Harmonie zwischen dem Menschen und
seinem Schöpfer, die Gryphius in seinem Sonett poetisch beglaubigt
hatte, allmählich verloren. Die Aufklärung hatte gelehrt, der Vernunft
zu vertrauen statt der Religion, dem Aberglauben oder der Offenbarung,
und damit die Subjektwerdung des Menschen entscheidend befördert.
Den Tod eines Kindes in einen Sinnzusammenhang einzuordnen,

schien dem dissoziierten Ich unmöglich. Zu schwer wog der Verlust, zu leicht dagegen die Vertröstung auf das Jenseits. Wo Kindertotenlieder noch gebethafte Züge annehmen, stehen diese nicht mehr im Kontext der Auseinandersetzung des Dichters mit Gott, sondern gehören zu einer Sprechhaltung, die deutlich macht, dass nur in der Kunst, nur in der Poesie Erlösung vom Leid zu finden ist, einem Leid, das nun als so existenziell empfunden wird, dass es selbst das eigene Weiterleben in Frage stellt. Nicht mehr das einzelne Gedicht, nicht mehr die lyrische Momentaufnahme verspricht Trost angesichts des erlittenen Verlustes, sondern die serielle Produktion von Texten. Wieder und wieder setzt der Dichter an, um das Leid zu überwinden, selbst auf die Gefahr, dass die Kunst nur hilflos vervielfacht, wodurch sie konditioniert wird. „Denn das Herz verliert von neuem, / was es beklagt", heißt es in Rückerts Gedicht „Soll ich denn in diesen Tagen", in dem zu erkennen gibt, dass er sich dieser Problematik sehr wohl bewusst ist.[15] Die Natur in ihren vielfältigen Erscheinungsformen verdrängt die Symbolik christlicher Erlösung. Mit dem Garten und dem Wald öffnen sich Gedächtnisräume, in die, gebunden an Bäume und Blumen, Blüten und Blätter, von den Dichtern Bilder vom unbesorgten Spiel der Kinder und von der Freude der Eltern daran eingeschrieben werden.

Als einer der ersten Dichter des 19. Jahrhunderts, der den Tod eines seiner Kinder in einer größeren Anzahl lyrischer Texte zu bewältigen suchte, darf der auf Schloss Lubowitz bei Ratibor geborene Joseph von Eichendorff gelten. Seine Tochter Anna-Hedwig war am 24. März 1832 im Alter von noch nicht ganz anderthalb Jahren verstorben und ihrer Schwester Agnes gefolgt, welche die Familie ein Jahrzehnt zuvor hatte betrauern müssen. Unmittelbar darauf hatte Eichendorff mit der Niederschrift seiner Kindertotengedichte begonnen, deren letztes er erst fünf Jahre später zu Papier brachte und aus denen sich bis zum Erscheinen der Ausgabe der Gedichte von 1837 allmählich der Zyklus *Auf meines Kindes Tod* formte. Volksliedhaft in der Form, präsentieren sich die Texte sprachlich von einer klangvollen Melodik. In „irren Liedern", heißt es im Gedicht *Nachts*, müsse der Dichter sprechen,[16] wobei das Adjektiv ‚irre' nicht nur meint, dass der Schmerz über den Verlust seines Kindes ihn um seine Sinne gebracht habe und er deshalb „wie im Wahnsinn" spreche, sondern dass die Lieder gewissermaßen umherirren, weil sie ihre ge-

---

15 Vgl. Friedrich Rückert: „Soll ich denn in diesen Tagen". In: ders.: Kindertodtenlieder (Anm. 2), S. 212f., hier S. 212.

16 Joseph von Eichendorff: Nachts. In: ders.: Sämtliche Gedichte. Versepen. Hg. von Hartwig Schultz. Frankfurt/M. 1987 (Bibliothek deutscher Klassiker, 21), S. 286.

dankliche Mitte verloren haben. Kreisend um eine Vielzahl von Motiven, suchen sie verzweifelt nach jener Instanz der Sinnstiftung, die der Dichter des Barock noch in Gott gefunden hatte. Biografisches scheint in Eichendorffs Gedichten nur punktuell auf: Von gemeinsamen Spaziergängen ist die Rede, vom Spiel im Garten, von einer Verkühlung möglicherweise, vom Todeskuss und von der Unfähigkeit des Vaters, sich von seinem toten Kind zu verabschieden, was dieser nun im Medium der Kunst nachzuholen versucht. Trauerarbeit vollzieht sich bei Eichendoff vor allem im Rückgriff auf das Motivrepertoire seiner Naturlyrik, aus dem er Chiffren schmerz- und wehmutsvoller Erinnerung schöpft. Einsamkeit, erfahren einst in der Ruhe des Waldes, wird nun im Fehlen des Liebsten, des Kindes, thematisiert, Waldeinsamkeit wandelt sich zu Lebenseinsamkeit, an der die gesamte Natur trauernd Anteil nimmt:

Im Garten[17]

Als ich nun zum ersten Male
Wieder durch den Garten ging,
Busch und Bächlein in dem Tale
Lustig an zu plaudern fing.

Blumen halbverstohlen blickten
Neckend aus dem Gras heraus,
Bunte Schmetterlinge schickten
Sie sogleich auf Kundschaft aus.

Auch der Kuckuck in den Zweigen
Fand sich bald zum Spielen ein,
Endlich brach der Baum das Schweigen:
„Warum kommst du heut allein?"

Da ich aber schwieg, da rührt' er
Wunderbar sein dunkles Haupt,
Und ein Flüstern konnt ich spüren
Zwischen Vöglein, Blüt und Laub.

Tränen in dem Grase hingen,
Durch die abendstille Rund
Klagend nun die Quellen gingen,
Und ich weint aus Herzensgrund.

Das letzte Wort von Eichendorffs Zyklus lautet „wiederseh'n". Mit ihm verleiht der im Milieu des oberschlesischen Katholizismus aufgewachsene Dichter seiner Hoffnung Ausdruck, er werde der verstorbenen Tochter einst im Jenseits („da droben") wiederbegegnen, wo sie bis dahin für ihn Fürsprecherin sein möge:

---

[17] Joseph von Eichendorff: Im Garten. In: Ebd., S. 285f.

Und Jahre nah'n und geh'n,
Wie bald bin ich verstoben –
O bitt' für mich da droben,
Daß wir uns wiederseh'n![18]

Der Zyklus erhält damit einen sinnreichen Abschluss. Trauer und
Schmerz scheinen gebannt in der Hoffnung, dass der Tod nur ein Schlaf
sei und die Trennung nur eine vorübergehende.

Poesie als insistente Vergegenwärtigung.
Die Kindertodtenlieder *Friedrich Rückerts*

Eichendorff konnte abschließen. Rückert, der, wie sich anhand zahlreicher intertextueller Bezüge nachweisen lässt, Eichendorffs Zyklus gekannt
hat – ob aus der Gedichtausgabe von 1837 oder dem Vorabdruck einzelner Gedichte im *Deutschen Musenalmanach für das Jahr 1834* sei dahingestellt –, konnte es nicht.[19] Unablässig schrieb er, nachdem im Dezember
1833 und Januar 1834 seine „liebsten und schönsten, jüngsten Kinder"[20]
Luise und Ernst im Alter von drei bzw. fünf Jahren an Scharlach verstorben waren, Gedichte, um seiner Trauer Herr zu werden, unablässig verwandelte er seine Kinder, die er schon, als sie noch lebten, als Verkörperung der Poesie wahrgenommen hatte, zu „Gedichten und Gesichten".[21]
Mehr als 450 Gedichte entstanden auf diese Weise, „eine unsägliche
Masse", wie Rückert selbst urteilte.[22] Sie wurden geschrieben in der Hoffnung, dass „nur ein Ton von diesen Tönen / Durch Göttergunst entzogen
dem Vernichter, / Ein ew'ges Denkmal früh verblichnem Schönen" werde.[23] Nur wenige von ihnen gelangten zu Lebzeiten des Dichters in den
Druck. Erst 1872 gab Rückerts Sohn Heinrich sie aus dem Nachlass seines
Vaters heraus. Hans Wollschläger, der gemeinsam mit Rudolf Kreutner

---

[18] Joseph von Eichendorff: „Mein liebes Kind, Ade!". In: Ebd., S. 289f., hier S. 290.

[19] Vgl. dazu den grundlegenden Beitrag von Hans-Ulrich Wagner: Klage, Trost
und irre Lieder. Zur Poetik der Kindertotendichtung bei Friedrich Rückert und
Joseph von Eichendorff. In: Max-Rainer Uhrig (Hg.): Gestörte Idylle. Vergleichende Interpretationen zur Lyrik Friedrich Rückerts. Würzburg 1995, S. 19-39.

[20] Friedrich Rückert: Brief an Xaver Schnyder, Erlangen, 25. Oktober 1834. In:
ders.: Briefe. Hg. von Rüdiger Rückert. Bd. 1. Schweinfurt 1977 (Veröffentlichungen der Rückert-Gesellschaft), S. 561.

[21] Vgl. Friedrich Rückert: „In Gesichten und Gedichten". In: ders.: Kindertodtenlieder (Anm. 2), S. 31.

[22] Friedrich Rückert: Brief an Xaver Schnyder (Anm. 20), S. 561.

[23] Friedrich Rückert: „Sie haben ganz, o Kind, um das wir trauern". In: ders.: Kindertodtenlieder (Anm. 2), S. 37.

Abb. 2: Grabstein von Rückerts Kindern auf dem Neustädter Friedhof in Erlangen.

die ersten philologisch zuverlässigen Editionen dieses Œuvres besorgte, sprach von der „größte[n] Totenklage der Weltliteratur".[24]

Das unablässige Umherirren um das Unbegreifliche, das sich schon bei Eichendorff angedeutet hatte, wird bei Rückert zum poetischen Prinzip. Es äußert sich in der Evokation der stets gleichen Motive sowie in deren insistenten Wiederholung, die sich oftmals als ein Erbe seiner Beschäftigung mit der orientalischen Poesie zu erkennen gibt. So eindringlich dies das einzelne Gedicht auch macht, so schwerfällig lässt es mitunter den gesamten Zyklus werden. Denn wiewohl Rückert sehr geschickt Biografisches in die Texte einflicht, vom Auftreten und dem Verlauf der Krankheit, dem Mühen der Ärzte, ihrer Herr zu werden, bis hin zum tödlichen Ausgang, ist der gedankliche Fortschritt doch nur gering. Entschiedener noch als bei Eichendorff werden Heim und Garten als Gedächtnisräume beansprucht. Nahezu beliebig scheinen dabei die Chiffren der Erinnerung. Wohin der Dichter auch blickt, sind seine Kinder für ihn gegenwärtig, wie das Ghasel „In des Waldes heil'gem Schweigen",[25] eines von Rückerts eindringlichsten Gedichten, verdeutlicht:

---

[24] Vgl. Wollschläger, Der Gang zu jenen Höhn (Anm. 3), S. 38
[25] Friedrich Rückert: „In des Waldes heil'gem Schweigen". In: ders.: Kindertodtenlieder (Anm. 2), S. 305.

In des Waldes heil'gem Schweigen werd' ich meine Kinder sehn,
In den Knospen, an den Zweigen werd' ich meine Kinder sehn.
In saphirnen Wiegen schaukelt Mutter Luft ihr Frühlingskind:
In den Knospen, an den Zweigen werd' ich meine Kinder sehn.
In den Blumen, die der Sonne wenden Kinderaugen zu,
Und im Wind sich kindisch neigen, werd' ich meine Kinder sehn.
Wo durch's grüne Laubesgitter golden bricht der Sonnenstrahl,
In der Sonnenstäubchen Reigen werd' ich meine Kinder sehn,
Wo im Nest sich Tauben schmiegen, Fische schlüpfen hin im Bach,
Schmetterling' aus Blumen steigen, werd' ich meine Kinder sehn.
Schlank vor mir emporgewachsen als Cypreß' und Pinie
Mit Geberden fremd und eigen werd' ich meine Kinder sehn.
An der Stelle meines Bildes, das im Spiegel von Kristall
Mir der Bach allein will zeigen, werd' ich meine Kinder sehn.
Wenn ich meine Augen schließe, kann ich fühlen, sie sind nah;
In des Herzen heil'gem Schweigen werd' ich meine Kinder sehn.

Das Gedicht ordnet sich jener Gruppe von *Kindertodtenliedern* zu, die sich religiöse Sprechweisen zu Eigen machen. Fast litaneiartig wiederholt sich jeweils im Abvers dieselbe Formulierung. Eindringlich beschwört sie die Gegenwart von Luise und Ernst in allem, was der Vater sieht. Die gesamte Natur vom Staubkorn bis zum Wald trägt Signaturen des Gedächtnisses an die verstorbenen Kinder. Ihr „heil'ge[s] Schweigen" lässt sie im Schlussvers dem menschlichen Herz ähnlich sein, in dem Aristoteles den Sitz der Seele und damit der Erinnerung vermutete, wie man auch zu Rückerts Zeiten noch überzeugt war.

Poetisch verdichtet findet sich dieser Gedanke noch einmal in dem wohl am häufigsten rezipierten *Kindertodtenlied* Rückerts „Du bist ein Schatten am Tage".[26] Karl Krolow hielt es für das „zarteste Stück des Zyklus", für eines der „einfachsten" und zugleich „kunstvollsten" deutschen Gedichte des 19. Jahrhunderts.[27] Die Metalcore-Band Maroon um Leadsänger André Moraweck ließ sich von ihm zu ihrem Song „Schatten" inspirieren, den sie 2009 für ihr Album *Ordre* aufnahm. Lose erinnert das Gedicht mit seinen Wiederholungen, die hier fast refrainartig wirken, an das Ghasel, zumal mit dem Bild des Zelts (V. 5) auch inhaltlich auf die orientalische Welt angespielt wird. Der Wunsch des Dichters, sein Kind möge in der Poesie weiterleben, wird damit auf eine einprägsame Formel gebracht:

---

[26]   Friedrich Rückert: „Du bist ein Schatten am Tage". In: Ebd., S. 35.
[27]   Karl Krolow: Mein Gedicht. In: Westermanns Monatshefte. April 1974, S. 52f., hier S. 52.

Du bist ein Schatten am Tage
Und in der Nacht ein Licht;
Du lebst in meiner Klage
Und stirbst im Herzen nicht.

Wo ich mein Zelt aufschlage,
Da wohnst du bei mir dicht;
Du bist mein Schatten am Tage
Und in der Nacht mein Licht.

Wo ich auch nach dir frage,
Find' ich von dir Bericht,
Du lebst in meiner Klage
Und stirbst im Herzen nicht.

Du bist ein Schatten am Tage,
Doch in der Nacht ein Licht;
Du lebst in meiner Klage
Und stirbst im Herzen nicht.

Eine Tür fällt ins Schloss. Wilhelm Raabes Totengedicht auf seine Tochter

Rückerts *Kindertodtenlieder* wurden in den Jahren und Jahrzehnten nach ihrem Erscheinen stilbildend für zahlreiche Gedichte mit gleicher Thematik. Tenor und sprachlicher Duktus wurden imitiert, Anleihen zudem beim schier unerschöpflich scheinenden Motivrepertoire des Zyklus gemacht. Das unwillkürliche Schließen einer Tür, das ebenso konkret wie „zeichenhaft"[28] den Innenraum des Sterbezimmers von der vitalen Außenwelt trennt, als wäre es eine „Schranke", „die sich nicht wieder niederlegen läßt",[29] wurde dabei geradezu topisch. Wilhelm Raabe, dessen lyrisches Talent sich anders als bei Eichendorff oder Rückert eher bescheiden ausnahm, schrieb nach dem Tod seiner jüngsten Tochter Gertrud, die am 24. Juni 1892 sechzehnjährig einer „Reizung des Gehirns" erlag,[30] ein

---

28 Klaus Wieland: Der Strukturwandel in der deutschsprachigen Lyrik vom Realismus zur Frühen Moderne. Bonn 1996 (Abhandlungen zur Sprache und Literatur, 99), S. 83-85, hier S. 84.

29 Wilhelm Raabe: Brief an Edmund Sträter, Braunschweig, 5. Juli 1892. In: ders.: Briefe. Göttingen 1975 (Braunschweiger Ausgabe, E 2), S. 330f. (Nr. 304), hier S. 331.

30 Ebd., S. 330; vgl. ebd., S. 330f.: „Das war eine Johannisnacht, nach welcher Aurora uns unsere Sechzehnjährige entführte! Wir hatten trotz des Sturmes die Fenster offen zu halten, und so kämpfte von Mitternacht an bis 6 Uhr Morgens das Kind mit seinem Todesröcheln gegen das Geheul und Brausen da draußen. Um sechs Uhr stand das junge Herz still und war die Welt für uns eine andere geworden. [Der Arzt] fragte, ob die Kranke vielleicht in der letzten Zeit eine

Gedicht,[31] das motivisch zwar unbestreitbar in der Tradition Rückerts steht, mit freien Rhythmen aber formal einen anderen Weg geht und Interferenzen mit dem Genre des Prosagedichts zeigt:

> Die Tür war zu. Verschlossen war die Tür.
> Jenseits ihr Spielplatz! Jenseits alle hellen Wege
> Für ihre kleinen Füße.
> Jenseits der Garten und der Frühling; –
> Diesseits der Tür die Dämmerung und das Fieber,
> Die Dämmerung, die zur Nacht wird, und der Weg,
> Der langsam, langsam abwärts führt –
> Wohin? Wohin?!
>
> Und an die Tür kam's dreimal,
> Dreimal drückte ein kleiner Mund sich an das harte Holz,
> Dreimal erklang's – hell,
> Helle und noch heller:
> Adieu!
> Adieu! ...
> Adieu! .....
> So trennten sich die Wege.

Wie Rückert so versucht auch Raabe das Unfassbare, mit dem ihn der Tod der Tochter konfrontiert, in der rhetorischen Figur der *repetitio* zu fassen, die er sowohl am Versanfang und im fortlaufenden Vers als auch versübergreifend setzt. Dreimal verwendet er die Nomina „Tür" und „Weg", dreimal die Adverbialen „jenseits" und „dreimal", zweimal das Adjektiv „langsam", viermal sogar das Adjektiv „hell", und in einem dreifachen „Adieu", das mit dem Epanodos des Eingangsverses korrespondiert und die Endgültigkeit des Verlusts unterstreicht, klingt das kurze zweistrophige Gedicht aus. Wie schwer für den Dichter dieser Verlust wog, unterstreicht eine Stelle aus seinem Brief an Karoline Notter vom 9. Mai 1893, in dem er beklagt, dass er „mit [s]einem Kinde auch [s]eine Frau verloren" habe: „[S]ie hat nur den Einen Gedanken um das kleine Grab auf dem Kirchhofe; so fließen uns die Tage dunkel und trübe vorüber, und zu ändern ist nichts daran."[32] In der Tat veränderte der

---

Contusion am Kopfe erhalten habe. Ich wußte nur von einer seelischen Erschütterung. Nämlich vor einigen Wochen ertrank in der Kinder Gegenwart in dem hiesigen Schwimmbade ein junges Mädchen, und das hat selbstverständlich einen furchtbaren, lang nachhallenden Eindruck gemacht. So hat vielleicht mittelbar die Eine die Andere nach sich gezogen in die große dunkle Tiefe!"

31 Wilhelm Raabe: „Die Tür war zu". In: ders.: Hastenbeck. Altershausen. Gedichte. Göttingen ²2001 (Braunschweiger Ausgabe, 20), S. 413.

32 Wilhelm Raabe: Brief an [Karoline Notter], Braunschweig. 9. Mai 1893. In: „In alls gedultig"- Briefe Wilhelm Raabes [1842-1910]. Im Auftrage der Familie Raabe hg. von Wilhelm Fehse. Berlin 1940, S. 295f. (Nr. 319), hier S. 296.

Tod des Mädchens das Leben in der Familie grundlegend. Raabe selbst vermied es, auch nur in die Nähe von Gertruds letzter Ruhestätte zu kommen. Den Besuch im „Grünen Jäger", der ihm seit Jahren zur lieben Gewohnheit geworden war, verweigerte er, weil der Weg dorthin ihn am Friedhof vorbeigeführt hätte.

Trost, den ihm die häusliche Umgebung nicht bot, fand Raabe in der Kunst, insbesondere in der Anlehnung an Rückert, der als Archeget einer bürgerlichen Trauerpoesie mit seinen Texten regelmäßig auch in jenen Zeitschriften und Almanachen vertreten war, die Raabe las. Sie öffnete ihm gewissermaßen ein letztes Mal noch die Tür, die der Tod seines Kindes verschlossen hatte. Die von Heinrich Rückert 1872 herausgegebene Ausgabe der *Kindertodtenlieder* besaß der Braunschweiger Romancier, orientiert man sich am Fundus seiner nachgelassenen Privatbibliothek, offenbar nicht.[33] Die Anverwandlung an Rückert beschränkt sich bei Raabe nicht allein auf die Übernahme identischer poetischer Verfahren, sondern zeigt sich auch im Umgang mit dem fertigen Produkt. Wie Rückert so ließ auch er sein Gedicht nach der Niederschrift in der Schublade seines Schreibtisches verschwinden. Raabe hatte es für sich geschrieben, als Versuch der Selbstvergewisserung in einer Phase persönlicher Anfechtung durch das Schicksal, als Trauerarbeit gewissermaßen in poetischer Performanz. Erst sein Freund Wilhelm Brandes, Gymnasialdirektor in Wolfenbüttel, entdeckte es 1911 im Nachlass des Dichters und machte es dem Leserpublikum zugänglich. Dichtend nimmt Raabe darin Abschied von seinem Kind. Den Blick über den Tod hinaus wagt er nicht. Statt vom Weiterleben der Tochter im Medium der Kunst spricht er von Türen, die zugeschlagen sind, und von Lebenswegen, die sich getrennt haben; statt der Wiederbegegnung in den verschiedenen Seinsformen der Natur oder in einem imaginierten Jenseits beschwört er mit einem wehmütigen „Adieu" den endgültigen Abschied von seiner Tochter. „Die Tür war zu" ist Raabes letztes Gedicht. Er scheint, als habe Gertruds Tod eine Zäsur gesetzt, die nicht nur seine Lyrik betraf: „[W]ie kann ich je wohl wieder anfangen, humoristische Romane zu schreiben?", fragt er den Lehrer und Reformpädagogen Edmund Sträter in einem sehr persönlich gehaltenen Brief.[34]

---

[33] Vgl. Gabriele Henkel: Studien zur Privatbibliothek Wilhelm Raabes. Vom „wirklichen Autor", von Zeitgenossen und „ächten Dichtern". Braunschweig 1997 (Braunschweiger Werkstücke, 97).

[34] Raabe, Brief an Edmund Sträter (Anm. 29), S. 331.

Nelly Sachs und der kollektive Kindstod von Auschwitz

Zu den wenigen Frauen, die Kindertotengedichte geschrieben haben, gehört die Nobelpreisträgerin Nelly Sachs. Eigene Kinder hat sie, die als einziges Kind eines jüdischen Fabrikanten in Schöneberg aufwuchs, nie besessen. In *Ein totes Kind spricht*, einem Rollengedicht in freien Rhythmen, evoziert sie mit ‚Mutter und Kind' eine typische, in ihrem lyrischen Gesamtwerk öfters wiederkehrende Figurenkonstellation,[35] in der sich die nach dem Krebstod des Vaters 1930 eingetretene Familiensituation spiegelt. Versuche, die sog. Akedah-Szene von Gen 22, die Bindung Isaaks auf dem Berg Moriah, als biblisch-mythische Folie glaubhaft zu machen,[36] haben sich als wenig überzeugend erwiesen, da sich abgesehen vom Motiv des Messers, das im Gedicht aber gerade nicht von der Hand eines Elternteils, sondern von der eines Fremden geführt wird, kein *tertium comparationis* zwischen beiden Texten findet.

Die durch den Titel zunächst evozierte Erwartung, es handle sich bei *Ein totes Kind spricht* um ein konventionelles Kindertotengedicht, wird durch den Inhalt unterlaufen: Das Kind spricht über die Trennung von seiner Mutter und deren Ermordung, von dem damit verbundenen Verlust seines Lebensmittelpunktes und schließlich von der eigenen Tötung, welche die Trennung wieder aufhebt:

EIN TOTES KIND SPRICHT

Die Mutter hielt mich an der Hand.
Dann hob jemand das Abschiedsmesser:
Die Mutter löste ihre Hand aus der meinen,
Damit es mich nicht träfe
Sie aber berührte noch einmal leise meine Hüfte –
Und da blutete ihre Hand.

Von da ab schnitt mir das Abschiedsmesser
Den Bissen in der Kehle entzwei –
Es fuhr in der Morgendämmerung mit der Sonne hervor
Und begann, sich in meinen Augen zu schärfen –
In meinem Ohr schliffen sich Winde und Wasser,
Und jede Trostesstimme stach in mein Herz –

---

[35] Nelly Sachs: Ein totes Kind spricht. In: dies.: Gedichte 1940-1950. Hg. von Matthias Weichelt. Berlin 2010 (Werke. Kommentierte Ausgabe, 1), S. 14f.

[36] Vgl. Joan Peterson: „Some gold across the water". Paul Celan and Nelly Sachs. In: Holocaust and Genocide Studies 14 (2000), S. 197-214, hier S. 202; Elaine Martin: Nelly Sachs. The Poetics of Silence and the Limits of Representation. Berlin, Boston 2011, S. 170-172.

Als man mich zum Tode führte,
Fühlte ich im letzten Augenblick noch
Das Herausziehen des großen Abschiedsmessers.

Mit ‚menschlicher Körper' („Hand", „Hüfte", „Kehle", „Augen", „Ohr",
„Herz") und ‚Natur' („Morgendämmerung", „Sonne", „Wind", „Wasser")
konstituieren vor allem zwei Wortfelder den Text des vorliegenden Gedichts. Keinem von beiden lässt sich freilich der Neologismus „Abschiedsmesser" zuordnen, ein aus zwei Substantiven gebildetes Komposi-
tum, bei dem der Kern „Abschied" der proleptischen Intensivierung des
Kopfes „Messer" dient. „Abschiedsmesser" bezeichnet allegorisch den
Finger dessen, der auf der Rampe die Ankommenden ‚selektiert', indem
er sie entweder für die Arbeit oder für die Exekution bestimmt, und mit
der Entschiedenheit eines Schnitts die Trennung von Mutter und Kind
herbeiführt. „O ihr Finger, / Die Eingangsschwelle legend / Wie ein Messer zwischen Leben und Tod –", heißt es entsprechend in dem Gedicht
„O die Schornsteine".[37] Konkreter noch wird die Dichterin in ihrer auto-
biografischen Prosaskizze *Leben unter Bedrohung* von 1956. Hier stellt sie
ähnlich wie in *Ein totes Kind spricht* eine Verbindung zwischen dem personifiziert gedachten Messer und der menschlichen Anatomie her:

> Die Tür war die erste Haut die aufgerissen wurde. Die Haut des Heims. Dann
> fuhr das Trennungsmesser tiefer. Aus der Familie wurden Teile ausgeschnitten,
> Teile, die in die weit fort eroberte Zeit verfrachtet wurden. In die Zeit der ge-
> krümmten Finger und der starken Schritte.[38]

Nelly Sachs veröffentlichte ihr Gedicht erstmals in der Ausgabe des jüdischen Monatsmagazin *Aufbau* vom 26. April 1946.[39] Einem breiteren
Publikum wurde es durch die Aufnahme in den Band *In den Wohnungen
des Todes* von 1947 bekannt. Sachs reflektiert darin den Holocaust, dem
sie und ihre Mutter sich gerade noch rechtzeitig hatten entziehen können. Als die beiden Frauen 1940 nach Schweden emigrierten, war der
Deportationsbefehl an sie bereits ergangen. Während die Täter im Gedicht durch Indefinitpronomina bezeichnet werden (V. 2: „jemand"; V.
13: „man"), werden Mutter und Kind typisiert. Allerdings bleiben auch
sie namenlos, dem „toten Bräutigam" nicht unähnlich, dem Nelly Sachs
in ihrem Gedichtband *In den Wohnungen des Todes* einen Zyklus von Ge-

---

37 Nelly Sachs: „O die Schornsteine". In: dies., Gedichte 1940-1950 (Anm. 35), S. 11.
38 Nelly Sachs: Leben unter Bedrohung. In: dies.: Prosa und Übertragungen. Hg.
    von Aris Fioretos. Berlin 2010 (Werke. Kommentierte Ausgabe, 4), S. 12-15, hier
    S. 12f.
39 Vgl. dazu den Kommentar von Matthias Weichelt in: Sachs, Gedichte 1940-
    1950 (Anm. 35), S. 237.

betstexten widmete und dessen Namen preiszugeben sie sich bis zu ihrem Tod 1970 weigerte. In einem Brief an den Literaturwissenschaftler Walter A. Berendsohn vom 7. September 1959 verweist sie darauf, dass das Schicksal ihres Bräutigams, „ein persönliches Schicksal", stellvertretend für die „Tragödie" eines ganzen Volkes stehe und dass diese nicht durch „gänzlich unnötige[...] Unterrichtungen" „verkleinert" werden solle.[40] So vertreten auch in *Ein totes Kind spricht* Mutter und Kind die unzähligen Mütter und Kinder, die auf der Rampe von Auschwitz bei der ‚Selektion' voneinander getrennt wurden. Ob sie auf ein historisches Vorbild zurückgehen, ist ungewiss.

Nelly Sachs hat mit dem vorliegenden Gedicht das Genre der Kindertotendichtung erweitert. Wie in den Dichtungen über den bethlehemitischen Kindermord tritt bei ihr an die Stelle des individuellen Schicksals das kollektive, an die Stelle des durch Krankheit oder Unfall zu Tode gekommenen Kindes das vorsätzlich ermordete. Doch anders als für die ‚unschuldigen Kinder' Bethlehems, die das Christentum als Protomärtyrer verehrt, gibt es für die Kinder von Auschwitz keine Heilsgewissheit. Einen Gott, der nach dem Zeugnis der Mirakelbücher rettend eingreift und getötete Kinder wieder ins Leben zurückruft, kennt die Shoah-Dichtung nicht. „[N]iemand bespricht unseren Staub", heißt es in dem Gedicht *Psalm* von Paul Celan,[41] in dem ‚besprechen', abgesichert durch die Bibel wie durch die heidnische Mantik, die Belebung toter Materie durch das Wort meint. Wie viele Kinder in Auschwitz umgekommen sind, darüber gibt es „keine Statistiken, keine genauen Zahlen und nur wenige Dokumente", wie die historische Forschung festgestellt hat.[42] Am 27. Januar 1945, dem Tag der Befreiung, befanden sich noch „etwa 180 Kinder" im Lager; „[v]iele von ihnen wußten und wissen bis heute weder ihren Namen, ihr genaues Alter noch etwas über ihre Herkunft."[43] Eine Nummer, eintätowiert in die Haut, hatte sie in die anonyme Masse des ‚Menschenmaterials' gestoßen,[44] mit dem ein selbsternanntes ‚Herrenvolk' glaubte, verfahren zu dürfen, wie es ihm beliebte. „Familie Heim Beruf und Besitz", lässt Peter Weiss in seinem Dokumentartheaterstück

---

40 Nelly Sachs: Brief an Walter Arthur Berendsohn, Stockholm, 7. September 1959 [Stadt- und Landesbibliothek Dortmund, Nelly-Sachs-Archiv, Arch 176].

41 Paul Celan: Psalm. In: ders.: Die Gedichte. Kommentierte Gesamtausgabe. Hg. und kommentiert von Barbara Wiedemann. Frankfurt/M. 2003, S. 132f., hier S. 132.

42 Alwin Meyer: Die Kinder von Auschwitz. Göttingen 1990, S. 7.

43 Ebd., S. 30.

44 Zum Begriff vgl. Cornelia Schmitz Berning: Vokabular des Nationalsozialismus. Berlin, New York 2000 (Nachdruck der Ausgabe von 1998), S. 399-403.

Die Ermittlung eine Überlebende des Holocausts sagen, „das waren Begriffe / die mit dem Einstechen der Nummer / ausgelöscht wurden".[45] Insofern beklagt Lyrik nach Auschwitz, weitaus öfter den Tod von Kindern als den eines Kindes. Theodor W. Adorno hat in seiner *Negativen Dialektik* von einem „neuen kategorischen Imperativ" gesprochen, den Hitler „den Menschen im Stande ihrer Unfreiheit […] aufgezwungen" habe, nämlich „ihr Denken und Handeln so einzurichten, daß Auschwitz sich nicht wiederhole, nichts Ähnliches geschehe."[46] Lyrik nach Auschwitz wirkt an diesem Auftrag zur Erinnerung mit. Sie kann dies nicht mit den poetischen Mitteln tun, mit denen Eichendorff oder Rückert ihrem Schmerz über den Tod ihrer Kinder Ausdruck gaben, und kann angesichts der Dimensionen, in denen sich der Völkermord vollzog, auch nicht mit dem Anspruch auftreten, getötete Kinder im Medium der Kunst wiedererwecken zu wollen. Anderenfalls müsste sie sich zu Recht den Vorwurf gefallen lassen, „barbarisch" zu sein.[47] Wo Kinder getötet werden, so geben nicht zuletzt die Gedichte der Nelly Sachs zu verstehen, da verspricht selbst die Poesie keinen Trost mehr, da erwartet den Dichter existenzielle Heimatlosigkeit:

Immer
dort wo Kinder sterben
werden Stein und Stern
und so viele Träume
heimatlos.[48]

---

45 Peter Weiss: Die Ermittlung. Oratorium in 11 Gesängen. Mit Beiträgen von Walter Jens und Ernst Schumacher. Frankfurt/M. 1991 (edition suhrkamp, 616), S. 38.

46 Theodor W. Adorno: Negative Dialektik [geschrieben 1959-1966; erschienen 1966]. In: ders.: Gesammelte Schriften. Hg. von Rolf Tiedemann. Bd. 6. Frankfurt/M. 1973, S. 7-410, hier S. 358.

47 Theodor W. Adorno: Prismen. Kulturkritik und Gesellschaft [1955]. In: ders.: Gesammelte Schriften (Anm. 46), Bd. 10/1. Frankfurt/M. 1973, S. 9-286, hier S. 30.

48 Nelly Sachs: „Immer dort wo Kinder sterben". In: dies., Gedichte 1940-1950 (Anm. 35), S. 74f., hier S. 74.

„Ein Herzensbrechen, das kein Mund recht kann aussprechen."[1]

Kindertotendichtung im frühneuzeitlichen Protestantismus

von

Jost Eickmeyer

1. Einleitung

Das sechzehnte und siebzehnte Jahrhundert stellt in den hier betrachteten europäischen Epochen sicherlich die Zeit mit der höchsten Kindersterblichkeit dar. Vor allem die prekäre medizinische und insbesondere geburtsmedizinische Versorgung sowie grassierende Krankheiten hatten zur Folge, dass nach demografischen Untersuchungen 40 % aller Kinder im Kleinkindalter starben. Nach manchen Berechnungen starb gar jedes zweite Kind in Deutschland, bevor es das zehnte Lebensjahr erreicht hatte.[2] Der große europäische Krieg 1618 bis 1648 brachte neben direkten Zerstörungen vor allem weitere Seuchen mit sich, was zu den bekannten demografisch katastrophalen Folgen führte.

Kindstod war also etwas Alltägliches. Philippe Ariès' These, dass diese Alltäglichkeit eine völlige emotionale Gleichgültigkeit, geradezu das Fehlen familiärer Verbundenheit gegenüber Kleinkindern mit sich gebracht habe,[3] hat sich indessen als wirkmächtiger Unsinn herausgestellt, nicht zuletzt dadurch, dass Forscher die zahlreichen, teils hoch emotio-

---

1 Paul Gerhardt: Auf den Tod der kleinen Elisabeth Heintzelmann, Tochter des Diakons an St. Nikolai in Berlin Johannes H. (1659), Str. 2, V. 5f. zitiert nach: ders.: Dichtungen und Schriften. Hg. und textkritisch durchgesehen von Eberhard von Cranach-Sichart. München 1957, S. 355.

2 Michael W. Finn: The European Demographic System 1500-820. Brighton 1981, S. 33; zwischen verschiedenen Regionen Europas differenzierend: Pier Paolo Viazzo: Mortality, Fertility and Family. In: David I. Kertzer/Marzio Barbagli (Hg.): Family Life in Early Modern Times 1500-89. New Haven 2001 (The History of the European Family, 1), S. 157-187.

3 Philippe Ariès: L'enfant et la vie familiale sous l'ancien régime. Paris 1960.

nalen literarischen und im engeren Sinne dichterischen Reaktionen auf Kindstod in den Blick nahmen.[4]

Um diese soll es auch im Folgenden gehen, wobei ich vorausschicken muss, dass ich ,Kindertotendichtung' nicht wie Achim Aurnhammer im engeren Sinne von Gedichten verstehe, die Eltern auf ihre eigenen verstorbenen Kinder verfasst haben.[5] Vielmehr beziehe ich auch Gedichte auf die toten Kinder anderer (Freunde, Mäzene, Herrscher) ein, auch deshalb, um den sozialen Funktionen solcher Dichtung in frühneuzeitlichen Gesellschaften Rechnung zu tragen. Einen vorläufigen und vorsichtigen Vorschlag für eine mögliche Definition der Textklasse[6] Kindertotendichtung würde ich so formulieren: Als Kindertotendichtung soll diejenige Art der Versdichtung bezeichnet werden, in der

a) der Tod mindestens eines Kindes, sei es fiktional oder empirisch nachweisbar, den Hauptgegenstand bildet, und

b) mindestens ein Elternteil, sei es als Sprecherinstanz, als Adressat, auf der Darstellungsebene oder gar als Verfasser(in), präsent ist.[7]

---

[4] Kritik und zum Teil schlagende Widerlegungen erfuhr Ariès' These bereits seit den 1980er Jahren. Ich nenne nur: Linda A. Pollock: Forgotten Children. Parent-Child Relations from 1500 to 1900. Cambridge 1983, speziell zu Ariès: S. 1-67; Anthony Burton: Looking Forward from Ariès? Pictorial and Material Evidence for the History of Childhood and Family Life. In: Continuity and Change 4 (1989), S. 203-229.

[5] Vgl. Achim Aurnhammer: Kindertotenlieder der Renaissance. In: Klaus Bergdolt/Berndt Hamm/Andreas Tönnesmann (Hg.): Das Kind in der Renaissance. Wiesbaden 2008 (Wolfenbütteler Abhandlungen zur Renaissanceforschung, 25), S. 101-128, und, erweitert, ders.: Kindertotenlieder der Renaissance. In: Hans-Jochem Schiewer/Stefan Seeber/Markus Stock (Hg.): Schmerz in der Literatur des Mittelalters und der Frühen Neuzeit. Göttingen 2010 (Transatlantische Studien zu Mittelalter und Früher Neuzeit, 4), S. 51-82. Beide Fassungen verfügen im Anhang über ein Repertorium von frühneuzeitlichen ,Kindertotenliedern' im engen Sinne Aurnhammers, das einen wichtigen ersten Zugang zu dieser bislang unerforschten Textklasse ermöglicht.

[6] Kindertotendichtung dürfte kaum als Untergattung gelten, dazu tritt sie schon in der Frühen Neuzeit in zu vielen poetischen Gestalten auf: Vom antikisierenden Epigramm und Elfsilbler über das Sonett, das Alexandriner-Langgedicht bis zu Oden- und sonstigen Liedstrophen reicht die Formenvielfalt, die in den folgenden Jahrhunderten (nicht zuletzt bei Rückert) noch erweitert wurde. Vgl. dazu auch die grundlegenden typologischen Überlegungen Ralf Georg Czaplas in diesem Band. Es scheint sinnvoller, von einer Klasse von Texten zu sprechen, die bestimmte Qualitäten gemeinsam haben. Die m.E. notwendigsten nenne ich hier.

[7] Auf der Schweinfurter Jubiläumstagung tauchten in den Diskussionen immer wieder mögliche Grenzfälle auf, welche eine Definition erschwerten. Mein Vorschlag würde etwa Niobes Klage über ihre ermordeten Kinder ebenso zur Kindertotendichtung zählen wie manches Gedicht zum Thema Kindsmord (s. hier-

Außerdem bedarf die Einschränkung auf die protestantische Sphäre noch einer Begründung. Altgläubige Vorstellungen von Purgatorium und Limbus infantium, also dem Ort, an den auch die ungetauften Kinder nach dem Tod gelangten, sowie von Werkgerechtigkeit im Allgemeinen wurden im sechzehnten Jahrhundert von allen Reformatoren scharf kritisiert.[8] Das hatte durchaus einschneidende Konsequenzen für die Todesriten der christlichen Bevölkerung. Die letzte Ölung und Seelenmessen wurden als Riten der Todesbegleitung und Nachsorge abgeschafft. Ja, nimmt man eine Rechtfertigung allein aus dem Glauben (*Sola fide*), bzw. aufgrund von Vorherbestimmung (*praedestinatio specialis*) an, so verwandelt sich die Sorge um die Seelen der Verstorbenen zusehends in die Sorge um die Haltung der Hinterbliebenen. An die Stelle handlungsorientierter Riten treten, wie die Forschung herausgearbeitet hat,[9] in den protestantischen und hier insbesondere lutherischen Territorien handlungsorientierte Textsorten: weltliche Leich-Abdankungen, wie sie in den *Dissertationes Funebres* des Andreas Gryphius begegnen,[10] eine kaum

---

zu die ähnlichen Überlegungen Karin Vorderstemanns in ihrem Beitrag in diesem Band, S. 105–107). Nicht zur Kindertotendichtung gehört dann jedoch Wilhelm Buschs *Max und Moritz*: Es handelt sich zwar um Versdichtung über den Tod zweier Knaben, doch ist kein Elternteil in signifikanter Weise präsent.

8   Teil des Volksglaubens und damit auch des populären Gedächtnisses blieb die Auffassung, dass die Seelen ungetauft verstorbener Kinder keine Ruhe fänden, jedoch weit bis ins achtzehnte Jahrhundert. So geistert die Seele des von seiner Mutter ermordeten Sohnes der Tochter des Pfarrers von Taubenhain in Bürgers 1782 im Göttinger Musenalmanach publizierter Ballade allnächtlich als Flämmchen auf seiner Grabstätte am Unkenteich. Pikant ist in diesem Zusammenhang, dass der Handlungsort der Ballade streckenweise ein evangelisches Pfarrhaus ist und auch Bürger aus einem solchen stammte.

9   Vgl. Craig M. Koslofsky: The Reformation of the Dead. Death and Ritual in Early Modern Germany 1450-1700. Basingstroke 2000. – Zu den Konsequezen dieser Veränderungen für praktische Seelsorge siehe vor allem die hervorragende, für diesen Beitrag dankbar benutzte Studie von Anna Linton: Poetry and Parental Bereavement in Early Modern Lutheran Germany. Oxford 2008. Zu den genannten rituellen Veränderungen siehe S. 7-9 mit weiterer Literatur. Linton gibt auch einen hoch interessanten Einblick in die Fülle einschlägiger Kindertotendichtung der Zeit und ihre Formenvielfalt: S. 68-102 (siehe v.a. zu einer hier ausgesparten Form, den Figurengedichten, S. 72-80).

10 Die *Dissertationes funebres* stehen nun in einer maßgeblichen modernen Ausgabe zur Verfügung, nämlich Andreas Gryphius: Gesamtausgabe der deutschsprachigen Werke. Bd. 9: Dissertationes funebres oder Leichabdankungen. Hg. von Johann Anselm Steiger. Tübingen 2007 (Neudrucke deutscher Literaturwerke, N.F. 51). – Grundlegend zu Gryphius' Totenreden nach wie vor: Maria Fürstenwald: Andreas Gryphius' Dissertationes funebres. Studien zur Didaktik der Leichabdankungen. Bonn 1987 (Abhandlungen zu Kunst-, Musik- und Literaturwissenschaft, 46); Sibylle Rusterholz: Rostra, Sarg und Predigtstuhl. Studien zu Form

überschaubare Fülle von Leich-Predigten[11] und eine noch umfangreiche-
re Menge von Toten-Gedichten in der Tradition der antiken Gattungen
Epicedium und Threnodie, wobei deren Form- und Motivbestand be-
deutend erweitert wurde. Eben diese ‚Vertextlichung' der Trauerarbeit in
Handschrift und Druck erfolgte in protestantischen Territorien aus den
genannten Gründen weitaus umfangreicher als in katholischen.[12] Innerhalb der protestantischen Sphäre wiederum zeigten sich Reformierte, v.a.
Calvinisten wohl deutlich reservierter gegenüber solchen Formen der To-
tenehrung als Lutheraner.[13]

2. Wege von der Trauerarbeit zur Dichtung bei Luther

Es scheint nicht abwegig, diese Vorliebe für Epicedien, Abdankungen
und Leichpredigten auf Luther selbst zurückzuführen. Zeigt doch gerade sein Umgang mit dem Schicksalsschlag des Kindertodes einen Weg
von der Sprachlosigkeit zur Umsetzung in Dichtung. Am 3. August
1528 stirbt mit kaum acht Monaten Luthers zweites Kind, die Tochter
Elisabeth. In einem zwei Tage später verfassten Brief zeigt sich der Re-
formator nach wie vor erschüttert:

> Meine kleine Elisabeth ist tot [...]. Wunderlich, wie geschwächt sie mein
> Gemüt zurückgelassen hat, fast wie das einer Frau, so sehr werde ich von Mit-
> leid mit ihr erschüttert. Ich hätte niemals zuvor geglaubt, dass das Gemüt ei-
> nes Vaters sich mit solcher Zärtlichkeit auf sein Kind richten könne.[14]

---

und Funktion der Totenrede bei Andreas Gryphius. Bonn 1974 (Studien zur
Germanistik, Anglistik und Komparatistik, 16).

[11] Davon zeugen die seit Jahrzehnten das immense Gebiet der Leichenpredigten
vermessenden Arbeiten von Rudolf Lenz: Leichenpredigten als Quelle historischer Wissenschaft. Bislang 5 Bde. Köln, Marburg, Stuttgart 1975-2014. Zudem
sei verwiesen auf Cornelia Niekus Moore: Patterned Lives. The Lutheran Fune-
ral Biography in Early Modern Germany. Wiesbaden 2006 (Wolfenbütteler Forschungen, 101).

[12] Es gab selbstverständlich auch katholische Leichenpredigten. Zu ihnen siehe
Friedhelm Jürgensmeier: Die Leichenpredigt in der katholischen Begräbnisfeier.
In: Lenz, Leichenpredigten (Anm. 11), Bd. 1 (1975), S. 122-145; ferner die Bei-
träge im Sammelband Birgit Boge/Ralf Georg Bogner (Hg.): Oratio Funebris.
Die katholische Leichenpredigt in der Frühen Neuzeit. Zwölf Studien. Amster-
dam, Atlanta 1999 (Chloe, 30).

[13] Vgl. Jan Pieter van Dooren: Leichenpredigten in den Niederlanden: Eine um-
strittene Sache (1550-1700). In: Lenz, Leichenpredigten (Anm. 11), Bd. 2 (1979),
S. 397-410.

[14] Martin Luther: Werke. Kritische Gesamtausgabe. Weimar: Böhlau [im Folgenden: WA], Briefwechsel, Bd. 4, Nr. 1303; Übersetzung J.E. – Auch zitiert in Linton, Poetry (Anm. 9), S. 3.

Vierzehn Jahre später stirbt, dreizehnjährig, Luthers zweite Tochter Magdalena. In einem Gespräch, das in Aurifabers Ausgabe von Luthers *Tischreden* ab 1566 weithin zirkulierte, zeigt sich der Vater im Glauben gefasst:

> Da nu seine Hausfrau sehr traurig war, weinete und heulete, sprach D. Martinus Luther zu ihr: „Liebe Käthe, bedenke doch, wo sie hinkömmt! Sie kömmt ja wol! Aber Fleisch und Blut fleischert und blutet, thut wie seine Art ist; der Geist lebt und ist willig. Die Kinder disputiren nicht; wie mans ihnen sagt, so glauben sie es; bey den Kindern ist alles einfältig, sterben ohne Schmerz und Angst, ohn Disputiren, ohn Anfechtung des Todes, ohn Schmerzen am Leib, gleichwie sie entschlafen.[15]

Verschiedenes scheint hier bemerkenswert: Das weibliche Gemüt, das Luther angesichts des Todes von Elisabeth noch bei sich verspürte, ist hier eindeutig seiner „lieben Käthe" zugeschrieben, während der Doktor selbst seine Frau tröstet. Zugleich stellt er – am Leitfaden der Unterscheidung von Fleisch und Geist – gar die Vorteile des Kindstodes dar: Schmerzfrei und gefestigt im Glauben, „ohn Disputirn", sei die Tochter verschieden und könne so ihres Eingehens ins Ewige Leben gewiss sein. Dass solche Glaubensgewissheit des Vaters nicht seine väterlichen Emotionen suspendiert, zeigt ein anderes Segment der *Tischreden*, in dem er sich kurz vor Magdalenas Tod an diese selbst wendet:

> Deinde ad filiam decumbentem dixit: Magdalenichen, mein döchterlein, du bliebest gerne bei mir, bei deinem vater, vnd du gehest auch gerne tzu jenem vater? – Respondit aegrota: Ja, hertzer vater, wie Got will. – Pater dixit: Du liebes döchterlein![16]

Die Gottergebenheit des Vaters wird hier durch die der Tochter ergänzt, die füglich vom Vater dafür gelobt wird. Wichtig für unseren Zusammenhang ist, dass Luther sich nicht nur der Überlieferung nach so verhalten, sondern diese gefasstere Haltung gegenüber dem Kindstod auch in Gedichten ausgedrückt hat. Eine Reihe von Grabepigrammen auf Magdalena, deutsche und lateinische, sind überliefert, aus der ich hier zwei zitiere:

> Magdalena, des Luthers liebe kindt,
> Man vntern heiligen schlaffen findt,
> Und ist ihr bett alhie die erdt,
> Weil wir allesampt nicht bessers werdt.
> Ein tochter war zum tode geborn
> Vnd vmb der sünden willen vorlorn,
> Aber der todt vmb Christi blut
> Kumpt mir zcum leben vnd zcu guth.[17]

---

[15] Luther: WA, Tischreden, Bd. 5, S. 187, Z. 5-10 (zu Nr. 5490c).

[16] Ebd., S. 189, Z. 25-28 (Nr. 5494).

[17] Ebd., S. 186, Nr. 5940b.

Ich, Lena, Luthers liebes kindt,
Schlaff hie mit allen heiligen glindt
Vnd lieg in meiner rueh vnd rast.
Nu bin ich vnsers Gottes gast.
Ein kindt des todts war ich zwar,
Aus sterblichem samen mich mein mutter gebar,
Itzt leb ich vnd bin reich in Gott.
Des danck ich Christi blutt vnd todt.[18]

Beide Gedichte, eines aus Perspektive des Vaters, eines aus der des toten Kindes, räumen Trauer oder Klage überhaupt keinen Platz ein, umso mehr aber der Glaubensgewissheit. Im Gedicht des Vaters wird obendrein eine katechetische Seite deutlich, wenn der vierte Vers betont, dass alle Menschen – gemäß dem göttlichen Diktum[19] – nichts besseres als Erde werden. Wenn im letzten Vers statt der erwarteten Formulierung, der Tod um Christi willen komme „ihr", also der Tochter zugute, plötzlich „Kumpt mir" steht, so dürfte diese erste Person abermals nicht nur Luther selbst, sondern jeden einzelnen Christenmenschen meinen: Die Trauer anlässlich eines Kindstodes wird unmittelbar seelsorgerisch ausgemünzt, ein Zug, der die Trauer- und Trostpredigt der lutherischen Orthodoxie entscheidend prägen sollte.[20]

Die Perspektive der Tochter im zweiten Epitaph bestätigt dialogisch Luthers Darstellung und belegt dessen Ermahnung an Katharina: „bedenke, wo sie hinkömmt". Als Gast Gottes und „reich in Gott" deutet sie eine Jenseitsvorstellung immerhin knapp an, die in Kindertotengedichten noch häufiger begegnen wird. Darüber hinaus weist gerade die zweite Hälfte des Epigramms ein vorbarockes Spiel mit der paradoxen Vertauschung von Leben und Tod auf, die das ewige Leben gegenüber dem als „Tod" aufgefassten Diesseits als eigentliches qualifiziert und dadurch die

---

[18] Ebd., Nr. 5940c. Hier, S. 186/187, finden sich weitere Totengedichte auf Magdalena. Ein lateinisches Epigramm Luthers deutet Aurnhammer in seiner Studie Kindertotenlieder 2008 (Anm. 5), S. 104f. bzw. Kindertotenlieder 2010 (Anm. 5), S. 54f.

[19] Gen 3,19. – Es versteht sich, dass in der geistlichen Trostliteratur der Frühen Neuzeit auf biblische Prätexte sowohl das Alten (u.a. Hiob) als auch der Neuen Testament (u.a. Paulus) zur Sicherung der Argumentation zurückgegriffen wird; vgl. etwa die Bemerkungen bei Linton, Poetry (Anm. 9), S. 16f. und 25.

[20] Vgl. dazu: Sabine Holtz: Die Unsicherheit des Lebens. Zum Verständnis von Krankheit und Tod in den Predigten der lutherischen Orthodoxie. In: Hartmut Lehmann/Anne-Charlott Trepp (Hg.): Im Zeichen der Krise. Religiosität im Europa des 17. Jahrhunderts. Göttingen 1999 (Veröffentlichungen des Max-Planck-Instituts für Geschichte, 153), S. 135-157, z.B. S. 138f., wo sie „die paränetische Funktion des Lebenswandels des Verstorbenen für die Hinterbliebenen" betont.

Heilstat Christi gewissermaßen nachvollzieht und am Schluss umso deutlicher herausstellt.

3. Kindstod als soziales Ereignis: Paul Schede und Johannes Posthius

Waren die Epitaphien Luthers zunächst sicherlich nicht zur Veröffentlichung gedacht, so bildete der nordalpine Humanismus im Verlauf des sechzehnten Jahrhunderts rasch eine Kultur freundschaftlicher Kommunikation in Briefen und Gedichten aus, zu der nicht zuletzt auch Gelegenheitsgedichte auf frisch verstorbene Kinder gehörten. In den Briefwechseln eines Lingelsheim, Zincgref, aber auch noch eines Martin Opitz finden sich reichlich Begleitbriefe zu übersandten Trostgedichten, sowie Aufforderungen, bereits verfasste Poeme an einen der Freunde zu senden, damit dieser sie in einer größeren Sammlung zum Druck geben könne. Denn nicht nur fanden sich in den oben erwähnten Leich-Abdankungen und „Toten-libelln" oft zahlreiche Kasualgedichte im Anhang, sondern mancher berühmte Gelehrte oder Mäzen erhielt nach dem Tod eines Kindes eine gesondert gedruckte Sammlung der Trostgedichte seiner Freunde. Neben Epithalamien zur Hochzeit dürften die Epicedien auf Kinder eine der wichtigsten Textsorten bilden, in denen sich ein humanistischer Freundeskreis vor allem gegenüber dem ja noch lebenden und oft einflussreichen Kindsvater inszenieren konnte. Ich möchte an zwei auf den ersten Blick sehr unterschiedlichen Beispielen zeigen, wie ein Umgang mit dem Kindstod in solchen Gedichten zur Sprache gebracht wird, wie sich zugleich aber mittels ihrer die humanistische Freundschaftskultur gewissermaßen selbst inszeniert.

Paul Schede, genannt Melissus (1539-1602), sicherlich der europaweit berühmteste deutsche Dichter des sechzehnten Jahrhunderts,[21] war ab

---

[21] Zu ihm überblicksartig Eckart Schäfer: ,Schede, Paul'. In: Killy Literaturlexikon. Autoren und Werke des deutschsprachigen Kulturraumes. Zweite, völlig überarbeitete Auflage. Hg. von Wilhelm Kühlmann. 13 Bde. Berlin, New York 2009-2012 [im Folgenden: Killy/Kühlmann], Bd. 10 (2011), Sp. 267a-269b; nach wie vor grundlegend: ders.: Deutscher Horaz. Conrad Celtis, Georg Fabricius, Paul Melissus, Jacob Balde. Die Nachwirkungen des Horaz in der neulateinischen Dichtung Deutschlands. Wiesbaden 1976, S. 65-108; weiterführend ferner: Ralf Georg Czapla: Zwischen politischem Partizipationsstreben und literarischer Standortsuche. Die Italienreise des pfälzischen Späthumanisten Paul Schede Melissus (1539-1602). In: Beate Czapla/ders./Robert Seidel (Hg.): Lateinische Lyrik der frühen Neuzeit. Poetische Kleinformen und ihre Funktion zwischen Renaissance und Aufklärung. Tübingen 2003 (Frühe Neuzeit, 77), S. 217-254; Jörg Robert: Heidel-

1565 mit dem aus Bautzen stammenden Arzt, Mathematiker und Polyhistor Caspar Peucer (1525-1602) befreundet.[22] Als Peucers ältester Sohn gleichen Vornamens 1587 stirbt, greifen seine Freunde, neben Schede vor allem die Heidelberger Gelehrten Posthius, Stenius und Pithopoeus zur Feder.[23] Ihre gesammelten Epicedien erscheinen noch im selben Jahr in Heidelberg im Druck, was die Wichtigkeit des Unterfangens anzeigt. Denn der Melanchthon-Anhänger Peucer war erst 1586 aus zwölfjähriger Haft zuletzt auf der Leipziger Pleißenburg entlassen worden, zu der ihn der sächsische Kurfürst August unter dem Verdacht des Krypto-Calvinismus verurteilt hatte.[24] Peucers Ehefrau, die Tochter Melanchthons, war bereits 1576 verstorben und hatte noch immerhin fünf Kinder hinterlassen, für deren Unterhalt der älteste Sohn, Caspar junior (*1552), als Bautzener Stadtarzt die entscheidende Stütze gewesen sein dürfte. Doch er starb kurz nach einer weiteren Tochter und kurz, nachdem Peucer selbst seine zweite Hochzeit mit einer Bautzenerin angekündigt hatte. Dieses Gemisch aus Freud' und Leid greifen nun die Totengedichte auf Caspar den Jüngeren auf, hier soll Paul Schedes lange Threnodie im Mittelpunkt stehen, die auch die Sammlung eröffnet.

ODE ad Casparem Pevcerum, Med[icum] et Histor[icum][25]

DIV potitum carceris ut semel		Als wir hörten, dass Du es NACH
Te liberari sensimus, intimo		LANGEM erreicht habest, aus dem
PEVCERE magnas corde grates		Kerker entlassen zu werden, war es
Reddere Diis superis, amicum		für uns Dichter, die kastalische
Fuit Poetis, Castalio gregi,	5	Schar und alle guten Menschen eine
Bonisque cunctis; quos properaritas		Freundschaftspflicht, o PEUCER,

---

berger Konstellationen um 1600. Paul Schede Melissus, Martin Opitz und die Anfänge der Deutschen Poeterey. In: Wilhelm Kreutz/Wilhelm Kühlmann/Hermann Wiegand (Hg.): Die Wittelsbacher und die Kurpfalz in der Neuzeit. Zwischen Reformation und Revolution. Regensburg 2013, S. 373-387.

22 Schnelle Informationen zu Peucer bietet Heinz Scheible: ‚Peucer, Caspar'. In: Killy/Kühlmann (Anm. 21), Bd. 9 (2010), Sp. 170b-172a. Die maßgebliche Forschung aus jüngerer Zeit findet sich in: Hans-Peter Hasse/Günther Wartenberg (Hg.): Caspar Peucer (1525-1602). Wissenschaft, Glaube und Politik im konfessionellen Zeitalter. Beiträge des wissenschaftlichen Kolloquiums in Bautzen 25.-28. September 2002. Leipzig 2004 (dort auch jeweils weitere Literatur).

23 Zu Peucers Verbindungen nach Heidelberg, v.a. zu Peucers Korrespondenz mit dem Kurprinzen Friedrich, nachmalig dem Fünften, siehe Heinz Scheible: Caspar Peucer und die Kurpfalz. In: ebd., S. 259-272.

24 Siehe dazu und zur öffentlichen Diskussion um Prozess und Strafe: Hans-Peter Hasse: Caspar Peucers Prozeß und die „Historia carcerum". In: ebd., S. 135-155.

25 „Ode an Caspar Peucer, Arzt und Historiker"; zitiert nach: Carmina Paregorica Ad claris[simum] Virum Casparem Pevcerum, immaturo obitu filij Casparis Med[icinae] doctoris maerentem […]. Haidelbergae [o.V.], 1587, S. 3f. Übersetzung: J.E.

Defecit, in tantum malorum
Exsuperante protervitate.
Iidem fruentes compote gaudio,
Congratulanti jure tibi sumus
Ob auspicatam nuptiarum,
Quas Erycina iterare suasit,
Sollemnitatem. Vix tibi pauculos
Gaudere menses obtigerat, nigram
Cum mox ANHALTINO tetrarchae
Persephone capitalis horam
Denunciavit. Post tibi filiam
Fatis iniquis abstulit. Indidem
In rara natu grandioris
Prolis (ut est inimica doctis)
Saevire coepit pectora CASPARIS;
Quem patriae artes, & medicaminum
Callens potestas, totque dotes,
Non sine Pieridum favore,
Summo locarant conspicuum gradu.
Adducor, ut credam, haud ita carceris
Iniqua longi te gravatim
Per duo lustra senem tulisse,
Vt tela fati pernicialibus
Infesta plagis. Heu creperas vices
Adflictionum! Sera nempe
Posteritas merito futuris
Inscribet actis, te velut aureæ
Massæ liquores ignibus, approbè
Examinatum, septiesque
Indicio lapidis fuisse
Purgatum, ut astris purius entheis
Fides, niteret candida, non sine
Constante nudæ veritatis
Iustitiæque professione.
Sic fortis obdura, & mala vincere
Quævis memento, masculus ut vigor
Palmæ superjectis restitit
Ponderibus, metuens gravari.
Nato sepulto non onerosa sit
BVDISSA, quae te protulit; & memor
Peuceridarum nomen amnis
Perpetuo SPREA laudet aevo.

den Himmlischen Göttern von ganzem Herzen Dank zu sagen. Doch stand uns die Schnelligkeit nicht zu [10] Gebote, als deine Kühnheit gegen so große Übel die Oberhand gewann.

Derselben reinen Freude genießend haben wir dir auch, wie es sich ge- [15] bührt, zum angekündigten Hochzeitsfest gratuliert, das ein zweites Mal auszurichten, die eryzinische Göttin dich überzeugen konnte. – Kaum waren dir wenige kurze Mo- [20] nate der Freude vergönnt, als schon die tödliche Persephone dem ANHALTISCHEN Tetrarchen die schwarze Stunde anzeigte. Danach nahm sie deine Tochter durch ein [25] neidiges Schicksal hinweg. Eben aus dieser – ein seltenes Vorkommen – recht großen Kinderschar (wie sie den Gelehrten sonst nicht zu eigen ist), begann sie wider das Leben [30] CASPARS zu wüten, dem die Künste des Vaters, die kluge Handhabung der Arzneien und ebenso viele Gaben, weithin sichtbar auf die höchste Stufe gestellt hatten. [35] Es kommt so weit, das ich glaube, die Ungerechtigkeit solch einer langen Kerkerhaft habe dich über zehn Jahre hin nicht so sehr zum Greis werden lassen, wie diese gefährli- [40] chen Waffen des Schicksals mit ihren Verderben bringenden Schlägen. Ach, den finsteren Abfolgen der Bedrängnisse!

Eine spätere Nachwelt wird freilich [45] mit Recht deinen künftigen Taten zuschreiben, dass du wie flüssige Goldklumpen durch Feuer probiert und geprüft und durch siebenfaches Anzeigen des Steines gereinigt bist, auf dass dein Glaube reiner als die göttlichen Sterne im Glanz erstrahle, und zwar im standhaften Bekennen der nackten Wahrheit und Gerechtigkeit.

So sei stark, halte Stand und gedenke, alle Übel zu besiegen, wie die
männliche Stärke der Palme, mag
sie auch fürchten, beschwert zu
werden, den auf sie geladenen La-
sten widersteht.
Möge dir, nach dem Tod des Sohnes, BAUTZEN, das dich hervor-
brachte, nicht lästig sein. Und möge
die SPREE bis in alle Ewigkeit den
Namen der Peuceriden in lobendem
Angedenken pflegen.

Formal ist die Ode in reine alkäische Strophen gegossen, deren häufig
strophenübergreifende Enjambements an Horazens Dichtkunst geschult
sind. Entsprechend wird an antikisierendem und entlegenem Vokabular
nicht gespart, wenn etwa die Hochzeitsgöttin als „(Venus) Erycina" (V. 12)
bezeichnet wird, der Poet bereits in der ersten Strophe die „himmlischen
Götter" anruft oder der Anhalt-Dessauische Fürst Joachim Ernst sich hinter der Bezeichnung „tetrarcha" (V. 15) verbirgt.[26] Schede zeigt hier, wie
in den meisten seiner Oden, dass er die Dichtkunst beherrschte wie kaum
ein zweiter. Inhaltlich muss das Gedicht als ein Totengedicht jedoch
merkwürdig erscheinen, bildet es doch genau das eben erwähnte Wech-
selbad der biografischen Ereignisse im Leben Peucers ab: Die ersten dreieinhalb Strophen wirken eher wie eine Gratulationsode, in der lediglich
der Hinweis, den Freunden habe es an „properaritas" gefehlt, also an der
Eile, Glückwunschgedichte aufzusetzen (V. 6), nachdenklich stimmen
mag. Erst im fünfzehnten Vers tritt der Tod im antikisierenden Gewand
der Unterweltsgöttin Persephone auf und wütet sogleich nicht nur im
Adelsgeschlecht der Askanier, sondern auch in Peucers Familie. Die *lamentatio* als erster Teil eines Epicediums[27] scheint hier erst zu beginnen,
wird freilich sofort mit der *laudatio* vermischt, sowohl des Sohnes, der am
Ende dieser Passage auf dem „höchsten Stufe" (V. 25: „summo gradu")
steht, als auch des Vaters, dessen große Familie (insgesamt zehn Kinder)
explizit als Ausnahme in der traditionell ehefeindlichen Gelehrtenrepu-
blik bezeichnet wird (V. 20: „ut est inimica doctis").

Im traditionellen dritten Teil eines Epicediums, der *consolatio*, vermag
Schede angesichts der Schicksalsschläge kaum etwas anderes als an die (im

---

[26] In der Tat vereinigte der Askanier vier Anhaltische Nebenlinien in seinem Für-
stentum.

[27] Vgl. Hans-Henrik Krummacher: Das barocke Epicedium. Rhetorische Tradition
und deutsche Gelegenheitsdichtung. In: Jahrbuch der deutschen Schillergesell-
schaft 18 (1974), S. 89-147.

Gefängnis ja erprobte) Standhaftigkeit Peucers zu appellieren und auf etablierte emblematische Weisheiten wie das Bild des niedergedrückten und doch gerade wachsenden Palmbaums zurückzugreifen (V. 42-44).[28] Dass er wie Peucer und seine Dichterkollegen topisch eher dem antikisierenden Memoria-Begriff als christlicher Glaubensgewissheit nahesteht, zeigt Schede deutlich, wenn er den Schicksalsschlägen der Gegenwart eine weltliche *posteritas* entgegensetzt (V. 32-40). So soll die rückblickende Nachwelt Peucer rehabilitieren und in seiner Standhaftigkeit preisen, ein Gedanke, der schließlich in der letzten Strophe allegorisch überhöht wird, wenn Schede die Spree auffordert, den Nachruhm der Familie Peucer in alle Ewigkeit zu sichern (V. 46-48, v.a. Der Schlussvers: „perpetuo […] aevo"). Doch darf über diese Troststrategie nicht vergessen werden, dass eine solche Anrufung der Nachwelt aus Dichtermund immer auch reflexiv die Dichtung selbst mit einbegreift: Ist es doch gerade dieses Gedicht, das als Medium der Überlieferung dient und so zusammen mit dem Ruhm der gefeierten Person auch sein eigenes Nachleben und den Ruhm seines Dichters sichern soll.

Ganz anders geartet, aber mit Blick auf die Inszenierung humanistischer Zirkel aussagekräftig erscheint das zweite Gedicht, das Schede beisteuert: Es umfasst nur sechs elegische Distichen und folgt enger dem dreiteiligen Schema eines Epicediums.[29] Doch die Sprecherhaltung ist insofern spektakulär zu nennen, als Schede hier in der Maske Ottos von Grünrade spricht, eines der einflussreichsten reformierten Kirchenpolitiker und Diplomaten. Er hatte bei Peucer studiert und war, nun als Prinzenerzieher in Heidelberg, der Familie und zumal dem ältesten Sohn Caspar, der seinerseits in Heidelberg studiert und als Leibarzt am Hof gewirkt hatte, nach wie vor freundschaftlich verbunden.[30] So lässt Schede einen aus der Schar der Dichter und Freunde, die er summarisch in der Trauerode erwähnt hatte, gleichsam leibhaftig als Kondolenten auftreten, wobei er ganz auf das kollektive „wir" der oben zitierten Ode verzichtet, stattdessen dem Trauernden eine höchst persönliche und emotionale Ansprache an seinen verstorbenen „Bruder" in den Mund legt:

---

[28] Vgl. zu diesem Bildsujet, das sich in Renaissance und Barock sehr häufig findet: Arthur Henkel/Albrecht Schöne (Hg.): Handbuch zur Sinnbildkunst des XVI. und XVII. Jahrhunderts. Stuttgart 1976, Sp. 192.

[29] Carmina Paregorica (Anm. 25), S. 6: Othonis Grynradii caritas erga Casp[arem] Pevcerum C[asparis] F[ilium]. Adumbrata per Melissvm. – „Otto Grünrades Liebe zu Caspar Peucer, den Sohn Caspars. Vorgestellt durch Melissus."

[30] Speziell zu Caspar juniors Aufenthalt in Heidelberg siehe Uwe Koch: Die Familie Peucker und Caspar Peucers Beziehungen nach Bautzen. In: Hasse/Wartenberg, Caspar Peucer (Anm. 22), S. 175-187, hier S. 182.

> Tu collega mihi, tu prope frater eras:
> Immo plus quàm frater. Amor pol mutuus inter
> Nullos tam constans exstitit Euryalos.[31]

Inszeniert wird ein, sicherlich autobiografisch begründeter, jedoch literarisch intensivierter Freundschaftskult. Gerade die, emphatisch durch Interjektion „pol" verstärkte, explizite Anspielung auf Nisus und Euryalus, eines der berühmtesten Freundespaare der Antike,[32] markiert die kommunikative Ausrichtung des Gedichts: Nicht die Hinterbliebenen werden angesprochen, sondern der Tote selbst; zugleich aber kommuniziert das Gedicht mit seinem antiken Anspielungshorizont, war es doch bei Vergil das starke Freundschaftsband zwischen den jungen Trojanern Nisus und Euryalus, durch das jener versucht, diesen zu befreien, was nur im gemeinsamen Tod beider Gefährten endet. In der Logik der Analogie müsste nun auch Grünrade seinem toten Freund, dem Euryalus Peucer, nachfolgen. Und Schede weiß nun diesen ‚gemeinsamen' Tod am Schluss und Höhepunkt dieser Elegie poetisch zu aktualisieren:

> Dividor heu, terram subiens quasi corpore, cælum
> Mente petens. vivon? mortuus anne loquor?
> Frater, havè, perpesque valè. Sequar usque beatum.
> O pietas, quanta est vis tua! Quantus amor![33]

Diese Imagination, die Trennung von Körper und Seele gleichsam empathisch nachzuempfinden, unterstreicht natürlich die emotionale Erregung des sprechenden Grünrade, liegt aber hart an der Grenze dessen, was protestantische Theologie noch gutheißen kann. Zugleich hält der vorletzte Vers seinen antiken Prätext präsent, greift das „Sequar" doch unmittelbar eine Formulierung des Nisus auf, der auf der Flucht vor den feindlichen Rutulern umkehrt, um den Freund zu finden: „Euryale infelix, qua te regione reliqui? / quave sequar?"[34] Auf diese Weise suggeriert das Gedicht

---

31 Ebd., V. 4-6: „Du warst mir Amtsgenosse, du warst mir fast Bruder. – Ja, mehr als ein Bruder warst du! Wahrlich, zwischen keinem [Nisus und] Euryalus bestand je so eine gegenseitige und treue Liebe." Übersetzung: J.E.

32 Vgl. die wohl bekannteste Prägung des Stoffes in Vergils Aeneis, Buch IX, V. 314-467, v.a. die Preisung des bis in den Tod treuen Freundespaares durch den Dichter, V. 446-449 (s. Vergil: Aeneis und die Vergil-Viten. Lateinisch-deutsch. In Zusammenarbeit mit Karl Bayer hg. und übersetzt von Johannes Götte. Stuttgart 1958 (Tusculum-Bücherei), S. 368-385 bzw. S. 382f.).

33 Carmina Paregorica (Anm. 25), S. 6, V. 9-12: „Ich werde zerteilt, wehe, als ginge ich mit dem Körper in die Erde und strebte mit der Seele gen Himmel. Lebe ich? Oder spreche ich als Toter? Sei gegrüßt, Bruder und lebe auf ewig wohl. Ich will dir Seligem sogleich folgen. Oh, Treue, wie groß ist deine Gewalt! Wie groß die Liebe!"

34 Vergil, Aeneis (Anm. 32), Buch IX, V. 390f., seine Umkehr dann in den folgenden Versen.

den gemeinsamen Tod der Freunde, obwohl es diesen zugleich faktisch widerlegt: Grünrade kann diese hoch emotionale Beteuerung von *pietas* und *amor*, in der die Elegie gipfelt, ja nur äußern, wenn er – anders als Peucer – am Leben bleibt. Hier tritt ein weiterer Aspekt dieses Gedichte ans Licht, der die Komplexität humanistischer Freundschaftsdichtung belegt: Denn es ist ja der Dichter Schede, der die Kommunikation zwischen dem toten Peucer und dem ebenfalls abwesenden Grünrade ermöglicht und als seine kunstvolle „adumbratio", so der Untertitel, präsentiert. Die intime Trauerrede eines Freundes an den anderen wirkt zugleich auf einer höheren Kommunikationsebene als Botschaft des Dichters Melissus an wiederum seine Adressaten, allen voran Caspar Peucer senior, aber auch die übrigen Freunde, Literaten und letztlich alle Leser der *Carmina Paregorica*.[35]

Wenige Jahre später, 1594, war der hier so erfindungsreiche Poet selbst Empfänger von Epicedien. Sein kleiner Sohn Emil bzw. Aemilius war knapp zwei Wochen nach seiner Geburt gestorben, und der Freund und gelehrte Mediziner Johannes Posthius (1537-1597),[36] der auch an der Epicedien-Sammlung für Peucers Sohn beteiligt gewesen war, verfasst ein Totengedicht in vier Distichen.

Ad P[aulum] Melissum, in funere AEMILII filii ipsius primogeniti. [37]

Bis septem vitae Sturmerus laestra peregit,	Vierzehn mal fünf Jahre hat
Bis septem Aemilius vix tuus ille dies.	Stürmer sein Leben geführt,
Exclamare libet: Nimis o nimis aspera fata,	kaum vierzehn Tage er,
Quae vix in lucem hanc progenitum, heu, rapitis.	Dein Aemilius. Man möch-
Hic tamen est illo felicior: hic mala fugit 5	te ausrufen: ‚Allzu, oh, all-
Plurima, quae aetatis tempora longa manent.	zu hart bist du, Verhängnis,

---

[35] Es wird deutlich, dass man für eine plausible Bestimmung eines Kindertotengedichts solche poetologischen Mehrfachbezüge sowie Publikationskontexte einbeziehen muss. Nach meiner eingangs versuchten Definition wäre dieses Poem Schedes kein Kindertotengedicht, weil kein Elternteil (abgesehen von der minimalen und indirekten Nennung „C[asparis] F[ilium]" im Titel) präsent ist. Trotzdem weisen Darstellungsart und die Aufnahme dieses Gedichts in die Epicedien-Sammlung auf Caspar den Älteren als intendierten Adressaten, wenngleich implizit.

[36] Über ihn informiert knapp Hermann Wiegand: ‚Posthius, Johannes'. In: Killy/ Kühlmann (Anm. 21), Bd. 9 (2010), Sp. 309b-310b; grundlegend nach wie vor: Klaus Karrer: Johannes Posthius (1537-1597). Verzeichnis der Briefe und Werke mit Regesten und Posthius-Biographie. Wiesbaden 1993 (Gratia, 23).

[37] „An Paul Melissus, zum Tod seines Sohnes Aemilius, des Erstgeborenen." Hier zitiert nach: Johannes Posthius: Parergorum poeticorum [...] pars altera [...]. Heidelbergae: Commelinus ²1595, S. 16. Die Elegie wird auch genannt und abgedruckt in Aurnhammer, Kindertotenlieder 2008 (Anm. 5), S. 107f. mit Anm. 25, bzw. Kindertotenlieder 2010 (Anm. 5), S. 57f. mit Anm. 25. Übersetzung: J.E.

Puraque mens sceleris patrium repetivit Olympum:
Num meliore queat sorte, Melisse, frui?

dass du ihn, der kaum in dieses Licht gekommen ist, schon wieder fortreißt.' Jedoch ist er glücklicher als der andere: Er floh die zahlreichen Übel, die eine lange Lebenszeit bereithält. Und mit einer Seele, unbefleckt von den Sünden der Väter, kehrte er zum himmlischen Olymp zurück. – Könnte er denn, Melissus, ein besseres Schicksal genießen?

Der Gedichteingang überrascht, weil Posthius hier zwei extrem unterschiedliche Lebensläufe gegenüberstellt, den des sehr jung verstorbenen Emil Schede und den eines gewissen „Sturmerus" (V. 1), der ein biblisches Alter von siebzig Jahren erreicht habe. Gemeint ist der Würzburger Domherr, Rektor der Universität und schließlich Probst des Ritterstifts Comburg Erasmus Neustetter, genannt Stürmer, einer der wichtigsten Mäzene im fränkisch-hohenlohischen Raum.[38] Es entspricht einerseits den Strategien humanistischer Zirkelbildung, wenn Posthius gleich zu Beginn an den Gönner erinnert, der sowohl ihn selbst als auch Schede gefördert hat; andererseits ergibt sich die Analogie aber auch daraus, dass Emil und Neustetter im selben Jahr und wohl in nahem zeitlichen Abstand verstorben sind. Im zweiten Distichon schließt sich die *lamentatio* an, die Posthius effektvoll in einen emphatischen Vorwurf, sei es des Vaters, sei es seiner selbst, an das Verhängnis richtet. Eine *laudatio* des Verstorbenen muss fehlen (ein generelles Problem der Totendichtung auf Kleinkinder), sodass der Dichter zur *consolatio* übergeht. Hier greift er den Vergleich zwischen Neustetter und Aemilius wieder auf und münzt ihn argumentativ aus, indem er den früh Verstorbenen als den glücklicheren qualifiziert. Das Argument, der Knabe sei weniger beschwert und den Unbilden der Welt ausgesetzt worden, weil er schnell in den Himmel „zurückgekehrt" (V. 7) sei, gemahnt zunächst an die Aussagen Luthers. Doch steht hier weniger ein christliches Bezugssystem im Vordergrund als Troststrategien, die aus der Antike, zumal platonischer Philosophie oder auch Senecas Trostschriften herrühren.[39] Allenfalls die Erwähnung der

---

[38] Zum ihm siehe Claus Bernet: ,Neustetter, Erasmus'. In: Biographisch-Bibliographisches Kirchenlexikon. Bd. 21. Nordhausen 2003, Sp. 1047-1054.

[39] Zu dieser Tradition der Trostliteratur sei summarisch verwiesen auf zwei schon klassische Werke: Rudolf Kassel: Untersuchungen zur Griechischen und Römischen Konsolationsliteratur. München 1958 (Zetemata, 18); Peter von Moos:

„Sünden der Väter" (V. 7) scheint als Anspielung auf die adamische Erbsünde genuin christlich zu sein – vielleicht sogar ein subtiler Hinweis an
Paul Schede selbst?[40]

4. Kinderwort und Imitatio Christi: Andreas Gryphius und Simon Dach als Vertreter barocker Kindertotendichtung

Das Trostargument, dass ein früher Tod besser sei als ein von Sünde, Last
und Gram beschwertes Leben, wird im siebzehnten Jahrhundert zur
wichtigsten Aussage der Kindertotengedichte, was wohl nicht zuletzt von
den kriegerischen Zeitläuften bedingt wurde. Andreas Gryphius hat im
Vergleich mit Zeitgenossen vermutlich die meisten Kindertotengedichte
verfasst und sich dabei eines breiten Formenspektrums bedient. Neben
Sonette und kürzere Epigramme treten mehrsätzige Threnodien nach
antikem Vorbild oder Langgedichte in Alexandrinern.[41] Ein solches sei
hier zumindest in Auszügen vorgestellt, um zu zeigen, welche schon bekannten Formen und Motive Gryphius kombiniert und innovativ umsetzt. Als am 5. Mai 1660 die fünfzehnjährige Marianne von Popschitz
in Glogau an den Blattern stirbt, hält Gryphius, der der Familie offenbar
eng verbunden ist, nicht nur am 23. November die Leichabdankung,[42]
sondern fügt ihr auch ein Langgedicht von immerhin 136 Versen an, in
dem sich die Verstorbene an die nun verwaiste Mutter wendet.[43] Die Per-

---

Consolatio. Studien zur mittellateinischen Trostliteratur über den Tod und zum
Problem der christlichen Trauer. Darstellungsband. München 1971. Entsprechende philosophische Argumentationsstrategien, zu denen sich diejenigen
christlicher Barockdichtung sicherlich in Beziehung setzen ließen, verfolgt Andreas Urs Sommer in seinem Beitrag zu diesem Band.

40 Zur Lebenssituation Schedes, der nach dem Tod des Sohnes und von eigener
Krankheit schwer gezeichnet war, sich gar als Opfer von Hexen und Schadens-
zauber wähnte, vgl. Wilhelm Kühlmann: Poetische Hexenangst – Zu zwei Gedichten des pfälzischen Humanisten Paul Schede Melissus (1539-1602) und ihrem literarischen Kontext. In: ders.: Vom Humanismus zur Spätaufklärung.
Ästhetische und kulturgeschichtliche Dimensionen der frühneuzeitlichen Lyrik
und Verspublizistik in Deutschland. Hg. von Joachim Telle, Friedrich Vollhardt
und Hermann Wiegand. Tübingen 2006, S. 323-340, speziell S. 330f.

41 Zu einem Kindertotengedicht im engeren Sinne, das Gryphius zum Tod des eigenen Sohnes verfasste, vgl. den Beitrag vom Ralf Georg Czapla in diesem Band.

42 Die Rede ist bequem greifbar in Gryphius, Dissertationes funebres (Anm. 10),
S. 51-89: „Magnetische Verbindung des HERRN JESU/ und der in Ihn verlieb-
ten Seelen".

43 Zum ‚Trauerprogramm' aus der Feder Gryphius' gehört auch ein oft in der Forschung behandeltes emblematisches Werk, Letztes Ehren-Gedächtnuß Der

spektive des toten Kindes ist, auch als Sicherung der Glaubensstärke, bereits von Luther her bekannt; der Beginn des Poems entfaltet das Argument, das eben bei Posthius begegnet ist:

> Gott Lob! der rauhe Sturm führt durch die wüste See
> Der rasend-tollen Welt/ wo immer neues Weh
> Und Leid auff Angst sich häufft/ wo auf das harte Knallen
> Der Donner alle Wind in Flack und Seile fallen/
> Von kaum erkennter Klipp' und seicht-verdecktem Sand
> Mein Schiff (zwar vor der Zeit), doch an das liebe Land.
> Das hochgewünschte Land/ das der durch Blut erworben/
> Der vor mich/ seine Braut/ durch Lieb erhitzt/ gestorben/
> Spannt nun die Segel ab! fällt Ancker! ich steig auß/
> Und laß an diesem Port diß mein beweglich Hauß
> Der schwachen Glieder kahn. […]⁴⁴

Changierend zwischen der seit den Kirchenvätern gängigen Metaphorik des ‚Lebens-Schiffs'⁴⁵ und einer eigentlichen Benennung weltlicher Übel, schildert die Tote ihren gegenwärtigen Zustand als Ruhe nach der Ankunft (darin abermals Luthers Magdalena ähnlich). Zugleich dienen die Selbststilisierung als „Braut Christi" und das Bekenntnis zu seinem Blut als Dokument der Glaubensgewissheit und sichern so aus lutherischer Sicht das Seelenheil der Toten. Wenig später muss die so Erlöste aber doch die Trauer der Mutter, die ja bereits ihren Ehemann und Mariannes Geschwister verloren hat, anerkennen – schon deshalb, weil Gryphius' Gedicht ja auch die Intention verfolgt, der Hinterbliebenen Trost zuzusprechen. Die Tote spricht und adressiert die Mutter nachdrücklich in dreifacher Ansprache:

Hoch-Edelgebohrnen Hoch-Tugend- Zucht und Ehrenreichen Jungfrawen Marianen von Popschitz […], das 1660 bei Kuntze in Steinau an der Oder erschien. Es ist u.a. ebenfalls ediert in: Gryphius, Dissertationes funebres (Anm. 10), S. 338-370 (Literatur dazu in der Bibliografie ebd., S. 419-421).

44   Abschieds-Worte/ Der weiland Hoch-Edel-Gebornen/ Hoch-Tugent- und Viel-Ehrenreichen/ nunmehr seligsten Jungfrauen Marianen/ Gebornen von Popschitz/ Auß dem Hause Popschitz/ An ihre höchstbetrübte Frau Mutter. Zitiert mit der Verszählung nach: Andreas Gryphius: Lyrische Gedichte. Hg. von Hermann Palm. Tübingen 1884 (Bibliothek des litterarischen Vereins in Stuttgart, 171), S. 521-524, jedoch in der originalgetreueren Orthographie und Zeichensetzung nach: Gryphius, Dissertationes funebres (Anm. 10), S. 90-93.

45   Sabine Mertens: Seesturm und Schiffbruch. Eine motivgeschichtliche Studie. Rostock 1987, S. 26. Vgl. auch: Hugo Rahner: Symbole der Kirche. Die Ekklesiologie der Väter. Salzburg 1964, S. 243-249. – Gryphius griff auf diese Allegorie ebenfalls im *Ehren-Gedächtnuß* zurück, wo er die Pictura eines sturmumtosten Segelschiffes unter dem Titulus „VARIO NON MERSA TVMVLTV" erklärt und mit einem Gedicht des Simon Plavius subskribiert; s. Gryphius, Dissertationes funebres (Anm. 10), S. 350f. mit Abb. 6.

Wiewol (ich steh es zu) Ihr/ Ihr/ Frau Mutter/ Ihr
Wünscht (wie es scheinen möcht/ ohn Ursach nicht) nach mir.
[…] Ich schau (es ist nicht ohn)
Euch/ leider! gantz entfernt von Vater/ Kind und Sohn.
Entfernt von diesem Sohn/ der eh er sich gefunden
In seine Morgen-Röth'; euch Augenblicks verschwunden;
Dem Vater/ den das Land itzt nur zu hefftig misst/
Ob dessen Hintritt ihr biß noch in Thränen fließt,
Und mir/ dem letzten Kind/ auf dessen keusche Jugend
Und trefflichste Gestalt und schönst-gezierte Tugend
Und fromme Demuth/ Ihr was zu erwünschen baut.
Ach aber! ach! umsonst! […].[46]

Es mag für heutige Leser befremdlich erscheinen, dass sie, die eigentlich
Trost zusprechen sollte, nun die übrigen Leiden und Trauergründe der eigenen Mutter im Detail rekapituliert. Doch Gryphius' poetische Inventio
besteht eben darin, die Tote zur Beobachterin (V. 21: „ich schau") und
damit auch zur Trägerin der *lamentatio* zu machen, die im Normalfall der
Dichter präsentieren sollte.[47] Hier geht sie zugleich, und vielleicht etwas
unvermittelt, in die *laudatio* über, wenn die Verstorbene ihre eigene
Keuschheit, Schönheit, Tugend und Demut hervorhebt. Gerade diese
überschauende Perspektive des toten Kindes kann der Dichter kurz darauf als Voraussetzung für eine umfängliche Klage über die kriegerische
Gegenwart[48] – zu denken ist hier wohl an den russisch-polnischen Krieg
oder den sog. Zweiten Nordischen Krieg – und eine gottlose Welt im Allgemeinen nutzen, „Wo man auß Gottesdienst ein geitzig Handwerck
macht; | Wo man nicht so nach Recht/ als vollen Händen siehet; | Wo
sich die Kunst umsonst nach sicher Heyl bemühet, | Wo der/ der alles
meynt zu wissen: sich betreugt" etc.[49] In einer Erweiterung von Luthers
Bemerkung, Kinder glaubten „ohn Disputirn", bemerkt auch Marianne
nun, dass sie jenseits aller dogmatischen und konfessionellen Streitigkei-

---

[46] Gryphius, Lyrische Gedichte (Anm. 44), S. 525, V. 17-30.
[47] Die Struktur des Epicediums ist geradezu lehrbuchartig nachzuvollziehen an einem anderen Kindertotengedicht von Gryphius, der zweiteiligen Pindarischen
Ode „Begräbnis-ode eines Kindes[. A]n die Eltern" (Ebd., S. 521-524; der Titel
scheint mir verderbt und es handelt sich keineswegs um eine Ode, deren Spre-
cher das Kind wäre. Vielmehr wendet sich der Dichter an die Eltern). Im Einzelnen: *lamentatio*: 1. Satz und 1. Gegensatz; *consolatio*: 1. Abgesang und 2. Gegensatz, unterbrochen von der *laudatio*: 2. Satz. Der 2. Abgesang schließlich
intensiviert mit seiner Preisung des toten und daher schon „erhöhten" Kindes
abermals die *consolatio*.
[48] Ebd., S. 525f. V. 34-58.
[49] Ebd., S. 526, V. 50-53.

ten sei: „Hier lern ich nicht: Ich weiß/ wie JESUS sey zu ehren".[50] Und so vollzieht sich der Übergang zur *consolatio* mittels dreier Umkehrungen, wie sie für Barockdichtung und ihre Vorliebe für Paradoxa und Concetti nicht ungewöhnlich sind: Die Totenfackeln sollen, wie die neue Braut Christi fordert, zu Hochzeitsfackeln werden.[51] Das von Blatternnarben entstellte Äußere des Mädchens deutet es selbst als „Ehren-Zeichen", als Angleichung an das Antlitz des Schmerzensmannes, gleichsam *imitatio Christi*.[52] Und zum Abschluss der *consolatio* kehrt sich gar das Verhältnis von Mutter und Tochter in der Verheißung des jüngsten Tages um, wenn es heißt:

> So ist die Zeit nicht fern (mein heilge Lieb entglimmt/
> Und wünscht den edlen Tag) da ich/ die vorgegangen/
> Werd eur entbundne Seel (O mit was Freud!) umfangen/
> Und ihr empfinden solt/ was ich noch nicht erklär/
> Warum? Was Ewig ist bleibt Sterblichen zu schwer.[53]

Die Tochter wird hier gewissermaßen zur „Älteren" in der jenseitigen Welt und sagt voraus, dass sie ihrerseits wie eine Mutter die Seele ihrer weltlichen Mutter umfangen wird, sobald diese „entbunden" werde. Mit dieser umgekehrten Hierarchie geht auch ein Wissensvorsprung der Verstorbenen einher, durchaus ein Topos in solchen Schilderungen, der sich aber ingeniös zur Umkehrung der Mutter-Tochter-Beziehung fügt. So ist es nur folgerichtig, wenn die Tote im letzten Vers der Hinterbliebenen ihren (mütterlichen) Segen erteilt: „Bleibt Mutter bleibt biß in die Ewigkeit gesegnet."[54]

Eine ‚Krankheitstheologie', wie Gryphius' Langgedicht sie immerhin andeutet, indem es die Versehrungen der Todkranken mit den Wunden des Schmerzensmannes verknüpft, spielt in protestantischen Kindertο-

---

[50] Ebd., V. 71; siehe auch den pointierten V. 74: „Ihr hofft/ ihr glaubt/ ihr sucht; ich habs/ und zweifel nicht."

[51] Ebd., S. 527, V. 91-93.

[52] Ebd., V. 102-111, zit. 107.

[53] Ebd., S. 528, V. 126-130. – Diese Strategie, Trost durch die Imagination eines himmlischen Wiedersehens zu vermitteln, ist in barocker Kindertotendichtung durchaus gängig. Ebenfalls aus der Perspektive des Kindes an die trauernde Mutter und mit einer ganz analogen Evokation des Wiedersehens (nur sehr viel weniger kunstvoll) operiert noch 1680 ein liedhaftes Gedicht des Pastors Johann Kirsten auf den Tod des Sohnes von Hans Assmann von Abschatz; vgl.: Erika A. Metzger: Drei Gelegenheitsgedichte zu Geburt und Tod zweier Kinder von Hans Assmann von Abschatz (1646-1699). In: Daphnis 7 (1978), S. 549-554, hier S. 549-551.

[54] Gryphius, Lyrische Gedichte (Anm. 44), S. 528, V. 136.

tengedichten häufig eine Rolle. Simon Dach (1605-1659)[55] verfasste 1650 ein achtzehnstrophiges Gedicht auf Agnes, die Tochter des Königsberger Appellationsgerichtsrates Reinhold von Derschaw. Im Oktober geboren, starb das Kleinkind offenbar unter schweren Leiden bereits im Dezember des Jahres. Die *lamentatio* umfasst dementsprechend die ersten neun Strophen und bietet zum Teil ergreifende Schilderungen dieses ausweglosen Leidensweges:

> Es weiß nicht Ruh zu finden,
> Muß wie ein Wurm sich winden:
> Was all' Artzney-Kunst hat,
> Die Milch, sonst sein verlangen,
> Kann nichts allhie verfangen,
> Hier ist kein' Hülff', kein Raht.
>
> Man hebt es an zu wiegen,
> Es kann für Angst nicht liegen.
> Man wiegt es auff der Hand
> Mit ängstigen Geberden,
> Was daraus solle werden
> Ist Gott allein bekannt.[56]

Dieses Kind starb nicht „ohn Anfechtung des Todes" oder „ohn Schmerzen am Leib". Und so stellt sich für Dach eine ganz andere Sicht auf den Kindstod ein, als Luther sie formuliert hat. Und während bei Gryphius die Umkehr von Leiden in Erlösung schon in ein ästhetisch-petrarkistisches Spiel integriert wird, stellt Dach ganz nüchtern die Frage, wie das Leiden Unschuldiger gerechtfertigt sei:

> Wie kömpt es, daß ohn Leiden
> Kein Kind auch ab-kann-scheiden?
> Bey dem kein Wunsch, kein Wahn

---

55 Einschlägig zu Dach sind vor allem die beiden neuen Sammelbände: Axel E. Walther (Hg.): Simon Dach (1605-1659). Werk und Nachwirken. Tübingen 2008 (Frühe Neuzeit, 126); Klaus Garber (Hg.): Simon Dach im Kontext preußischer Kulturgeschichte der Frühen Neuzeit. Berlin 2012 (Literarische Landschaften, 13). Besonders zu theologischen Implikationen in Dachs Lyrik: Johann Anselm Steiger: Der Mensch in der Druckerei Gottes und die imago Dei. Zur Theologie des Dichters Simon Dach (1605-1659). In: Daphnis 27 (1998), S. 263-290.

56 Simon Dach: Gedichte. Hg. von Walther Ziesemer. Dritter Band: Geistliche Lieder, Trostgedichte. Erster Theil. Halle/Saale 1937 (Schriften der Königsberger Gelehrten Gesellschaft, Sonderreihe, 6), S. 357f. (Nr. 244: Einfältige Trawer- und Trost-Reimchen bey [...] Ableben des liebreichen Kindes Agnes, des Hn. Reinhold Derschawen, der Rechten Dr. und Hofgerichtsraths und Fr. Sophien, geb. von Stein jüngsten Töchterleins, welches 1650. 21. Weinm[onat] geboren und den 28. Christm[onat] selig eingeschlaffen, an die hochbetrübten Eltern geschrieben.), zitiert: Str. 7f.

Und kein Verstand zu spüren,
Von dem kann nichts auch rühren
Das Vbel sey gethan.[57]

Das Leiden des kranken Kindes, seine Schmerzen und Plagen werden dann als „Reinigung" von Sündhaftigkeit und Weltlichkeit begründet, eine Sicht, die wiederum eindeutig auf Luthers Sünden-Theologie fußt. Wie Gryphius aber reklamiert auch Dach eine Form der *imitatio Christi* für das Kleinkind:

Will wer mit Christo erben,
Der muß mit jhm auch sterben,
Muß manchen Kranckheit-Wind
Vnd ander Leid ertragen,
Auch wär es so zu sagen
Noch so ein zartes Kind.[58]

Das reale Kind, Agnes Derschaw, scheint hier ganz in den Hintergrund zu treten, wenn nur noch „so zu sagen" ein Kleinkind zum Beleg der Krankheitstheologie herangezogen wird. Doch wendet sich der Dichter bald wieder der Mutter und der konkreteren *consolatio* zu. Wie Gryphius zehn Jahre später stellt er der Mutter ein Wiedersehen mit der Tochter in Aussicht, die ihr „entgegen kommen" werde „mit höchster Fröligkeit".[59] Sogar eine Beschreibung von Agnes' himmlischem Dasein wird knapp beigegeben, in der das Kleinkind auf wundersame Weise sprechen und sogar singen kann. Dies zeigt weder eine Ungenauigkeit Dachs, noch soll es nur die Diskrepanz zwischen Erdenreich und Himmelreich markieren[60]: Dass die ganz kleine Agnes Christus bekennt, bezeugt nun in der Imagination des Dichters jene Glaubensgewissheit, die Luthers Tochter Magdalena noch selbst äußern konnte:

Jetzt lässt es dort sich küssen
Vnd tausend Engel grüssen,
Es lobt den heilgen Christ
Mit süssem Frewden Schalle,
Der willig für vns alle
Ein Mensch gebohren ist.[61]

---

57 Ebd., Str. 10.
58 Ebd., Str. 12. Im Hintergrund der Formulierung „mit Christo erben" steht Röm 8,17.
59 Ebd., Str. 16.
60 Dies vermutet David Heyde in seiner Deutung dieser Strophe; David Heyde: Subjektkonstitution in der Lyrik Simon Dachs. Berlin, New York 2010 (Frühe Neuzeit, 155), S. 146.
61 Dach, Gedichte (Anm. 56), S. 358, Str. 17.

5. Affektzähmung und Jenseitsschau bei Paul Gerhardt

Zum Abschluss muss noch ein Blick auf Paul Gerhardt (1607-1676) erlaubt sein, den sicherlich berühmtesten protestantischen Liederdichter.[62] Er war nicht nur durch seine Profession als Pfarrer in Berlin, Mittenwalde und Lübben, mit Predigt und Dichtung im Angesicht des Kindstodes vertraut, sondern auch als Vater, der vier von fünf Kindern früh beerdigen musste.[63] In seinen zahlreichen Kindertotengedichten finden sich alle der hier im Einzelnen aufgezeigten Motivkomplexe, teilweise gesteigert, wieder. Gerhardt legt angesichts sehr schwerer Zeiten im kriegsversehrten Sachsen ein großes Augenmerk auf die Milderung der Affekte, womit er ein Kernproblem lutherischer Trostliteratur berührt, nämlich die Unterscheidung zwischen rechter, ‚heilsamer' Trauer einerseits und allzu exzessiver Klage und Anfechtung andererseits, die den Trauernden schnell zur Sünde der *desperatio* verführen kann.[64] Demgemäß heißt es gleich zu Beginn eines Gedichtes, das er 1667 seiner Leichpredigt für die kleine Margaretha Zarlang anfügte und in dem er sich sogleich an die Eltern wendet:

> Weint, und weint gleichwohl nicht zu sehr,
> Denn was euch abgestorben,
> Ist wohl daran und hat nunmehr
> Das beste Teil erworben!
> Es ist hindurch ins Vaterland,
> Nachdem der harte schwere Stand,
> Der hier war, überstanden.[65]

---

[62] Zu Leben und Werk siehe Christian Bunners: Paul Gerhardt. Weg – Werk – Wirkung. Göttingen [3]2007; hier speziell zum Umgang mit Leiden und Tod (auch Kindstod) in Gerhardts Liedern: S. 157-162 und 179-187. Zur genaueren Einordnung des Dichters in theologische und künstlerische Diskurse der Zeit exemplarisch: Johann Anselm Steiger: „Geh' aus, mein Herz und Suche Freud". Paul Gerhardts Sommerlied und die Gelehrsamkeit der Barockzeit (Naturkunde, Emblematik, Theologie). Berlin, New York 2007. Die neuere Forschung versammelt der Band von Dorothea Wendebourg (Hg.): Paul Gerhardt – Dichtung, Theologie, Musik. Wissenschaftliche Beiträge zum 400. Geburtstag. Tübingen 2008.

[63] Siehe Bunners, Paul Gerhardt (Anm. 62), S. 53 (Maria Elisabeth, gest. 1657 noch in Mittenwalde), 55f. (Anna Katharina, gest. 1659 in Berlin; Andreas, gest. 1660 ebd.), 56 (Andreas Christian, gest. 1665 ebd.) und 93; zu einer Sammlung von Kasualgedichten, die Freunde angesichts des Todes von Gerhardts jüngstem Sohn herausbrachten: S. 91.

[64] Diese Unterscheidung und ihre genaue Grenzziehung wurden in unzähligen Trostbüchlein und einschlägigen Traktaten lutherischer Geistlicher verhandelt. Sie sind repräsentativ aufgearbeitet bei Linton, Poetry (Anm. 9), S. 22-32.

[65] Zitiert nach: Gerhardt, Dichtungen (Anm. 1), S. 377-379, Str. 1. – Margarethes Vater, Michael Zarlang (1603-1673), wirkte als Bürgermeister in Berlin und zeit-

Gerade dieses Argument, die verstorbenen Kinder hätten es im „Vaterland", dem Reich Gottes also, in das sie nunmehr übergegangen seien,
besser als in einer schnöden und oftmals von Grauen beherrschten Welt,
wurde von zeitgenössischen Trostschriften und ‚Sterbebüchlein‘ immer
wieder angeführt.[66] Während dieser Gedichtbeginn, so eingängig er formuliert sein mag, durchaus konventionell erscheint, so überrascht ein anderes Poem Gerhardts im Vergleich zu den bisher betrachteten durch seine Perspektivik. Im Februar 1650 stirbt Constantin Andreas, der kleine
Sohn des Berliner Archidiakons Johann Berkow. Gerhardt fügt der diesmal nicht von ihm verfassten Leich-Predigt ein Lied aus zwölf achtzeiligen Strophen an, das in der Maske des Vaters das verstorbene Kind anspricht, so gewissermaßen die Situation von Rückerts Kindertodtenliedern
fingierend. Es sei als Rezeptionszeugnis nur angemerkt, dass Dietrich
Bonhoeffer 1941 eben dieses Gedicht in seinem letzten Gottesdienst zum
Begräbnis eines gerade gefallenen ehemaligen Konfirmanden verlesen
hat.[67] Es beginnt:

> Du bist zwar mein und bleibest mein
> (Wer will mir anders sagen?),
> Doch bist du nicht nur mein allein;
> Der Herr von ewgen Tagen,
>   Der hat das meiste Recht an dir,
> Der fordert und erhebt von mir
> Dich, o mein Sohn, mein Wille,
> Mein Herz und Wunsches Fülle.[68]

Ist somit die Situation einer möglichen Konkurrenz zweier Väter evoziert und zugleich entschärft, so folgt die schon bekannte Abfolge von

---

weilig als Kirchen- und Oberkirchenvorsteher an der Nikolaikirche; Gerhardt
war der Familie sehr verbunden; s. Bunners, Paul Gerhardt (Anm. 62), S. 56f.,
sowie Arnold Niemann: Paul Gerhardt ohne Legende. Untersuchungen zum gesellschaftlichen Umfeld Paul Gerhardts. Göttingen 2009, S. 309f. (hier auch
knapp zum zitierten Gedicht).

[66] Beispiele bringt Linton, Poetry (Anm. 9), S. 32-35.
[67] Christian Bunners/Christian Schilcke: Paul Gerhardts Lieder in Dietrich Bonhoeffers Leben. In: Winfried Böttler (Hg.): Paul Gerhardt in Kirche, Kultur und
Lebensalltag. Beispiele für die Praxis. Berlin 2007, S. 11-24, hier S. 18f.; siehe
auch zusammenfassend: Bunners, Paul Gerhardt (Anm. 62), S. 249-255.
[68] Paul Gerhardt: Du bist zwar mein und bleibest mein. Auf den Tod des Sohnes des
Archidiakons Johann Berkow in Berlin (1680). In: ders., Dichtungen (Anm. 1),
S. 343-346, zitiert: Str. 1. Dem deutschen Gedicht ist ein lateinisches Poem in
zehn elegischen Distichen vorangestellt. Es ist greifbar ebd., S. 385f. Den Text mit
einer deutschen Übersetzung und knappen Deutung des Gedichts (auch im Vergleich mit seinem deutschsprachigen Komplement) bietet Wilhelm Kühlmann:
Zur lateinischen geistlichen Dichtung in der Zeit Paul Gerhardts. In: Wendebourg,
Paul Gerhardt (Anm. 62), S. 91-116, hier S. 95-97.

lamentatio (Str. 2-4), statt der *laudatio* einer allgemeinen Betrachtung über die Verführungen und Gefahren der Welt (Str. 6-8) und schließlich *consolatio.* Scharnierposition zwischen den letzten beiden Teilen nehmen die vierte und fünfte Strophe ein, in denen die Gegenüberstellung von himmlischer und weltlicher Sphäre argumentativ deutlich später eingesetzt wird als noch im Trauergedicht auf Margarethe Zarlang. Zunächst beginnt die vierte Strophe damit, dass der Vater auf emphatische Weise die Sehnsucht nach seinem Sohn formuliert:

> Ich sehne mich nach meinem Sohn,
> Und der ihn mir gegeben,
> Will, dass er nach an seinem Thron
> Im Himmel solle leben.
>   Ich sprech: Ach weh, mein Licht verschwindt!
> Gott spricht: Willkommn, du liebes Kind,
> Dich will ich bei mir haben
> Und ewig reichlich laben.[69]

Stärker als durch die transzendental aufgeladene Metapher des verschwindenden Lichtes kann dieser Vater seinen Verlust kaum sinnfällig machen. Zugleich wird die Konkurrenz der beiden ‚Väter' abermals und maximal verdichtet formuliert, denn die Klage des irdischen Elternteils erfolgt beinahe zeitgleich mit dem Willkommensgruß des himmlischen Vaters, angedeutet durch den Parallelismus „Ich sprech […] / Gott spricht". Genau diesen Ausspruch Gottes kommentiert nun die fünfte Strophe als „süße[n] Rat", „schönes Wort / Und heilger, als wir denken!"[70] Sodann wird die göttliche Sphäre durch effektvolle Substantivierung als ein Ort evoziert, an dem „[k]ein Unglück und kein Kränken / [k]ein Angst, kein Mangel, kein Versehn" anzutreffen sei und füglich dem in den folgenden sechsten und siebenten Strophen kontrastierend abgewerteten irdischen Dasein allemal vorzuziehen. Immer noch wirkt dabei die Gegenüberstellung zweier Vaterfiguren nach, wenn es am Schluss der jeweiligen Strophen heißt: „Wen Gott versorgt und liebet / Wird nimmermehr betrübet",[71] während doch hienieden oftmals gelte: „Der Vater muß mit Grämen / Sich seines Kindes schämen."[72]

Die so vorbereitete *consolatio* muss umso mehr interessieren, weil hier ja innerfiktional ein Vater sich selbst trösten muss. Und ihm gelingt dies durch eine ausführliche Imagination des Himmelreiches, die zunächst vom seligen Dasein des verstorbenen Sohnes ausgeht:

---

69 Gerhardt, Dichtungen (Anm. 1), S. 343f., Str. 4.
70 Ebd., S. 344, Str. 5, V. 1f.
71 Ebd., Str. 5, V. 7f.
72 Ebd., Str. 6, V. 7f.

Er sieht und hört der Engel Mund,
Sein Mündlein hilft selbst singen;
Weiß alle Weisheit aus dem Grund
Und redt von solchen Dingen,
   Die unser keiner noch nicht weiß,
Die auch durch unsern Fleiß und Schweiß
Wir, weil wir sind auf Erden,
Nicht ausstudieren werden.

Ach, sollt ich doch von fernen stehn
Und nur ein wenig hören,
Wenn deine Sinnen sich erhöhn
Und Gottes Namen ehren,
   Der Heilig, Heilig, Heilig ist,
Durch den du auch geheiligt bist:
Ich weiß, ich würde müssen
Vor Freuden Tränen gießen.

Ich würde sprechen: Bleib allhier!
Nun will ich nicht mehr klagen:
Ach, mein Sohn, wärst du noch bei mir!
Nein; sondern: Komm du Wagen
   Eliä, hole mich geschwind
Und bring mich dahin, da mein Kind
Und so viel liebe Seelen
So schöne Ding erzählen.[73]

In der zehnten Strophe setzt der Vater sich im Modus des Irrealis zum evozierten Himmelreich in Beziehung. So kann er unmittelbar Ohrenzeuge des Gesanges und damit auch des Bekenntnisses seines Sohnes werden, von deren Wichtigkeit schon die Rede war. Die dreifach-liturgische Heiligpreisung Gottes wirkt dabei performativ auch in die Rede des Vaters und das Gedicht Gerhardts hinein. Ein genauerer Vergleich, der weitere Kindertotengedichte heranzöge, müsste überprüfen, ob diese Evokation des Kindes bei Gott Züge einer Unio mystica tragen könnte, wie sie die Formulierung „Weiß alle Weisheit aus dem Grund" zumindest anzudeuten scheint.[74] Fest steht jedenfalls, dass sich an diesem Punkt die

---

[73] Ebd., S. 345, Str. 9-11.

[74] Solche mystischen Aspekte hat die Forschung immer wieder in Gerhardts Liedern ausgemacht; der Dichter dürfte Anregungen vor allem aber durch die Beschäftigung mit Johann Arndts mystischem Christentum erhalten haben; vgl. dazu Bunners, Paul Gerhardt (Anm. 62), S. 129-133 und passim, detaillierter: Sven Grosse: Gott und das Leid in den Liedern Paul Gerhardts. Göttingen 2001 (Forschungen zur Kirchen- und Dogmengeschichte, 93), S. 131-133 und 159-168. Generell zur Arndt-Rezeption bei Gerhardt außerdem: Hans-Georg Kemper: Deutsche Lyrik der Frühen Neuzeit. Bd. 2: Konfessionalismus. Tübingen 1987, S. 266-290; Elke Axmacher: Johann Arndt und Paul Gerhardt. Tübingen,

Tränen des Vaters zu Freudentränen wandeln. Seine Aufforderung „Bleib allhier" zu Beginn der elften Strophe zitiert eine analoge Wendung aus der zweiten Strophe („Bleib bei mir"), doch kehrt sich nun das Verhältnis von Bleiben und Aufbrechen argumentativ in ähnlicher Weise um, wie es schon bei Gryphius zu beobachten war. Der Vater selbst will nun in seiner imaginierten Nähe zum Himmelreich bleiben und fordert gar den feurigen Wagen Elias an, um auch realiter dorthin zu gelangen. Mit diesem Ausblick auf ein Wiedersehen im Ewigen Leben endet das Gedicht dann auch nach erfolgreicher *consolatio*, wenn der Vater in der letzten Strophe bekennt: „Ich will dich nicht mehr weinen."[75]

6. Zum Schluss: Die Stimme der Mutter

Die hier in Augenschein genommenen Kindertotengedichte mögen nur einen kleinen Ausschnitt aus der immensen Produktion solcher Kasuallyrik in der Frühen Neuzeit geben, der wohl nicht einmal repräsentativ genannt werden könnte. Gleichwohl kommt man wohl um die Feststellung nicht herum, dass diejenige Person, die nach heutiger Wahrnehmung vielleicht am stärksten emotional von einem Kindstod betroffen ist, deutlich unterrepräsentiert bleibt: die Kindsmutter. Freunde, Klienten und Pastoren trösten und ermahnen die Väter, Dichter fingieren die Position des trauernden Vaters. Mütter kommen vor, wenn sie unumgänglich, etwa weil verwitwet, sind; doch man denke nur an Andreas Gryphius' Rollengedicht der Marianne von Popschitz, in der sich das Autoritätsverhältnis zwischen Mutter und Tochter tendenziell umkehrt.[76] Es drängt sich förmlich die Frage auf: Wie steht es um Kindertotengedichte von Dichterinnen, gar den Kindsmüttern selbst?

Tatsächlich finden sich vereinzelt einschlägige Gedichte, die eindeutig keine Rollengedichte darstellen, deren Großteil aber noch in Kasualfaszikeln und Manuskriptbeständen aufzusuchen und zu erschließen wären. Eine Dichterin konnte jedoch mittels einer neueren Edition samt ihrer durchaus spektakulären Kindertotendichtung wieder ins Bewusstsein gebracht werden, Margaretha Susanna von Kuntsch (1651-

---

Basel 2001 (Mainzer Hymnologische Studien, 3), hier S. 288-291 kritisch gegenüber Kemper.

[75] Gerhardt, Dichtungen (Anm. 1), S. 345, Str. 12, V. 2.

[76] Ähnliche Phänomene, dass sogar trauernde Mütter männlichen Angehörigen tendenziell untergeordnet werden, beobachtet auch, z.B. an Kindertotengedichten Paul Flemings, Anna Carrdus: Consolation Arguments and Maternal Grief in Seventeenth-Century Verse. The Example of Margarethe Susanna von Kuntsch. In: German Life and Letters 47 (1994), S. 135-151, hier S. 141-143.

1717).[77] Gut möglich, dass erst gegen Ende des Jahrhunderts eine literarische Öffentlichkeit für trauernde Mütter als Dichterinnen und ihre
Werke bereit war, Poeme immerhin, die Johann Christoph Gottsched in
seiner moralischen Wochenschrift *Der Biedermann* als vorbildliche Lektüre empfahl für – ein weibliches Publikum.[78] Bevor Margaretha Förster
den Altenburger Hofrat Christoph von Kuntsch heiratete, genoss sie eine für Frauen aus dem mittleren Stand (als Tochter eines Beamten) ungewöhnlich breite Ausbildung, die auch Latein und Französisch einschloss. Diese mag sie zur Nutzung ihres dichterischen Talentes
angespornt haben, das sie sowohl musikalisch (Kantaten, Operette) als
auch poetisch auszudrücken vermochte. In der großen Anzahl von
Dichtungen, meist bei Kasualpoesie, sticht die große Anzahl von Kindertotengedichten hervor. Denn Margaretha von Kuntsch brachte insgesamt vierzehn Kinder zur Welt, von denen nur eine Tochter, Margaretha Elisabeth, das Erwachsenenalter erlebte, um ihrerseits die Hälfte
ihrer zwölf Kinder zu beerdigen.[79] In Kuntschs *Sämmtlichen Geist- und
Weltlichen Gedichten*, die postum 1720 mit einer Vorrede von Menantes
(i.e. Christian Friedrich Hunold) erschienen, umfasst die zweite Abteilung unter dem Titel „Düsterer Cypressen-Wald" Epicedien und Grab-
Epigramme (in der Edition mehr als fünfzig Seiten[80]), darunter diejenigen auf ihre elf Kinder. An Formenreichtum steht dieses Corpus mit
seinen kreuz- und paargereimten Langgedichten, Epigrammen, Oden-
und Liedstrophen sowie einem Sonett der poetischen Palette eines Gryphius kaum nach. Es fragt sich aber, ob die Perspektive der trauernden

---

[77] Neben knappen Informationen bei Barbara Becker-Cantarino: Der lange Weg
zur Mündigkeit. Frau und Literatur (1500-1800). Stuttgart 1987, S. 259f., und
Helen Watanabe-O'Kelly: Women's Writing in the Early Modern Period. In: Jo
Catling (Hg.): A History of Women's Writing in Germany, Austria and Switzer-
land. Cambridge 2000, S. 27-44, hier S. 38f., siehe zu v. Kuntsch insbesondere
Elke O. Hedstrom: Margarethe Susanna von Kuntsch (1651-1717). Eine unbekannte deutsche Dichterin aus der Barockzeit. In: Daphnis 19 (1990), S. 223-
246; Carrdus, Consolation Arguments (Anm. 76) und ihre Einleitung sowie die
abgedruckten Dokumenten in Anna Carrdus (Hg.): Das „Weiblich Werck" in der
Residenzstadt Altenburg (1672-1720). Gedichte und Briefe von Margarethe Susanna von Kuntsch und Frauen aus ihrem Umkreis. Mit einer Einleitung, Dokumenten, Biographien und Kommentar. Hildesheim, Zürich, New York 2004,
S. 21-56, 314-321 und 407-409.
[78] Vgl. Johann Christoph Gottsched: Der Biedermann. Faksimiledruck der Origi-
nalausgabe 1727-1729 mit einem Nachwort und Erläuterungen hg. von Wolfgang Martens. Stuttgart 1975 (Deutsche Neudrucke. Reihe 18. Jahrhunderts),
S. 28; der Hinweis bei Carrdus, „Weiblich Werck" (Anm. 77), S. 55.
[79] Auch auf die Enkel verfasste Anna Margaretha ein Totengedicht; s. ebd., S. 132:
„Bey dem sechsfachen Grabe der Kindes-Kinder".
[80] Vgl. ebd., S. 114-169.

Mutter nun andere inhaltliche Akzentuierungen mit sich bringt als sie in den bislang betrachteten Kindertotengedichten zu ermitteln waren. Zunächst scheint das nicht der Fall zu sein. Als ihre fünfte Tochter, Johanna Blandina, 1685 vier Tage nach der Geburt stirbt, und zwar just am neunten Todestag ihres Vaters, weiß die Dichterin zunächst ihren Schmerz verdoppelt:

O Schmertzen-voller Tag/ der mich mit Thränen netzet/
Der meine Wunden mir weit von einander reist/
was vor neun Jahren mich so inniglich verletzet/
Empfindet abermahls mein abgematter Geist.[81]

Entsprechend währt die *lamentatio* noch dreißig weitere, an Metaphern und Paronomasien reiche Verse, bevor sich die Mutter in ihr von Gott verhängtes Schicksal fügt („Ich muß gehorsam seyn/ der Höchste schaffte es mir") und sogar aus der Verbindung ihrer verstorbenen Lieben eine Art Trost gewinnen kann. Fortgesetzt wird eine kurz vorher beginnende emphatische Apostrophe an das Kind:

Was ich nun geben kann zum Abschied/ schenck ich dir.
Nimm meine Thränen hin/ nimm diesen Kuß mein Leben/
Nimm meine Mutter Lieb/ und diesen Kuß mit dir/
Den du in kurtzen dort wirst dem Groß Vater geben/
Der neun Jahr eh' als du/ gelangt zur Himmels-Zier.[82]

Mit dieser Entäußerung des Schmerzes in Form von Tränen und Kuss setzt gewissermaßen die heilende Wirkung der *consolatio* ein,[83] die Kuntsch im folgenden strophischen Gedicht fast als Zurücknahme des vorhergehenden formuliert: Es gemahnt an bereits beobachtete Topoi, wenn die Mutter hier das Himmelreich als Aufenthaltsort des Kindes mit „Veilgen und Jeßmin" und das Kind selbst von den Märtyrer-Blumen Rosen und Lilien bedeckt imaginiert.[84] Programmatisch stellt

---

[81] Margaretha Susanna von Kuntsch: Der unglückliche zwölffte Maji/ als das fünffte liebe Töchterlein/ die hold seelige Bellinde, oder I. B. K. den 12. Maji Anno 1685 ihres Alters 4. Tage 11. Stunden/ diese Welt verliesse. Zitiert nach: ebd., S. 114, V. 1-4.

[82] Ebd., S. 115, V. 36-40.

[83] Zum seit der Antike überkommenen Topos des Trostes als medizinischer Anwendung und seinem Fortleben in der Frühen Neuzeit s. Linton, Poetry (Anm. 9), S. 22-29, und Carrdus, Consolation Arguments (Anm. 75), S. 135-137.

[84] Carrdus, „Weiblich Werck" (Anm. 77), S. 115, V. 14; siehe auch die V. 19-24. – Es wäre spannend, genauer zu untersuchen, wie hier Motive der Jenseitsschilderung, die seit der Spätantike (Prudentius) bis in die (vornehmlich lateinische) Barockdichtung gewirkt haben, gleichsam privatim auf das eigene Kind umgemünzt werden, gerade wenn man an die hoch theologisch besetzt Symbolik des Martyriums denkt.

Kuntsch das gegenüber, was bereits Luther bei seiner Käthe angemahnt hatte: Ihr „Mutter Hertz" mag „wimmer[n]", doch ihr „Glaubens-Aug" erblickt das erhöhte Kind,[85] worin zugleich auch die schon bekannte Figur der Abwertung des diesseitigen Lebens aktualisiert wird. Doch anders als viele Kondolenten und Epicedienschreiber überspielt Kuntsch die Spannung zwischen Herz und Glaube nicht einfach, sondern thematisiert sie, v.a. in ihrem über zweihundert Verse langen, eine gesonderte Analyse verlohnenden „Wechsel-Gespräch/ zwischen der mit natürlich-mütterlicher Liebe/ und Christlicher Gott-gelassenheit erfüllten Seelen", das sie nach dem wenig später eingetretenen Tod ihres dritten Sohnes Christoph Friedrich verfasste.[86]

> Alß dort Timantes Agamemnons Schmertz/
> Da Iphigenien man opfern wolte/
> Und wie sein Vater Hertz
> Sich drob gequählet/ bilden solte/
> Da zog er einen Flohr
> Desselben Antlitz vor.

> Und zeigte damit an/
> Es könne seinem Pinsel nicht gelingen/
> Wie kläglich er gethan/
> Recht lebhafft durch die Fahrben rauß zu bringen.
> Warum? der Hertzens-Stoß
> Sey gar zu starck und groß.[87]

Die Anekdote über den Maler Timanthes und Agamemnons Schmerz um die zum Tode verurteilte Tochter, mit der Kuntsch überraschend ihr Gedicht einleitet, reflektiert offenkundig auf die Darstellbarkeit extremen Schmerzes.[88] Weder schaffte es der „tapfre[…] Held" Agamemnon, wie er in der übernächsten Strophe genannt wird, seinen Schmerz zu bezwingen, noch reichen die Fertigkeiten des Künstlers aus, das tatsäch-

---

[85] Zitiert nach ebd., S. 116, V. 32f.
[86] Greifbar in ebd., S. 119-125.
[87] Als gleiches Unglück mit dem fünftgebornen Söhnlein/ dem kleinen Chrisander, oder C. K. den 22. November 1686. durch GOTTES Verhängniß sich begab. Zitiert nach ebd., S. 125, Str. 1 und 2. – Der Text wurde bereits einmal abgedruckt in: Gisela Brinker-Gabler (Hg.): Deutsche Dichterinnen vom 16. Jahrhundert bis zur Gegenwart. Gedichte und Lebensläufe. Frankfurt/M. 1986 (Fischer Taschenbücher, 3701; Die Frau in der Gesellschaft), S. 104f.
[88] Sie entstammt wohl Plinius, Naturales Historiae, Buch XXXV, cap. 73/74; s. Gaius Plinius Secundus: Naturkunde. Lateinisch-deutsch. Bd. 35: Farben, Malerei, Plastik. Hg. und übersetzt von Roderich König in Zusammenarbeit mit Gerhard Winkler. Darmstadt 1978 (Tusculum-Bücherei), S. 60f.

liche Leid angemessen darzustellen: Er muss es buchstäblich verhüllen.[89] Beim Leser drängt sich bereits jetzt die Analogie des antiken Personals zur Dichterin selbst auf, bei der Schmerz um das tote Kind und künstlerischer Ausdruck desselben (durch das Gedicht) in eins fallen. Kuntsch führt diese Analogie auch sogleich durch und setzt ihr Leid zum dem Agamemnons in deutliche Beziehung:

> Was ist ein eintzig mahl/
> Man stelle Agamemnon mich entgegen/
> Mich/ der des Würgers Stahl
> Das neundte Kind hat müssen nun erlegen/
> Indem worauf mit Lust
> Ich hofft/ ins Grab gemust.[90]

Die nicht markierte Frage zu Beginn dieser Strophe lässt die Diskrepanz zum mythischen trauernden Vater umso deutlicher hervortreten. Kuntschens Leid erscheint im Vergleich zu dem Agamemnons neunfach gesteigert, zumal da Iphigenie bekanntlich gar nicht starb, sondern zu den Taurern entrückt wurde. Anna Carrdus hat in ihrer Deutung dieses Gedichts mit Recht darauf hingewiesen, dass Kuntsch durch einen Vergleich mit dem griechischen Heros die Außerordentlichkeit ihres Schmerzes ausdrücken will.[91] Doch scheint mir ihre Einschätzung, dieser kurze Text sei auch deshalb exzeptionell, weil die Dichterin ausschließlich in der Klage verharre,[92] noch zu kurz zu greifen. Meiner Einschätzung nach problematisiert Kuntsch hier die Möglichkeit einer adäquaten *lamentatio* im Gedicht selbst. Denn unmittelbar nach dem Vergleich mit Agamemnon führt sie diesen weiter zu Timanthes:

> Wer giebet mir denn Muth/
> Wer will mir meine Feder künstlich schärffen/
> Wie jetzo wall't mein Blut/
> Auf dieses Blatt mit Worten zu entwerffen/
> Die ich ein Weib nur bin/
> Ach! hier erstarrt mein Sinn.
>
> Die Hand erzittert mir/
> Die Feder will mir ihren Dienst versagen/
> Es schüttert das Papier/

---

[89] Zitiert: Carrdus, „Weiblich Werck" (Anm. 77), S. 125, Str. 4, V. 1 und 24; zum Versagen des Künstlers im Angesicht des Schmerzes siehe ebd., Str. 5.
[90] Ebd., Str. 3.
[91] Carrdus, Consolation Arguments (Anm. 76), S. 151.
[92] S. ebd., S. 150: „[The poem] takes the form of pure lament, so does not, like others, proceed to the yearned for consolations of death and reunion."

Und kan die Schmertzens-Worte nicht ertragen/
Drum zeuge stummes Leyd
Von meiner Traurigkeit![93]

Das ‚Entwerfen mit Worten' muss misslingen, es kann mit dem ‚wallenden Blut' nicht mithalten. Zwar mögen die Motive des sich sträubenden Papiers und der stockenden Feder topische Elemente barocker Lyrik reproduzieren, doch deutet das „stumme[…] Leyd" am Schluss des Gedichts weit über eine bloß topische Verwendung hinaus. Im Verstummen negiert die Dichterin die Möglichkeit einer adäquaten *lamentatio*, wie sie unzählig viele barocke Epicedien suggerieren. Letztlich bleibt ihr gesamtes Gedicht eine künstlerische Verhüllung des tatsächlichen Schmerzes und reproduziert somit kunstvoll das Werk des Timanthes.

Bei dieser Absage an eine echte *lamentatio* bleibt es nicht. Hatte Kuntsch sich schon in der vorletzten zitierten Strophe durch den Hinweis, sie sei „ein Weib nur", scheinbar bescheiden und doch im Kontext des Gedichts subtil kämpferisch gegen die mythischen Männer der Plinius-Anekdote gestellt, so wird sie vier Jahre später noch deutlicher. Als sie nach einem kurz nach der Geburt verstorbenen Sohn 1690 auch noch die neunjährige Dorothea Friderica, die offenbar nach schwerer Krankheit verstarb, beerdigen muss, wendet sie sich im abermals strophischen Trauergedicht direkt und geradezu szenisch an ihre Umgebung:

Euch frag ich nun/ die ihr hier um mich stehet
Und meinen überhäufften Jammer sehet/
Sagt/ meine Freunde/ sagt was düncket euch/
Man stößt zum eilfften mahl in meine Wunden
Ein scharff Gewehr/ wer hat daß ie empfunden/
Ist auch ein Schmertzen/ welcher meinem gleich?[94]

Die Lage hat sich im Vergleich zum zuvor zitierten Kindertotengedicht zugespitzt: War zuvor der Vergleich mit einem antiken Helden zumindest noch denkbar gewesen, so steht jetzt die Inkommensurabilität diese mütterlichen Leides fest.[95] Die Aufforderung an die sie umgebenden Freunde, nun zu sprechen, ihre Meinung zu äußern, evoziert dabei exakt die Situation der *consolatio*, der Tröstung, auf den keines der übrigen barocken Kindertotengedichte bislang verzichten konnte. Üblicherweise griff ja ein

---

[93] Carrdus, „Weiblich Werck" (Anm. 77), S. 125f., Str. 6f.
[94] Ebd. S. 127, Str. 5.
[95] Zuvor hatte Kuntsch sich noch selbst mit biblischen und antiken Figuren, meist aus einschlägigen Zusammenhängen verglichen; so etwa im Gedicht auf den Tod des achtjährigen Christoph Friedrich (ebd., S. 116-118, Nr. III) mit der Mutter der Makkabäer und der römischen Märtyrerin Felicitas (S. 117, V. 17-20).

männlicher Kasualpoet in solch einer Situation zur Feder, und so geschah es auch zum Tod der kleinen Dorothea Friderica.[96] Umso bedeutsamer, dass Kunsch in ihrem Gedicht – wie schon im Timanthes-Gedicht die *lamentatio* – nun die Möglichkeit einer *consolatio* negiert:

> Bemüht euch nicht mir Tröstung zuzusprechen/
> Kein Wunder wär es möcht das Band zerbrechen
> Daß meinen Leib mit meiner Seel' verbind/[97]

Zwar hätten die Freunde recht, sie trösten zu wollen, wie es in der folgenden Strophe heißt, doch das „Creutz so gar ohn Ende" lässt jede denkbare Tröstung nun nichtig erscheinen.[98] Kuntsch hat den Status eines trauernden Agamemnon weit überschritten, sie gerät schon in die Nähe einer Niobe, deren vierzehn Kinder von den Pfeilen der zornigen Zwillingsgötter ermordet wurden,[99] wenn sie in der siebenten Strophe desperat vermutet, Gott „habe mich zu seinem Ziel erkohren / Auf das sein Zorn-Pfeil stetig dringe ein."[100]

Wohlgemerkt: Bei dieser Verzweiflung in höchstem Schmerz bleibt es auch in diesem Gedicht nicht, kann es in einem christlichen Rahmen des siebzehnten Jahrhundert nicht bleiben. Mag die Trauernde auch jede *consolatio* als bloß sozialen Akt, jeden möglichen Zuspruch durch Freunde als ungenügend verwerfen, so fleht sie doch im Rest des Gedichts göttlichen Trost herbei, den sie auch erhält und in die schon bekannten Imaginationen der Kinder im Reich Gottes[101] sowie in den Appell nach „unermüdeter Geduld" eines wahren Christen[102] umsetzt. – Gleichwohl stellen Margaretha Susanna Kuntschs hier präsentierte Kindertotenge-

---

[96] Zum Tod Dorothea Fridericas existieren mindestens zwei Sammeldrucke mit deutschen und lateinischen Gedichten von Freunden Christophs von Kuntsch und lokalen Altenburger Honoratioren; auch einzelne Kasualgedichte, darunter eines von Dorotheas älterer Schwester Margarethe Elisabeth (der nachmals einzigen überlebenden), sind überliefert; vgl. die Angaben bei Linton, Poetry (Anm. 9), S. 5.

[97] Carrdus, „Weiblich Werck" (Anm. 77), S. 127, Str. 6, V. 31-33. In diesem Sinne deuten auch Carrdus, Consolation Arguments (Anm. 76), S. 148, sowie Linton, Poetry (Anm. 9), S. 4f.

[98] Vgl. Carrdus, „Weiblich Werck" (Anm. 77), S. 127, Str. 7, zitiert V. 40.

[99] So bei Ovid, Metamorphosen, Buch 6, V. 146-312, worauf die folgende Formulierung anspielen dürfte.

[100] Carrdus, „Weiblich Werck" (Anm. 77), S. 128, Str. 8, V. 47f.

[101] Dies vor allem in der zwölften Strophe (ebd., S. 128): „Von ihr [sc. der Tochter] ist Schmertz und Kranckheit hingenommen/ | Sie ist in GOTT und klug und gantz vollkommen/ | Ihr Haupt ist mit der Sternen-Cron umkränzt: | Sie darff nicht das/ was ich erfahren/ leyden: | Sie kleid't der Unschuld Liljen-weiße Seyden: | Ihr Schmuck von JESUS Blut-Rubinen gläntzt."

[102] Ebd. S. 129, Str. 14, V. 2.

dichte einen Extrempunkt dieser Poesie im Barock dar: Indem sie gerade die für Poeme auf tote Kinder essentiellen Teile des Epicediums, *lamentatio* und *consolatio* in Zweifel zieht, weist sie – aller formalen und motivlichen Konventionalität ihrer Dichtung zum Trotz – aus der barocken Dichtung hinaus,[103] fort von der beherrschten Heilsgewissheit eines Luther und der sozial funktionalisierten Freundschaftslyrik bei Schede oder Posthius, fort auch von dem belehrenden Elterntrost, wie ihn Gryphius, oder von der Krankheitstheologie, wie sie Dach präsentiert haben; allenfalls mit der Bändigung der Affekte und einer elaborierten Jenseitsschau bei Paul Gerhardt haben Kuntschens hier angeführte Gedicht noch Überschneidungspunkte. In der gleichwohl deutlichen Betonung gerade der Affekte und in der formulierten Abkehr von konventionalisierter Trostpoesie mag die Dichterin jedoch schon auf Kindertotengedichte des empfindsamen achtzehnten Jahrhunderts vorausweisen.[104]

---

[103] Diese These dürfte sich erhärten, wenn die hier vorgestellten Gedichte mit Epicedien vornehmlich männlicher Dichter auf Kinder anderer verglichen würden. Deutlich ‚konventioneller' im Sinne der hier aufgezeigten Argumentationslinien fallen etwa die zahlreichen Kindertotengedichte in den Leichen-Gedichten des Christian Gryphius, immerhin eines Zeitgenossen von Kuntsch, aus. Siehe Christian Gryphius: Poetische Wälder. Faksimile-Druck der Ausgabe Frankfurt und Leipzig: Bauch, 1707. Hg. und eingeleitet von James N. Hardin und Dietrich Eggers. Bern, Frankfurt/M., New York 1985 (Nachdrucke deutscher Literatur des 17. Jahrhunderts, 24), S. 317-320, 399-402, 439-442, 455-458, 460-463, 472-474, 487-496, 511-513 und 515-517.

[104] Einige Beispiele derselben analysiert Karin Vorderstemann in ihrem Beitrag zu diesem Band.

„Nur gestorben bist Du, nicht verloren."[1]

Kindstoddichtungen in Musenalmanachen und literarischen Taschenbüchern des 18. und 19. Jahrhunderts

von

Karin Vorderstemann

1. Einleitung

Der Kindstod ist eines der großen literarischen Themen des 18. und 19. Jahrhunderts. Wie Hans-Ulrich Wagner in seiner vergleichenden Untersuchung zu den Kindstoddichtungen Friedrich Rückerts und Joseph von Eichendorffs anmerkt, setzt mit der Wende zum 19. Jahrhundert eine regelrechte Flut von lyrischen Texten zu dem traurigen Thema ein.[2] Ein Großteil davon wurde in den seinerzeit beliebten Musenalmanachen und Taschenbüchern gedruckt. Die Forschung hat diese Quelle bisher nicht erschlossen, obwohl Wagner bereits 1995 auf ihre Bedeutung hingewiesen und diese These durch zahlreiche bibliografische Nachweise untermauert hat.[3] Grundlage der folgenden Ausführungen ist daher ein eigens erstelltes, etwa 150 Gedichte und Gedichtzyklen umfassendes Textkorpus. Zusammengestellt wurde dieses vornehmlich auf Basis der Internetdatenbank *Musenalm. Bibliographie deutscher Almanache (1770-1879)* (www.musenalm.de), in der laufend einschlägige Periodika des 18. und 19. Jahrhunderts verzeichnet werden. In einem zweiten Schritt werden dort die Inhaltsverzeichnisse der einzelnen Bände sowie die Incipits der darin enthaltenen Beiträge erfasst, was eine Stichwortsuche nach einschlägigen Begriffen wie ,Kind', ,Sohn', ,Tochter', ,Tod' etc. ermög-

---

1 Zitat aus: Christiane Sophie Ludwig, geb. Fritsche: Elegie bei dem Tode meiner Tochter. In: Musen-Almanach 1797. Göttingen bei J. C. Dieterich, S. 63-66. Das komplette Gedicht ist, ebenso wie die übrigen nur auszugsweise zitierten Texte, im Anhang abgedruckt. Die Textfolge entspricht der Zitierfolge.

2 Hans-Ulrich Wagner: Klage, Trost und irre Lieder. Zur Poetik der Kindertotendichtung bei Friedrich Rückert und Joseph von Eichendorff. In: Max-Rainer Uhrig (Hg.): Gestörte Idylle. Vergleichende Interpretationen zur Lyrik Friedrich Rückerts. Würzburg 1995, S. 19-39, hier S. 20.

3 Ebd., S. 21.

licht.[4] Die im Textkorpus enthaltenen Gedichte wurden bis auf wenige Ausnahmen auf diesem Wege erschlossen. Ergänzend kamen die von Wagner aufgeführten Gedichte sowie Zufallsfunde in zeitgenössischen Publikationen hinzu.[5]

Anspruch auf Vollständigkeit kann das Korpus nicht erheben. Diese auch nur anzustreben wäre angesichts der unglaublichen Zahl von über 2000 einschlägigen Periodika, die in den Jahren zwischen 1750 und 1860 erschienen[6], nicht nur vermessen, sondern schlicht unmöglich. Angestrebt wurde daher lediglich eine möglichst umfangreiche und damit repräsentative Sammlung einschlägiger, innerhalb des genannten Zeitraums erschienener Gedichte.[7] Der darauf basierende Versuch einer Typologie der Kindstoddichtung in Musenalmanachen und Taschenbüchern anhand von ausgewählten Beispielen ist zudem nur als erster Überblick über eine eingehender zu untersuchende Textgattung zu verstehen, wobei hier primär die Frage reflektiert wird, weshalb und wie das Thema Kindstod gerade in diesen Medien aufgegriffen wurde.

---

4 Weitere Suchbegriffe waren ‚Mutter‘, ‚Vater‘, ‚Sarg‘, ‚Begräbnis‘/‘Begräbniß‘, ‚Grab‘, ‚Leiche‘, ‚Leichnam‘, ‚Andenken‘, ‚Angedenken‘, ‚Gedenken‘, ‚Sohn‘ und ‚Tochter‘ (auch Diminutive und Plural) sowie flektierte Formen von ‚graben‘ und ‚sterben‘.

5 Die Verf. dankt Andreas Urs Sommer für den Hinweis auf einschlägige Texte im Taschenbuch Geschenk für die die Jugend auf das Jahr 1782 (Straßburg: J. F. Stein) und Scans der betreffenden Seiten.

6 Vgl. York-Gothart Mix' Zählung der in Hans Köhrings Bibliografie der Almanache, Kalender und Taschenbücher für die Zeit von ca. 1750-1860 (Hamburg: [Weber,] 1929) aufgeführten Publikationen, in: ders.: Die deutschen Musenalmanache des 18. Jahrhunderts. München 1989, S. 16.

7 Die Auseinandersetzung mit dem Thema Kindstod fand auch in den nicht auf Lyrik beschränkten Taschenbüchern vorwiegend in Gedichtform statt. Selten wurden auch einschlägige Leichenpredigten aufgenommen. Vgl. hierzu die Rede eines Vaters bey der Leiche seines sechsjährigen Sohns an die versammleten Gespielen desselben (in: Geschenk für die Jugend auf das Jahr 1782. Straßburg, bei J. F. Stein, Buchhändler in der Schloßergaße, S. 150-156) und den von Friedrich Ferdinand Hempel verfassten Schluß einer Leichenpredigt, welche der Pfarrer Freymund zu N. am Sarge einer mit ihrem Säuglinge zugleich beerdigten Kindbetterin gehalt hat (in: Taschenbuch für 1832. o. O., S. 76-85). Aphorismen zum Thema hat offenbar nur Jean Paul verfasst, nämlich Der Kindersarg in den Armen und Der Sarg-Schlüssel (beide in: Jean Paul Fr. Richter: Polymeter. In: Taschenbuch für Damen auf das Jahr 1804. Hg. von Huber, Lafontaine, Pfeffel und andern. Tübingen in der J. G. Cotta'schen Buchhandlung, S. 200). Ersterer wurde einige Jahrzehnte später von Georg Daniel Hirtz ins Lyrische „übersetzt" (vgl. Der Kindersarg in den Armen. Nach Jean Paul. In: Gedichte von Georg Daniel Hirtz, Drechsler-Meister in Straßburg. Mit einem Vorwort von Eduard Heuss. Strassburg, gedruckt und zu finden bei Ph. H. Dannbach, Schildsgasse No. 1, und bei dem Verfasser, Schiffleutstaden No. 43. In Commission bei Schmidt und Grucker, Buchhändlern, S. 104).

2. Die Medien

Dass Musenalmanache und Taschenbücher zu den beliebtesten Medien für die Publikation von Kindstoddichtungen avancierten, kann mit Blick auf den zeitgenössischen literarischen Markt kaum überraschen. Die ansprechend gestalteten, handlichen Bändchen waren äußerst populär und verkauften sich besser als herkömmliche Bücher.[8] Zudem gewannen bei diesem Geschäft nicht nur die Verleger, sondern auch die Dichter, für die sich, wie Wolfgang Bunzel hervorhebt, die Veröffentlichungsbedingen entscheidend verbesserten.

> Mußte ein Schriftsteller vorher oft jahrelang warten, bis er mit seiner dichterischen Produktion einen einigermaßen präsentablen Band füllen konnte, so fand er seit den siebziger Jahren des 18. Jahrhunderts mit dem Almanach einen Publikationskanal vor, der Einzelbeiträge in regelmäßigem und kalkulierbarem Abstand ins Publikum transportierte. Dies eröffnete vor allem jungen, noch unbekannten Autoren die einzigartige Gelegenheit, ihre poetischen Texte frühzeitig einer breiteren Öffentlichkeit vorzustellen.[9]

Eine wichtige Rolle spielten dabei Aufrufe der Herausgeber an die Leser, poetische Beiträge einzusenden.[10] Deren Anteil an den tatsächlich erschienenen Musenalmanachen sollte allerdings nicht überschätzt werden, denn die literarische Qualität der übermittelten Gedichte war zum Leidwesen der Herausgeber meist mittelmäßig.[11] Wie das Beiträgerverzeichnis des Vossischen Musenalmanachs zeigt, setzte man bei der Zusammenstellung der Almanache daher fast ausnahmslos auf etablierte Dichter.[12] Großzügiger dürften die Herausgeber der sogenannten Regionalalmanache verfahren sein, deren Beiträgerkreis lokal begrenzt war. Da die meisten dieser Unternehmen sehr kurzlebig waren, ist eine Differenzierung zwischen Lokaldichtern und reimenden Dilettanten schwierig. Es ist jedoch wahrscheinlich, dass letztere schon aus quantitativen Gründen – auch ein handlicher Band möchte gefüllt sein – in den Provinzialalmanachen relativ stark vertreten waren. Damit kamen diese stärker als die literarisch ambitionierteren Unternehmen dem Bedürfnis der Leser nach „schöngeistig-geselliger Kommunikation" entgegen. Das Resultat war eine

---

8   Vgl. Mix, Die deutschen Musenalmanache des 18. Jahrhunderts (Anm. 6), S. 16.
9   Wolfgang Bunzel: Almanache und Taschenbücher. In: Ernst Fischer/Wilhelm Haefs/York-Gothart Mix (Hg.): Von Almanach bis Zeitung. Ein Handbuch der Medien in Deutschland 1700-1800. München 1999, S. 24-35, hier S. 25.
10   Vgl. ebd., S. 25.
11   Vgl. hierzu den mit „Der Leser als Beiträger" überschriebenen Passus in: Mix: Die deutschen Musenalmanache, S. 31-34.
12   Vgl. ebd., S. 34.

„eigentümliche Verklammerung von Dichtkunst und Dilettantenpoesie, von Alltagswirklichkeit und literarischer Öffentlichkeit, von Privatheit und Publizität"[13], die sich in exemplarischer Weise in den in die Musenalmanache eingerückten Kindstoddichtungen manifestiert.

Auch in den literarischen Taschenbüchern gehen Privatheit und Publizität eine enge Verbindung ein. Anders als die Herausgeber der Musenalmanache setzten die der Taschenbücher zwar in erster Linie auf Beiträge bekannter Autoren, deren Namen als Kaufanreiz gelegentlich sogar auf dem Titelblatt aufgeführt wurden.[14] Das breitere stilistische Spektrum, das im Gegensatz zu den auf Lyrik beschränkten Musenalmanachen auch Prosatexte, Rätsel und Charaden einschloss, machte die Taschenbuchherausgeber jedoch toleranter, wenn es um die Integration dilettantischer Texte ging. „Im Vordergrund des Interesses [stand] die Authentizität eines je neuen schriftstellerischen Erzeugnisses und der verlegerische Versuch, auch kleinere Einzelleistungen im Ensemble zur Wirkung zu bringen".[15] Zudem sollte „durch den Anteil an populärer Unterhaltungsliteratur oder dilettantischer Gelegenheitspoesie [...] die Kluft zum Leser"[16], genauer, zur Leserin überbrückt werden. Im Gegensatz zu den Musenalmanachen, die sich an gebildete Leser beiderlei Geschlechts wandten, richteten sich die literarischen Taschenbücher in erster Linie nämlich an ein weibliches Lesepublikum.[17] Was als „Versuch der Verleger, in der bürgerlichen Gesellschaft eine neue Leserschicht zu

---

13 York-Gothart Mix: Einleitende Bemerkungen zum Thema Kalender? Ey, wie viel Kalender! In: Kalender? Ey, wie viel Kalender! Literarische Almanache zwischen Rokoko und Klassizismus. Katalog und Ausstellung von York-Gotthard [!] Mix. Mit Beiträgen von Karl-Heinz Hahn, Wolfgang Martens, John McCarthy, Regine Otto, Roger Paulin, Hartmut Sührig und Herbert Zeman. Ausstellung im Zeughaus der Herzog August Bibliothek Wolfenbüttel vom 15. Juni bis 5. November 1986. Wolfenbüttel, 1986 (Ausstellungskataloge der Herzog August Bibliothek, 50), S. 9.

14 Vgl. Taschenbuch für Damen auf das Jahr 1809. Mit Beiträgen von Goethe, Lafontaine, Pfeffel, Jean Paul Richter, Schiller und andern. Tübingen in der J. G. Cotta'schen Buchhandlung.

15 Paul Gerhard Klussmann: Das literarische Taschenbuch der Biedermeierzeit als Vorschule der Literatur und der bürgerlichen Allgemeinbildung. In: York-Gothart Mix (Hg.): Almanach- und Taschenbuchkultur des 18. und 19. Jahrhunderts. Wiesbaden 1996 (Wolfenbütteler Forschungen, 69), S. 89-111, hier S. 98.

16 Ebd., S. 103.

17 Vgl. York-Gothart Mix: Der Literaturfreund als Kalendernarr. Die Almanachkultur und ihr Publikum. In: Ders. (Hg.): Almanach- und Taschenbuchkultur des 18. und 19. Jahrhunderts. Wiesbaden 1996 (Wolfenbütteler Forschungen, 69), S. 77-88, hier S. 81. Die explizite Hinwendung zur Leserin manifestiert sich auch in Titeln wie Taschenbuch für Damen, Taschenbuch für edle Weiber und Mädchen und Frauentaschenbuch.

gewinnen"[18] begann, wurde unter der Hand ein Instrument weiblicher Erziehung, in dem „die Vorstellungen [der] Zeit von der Bestimmung und vom Wesen der Frau als Ehepartnerin, als Mutter und in anderen sozialen Zusammenhängen" reflektiert wurden.[19] Liebe, Ehe und Mutterschaft gehörten zu den zentralen Themen und waren die Eckpfeiler eines weiblichen Tugendmodells.[20] Die hochemotionalen, die innerfamiliären Bindungen und vor allem die Mutterliebe idealisierenden Kindstoddichtungen passten in dieses Programm in geradezu idealer Weise hinein.

3. Definition des Untersuchungsgegenstands

Eine von der Forschung bislang nicht reflektierte Fragestellung ist, was genau als Kindstoddichtung gelten kann. Während man sich beim Thema Kindsmord weitgehend darauf geeinigt hat, nur die Ermordung des Säuglings durch die Mutter unmittelbar nach der Geburt als Kindsmord zu bezeichnen und ansonsten von Kindermord oder Kindstötung zu sprechen,[21] finden sich in der Literatur zu den Kindstoddichtungen nicht einmal Definitionsversuche. Allgemein konsensfähig ist, anlässlich des Todes von Neugeborenen oder Kleinkindern entstandene oder diesen thematisierende Texte als Kindstoddichtungen zu bezeichnen. Schwieriger wird es jedoch, wenn die Beklagten das Kindesalter hinter sich gelassen haben. Kann man die anlässlich des Todes der fünfzehnjährigen Auguste Böhmer entstandenen Gedichte von August Wilhelm Schlegel noch

---

18 Paul Gerhard Klussmann: Das Taschenbuch im literarischen Leben der Romantik und Biedermeierzeit: Begriff, Konzept, Wirkung. In: York-Gothart Mix (Hg.): Literarische Leitmedien. Almanach und Taschenbuch im kulturwissenschaftlichen Kontext. Wiesbaden 1998 (Mainzer Studien zur Buchwissenschaft, 4), S. 47-64, hier S. 48.

19 Petra Flache/Jörg Bremer: „Die Frau von Deutschem Muth und Sinn". Zum Frauenbild in den Almanachen. In: Fürs schöne Geschlecht. Frauenalmanache zwischen 1800 und 1850. Ausstellung der Universität Bamberg in Zusammenarbeit mit der Staatsbibliothek Bamberg. 12. November 1992 – 27. Februar 1993. Katalog und Ausstellung: Lydia Schieth. Bamberg: Staatsbibliothek Bamberg, 1992, S. 160-180, hier S. 160.

20 Vgl. Lydia Schieth: „Huldigung der Frauen" – Frauentaschenbücher in der ersten Hälfte des 19. Jahrhunderts. In: Mix (Hg.), Literarische Leitmedien (Anm. 18), S. 83-100, hier S. 98f.

21 Vgl. Otto Ulbricht. Kindsmord und Aufklärung in Deutschland. München 1990 (Ancien Régime, Aufklärung und Revolution, 18), S. 19-20; Markus Meumann: Findelkinder, Waisenhäuser, Kindsmord. Unversorgte Kinder in der frühneuzeitlichen Gesellschaft. München 1995 (Ancien Régime, Aufklärung und Revolution, 29), S. 99f.

als Kindstoddichtungen bezeichnen? Ist die fiktive Klage der Mutter über ihren im Krieg gefallenen Sohn der Kindstoddichtung, der Kriegsdichtung oder beiden Genres zuzuordnen? Wie ist ein ossianischer Gesang einzustufen, in dem ein greiser Vater den Tod eines Sohnes im besten Heldenalter und das Sterben einer mannbaren Tochter beklagt? Und wie verhält es sich mit Gedichten zum Thema Kindsmord?

Alterstechnisch und thematisch enge Grenzen zu ziehen scheint angesichts des breiten Spektrums der einschlägigen Texte wenig sinnvoll. So förderten die Recherchen mehrere Gedichte zutage, in denen der Tod einer heiratsfähigen, mitunter schon verlobten Tochter beklagt wird.[22] Dass diese dem Kindesalter längst entwachsen ist, mindert nicht den Schmerz der Eltern, oder, um das vorhin erwähnte Beispiel Auguste Böhmer noch einmal heranzuziehen, die Trauer des Stiefvaters. August Wilhelm Schlegels Gedichtzyklus *Todten-Opfer*[23] legt eindrucksvoll Zeugnis davon ab. Und auch der im Krieg gefallene junge Mann bleibt für die trauernde Mutter in erster Linie ihr Sohn.[24] Statt die Kindstoddichtungen auf Texte zum Tod von Säuglingen und Kleinkindern zu beschränken, plädiere ich daher für eine weiter gefasste Definition, die auch Jugendliche und junge Erwachsene einschließt, die als Angehörige des elterlichen Haushalts und unverheiratet verstorben sind.

Auch auf stilistischer und thematischer Ebene ist eine Öffnung eher angebracht als eine Eingrenzung. *Armyns Klagelied an Kirmor. Ein altschottisches Gedicht*[25] zeugt nicht nur von der Ossian-Begeisterung seines Verfassers Ludwig Gottlieb Crome, sondern eben auch von der Trauer

---

22 David Heß: Das stille Kind. (Magdalena, Joh. Martin Usteri's einzige Tochter, gestorben den 23. Juli 1815). In: Alpenrosen. Ein Taschenbuch für das Jahr 1837. Hg. von A. E. Fröhlich, H. W. Wackernagel und K. R. Hagenbach. Aarau bei Johann Jakob Christen, S. 11-12; [Christian Friedrich] Raßmann: Philippine. In: Rheinisch-westfälischer Musenalmanach, auf das Jahr 1822. Hg. von Friedrich Raßmann. 2. Jg. Hamm und Münster, Schultz und Wundermann, 1822, S. 30-32.

23 August Wilhelm Schlegel: Todten-Opfer. In: Musen-Almanach für das Jahr 1802. Hg. von A. W. Schlegel und L. Tieck. Tübingen, in der Cotta'schen Buchhandlung, 1802, S. 171-180.

24 Vgl. Karl Friedrich Ludwig Kannegießer: Die Mutter bei der allgemeinen Todtenfeier. In: Taschenbuch zum geselligen Vergnügen. Neue Folge. 1. Jg. 1821, S. 366-369.

25 Ludwig Gottfried Crome: Armyns Klagelied an Kirmor. Ein altschottisches Gedicht In: Musenalmanach MDCCLXXII. Göttingen bey J. C. Diederich [1772], S. 209-218. Die dort verarbeitete Geschichte um Armyns Kinder Arindal und Daura ist auch Teil der Ossian-Übersetzung, die Werther Lotte bei seinem letzten Besuch vorliest. Ob Cromes Dichtung ein Produkt der allgemeinen Ossian-Begeisterung oder Resultat seiner – nicht belegten – Werther-Lektüre ist, lässt sich leider nicht (mehr) nachweisen.

des einsam zurückbleibenden Vaters, während die Opfer von Kinds-
mord ebenso unschuldig sterben wie ehelich geborene Kinder und ihr
Tod ihre Mütter trotz oder auch gerade wegen ihres Verbrechens in tiefe
Trauer stürzt.[26]

Für die Auswahl der Texte unerheblich ist auch, ob diese authentisch
sind, d. h. auf einen realen Todesfall reagieren. Traurige Beispiele für
solche Ereignisse finden sich in den Musenalmanachen und Taschenbücher zwar zur Genüge. Mit einiger Sicherheit auszumachen sind sie jedoch nur dann, wenn Titel oder Untertitel entsprechende Hinweise
enthalten. Exemplarisch seien hier die *Blumen auf Wilhelm Geiling's Grab
(Gestorben 1791, im vierten Jahre, an den grausamsten Pestpocken)*[27] von Johann Wilhelm Ludwig Gleim genannt. Das Fehlen entsprechender Informationen muss jedoch kein Fiktionalitätssignal sein. Außerdem kann
nicht ausgeschlossen werden, dass fiktive Trauergedichte namentlich zugeordnet und datiert wurden, um durch die fingierte Authentizität das
emotionale Potential der Texte zu steigern.[28] Auch deshalb wird im Folgenden zu reflektieren sein, ob und wie sich die fiktiven Kindstoddichtungen von nachweisbar authentischen unterscheiden.

4. Chronologisch-typologischer Überblick

Die Musenalmanache nahmen sich schon früh des traurigen Sujets an.
Nur zwei Jahre nachdem Heinrich Christian Boie den Almanach auf dem
literarischen Markt etabliert hatte, erschien im Göttinger *Musenalmanach*

---

26 Beispiele lyrischer Verzweiflung finden sich nicht nur in den Musenalmanachen,
    sondern auch in weiteren zeitgenössischen Publikationen. Vgl. Anton Matthias
    Sprickmann: Ida. In: Deutsches Museum, 1777, Bd. 1, 2. Stück, S. 120-128; Au-
    gust Gottlieb Meißner: Die Mörderin. In: Deutsches Museum. 3. Stück, März
    1779, S. 380-383; Gottlieb Conrad Pfeffel: Agnes und Lyda. Eine Anekdote
    (1790). In: Poetische Versuche, Vierter Theil, Tübingen 1817, S. 173; Christian
    August Heinrich Clodius: Die Kindesmörderin. In: Gedichte. Leipzig 1794,
    S. 73-78; Justinus Kerner: Die Kindsmörderin (1852). In: ders.: Sämtliche poeti-
    sche Werke in vier Bänden. Hg. mit einer biographischen Einleitung und erläu-
    ternden Anmerkungen von Josef Gaismaier. Bd. 2. Leipzig [1905], S. 160.
27 Johann Wilhelm Ludwig Gleim: Blumen auf Wilhelm Geiling's Grab (Gestor-
    ben 1791, im vierten Jahre, an den grausamsten Pestpocken). In: Musen Alma-
    nach 1799. Göttingen, bei J. C. Dieterich. S. 131-135.
28 Unter diese Kategorie fallen – mit Vorbehalt – die Grabschrift auf den frühen
    Tod Louisen's R. von Huber (In: Taschenbuch für Frauenzimmer von Bildung,
    auf das Jahr 1800. Stuttgart bei Joh. Frid. Steinkopf, S. 127-128) und das unter
    dem Pseudonym „Serenus" abgedruckte Gedicht Auf den Tod eines Kindes, den
    25. März 1821. (Für seine Mutter.) (In: Nordischer Musenalmanach, für das Jahr
    1822. Poetische Blumenlese, zweiter Jahrgang. Hg. von Winfried [Nikolaus
    Daniel Hinsche]. Hamburg, in der Herold'schen Buchhandlung, S. 32f.).

auf das Jahr 1772 erstmals ein Gedicht, das um den Verlust von Kindern kreist, nämlich – bereits erwähnt – *Armyns Klagelied an Kirmor. Ein altschottisches Gedicht* von Ludwig Gottlieb Crome. Anstoß für die Produktion von weiteren Kindstoddichtungen gab die düstere Saga allerdings nicht. Während die Verleger das publizistische Format „Musenalmanach" mit Begeisterung aufnahmen und später im Taschenbuch erfolgreich variierten, wurde das Thema Kindstod von den ihnen zuarbeitenden Dichtern bis Mitte der 1790er Jahre nur sporadisch aufgegriffen. Gleichwohl wurden zahlreiche der in den folgenden Jahrzehnten immer wieder bedienten Muster etabliert. So finden sich schon unter den frühen Kindstoddichtungen Grabschriften, Trostgedichte und ein erster lyrischer Dialog, in dem ein lyrisches Dichter-Ich einem am Grab der Schwester trauernden Mädchen neuen Lebensmut zuspricht.[29] Überhaupt spielt der Tod einer Schwester oder Gespielin in den ersten Jahrgängen der Musenalmanache eine gewisse Rolle, während das Thema später kaum noch berührt wird. Klagen trauernder Väter gibt es dagegen selten, obwohl diese einen Großteil des Textkorpus ausmachen.[30] Zudem werden in den wenigen „Vater-Gedichten" nur fiktive, örtlich und zeitlich entrückte Ereignisse reflektiert. So ist das bereits erwähnte Gedicht *Armyns Klagelied an Kirmor* im Schottland der Vorzeit angesiedelt, während die anonym publizierte *Klage des alten Sullaths*[31] irgendwo im alten Orient zu verorten ist. Auch das Genre der Mutterklage spielt in den ersten beiden Jahrzehnten kaum eine Rolle, wenn man von Dichtungen zum Thema Kindsmord absieht. So erschienen zwischen 1777 und 1782 vier Gedichte, in denen die *Empfindungen einer unglücklich Verführten bey der Ermordung ihres Kindes* (Johann Gottlieb Schink)[32]aus deren Perspektive geschildert werden. Danach wur-

---

[29]   Karl Friedrich von Reinhard: Das Mädchen am Grab ihrer Schwester. In: Schwäbischer Musenalmanach. Auf das Jahr 1782. Hg. von Gotthold Friedrich Stäudlin. Tübingen, bei Johann Georg Cotta, S. 86-93.

[30]   Dies ist vor allem auf die lyrische Trauerarbeit Joseph von Eichendorffs und Friedrich Rückerts zurückzuführen.

[31]   N.: Die Klage des alten Sullaths. 1787. In: Musenalmanach fürs Jahr 1792. Hg. von Gotthold Friedrich Stäudlin. Stuttgart, S. 85f.

[32]   Johann Gottlieb Schink: Empfindungen einer unglücklich Verführten bey der Ermordung ihres Kindes. In: Almanach der deutschen Musen auf das Jahr 1777. Leipzig, in der Weygandschen Buchhandlung, S. 279-281. Vgl. auch: Gotthold Friedrich Stäudlin: Seltha, die Kindermörderin. Bruchstük eines grösern Gedichts. 1776. In: Schwäbischer Musenalmanach Auf das Jahr 1782. Hg. von Gotthold Friedrich Stäudlin. Tübingen bei Johann Georg Cotta, S. 43-46; Friedrich Schiller: Die Kindsmörderin. In: Anthologie auf das Jahr 1782. Hg. von Friedrich Schiller. Stuttgart, bei Johann Benedikt Metzler. 1798, S. 42-48. Wiederabdruck in: Leipziger Taschenbuch für Frauenzimmer zum Nutzen und Vergnügen, aufs Jahr 1784. Leipzig, bey Adam Friedrich Böhme, S. 52-58.

de das Thema kaum noch berührt. Überraschen kann das nicht. Das Sujet war für das die bürgerliche Familie idealisierende Taschenbuch denkbar ungeeignet.

Auffälliger ist dagegen, dass bereits in den 1770er Jahren humoristisch-satirische Verse zum Thema Kindstod in den Musenalmanachen zu finden sind. Verspottet werden hier ebenso wie in den später entstandenen Gedichten allerdings nicht die Verstorbenen, sondern die in unangemessener Weise auf ihren Tod reagierenden Überlebenden. So heißt es in Peter Wilhelm Henslers Epigramm *An einen bösen Vater über den Tod seines frommen Sohnes*:

> Was zürnst du noch mit dem Geschick,
> Um den Verlust des frommen Knaben!
> Für einen Mann, wie du, ist es ein Glück,
> Im Himmel wenigstens doch einen Freund zu haben.[33]

Größere Bedeutung gewann das Thema Kindstod in den Musenalmanachen und Taschenbüchern erst Mitte der 1790er Jahre, um von da an fast fünfzig Jahre präsent zu bleiben. Bis in die 1840er Jahre erschien fast alljährlich mindestens ein Gedicht, das sich mit dem Tod eines Kindes beschäftigt. Erst mit dem Niedergang der Musenalmanache und Taschenbücher, die ab der Jahrhundertmitte mehr und mehr von Familienblättern wie der *Gartenlaube* abgelöst wurden,[34] geht auch die Zahl der in diesen Medien publizierten Kindstoddichtungen zurück. Zusammenhänge mit der tatsächlichen Kindersterblichkeitsrate lassen sich dagegen nicht nachweisen. Die Zunahme und dauerhafte Präsenz von Kindstoddichtungen in den populären Medien des frühen und mittleren 19. Jahrhunderts kann vielmehr als literarischer Reflex der sich zu dieser Zeit wandelnden Familienverhältnisse gelten. An die Stelle der Großfamilie tritt „in der bürgerlichen Gesellschaft mehr und mehr die Eltern-Kind-Familie als dominierende Sozialform“[35]. Die sich zu Beginn des 19. Jahrhunderts entfaltende, nach innen gerichtete Bürgerkultur[36] und die „sentimentale Auffüllung des innerfamiliären Bereiches, wie sie das Biedermeier ent-

---

[33] Peter Wilhelm Hensler: Epigramm. An einen bösen Vater über den Tod seines frommen Sohne. In: Almanach der deutschen Musen auf das Jahr 1776. Leipzig, in der Weygandschen Buchhandlung, S. 119.

[34] Vgl. Wolfgang Bunzel: Almanache und Taschenbücher. In: Ernst Fischer/Wilhelm Haefs/York-Gothart Mix: Von Almanach bis Zeitung. Ein Handbuch der Medien in Deutschland 1700-1800. München 1999, S. 24-35, hier S. 34.

[35] Ingeborg Weber-Kellermann. Die Kindheit. Kleidung und Wohnen. Arbeit und Spiel. Eine Kulturgeschichte. Frankfurt/M. 1979, S. 90.

[36] Vgl. ebd.

schieden auszeichnet und charakterisiert"[37], resultierten in einer Aufwertung der Gefühle. Die Familie wird damit „zu einem Ort *unabdingbarer affektiver Verbundenheit* zwischen den Ehegatten und auch zwischen den Eltern und Kindern", deren Verlust nun als besonders schmerzlich empfunden wird.[38]

Die emotionale Aufwertung des Kindes spiegelt sich auch in den lyrischen Auseinandersetzungen mit seinem Tod, deren inhaltliche und stilistische Bandbreite durchaus eindrucksvoll ist. Weiter beliebt sind die spätestens seit der Empfindsamkeit äußerst populären Grabschriften, in denen – gerne in epigrammatisch-kurzer Form – der Tod des Kindes als begrüßenswerte Rettung eines Unschuldigen aus dem argen Weltleben dargestellt wird.[39] Kritische Töne schlägt nur die laut Untertitel *Von einem Leichensteine abgeschrieben[e]*, vermutlich aber fiktive anonyme *Grabschrift eines Kindes* an, in der noch einmal auf das Thema „Kindsmord" eingegangen wird.

Trotz der Ehre, gab die Liebe
Mir den Augenblick von Leben
Trotz Liebe, hat die Ehre
Mir den frühen Tod gegeben.[40]

Generell ist aber eher Empathie gefragt als kritische Reflexion. Dementsprechend groß ist der Anteil von Trostgedichten, mit denen die Dichterinnen und Dichter versuchen, den Schmerz der beraubten Eltern zu lindern.[41] Titel wie *Dem Angedenken des liebenswürdigen Kindes, Ludwig Friedrich Ockel, seinen trauernden Eltern gewiedmet* (Wilhelmine Maisch),[42] *An den Grafen Ranzau. Nach dem Tode seines einzigen Sohnes. 1797* (Johann

---

[37] Ingeborg Weber-Kellermann: Die deutsche Familie. Versuch einer Sozialgeschichte. Frankfurt/M. 1974, S. 108.

[38] Philippe Ariès: Geschichte der Kindheit. Mit einem Vorwort von Hartmut von Hentig. Aus dem Französischen von Caroline Neubauer und Karin Kersten. München 1976, S. 48.

[39] Vgl. hierzu auch den Beitrag von Jost Eickmeyer zu den barocken Kindertotendichtungen in diesem Band.

[40] N.N.: Grabschrift eines Kindes. In: Barden-Almanach der Teutschen, für 1802. Hg. von Gräter und Münchhausen. Neustrelitz, S. 179.

[41] Entsprechende Trostgedichte finden sich bereits in der Barockliteratur; vgl. hierzu den Beitrag von Jost Eickmeyer in diesem Band.

[42] Wilhelmine Maisch: Dem Angedenken des liebenswürdigen Kindes, Ludwig Friedrich Ockel, seinen trauernden Eltern gewiedmet. In: Almanach und Taschenbuch für häusliche und gesellschaftl. Freuden. 1799 von Carl Lang, Heilbronn am Nekar im Industrie Comtoir, S. 671[176]-180.

Friedrich Schink)[43] und *An J. C. Appenzeller, bey der Beerdigung seines lieben Töchterleins* (J. Schweizer)[44] zeugen von der Anteilnahme der Dichterfreunde. Die eindrucksvollste unter diesen lyrischen Beileidsbekundungen dürfte die Gedichtsammlung *An J. G. Jacobi, nach dem Verluste eines einzigen Sohns* sein, die der trauernde Vater nur ein Jahr nach dem Tod seines Sohnes am 11. September 1811[45] in die von ihm herausgegebene *Iris. Ein Taschenbuch für 1813* einrückte.[46]

Die rasche Publikation der lyrischen Beileidsbekundungen war keineswegs ungewöhnlich und ist nicht nur auf Jacobis „Doppelrolle" als beklagter Vater und Herausgeber eines literarischen Periodikums zurückzuführen. Tatsächlich wurde ein großer Teil der Trost- und Klagegedichte schon bald nach dem traurigen Ereignis dem teilnehmenden Publikum zur Kenntnis gebracht und das unabhängig davon, ob es sich um einen den Dichter mittelbar oder unmittelbar betreffenden Todesfall handelte. So veröffentlichte Wilhelmine Müller geborene Maisch ihre *Empfindungen am Grabe meines Erstgebohrnen. Bei meinem Wegzug von Carlsruhe nach Pforzheim, im Juli 1800*[47] ebenso wie Jacobi die ihm zugedachten Gedichte nur ein Jahr nach dem Trauerfall. Zwischen Entstehung und Publikation der tröstenden Reflexionen *Beim frühen Tode der Dem. Friederike Dieterich; Ihren Aeltern geweiht*[48] von Philippine Engelhard geborene Gatterer, lagen sogar nur wenige Wochen. Das auf den 16. August 1782 datierte Gedicht wurde im Göttinger Musenalmanach für 1783 gedruckt. Da die Almanache und Taschenbücher immer schon im Herbst bzw. Winter des Vorjahres erschienen,[49] dürften zwischen Entstehung und Veröffentlichung

---

43   Johann Friedrich Schink: An den Grafen Ranzau. Nach dem Tode seines einzigen Sohnes. 1797. In: Musen-Almanach für das Jahr 1802. Göttingen. Bei Heinrich Dieterich, S. 203-206.

44   J. Schweizer: An J. C. Appenzeller, bey der Beerdigung seines lieben Töchterleins. In: Alpenrosen, ein Schweizer Almanach auf das Jahr 1820. Hg. von Kuhn, Meisner, Wyß u. a. Bern bey J. J. Burgdorfer. Leipzig bey L. G. Schmidt, S. 272.

45   S. Johann Georg Jacobi in Freiburg und sein oberrheinischer Dichterkreis 1784-1814. Katalog zur Ausstellung im Goethe-Museum Düsseldorf in Zusammenarbeit mit der Albert-Ludwigs-Universität Freiburg und der Goethe-Gesellschaft Freiburg i. Br. 4. März bis 15. April 2001. Hg. von Achim Aurnhammer und C. J. Andreas Klein. Freiburg [²2001], S. 36.

46   [Verschiedene Verfasser:] An J. G. Jacobi, nach dem Verluste eines einzigen Sohns. In: Iris. Ein Taschenbuch für 1813. Hg. von J. G. Jacobi. Zürich 1813, S. 3-11.

47   Taschenbuch auf das Jahr 1802 für edle Weiber und Mädchen. Hg. von Wilhelmine Müller, geb. Maisch. Pforzheim, bei Christian Friedrich Müller, S. 121-125.

48   Philippine Engelhard: Beim frühen Tode der Dem. Friederike Dieterich; Ihren Aeltern geweiht. In: Musen Almanach. A. MDCCLXXXIII [1783]. Göttingen bey J. C. Dieterich, S. 178-180.

49   Die ansprechend aufgemachten Bändchen waren beliebte Weihnachtsgaben. Vgl. Mix, Die deutschen Musenalmanache (Anm. 6), S. 26.

kaum mehr als zwei Monate vergangen sein. Selbst bei einem so schwierigen Thema galt offenbar die Grundregel, dass die Beiträge aktuell sein mussten.[50] Ältere Gedichte wurden nur selten berücksichtigt. Zu den raren Ausnahmen gehören Johann Wilhelm Ludwig Gleims schon erwähnte Gedichtsammlung *Blumen auf Wilhelm Geiling's Grab (Gestorben 1791, im vierten Jahre, an den grausamsten Pestpocken.)*, die erst 1799 erschien[51], und David Heß' Gedicht *Das stille Kind. (Magdalena, Joh. Martin Usteri's einzige Tochter, gestorben den 23. Juli 1815)*, das dem Lesepublikum erst 1837 bekannt gemacht wurde.[52]

Die allgemeine Tendenz, auch den größten persönlichen Schmerz so bald wie möglich öffentlich zu machen, wurde von den Zeitgenossen allerdings auch kritisch reflektiert. Ein Spottgedicht darüber stammt signifikanterweise aus der Feder von Wilhelm Gottlieb Becker, der als Herausgeber des *Taschenbuchs zum geselligen Vergnügen* vermutlich nur zu gut wusste, wovon er sprach:

Ralf's Söhnchen starb; er hatt' es lieb:
Gleich ging er an den Tisch und schrieb
Sein Herzleid für die Zeitung nieder.
Die Mutter schrie und weinte sehr;
Laß gut seyn, Eve, tröstet er,
Was todt ist, lebt nicht wieder.
Ich klag' es schmerzlich Stadt und Land,
So wird man doch der Welt bekannt.[53]

Nicht alle Kindstoddichtungen gehen jedoch auf einen Trauerfall zurück. Parallel zu echten lyrischen Beileidsbezeigungen entstanden auch fiktive Kondolenzen, in denen ein nicht näher spezifiziertes lyrisches Ich auf den Tod eines meist namenlosen Kindes eingeht. Inhaltlich unterscheiden sich diese nur wenig von den authentischen Trostgedichten. Typisch,

---

50 Zur Aktualitätsfrage s. ebd., S. 23.
51 Gleim, Blumen auf Wilhelm Geiling's Grab (Anm. 27).
52 David Heß: Gedicht. Das stille Kind. (Magdalena, Joh. Martin Usteri's einzige Tochter, gestorben den 23. Juli 1815). In: Alpenrosen. Ein Taschenbuch für das Jahr 1837. Hg. von A. E. Fröhlich, H. W. Wackernagel und K. R. Hagenbach. Aarau bei Johann Jakob Christen, S. 11f.
53 W[ilhelm] G[ottlieb] Becker: Beruhigung. In: Taschenbuch zum geselligen Vergnügen. Hg. von W. G. Becker. 22. Jg. 1812. Leipzig bei Johann Friedrich Gleditsch, S. 157. Die Zurückweisung der Trauer hat ihr Vorbild in der Geschichte von König David (2 Samuel 12). Dort wird berichtet, wie zur Strafe für Davids Verhalten sein erster Sohn aus der Ehe mit Bathseba stirbt. König David, der das Sterben seines Kindes durch Fasten und Gebete zu verhindern hoffte, setzt sich nach dessen Tod völlig gefasst zum Essen. Auf seinen Mangel an Trauer angesprochen entgegnet er lapidar: „es kommt aber nicht wieder zu mir zurück" (2 Samuel 12,23). Die Verf. dankt Jost Eickmeyer für den freundlichen Hinweis.

um nicht zu sagen, topisch ist der Hinweis darauf, dass das verstorbene Kind nun im Himmel lebe, wo seine Eltern es dereinst wiederfinden werden. Gelegentlich wird der Tod des Kindes sogar als notwendig dargestellt. So erfährt eine am Sarg der Tochter weinende Mutter, dass auch in den seligen Gefilden alle Altersgruppen vonnöten seien, um „eine bunte, reiche | Gottgemeine" zu bilden:

Und da muß es neben großen
In dem neuen Leben
Auch so liebe, süße, kleine
Kinderengel geben.[54]

Auffällig ist hier die Häufung von verniedlichenden Attributen, durch die eine emotionale Involvierung des Lesepublikums zumindest begünstigt wurde. Dass die Akkumulation von Schlüsselwörtern der Kindstoddichtung ein gängiges Verfahren war, zeigt neben zahlreichen sentimentalen Versen[55] exemplarisch der Titel eines Gedichts von Johann Ludwig Ferdinand Deinhardstein: *An eine Mutter, welche den Sarg ihres Kindes unter dem Arme trug.*[56]

Eine bis Mitte der 1790er Jahre kaum verwendete, später aber beliebte Form von Trostgedichten stellen an die toten Kinder gerichtete lyrische „Nachrufe" dar. Die beruhigende Mitteilung, der oder die Verstorbene sei dem irdischen Treiben glücklich entronnen und nun selig im Himmel, dürfte sich allerdings eher an die trostbedürftigen Hinterbliebenen richten, die die eigentlichen Adressaten dieser Gedichte sind. Typisch für die lyrischen Grußadressen an reale oder auch erfundene Kinder ist die Gegenüberstellung von Erdenleid und Himmelsfreude. Dieser Kontrast bestimmt auch die Gedichte, in denen sich die verstorbenen Kinder an ihre trauernden Eltern wenden, um sie mit der Schilderung der himmlischen Freuden, derer sie nun teilhaftig sind, zu trösten. Den typischen Abschluss dieser Grüße aus dem Jenseits bildet die Aufforderung an die Hinterbliebenen, nicht mehr zu weinen. Die dem Tod des Kindes vorangegangene Leidenszeit und der Sterbeprozess werden als schmerzliche Erinnerung allenfalls *en passant* erwähnt. Konsens der tröstenden und trost-

---

54 J. M. Meyer: Bei dem Tode eines Kindes. In: Erlanger Musenalmanach für das Jahr 1838. Hg. von Friedrich Rückert. Erlangen. Bei Ferdinand Enke, S. 41. Vollständiger Text im Anhang.

55 Textbeispiele hierfür sind Legion, weshalb an dieser Stelle nur auf die in diesem Beitrag zitierten bzw. als Anhang beigegebenen Gedichte verwiesen sei.

56 Johann Ludwig Ferdinand Deinhardstein: An eine Mutter, welche den Sarg ihres Kindes unter dem Arme trug. In: Aglaja. Ein Taschenbuch für das Jahr 1821. Wien, S. 111f. Das Bild des Kindersargs haben auch Jean Paul und in direkter intertextueller Reaktion Georg Daniel Hirtz verwendet. Vgl. Anm. 7.

bedürftigen Dichter scheint gewesen zu sein, das Sterben des Kindes als
Erlösung und damit als dieses beglückendes Ereignis darzustellen. Geradezu exemplarisch wird dies in K. A. Mayers Gedicht *Das sterbende Kind*[57]
im *Norddeutschen Jahrbuch für Poesie und Prosa* von 1847 durchexerziert.
Dass der Tod auch von dem sterbenden Kind als schmerzliche Zäsur
wahrgenommen wird, reflektiert nur ein unbetiteltes „Lied" von Wolfgang Müller, das 1841 im *Deutschen Musenalmanach* erschien:

> Vater, Mutter, laßt das Klagen,
> Laßt die Thränen, Schwester, Brüder!
> Auch die Freunde! Ach, sie schlagen
> Traurig ihre Augen nieder.
>
> Wollt' ich weinen, wollt' ich klagen,
> Wie viel Thränen müßten fallen?
> Ach, ihr scheidet nur von Einem,
> Und ich scheide von Euch allen.[58]

Zu Wort kommen die Kinder auch in den im 19. Jahrhundert beliebten
lyrischen Dialogen oder Gesprächsgedichten, in denen der Tod des
Kindes aus der Perspektive mehrerer Betroffener beleuchtet wird. Diese
Form bot sich besonders dazu an, das Sterben des Kindes zu dramati-
sieren. Beliebt war offenbar der Dialog zwischen der trauernden Mutter
und dem sterbenden oder gerade gestorbenen Kind, das seine Mutter
mit der Schilderung seines himmlischen Lebens zu trösten versucht. Eine Sonderrolle kommt hier August Schumachers 1820 im Taschenbuch
Cornelia gedrucktem Gedicht *Die Mutter und ihr Kind*[59] zu, das streng
genommen gar nicht zu den Kindstoddichtungen gehört, da der eu-
phemistisch als „Genius" bezeichnete Tod dem Kind hier noch einmal
gnädig ist. Ebenso wie das vier Jahre früher in Beckers *Taschenbuch zum
geselligen Vergnügen* erschienene Gesprächsgedicht *Mutter und Kind* von
Friedrich August Kuhn[60] beginnt auch Schumachers lyrisch-dramatische
Szene mit einer der Mutter in den Mund gelegten Schilderung der Si-

---

[57] K. A. Mayer: Das sterbende Kind. In: Norddeutsches Jahrbuch für Poesie und
Prosa. Hg. von Heinrich Pröhle. 1847. Merseburg, Louis Garcke, S. 183f.
[58] Wolfgang Müller: Lied. In: Deutscher Musenalmanach für 1841. Hg. von
Theodor Echtermeyer und Arnold Ruge. Verlag von M. Simion. Athenaeum in
Berlin, S. 161f.
[59] August Schumacher: Die Mutter und ihr Kind. In: Cornelia. Taschenbuch für
Deutsche Frauen auf das Jahr 1820. Hg. von Aloys Schreiber. 5. Jg. Heidelberg,
im Verlag von Joseph Engelmann. S. 33-35. Vollständiger Text im Anhang.
[60] Friedrich August Kuhn: Mutter und Kind. In: W. G. Becker's Taschenbuch zum
geselligen Vergnügen. Hg. von Friedrich Kind. Auf das Jahr 1816. Leipzig, bei
Joh. Friedrich Gleditsch, S. 284-286.

tuation und ihrer verzweifelten Bitte an das Kind, bei ihr zu bleiben. Bemerkenswert ist dessen Antwort, die sich nicht auf die übliche Bitte, nicht zu trauern, beschränkt, sondern in einer – freundlichen – Zurückweisung der Mutter kulminiert:

Mutter, warum weinest du?
Mußt nicht traurig seyn!
Liebe Mutter, laß mir Ruh,
Mir wird's besser seyn.

Die angesichts der Resignation des kranken Kindes verständliche Verzweiflung der offenbar hilflosen Mutter wird im Folgenden wirkungsvoll mit den Verlockungen des als guter Genius auftretenden Tods kontrastiert:

„Du lieblich Kind, begleite mich,
„Will Schönes viel dir geben,
„Zwey goldne Flügel sollen dich
„Zu Sonn' und Stern' erheben.
„Wir fliegen hoch, wir fliegen weit,
„Und dein ist auch mein luftig Kleid!"

Hier klingen deutlich bekannte Verse nach:

„Du liebes Kind, komm, geh mit mir!
Gar schöne Spiele spiel' ich mit dir;
Manch' bunte Blumen sind an dem Strand;
Meine Mutter hat manch gülden Gewand."[61]

Von Todesangst, wie sie der Knabe in Goethes *Erlkönig* durchlebt, ist hier jedoch nichts zu verspüren, im Gegenteil. Das Kind reagiert begeistert:

O das ist herrlich, das ist schön!
Wird auch die Mutter mit uns gehn?

Die naive Frage bildet den Wendepunkt des Gedichts. Der Genius muss erkennen, dass Mutter und Kind unzertrennlich miteinander verbunden sind und erbarmt sich untypischerweise nicht des kranken Kindes, sondern seiner verzweifelten Mutter. Statt das Kind mit sich zu nehmen, verspricht er als wahrer guter Genius, es im Leben zu behüten.

Einen anderen, gleichwohl ebenfalls guten Genius Tod zeigt das Gedicht *Ludwigs Tod. An seine Mutter*, das 1806 im *Alsatischen Taschenbuch*

---

61 Johann Wolfgang Goethe: Erlkönig. In: Gustav von Loeper (Hg.): Goethes Gedichte. 1. Theil (Weimarer Ausgabe, Bd. 1). Weimar: Hermann Böhlaus Nachfolger, 1899, S. 167-168, hier S. 167.

erschien.[62] „Die Veranlassung dieses Gedichtes war", wie der nur mit „Mäder" zeichnende Verfasser in einer Fußnote mitteilt, „der Tod eines guten Jünglings der zu Paris in der Seine ertrank." Hier lockt der Genius mit „süße[n] Töne[n] | ... Sanft wie Harfenspiel | Aus der Flut". Der Jüngling ist sich allerdings nicht sicher, ob er diesen Klängen folgen und „frühvollendet | Zu der Tugend Lohn" gelangen soll.

> Aber vor den Fluthen
> Bebt mein junges Herz,
> Und es ahnet bänglich
> Mir der Mutter Schmerz,
> Mir des Vaters Jammer
> Und der Schwestern Noth,
> Und des Bruders Thräne
> Bei des Lieblings Tod.

Überzeugen kann ihn erst das Versprechen des Genius, ihn sicher durch die Fluten „Ins verheiß'ne Land" zu geleiten und seine Lieben zu trösten. Dass das vermutlich nur eine Zeitungsnotiz aufgreifende Gedicht die Mutter getröstet hätte, ist allerdings zu bezweifeln.[63]

Neben den Gesprächen mit den Todeskandidaten finden sich unter den „Gesprächsgedichten" mehrere Dialoge, in denen namenlose Dritte versuchen, der trauernden Mutter beizustehen. Trost findet diese allerdings nur in der Klage. Der Vater des Kindes kommt dagegen nur in einem einzigen der Gesprächsgedichte zu Wort, nämlich *In des Kindes Sterbekammer. Am Christabend*[64] von Christian Friedrich Raßmann. Allerdings weist das Gedicht trotz des wiederholten Sprecherwechsels – die Strophen sind alternierend der Mutter und dem Vater zugeteilt – kaum dialogischen Charakter auf. Statt dessen wird die Situation der Hinterbliebenen mit verteilten Stimmen geschildert, wobei dem Dichter einprägsame Schwarz-Weiß-Bilder gelingen. So wird die Trauer der Eltern in der dunklen Kammer ihres verstorbenen Kindes mit der hellerleuchteten Weih-

---

62 Mäder: Ludwigs Tod. An seine Mutter. In: Alsatisches Taschenbuch für das Jahr 1806. Strasburg, gedruckt bei J. Heinr. Heitz Akademie Buchdrucker, S. 136–138. Vollständiger Text im Anhang.

63 Das Gespräch des am Ufer stehenden Jünglings mit dem aus der Tiefe des Wassers sprechenden, ihn lockenden Genius erinnert an Goethes Ballade *Der Fischer*. Vgl. Johann Wolfgang Goethe: Der Fischer. In: Gustav von Loeper (Hg.): Goethes Gedichte. 1. Theil (Weimarer Ausgabe, Bd. 1). Weimar: Hermann Böhlaus Nachfolger, 1899, S. 169f.

64 Christian Friedrich Raßmann: In des Kindes Sterbekammer. Am Christabend. In: Rheinisch-westfälischer Musenalmanach, auf das Jahr 1822. Hg. von Friedrich Raßmann. 2. Jg. Hamm und Münster, Schultz und Wundermann, 1822, S. 17f. Vollständiger Text im Anhang.

nachtsstube der Nachbarn kontrastiert, wo angesichts des Glücks der Kinder nur Freudentränen fließen. Ins Trauerhaus findet die Weihnachtsbotschaft dagegen keinen Eingang, im Gegenteil: „Regungslos, im Tod' erblaßt, | Liegt im Krippchen unser Leben." Hier gerät der das Gedicht zu einer Kontrafaktur der Weihnachtsgeschichte. An die Stelle des Heilsbringers tritt das tote Kind, mit dem alle Hoffnungen seiner Eltern unwiederbringlich gestorben sind. Dementsprechend fehlt auch die mit dem christlichen Heilsgeschehen untrennbar verbundene trostbringende Vorwegnahme des himmlischen Wiedersehens, wie sie in der Kindstoddichtung seit dem Barock topisch ist. An ihre Stelle tritt tiefe Resignation:

> Millionen hält umfangen
> Liebend heut der heil'ge Christ:
> Hier am Haus des Jammers ist
> Er vorüber still gegangen.

Ausgesprochen häufig sind in den Musenalmanachen und Taschenbüchern des frühen 19. Jahrhunderts Gedichte von trauernden Vätern. Ein großer Teil stammt natürlich von Friedrich Rückert, der zwar nicht seine *Kindertodtenlieder*, aber immerhin dafür mehrere *Nachträge zu den (ungedruckten) Kindertodtenliedern*[65] publizierte.[66] Bekannte Leidensgenossen sind Joseph von Eichendorff, der mit dem im *Deutschen Musenalmanach für das Jahr 1835* erschienenen Zyklus *Auf den Tod meines Kindes*[67] den Tod seiner Tochter Anna Hedwig Josephine verarbeitet, und August Wilhelm Schlegel, der seiner Stieftochter Auguste Böhmer schon 1802 ein umfangreiches *Todten-Opfer* darbrachte.[68] Aber auch heute weniger bekannte Autoren versuchen, in ihrem Schmerz Halt an der lyrischen

---

[65] Friedrich Rückert: Nachträge zu den (ungedruckten) Kindertodtenliedern. In: Deutscher Musenalmanach für das Jahr 1838. Hg. von A. v. Chamisso und G. Schwab. 9. Jg. Leipzig, Weidmann'sche Buchhandlung, S. 37-48.

[66] Ich wüßte nicht, wem ich noch Blumen sollte bringen (aus: Bruchstücke eines Lehrgedichts). In: Deutscher Musenalmanach für das Jahr 1836. Hg. von A. v. Chamisso und G. Schwab. 7. Jg. Leipzig, Weidmann'sche Buchhandlung. S. 431; In diesem Arme, wo ein Sterbendes mir lag (Bruchstücke eines Lehrgedichts, 8). In: Deutscher Musenalmanach für das Jahr 1837. Hg. von Adelbert von Chamisso. 8. Jg. Leipzig, Weidmann'sche Buchhandlung, S. 5; Als sich der Tod meiner Kinder bejährte. In: Deutscher Musenalmanach für das Jahr 1838. Hg. von A. v. Chamisso und G. Schwab. 9. Jg. Leipzig, Weidmann'sche Buchhandlung. S. 36; Der Kinder Geburtstagswunsch an ihre Mutter. Zum 17. November 1834. In: Ebd., S. 48f.

[67] Joseph von Eichendorff: Auf den Tod meines Kindes. In: Deutscher Musenalmanach für das Jahr 1835. Hg. von A. v. Chamisso und G. Schwab. 6. Jg. Leipzig, Weidmann'sche Buchhandlung, S. 259-263.

[68] Schlegel, Todten-Opfer (Anm. 23).

Form zu finden. So verfasst Karl Philipp Conz seine Elegie *Dem Anden-*
ken meines Eduard[69] in strengen Alexandrinerversen, während Christian
Friedrich Raßmann in absichtsvoll schlichten Liedstrophen die Andenken an seine älteste Tochter Philippine sammelt. Neben der obligatori-
schen Haarlocke werden auch „Bücher, Bilder, Schrift der Hand, | Hut
und Feiertagsgewand" im Nähpult der Verstorbenen verschlossen und
dieses zum Altar aufgewertet.[70]

Trost gewährt in den Gedichten der hinterbliebenen Väter meist die
Religion. Wie schwer diesen trotzdem fällt, sich in das Unvermeidliche
zu fügen, zeigt Hans Ferdinand Maßmanns Gedicht *Als mir in vier Tagen*
[…] drei blühende Kinder an der Cholera starben, in dem sich der beraubte
Vater gleichsam zu einem zweiten – weniger duldsamen – Hiob stilisiert:

> Das hab' ich längst, o Gott, gewußt,
> Durch Leid willst du – ermannen:
> Manch theures Kind von meiner Brust
> Nahmst du bereits von dannen.
>
> Doch nun – mit Einem, Einem Mal
> Läßt du mir drei erbleichen!
> War ich dir noch nicht rechter Stahl,
> Mich dreifach so erweichen!?
>
> Mußt' ich durchaus durch solch' ein Leid,
> Durch solche Feuerprobe?
> War das allein die Sicherheit,
> Daß ich dich, Herr Gott, lobe?[71]

Hart trifft die Väter offenbar auch die Vernichtung aller irdischen Hoffnungen, die die Aussicht auf ein Wiedersehen im Jenseits nicht ausgleichen kann. Dies zeigt sich besonders in der Lyrik von Johann Rudolph
Wyß dem Älteren, der zu den festen Beiträgern des Schweizer Alma-
nachs *Alpenrosen* gehörte. Während der Dichter-Vater in dem ein Jahr
nach dem traurigen Ereignis verfassten Gedicht *Am Todes-Feyertage mei-*

---

69 Karl Philipp Conz: Dem Andenken meines Eduard. In: Musen-Almanach für
das Jahr 1803. Hg. von Bernhard Vermehren. 2. Jg. Jena, in der Akademischen
Buchhandlung, S. 132-135.
70 In: Rheinisch-westfälischer Musenalmanach, auf das Jahr 1822. Hg. von Friedrich Raßmann. 2. Jg. Hamm und Münster, Schultz und Wundermann, 1822,
S. 30-32. Vollständiger Text im Anhang.
71 Hans [Johann] Ferdinand Maßmann: Als mir in vier Tagen (19. 20. 24 Juli
1849) drei blühende Kinder an der Cholera starben. In: Deutscher Musenalmanach für das Jahr 1852. Hg. von O. F. Gruppe. Berlin. Druck und Verlag von G.
Reimer, S. 216.

nes Erstgebohrnen seinen Sohn „in bessern Welten | Mir winkend nach des Himmels Heil!“[72] zu erblicken meint, dominiert in dem vermutlich nach einem weiteren Trauerfall in der Familie entstandenen Achtzeiler *Die Heimkehr* die Verzweiflung, deren Wucht gerade durch die Konzentration der gebundenen Rede besonders spürbar wird:

Matt von meiner Kinder Grüften
Wank' ich heim in's Sterbgemach.
Fliehend aus des Grabes Lüften
Geh' ich ihren Wiegen nach.
Alles leer! Die Männer haben
Ja beerdigt meine Knaben! –
Meine Knaben? –
O, sie haben mich begraben![73]

Naheliegend, aber selten mit letzter Sicherheit zu beantworten ist die Frage, ob die Gedichte Ausdruck echten Schmerzes oder „nur“ lyrische Auseinandersetzungen mit einem in der ersten Hälfte des 19. Jahrhunderts häufigem Phänomen von großer emotionaler Tragweite sind. Das Fehlen außerliterarischer Quellen, die das Leben und den Tod eines Kindes bestätigen, hat allerdings angesichts der hohen Kindersterblichkeit selbst in sozial höhergestellten Familien[74] wenig zu sagen, zumal dann, wenn das verstorbene Kind ein Mädchen war.[75] Die in die Musenalmanache und Taschenbücher eingerückten Gedichte – oft genug die einzigen „Lebenszeichen“ der Verstorbenen– füllen damit eine dokumentarische Lücke. Aus dem subjektiven Bedürfnis heraus entstan-

---

72 Johann Rudolph Wyß: Am Todes-Feyertage meines Erstgebohrnen. In: Alpenrosen, ein Schweizer Almanach auf das Jahr 1812. Hg. von Kuhn, Meisner, Wyß u. a. Bern bey J. J. Burgdorfer. Leipzig bey Fried. Aug. Leo. S. 45-50.
73 Johann Rudolph Wyß: Die Heimkehr. In: Alpenrosen, ein Schweizer Almanach auf das Jahr 1816. Hg. von Kuhn, Meisner, Wyß u. a. Bern bey J. J. Burgdorfer. Leipzig bey L. G. Schmid. S. 138.
74 Vgl. Ingeborg Weber-Kellermann: Die helle und die dunkle Schwelle. Wie Kinder Geburt und Tod erleben. München 1994, S. 10.
75 In den einschlägigen Publikationen über Julie Gräfin Oldofredi-Hager finden sich nur Hinweise auf eine Kriegsverletzung ihres Sohnes, den die Dichterin gesundpflegte. Die im frühen Kindesalter verstorbene Tochter, deren Existenz das Gedicht Meiner kleinen Tochter Tod belegt, wird dagegen nicht erwähnt. Vgl. die Artikel in Joseph Kehrein: Biographisch-literarisches Lexikon der katholischen deutschen Dichter, Volks- und Jugendschriftsteller im 19. Jahrhundert, Bd. 1, Zürich, Stuttgart u. Würzburg: Woerl, 1868 u. Franz Brümmer: Deutsches Dichterlexikon. Biographische und bibliographische Mittheilungen über deutsche Dichter aller Zeiten. Unter besonderer Berücksichtigung der Gegenwart für Freunde der Literatur. Bd. 2, Eichstätt: Krüll, 1877, beide in: Bernhard Fabian (Hg.)/Willy Grozny (Bearb.): Deutsches Biographisches Archiv. Online-Edition. München: 2004, Dokument-Nr. D723-981-9.

den, den Tod des Kindes zu verarbeiten, setzen sie diesem durch die Publikation ein literarisches Denkmal.

Biografische Informationen vor allem zu den weniger bekannten Dichtern sind meist spärlich.[76] Die lebensgeschichtliche Verortung der Gedichte kann daher häufig nur aufgrund von Indizien in Text und Paratext erfolgen. Exemplarisch sei dies hier am Beispiel zweier weniger bekannter Gedichtzyklen demonstriert. Vermutlich durch einen realen Todesfall inspiriert wurde die *Dem Andenken eines holden entschlafenen Knaben* gewidmete *Reihenfolge kleiner Lieder* des baltischen Freiherrn Ulrich von Schlippenbach, in denen in anrührend schlichten Strophen ein Großvater Abschied von seinem verstorbenen Enkel nimmt.[77] Für die Authentizität des Zyklus sprechen neben einer ausführlicheren Fassung, die posthum in Schlippenbachs *Nachgelassenen Gedichten* publizierte wurde,[78] das im Titel gebrauchte Possessivpronomen „mein", die abschließende *Zueignung vorstehender Lieder an die Mutter des verklärten Engels* sowie die lyrisch verbrämte, aber konkrete Angabe, dass das Kind seinen zweiten Geburtstag schon nicht mehr erlebte: „Fielen ach! zwey Winter in dein Leben | Und ein Frühling, ach ein einz'ger nur". Aussagekräftig ist zudem die wehmütige Betrachtung eines konkreten Gegenstandes, nämlich des „Lieblingstuch[s] in Regenbogenfarben". Retro-

---

76 Generell scheinen die Lexikographen des 18. und 19. Jahrhunderts wenig Interesse an der familiären Situation der von ihnen verzeichneten Dichter gehabt zu haben. So findet sich unter den zahlreichen Einträgen zu Johann Christoph Friedrich Haug nur ein einziger, der den frühen Tod seines Sohnes sowie das Hinscheiden seiner Frau und seiner beiden Töchter erwähnt (vgl. hierzu den Nachruf auf Haug in: Neuer Nekrolog der Deutschen. 7. Jg., in: Bernhard Fabian (Hg.)/Willy Grozny (Bearb.): Deutsches Biographisches Archiv. Online-Edition. München 2004, Dokument-Nr. D574-585-7). Ob die von Haug überlieferten Kindertotendichtungen mit diesen Ereignissen in Zusammenhang stehen, lässt sich anhand der spärlichen und wenig präzisen Informationen nicht feststellen.

77 Ulrich von Schlippenbach: Dem Andenken eines holden entschlafenen Knaben. In: Penelope. Taschenbuch für das Jahr 1825. Hg. von Theodor Hell [Karl Gottfried Theodor Winkler]. 14. Jg. Leipzig. J. C. Hinrichsche Buchhandlung, S. 385-390. Im letzten Gedicht spricht Schlippenbach die Mutter des Kindes als seine Tochter an. Vollständiger Text im Anhang.

78 Vgl. Ulrich von Schlippenbach: Nachgelassene Gedichte. Mitau: Steffenhagen und Sohn, 1828, S. 113-125. Die dort abgedruckte, um zwei Gedichte längere Version des Gedichtzyklus ist mit „Meinem kleinen verklärten Eugen. Nachklänge aus dem Leben" überschrieben und beginnt mit einer „Zueignung an meine Tochter M.". Für eine ausführliche Analyse von Schlippenbachs poetischer Totenklage s. Karin Vorderstemann: Vom Tod zum Trost. Ulrich Freiherr von Schlippenbachs Zyklus „Dem Andenken eines holden entschlafenen Knaben. (Reihenfolge kleiner Lieder.)", in: Achim Aurnhammer/Thorsten Fitzon (Hg.): Lyrische Trauernarrative. Erzählte Verlusterfahrung in autofiktionalen Gedichtzyklen [im Druck].

spektiv wird die Vorliebe des Kindes für das bunte Tuch als Indiz dafür gedeutet, dass es bald ein himmlisches Gewand tragen sollte. Den Ausgangspunkt dieser im Wortsinn hochfliegenden Überlegungen bildet allerdings eine sehr alltägliche Szene: Ein ein- bis zweijähriges Kind greift begeistert nach einem farbigen Stück Stoff. Dass ein anderer als ein naher Angehöriger diese in bleibender Erinnerung behalten und zum Anlass einer lyrischen Reflexion gemacht haben könnte, ist wenig wahrscheinlich. Der kleine Liederzyklus zeugt damit von dem zumindest in der lyrischen Umsetzung gelungenen Versuch des Großvaters, den Tod des Kindes zu begreifen und das Unvermeidliche zu akzeptieren.

Ganz offensichtlich fiktiv ist dagegen Heinrich Stepfs Sonettenkranz *Auf den Tod eines Kindes.*[79] Konkrete Hinweise, wie sie in Schlippenbachs „kleinen Liedern" zu finden sind, fehlen hier gänzlich. Statt dessen wird das traurige Thema konsequent ästhetisiert und auf eine bloße Folge sentimentaler Bilder reduziert, die nur allzu offensichtlich die Leserinnen des *Frauentaschenbuchs auf das Jahr 1824* rühren sollten. So werden die Apathie des kranken Kindes und die Versuche des Vaters, die Kleine abzulenken und zu belustigen, geradezu genüsslich ausgemalt:

> Du bist so blaß, und wie von Träumen schwer
> Liegst du am Busen, ohne dich zu regen
> Wer soll denn heute deine Puppen pflegen?
> Und schon seit gestern steht die Küche leer!
>
> Komm! an der Mutter Bild trag ich dich her
> Wirfst du kein einzig Küßchen ihm entgegen? –
> So tanzen wir! – kann ich dich nicht bewegen,
> Und lockt dich auch Dein Lieblingslied nicht mehr?

Die Krankheit des Kindes wird zum Gegenstand von Wortmalerei. So verscheucht „ein flüchtig wechselnd Licht | [...] die milden Rosen" auf den Wangen der Tochter. Das Fieber, das die Kleine quält, wird euphemistisch als „heiße[s] Purpurprangen | Von fremdem Glanz" umschrieben und als Zeichen des Himmels gedeutet:

> Irdischer Strahlen Schimmer ist dieß nicht!
> Vom Frühroth, welches jenseits aufgegangen,
> Hast du im Geist den Widerschein empfangen,
> Der sich auf deinen zarten Wangen bricht!

Auch das Sterben des Kindes wird als Bild inszeniert: Der Tod umschlingt das Kind „mit kaltem Arm", während seine Seele, von ihrer

---

[79] Heinrich Stepf: Auf den Tod eines Kindes. In: Frauentaschenbuch für das Jahr 1824. Nürnberg bei Joh. Leonh. Schrag, S. 45-48. Vollständiger Text im Anhang.

„schwere[n] Hülle" befreit, zum Himmel aufsteigt. Wen außer dem Vater sie zurücklässt, bleibt in auffälliger Weise unklar. Sicher ist nur, dass das unspezifische „wir" nicht die Mutter einschließt, die nur noch als Bild an der Wand präsent ist. Von einem himmlischen Wiedersehen mit dieser und der sukzessiven Vereinigung der Familie im Jenseits ist jedoch nicht die Rede. Die (Vor)Freude wird hier ebenso ausgeklammert wie der Schmerz über den Verlust des Kindes, der in den Kindstoddichtungen von Rückert oder Eichendorff, aber auch in den zuvor besprochenen Gedichten weniger bekannter Poeten immer spürbar ist. An ihre Stelle tritt eine Art Apotheose, die die Leserinnen getröstet entlässt: „So zogst du fort, du theures, liebes Kind! | und wurdest selig droben bei den Engeln [...] Wie wirst Du jubeln unterm sel'gen Schwarm".

Vergleichsweise selten sind von Frauen verfasste Kindstoddichtungen. Mögliche Gründe dafür sind die Dominanz männlicher Autoren in der literarischen Welt des 18. und 19. Jahrhunderts, die Politik der Herausgeber, möglichst bekannte Autoren als Beiträger zu gewinnen oder, dass das Thema den meisten Müttern zu nahe ging, als dass sie sich öffentlich dazu hätten äußern mögen. Unter den wenigen Dichterinnen ist Wilhelmine Müller geborene Maisch zudem die einzige, die nachweisbar den Tod eines eigenen Kindes thematisiert. Die übrigen Dichterinnen halten sich hier bedeckt. Indizien dafür, dass sich die von ihnen verfassten Mutterklagen auf reale Anlässe beziehen, bieten nur die Verwendung von Eigennamen und der gelegentlichen Gebrauch des Possessivpronomens „mein" im Titel des Gedichts. Inhaltlich unterscheiden sich die von Frauen verfassten Mutterklagen kaum von den themengleichen Rollengedichten männlicher Autoren oder Kindstodgedichten der trauernden Väter. Den besten Trost finden sie in der Hoffnung, im Jenseits wieder mit ihrem Kind vereint zu werden.

Stilistisch halten sich die Unterschiede gleichfalls in engen Grenzen. Bemerkenswert ist, dass sich sowohl unter den von Frauen verfassten Gedichten als auch unter den Rollendichtungen einige Texte finden, die qualitativ weit über dem übrigen „sentimentalen Mittelgut" (Annette von Droste-Hülshoff)[80] stehen und dem Leser das Leid der Mutter unmittelbar nahebringen. Neben Julie Gräfin Oldofredi-Hagers berührenden Versen über *Meiner kleinen Tochter Tod*[81] sind hier Gerhard Anton von Halems

---

[80] Vgl. Annette von Droste-Hülshoffs kritische Rezension des *Rheinischen Taschenbuchs für 1846* in einem Brief an Elise Rüdiger vom 13. November 1845, zit. nach: Klussmann: Das literarische Taschenbuch der Biedermeierzeit, S. 100.

[81] Julie Gräfin Oldofredi-Hager: Meiner kleinen Tochter Tod. In: Iris. Taschenbuch für das Jahr 1845. Hg. von Johann Grafen Mailáth. Pesth 1845, S. 267f.

dramatische *Mutter-Klage bei Kallisten's Tod. Nach dem Neu-Griechischen*[82] und Friedrich Hebbels Gedicht *Mutterschmerz*[83] zu nennen, das die Hilflosigkeit der Mutter beim Sterben ihres Kindes thematisiert. Mit der Mutter wird hier auch der Leser ohne jeden Trost entlassen:

> Sein Auge konnte, als es brach,
> Kein Lebewohl mir sagen,
> Es schien blos, als er sterbend lag:
> „Du hilfst mir nicht?“ zu fragen;
> Er hat die Mutter nicht erkannt
> In all den andern Stunden,
> Er hat erst, als ich ich hülflos stand,
> Was ich ihm sey, empfunden!

Meistens zeigen die von oder aus der Perspektive von Frauen verfassten Kindstodgedichte aber eine in ihrem Schmerz vorbildlich gefasste Mutter. Die die Regel bestätigende Ausnahme findet sich in Gertrude von Hohenhausens Gedicht über *Meines Sohnes Tod.* Hier bittet das lyrische Ich in einem bewegenden Stoßgebet den Himmel um Kraft, um den – sinnfällig durch eine Kurzzeile ausgedrückten – Verlust des Kindes akzeptieren zu können.

> Barmherzigkeit, o Gott!
> [...]
> Du hast ein Isaak-Opfer dir geschlachtet,
> Den Sohn, den ich mein höchstes Gut geachtet,
> Du nahmst ihn hin.
> O send' auch mir den gläubig frommen Sinn,
> Der, sich vergessend, immer rufen kann:
> „Was Gott thut, das ist wohlgethan!“[84]

Der Vergleich mit Abraham und Isaak liegt bei den Kindstoddichtungen nahe. Bemüht wird er allerdings nur noch einmal in einer *Anekdote* von Gottlieb Conrad Pfeffel, die durchaus humorvoll mögliche Reaktionen auf den Tod eines Kindes vorführt:

> Auf ihres Kindes Leiche weinte
> Ein junges Weib den Mutterschmerz:

---

[82] Gerhard Anton von Halem: Mutter-Klage bei Kallisten's Tod. Nach dem Neu-Griechischen. In: Musen-Almanach 1797. Göttingen bei J C. Dieterich, S. 210-212.

[83] Friedrich Hebbel: Mutterschmerz. In: Deutscher Musenalmanach. 1. Jg. Mit Beiträgen von Friedr. Rückert, Nic. Lenau, L. Bechstein u. A. und einer Composition von Felix Mendelssohn-Bartholdy. Leipzig, Bernh. Tauchnitz jun. [1840], S. 130-132. Vollständiger Text im Anhang.

[84] Gertrude von Hohenhausen: Meines Sohnes Tod. In: Deutscher Musen-Almanach für das Jahr 1854. Hg. von O. F. Gruppe. Berlin. Druck und Verlag von Georg Reimer, S.120. Vollständiger Text im Anhang.

Ein Mönch, der sie zu trösten meinte,
Zerriß noch mehr ihr wundes Herz.
Und als sein Trost nicht haften wollte,
Gebot er, daß sie ohne Gram
Den Sohn, wie Vater Abraham,
Dem Herrn zum Opfer bringen sollte.
Mit ernstem Blick sprachs der Zelot.
Ach! rief sie, nach dem Sohn gekehret,
Ein solches Opfer hätte Gott
Von einer Mutter nie begehret.[85]

Trost finden die Mütter vor allem in den Kindstoddichtungen, die das traurige Ereignis in den Mittelpunkt einer kleinen Geschichte stellen. Inhaltlich Neues bieten allerdings die wenigsten dieser lyrischen Erzählungen. Bekannte Versatzstücke sind die Begegnung des Kindes mit dem personifizierten Tod, die Himmelsversion des sterbenden Kindes oder der Dialog zwischen der trauernden Mutter und dem von ihr beweinten Kind. Gerade die Romantiker greifen hier gerne den verbreiteten Volksglauben auf, dass das Kind im Grab nicht ruhen könne, solange seine Mutter ihren Schmerz nicht bewältigt hat.[86] In den Gedichten von Adelbert von Chamisso und Hoffmann von Fallersleben darf die untröstliche Mutter deshalb ihrem Kind in den Tod folgen.[87] Überhaupt scheint das Hinterhersterben als die lyrische Ideallösung angesehen worden zu sein. Unterschiedlich ist lediglich die Art und Weise, wie die trauernden Hinterblieben ihren vorangegangenen Kindern folgen. So sinken *Der Toten-*

---

[85] [Gottlieb Conrad] Pfeffel: Die Mutter. Eine Anekdote. 1803. In: Taschenbuch für Damen auf das Jahr 1806. Hg. von Huber, Lafontaine, Pfeffel und andern. Tübingen in der J. G. Cotta'schen Buchhandlung, S. 165.

[86] Vgl. hierzu Jacqueline Simpson: The Folklore of Infant Deaths: Burials, Ghosts and Changelings. In: Gillian Avery/Kimberley Reynolds (Hg.): Representations of Childhood Death. Basingstoke: Macmillan, 2000, S. 11-28, hier S. 18.

[87] Adelbert von Chamisso: Die Mutter und das Kind. In: Musenalmanach für das Jahr 1832. Hg. von Andreas Wendt. 3. Jg. Leipzig, Weidmann'sche Buchhandlung, S. 165-168; August Heinrich Hoffmann von Fallersleben: Das todte Kind. In: Deutscher Musenalmanach für das Jahr 1839. Hg. von A. v. Chamisso und Franz Freih. Gaudy. 10. Jg. Leipzig, Weidmannsche Buchhandlung, S. 57f. Dem „Liebestod" der Mutter geht in beiden Gedichten die Klage des verstorbenen Kindes voraus, dass sein Totenhemdchen von den Tränen der Mutter völlig durchnässt sei. Hier greifen Chamisso und Hoffmann von Fallersleben auf bekannte Versatzstücke der Trostdichtung und des Märchens zurück, wie sie exemplarisch das von Ferdinand Grimm überlieferte, in der Sammlung der Brüder Grimm enthaltene Märchen „Das Todtenhemdchen" aufweist. Vgl. den Text und das Kommentar zu „Das Totenhemdchen" in: Heinz Rölleke/Albert Schindehütte (Hg.): Es war einmal… Die wahren Märchen der Brüder Grimm und wer sie ihnen erzählte. Frankfurt/M. 2011, S. 248f.

gräber und seine Frau[88] in dem gleichnamigen Gedicht von Carl Baron von Schweizer in ein Doppelgrab, das der trauernde Vater neben dem Grab der toten Tochter ausgehoben hat. An ihrem Schmerz zugrunde geht auch die Mutter in *Des kranken Kindes Traum* von Pauline Maria Julia von Langen (Pseudonym: Theophania)[89], während in *Des todten Kindes Wiederkehr* von Christoph Kuffner[90] die Eltern nach einer letzten vom Himmel gewährten Begegnung mit ihrem dahingegangenen Kind dem „Wahnsinn des Entzückens" erliegen. Von einem keineswegs unheimlichen Wiedergänger abgeholt wird schließlich eine ihren im Krieg gefallenen Sohn betrauernde Mutter in Friedrich Ludwig Kannegießers Gedicht *Die Mutter bei der allgemeinen Totenfeier*[91], das vermutlich durch Bürgers *Lenore* inspiriert wurde. Der Phantasie der Dichter waren, gerade wenn es um die Wiedervereinigung von Eltern und Kind im Tode ging, offenbar keine Grenzen gesetzt. Hier löst sich das Thema am meisten von seiner realen, traurigen und sicher oft nur wenig poetisch-erbaulichen Vorlage, die mehr und mehr zum Ausgangspunkt für sentimentale, religiös überformte Szenen wird. Für die ein echtes Kind betrauernden Eltern stand der „Liebestod" dagegen nicht zur Debatte.

> Bald, o weh mir! Bald entfernen Meilen
> Heil'ge, schöne Hülle mich von dir!
> Deines guten Vaters Loos zu theilen,
> Ihm zu leben, wo er sey, zu weilen
> Rufen Pflicht und Liebe mich von hier.

heißt es in Wilhelmine Müllers *Empfindungen am Grabe meines Erstgebohrnen. Bei meinem Wegzug von Carlsruhe nach Pforzheim, im Juli 1800.*[92] Das Weiterleben der Hinterbliebenen und das unvermeidliche Verdrängen und Vergessen des erlittenen Schmerzes waren jedoch kein Sujet, das die Herausgeber und Leser der Musenalmanache und Taschenbücher gereizt hätte.

---

88 Carl Baron von Schweizer: Der Totengräber und seine Frau. In: Taschenbuch zum geselligen Vergnügen. Hg. von Friedrich Kind. Auf das Jahr 1832. Leipzig bei Chr. Heinrich Ferdinand Hartmann, S. 367-369.

89 Theophania [Pauline Maria Julia von Langen]: Des kranken Kindes Traum. In: Taschenbuch zum geselligen Vergnügen. 1826, S. 91-95.

90 Christoph Kuffner: Des todten Kindes Wiederkehr. In: Gedenke Mein! Taschenbuch für 1840. 9. Jg. Wien/Leipzig 1840. Verlag von Friedrich Wilhelm Pfautsch, S. 60-62. Vollständiger Text im Anhang.

91 Friedrich Ludwig Kannegießer: Die Mutter bei der allgemeinen Totenfeier. In: Taschenbuch zum geselligen Vergnügen. Neue Folge. 1. Jg. 1821, S. 366-369.

92 Taschenbuch auf das Jahr 1802 für edle Weiber und Mädchen. Hg. von Wilhelmine Müller, geb. Maisch. Pforzheim, bei Christian Friedrich Müller, S. 121-125. Vollständiger Text im Anhang.

Anhang

Christ[iane] Sophie Ludwig, geb. Fritsche:

Elegie bei dem Tode meiner Tochter.

Du, von meinem Herzen losgerissen,
Theure, sieh, noch blutet dieses Herz!
Dich, du beste Seele, soll ich missen;
O! was lindert diesen Trennungsschmerz?
Weil ich lebe, werd' ich um dich weinen,
Thränen mildern nur den tiefen Schlag,
Weinen will ich, bis mich wird vereinen
Gott mir dir an jenem großen Tag.

Gott, o Gott! so früh dahin genommen!
Warum nahmst du meine Tochter mir?
O! warum das Leben dieser Frommen?
Drang mein heißes Flehen nicht zu dir?
Wolltest du ein Todtenopfer haben?
Ach! ich both mich ja zum Opfer dar.
Aber nein! Da liegt sie schon begraben,
Die mir theurer, als mein Leben, war!

Ihre Rosenblüthe war gefallen.
Erdenengel standen um ihr Grab;
Hörten schauerlich die Glocken hallen;
Weinten in des Engels Gruft hinab.
Ihre Schwestern fühlten tiefe Schmerzen,
Als um sie die Todesglocke klang.
Welche Wunde meinem Mutterherzen,
Als der Ton durch meine Seele drang!

O! wer kann mir Linderung gewähren?
Meine Lieben, tröstet, tröstet mich!
Ach! mir sagen eure stummen Zähren:
Gott im Himmel, Mutter, tröste dich!
Nun, so soll dein süßes Angedenken,
Dulderinn im heißen Todesstreit,
Meiner Seele Himmelsruhe schenken,
Hohen Muth in Leiden dieser Zeit!

Tochter, du hast glorreich überwunden!
Als dein Geist im letzten Kampfe rang,
In den schauervollen Todesstunden,
Als ich dich in meine Arme schlang,
Zitternd dich an meinen Busen drückte,
O! wie himmlisch lächelnd lagst du da!
Schönste Scene, die mich je entzückte,
Die der Himmel nimmer schöner sah!

126

„Weine nicht, wann ich von dir geschieden!
Sterben ist des Daseyns Ende nicht.
Weine nicht, wann durch die Nacht hienieden
Mir ein Strahl der Morgenröthe bricht!"
Also sprach sie, und in stiller Feier
Lag der Engel an der Mutter Brust.
Und der Mutter Thränen flossen freier,
Ihre Seele schwamm in Himmelslust.

Deiner Heimath nahe Seligkeiten
Schwebten täuschend meinem Auge vor.
Ha! ich schwang mich durch des Aethers Weiten
Bis in's Land der Seligen empor;
Die voran durch Millionen Sonnen,
Durch der Sterne grenzenlose Bahn!
Ach! die Täuschung hatte kaum begonnen,
Da zerrann in Nichts der süße Wahn!

Weh! ich stürzte von des Himmels Sphären
In den Abgrund meines Grams hinab!
Deine Seele weilt mit Engelheeren,
Deine Hülle birgt das tiefe Grab:
Warum hier, auf dieser Erde, wallen,
Die nur Trümmer deiner Schönheit hat?
Warum mag es also Gott gefallen?
O! er weiß, ich bin des Lebens satt!

Nur gestorben bist du, nicht verloren;
Nur die Hülle birgt das tiefe Grab.
Du bist mir zum zweiten Mahl geboren,
Als ich dich dem Himmel wiedergab.
Tochter, zwei Mahl hab' ich dulden müssen!
Aber denkt ein Weib wohl seiner Pein,
Wann es freudig, unter tausend Küssen,
Den Gebornen heißt willkommen seyn?

Wohl mir! ewig sey mein Dank gesungen,
Daß ich Mutter eines Engels bin!
Siegend hast du dich empor geschwungen
Zu der Wonne frommer Geister hin!
Dort, im Himmel, vor des Lichtthrons Stufen,
Neu erwacht im höhern Morgenschein,
Werd' ich, Theure, dir entgegen rufen:
„Du warst mein, und ewig bist du mein!"

In: Musen-Almanach 1797. Göttingen bei J. C. Dieterich, S. 63-66.

J. M. Meyer:

Bei dem Tode eines Kindes

An dem Sarge deiner holden
Vielgeliebten Kleinen
Mußt du, meine liebe Schwester,
Nicht so heftig weinen.

Die Verklärten in des Himmels
Seligen Gefilden
Sollen eine bunte, reiche
Gottgemeine bilden.

Und da muß es neben großen
In dem neuen Leben
Auch so liebe, süße, kleine
Kinderengel geben.

Dieser wird den Kranz der Deinen
Einst gar lieblich schmücken,
Und mit himmlischklarem Lächeln
Ewig dich beglücken.

In: Erlanger Musenalmanach für das Jahr 1838. Hrsg. von Friedrich Rückert.
Erlangen. Bei Ferdinand Enke, S. 41.

August Schumacher:

Die Mutter und ihr Kind.

Die Mutter.

Mein Kind, dein Wänglein ist so blaß,
Die Händchen kalt, die Stirne naß,
Das Herz pocht nicht so freudig mehr,
Es hebt die Brust sich bang und schwer.
Was fragt der schmerzlich süße Blick?
Ach, tiefer sinkt das Haupt zurück,
Mir wird es immer, immer bänger –
Jetzt ruht der Athem wieder länger –
Gerechter Gott, ihr Auge bricht!
Geliebtes Kind, verlaß mich nicht! –

Das Kind.

Mutter, warum weinest du?
Mußt nicht traurig seyn!
Liebe Mutter, laß mir Ruh,
Mir wird's besser seyn.

Die Mutter.

Weh! die schönste Blume fällt,
Es verblühet meine Welt!

Der Genius.

Was sich die Himmlischen ersehn,
Das muß im Leben untergehn,
Drum will ich heim den Liebling bringen,
Daß nicht das Leben ihn ergreift,
Und von des Engels zarten Schwingen
Des Himmels schöne Farben streift. –
„Du lieblich Kind, begleite mich,
„Will Schönes viel dir geben,
„Zwey goldne Flügel sollen dich
„Zu Sonn' und Stern' erheben.
„Wir fliegen hoch, wir fliegen weit,
„Und dein ist auch mein luftig Kleid!"

Das Kind.

O das ist herrlich, das ist schön!
Wird auch die Mutter mit uns gehn?

Der Genius.

So hält die Erde fest umschlungen,
Was kaum sich in dem Seyn entspann,
Und dankbar, wo es hier entsprungen,
Schmiegt sich das junge Leben an.
So manche Brust seh' ich voll Schmerz,
Ich seh der Mutter blutend Herz.
Drum will ich nicht die Bande lösen,
Die Liebe treu um Liebe wand,
Um deine Blüte, holdes Wesen,
Verkündige ein schöner Land.
Es folgt dir meine Gunst ins Leben,
Will segnend stets dein Haupt umschweben.

Das Kind.

Bist liebe Mutter du noch da?
So wunderbar mir jetzt geschah.
Es lockte mich ein schön Gesicht,
Doch Mutter dich verlaß ich nicht.

In: Cornelia. Taschenbuch für Deutsche Frauen auf das Jahr 1820. Hrsg. von Aloys Schreiber. 5. Jg. Heidelberg, im Verlag von Joseph Engelmann. S. 33-35.

Mäder:

Ludwigs Tod.*)

An seine Mutter.

Ludwig.

Welche süße Töne
Dringen in mein Ohr,
Sanft wie Harfenlispel,
Aus der Fluth hervor?
Ach, unwiderstehlich
Lockt es mich hinab!
Folgt' ich diesem Rufe?
Wär' die Fluth mein Grab?

Genius.

Kennst du nicht die Stimme
Wenn dein Engel spricht?
Siehst den Weg zum Ziele,
Guter Jüngling, nicht?
Früh durch mich geleitet,
Früh der Weisheit Sohn,
Kömmst du, frühvollendet,
Zu der Tugend Lohn.

Ludwig.

Aber vor den Fluthen
Bebt mein junges Herz,
Und es ahnet bänglich
Mir der Mutter Schmerz,
Mir des Vaters Jammer
Und der Schwestern Noth,
Und des Bruders Thräne
Bei des Lieblings Tod.

Genius.

Jüngling! auch durch Fluthen
Leitet diese Hand
Sicher dich hinüber
Ins verheiß'ne Land,
Und die Lieben tröstet
Leiser Engelton. –
Folge, Jüngling, folge! –
    Ach! hier sank er schon!

*) Die Veranlassung dieses Gedichtes war der Tod eines guten Jünglings der
zu Paris in der Seine ertrank.

In: Alsatisches Taschenbuch für Das Jahr 1806. Strasburg, gedruckt bei J.
Heinr. Heitz Akademie Buchdrucker, S. 136-138.

[Christian Friedrich] Raßmann:

In des Kindes Sterbekammer.
Am Christabend.

Mutter.
Drüben in des Nachbars Zimmer
Glänzt des Christbaums helle Pracht:
Ach, und hier webt Dämmernacht
Um des trüben Lämpchens Schimmer.

Vater.
Freude dort! Ihr Jubel tönet
Durch die Dunkelheit daher:
Hier – wie stumm! nur tief und schwer
Aus der Brust die Klage stöhnet.

Mutter.
Flücht'ge Kinderschatten weben
Dort am Fenster ohne Rast:
Regungslos, im Tod' erblaßt,
Liegt im Krippchen unser Leben.

Vater.
Dort am reichen Christbaum laben
Jetzt die Kleinen Herz und Blick:
Ach, von unserm Kind zurück
Wies der Tod die Liebesgaben!

Mutter.
Nasse Elternaugen sehen
Freudig dort zum Kinderkreis:
Andre Thränen, glühend heiß,
Haben wir im Auge stehen.

Vater.
Millionen hält umfangen
Liebend heut der heil'ge Christ:
Hier am Haus des Jammers ist
Er vorüber still gegangen.

In: Rheinisch-westfälischer Musenalmanach, auf das Jahr 1822. Hrsg. von
Friedrich Raßmann. 2. Jg. Hamm und Münster, Schultze und Wundermann,
1822, S. 17f.

[Christian Friedrich] Raßmann:

Philippine.

O du erstgeborne, holde
Tochter, einst so frisch
In des frühen Morgens Golde,
Eh' dir mit Gezisch
Eine Schlang' entgegenschoß,
Langsamtötend Gift ergoß: –

Philippine, Philippine!
Eben tratst du fein,
Mit der unschuldsvollen Miene,
In der Jungfrau'n Reih'n;
Ach, da zog die Stund' herauf,
Wo sich schloß dein Lebenslauf!

Als ein Säugling uns erblaßte,
Der so klug bereits,
Wähnten wir, daß auf uns laste
Allerschwerstes Kreuz.
Jetzt wird's überwogen noch:
Aelt'stes Kind bleibt liebstes doch.

Wie die Mutter ringt die Hände,
Aufschrei für und für!
Träumte sie doch stets, sie fände
Eine Stütz' an dir
In der Wirthschaft Tummelbahn;
Träumte der Genesung Nah'n.

Selbst noch in den letzten Tagen
Deines Lagers hat
Hoffnung sie so sanft getragen,
Wenn du, minder matt,
Flochtest dir das lange Haar,
Das recht deine Zierde war;

Oder kamen deine treuen
Nähgespielen sacht,
Dich mit Kirschen zu erfreuen,
Mit der Rosen Pracht,
Und dein Auge blickte dann
Heiter Gab' und Geber an;

Und du sprachst: „Bin ich genesen, –
Morgen, däucht es mir! –
Will ich euch ganz auserlesen
Drob bewirthen hier.

Freut euch nur schon im voraus
Auf den schönen Sonntagsschmaus!"

Ach, es war das letzte Streben
Tieferschöpfter Kraft,
Wie die Kerz' im Todesbeben
Sich empor noch rafft,
Und im vollen Schimmer blinkt,
Ehe sie in Nacht versinkt. –

„Kommt ihr nochmals, Kinder? – Sehen
Euch, ist bittersüß." –
„„Hier der Nähpult, den Sie stehen
In der Schule ließ.""
Und die Mädchen weichen schnell;
Ihnen stürzt der Thränenquell.

O, in diesem Pult soll deine
Schönste Locke ruhn!
Was mir sonst noch blieb, im Schreine
Schicht' ich alles nun:
Bücher, Bilder, Schrift der Hand,
Hut und Feiertagsgewand.

Und kein Tag soll mir entrinnen,
Daß ich nicht den Blick
Heft' auf die Reliquien drinnen,
Rufend mir zurück
Alles, was du hier uns warst,
Die du jetzt dich Engeln paarst!

In: Rheinisch-westfälischer Musenalmanach, auf das Jahr 1822. Hrsg. von Friedrich Raßmann. 2. Jg. Hamm und Münster, Schultz und Wundermann, 1822, S. 30-32.

U[lrich] Freiherr von Schlippenbach:

Dem Andenken eines holden entschlafenen Knaben,
von U. Freyherrn von Schlippenbach.
(Reihenfolge kleiner Lieder.)

1. Todesnähe.

Das Leben eilt gleich flücht'gen Harmonieen,
Sie rufen im Entfliehen:
Lebt wohl, lebt wohl! auf Wiedersehn!

Was tief und innig unser Herz empfunden,
Spricht in den Abschieds-Stunden:
Lebt wohl, lebt wohl! auf Wiedersehn!

So tönet nur in Lied und Saitenspiele
Der Ausdruck der Gefühle:
Lebt wohl, lebt wohl! auf Wiedersehn!

2. Bitte an den scheidenden Engel.

Du mein kleines süßes Leben
Willst so eilend schon entfliehn,
Willst als Engel dich erheben
Und zum Vater weiter ziehn?

Hab' ich nichts dir mitzusenden
Nichts als Segen nur und Kuß?
Doch empfange im Vollenden
An die Mutter meinen Gruß.

Sag' ihr, sie sey kalt die Erde
Wo sie ihren Sohn verließ;
Daß das Land ihn freuen werde,
Das sie schöner ihm verhieß.

Bitte Segen ihm zu senden,
Segen aus des Himmels Höh'n;
Würdig so wie sie zu enden
Und der Liebe Wiedersehn.

Lebe wohl! zum langen Schlummer
Schlafe ein, mein süßes Kind;
Bis nach Thränen und nach Kummer
Alle wir beisammen sind.

Gieb dein Händchen mir entgegen
Auf dem letzten Todes-Gang,
Und vergelte meinen Segen
Dort durch freundlichen Empfang.

3. Der nahen Todesstunde.

Ringe den schweren Kampf, fasse sie muthig die Kränze
Ewigen Siegs, mit kleiner bebender Hand!
Siehe, schon spiegelt der Himmel sich dir im gebrochenen Auge,
Und sein tieferes Blau ist schon den Sternen verwandt.
Muthig ringe du Engel, bald nahen dir deine Gespielen,
Tragen Blumen dir zu, die sie in Eden gepflückt;
Tropfen des himmlischen Thau's auf diesen schimmernden Blüthen
Sind die Thränen die wir lieblicher Engel geweint.

4. Die letzte Thräne.

Ein Engelchen ist uns entflogen,
Nur kurze Zeit hat er verweilt,
Da schwang er sich zum Himmelsbogen
Und ist der Heimath zugeeilt.

Und als er schied, floß eine Thräne
Aus schon verklärtem Auge hin.
Daß er sich nach dem Himmel sehne,
War dieser Thräne stiller Sinn.

In ihr versanken alle Schmerzen,
Vorüber war der bange Traum;
Wohl schwieg der Pendelschlag im Herzen,
Doch ward es frey von Zeit und Raum.

So hebt nach stürmenden Gewittern
Die Blüthenknospe sich empor,
Du siehst sie noch im Thaue zittern,
Da lächelt freundlich sie hervor.

Und in der warmen Tages-Sonne
Entfaltet sich der Blüthe Pracht,
Genießt des neuen Daseyns Wonne
Nach stürmischer Gewitter-Nacht.

Die Thräne band dich an die Erde
Sie war des Lebens letzter Zoll,
Daß sie zur Freuden-Thräne werde,
Wo Lächeln nur dich schmücken soll.

5. Die kurzen Lebenstage in langer Liebe.

Fielen ach! zwey Winter in dein Leben
Und Ein Frühling ach ein einz'ger nur.
Armes Kind, dir ward nicht viel gegeben,
Freuden lieh so karg dir die Natur.

Aber Liebe ward zur Frühlings-Sonne,
Die dein kurzes Leben warm umfing,
Die dich nährte mit des Daseyns Wonne
Die auch sterbend dir nicht unterging.

Liebe ist des Geistes Lenz zu nennen,
Liebe ist des Herzens Blüthen-Pracht,
Und die vielen Blumen wirst du kennen,
Die ein solcher Frühling dir gebracht.

6. Das Lieblingstuch in Regenbogenfarben.

Hülltest du so gern dich schon auf Erden
In des Himmels lichten Farben ein,
Sollten sie dein Strahlenkleid einst werden,
Liebtest du schon hier den Widerschein.

Und nun seh ich dich im Glanze schweben,
Flügel trägst du in der Farben Pracht,
Ein Gewand aus strahlenden Geweben,
Das ein lichter Seraph dir gebracht.

Wenn jetzt auf dein Tuch die Thränen fallen,
Der Gedanke nur dein Wesen wiegt,
Nur ein Schatten von den Stunden allen
Deines Daseyns uns vorüberfliegt,

Spricht die Hoffnung: wohl der Himmel werde
Reicher als dies arme Leben seyn,
Gab er doch so freundlich schon der Erde
Alle Pracht, in seinem Widerschein.

Schimmert nicht zum Himmel aufgeflogen
Jeder Hauch ein glänzend helles Licht?
Jeder Tropfen Thau im Farbenbogen,
Der sich in dem Strahl der Sonne bricht?

Und du Engel solltest dort nicht glänzen?
Dort nicht tragen himmlisches Gewand?
Dort die Stirne nicht mit Strahlen kränzen,
Wo der Tropfen Thau Verklärung fand?

Alles wandelt kindliches Vertrauen
Zu des Glaubens inhaltsschwerem Buch,
Und so will ich selbst auch dich erschauen
Meines Engels farbenhelles Tuch.

7. Bey Zueignung vorstehender Lieder an die Mutter des verklärten Engels.

Mutter, die ein Kind geboren,
Das in unsern Herzen lebt,
Glaube nicht, es sey verloren,
Sey auf ewig uns entschwebt.

Edle Tochter! deinen Schmerzen
Ist der Liebling nicht entflohn,
Ach! es weilt im wunden Herzen
Dein geliebter, theurer Sohn.

Sprache diesem Herzen geben
Will hier deines Vaters Lied,
Klage wird dich sanft erheben,
Daß der Schmerz zum Himmel flieht.

Hin wo jetzt der Engel weilet
Und die Seele folgt ihm nach,
Wo die Hoffnung Wunden heilet
Wird des Glaubens Freude wach.

In: Penelope. Taschenbuch für das Jahr 1825. Hrsg. von Theodor Hell [Karl Gottfried Theodor Winkler]. 14. Jg. Leipzig. J. C. Hinrichssche Buchhandlung, S. 385-390.

Heinrich Stepf:

Auf den Tod eines Kindes.

I.

Du bist so blaß, und wie von Träumen schwer
Liegst du am Busen, ohne dich zu regen,
Wer soll denn heute deine Puppen pflegen?
Und schon seit gestern steht die Küche leer!

Komm! an der Mutter Bild trag ich dich her,
Wirfst du kein einzig Küßchen ihm entgegen? –
So tanzen wir! – kann ich dich nicht bewegen,
Und lockt dich auch dein Lieblingslied nicht mehr?

Sieh! diese Blüthen an dem Kirschenzweig,
Die ich im Zimmer für dich aufgezogen
Und welche du noch jüngst von mir begehrt!

Kein Laut von dir? – Du bist dir nicht mehr gleich!
Oder schon halb von uns hinweggeflogen
Dorthin, von dannen niemand wiederkehrt.

II.

Dein Auge reizt nicht mehr der Erde Tag,
Nach einem andern Licht scheint es zu ringen,
Und so in Hast gehn deines Athems Schwingen,
Daß kaum zu folgen deine Brust vermag;

Eilst du mit solch gewaltgem Flügelschlag
Hinauf, wo Sphären jene Psalmen singen,
Die schwach in dir begonnen anzuklingen,
So bald dein ahndend Herz von Liebe sprach'.

Brachst deshalb du so laut in Jubel aus,
Wenn nur ein einz'ger Ton die Luft belebte,
Weil er ein Nachhall ew'ger Harmonie?

Und eilst du deßhalb aus dem Erdenhaus,
Weil es zu tief in Dunkel dich verwebte,
Und dir zu wenig Himmelslust verlieh?

III.

O Bertha! welch ein flüchtig wechselnd Licht
Verscheucht die milden Rosen deiner Wangen,
Und färbt mit einem heißen Purpurprangen
Von fremdem Glanz dein glühend Angesicht? –

Irdischer Strahlen Schimmer ist dieß nicht! –
Vom Frühroth, welches jenseits aufgegangen,
Hast du im Geist den Widerschein empfangen,
Der sich auf deinen zarten Wangen bricht!

Und tauchtest du schon in das Ätherbad,
So schwebe nicht so schnell aus unsern Blicken,
Die wir so fröhlich sonst mit dir gespielt,

Noch einmal sieh zurück von deinem Pfad,
Daß wir an dir noch einmal uns erquicken,
Die unsern Kreis so ungetrübt erhielt!

IV.

Der Abschied naht, mit dem du uns bedroht,
Wir sehn dein Ziel allmählich dich erreichen,
Da nach und nach die Purpurschimmer bleichen,
Und du zum Tag gelangt aus Morgenroth;

Der letzte Gruß, den uns dein Herz entbot;
Verhallt, und wie die Seele strebt zu steigen
Muß sich die schwere Hülle rückwärts neigen,
Bis sie umschlingt mit kaltem Arm der Tod.

So nimm von uns als stummes Abschiedswort
Die Thränen an aus den betrübten Augen,
Die sonst so froh, wenn sie mit dir gelacht; –

Wir alle gingen freudig mit dir fort,
Doch uns kann der Allgüt'ge noch nicht brauchen,
Und schweigend beugen wir uns seiner Macht.

V.

So zogst du fort, du theures, liebes Kind!
Und wurdest selig droben bei den Engeln,
Die dich geweiht mit schlanken Palmenstengeln
Zum Dienst, für den sie auserlesen sind;

Dort ward ein Kleid dein erstes Angebind,
Das schützt vor Schmerzen und bewahrt vor Mängeln,
Und eine Flur dein Haus, durch die sich schlängeln
Des ew'gen Lebens Quellen frisch und lind.

Und Blumen stehen dort vom reinsten Duft,
Die pflückst du mit geflügelten Gespielen
Und Kronen werden sie in eurer Hand;
Und Lieder singst du in der Balsamluft,
Schöner als alle, die dir hier gefielen,
Und die dein himmlisch Herz nur halb verstand.

VI.

Und jene Sprache in der Engel Mund,
Die brauchst du nicht zu lernen erst mit Lallen,
Verständlich wirst du seyn den Engeln allen,
Da du mit ihnen längst in stillem Bund;

Denn als der Weihnachtsbaum im Zimmer stund,
Wollten dir seine Früchte nicht gefallen,
Und nur den Engeln, die du sahest wallen
Mit hellen Flügeln, gabst du Freude kund.

Du winktest ihnen mit dem kleinen Arm,
Und lachtest zu den wächsernen Gesichtern,
Die in den goldnen Kronen dich entzückt;

Wie wirst du jubeln unterm sel'gen Schwarm,
Wenn bei dem Schein von unzählbaren Lichtern
Dein guter Engel an das Herz dich drückt!

In: Frauentaschenbuch für das Jahr 1824. Nürnberg bei Joh. Leonh. Schrag.
S. 45-48.

Friedrich Hebbel:

Mutterschmerz.

Noch steht die kleine Wiege dort,
Jetzt darf sie stille stehen;
Den kleinen Schläfer trug man fort,
Ich werd' ihn nie mehr sehen.
Sonst weckt' er mich in jeder Nacht,
Dann tränkte ich ihn herzlich;
Von selber bin ich heut erwacht,
Da lächelte ich schmerzlich.

Wenn sonst der helle Morgen kam,
Und ich ihn an mich drückte –
Wie ward's mir da so wundersam,
Wenn ich in's Aug' ihm blickte;
Ich glaubte dann in seine Brust
Recht tief hinab zu sehen,
Und all sein Leid und seine Lust
Voraus schon zu verstehen.

Dann war es mir, als säh' ich viel
Von seinem ganzen Leben,
Ich sah des Knaben heit'res Spiel,
Des Jünglings ernstes Streben,
Ich sah in seiner Kraft den Mann
In würd'gem Kreis beglücken –

Dann zog ich schnell mein Kind heran,
Und küßt' es mit Entzücken.

Es starb, und ach! so schwer, so bang!
Mir sagte keine Stunde,
Wie süß der Muttername klang
Von seinem holden Munde.
Blos Todesseufzer durft' ich hier
Von seinen Lippen hören,
Und finstre Ahnung drohte mir,
Daß wir uns ganz verlören.

Sein Auge konnte, als es brach,
Kein Lebewohl mir sagen,
Es schien blos, als er sterbend lag:
„Du hilfst mir nicht?" zu fragen;
Er hat die Mutter nicht erkannt
In all den andern Stunden,
Er hat erst, als ich hülflos stand,
Was ich ihm sey, empfunden!

Friedrich Hebbel.

In: Deutscher Musenalmanach. 1. Jg. Mit Beiträgen von Friedr. Rückert, Nic. Lenau, L. Bechstein u. A. und einer Composition von Felix Mendelssohn-Bartholdy. Leipzig, Bernh. Tauchnitz jun. [1840], S. 130-132.

Gertrude von Hohenhausen, geb Hartung:

Meines Sohnes Tod.

Barmherzigkeit, o Gott!
Hast mir unendlich viel genommen,
Bist oft als zürnender, als Rachegott gekommen,
Der mich geschmettert von des Glückes Höh'n.
O laß den milden Odem deiner Gnade wehn!
Du hast ein Isaak-Opfer dir geschlachtet,
Den Sohn, den ich mein höchstes Gut geachtet,
Du nahmst ihn hin.
O send' auch mir den gläubig frommen Sinn,
Der, sich vergessend, immer rufen kann:
„Was Gott thut, das ist wohlgethan!"

In: Deutscher Musen-Almanach für das Jahr 1854. Hrsg. von O. F. Gruppe. Berlin. Druck und Verlag von Georg Reimer, S.120.

Chr[istoph] Kuffner:

Des todten Kindes Wiederkehr.

Lilienbleich und marmorkalt
Lag des holden Kindes Leiche
Auf der Bahr' im Todesschlaf,
Eine Blume unter Blumen,
Lächelnd wie in süßem Traum.
Aber an dem kleinen Sarg,
Tiefen Schmerz in jeder Miene,
Thränenlos das starre Aug',
Saß die Mutter und der Vater;
Trösten wollten sie einander,
Aber trostlos waren Beide,
Marmorbilder der Verzweiflung.

Zwischen ihnen lag der kleine
Engel wie in Himmelsruh'.
Endlich floß vom Aug' der Mutter
Eine glühend heiße Thräne,
Und sie sagte leise ächzend:
„Gott der Gnade! Einmal nur
„Laß das holde Kind mich schauen,
„Das ich unterm Herzen trug!
„Einmal nur laß mich mein Kind
„Drücken an das Mutterherz!
„Einmal nur, o Gott, laß mich,
„Einmal nur den Mutternamen
„Von den Kindeslippen hören!" –

„Einmal nur – so sprach der Vater –
„Laß, o Gott, aus ihren offnen
„Augen einen Strahl mir leuchten,
„Der mir durch die Erdennacht
„Strahle dann als Himmelslicht!
„Einmal nur, o Gott! Dann sei
„Meines Kindes Vater, Du,
„Bis Dein Himmel mit der Mutter
„Und dem Kinde mich vereint!" –

Und die Bitte ward erhört.
Zarter Rosenschimmer floß
Um des Kindes blasse Wange,
Und die Augen, festgeschlossen,
Oeffneten sich, und hervor
Drang ein schöner Himmelsstrahl.
Die Gestalt der kleinen Leiche
Hob sich neubelebt empor,
Und aus ihren Purpurlippen

Schollen sanft die Zauberworte:
„Mutter! Vater!"

Mit dem Wahnsinn des Entzückens
Warf die Mutter und der Vater
Auf den Sarg sich, auf das Kind,
Und vier Arme schlangen sich
Um den Liebling, festzuhalten
Ihn für alle Ewigkeit,
Und drei Herzen schlugen laut, –
Schlugen bald den letzten Schlag,
Denn zu übermächtig war
Des Entzückens Todessturm!
Und die Mutter und der Vater
Sanken still auf's stille Kind;
Und die letzte Thräne floß,
Eine Thräne ew'ger Freude,
Denn die Mutter und der Vater
Waren mit dem Kind vereint,
Wo kein Schmerz der Trennung weint!

In: Gedenke Mein! Taschenbuch für 1840. 9. Jg. Wien/Leipzig 1840. Verlag
von Friedrich Wilhelm Pfautsch, S. 60-62.

W[ilhelmine] M[üller, geb. Maisch]:

Empfindungen am Grabe meines Erstgebohrnen.

Bei meinem Wegzug von Carlsruhe nach Pforzheim, im Juli 1800.

Hoher, schöner Preis für Kampf und Leiden
Theurer, schwer errung'ner Erstlings-Sohn!
Warum mußtest du so frühe scheiden,
Was entriß mir meine Mutterfreuden,
Was mir meinen süssen Schmerzens-Lohn?
War es Sünde, daß ich mit Entzücken,
Daß ich Ihn mit heil'ger Lust umfieng,
Daß mein Aug mit stillen Wonneblicken
An des Kindes holder Bildung hieng?

Wonne! rief ich – Sehet nach Entbehrung
Ward mir köstliche Entschädigung! –
Alles schwamm im Lichtglanz der Verklärung,
Alles schien mir Fülle und Gewährung,
Hin war jede Schmerz-Erinnerung.
O! ein holdes Kind am Mutter-Busen
Schwestern! Mütter! Welche hohe Lust! –
Wahrlich! Glück, Begeisterung und Musen
Giessen dies Gefühl in keine Brust!

Hängt, mit Rosenbändern schön umwunden,
Hängt die Harfe jezt nur an die Wand;
Bald, so rief ich, in des Jubels-Stunden
Sind der Schwachheit Tage hingeschwunden,
Bald ergreift Sie die gestärkte Hand,
Wiegen-Lieder, Mutter-Tändeleyen
Sanft und schön, wie Sie Jacobi sang,
Will ich meinem süssen Knaben weihen,
Schlummern soll er unter Saitenklang.

Und dem Himmel hielt ich Ihn entgegen:
„Laß Ihn mir – Ich will Ihn dir erziehn!
O! Ich will Ihn stillen, warten, pflegen,
Deinen armen Leidenden, zum Segen
Soll er unter meiner Sorgfalt blühn.
Reift sein Geist, dann will ich Ihm in Bildern,
Will ihm einst in kosendem Geschwätz
Menschen-Tugend, Menschen-Rechte schildern,
Will Ihn sichern vor der Wollust Netz."

Weh! Sie haben Ihn ins Grab getragen!
Eh' ein einz'ger, schöner Plan gedieh!
Laßt – ich flehe: laßt mich weinen, klagen,
Wagt es nicht mir kalten Trost zu sagen:
Euer Trost heilt meine Wunde nie.
Raubet Ihren Schmuck der Harfe wieder,
Schwermuth hülle Sie in schwarzen Flor;
Sie ertöne dumpfe Trauer-Lieder
Um den Liebling, den mein Herz verlohr.

Liebling! Warum hast du mich verlaßen!
Ließest mich im Thränenland zurück?
Herr verzeih! Ich kann Dich jezt nicht faßen,
Deine Macht ließ meinen Sohn erblaßen,
Mit ihm meine Seligkeit, meine[!] Glück. –
Alles predigt mir: „Du seyst die Liebe,
Seyest guter Dulder, Trost und Stab!" –
Warum knikt der Tod dem schönsten Triebe
Reiner Liebe, Keim und Krone ab?

Wächst der Keim in einem höhern Leben,
Glänzen Kronen dort in hellerm Licht,
Wirst du den Verlohrnen wieder geben,
Wird mein Wilhelm mir entgegen schweben,
Wenn der Tod auch mir das Herz zerbricht?
Süsser Wahn! Erhabener Gedanke!
„Was hier stirbt, lebt in der bessern Welt."
Halt Ihn fest mein Herz, wie sich die Ranke,
Fest an Ihrem hohen Eichbaum hält.

Bald, o weh mir! Bald entfernen Meilen
Heil'ge, schöne Hülle mich von dir!
Deines guten Vaters Loos zu theilen,
Ihm zu leben, wo er sey, zu weilen
Rufen Pflicht und Liebe mich von hier.
Dulde Herz die Prüfung, sey ergeben,
Tod und Trennung scheiden Geister nicht! –
Sey o Kind! mein Schuzgeist durch dies Leben,
Bis zum Wiedersehn im ew'gen Licht.

Taschenbuch auf das Jahr 1802 für edle Weiber und Mädchen, hrsg. von Wilhelmine Müller, geb. Maisch. Pforzheim, bei Christian Friedrich Müller, S. 121-125.

„In ihrem großen Leib [...] waren zwei Früchte: ein Kind und ein Tod."

Das Thema des verweigerten Lebens in der Literatur des 19. Jahrhunderts

von

Denis Forasacco

Das Motiv des Kindstods und dessen Literarisierungen wurden von der Literaturwissenschaft, im Besonderen von der Romantik-Forschung, schon vertieft studiert. Der vorliegende Beitrag zielt deshalb darauf ab, den Aspekt der psychologischen Verarbeitung und der damit zusammenhängenden dichterischen Darstellung der Elterntrauer hervorzuheben, dort, wo kein Platz für die Mythisierung bzw. Ritualisierung des frühverstorbenen Kindes ist.[1] Tote Kinder verwandeln sich in diesem Fall nicht in die archetypischen Figuren von Ganymed, Ophelia, Kaspar oder in den heiligen Sebastian, sondern sie bewahren eine präzise Identität, ohne – um der poetischen Leidenschaft und Inspiration willen – eine Opferrolle annehmen zu können. Dennoch wirkt sich das Leiden aufgrund des Kindsverlusts auf das Schreiben in verschiedener Weise aus. Untersucht wird das „Trauer-(Er)Schreiben" und dessen poetische Äußerungen: von den kunstvollen Kompositionen Friedrich Rückerts und Joseph von Eichendorffs über die christlichen *lamentationes* Victor Hugos und Alessandro Manzonis bis hin zum Schmerz, der blind macht, bei Ralph Waldo Emerson.[2] Im vorliegenden Beitrag wird nachgewiesen, dass die Thematisierung des Kindsverlusts, aus einer literaturgeschichtlichen Perspektive

---

[1] Hinsichtlich der Mythisierung des Motivs des Kindstods in der romantischen Zeit vgl. z.B. Franco Ferrucci: The Dead Child. A Romantic Myth. In: Modern Language Notes 104 (1989), S. 117-134.

[2] Das umfangreiche Material zum Thema und seiner Präsenz in der Literatur des 19. Jahrhunderts verlangen nach einer Auswahl der hier zu analysierenden Texte. Auf der Grundlage der biografischen Daten wird der Ausdruck der Trauer nur bei den Autoren untersucht, die eigene Kinder verloren haben. Wichtige Autoren wie Charles Dickens oder Jeremias Gotthelf, die in ihren Romanen den Kindstod thematisiert haben, werden als „Gegenproben" für die Stichhaltigkeit der These angeführt.

betrachtet, als ein Zeichen für die spätromantisch-biedermeierliche „Krise" nach der Kunstperiode anzusehen ist, wohingegen Romantiker wie Wordsworth und Shelley oder literarische Projektionsfiguren wie Wilhelm Meister aus dem letzten Abschied von nicht-eigenen Kindern eine verewigende Energie für die *memoria*, die Bildung und die Poesie bezogen.[3] Die Tatsache, dass das Motiv des Kindsverlusts gerade in der Biedermeierzeit (oder in der Spätromantik/Realismus-Zeit bei nicht-deutschsprachigen Literaturen) eine so bemerkenswerte Rolle spielt, ist im Übrigen mit der Relevanz zu verbinden, die der familiäre Hintergrund in der Mitte des 19. Jahrhunderts annimmt:

> Daß der Vater Gott und die Mutter Natur den Tod unschuldiger Kinder fordern, das war für die Dichter, die sich in Heimat, Haus und Familie geborgen zu fühlen versuchten, ein immer neues Ärgernis, ein immer neuer Schock, der zu einer Überwindung besonderer seelischer, lyrischer, religiöser Anstrengungen bedurfte.[4]

Die Fokussierung der Literatur auf das Private weist für die sogenannte Zeit der „Zerrissenheit" typische kontradiktorische Folgen auf: Wenn sie einerseits eine kollektive Teilnahme an der Sphäre des Intimen mit sich bringt, durch die der Kindstod als eine Gemeinschaftstragödie erlebt wird, impliziert sie andererseits auch eine Entmythisierung und eine darauffolgende Individualisierung des Kindssterbens. In der historisierenden Reduzierung des Kinderopfers bewahrheitet sich außerdem eine Entritualisierung und Entweihung der sakral-schöpferischen Initiation des Dichters. Das Kinderopfer implizierte für die Romantiker notwendigerweise eine Auferstehung. Von besonderem Belang war das Christentum mit seinem Mysterium der Wiederauferstehung Christi, insofern dies nicht so sehr als allgemeine Rettung am Jüngsten Tag, sondern vielmehr als platonische Parusie des Göttlichen im Rahmen der Poesie und eines romantisierenden Erkenntnismodells interpretiert wurde. Wenn in der vorhistoristischen Kultur der Mythos und der Ritus des Christentums eine soziale Kodierung des Leidens erlauben konnten, die laut Ernesto De

---

3   Zu den zahlreichen Texten, die das mythische Opfer der verewigten Kinder thematisieren, sind Wordsworths *Lucy Poems* (1799) und das Märchen *We are seven* (1798), Byrons Sonett *And thou art dead, as young and fair* (1812), aber auch Goethes *Wahlverwandtschaften* und *Wilhelm Meisters Lehrjahre* zu zählen, wo der Tod von Otto und von Mignon zur zivil-ästhetischen Bildung des Künstlers/Dilettanten führt, außerdem Jean-Paul-Sartres *Les Mots*.

4   Friedrich Sengle: Biedermeierzeit. Deutsche Literatur im Spannungsfeld zwischen Restauration und Revolution 1815-1848. Bd. 2: Die Formenwelt. Stuttgart 1972, S. 552.

Martino aus der „Krise der Trauer" entstand,[5] implizierten die moderne Aneignung der Historie und das Bewusstsein des als autonomer Akteur der Geschichte angesehenen Ichs eine selbstkritische Subjektivierung des Kindsverlusts, die in besonderer Verbindung zur Konstitution des modernen Individuums stehen muss. In der Folge von Herders *Ideen zur Philosophie der Geschichte der Menschheit* (1786) und Hegels *Phänomenologie des Geistes* (1807) – und zumindest bis Nietzsche – stimmen Mensch und Zeit vollkommen überein.[6] Das *theatrum mundi* änderte sich gänzlich und das Individuum des neuen Jahrhunderts musste sich mit einer dynamischen und prekären Idee der Geschichte und seiner Existenz auseinandersetzen. Dies wirkte sich unvermeidlich auch auf das Kindheitskonzept und die Äußerung der Trauer über den Verlust eines Kindes aus.

Die historische Entwicklung der Konzepte „Tod" und „Kindheit" in der westlichen Kultur

Die abendländische Kultur setzt sich bereits seit ihrem Ursprung mit dem Leid um den Kindstod auseinander. Die Trauer über den Kindsverlust wird schon in der griechischen Mythologie thematisiert. Bekannt ist z.B. die von Ovid in den *Metamorphosen* erzählte Geschichte von Niobe, deren sieben Söhne und sieben Töchter von Apoll und Artemis umgebracht werden. Niobes unermesslicher Schmerz und ihr trostloses Weinen erregen Jupiters Mitleid, sodass er die Mutter in einen Marmorblock verwandelt, aus dem ewige Tränen quellen.[7] Ebenso versteinert und verstummt vor Trauer erscheint in Sophokles' Tragödie *Antigone* Eurydike angesichts des Todes ihres Sohnes Haimon. Die hellenistische Kultur fokussierte beim Kindstod mehr die Verantwortlichkeit bzw. die Schuld der Eltern als ihre Trauer: Man denke nur an die zahlreichen Sagen um Agamemnon,

---

5   Ernesto De Martino: Morte e pianto rituale. Dal lamento funebre antico al pianto di Maria. Turin 1958 (Biblioteca di studi etnologici e religiosi, 31).

6   Alexandre Kojève: Introduction to the Reading of Hegel. Hg. von Allan Bloom. London, New York 1969, S.133: „Nature is Space, whereas Time is History. In other words, there is no natural, cosmic Time; there is Time only to the extent that there is History, that is, human existence – that is, speaking existence. [...] Only Man is in Time, and Time does not exist outside of Man; therefore Man is Time, and Time is Man."

7   Ovid: Metamorphosen (VI, 146-312). Robert Graves teilt mit, dass Niobe laut Homer zwölf Kinder, laut Hesiod zwanzig Kinder, laut Saffo achtzehn Kinder habe. Herodot und Apollodor schreiben ihr dagegen sieben Söhne und ebenso viele Töchter zu; vgl. Robert Graves: The Greek Myths. Bd. 1. Harmondsword 1955, S. 77.

Athamas (der seinen Sohn Learchos als Rache für seinen Seitensprung
mit Ino tötet), Agaue (die ihren Sohn Pentheus im Namen des Dionysos
zerfleischt), Prokne (die ihren Sohn Tereus tötet, um ihren Mann wegen
der Vergewaltigung ihrer Schwester Philomela zu bestrafen) oder Medea.
Ohne hier den Aspekt der Schuld (Hybris) der Eltern oder die Rolle der
Erinnyen oder des Fatums vertiefen zu wollen, ist es unwiderlegbar, dass
der Kindsverlust für die griechische Kultur nicht nur den quälendsten aller menschlich vorstellbaren Schmerzen, sondern auch das Unnatürlich-
ste und Unerklärlichste im Logos des zivilisierten Abendlands darstellte.[8]
In der abendländischen Welt brachte Zivilisierung mit sich, dass das
Wachstum der Kinder geschützt und unterstützt werden musste. So er-
mahnte Pindarus' „Γένοιο οἶος εἶ" („Werde, der du bist"): Der Mensch
kommt als ein Embryo zur Welt und soll sich entwickeln. Nicht zufällig
übernahmen die alten Griechen und Römer den mythischen – heute hi-
storiografisch eher umstrittenen – Kult um den Gott Baal und die Göttin
Tanit nicht, denn dieser sah die Massenopferung der Erstgeborenen der
adligen Familien in Selinunt vor. Das phönizische Tophet und der
„Verschlinger" Moloch erregten sogar die Phantasie Gustave Flauberts in
seinem 1862 erschienenen Roman *Salambò*, dessen 13. Kapitel „Moloch"
überschrieben ist.[9] Das Kindsopfer sei eines dieser Dinge, die „schwerer
auszusprechen als auszuführen sind".[10] Kinder werden entmenschlicht,
um getötet zu werden,[11] damit ihr Tod zur Sphäre des Unsagbaren gehören kann: Der Kindstod ist das Irrationale, etwas, was nicht zum westlichen *logos* gehören kann. Wenn der Karthager Hamilkar selbst seinen
Sohn aufopfern muss, versucht er, zu einer List zu greifen, indem er an-

---

8 Die Bibel selbst beschreibt die Bindung Isaaks zur Opferung als die unnatür-
lichste und unmenschlichste Aktion, die Abraham, ein Vater, ausführen könnte.
„Crescite et multiplicamini", behauptet Gott im Übrigen für alle Wesen der Erde in Gen 22.

9 „Langsam wurden [sc. die Kinder] emporgehoben, und da der aufsteigende
Rauch hohe Wirbel bildete, schienen sie aus der Ferne in einer Wolke zu verschwinden. Nicht eines von ihnen regte sich. Sie waren an Handgelenken und
an den Knöcheln gefesselt, und durch die dunkle Verschleierung konnten sie
nichts sehen, noch konnte man sie erkennen." Vgl. Gustave Flaubert: Salambò.
In: ders.: Œuvres Complètes. Bd. 2. Paris 1936. S. 304-352. Deutsche Version
von Petra-Susanne Räbel. Frankfurt/M. 2005. S. 263-302, hier S. 300.

10 Ebd., S. 287f.

11 „Jedesmal wenn man ein Kind darauflegt wurde, streckten die Priester des Moloch eine Hand darüber aus, um ihm die Verbrechen des Volkes zu Last zu legen, und brüllten: ‚Dies sind keine Menschen, sondern Stiere!' Und die Menge
ringsum wiederholte: ‚Stiere! Stiere!' Die Gläubigen schrien: ‚Herr, iß!' Und die
Priester der Proserpina fügten sich aus Furcht den Gepflogenheiten Karthagos
und murmelten die eleusische Formel: ‚Laß es regnen! Gebäre!'"; ebd. S. 301.

stelle Hannibals den Sohn eines Sklaven opfern lässt. Angesichts der Schwierigkeiten bei der Realisierung seines Rettungsplans „war [Hamilkar], als schnürte man ihm die Kehle zu",

> dann ging er auf und ab; er riß die Arme empor, er drehte sich um sich selbst, er biß sich auf die Lippen. Starren Blicks hielt er auf einmal inne und rang nach Atem, als ob er sterben müsse. [...] Hamilkar unterdrückte einen Schrei, als ob er sich an einem rotglühenden Eisen verbrannt hätte; und von neuem begann er im Raum auf- und abzugehen wie ein Wahnsinniger. Dann sank er am Rand der Balustrade nieder, und, die Ellbogen auf die Knie gestützt, preßte er seine Stirn zwischen die geballten Fäuste.[12]

Die Verzweiflung des Heerführers unterscheidet sich nicht von derjenigen des Sklaven, der jedoch gegen das Leiden und die Macht des Befehlshabers nicht anders reagieren kann als zu weinen, seinen Besitz zu behaupten und wie Niobe seine Gliedmaßen zum Himmel zu strecken: „ein Mann, bleich, furchterregend, mit ausgebreiteten Armen; er rief: ‚Mein Kind!'"[13]

Das kritische Verhältnis zwischen den Entitäten des Kindstods und des Trauer-Schreibens, das nicht nur als individuelle Äußerung, sondern auch als soziokulturelle Rationalisierung und Kodierung des Leidens anzusehen ist, charakterisiert jede Epoche und ästhetisch-literarische Bewegung. Der Schmerz über den Verlust eines Kindes wird durch die Entwicklung des westlichen Denkens kulturell konstituiert und dekodiert. Die aristotelische Konzeption des Kindes als eines Organismus *in fieri* und *in potentia,* der nur in seiner Reife zu einer von der göttlichen Natur vorgeschriebenen Vollkommenheit erlangen kann, spielt in dieser Hinsicht eine bedeutende Rolle und faszinierte den Geist des *fin de siècle* z.B. noch bei Robert Musil oder Rainer Maria Rilke:

> Kinder haben noch keine Seele. Auch die Toten haben keine Seele. Sie sind noch nichts oder sie sind nichts mehr, sie können noch alles werden oder alles gewesen sein. Sie sind wie Gefäße, die Träumen Form geben, sie sind Blut, mit dem sich die Wünsche der Einsamen lebendig schminken. (R. Musil – *Das verzauberte Haus*)

> Ja die Kinder, sogar die ganz kleinen, hatten nicht irgendeinen Kindertod, sie nahmen sich zusammen und starben das, was sie schon waren, und das, was sie geworden wären.

> Und was gab das den Frauen für eine wehmütige Schönheit, wenn sie schwanger waren und standen, und in ihrem großen Leib, auf welchem die schmalen Hände unwillkürlich liegen blieben, waren *zwei* Früchte: ein Kind

---

[12] Ebd., S. 289f.
[13] Ebd., S. 292.

und ein Tod. Kam das dichte, beinah nahrhafte Lächeln in ihrem ganz ausge-
räumten Gesicht nicht davon her, daß sie manchmal meinten, es wüchsen
beide? (R. M. Rilke – *Aufzeichnungen des Malte Laurids Brigge*)[14]

Im Mittelalter wurde der Tod als ein dem menschlichen Geschlecht in-
härentes gemeinsames Schicksal angesehen. Der Tod spielte sich im familiären Kreis ab („*Et moriemur*"). Ab dem 12. Jahrhundert erhält das
einzelne Leben größeren Belang, sodass eine Individualisierung des Todes erfolgt und das Sterben sich von der öffentlichen in die private
Sphäre verschiebt. Allerdings hatte das Abendland keine Affinität zum
Tod, wie Jacques Bénigne Bossuet 1662 in seinem *Sermon sul la mort* unterstreicht:

C'est une étrange faiblesse de l'esprit humain que jamais la mort ne lui soit
présente, quoiqu'elle se mette en vue de tous côtés, et en mille formes diver-
ses. On n'entend dans les funérailles que des paroles d'étonnement de ce que
ce mortel est mort. Chacun rappelle en son souvenir depuis quel temps il lui
a parlé, et de quoi le défunt l'a entretenu ; et tout d'un coup il est mort. Voi-
là, dit-on, ce que c'est que l'homme ! Et celui qui le dit, c'est un homme ; et
cet homme ne s'applique rien, oublieux de sa destinée ! Ou s'il passe dans
son esprit quelque désir volage de s'y préparer, il dissipe bientôt ces noires
idées ; et je puis dire, messieurs, que les mortels n'ont pas moins de soin
d'ensevelir les pensées de la mort que d'enterrer les morts mêmes.[15]

Die Verinnerlichung und Subjektivierung der Trauer brachte auch die
Möglichkeit einer Versinnbildlichung und Allegorisierung des Todes mit
sich. Gerade aus diesem Grund bereicherte sich der Tod ab dem 16./17.
Jahrhundert sogar um eine erotische Dimension: Die damalige Ikono-
grafie des Totentanzes (*ars moriendi*) stellt den Tod als eine Vergewaltigung des *moriturum* dar.[16] Eros und Thanatos erscheinen eng miteinander verknüpft. Schon ab der Barockzeit wird im Übrigen der Tod in der
Literatur und in den Künsten ästhetisiert, etwa in der *unio mystica* der
Heiligen Theresa mit Gott in der *Ekstase der Heiligen Therese* von Bernini
(1647-1652) oder in der Sage von Romeo und Julia. Auch bei Marquis
de Sade kann der Tod mit der Sphäre der Erotik und Ekstase assoziiert
sein. Der Tod stellt einen attraktiven und gleichzeitig furchtbaren Bruch

---

[14] Robert Musil: Das verzauberte Haus. In: ders.: Gesammelte Werke. Hg. von
Adolf Frisé. Bd. 2: Prosa und Stücke. Kleine Prosa. Aphorismen. Autobiographisches. Essays und Reden. Kritik. Reinbek bei Hamburg 2000, S. 141-144,
hier S. 147; Rainer Maria Rilke: Gesammelte Werke. Bd. 11: Die Aufzeichnungen des Malte Laurids Brigge. Frankfurt/M. 1975, S. 721.

[15] Jacques Bénigne Bossuet: Sermon sur la mort et autres sermons. In: ders.: Orai-
sons funèbres et sermons. Paris 1970, S. 217.

[16] Vgl. die Werke von Hans Baldung Grien, z.B. *Die drei Lebensalter und der Tod*
(1509-11) und *Der Tod und das Mädchen* (1517).

des familiären Alltagslebens dar. Es ist nicht als ein Zufall anzusehen, dass zu der dem Gedächtnis der Kinder gewidmeten Renaissance-Literatur auch die neulateinische erotische Elegie zu zählen ist. Der poetische Wegbereiter der in der Lyrik besungenen Liebe eines Vaters zu einem früh verstorbenen Kind ist nämlich der neapolitanische Dichter Giovanni Gioviano Pontano (1429-1503).

> [L]e opere pontaniane per i fanciulli derivano in modo diretto dall'elegia erotica per la donna e sono una variante dell'amore realizzato; né va tralasciato il fatto che per finezza di emozioni, per sensibilità e per il tratteggio con cui viene creata la protagonista e destinataria della poesia di Pontano, una notevole importanza ebbe la conoscenza, da parte dell'autore, della poesia medievale e del primo Umanesimo – quella di Petrarca in particolare. Siffatte forme poetiche trovarono la loro corrispondenza nella poesia funebre del poeta italiano. […] Un componimento molto caratteristico per tutto il ciclo dei *Tumuli* è *Tumulus Luciae Pontanae Filiae* (*Tum.* II 2). Vi troviamo la poetica pontaniana del paradosso, l'attenzione verso la dimensione sensuale della realtà e i giochi etimologici.[17]

Vom Ende des Mittelalters bis zum 18. Jahrhundert war die Trauer gesellschaftlich geregelt und erlebt. Trauerbesuche waren üblich, und der Verzweiflung durfte man nie freien Lauf lassen. Das Jahrhundert der Romantik und des bürgerlichen Realismus markiert dagegen eine Wende: Es ist „die Epoche der Trauer, die die moderne Psychologie als *hysterisch* bezeichnet".[18] Ab dem 19. Jahrhundert befürchtet man nicht mehr seinen eigenen Tod, sondern den Verlust des Anderen. Ob romantisiert, erotisiert, verschönert oder makaber anziehend: der Tod wurde immer nur von der Sphäre des Ordentlichen entfernt, wo es keinen Platz für die Absenz, das Nicht-Wissen und das Ende gibt.

---

[17] Grażyna Urban-Godziek: Patrum erga filiam amor luctuosus. L'espressione funebre dell'amore familiare nella poesia di Giovanni Pontano e Jan Kochanowski. Paralleli e ispirazioni. In: Studi Slavistici 3 (2006), S. 65-80, hier S. 66f. [Die Werke Pontanos für Kinder entstehen unmittelbar aus der erotischen Elegie für die Frau und sind eine Variation der erfüllten Liebe. Ein anderer Aspekt sollte nicht übersehen werden: für die Feinheit von Emotionen, für die Sensibilität und die „Schraffur", mit denen die Protagonistin und Adressatin von Pontanos Poesie dargestellt wird, waren die Kenntnisse des Autors über die Poesie des Mittelalters und der frühen Humanismus, über Petrarca im Besonderen, sehr wichtig. Solche poetischen Formen fanden ihre Vollkommenheit in der Klagedichtung des italienischen Dichters. [...] Ein für den gesamten Zyklus der *Tumuli* sehr charakteristisches Gedicht ist *Tumulus luciae Pontanae Filiae* (Tum. II 2). Dort finden wir Pontanos Poetik der Paradoxie, die Aufmerksamkeit auf die sinnliche Dimension der Wirklichkeit und etymologischen Spiele.]

[18] Philippe Ariès: Essais sur l'histoire de la mort en Occident. Paris 1975, S. 57f.

Um die Valenz der Literarisierungen des Themas „verweigertes Leben" zu verstehen, sollte auch die Rolle des Kindes in der Kultur des 19. Jahrhunderts betrachtet werden. Wie Michelle Perrot unterstreicht, „steht das Kind im 19. Jahrhundert mehr denn je im Zentrum der Familie. Man investiert auch wirtschaftlich in die Kinder. Das Kind ist Erbe und Zukunft der Familie." „Sein Bild wird projiziert und man träumt davon", man reflektiert intensiv über „seine Art, gegen Zeitvergehen und Tod zu kämpfen".[19] Über die schon erwähnte aristotelische Konzeption des Kindes hinaus soll Platons Gedanke berücksichtigt werden, wonach jede Generation dank ihrer Erben die eigene Unsterblichkeit gewährleistet (vgl. *Phaedon* 71a-71b u. *Symposium* 208 b-c). Michel de Montaigne erinnert Madame d'Estissac daran: „Platon adjouste, que ce sont icy des enfants immortels, qui immortalisent leurs peres, voire et les deïfient, comme Lycurgus, Solon, Minos."[20] Für die christliche Kultur sind Kinder ein Segen Gottes, ein heiliges Geschenk an die Eltern. Der Verlust eines Kindes wird selbst von der christlichen Theologie als ungerecht bezeichnet:

> Le prophète Isaïe (65, 20), quand il promet „des cieux nouveaux, une terre nouvelle», le précise bien: «Là, plus de nouveau-né qui ne vive que quelques jours." Car c'est bien une mort injuste, que Dieu ne peut permettre que comme l'effet de sa malédiction. L'Ancien Testament, puis les Evangiles, insistent à plusieurs reprises sur la douleur justifiée des parents (des mères surtout), quand leurs enfants meurent ou sont massacrés, comme dans l'épisode tragique du Massacre des Innocents, sur ordre d'Hérode, juste après la Nativité du Christ.[21]

---

[19] Michelle Perrot: Figure e compiti. Genitori e figli. In: Philippe Ariès/George Duby (Hg.): Histoire de la vie privée. Bd. 4: De la Rèvolution à la Grande Guerre. Paris 1986 (Collection L'univers historique), S. 121. Der Wille, das Kind vom Tod zu retten, der für das 19. Jahrhundert typisch ist, ist schon im 16. Jahrhundert zu erkennen. Der hochgebildete Bürgermeister von Loudun, Scevole de Saitne-Marthe, kurierte alleine seine schwerkranke Tochter und schrieb ein lateinisches Epos über die Entwöhnung der Kinder mit dem Titel *Paedotrophia* (1580-1585); vgl. dazu Jacques Gélis: L'individualizzazione del bambino. In: Philippe Ariès/George Duby (Hg.): La vita privata. Dal Rinascimento all'Illuminismo. Rom 1987, S. 241-254, hier S. 244f.

[20] Michel Montaigne: Essais – II, 8: De l'affection des pères aux enfans. Dt.: Essais. Hg. von Johann Daniel Tietz. Frankfurt/M. 2010, S. 432.

[21] Marie-France Morel: Images du petit enfant mort dans l'histoire. In: Études sur la mort 1/2001 (n° 119), S. 22. Online unter: http://www.cairn.info/revue-etudes-sur-la-mort-2001-1-page-17.htm: abgerufen am 1. Januar 2014.

Literarische Erfahrungen des Kindsverlusts zwischen Glauben und Skepsis

Die Romantik versöhnt Christentum und Phantasie, Volkstümlichkeit und *égotisme* auch hinsichtlich des Kindsverlusts. Sie erkennt in der Kindheit eine mythisch-zauberhafte Zeit, in der Traum und Endloses, Naives und Göttliches harmonisch nebeneinander bestehen.[22]

> Wenn ich, o Kindlein, vor dir stehe,
> Wenn ich im Traum dich lächeln sehe,
> Wenn du erglühst so wunderbar,
> Da ahne ich mit süßem Grauen:
> Dürft' ich in deine Träume schauen,
> So wär' mir Alles, Alles klar!
> Dir ist die Erde noch verschlossen,
> Du hast noch keine Lust genossen,
> Noch ist kein Glück, was du empfingst;
> Wie könntest du so süß denn träumen,
> Wenn du nicht noch in jenen Räumen,
> Woher du kamest, dich erging'st?[23]

Die Kindheit, die das Leben noch nicht erfahren hat, gehört noch für den Spätromantiker Hebbel zwar zum Raum des Unvollkommenen, aber gleichzeitig auch zur Sphäre des für die Romantik reizend Unerkennbaren und nicht zuletzt zum Reich des Hypnos, Ursprung und Ziel der Existenz, Alpha und Omega. Und, wie Anatole France sagt: „La mort n'est qu'un sommeil sans fin." Auch in Rückerts Kindertotenlied *Der Liebe Leben ist schnell vollbracht* z. B. erscheint dasselbe biblische Gleichnis:

> Kommts Abendroth,
> Ists Kindlein todt,
> Es legt sich nieder,
> Ersteht nicht wieder,
> Ist nimmer erwacht,
> Gute Nacht, gute Nacht!
> Dein Lauf ist vollbracht,
> Dein Grab ist gemacht,
> Gute Nacht, gute Nacht![24]

---

[22] Vgl. Ortrud Gutjahr: Auf dem Schauplatz eines frühen Selbst. Inszenierungsformen von Kindheit in der Literatur. In: Astrid Lange-Kirchheim, Joachim Pfeiffer, Petra Strasser (Hg.): Kindheiten. Würzburg 2011 (Freiburger Literaturpsychologische Gespräche, Bd. 30), S. 35-56.

[23] Friedrich Hebbel: Auf ein schlummerndes Kind. In: ders.: Werke. Hg. von Gerhard Fricke, Werner Keller und Karl Pörnbacher. Bd. 3. München 1965, S. 79.

[24] Friedrich Rückert: Kindertodtenlieder. Mit einer Einleitung neu hg. von Hans Wollschläger. Frankfurt/M. 1993 (insel-taschenbuch, 1545), S. 45.

Auch bei Eichendorff entspricht der Kindstod einem ewigen und heiteren Schlaf in Gottes Reich, wo eine goldene Traumzeit, diejenige der Prä-Existenz, noch bestehen kann:

Die alten Weiden neigen
Sich auf dein Bett herein,
[...]
Und wie in goldnen Träumen
Geht linder Frühlingswind
Rings in den stillen Bäumen –
Schlaf wohl, mein süßes Kind![25]

Das Lebensende entsprach bereits bei Seneca dem Jüngeren oder Ovid in ihren *consolationes* dem Beginn eines glücklicheren Daseins im Jenseits oder stimmte mit dem für die Bewusstlosigkeit typischen Zustand der Ataraxie überein. Der Mythos der *tranquillitas* der vorgeburtlichen Zeit ist z.B. in Senecas *Consolatio ad Marciam* 19,5 präsent.[26] Bei Justinus Kerner gilt das Kindssterben als eine Befreiung und Erleichterung gegenüber der Grausamkeit der Natur und des Schicksals:

Wenn in des Lenzes Tagen
Die Blüte fällt vom Baum,
Kann man mit Fug wohl sagen:
Sie war ein lichter Traum.

Doch wenn vom Wurm gestochen
Als Frucht sie hängt am Baum
Und faul wird abgebrochen,
War sie ein böser Traum.

[...]

Ich blick dir nach mit Sehnen,
Du Blüte! fortgeweht,
Doch fließen keine Tränen,
Weil es dir wohlergeht.[27]

---

25 Joseph Freiherr von Eichendorff: Auf meines Kindes Tod. In: ders.: Sämtliche Werke. Hg. von Harry Fröhlich und Ursula Regener. Bd. 1: Gedichte. Stuttgart, Berlin, Köln 1993, S. 277.

26 „Mors dolorum omnium exsolutio est et finis ultra quem mala nostra non exeunt; quae nos in illam tranquillitatem, in qua antequam nasceremur iacuimus, reponit. Si mortuorum aliquis miseretur, et non natorum misereatur." [Der Tod ist das Ende aller Schmerzen und eine Grenze, über die unsere Leiden nicht hinausgelangen. Er versetzt und in den Stand jener Ruhe zurück, in dem wir uns vor der Geburt befanden. Wenn jemand die Toten beklagt, so solle er auch die Ungeborenen beklagen.]

27 Justinus Kerner: Auf den Tod eines Kindes. In: ders.: Ausgewählte Werke. Hg. von Gunter Grimm. Stuttgart 1981 (Reclams Universal-Bibliothek, 3857), S. 29.

In der spätromantischen Chiffre der Seelenlandschaft werden auch von Kerner die Lebenssymbole der Bäume und des Frühlings mit dem Element des Traumhaften assoziiert.[28] Ohne jede Symbolisierung und in einem gedrängten Stil findet sich das Motiv der Befreiung vom Leiden bei Rückert:

> Schlimmer als ein Kranker seyn,
> Ist es einen haben,
> Dem man heilend anthut Pein,
> Quält ihn statt zu laben,
> Sieht vergehn wie hohlen Schein
> Jugendhimmelsgaben,
> Und ist froh nur das Gebein
> Endlich zu begraben.
> So mit meinem Mägdelein
> War es, und nun soll es seyn
> So mit meinem Knaben.[29]

Der „ungerechte" Tod bzw. der ewige Schlaf infolge einer Krankheit oder eines Unglücks ist im 19. Jahrhundert das am weitesten verbreitete Motiv des Themas. Nicht zuletzt findet es sich in Rückerts *Kindertodtenliedern*, wo der Schmerz über den Kindstod aufgrund einer Virusinfektion die Form einer Verwünschung dem „Schicksal" gegenüber annimmt:

> Schmeichelndste der Lügnerinnen,
> Hoffnung,
> Laß die Täuschung nicht zerrinnen,
> Hoffnung![30]

---

28 Bei Rückert ist der „Traum" mit dem „Paradiesesbaum" assoziiert: „Niemals anders sah ich dich erwachen / Als mit einem heitern Lachen, / Gleich als ob vom Paradiesesbaume / Blüten du gepflückt im Traume. // Und so hoff ich, daß mit heiterm Lachen / Du auch jetzo wirst erwachen / Droben von des Lebens kurzem Traume / Unterm Paradiesesbaume."; Friedrich Rückert, Kindertodtenlieder und andere Texte des Jahres 1834. Bearbeitet von Hans Wollschläger und Rudolf Kreutner. Göttingen 2007 (Schweinfurter Edition), S. 95.

29 Ebd., S. 105. Der heiteren Vision eines Todes als Ende aller irdischen Schmerzen stellen sich Theodor Storms Tränen über den Tod der kleinen Spielgefährtin Lucie entgegen. „Die Sonne schien; ich lief ins Feld hinaus / Und weinte laut; dann kam ich still nach Haus. / Wohl zwanzig Jahr und drüber sind vergangen – / An wieviel anderm hat mein Herz gehangen! // Was hab ich heute denn nach dir gebangt? / Bist du mir nah und hast noch mir verlangt? / Willst du, wie einst nach unsern Kinderspielen, / Mein Knabenhaupt an deinem Herzen fühlen?"; Theodor Storm: Lucie. In: ders.: Sämtliche Werke. Bd. 1: Gedichte und Novellen 1848-1867. Hg. von Dieter Lohmeier. Frankfurt/M. 1987 (Bibliothek deutscher Klassiker, 19), S. 30.

30 „Wollt es nur nicht eingestehn, / Weil vor dir ich bebte, / Schicksal, das du neidisch bist / Allem Überschwange. / Nun das Unglück ist geschehn, / Und die

Rückert beklagt in seinen Gedichten nie den unbarmherzigen Willen Gottes. Auch Victor Hugo muss angesichts des Todes seiner Tochter Léopoldine durch Ertrinken die Grenzen des menschlichen Verstands und die unbedingte Unerkennbarkeit der göttlichen Willkür eingestehen und ertragen,[31] was dem Gläubigen in der Hoffnung auf ein ewiges Lebens Trost spenden kann.

> Je viens à vous, Seigneur ! confessant que vous êtes
> Bon, clément, indulgent et doux, ô Dieu vivant!
> Je conviens que vous seul savez ce que vous faites,
> Et que l'homme n'est rien qu'un jonc qui tremble au vent;
>
> Je dis que le tombeau qui sur les morts se ferme
> Ouvre le firmament;
> Et que ce qu'ici-bas nous prenons pour le terme
> Est le commencement;
>
> Je conviens à genoux que vous seul, père auguste,
> Possédez l'infini, le réel, l'absolu;
> Je conviens qu'il est bon, je conviens qu'il est juste
> Que mon cœur ait saigné, puisque Dieu l'a voulu![32]

Der Glaube an und der Gehorsam gegenüber Gott, die sich bei Rückert auch in den Glauben an die Poesie und die Erinnerung verwandeln („Erwach, o Licht des Gesanges / o Licht der Erinnerung" – so beginnt der Zyklus der *Kindertodtenlieder*),[33] können die Trauer eines christlichen Geistes besänftigen. Hugos Verse stellen in Wirklichkeit keine Trauerverarbeitung dar; der Dichter hat sich mit der Unabwendbarkeit des Gotteswillens schon melancholisch abgefunden und sein dichterischer Gesang ist eher ein bekenntnishaftes Gebet, das nicht anders als bei Friedrich Rückert eine gnoseologisch-dialektische Valenz annimmt. Im Bekenntnis ist Hugo auf der Suche nach einer Ich-Findung in der Welt

---

Zierd' entschwebte, / Nicht mehr deine Hinterlist / Fürcht' ich nun, o Schlange."; Friedrich Rückert, Kindertodtenlieder (Anm. 28) S. 106.

31 „Nous ne voyons jamais qu'un seul côté des choses; / L'autre plonge en la nuit d'un mystère effrayant. / L'homme subit le joug sans connaître les causes. / Tout ce qu'il voit est court, inutile et fuyant."; Victor Hugo: A Villequier, 1847. In: ders.: Les Contemplations. In: Œuvres Poètiques. Hg. von Pierre Albouy. Paris 1967, S. 659.

32 Ebd.

33 Vgl. z.B. die Lieder *Ein leichenbalsamirender Aegypter* oder *In Gesichten und Gedichten*. Um das Trauererlebnis des Dichters zu bezeichnen, spricht Jens Malte Fischer von einer „für Rückert typischen Mischung aus Betroffenheit und Redseligkeit"; Jens Malte Fischer: Das klagende Lied von der Erde. Zu Gustav Mahlers Liedern und ihren Texten. In: LiLi. Zeitschrift für Literaturwissenschaft und Linguistik 9 (1979), S. 55-69, hier S. 63.

der Historie und in einer Natur, die sich grausam zeigt. Das Gebet charakterisiert auch das literarische Bild der kleinen Cecilia in Alessandro Manzonis *Promessi Sposi*:[34]

> Über die Schwelle eines dieser Eingänge schritt eine Frau und kam auf das Geleit gerade zu; [...] Sie hielt in ihren Armen ein todtes, vielleicht neun Jahre altes Mädchen, sorgfältig angekleidet, das Haar auf der Stirn gescheitelt, in einem weißen Kleide, als ob es diese ihre Hände zu einem seit langer Zeit schon versprochenen und ihm zur Belohnung gegebenen Feste geschmückt hätten. [...] Ein häßlicher Monatto ging auf sie zu, um ihr das Kind aus den Armen zu nehmen, jedoch mit einer Art ungewohnter Ehrfurcht, mit einem unwillkürlichen Zögern. Sie aber trat zurück, ohne Unwillen noch Verachtung zu zeigen. „Nein!" sagte sie, „rührt sie mir jetzt nicht an; ich muß sie auf den Karren legen; nehmt!" Mit diesen Worten that sie eine Hand auf, zeigte eine Börse und ließ sie in die ihr entgegengestreckte Hand des Monatto gleiten. Dann fuhr sie fort: „Versprecht mir, nicht einen Faden von ihr zu nehmen, noch zuzulassen, daß andere es zu thun wagen und sie so wie sie ist in die Erde zu legen." [...] „O Herr!", rief Renzo aus, „erhöre sie! nimm sie zu dir, sie und die arme Kleine, sie haben genug gelitten! sie haben genug gelitten!"[35]

Auf einer der berührendsten Seiten der italienischen Literatur beschreibt der Erzähler die Tragödie der Pest im Mailänder *lazzaretto*. Renzo fällt die Würde im Leiden der jungen Mutter auf, die nicht nur die kleine Cecilia verloren hat, sondern sich auch von ihrer kleineren Tochter bald verabschieden muss. Angesichts des Todes ihrer Kinder und der Gewalt der Seuche und nicht zuletzt im Bewusstsein ihrer Ohnmacht angesichts der historischen Ereignisse bleibt der Mutter nichts anders übrig, als mit ihren Töchtern zusammen zu sterben.[36] Renzos Gebet drückt Manzonis Glauben an die *divina provvidenza* aus. „Wenn sich über mannigfaltige

---

[34] Alessandro Manzoni bekam von Enrichetta Blondel zehn Kinder. Am 5. September 1811 aber starb gleich nach der Geburt die Zweitgeborene Luigia Maria Vittoria. Für das Grab seiner Tochter verfasste Manzoni ein lateinisches Epitaph.

[35] Alessandro Manzoni: Die Verlobten. Hg. von Ernst Wiegand Junker. München 1988, S. 810-812; ders.: Opere. Hg. von Riccardo Bacchielli. Mailand, Neapel 1953, S. 895f.

[36] Das Thema des vorzeitigen Todes eines Kindes und dasjenige der liebenden Frau/Großen Mutter verbinden sich bei vielen Autoren wie z.B. William Wordsworth, Giovanni Pascoli und vor allem Rainer Maria Rilke (vgl. *Duineser Elegien*). Auch Adelbert von Chamisso schließt das Gedicht *Die Mutter und das Kind* mit der Wiederbegegnung im Jenseits: „Komm lieber doch hinunter / Und lege dich zu mir; / Da magst du leise kosen / Mit deinem Kindelein, / Du liegst auf weichen Rosen / Und schläfst so ruhig ein. – // Sie hat aus süßem Munde / Die Warnung wohl gehört, / Sie hat von dieser Stunde / Zu weinen aufgehört. / Wohl bleichten ihre Wangen, / Doch blieb ihr Auge klar; / Sie ist hinabgegangen, / Wo schon ihr Liebling war."; Adelbert von Chamisso: Gedichte. Leipzig 1905, S. 35.

Vorkommenheiten der Zeit die Menschen entzweyen, so vereinigt Religion und Poesie auf ihrem ernsten tiefern Grunde die sämmtliche Welt",[37] ließ Goethe sich über die *Inni Sacri* Manzonis vernehmen. 1833 aber verfasste der Dichter seine dem Gedächtnis der verstorbenen Frau gewidmete Hymne *Natale 1833*, in der in einem goethisch-prometheischen Ton ein unerbittlicher Jesus der Trauer seiner Mutter beschuldigt wird.

> Ma tu pur nasci a piangere,
> Ma da quel cor ferito
> Sorgerà pure un gemito,
> Un prego inesaudito:
> E questa tua fra gli uomini
> Unicamente amata,
> Nel guardo tuo beata,
> Ebra del tuo respir,
>
> Vezzi or ti fa; ti supplica
> Suo pargolo, suo Dio,
> Ti stringe al cor, che attonito
> Va ripetendo: è mio!
> Un dì con altro palpito,
> Un dì con altra fronte,
> Ti seguirà sul monte.
> E ti vedrà morir.
>
> Onnipotente....[38]

Victor Hugo selbst hatte Gott in seinem „lyrischen Gebet" *A Villequier* daran erinnert, dass ein am Kindsverlust leidender Vater „zweifeln", „blasphémer", „accuser" und „maudire" könne. In Manzonis Versen herrscht die *pietas* für die Mutter vor, wobei die Jungfrau Maria nicht so sehr in ihrem Leiden als eher in der Besitznahme ihres Sohnes humanisiert wird. Keine himmlische Berufung oder christliche Resignation kann Marias Leiden lindern. Für die Jungfrau Maria ist laut Victor Hugo das Kind ein „autre soi-même" und „la seule joie ici-bas qui persiste / De tout ce qu'on rêva".[39] Annette von Droste-Hülshoff stellt eine lyrisch-dramatische Szene im Gedicht *Die junge Mutter* dar, in der einer wahnsinnigen Mutter das Sterben ihres „Knaben" verschwiegen wird:

---

[37] Johann Wolfgang Goethe: Theilnahme Goethes an Manzoni. In: Alessandro Manzoni: Opere poetiche. Jena 1827, S. 229-240. Wiederabdruck in: Johann Wolfgang Goethe: Sämtliche Werke. Briefe, Tagebücher und Gespräche. Abt. 1. Bd. 22: Ästhetische Schriften 1824-1832: Über Kunst und Altertum V-VI. Hg. von Anne Bohnenkamp. Frankfurt/M. 1999 (Bibliothek deutscher Klassiker, 160), S. 781-811, hier S. 782.
[38] Alessandro Manzoni: Natale 1833. In: ders., Opere (Anm. 37) S. 78f.
[39] Victor Hugo: A Villequier. In: ders.: Œuvres Poètiques (Anm. 31) S. 662.

„Du duftest Weihrauch, Mann. " – „Ich war im Dom;
Schlaf, Kind"; und wieder gleitet er von dannen.
Sie aber näht, und liebliches Phantom
Spielt um ihr Aug' von Auen, Blumen, Tannen. –
Ach, wenn du wieder siehst die grüne Au,
Siehst über einem kleinen Hügel schwanken
Den Tannenzweig und Blumen drüber ranken,
Dann tröste Gott dich, arme junge Frau![40]

Die Folie wird durch das Vorgefühl des Verlusts selbst hervorgerufen. Das intime Nest des Hauses wird von Geistern heimgesucht (vgl. Rückerts Gedicht *Unglückselige Wohnung*), und die heilbringende Symbolik der immergrünen Tanne, ein Bild für Langlebigkeit und Hoffnung bei den alten Griechen und nicht zuletzt ein ikonischer Verweis auf Christi Auferstehung, verfärbt sich in der Halluzination der irren Mutter. In der englischen Literatur hebt sich die Trauer und der Schmerzensschrei von Elizabeth Barrett Browning im Versepos *Isobel's Child* (1838) hervor:

Oh, take not, Lord, my babe away!
Oh, take not to thy songful heaven
The pretty baby thou hast given,
Or ere that I have seen him play
Around his father's knees and known
That he knew how my love has gone
From all the world to him.[41]

Die Trauer der Nährmutter, einer Projektionsfigur der Dichterin, ist Weissagung der künftigen Schmerzen der Autorin selbst, die erst im vorgerückten Alter Robert Browning kennen lernte und heiraten konnte und danach vier Kinder verlieren sollte. Die Verzweiflung der Mutter wird durch den Verlust eines „Gewinns" motiviert, ein Motiv, das auch in Rückerts *Kindertodtenliedern* des Öfteren wiederkehrt.[42] Elizabeth Brownings untröstliche Trauer äußert sich in denselben literarischen Bildern wie in Eichendorffs Gedichtzyklus:

---

[40] Annette von Droste-Hülshoff: Die junge Mutter. In: dies.: Sämtliche Werke. Bd. 1: Gedichte. Hg. von Bodo Plachta und Winfried Woesler. Frankfurt/M. 1994 (Bibliothek deutscher Klassiker, 103), S. 136f.; vgl. dazu: dies.: Die Mutter am Grabe. In: dies.: Werke. Historisch-kritische Ausgabe. Bd. II/1. Hg. von Bernd Kortländer. Tübingen 1994, S. 39.

[41] Elizabeth Browning: Isobel's Child. In: dies.: Works. Bd. 1. Hg. von Marjorie Stone und Beverly Taylor. London 2010, S. 267-288.

[42] „Wie tröstlich ist die Nacht, die uns umschwimmt! / Hätt' ich gewußt dem Tode dich bestimmt, / Nie wär' ich worden deines Lebens froh. / Das Leben glaubt' ich ewig dir verliehn, / Und hielt für möglich, daß es könnt' entfliehn, / Nicht ehr als bis ich sah daß es entfloh."; Rückert, Kindertodtenlieder (Anm. 28) S. 99.

Wir sitzen einsam drinnen
Und lauschen oft hinaus.
Es ist, als müßtest leise
Du klopfen an die Tür,
Du hätt'st dich nur verirret
Und käm'st nun müd' zurück.
Wir armen, armen Toren!
Wir irren ja im Graus
Des Dunkels noch verloren [...][43]

Das Motiv der Torheit, das bei Eichendorff in „irren Liedern" poetisch bzw. poetologisch zum Ausdruck kommt,[44] erinnert zweifellos an Lenz' Nervenbruch beim Tod seiner Friederike in Georg Büchners gleichnamiger Erzählung. Das Unvermögen, das Kind auferstehen zu lassen, führt zum Wahnsinn: Der romantische Glauben an die Unsterblichkeit des Kindes/Opfers um des lyrischen Wortes willens war nämlich für Lenz/Büchner schon dahingeschwunden. Joseph von Eichendorff musste darüber hinaus das Kindersterben, das unerbittliche Emblem für die Vergänglichkeit des Daseins, mit dem Verlust der idealisierten Kindheit-Präexistenz verbinden: Die *memoria* konnte nicht mehr bis zur goldenen Vorzeit, sondern nur zur verlorenen „schöne[n], alte[n] Zeit", der Zeit der Geschichte, zurückgehen. Der englische Dichter Brooke Boothby, der seiner 1791 gestorbenen Tochter Penelope den Sonettenzyklus *Sorrows. Sacred to the Memory of Penelope* (1796) widmete, konnte den Verlust seines Kindes nie überwinden:

Her faded form now glides before my view;
her plaintive voice now floats upon the gale.
The hope how vain, that time should bring relief!
Time does but deeper root a real grief.

---

[43] Browning, Isobel's Child (Anm. 41), S. 270.

[44] In seinem Gedicht „Das ist's, was mich ganz verstöret" behauptet Eichendorff: „Daß ich wie im Wahnsinn sprechen / Nun in irren Liedern muß." In: ders., Werke (Anm. 25), S. 274. „Angesichts des Sterbens des geliebten Kindes ist ein Bruch im poetischen Verweissystem des Dichtes zu konstatieren, metaphysische und poetische Fixpunkte sind ins Wanken geraten. Die dichterische Kraft wird erlebt, wie sie zu versagen droht angesichts des Kindertodes, wie sie fast verstummt oder nur noch ,irre Lieder' hervorzubringen glaubt."; Hans-Ulrich Wagner: Klage, Trost und irre Lieder. Zur Poetik der Kindertotendichtung bei Friedrich Rückert und Joseph von Eichendorff. In: Rainer Uhrig (Hg.): Gestörte Idylle. Vergleichende Interpretationen zur Lyrik Friedrich Rückerts. Würzburg 1995, S. 19-39, hier S. 35.

Why died I not before that fatal morn,
That thunder'd in mine ears, „Thy Child is gone;
Thy Joys are fled to Heaven; thy hope is done;
And thy few days to come are all forlorn!"[45]

Anders als Rückert, der in einem metaphysisch-poetischen Wort die Kraft fand, den Kindsverlust zu sublimieren und zur Erkenntnis des Lebensursprungs zu gelangen,[46] verwendete der Neoklassiker Boothby die bildenden Künste, um den Tod zu ästhetisieren. Das poetische Wort reichte ihm nicht. Der Sarkophag für Penelope wurde vom neoklassizistischen Bildhauer Thomas Banks (in St. Oswald's Church, Ashbourne, Derbyshire) ausgeführt, und der Maler Johann Heinrich Füssli stellte die *Apotheosis of Penelope Boothby* im Jahre 1792 dar. Hoffnung oder Trost finden keinen Platz in Boothbys Versen, und die romantische Metaphorisierung des Kindstods zum poetisch-ästhetischen Dämon kann sich im Leiden des Vaters und wegen der Identität des Kindes nicht verwirklichen.

Das Unvermögen, den Kindstod darzustellen, eignet auch Charles Dickens; seine Kinderfiguren beziehen sich nicht auf den eigenen Nachwuchs, sondern sind literarische Symbolisierungen mit evident sozialkritischer Bedeutung und Funktion. Der Tod der kleinen Nell in *The Old Curiosity Shop* ist z.B. nur angespielt und der Illustrator George Cattermole (1800-1868) zeichnete Nells Sterbebettszene mit dem Titel *At Rest* – ein schlafendes Kind, das von Engeln zum Himmel erhoben wird. Die Schilderung der Todesszene war in der englischen Tradition den bildenden Künsten vorbehalten, wie es bei Boothby der Fall war. Die sozialkritische Einstellung verschiedener englischer Dichter verlieh ihren Kinderfiguren eine Stimme. Angesichts der Kinderausbeutung im England der industriellen Revolution geriet Elizabeth Barret Browning in eine spirituelle und religiöse Krise und verfasste das Gedicht *The Cry of the Children* (1843):

„True", say the young children, „it may happen
That we die before our time.
Little Alice died last year – – – the grave is shapen
Like a snowball, in the rime.

---

[45] Brooke Boothby: Sorrows. Sacred to the Memory of Penelope (1796). London 1900, S. 11 und 68. Hier zitiert Sonett 13 und 2.

[46] In Hinsicht auf das Gedicht *Du bist ein Schatten am Tage* kommentiert Werner Weber: „Rückert hat für sich die Identitätslehre ‚Denken gleich Wirklichkeit' geweitet zur Überzeugung, daß die dichterische Sprache nicht nur etwas Wirkliches, sondern den Ursprung selbst wieder herstelle – der ‚Bericht' des abgeschiedenen Wesens und die Klage des im Leben Stehenden [...]. Wörter einer Eingebung sind zu Wörtern des Wissens geworden."; Werner Weber: Schatten am Tage. Rückert: ein „Kindertotenlied". In: ders.: Forderungen. Bemerkungen und Aufsätze zur Literatur. Zürich, Stuttgart 1970, S. 138-141, hier S. 141.

We looked into the pit prepared to take her – – –
Was no room for any work in the close clay:
From the sleep wherein she lieth none will wake her
Crying, ‚Get up, little Alice! it is day.‘
If you listen by that grave, in sun and shower,
With your ear down, little Alice never cries! – – –
Could we see her face, be sure we should not know her,
For the smile has time for growing in her eyes – – –
And merry go her moments, lulled and stilled in
The shroud, by the kirk-chime!
It is good when it happens“, say the children,
„That we die before our time.“[47]

Das Gedächtnis, das sich mit dem sozialkritischen Bewusstsein verbindet, verwandelt das Bekenntnis der Kinder, das wie ein chorisches Todeslied klingt, zu einem Denkbild des Kindstods in anti-romantischer Entmythisierung und moderner Historisierung.

Der Kindsverlust repräsentiert das höchst Pathetische im Denken der abendländischen Kultur, d.h. das, was zwischen Leben und Tod, zwischen den metaphysischen Polaritäten des Seins und Scheins, des Himmels und der Erde, unbestimmt und unerkennbar bleibt. Ein solches ‚Dazwischen‘ generiert bei den Dichtern des 19. Jahrhunderts gegenläufige Reaktionen. Dem *furor poeticus* eines Rückert steht die Wort-Skepsis anderer Autoren gegenüber. Ralph Waldo Emerson verliert seinen fünfjährigen Sohn Waldo und widmet ihm das Versepos *Threnody* (1846). In seinem Tagebuch behauptet der Dichter und Philosoph hinsichtlich des Todes seines Sohns, dass er „in diesem Ereignis nichts anderes als die Bitternis verstehen“ kann. Das Sterben des Kindes, das nicht nur zur Familie, sondern auch zur Zukunft der Gesellschaft gehört, „lässt die Musen aus der Welt verschwinden und führt zum Schweigen“.[48] Aber in *Threnody* bleibt noch Platz für die Reflexion und die Erinnerung:

Nature who lost him, cannot remake him;
Fate let him fall, Fate can’t retake him;
Nature, Fate, men, him seek in vain.
[…]
O child of Paradise!
Boy who made dear his father’s home
In whose deep eyes
Men read the welfare of the times to come;
I am too much bereft;

---

47 Elizabeth Browning: The Cry of the Children. In: dies., Works (Anm. 41) S. 440.
48 Gillian Avery (Hg.): Representations of Childhood Death. London 2000, S. 4f.

The world dishonored thou hat left;
O truths and natures costly lie;
O trusted, broken prophecy!
O richest fortune sourly crossed;
Born for the future, to the future lost![49]

Die verweigerte Reife der Frucht, die von dem im Chiasmus zwischen „Geburt" und „Verlust" enthaltenen Wort „Zukunft" symbolisch dargestellt wird, ist ein Paradoxon für den Philosophen, der im frühverstorbenen Kind die Negation des aristotelischen Kindheitskonzepts („trusted, broken prophecy") erkennt. Kindheit war für Emerson die Zeit, in welcher der Mensch apollinische Schönheit beobachten, besitzen und gleichzeitig ausstrahlen bzw. verschenken kann. Damals „pursued joyful eyes, [...] like meteors, their way, / And rived the dark with private ray".[50] Die Verwendung des Präteritums weist darauf hin, dass Kindheit hier keine platonische Idee mehr ist. Sie ist eng mit der Identität des verstorbenen Waldo verknüpft und deswegen ist sie für keine Ritualisierung empfänglich.

The lost, the lost he cannot restore,
And, looking over the hills, I mourn
The darling who shall not return.[51]

Die romantische Kultur konnte das Kindersterben ästhetisieren, indem das zu Gott zurückgerufene Kind als fiktiver Archetypus bzw. Identifikationsfigur des auserwählten naiven Dichters einem modernen Ganymed gleich anzusehen war. „Rückert glaubte noch", schreibt Walter Schmitz, „durch die Form werde die Welt gleichsam neu geschaffen und verwandelt; seine Universalpoesie ‚in allen Zungen' und Formen erprobt dieses romantische Programm an schier unendlichem empirischem Stoff."[52] Die Form des Klassizismus stellte für Giosuè Carducci in seiner Trauer wegen des Verlusts des dreijährigen Sohns Dante (1870) selbst ein *temenos* dar. Leiden und Altertumskult versöhnen sich im Klagegedicht *Pianto Antico*.

---

[49] Ralph Waldo Emerson: Threnody. In: ders.: The Collected Works. Bd. 9. Hg. von Albert J. von Frank und Thomas Wortham. Cambridge, London 2011, S. 294f.

[50] Ders.: The Poet. In: Ebd. S. 664.

[51] Ders.: Threnody. In: Ebd., S. 290.

[52] Walter Schmitz: Friedrich Rückert und einige seiner Zeitgenossen. In: Friedrich Rückert: Gedichte. Stuttgart 1988 (Reclams Universal-Bibliothek, 3672), S. 308-327, hier S. 310.

L'albero a cui tendevi
La pargoletta mano,
Il verde melograno
Da' bei vermigli fiori

Nel muto orto solingo
Rinverdì tutto or ora,
E giugno lo ristora
Di luce e di calor.

Tu fior de la mia pianta
Percossa e inaridita,
Tu de l'inutil vita
Estremo unico fior,

Sei ne la terra fredda,
Sei ne la terra negra;
Né il sol piú ti rallegra
Né ti risveglia amor.[53]

Mit rhetorisch-thematischen Bezügen auf Horaz, Vergil, Dante und Leopardi beklagt Carducci das Ende des Lebens ohne jede Hoffnung auf ein Jenseits. Der Granatbaum erinnert evident an Niobes Tragödie. Der Atheist Carducci projizierte sein eigenes Weltlebensglück auf den Sohn: „Um dieses Kind hatte ich all meine Freuden und Hoffnungen, meine Zukunft umschlungen: All das, was Gutes in meiner Seele noch war, hatte ich in dieses Köpfchen gesetzt."[54] Sein Sohn Dante stellte für Carducci die höchste Freude, Hoffnung auf eine platonische Immortalität durch die Blüte des eigenen Blutes, aber gleichzeitig auch eine Herausforderung dar: Unter dem Namen Dante verbarg sich die Last der Tradition des Alighieri, dessen katholisch-theologischen Ansatz Carducci nicht hochschätzte. „Odio il tuo santo impero", schreibt Carducci im Gedicht *Dante*. Der kleine Dante, der immer den blasphemischen

---

53 Giosuè Carducci: Pianto Antico. In: ders.: Rime Nuove. Opere Scelte. Hg. von Mario Saccenti. Turin 1993, S. 492f. Deutsche Version aus: ders.: Gedichte. Übersetzt von Bettina Jacobson. Zürich 1969, S. 492 (Alte Tränen // Der grünende Granatbaum, / Nach dem dein Händchen langte, / Wenn er in Blüten prangte, / In roter Blüten Schein; // Er steht im stummen Garten / Nun auch im grünen Schimmer, / Den Licht und Wärme immer / Im Juni ihm erneun. // Du Blüte meines Baumes, / Verdorrt und sturmzerschlagen, / Den nutzlos öden Tagen / Noch Zierde du allein: // Du liegst in kalter Erde, / Die schwarze Erde deckt dich, / Doch keine Liebe weckt dich, / Dich wärmt kein Sonnenschein.)

54 Ders.: A Giuseppe Chiarini, 14 novembre 1870. In: ders.: Edizione nazionale delle Lettere Bd. 6. Mailand 1935, S. 250-254. Dieselben Worte verwendet Carducci im Brief vom 10. November an den Bruder Valfredo. Deutsche Übersetzung von D. F.

Spruch „Salute, o Satana, o ribellione" wiederholte[55], wurde zu einem existentiellen und ästhetischen Prinzip für den aufrührerischen Dichter der *Odi Barbare* und *Inno a Satana*. Aber die Trauer ist auch bei dem Klassiker rührend: Am Grab des Bruders Valfredo, der sich 1853 selbst getötet hatte, beschwört Carducci den alten christlichen Glauben herauf, wonach die Toten im Paradies einander wiederbegegnen können.

> Non hai tra l'erbe del sepolcro udita
> Pur ora una gentil voce di pianto?
>
> È il fanciullo mio, che a la romita
> Tua porta batte: ei che nel grande e santo
> Nome te rinnovava, anch'ei la vita
> Fugge, o fratel, che a te fu amara tanto.[56]

Für den Antikisten Carducci war das Totenleben kein Leben mehr. Anders als Hugo, Eichendorff oder Rückert teilte er die nihilistische Jenseitsvision Homers: „Im Hades gibt es keinen Schatten. Niemand kann zu den Lebenden zurück. Die Welt dagegen gehört den Lebenden, denn nur dort gibt es Leben: Schmerzen, Leiden, kleine Freuden, Glück, Tränen der Sehnsucht und Wut. Und den Tod. Andere Perspektiven existieren für Homer nicht. Es gibt nur Niobe und deren Granatapfelbaum, einen Granatapfelbaum, der nicht im Schatten wächst, sondern in der Sonne."[57] Der Kindsverlust bedeutete für Carducci die Negation seines Vitalismus: ein Leben, das nicht zufällig in *Alte Tränen* als „inutil" (‚nutzlos') und in *funere mersit acerbo* als „amara" (‚schmerzlich') beschrieben wird. Carduccis Erfahrung des Kindstods ist nicht verschieden von derjenigen des Aeneas, der im sechsten Buch der *Aeneis* in seiner Katabasis zum Hades das Weinen der toten Kinder hört: „Abstulit atra dies et funere mersit acerbo" (*Aeneis* VI, 429). Anders als Rückert kann Carducci das Leben des kleinen Dante nicht „fortdichten", und anders als bei Rückert ist für Carducci eine Identifikation des Vaters mit dem Dichter nicht möglich.[58] Keine Spur „[v]on süßem Leid und

---

55 Ebd.

56 Ders.: Funere mersit acerbo. In: ders., Opere scelte (Anm. 53) S. 428f.

57 Matteo Nucci: Le lacrime degli eroi. Turin 2013, S. 174: „Nell'Ade non c'è ombra. Nessuno può tornare tra i vivi. E il mondo è invece quello dei vivi perché soltanto lì c'è la vita: sofferenze, patimenti, piccole gioie, felicità, lacrime di nostalgia e di rabbia. E la morte. Altre prospettive per Omero non esistono. C'è soltanto Niobe e il suo melograno, un melograno che non cresce all'ombra ma sotto il sole."

58 Vgl. Rückerts Terzinen aus dem Gedicht „Sie haben ganz, o Kind, um das wir trauern": „Dein Vater aber, der sich nennt ein Dichter, / Er möchte dich, und dauerhafter, krönen; / Sein ganzes Leid für dich in Kränze flicht er. // O bliebe

Wohlbehagen" hat Dantes Tod im Herzen des Dichters hinterlassen[59], keine „Teleologie des Trostes"[60] konnte Carducci für und durch seine Lyrik konzipieren. Erst recht gibt es bei Carducci keine melancholische Versöhnung des leidenden Geistes mit dem Erhabenen der Natur, das idealistisch-pantheistische Symbol für Gottes Barmherzigkeit, wie in Hugos *A Villequier*, oder das Risiko, vor Schmerz verrückt zu werden, wie wir es aus den „irren Liedern" von Eichendorff kennen. Carduccis Trauer kommt zwar gemäß den strengen Regeln der klassizistischen Konventionalität zu einem stilisierten Ausdruck, aber sie bleibt immer echte, unüberwindbare und ehrliche Trauer, die vom poetischen Verfahren nicht gemildert werden kann.

Reine Trauer und Verzweiflung, die nichts anderem Platz lassen, sind die Gefühle auch des türkischen Dichters Recaizade Mahmud Ekrem (1847-1914), der in den 1890er Jahren ein Klagelied auf den Tod seines sechzehnjährigen Sohnes schrieb:

AH NİJAD

Hasret beni cayır cayır yakarken
Bedenimde buzdan bir el yürüyor.
Hayalin çılgın çılgın bakarken
Kapanası gözümü kan bürüyor.

Dağda kırda rast getirsem bir dere
Gözyaşlarımı akıtarak çağlarım.
Yollardaki ufak ufak izlere
Yenin sanıp bakar bakar ağlarım.

Güneş güler, kuşlar uçar havada
Uyanırlar nazlı nazlı çiçekler...
Yalnız mısın o karanlık yuvada?
Yok mu seni bir kayırır bir bekler?...

Can isterken hasret oduyla yansın
Varlık beni álil álil sürüyor
Bu kayguya yürek nasıl dayansın?
Bedenciğin topraklarda çürüyor!

---

nur ein Ton von diesen Tönen / Durch Göttergunst entzogen dem Vernichter, / Ein ew'ges Denkmal früh verblichnem Schönen!"; ders., Kindertodtenlieder (Anm. 28) S. 37. Vgl. dazu auch: „Sagt mir nur und laßt mich fühlen"; ebd. S. 194.

[59] Ders.: Ihr habt nicht umsonst gelebt. In: Ebd., S. 40.

[60] Eva Horn: Trauer schreiben – Die Toten im Text der Goethezeit. München 1998 (Theorie und Geschichte der Literatur und der Schönen Künste, 95), S. 205.

Bu ayrılık bana yaman geldi pek,
Ruhum hasta, kırık kolum kanadım.
Ya gel bana, ya oraya beni çek
Gözüm nûru, oğulcuğum, Nijad'ım![61]

Als Anhänger der türkischen Kunstepoche („Tanzimat") war Ekrem von der europäischen, insbesondere der französischen romantischen Literatur beeinflusst. Die Recherche der poetischen Musikalität, die er der Lyrik Muallim Nacis (*Demdeme*) entgegensetzt, ist eine Charakteristik – der „Reim für das Ohr" – von Ekrems Kunst für die Kunst („sanat için sanat"), die im oben zitierten Gedicht aber die Trauer und den Schmerzensschrei nicht filtern kann. Wie schon erwähnt, ist die Identität des Kindes und die Sphäre des Privaten ein Hindernis zur Mythisierung des Kindstods und zur ästhetischen Kreation. Die Ritualität der Kinder- bzw. Jünger-Aufopferung, die in der mystischen Literatur der *baba* des Sufismus als ein wichtiger Schritt zur Annäherung an Gott gilt, hat für den trauernden Vater auf der Schwelle des 20. Jahrhunderts keine Bedeutung mehr: Der Besitz des Kindes unterhöhlt den Glauben an eine Teleologie der Trauer und drückt sich in der Gewalt des Gestus und des Wortes aus.

That there could be any gap in the unbroken procession of the joys and sorrows of life was a thing I had no idea of. I could therefore see nothing beyond, and this life I had accepted as all in all. When of a sudden death came and in a moment made a gaping rent in its smooth-seeming fabric, I was utterly bewildered. All around, the trees, the soil, the water, the sun, the moon, the stars, remained as immovably true as before; and yet the person who was as truly there, who, through a thousand points of contact with life, mind, and heart, was ever so much more true for me, had vanished in a moment like a dream. What perplexing self-contradiction it all seemed to me as I looked around! How was I ever to reconcile that which remained with that which had gone?[62]

---

[61] Recaizade Ekrem: Zemzeme. Istanbul 1881-1883. „Während er mir Sehnsucht lodernden / In meinem Körper eine Hand aus Eis gab. / Betrachtend eines irren irren Traums / den Schrank Blut mein Auge umklammert. // Wenn ich einen Bach in den Bergen auf dem Land träfe / würden meine gießenden Tränen rauschen. / Sehr kleine Spuren auf der Straße / würde ich suchend bewahren. // Lächelnde Sonne, Vögel fliegen in der Luft / Blumen erwachen zierlich affektiert... / Bist du allein in dieser Höhle in der Dunkelheit? / Ist niemand da, der Dich beschützt? ... // Das Feuer der Sehnsucht, die das Leben bestrebt, brennt / Die Existenz macht mich schwerkrank / Wie kann das Herz solche Angst ertragen? / In den Feldern Deines Körperchens ist Fäulnis! // Diese Trennung ist zu mir gekommen, so ungeheuerlich, / Meine Seele ist krank, mein gebrochener Arm blutet. / Komm zu mir, oder nimm mich dorthin / Licht meines Auges, mein Kindlein, mein Nijad!". Übersetzung von D. F.

[62] Rabindranath Tagore: The Recall. In: ders.: My Reminiscences. New York 1917, S. 261.

Der indische Dichter Rabindranath Tagore erinnert sich an seine ersten Betrachtungen und Gefühle angesichts des Todes und der Trauer. In seiner vedischen Spiritualität der Natur versöhnen sich Leben und Tod in einer göttlich-rettenden Theologie. Allerdings scheint ihm das Leiden um den Tod seiner beiden Kinder ein Unding zu sein. Seine Reaktion gegen den Naturgeist unterscheidet sich im Gedicht *The Recall* kaum von derjenigen Emersons oder Brownings.

The night was dark when she went away, and she slept.

The night is dark now, and I call for her,
„Come back, my darling; the world is asleep; and no one would know, if you came for a moment while stars are gazing at stars."

She went away when the trees were in bud and the spring was young.

Now the flowers are in high bloom and I call, „Come back, my darling. The children gather and scatter flowers in reckless sport. And if you come and take one little blossom no one will miss it."

Those that used to play are playing still, so spendthrift is life.

I listen to their chatter and call, „Come back, my darling, for mother's heart is full to the brim with love, and if you come to snatch only one little kiss from her no one will grudge it."

Die orientalischen Literaturen thematisieren den Verlust des Nachwuchses nicht anders als die westlichen. Das Leiden um den Kindstod konstituiert ein universelles Element in der Geschichte des menschlichen Geistes. Die Elternliebe und der damit verbundene Besitzsinn repräsentieren sozusagen Jung'sche Archetypen.

Der Versuch, den Kindstod nicht zu verstehen, sondern zu akzeptieren, ist Thema des Gedichts *Auf den Tod eines kleinen Kindes* von Hermann Hesse, der seinen Sohn Martin im Alter von drei Jahren in ein Pflegeheim geben musste:

Jetzt bist du schon gegangen, Kind,
Und hast vom Leben nichts erfahren,
Indes in unsern welken Jahren
Wir Alten noch gefangen sind.

Ein Atemzug, ein Augenspiel,
Der Erde Luft und Licht zu schmecken,
War dir genug und schon zuviel;
Du schliefest ein, nicht mehr zu wecken.

Vielleicht in diesem Hauch und Blick
Sind alle Spiele, alle Mienen
Des ganzen Lebens dir erschienen,
Erschrocken zogst du dich zurück.

Vielleicht wenn unsre Augen, Kind,
Einmal erlöschen, wird uns scheinen,
Sie hätten von der Erde, Kind,
Nicht mehr gesehen als die deinen.[63]

Hesses Einstellung gegenüber dem Kinderverlust geht schon in die Richtung einer für das 20. Jahrhundert charakteristischen Sensibilität. Kind und Tod konstituieren zwei höhere Entitäten, die sich der Welt der „Alten" entgegensetzen. Und der Dichter fragt sich nach der Fülle der Lebenswahrnehmung bei dem einem Hegel'schen „Embryo" vergleichbaren Kind.

Der Kindstod als literarisches Bild: neue Wege zur Mythisierung des Themas

Das amputierte Leben wird bei verschiedenen Autoren des 19. Jahrhunderts zum allegorischen Kunstmittel, um zu einer Ich-Findung bzw. Ich-Konstruktion zu gelangen. Die Konfrontation mit dem Tod, dem Nicht-Sein und Nicht-Wissen, und nicht zuletzt mit dem kulturellen Paradoxon des Kindstods ist nämlich eng mit dem Prozess der ethischen oder ästhetischen Subjektkonstruktion eines Jahrhunderts verbunden, das sich mit einem in Form von Industrialisierung, Massenopferungen und konservativer Restauration äußernden allmächtigen Zeitgeist auseinandersetzen musste. Der *bohèmien* Gottfried Keller suchte in seinem „poetischen Realismus" noch nach einer echt romantischen Naturkunst. Im Roman *Der grüne Heinrich* steht die Erzählung der kleinen Meretlein im Vordergrund. Meret, ein „Stein des Anstoßes",[64] ist eine „tellurische Mädchengestalt", die das kanonische Gebetsbuch ablehnt und „die thörichten und einfältigen Ammen- und Kindslieder"[65] singen mag. Meret fällt „den rigiden spiritualistisch-religiösen Normen, aber auch dem blanken rationalistisch-materialistischen Eigennutz [ihrer] Umwelt zum Opfer"[66] und wird von

---

63 Hermann Hesse: Die Gedichte. In: ders.: Werke. Hg. von Volker Michels. Bd. 10. Frankfurt/M. 2000, S. 312f.

64 Gottfried Keller: Der grüne Heinrich. Zweite Fassung. In: ders.: Sämtliche Werke. Bd. 3. Hg. von Peter Villwock. Frankfurt/M. 1996 (Bibliothek deutscher Klassiker, 133), S. 53f.

65 Ebd.

66 Thomas Plagwitz: Tellurische Mädchengestalten in Gottfried Kellers Romanen. Vom „Meretlein" im Grünen Heinrich zum Märchen im Martin Salander. In: Romey Sabalius (Hg.): Neue Perspektiven zur deutschsprachigen Literatur der Schweiz. Amsterdam, Atlanta 1997 (Amsterdamer Beiträge zur neueren Germanistik, 40), S. 74.

einem Pfarrer zu Tode erzogen. Die Figur, die sowohl die Naivität bzw. Natürlichkeit einer Mignon als auch die unheimliche und blasphemische Energie einer mittelalterlichen Hexe evoziert, wird am Ende zu einer Märtyrerin, nachdem sie bei der einem Scheintod nachfolgenden Grablegung wieder erwacht war, um sofort danach endgültig ums Leben zu kommen:

> Und wie im selbigen Moment die Sonne seltsam und stechend durch die Wolken gedrungen, so hat es in seinem gelblichen Brokat und mit dem glitzrigen Krönlein ausgesehen wie ein Feyen- oder Koboltskind. […] Das Mägdlein aber hat sich bald ermannt und ist über den Kirchhof davon und zum Dorf hinaus gesprungen, wie eine Katz, daß alle Leute voll Entsetzen heimgelaufen sind und ihre Thüren verriegelt haben. Zu selbiger Zeit […] ist eine große Schaar [sc. Schulkinder] dem Leichlein nachgelaufen und hat es verfolget […]. Es hat aber immer ein zwanzig Schritt Vorsprung gehabt und nicht eher Halt gemacht, als bis es auf dem Buchberg angekommen und leblos umgefallen ist, worauf die Kinder um dasselbe herumgekrabbelt und es vergeblich gestreichelt und caressiret haben.[67]

Zwar „[führt] das Verständnis der Meret als Genius der wahren Kunst und als Opfer der falschen ins Zentrum ihrer Bedeutung für den Künstlerroman als Ganzes",[68] aber Keller verwendet hier das Thema des Kindstods in sagenhafter bzw. (anti)legendärer Tonalität, um eine sozialkritische Position einzunehmen: Die Ikonizität der Beschreibung und der doppelte Verschriftungsakt – derjenige des Pfarrers und derjenige von Heinrich – sind Kunstmittel für die Offenbarung des Unvorstellbaren und Unvergesslichen, aus dem die Menschengeschichte besteht und das den Dichter (genauso wie seine Projektionsfigur Heinrich Lee) zum Erschreiben der *memoria* drängt.[69] Kellers Erzählung gehört noch zur Sphäre der Mythisierung des Motivs.

Der Kindstod, der für den abendländischen Logos etwas völlig Unnatürliches und Unerklärliches darstellt, wird im Jahrhundert des Historizismus als literarisches Bild und *artificium* verwendet, um die Auswirkungen des Zeitgeistes auf die „kleineren Menschen" zu zeigen und um darüber zu reflektieren. In seinem historischen Fresko *I Promessi Sposi* schafft Manzoni, wie schon erwähnt, eine weitere Szene um die Cecilia:

---

[67] Keller, Der grüne Heinrich (Anm. 64), S. 69f.
[68] Plagwitz, Tellurische Mädchengestalten (Anm. 66), S. 77.
[69] Vgl. Claus-Michael Ort: Zeichen und Zeit. Probleme des literarischen Realismus. Tübingen 1998 (Studien und Texte zur Sozialgeschichte der Literatur, 64), S. 49-67.

Über die Schwelle eines dieser Eingänge schritt eine Frau und kam auf das Geleit gerade zu; eine Frau, deren Aeußeres eine vorgerückte, aber noch nicht vorübergegangene Jugend ankündigte; es schien eine Schönheit, die durch ein großes Leiden und eine tödliche Ermattung verhüllt und verdunkelt, aber nicht zerstört war; die weiche und zugleich majestätische Schönheit, die in der lombardischen Abstammung glänzt. Ihr Gang war mühsam, aber nicht hinfällig; ihre Augen vergossen keine Thränen, aber sie trugen Spuren, viele vergossen zu haben; es lag in diesem Schmerze eine gewisse Ruhe und Tiefe, eine Seele verrathend, die sich seiner ganz bewußt war und ihn lebhaft fühlte. Aber es war nicht ihr Anblick allein, der unter so vielfachem Elend sie als so besonders bemitleidenswerth hinstellte und für sie das in den Herzen schon erloschene, abgestumpfte Gefühl neu belebte. Sie hielt in ihren Armen ein todtes, vielleicht neun Jahre altes Mädchen, sorgfältig angekleidet, das Haar auf der Stirn gescheitelt, in einem weißen Kleide, als ob es diese ihre Hände zu einem seit langer Zeit schon versprochenen und ihm zur Belohnung gegebenen Feste geschmückt hätten. Auch trug sie es nicht liegend, sondern aufgerichtet, auf den einen Arm gesetzt, mit der Brust an ihre Brust gelehnt, als ob es lebend wäre, nur daß ein weißes, wachsähnliches Händchen mit einer gewissen leblosen Schwere auf der einen Seite herabhing und der Kopf mit einer Erschlaffung stärker als der Schlaf auf der Schulter der Mutter ruhte, der Mutter – denn, wenn auch die Ähnlichkeit der Gesichter nicht dafür bürgte, so hätte es doch dasjenige von beiden deutlich genug ausgesprochen, welches noch eine Empfindung ausdrückte.

Ein häßlicher Monatto ging auf sie zu, um ihr das Kind aus den Armen zu nehmen, jedoch mit einer Art ungewohnter Ehrfurcht, mit einem unwillkürlichen Zögern. Sie aber trat zurück, ohne Unwillen noch Verachtung zu zeigen. „Nein!“ sagte sie, „rührt sie mir jetzt nicht an; ich muß sie auf den Karren legen; nehmt!“ Mit diesen Worten that sie eine Hand auf, zeigte eine Börse und ließ sie in die ihr entgegengestreckte Hand des Monatto gleiten. Dann fuhr sie fort: „Versprecht mir, nicht einen Faden von ihr zu nehmen, noch zuzulassen, daß andere es zu thun wagen und sie so wie sie ist in die Erde zu legen.“

Der Monatto legte die Hand auf die Brust; und ganz eilfertig und fast ehrerbietig, mehr durch die neue Empfindung, die ihn gleichsam beherrschte, als durch die unerwartete Belohnung, bemühte er sich auf dem Karren ein wenig Platz für die kleine Todte zu machen. Die Mutter gab dieser einen Kuß auf die Stirn, legte sie dahin wie in ein Bett, breitete ein weißes Tuch über sie und sprach die letzten Worte: „Lebe wohl, Cecilia! ruhe in Frieden! Heute Abend kommen auch wir, um immer beisammen zu bleiben. Bete indessen für uns; ich werde für dich und für die andern beten.“ Dann wandte sie sich wieder zu dem Monatto und sagte: „Wenn ihr gegen Abend wieder hier vorbei fahrt, so kommt herauf auch mich abzuholen und mich nicht allein.“

Nach diesen Worten trat sie wieder in das Haus und einen Augenblick später erschien sie am Fenster, ein anderes noch kleineres Mädchen auf dem Arm haltend, das lebte, aber mit den Anzeichen des Todes im Gesichte. Sie stand und betrachtete das so unwürdige Leichenbegängniß des ersten, so lange der Karren anhielt, so lange sie ihn sehen konnte; dann verschwand sie. Und was konnte sie Anderes thun, als die Einzige, die ihr blieb, auf das Bett zu legen und sich daneben, um zusammen zu sterben? Wie die schon üppig auf ihrem Stiele blühende Blume mit dem noch in der Knospe schlummernden Blümchen zugleich von der mähenden Sichel fällt, die alle Gräser der Wiese gleichmäßig abmäht. „O Herr!", rief Renzo aus, „erhöre sie! nimm sie zu dir, sie und die arme Kleine, sie haben genug gelitten! sie haben genug gelitten!"

Angesichts der Pest kann der Mensch nur beten und seine Würde durch den Glauben retten. Die mechanistische Kraft der Historie agiert ohne *pietas*, gleich einer satanischen Sichel, die blühenden Knospen das Leben verweigert. Aus Vergil klingt hier das Echo des Verses „purpureus veluti cum flos succisus aratro" (*Aeneis* IX, 435) nach. Das Zitat aus der Szene von Euralus' Tod erinnert zwar an ein traditionelles Bild – die vorzeitig und gewalttätig abgeschnittene Blüte –, aber noch mehr an Nisus' Reaktion, der sich auf den Leichnam des Freundes fallen lässt und sich dem Tod ergibt, und vor allem an Vergils metanarrativen Einschub in die Erzählung (*Aeneis* IX, 446-449):

> Fortunati ambo! Siquid mea carmina possunt,
> nulla dies umquam memori vos eximet aevo,
> dum domus Aeneae Capitoli immobile saxum
> accolet imperiumque pater Romanus habebit.[70]

Die klassisch verewigende und rühmende Funktion der Poesie wird im spätromantischen Realismus Manzonis durch das Vertrauen in Gott ersetzt. Das Gebet und die Wiedervereinigung der Geister im Jenseits sind der eindeutige Trost für den Katholiken Manzoni. Die Mutter, die anders als eine Ermengarda ihr Leiden ertragen kann, ohne in die Folie zu geraten (vgl. das Drama *Adelchi*, 1821), humanisiert und bringt durch ihre Würde und ihre Versprechung wieder Ordnung in das Chaos des Sterbens im *lazzaretto*. Ihre Entscheidung, dem Tod keinen Widerstand entgegenzusetzen, und ihre Anordnungen setzen die individualistische Kraft der Humanität und der Moral – das Können des Ichs – gegen die Brutalität der Historie durch.

Luisa, die Protagonistin von Antonio Fogazzaros Roman *Piccolo mondo antico* (1895), besitzt nicht dieselbe innere Kraft:

> „Guarda zio, questo piccolo petto, come l'abbiamo maltrattato, povero tesoro, come gli abbiamo fatto male con tanto strofinare. La tua mamma è stata, sai, Maria, la tua brutta mamma e quel cattivo dottore lì."

---

[70] „Glückliches Paar, wenn etwas nur meine Lieder vermögen, / löscht kein Tag euch jemals aus im Gedächtnis der Nachwelt, / nie solange Aeneas' Geschlecht, Kapitol, deinen festen / Felsen bewohnt und Herrschgewalt hat der römische Vater."; Vergil: Aeneis. Lateinisch-Deutsch. In Zusammenarbeit mit Maria Götte hg. und übersetzt von Johannes Götte. München [5]1980 (Tusculum-Bücherei), S. 382f.

„Basta!", disse il dottore risolutamente, posando il lume sulla scrivania. „Parli pure alla sua bambina, ma non a questa, a quella chè in Paradiso."

L'impressione fu terribile. Ogni tenerezza sparì dal viso di Luisa. Ella indietreggiò cupa, stringendosi la sua morta sul seno. „No!", stridette, „no, non in Paradiso! È mia! È mia! Dio è cattivo! No! Non gliela do!"[71]

Die kleine Tochter Maria, die mit dem ominösen Spitznamen „Ombretta" gerufen wird, ertrinkt im Luganersee, während Luisa und Franco um der Ideale des *Risorgimento* willen all ihre Aufmerksamkeit auf die Frage der Befreiung der Halbinsel von den österreichischen Eroberern richten. Vor dem Hintergrund der großen Geschichte Italiens taucht plötzlich die klassisch-tragische Katastrophe der Privatgeschichte auf – die „alte" (*antica*) Katastrophe des Kindsverlusts, wie Giosuè Carducci sie nannte. Luisa, eine archetypische Figur für die atheistische und politisch engagierte junge Generation des italienischen *Risorgimento*, glaubt nicht mehr an Gott. Frau Pasotti gegenüber bekennt sie: „Ich glaube nicht an Ihr Paradies. Mein Paradies ist hier!"[72] Die würdige Resignation und die klassisch-olympische Ruhe von Cecilias Mutter verwandeln sich zuerst in einen Schrei und Nietzsche'schen Fluch – „Gott ist grausam!" – und dann in eine Art tiefen Autismus. Luisas Verzweiflung ist unüberwindlich: Sie wird sich zum Spiritismus und Okkultismus wenden, wie Fogazzaro ihn bereits im Roman *Malombra* (1881) thematisiert hatte. Luisas Beziehung zu Franco wird darauf in eine Krise geraten. Francos Reaktion erinnert dagegen an Victor Hugos Stimme in *A Villiquier*, die Fogazzaro nicht nur kannte, sondern sogar liebte:

„Signore, Signore", diss'egli verso il cielo, „Tu tacevi e mi ascoltavi, Tu mi hai esaudito secondo le tue vie misteriose, Tu hai preso il mio tesoro con Te, ella è sicura, ella gode, ella mi aspetta, Tu ne congiungerai! " Non fu amaro il diritto pianto in cui le parole morirono.[73]

---

71 Antonio Fogazzaro: Piccolo mondo antico. Romanzo. Turin 1995, S. 291. („Schau, Onkel, diese kleine Brust, wie wir sie missbraucht, armer Liebling, wie viel wir mit unserem Reiben verletzt haben. Deine Mutter war's, weißt du, Maria, deine Mutter, und das böse Arzt da." / „Genug!", sagte der Arzt fest, indem er die Lampe auf den Schreibtisch setzte. „Sprechen Sie gern auf Ihr Kind, aber nicht auf dieses, sondern auf dasjenige, das im Himmel ist." / Der Eindruck war schrecklich. Alle Zärtlichkeit verschwand aus Luisas Gesicht. Sie wich düster, umklammerte ihre Verstorbene auf der Brust. „Nein", schrie: „Nein, nicht im Himmel! Es ist meins! Es ist meins! Gott ist grausam! Nein! Ich gebe es nicht an ihn!") [Diese und die folgenden Übersetzungen aus dem Italienischen von D. F.]

72 Ebd., S. 292.

73 Ebd., S. 301f. („Mein Herr, mein Herr", sagte er zum Himmel, „du schwiegst und hörte mir zu, du hast mein Gebet nach deinem geheimnisvollen Willen er-

Francos Leiden bildet eine Projektionsfläche für Fogazzaros eigene Schmerzen. Antonio Fogazzaro, der Chateaubriands *Mémoires d'Outre-tombe* verehrte, sagte hinsichtlich seiner Romane: „Alles, was aus meiner Feder hervorgegangen ist, trägt, ich darf es wohl bekennen, ganz stark die Farbe meines Herzblutes." Die tragische Episode von Ombrettas Tod musste aus dem Leben und Blut des Autors erstehen: Mit Luisa teilte er sicherlich die antikatholische Position und deren Zuflucht in die Esoterik. Seine Tochter Maria litt an Lungenentzündung 1882, genau wie die kleine Maria/Ombretta vor ihrem Ertrinken; darüber hinaus verlor er 1895 seinen Sohn Mariano durch Typhus. In seinem Roman übernimmt er das romantische literarische Bild des Wassers, um den Kindstod darzustellen:

> L'Aliprandi e il professore si fermarono sul sagrato a guardar la finestra illuminata dell'alcova, ad ascoltare. Silenzio. „Maledetto lago! ", fece il dottore, pigliando il braccio del suo compagno rimettendosi in via. Certo egli pensava, così dicendo, alla dolce creaturina che il lago aveva uccisa, ma v'era pure nel suo cuore il dubbio che altri guai fossero in cammino, che l'opera sinistra delle acque perfide non fosse ancora compiuta.[74]

Der romantisch-symbolische Realismus Fogazzaros verflicht die unveräußerlichen Mechanismen der Historie mit den Emotionen der „kleinen Leute" der Geschichte. Maria/Ombretta enthält in ihren beiden Namen die Polarität Leben/Tod, das Heilige (der Name der Jungfrau Maria) und das Weltliche (der Schatten von Dantes „selva oscura"), die Kindheit (die Form des Diminutivs) und das reife Alter, die Fruchtbarkeit und die Aufopferung der *mater Christi*. Sie stirbt im Luganersee, an der Grenze zwischen der Schweiz und Italien, am Fuße jener Alpen, die auch dem Wanderer Goethe als verhängnisvoll vorkamen und die ihm den Zugang zur Insel der Phäaken versperrten. Gerade der im archetypischen Element des Wassers und der Erde konfigurierte Kindsverlust ist das notwendige Ereignis, das die verschiedenen Schichten der Erzählung miteinander verbindet und die Wiederkehr zur „alten kleinen Welt" am Ende des Romans erlaubt.

---

hört, du hast mir meinen Schatz entführt, sie ist sicher, sie genießt, sie wartet auf mich, du wirst und wieder vereinigen!" nicht bitter war das unmittelbare Weinen, in dem seine Worte starben.")

[74] Ebd., S. 289f. (Aliprandi und der Professor blieben auf dem Friedhof stehen, um die erleuchteten Fenster des Schlafzimmers zu schauen, zu hören. Stille. „Verfluchter See!", sagte der Arzt, und den Arm seines Begleiters packend, machte er sich wieder auf den Weg. Natürlich, dachte er, so zu sagen, an das süße kleine Wesen, das der See getötet hatte, aber in seinem Herzen der Zweifel daran war, dass andere Beschwerden auf dem Weg waren, dass die Arbeit der linken tückischen Gewässer noch nicht ausgeführt war.)

Eine Mythisierung der Polaritäten von Kindheit und Sterben in der sublimierten Vereinigung des Kindstods charakterisiert nicht nur Kellers Erzählkunst, sondern auch Fjodr Dostojewskis Romane. Anders als Keller verlor der russische Autor seinen dreijährigen Sohn Aljoscha durch Epilepsie, eine Krankheit, die er selbst vererbt hatte: Das literarische Bild bereichert sich hier um die Projektion des reellen Leidens und Schuldbewusstseins. Die Schlussszene der *Brüder Karamasow* (1879) zeigt das Begräbnis des kleinen Iljuschetschka und kulminiert in Aljoschas „Rede am Stein". Der Stein, das Objekt der von Iljuscha erlittenen Verfolgungen, verwandelt sich in den Index für die Ewigkeit des Gedächtnisses. Der verstorbene Iljuscha wird zum *memento vitae*, er verkörpert belebende Liebe und weises Durchhalten:

> Und ob wir auch mit den allerwichtigsten Dingen beschäftigt sein werden, uns Ehren zuteil wurden, oder wir irgendeinem gewaltigen Unglück verfielen – laßt uns niemals vergessen, wie es uns einst so gut zumute war, uns allen, als wir vereint waren in einem so schönen und guten Gefühl, und daß uns diese Zeit über unsere Liebe zu dem armen Knaben vielleicht besser machte, als wir tatsächlich sind. Meine Täubchen – lassen Sie mich Sie so nennen – Täubchen, weil ihr alle hier ihnen sehr ähnlich seht, diesen lieblichen graublauen Vögelchen, jetzt in diesem Augenblick, da ich auf eure guten, lieber Gesichter hinschaue – meine lieben Kinderchen, vielleicht werdet ihr nicht verstehen, was ich euch sagen werde, weil ich sehr häufig unverständlich spreche, aber ihr werdet euch gleichwohl daran erinnern und dann später einmal irgendwann meinen Worten beistimmen. So wisset denn, daß nichts höher steht und stärker und gesünder und nützlicher ist für das uns noch bevorstehende Leben, als irgendeine schöne Erinnerung, und besonders wenn sie noch aus der Kindheit stammt, aus dem Elternhaus. Man spricht euch viel von eurer Erziehung, aber eben eine solche schöne, heilige Erinnerung, die sich aus der Kindheit erhielt, das ist vielleicht auch die beste Erziehung![75]

Der Stein ist ein biblisches Bild nicht nur für die Ewigkeit, sondern auch für die göttliche Auswahl: „Der Stein, den die Bauleute verworfen haben, ist zum Eckstein geworden" (Ps 118,22). Iljuschas Tod ist Spiegelung der Aufopferung des Gekreuzigten, die als Wiedergeburt und Rettung der Menschheit anzusehen ist. Der Kindstod ist für den trauernden Dostojewski eine mystische Erfahrung in der göttlich-teleologischen Entwicklung der Weltgeschichte. „Heilige Erinnerung" und „[aller]beste Erziehung" – aber auch das Kinderopfer – sind die Stützen einer Gesellschaft, deren Grundsätze auf Stein begründet werden sollen, wie Aljoscha, die

---

[75] Fjodr Dostojewski: Die Brüder Karamasow. In: ders.: Sämtliche Romane und Erzählungen. Bd. 14. Übersetzt von Karl Nötzel. Frankfurt/M. 1986, S. 1320f.

Projektionsfigur von Dostojewski ermahnt.[76] Die *memoria* spielt bei Dostojewski dieselbe Rolle wie bei Hegel: Als ein Gefäß, das die ganze Vergangenheit eines Menschen bewahrt, befreit sie den Geist von der Vergangenheit selbst, indem sie – obwohl Leiden erweckend – zu einer ehrlichen Auseinandersetzung mit dem Leben und dem Tod und danach zum Bewusstsein eines authentischen Daseins führen kann.[77] Aber Dostojewskis Erzählen hat nicht nur eine ethische Motivation; sein Schreiben ist eine tiefgründige Untersuchung des Lebens, ein Organismus *in fieri* (das „an sich Mensch/Geist" bei Hegel – *Phänomenologie des Geistes* 22), dessen Regeln und Ereignisse dem Menschen am unbegreiflichsten zu sein scheinen – und unter diesen der Kindstod selbst. Somit spricht Dostojewski uns alle noch heute an:

> Für ihn [sc. Dostojewski] ist die Welt ein Ort in ständiger Weiterbildung, unfertig, und das Interesse, das wir auf sie richten, betrifft das Verständnis der Gesetze, die diesem Universum zugrunde liegen, die Entdeckung eines Winkels auf dessen Innenseite, der gerecht, moralisch korrekt und akzeptabel ist. Wobei wir aber das tun, entdecken wir bald, dass wir selbst ein Teil dieser sich entwickelnden Welt sind, die das Buch zu begreifen versucht.[78]

Lev Tolstoj, ebenfalls ein Vater, der seine Kinder verloren hatte, musste die Lektüre der *Brüder Karamasow* mehrmals unterbrechen, weil sie ihn in eine tiefe Krise stürzte, was wiederum die problematische Auseinandersetzung des Menschen mit dem Begriff und der Wahrnehmung des Endes und des Nicht-Seins beweist. Die höchste Entfremdung des Menschen: die Selbstvernichtung. Wo keine soziokulturelle Voraussetzung und Bedingung zur Mythisierung des Themas besteht, ist das Ge-

---

[76] Vgl. Diane Oenning Thompson: The Brothers Karamazov and the Poetics of Memory. Cambridge 1991 (Cambridge Studies in Russian Literature).

[77] Herbert Marcuse beschreibt trefflich die Funktion des Gedächtnisses in Hegels Denken: „Absolute knowledge, in which the spirit attains its truth, is the spirit ‚entering into its real self, whereby it abandons its (extraneous) existence and entrusts its Gestalt to remembrance'. Being is no longer the painful trascendence towards the future but the peaceful recapture of the past. Remembrance, which has preserved everything that was, is ‚the inner and the actually higher form of substance' […]. Hegel replaces the idea of progress by that of a cyclical development which moves, self-sufficient, in the reproduction and consummation of what is. This development presupposes the entire history of man (his subject and objective world) and the comprehension of his history – the remembrance of his past. The past remains present; it is the very life of spirit; what has been decides in what is. Freedom implies reconciliation – redemption of the past. If the past is just left behind ans forgotten, there will be no end to destructive transgression."; Herbert Marcuse: Eros and Civilization. Boston 1955, S. 106.

[78] Orhan Pamuk: Die Brüder Karamasow. In: ders.: Öteki Renkler. Istanbul 1999, S. 232.

wissen mit dem Unding des Oxymorons ‚Kindstod‘ konfrontiert. Charakteristisch für den Expressionismus, kombiniert August Stramm provokatorisch das *Freudenhaus* mit der Seuche und dem Kindersterben:

Lichte dirnen aus den Fenstern
die Seuche
spreitet an der Tür
und bietet Weiberstöhnen aus!
Frauenseelen schämen grelle Lache!
Mutterschöße gähnen Kindestod!
Ungeborenes
geistet
dünstelnd
durch die Räume!
Scheu
im Winkel
schamzerpört
verkriecht sich
das Geschlecht![79]

Nichts war reizvoller für die Expressionisten, als Krankheit, Sexualität und Kindstod miteinander in Verbindung zu bringen. Der Schrei der Empörung und der Rebellion betraf das Paradoxon des verweigerten Lebens: Die in der Spätromantik vollzogene Entmythisierung des Themas war im 20. Jahrhundert und in dessen „neu-romantischen" Welle zu einer neuen Universalisierung bzw. Symbolisierung wieder bereit, und zwar ab Rilkes *Malte*: Zwei Früchte verschönern die schwangere Frau – ein Kind und ein Tod, Keim und Fäulnis, das Zukunftsversprechen und das Bevorstehen des Nichts. Die frevelhafteste und ewige Verdammung des Menschengeschlechts; diesmal aber des Menschen des 20. Jahrhunderts.

---

[79] August Stramm: Freudenhaus. In: ders.: Die Dichtungen. Hg. von Jeremy Adler. München 1990 (Serie Piper, 980), S. 33.

Kindstod im 19. Jahrhundert

Betrachtungen zu Friedrich Rückerts *Kindertodtenliedern* aus medizinischer Sicht

von

Volker Hesse

Für Werner Köhler
zum 85. Geburtstag*

Es war ein Anliegen der Organisatoren dieser Tagung, dass die *Kindertodtenlieder* von Friedrich Rückert im Gesamtkontext auch einmal aus medizinhistorischer Sicht interpretiert werden. Als Kinderarzt möchte ich den Versuch unternehmen, aus ärztlicher Sicht, Aussagen zu zwei Themenbereichen zu machen, einerseits zu dem Tod der Kinder Ernst und Luise der Familie Rückert sowie zu dem historischen und aktuellen Krankheitsbild der Scharlacherkrankung und zum anderen über den Trauerprozess, der mit dem Ableben eines Kindes verbunden ist. Hierbei wird ein Versuch unternommen die Trauerbewältigung im 19. Jahrhundert mit der in unserer heutigen Zeit zu vergleichen.

Zunächst möchte ich auf die Kindersterblichkeit und den Verlauf der Scharlacherkrankung im 19. Jahrhundert eingehen und werde mich nachfolgend dann der Thematik der Trauerbewältigung zuwenden. Im Rahmen der Darstellung der Scharlacherkrankung, des sogenannten „Scharlachfiebers" sollen folgende Themen behandeln werden:

- Die Kindersterblichkeit im 19. Jahrhundert
- Das Scharlachfieber. Kenntnisstand im 19. Jahrhundert und heute
- Der Krankheitsverlauf bei den fünf an Scharlach erkranken Kindern Rückerts – Analyse des Krankheitsgeschehens und der zeitgenössischen Therapie

---

*   Dem Mikrobiologen und Experten der Streptokokkenforschung, dem Ehrenpräsidenten der Akademie gemeinnütziger Wissenschaften zu Erfurt, Herrn Prof. Dr. med. habil., Dr. rer. nat., Dr. h.c. Werner Köhler, Jena, in großer Hochachtung gewidmet.

– Rückerts Beschreibung der Scharlacherkrankung in seinen *Kindertodten-liedern*
– Der Scharlachtod bei Kindern des Berliner Hofrats Hoffmann, des Dichters Clemens von Brentano und des Musikers Gustav Mahler

Da die Kindersterblichkeit im 18. und 19. Jahrhundert sehr hoch war, waren viele Familien hiervon schwer betroffen. Ein Beleg hierfür sind u.a. die Aussagen des bekanntesten Arztes der Goethezeit, Christoph Wilhelm Hufeland. Er teilt uns in seinem Werk *Makrobiotik* (1797) mit, dass in den Städten gewöhnlich die Hälfte aller geborenen Kinder schon vor dem 3. Lebensjahr stirbt.[1] Die Reaktionen der meist hilflosen Eltern auf den Tod eines verlorenen Kindes waren zeitorientiert meist durch Resignation oder durch die Hoffnung auf eine bessere jenseitige Welt für das verstorbene Kind geprägt. Die Annahme, dass eine gewisse Abstumpfung der Empfindungswelt existierte, kann am nachdrücklichen Beispiel der Familie des Dichters und Orientalisten Friedrich Rückert nicht bestätigt werden.

Kindersterblichkeit

Die Kindersterblichkeit wird im Allgemeinen als die Sterblichkeit innerhalb der ersten fünf Lebensjahre definiert. Der überwiegende Anteil der Kindersterblichkeit wird durch die Säuglingssterblichkeit verursacht, d.h. die Sterberate im ersten Lebensjahr. Wie die uns verfügbaren Daten ausweisen, betrug die Säuglingssterblichkeit in Deutschland zwischen 1821 und 1830, nahe jenem Zeitraum also, in dem die dreieinhalbjährige Luise Rückert und ihr fünfjähriger Bruder Ernst verstarben (Winter 1833/1834) 17,8%. In den Städten Leipzig und Berlin lag sie sogar noch höher.[2] Dieses hohe Niveau der Sterblichkeit blieb bis zum Beginn des 20. Jahrhunderts erhalten. 1907 betrug sie noch etwa 20%. Dies führte in Deutschland zu einer zentralen Reaktion – zur Einrichtung eines „Musterinstituts" des „Kaiserin Auguste Victoria Hauses zur Senkung der Säuglingssterblichkeit im Deutschen Reich" das sich in Berlin-Charlottenburg gleich neben dem Schloss befand. Diese Institution erwies sich insbesondere dadurch als segensreich, dass der Einrichtung ein sehr effektiv arbei-

---

1   Vgl. Christoph Wilhelm Hufeland: Die Kunst, das menschliche Leben zu verlängern. Hufelands Makrobiotik. Frankfurt/M., Leipzig 1995 (insel-taschenbuch, 1706), S. 83.
2   Vgl. Albrecht Peiper: Chronik der Kinderheilkunde. Leipzig, Stuttgart, New York ⁵1992, S. 406.

tendes Institut für die Gesundheitsaufklärung der Bevölkerung angeschlossen war.[3]

Über die Kindersterblichkeit der Altersgruppe 0-5 Jahre liegen uns für
den Beginn des 19. Jahrhunderts nur wenige exakte Statistiken vor. Sie
betrug aber noch in der Mitte des 19. Jahrhunderts in den Jahren 1855-
1864 in Wien z. B. 48,2%. Zusammen mit der Sterblichkeit in anderen
Altersgruppen von 6-20 Jahren betrug die Gesamtsterblichkeit in Wien
von 0-20 Jahren 55,4 %, d.h., mehr als die Hälfte der geborenen Kinder
verstarben in den ersten zwanzig Jahren.[4]

Die häufigsten Krankheiten, die zum Tode führten, waren Durchfälle
und Infektionskrankheiten wie Masern, Diphtherie, Scharlach, Keuchhu-
sten, Fleckfieber, Typhus, Tuberkulose und zum Teil auch noch Pocken.
Entscheidende Ursachen für den fatalen Ausgang der Erkrankungen waren eine mangelnde Hygiene, der unzureichende Stand der Medizin, Er-
nährungs- und sozioökonomische Probleme.

Um die Fortschritte, welche die Medizin bei der Verbesserung der Hygiene, der Ernährung, den sozioökonomischen Veränderungen und der
Gesundheitserziehung der Bevölkerung bis in unsere Zeit gemacht hat,
aufzuzeigen, seien zum Vergleich die aktuellen Daten der Kindersterblichkeit und Säuglingssterblichkeit für Deutschland angeführt, die sich
nicht mehr im Prozent-, sondern im Promillebereich befinden. Die Kindersterblichkeit betrug in Deutschland im Jahr 2006 0,38 % (d.h. lediglich
3,8 von 1000 Kindern verstarben), die Säuglingssterblichkeit lag 2011 bei
0,28% (d. h. 2,8 von 1000).[5]

Das Scharlachfieber

Das Scharlachfieber, an dem zwei von Rückerts Kindern verstarben, galt
zu dieser Zeit noch als ein relativ neues Krankheitsbild. Die Erkrankung
wurde erst im Jahr 1661 von dem englischen Arzt Thomas Seydenham
von anderen Ganzkörperhautausschlägen abgegrenzt. Seydenham be-
nannte die Erkrankung nach der Farbe und dem Fieber als „scarlet fe-
ver". Im Mittelhochdeutschen bedeutet das Wort „scharlât", das auf das

---

[3] Vgl. Hedwig Wegmann: Das Experiment „Das gesunde Kind" unter kaiserlicher
Protektion 1909-1929. Hamburg 2012 (Schriften zur Sozial- und Wirtschaftsge-
schichte, 20).

[4] Vgl. Peiper, Chronik der Kinderheilkunde (Anm. 2), S. 402.

[5] Statistisches Jahrbuch für die Bundesrepublik Deutschland / Statistical Yearbook
for the Federal Republic of Germany 2011. Hg. vom Statistischen Bundesamt.
Wiesbaden 2011, S. 46.

mittellateinische *scarlatum* zurückgeht, ‚feines Wollenzeug', womit roter Tuch gemeint war.[6] Es war frühzeitig bekannt, dass die Erkrankung epidemisch auftreten kann. In Deutschland gehört der Gothaer Hofarzt Johann Storch zu den Erstbeschreibern der Scharlacherkrankung.[7]

Im 19. Jahrhundert sind Scharlachepidemien mit unterschiedlicher Intensität auch für Deutschland ausgewiesen. So sind uns zum Beispiel zu Beginn des 19. Jahrhunderts Scharlachepidemien in Göttingen, Jena, Wittenberg und Leipzig bekannt.[8] Wie wir wissen, traten Scharlacherkrankungen im Winter 1833/1834 auch in Erlangen gehäuft auf.[9]

Die Sterblichkeit an Scharlachfieber, wie die Krankheit zunächst genannt wurde war unterschiedlich; zuweilen war sie sehr hoch. So berichtete Hufeland 1836, dass bei schweren Epidemien „ihre Tödlichkeit wirklich pestilentialisch wird, und jede 6., (16,7 %), ja 3. (33,3 %) und 4. Kranke (25 %) als Opfer fällt. […] Der Tod erfolgt am häufigsten durch Gehirnentzündung aber auch Angina (Mandelentzündung) oder Wassersucht."[10] Resümierend stellt er fest: „Die Scharlachkrankheit ist unter allen Ausschlagskrankheiten die heimtückischste und trügerischste."[11] Die Letalitätsrate, d.h. die Anzahl der Verstorbenen pro Anzahl der Erkrankten, verminderte sich im 19. Jahrhundert kaum. Die meisten Todesfälle infolge von Scharlach fanden sich bei ein- bis dreijährigen und drei- bis fünfjährigen Kindern.[12] Zu der letzteren Altersgruppe gehören auch die beiden verstorbenen Kinder der Familie Rückert, Luise und Ernst.

Die Ursache der Scharlacherkrankung war den Ärzten in der ersten Hälfte des 19. Jahrhunderts, so auch in den Jahren 1833/1834, in den Rückerts Kinder erkrankten, noch unbekannt. Bekannt war, dass die Krankheit ansteckend ist. Hinsichtlich der Krankheitsgenese, der „Patho-

---

6 Matthias Lexer: Mittelhochdeutsches Taschenwörterbuch. Stuttgart [36]1981, S. 179.
7 Vgl. Johann Storch: Practischer und Theoretischer Tractat vom Scharlach-Fieber: wie solches von etlichen und zwantzig Jahren her, als eine etwas seltsame, jedoch zuweilen grassirende Kinder-Kranckheit, aus vielen zur Hand gekommenen Casibus kennen gelernet, das Merckwürdigste davon aufgezeichnet. Gotha 1742, S. 8.
8 Vgl. Adolf Hottinger/Arthur Schlossmann: Scharlach. In: Meinhard von Pfaundler/Arthur Schlossmann (Hg.): Handbuch der Kinderheilkunde. Ein Buch für den praktischen Arzt. Bd. 2. Leipzig [4]1931, S. 91-194, hier S. 92.
9 Vgl. Anna Berger: Notizen zur Biographie der Mutter. In: Erinnerungen von Luise Rückert und ihrer Tochter Anna Berger. Hg: von Ingeborg Forssman. Erlangen 2012, S. 47-63, hier S. 56.
10 Christoph Wilhelm Hufeland: Scarlatina. Scharlachfieber. In: ders.: Enchiridion medicum oder Anleitung zur medizinischen Praxis. Vermächtnis einer fünfzigjährigen Erfahrung. Berlin [10]1856, S. 331-335, hier S. 332.
11 Ebd., S. 333.
12 Hottinger/Schlossmann, Scharlach (Anm. 8), S. 95.

genie" der Erkrankung, schreibt Hufeland noch 1836 in seinem Lehr-buch: „Die nächste Ursache ist ein atmosphärisches Kontagium, was sich aber dann auch vor einem Individuum zum andern übertragen kann." Erst am Ende des 19. Jahrhunderts im Jahr 1887 gelang es Edward Klein in Rachenabstrichen von Scharlachpatienten sogenannte Streptokokken, kugelförmige in Ketten angeordnete Bakterien, unter dem Mikroskop nachzuweisen. Der Nachweis der Infektiosität der Streptokokken gelang ihm jedoch nicht. Es dauerte nochmals 37 Jahre, bis 1924 die amerikani-schen Forscher George und Glandys Dick bei Freiwilligen die Infektiosität der Streptokokken beweisen konnten. Heute wissen wir, dass der Schar-lach durch Streptokokken der Gruppe A, sogenannte ß-hämolysierende Streptokokken, die eitererregend sind, (Streptococcus pyogenes) hervor-gerufen wird. Die Scharlachstreptokokken haben Virus-„Untermieter", die sogenannten Bakteriophagen. Diese bewirken die Produktion des giftigen Scharlachtoxins, das verschiedene Organe befallen kann. An der Haut bedingt das Toxin die Entstehung des typischen Scharlachausschlages.[13]

Um den Verlauf der Scharlacherkrankung bei Rückerts Kindern ver-stehen zu können, seien einige Aussagen zum Ablauf der Scharlacher-krankung vorausgeschickt. Detaillierte Angaben finden sich in den Lehrbüchern der Kinderheilkunde Die Scharlacherkrankung, die sich als Tröpfchen oder Schmierinfektion verbreitet, beginnt meist nach einer Inkubationszeit von 2-4 Tagen mit hohem Fieber und Erbrechen. Infol-ge einer Gaumenmandelentzündung treten Halsschmerzen auf. Der Ra-chenring ist hochrot. 1-4 Tage nach Krankheitsbeginn kommt es zum Auftreten des typischen Hautausschlages. Die Erkrankung kann sich re-gional im Halsbereich, aber auch systemisch auf die verschiedensten Organsysteme ausbreiten und auswirken.

Die Ärzte standen zu Beginn des 19. Jahrhunderts der Erkrankung re-lativ hilflos gegenüber. Dies spiegelt sich auch in der Behandlung Rü-ckerts Kindern wider. Die Therapie war lediglich eine pragmatische Erfah-rungstherapie. Hilflosigkeit zeigt sich u.a. auch daran, dass z. B. in Erlangen von dem Erlanger Arzt Gottfried Fleischmann ein homöopathi-scher Feldversuch mit der Verabreichung von Belladonnatropfen (Tollkir-sche) bei einer grassierenden Scharlachepidemie unternommen wurde.

---

13 Vgl. Roy Porter: Die Kunst des Heilens. Eine medizinische Geschichte der Menschheit von der Antike bis heute. Aus dem Englischen übersetzt von Jo-runn Wissmann. Heidelberg, Berlin 2003, S. 448f.; Horst Scholz: Streptokok-ken-Infektionen. In: Michael J. Lentze/Jürgen Schaub/Franz J. Schulte/Jürgen Spranger (Hg.): Pädiatrie. Grundlagen und Praxis. Berlin, Heidelberg [2]2003, S. 718-721; Werner Köhler: Geschichte der Streptokokkenforschung. Bd.1. Lauf an der Pagnitz 2007 (Subsidia academica, 1,1).

Abb. 1: Friedrich Rückert, 1833, Stahlstich von Carl Barth.

Eine kausale Therapie der Scharlacherkrankung erfolgte erstmals 1945 mittels des Einsatzes von Penicillin durch den schwedischen Forscher Torben Jelsik. Heute wird die Scharlacherkrankung durch frühzeitige Antibiotikagabe gut beherrscht und ist eine weit- gehend unproblematische Erkrankung. Betrug die Ansteckungsfähigkeit früher drei bis sechs Wochen, so beträgt sie heute unter Antibiotikatherapie lediglich zwei Tage.

Der Verlauf der Scharlacherkrankungen bei den Kindern der Familie Rückert im Winter 1833/1834

Im Winter 1833 gab es in Erlangen eine Häufung von Scharlacherkrankungen. Von den sechs Kindern des Erlanger Professor der Orientalistik und Dichters Friedrich Rückert und seiner Frau Luise, geborene

Wiethaus-Fischer, erkrankten fünf. Der älteste Sohn Heinrich befand sich zu dieser Zeit bei den Großeltern, den Eltern der Mutter in Neuses bei Coburg, und war so nicht betroffen.

Nachfolgend soll versucht werden aus den erschütternden Tagebuchaufzeichnungen der Mutter der Kinder, Luise Rückert, und anhand medizinischer Aussagen in den mehr als 450 *Kindertodtenliedern* Friedrich Rückerts ein Bericht über den Ablauf der Erkrankung bei den fünf betroffenen Kindern zu geben und die entsprechenden eingesetzten Therapien zu erläutern.

Das Alter der erkrankten Kinder betrug zum Zeitpunkt der Erkrankung im Dezember 1833:

- August: 9 Jahre und 10 Monate,
- Karl: 7 Jahre und 8 Monate,
- Leo: 6 Jahre und 7 Monate,
- Ernst: 5 Jahre und
- Luise: dreieinhalb Jahre.

Die drei älteren Kinder gingen zur Schule, die zwei jüngsten waren zu Hause in der ganztägigen Betreuung ihrer Mutter. Als Erstes der Geschwister erkrankte der älteste Sohn der Familie, August, an Scharlach. Ob er sich in der Schule infiziert hat, lässt sich heute nicht mehr nachprüfen. Die Erkrankungsverläufe der Kinder sind in den nachfolgenden Übersichten individuell zusammengestellt, wobei der Versuch einer Chronologie des Beginns des Krankheitsgeschehens gemacht wird. Die Kinder erkrankten an nachfolgend genannten Tagen:

- August: am 18. Dezember 1833,
- Luise: am 25. Dezember 1833,
- Leo: am 30. Dezember 1833,
- Karl: Der Beginn kann nicht definiert werden, wahrscheinlich liegt er im Zeitintervall vom 18.-20. Dezember 1833. Am 4. Januar 1834 konnte Karl schon wieder aufstehen.
- Ernst: am 1. Januar 1834.

Bei drei der fünf Kinder (August, Luise und Ernst) war die Erkrankung lebensbedrohlich, bei zwei Kindern (Leo und Karl) verlief sie in milderer Form. Der subjektive Eindruck des Vaters war es, dass sich alle Kinder in Todesgefahr befanden.[14] Die behandelnden Ärzte der Kinder wa-

---

[14] Vgl. Friedrich Rückert: Brief an Salomon Hirzel, Erlangen, 14. April 1834. In: ders.: Kindertodtenlieder und andere Texte des Jahres 1834. Bearbeitet von Hans Wollschläger und Rudolf Kreutner. Göttingen 2007 (Schweinfurter Edition), S. 537.

ren der Erlanger Hausarzt der Familie Rückert, der Kreisphysikus Dr. Johann Friedrich Kittlinger[15] (1778-1851), (auch Küttlinger). Zusätzlich wurde in den letzten fünf Lebenstagen des Sohnes Ernst der Erlanger außerordentliche Professor für Chirurgie Dr. Johann Simon Dietz (1803-1877)[16] hinzugezogen.

August (Gustl), geb. 23. Februar 1826

Bei August trat am 18. Dezember 1833 ein Hautausschlag auf, der zunächst als eine Erkrankung an „Röthel" (Röteln) interpretiert wurde. Der Krankheitsverlauf war zunächst leicht, wies dann aber eine deutliche Verschlechterung auf, d.h., die Erkrankung hatte einen zweiphasischen Verlauf. Luise Rückert schreibt in ihrem Tagebuch hierzu „August war auch sehr krank und wenig Hoffnung zu seiner Genesung. Er war so arg geschwollen und hustete gräßlich. Seine Augen waren hieneingeschwollen, die Zunge voll Blasen und dick, die Backen hiengen herunter vor Geschwulst, und so wars am ganzen Körper."[17] Nach Aussagen von Luises Mutter „räucherte" die Großmutter und „rieb immer an ihm herum" und „endlich genaß er wieder, durch Gottes Gnade".[18]

Beurteilung: Bei August trat als Folge einer Nierenentzündung, die meist zwischen dem 12. bis 19. Krankheitstag entsteht, eine Wassersucht auf. Es kommt bei der Nierenentzündung zu einem Nierenversagen mit verminderter Wasserausscheidung. Infolge dessen steigt die Wasserretention im Körper an, es kommt zum Auftreten von Wassereinlagerungen (Ödemen), die sich zuerst im Gesicht manifestieren und dann den ganzen Körper betreffen können. Kommt es nicht zu einer Besserung der Erkrankung, kann das Nierenversagen zum Tode führen.

---

[15] Einen Hinweis auf die Behandlung der Kinder durch Dr. Küttlinger finden wir in den „Notizen zur Biografie der Mutter" überschriebenen Erinnerungen von Rückerts Tochter Anna Berger (Anm. 9), S. 55f.: „Die gewöhnlichen Kinderkrankheiten u. gelegentliches Straucheln der Gesundheit, wurden unter Sorge u. Fürsorge des innig verehrten Hausarztes: Medizinalrat Dr. Küttlinger gut überwunden. [...] Aber es kam eine schwere Zeit! Gegen Weihnachten 1834 [korrekt 1833! V. H.] herrschte eine bösartige Scharlach Epidemie in der Stadt, welche auch Luisen's Kinder nicht verschonet. Zuerst erkrankte die Jüngsten, das Pärchen: Ernst Luise. Nach wenigen Tagen schwersten Leidens starben beide Kinder gerade in Weihnachtsfeiertagen." Die zeitlichen Angaben sind so nicht exakt.

[16] Ingeborg Forssman danke ich für den Hinweis auf die a.o. Professur von Dr. Dietz.

[17] Luise Rückert: Aufzeichnungen zum Kindertod. In: Rückert, Kindertodtenlieder (Anm. 14), S. 547-558, hier S. 557.

[18] Ebd.

Die zeitgenössische Therapie bestand in der Verabreichung von „süßem Quecksilber" (Kalomel), der Gabe von Jalappawurzel (Abführmittel), der Verabreichung von harntreibendem Tee (z.B. Liebstöckelwurzel) und der Nutzung von warmen Bädern.[19]

Luise, geb. 25. Juni 1830

Die dreieinhalbjährige Luise erkrankte sieben Tage nach August am 25. Dezember 1833. Am Heiligen Abend war sie noch fröhlich, am ersten Weihnachtstag aber fiel der Patin bereits auf, dass das Mädchen schlecht aussieht. Die Mutter schreibt: „[D]ie gute Pathin kam, brachte ihr ein Geschenk und fand sie übel aussehend."[20]

Am 26. Dezember, dem zweiten Weihnachtstag, kam es bei Luise zu einer Stimmungsveränderung. Luises Mutter hält dazu fest: „Ernst umarmte sie noch auf der Schwelle, führte sie, und klagte mir, daß seine Luise so zornig heut sey." Luise wollte nicht mehr essen und trank nur noch. Ein deutlicher Scharlachausschlag bildete sich heraus. Luise war „sehr roth von Ausschlag, der schnell herauskam, und schwitzte, athmete aber heftig." Der Arzt wurde geholt, nachts hat sie viel getrunken. Schon am zweiten Krankheitstag, dem 27. Dezember, hatte sie keinen Appetit. Sie sagte: »[…] ich mag gar nichts mehr«. Die Arzneimittel wurden gegen ihren Willen verabreicht, sie biss in Abwehr die Zähne zusammen. Wegen der Atemnot wurden ihr am 29. Dezember Blutegel an die Brust gesetzt, jedoch ohne Erfolg, die Luftnot verstärkte sich. Den sechsten Krankheitstag, den 30. Dezember, schildert die Mutter wie folgt: „Am Montag wurde das Athmen immer schwerer, die Luftröhre schien wie zuzuwachsen. Wir sprützten noch mit Gewalt in den Hals, legten Blasen[21] außen herum, sie hustete und brachte Schleim heraus, warf sich aber in Todesangst herum […]." Die Eltern trugen sie noch abwechselnd herum, „aber sie rang schon mit dem Tode und ich [sc. die Mutter] hoffte doch noch." Die Mutter flößte ihr um 2.00 Uhr nachts noch aus Ihrem Munde „Arzeney" ein und legte ihr ein Unschlitt-Licht herum. Um 2.30 Uhr verstarb Luise:

---

19 Christoph Wilhelm Hufeland: Scarlatina. Scharlachfieber. In: Enchiridion medicum oder Anleitung zur medizinischen Praxis. Vermächtnis einer fünfzigjährigen Erfahrung. Berlin [10]1856, S. 331-335, hier S. 334.

20 Rückert, Aufzeichnungen zum Kindertod (Anm. 17), S. 550.

21 Die Blasen wurden meist mittels eines Extraktes aus der spanischen Fliege, der Kantharidentintur, oder einem Kantharidenpflaster erzeugt; vgl. dazu: Friedrich Gehm: Ueber die Canthariden. Inaugural-Abhandlung. Würzburg 1827.

„Ein sanfter Leidensdruck blieb um den geliebten Mund noch von der Krankheit."[22]

Die Brüder wollten den Tod der Schwester nicht wahrhaben. Der Vater beschreibt mit erschütternden Worten die Situation:

Als das Schwesterchen mit zerdrückter Brust lag,
Eingedrückt von des Geiers ehrnen Krallen […],[23]

und schildert Empfindungen der Geschwister:

Sie sehen sie mit blassem Munde
Mit weißer Wang' im dunklen Haar,
Und flüstern leiser in die Runde:
Sie ist nicht todt, es ist nicht wahr.[24]

Die Beerdigung von Luise erfolgte am 3. Januar 1834. Luises Mutter erkrankte. Sie, die nach dem Tod ihrer Tochter bettlägerig geworden war, muss auch sehr schwer erkrankt gewesen sein, denn Friedrich Rückert schrieb am 14. April 1834 aus Erlangen an den befreundeten Verleger Salomon Hirzel: „Es sind mir meine beiden liebsten Kinder auf einmal gestorben, und die übrigen, wie auch meine Frau, lange in Todesgefahr gewesen."[25]

Friedrich Rückert fasst den Verlauf der Erkrankung seiner Tochter Luise in einem seiner *Kindertodtenlieder* wie folgt zusammen:

Weihnachten frisch und gesund
Im frohen Geschwisterrund,
Am Neujahr mit blassem Mund,
An den drei Köngen im Grund.
So thaten die Feste sich kund
Mit Tod und Grab in Bund.[…].[26]

Wie kann man den Verlauf der Scharlacherkrankung von Luise aus medizinischer Sicht charakterisieren? Beurteilung: Es handelt sich bei ihr um das Auftreten eines septischen Scharlach[27] mit einer sogenannten brandig-faulig (nekrotisierenden) Angina. Die Streptokokkenentzündung hatte sich bei ihr vom Halsbereich ausgehend weiter in die Halsweichteile

22 Rückert, Aufzeichnungen zum Kindertod (Anm. 17), S. 551.
23 Friedrich Rückert: Inseparables. In: ders., Kindertodtenlieder (Anm. 14), S. 204.
24 Friedrich Rückert: „Es bringt die Magd die Todeskunde". In: Ebd., S. 54.
25 Rückert, Brief an Salomon Hirzel (Anm. 14).
26 Friedrich Rückert: „Weihnachten frisch und gesund". In: ders., Kindertodtenlieder (Anm. 14), S. 82.
27 Vgl. auch: Ernst Glanzmann: Diagnose des Scharlach. In: Ernst Glanzmann (Hg): Einführung in die Kinderheilkunde in 195 Vorlesungen für Studierende und Ärzte. Wien ³1949, S. 655-662.

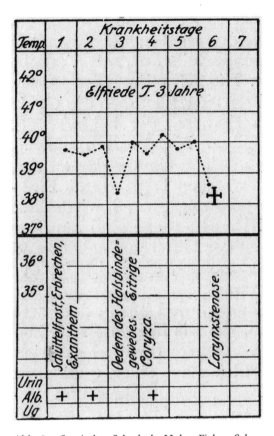

Abb. 2: Septischer Scharlach: Hohes Fieber, Scharlachausschlag, Mandelentzündung (Angi-
na), Halsschwellung, eitriger Schnupfen
(Coryza), Kehlkopfentzündung mit Ge-
schwüren mit zunehmender Kehlkopfver-
engung (Larynxstenose), Eiweiß (Albu-
min) im Urin.

ausgebreitet. Es kam zu einem Absteigen der Entzündung in die Speiseröhre, zum Rippenfell und zum Lungenbereich sowie zum Auftreten einer Kehlkopfentzündung mit einer Kehlkopfeinengung (Larynxstenose),
die letztlich zum Tod durch Atemnot (Erstickung) und Herzversagen
führte. Abb. 2 zeigt einen nahezu identischen Krankheitsverlauf, den ich
einem älteren Handbuch der Kinderheilkunde entnehmen konnte.[28] Es
handelt sich auch hier um Kehlkopfeinengung (Larynxstenose) mit tödli-
chem Ausgang.

---

[28] Hottinger/Schlossmann, Scharlach (Anm. 8), S.152.

Leo, geb. 29. Mai 1827

Einen Tag vor Luises Tod, am 30. Dezember 1833, musste auch der achtjährige Bruder von Luise Leo in die Krankenstube. Die Scharlacherkrankung bei Leo hatte einen leichteren Verlauf. Die Mutter berichtet Leo „war lange taub und die Ohren flossen".[29] Es handelt sich somit um eine beidseitige eitrige Mittelohrentzündung, bei der die Trommelfelle perforiert und somit ein Eiterabfluss nach außen möglich war. Leo konnte trotz seiner Erkrankung im Kinderzimmer spielen.

Karl, geb. 10. April 1824

Bei dem siebenjährigen Karl verlief die Erkrankung offensichtlich besonders leicht. Aus einem Brief von Friedrich Rückert an seinen Schwiegervater, den Archivrat Fischer in Coburg, vom 4. Januar 1834 können wir entnehmen, dass Karl zu diesem Zeitpunkt schon wieder auf den Beinen war, aber um Komplikationen zu vermeiden, noch das Zimmer hüten musste.[30]

Ernst, geb. 4. Januar 1829

Dramatisch verlief die Erkrankung bei Ernst, dem jüngsten Sohn der Familie, der während seiner Erkrankung am 4. Januar kurz vor seinem Tod, der am 16. Januar 1834 eintrat, fünf Jahre alt geworden war. Sechs Tage nach dem Auftreten des Scharlachs bei Luise erkrankte Ernst, der Luise noch am 26. Dezember umarmt hatte, mit Fieber und Schläfrigkeit. Die Zunge war dick geschwollen, voll Schwämmchen und belegt. „[D]ie Röthe am ganzen Körper war wirklich scharlach und er schlummerte viel." Die Mutter beschreibt die Progredienz des Geschehens: „Aber die Augen sanken immer tiefer ein, der sonst herrliche Blick wurde irr, und oft fuhr er aus dem immerwährenden Schlummer um mit heftigen Tönen: Mutter, Mutter zu rufen."[31] Es kam zum Auftreten von Fieberfantasien. Zudem zeigte sich ein schwerer akuter Gewichtsverlust. Der Vater beschreibt diesen in seinen Liedern, mit den Worten: „von

---

[29] Rückert, Aufzeichnungen zum Kindertod (Anm. 17), S. 557.
[30] Vgl. Friedrich Rückert: Brief an Archivrat Fischer. In: ders., Kindertodtenlieder (Anm. 14), S. 535.
[31] Rückert, Aufzeichnungen zum Kindertod (Anm. 17), S. 554.

Abb. 3 und 4: Ernst Rückert und Luise Rückert, 1832, Pastell von Carl Barth.

giftiger Seuche abgedorrt zum Skelette"[32] sowie „[d]ie Händchen abgemagert".[33]

Die Therapie erfolgte mit eiskalten „Überschlägen auf den Kopf",
mit dem Ziel einer Fiebersenkung und der Behandlung der Kopfsym-
ptome sowie Einreibungen und der Verabreichung von Medikamenten,
vermutlich Gurgel-, Brech- und Abführmitteln sowie „Theeauszügen".
Die Behandlung war für ihn sehr belastend. Zur Pflegerin sagte er: „[…]
plage mich doch nicht so, ich muss ja doch sterben".[34] Ernst hatte keinen Appetit und war sehr durstig.

Blutegel (Blutigel) wurden ihm dreimal „an seinen armen Kopf" gesetzt. Man nahm an, dass Blutegel der Krankheitsableitung sowie der
Durchblutungsanregung und der Entgiftung dienen könnten. Das An-
setzen der Blutegel erfolgt am Kopf meist an den inneren Augenwin-
keln und an den Warzenfortsätzen hinter den Ohren.[35]

In den ersten acht Tagen der Erkrankungen kam es bei Ernst zu tem-
porären geistigen Aufhellungen. Das Kind spielte zeitweilig mit Freude

---

32 Friedrich Rückert: „Im Gedränge des Heeres". In: ders., Kindertodtenlieder
    (Anm. 14), S. 137.
33 Friedrich Rückert: „Es hat dir die Weihnachtszeit". In: Ebd., S. 126f., hier S. 126.
34 Rückert, Aufzeichnungen zum Kindertod (Anm. 17), S. 554.
35 Wilhelm Theopold: Der Herzog und die Heilkunst. Die Medizin an der Hohen
    Carlsschule zu Stuttgart. Köln, Berlin 1967, S. 120.

mit der Uhr des Vaters, die dieser ihm gegeben hatte. Die scheinbare Erholung kommentierte die Mutter mit den Worten: „[…] die starke Arzney ließ das schwache Lebenslicht noch einmal aufklimmen."[36] Der Arzt nahm zur Fiebersenkung und Kreislaufverbesserung einen Therapieversuch mit Bädern vor. Nach dem zweiten Bad trat jedoch eine Verschlechterung auf. Ernst wurde danach ganz matt. Am 10. und 11. Krankheitstag verschlechterte sich das Befinden weiter. Ein zweiter Arzt, Dr. Dietz, wurde in Anbetracht der bedrohlichen Situation zusätzlich zu dem Hausarzt hinzugezogen. Das quälende langsame Sterben seines Sohnes schildert Friedrich Rückert mit folgenden Worten:

> […] Schwerer sprengt der Geist die Hülle,
> Und wir sehn dich langsam sterben.
>
> Nicht als wie ein Licht verlischt
> In des Windzugs Hauche,
> Wie ein Feuer dampft und zischt
> Und erstickt im Rauche.[37]

Wie die Eltern so scheinen auch die Ärzte dem Fortgang der Erkrankung hilflos gegenüber zu stehen:

> Statt des Arztes stehen zwei Ärzte
> Nun am Bett, und jeder schaut,
> Ob des Lebens Tag sich schwärzte
> Oder Hoffnungmorgen graut.
>
> Doch da sind so viele Zeichen,
> Die einander heben auf;
> Und indessen Sie vergleichen,
> Geht das Schicksal seinen Lauf.[38]

Es traten klinische Zeichen einer Hirnschädigung auf mit irrationalen Fingerspielen, akustischen Halluzinationen und Gestikulieren. Nachfolgend kam es zu einer anhaltenden Bewusstlosigkeit (Sopor), die nur noch von einzelnen Schreien nach der Mutter durchbrochen wurden. Gegen die Halsbräune (Angina) wurde ein „Blasenzug" im Nacken gelegt. Das klinische Bild verschlechterte sich durch das zusätzliche Auftreten von Schüttelfrost und Zähneklappern, wahrscheinlich im Rahmen eines Fieberschubes. Die Blutegelstiche entzündeten sich. Die Ärzte versuchten eine Behandlung der zentralen Symptome, indem sie

---

[36] Rückert, Aufzeichnungen zum Kindertod (Anm. 17), S. 555.
[37] Friedrich Rückert: „Selber der Gesundheit Fülle". In: ders., Kindertodtenlieder (Anm. 14), S. 122.
[38] Friedrich Rückert: „Statt des Arztes stehn zwei Aerzte". In: Ebd., S. 123f., hier S. 123.

„Einreibungen am Kopf mit Quecksilber" vornehmen ließen. Solche Salben galten als antientzündlich und wurden bei Geschwülsten des Kopfes sowie bei Kopfschmerzen angewandt. Bei letzteren wurden meist Einreibungen an den Schläfen vorgenommen. Die Qual des Vaters, der es in der Krankenstube nicht mehr aushielt und in die Natur flüchtete, kommt in einem seiner Klagelieder zum Ausdruck:

[…] Die Luft ist schwer
In Todten-Kranken-Zimmern.
Wer ist ein unglücksel'ger Mann?
Ein Vater, der nicht helfen kann,
Wenn seine Kindern wimmern.

Hinaus, hinaus
Aus diesem Graus,
Hinaus wo's stürmt und schneyet!
Und zeigt die ewige Natur
Mir auch ein herbes Antlitz nur,
Doch fühl' ich mich befreyet.[39]

Luise Rückert hat diese Situation in ihrem Bericht über die Erkrankung von Ernst in ihrem Tagebuch erfasst: „Auf einmal wurde er [sc. Ernst] so schwach, daß wir, besonders der Vater meinte, er werde sogleich dahin seyn. O und noch einmal mußte ich den Ton, den herzzerreißenden des Lebewohls für dies Welt hören – dann lief Rückert weg, hinaus ins Freye, und seinen ihn begegnenden Freunden sagte er, der Knabe sey todt. Aber noch nicht, noch sollte das Leiden 8 Tage dauern!"[40] Ernst verstarb 16 Tage nach seiner Schwester am 16. Januar 1834. Die Mutter schrieb in ihr Tagebuch über den Tod ihres Sohnes: „[E]r fühlte gar nicht mehr meine letzten Küsse – den Vater weckte ich nicht gleich, er hatte ihn ja täglich sterben sehen, seit 8 Tagen."[41] Der Schmerz, den die Eltern in ihrer Hilflosigkeit beim langsamen quälenden Sterben beider Kinder erleben mussten, war unendlich tief. Diese besondere Art des qualvollen langsamen Sterbens erklärt sicherlich auch zu einem großen Teil die extrem hohe Emotionalität der Kindertotendichtung von Friedrich Rückert. Seine Frau findet Trost in den Worten: „Und mein Trost ist es, daß ich weiß, daß es 2 Unsterbliche waren, die ich gebohren u ins Grab gelegt habe."[42] Rü-

---

39 Friedrich Rückert: „Das Haus ist leer". In: Ebd., S. 229.
40 Rückert, Aufzeichnungen zum Kindertod (Anm. 17), S. 554f.
41 Ebd., S. 556.
42 Ingeborg Forssman: Luise Rückert, geb. Wiethaus-Fischer. „Mein guter Geist, mein bessres Ich!" Ein Lebensbild der Frau des gelehrten Dichters Friedrich Rückert. Würzburg ²2003 (Rückert zu Ehren, 9), S. 58.

ckert hat die Trauer der Mutter in dem Rollengedicht „Ach, mit euerm frohen Lachen" gespiegelt:

> [...] Als ich eure Augen sah
> Brechen unter Todesschmerz,
> Saget mir, wie es geschah,
> Daß nicht brach mein Mutterherz![43]

Beurteilung: Bei dem Erkrankungsverlauf von Ernst handelt es sich um eine durch Flüssigkeitsverlust bedingte Stoffwechselvergiftung, die mit einer Übersäuerung (Acidose) des Körpers, einschließlich des Gehirns einhergeht. Medizinisch wird das Krankheitsbild als „Toxikose" bezeichnet. Auslöser der Gesamtsituation ist die Scharlacherkrankung. Zu der Austrocknung führen einerseits die Wasserverluste durch das hohe Fieber und Schwitzen sowie die Flüssigkeitsverluste, die durch die Verabreichung von Brech- und Abführmitteln und eine unzureichende Flüssigkeitsaufnahme bedingt sind. Weiterhin kann ein durch das Einbrechen der Scharlacherreger in die Blutbahn mit einer Blutvergiftung (Sepsis) einhergehendes „zweites Kranksein" im Verlauf der Scharlacherkrankung – nach scheinbarer Besserung – zusätzlich mit in Betracht gezogen werden. Die Sepsis kann mit einer eitrigen Hirnhaut- und Hirnentzündung einhergehen, die zum Tode führt.[44]

Therapie der Zeit

Welche therapeutischen Mittel standen den Ärzten zu Beginn des 19. Jahrhunderts zur Verfügung und welche Vorstellung hatten sie von der Scharlachtherapie? Was war *lege artis*? Nach der Darstellung der Erkrankung der Kinder und deren Therapie möchte ich versuchen, einige der für uns ungewöhnlichen Therapieansätze zu erläutern.

Bei zwei Kindern, August und Ernst, zeigte die Erkrankung einen zweiphasischen Verlauf. Es kam nach einer zunächst leichteren Erkrankung bei August bzw. einer Besserung bei einem bereits anfänglich komplizierten Krankheitsverlauf bei Ernst zu einer erneuten Verschlechterung – zu einem zweiten Kranksein.

---

[43] Friedrich Rückert: „Ach, mit euerm frohen Lachen". In: ders., Kindertodtenlieder (Anm. 14), S. 172.

[44] Hans Kleinschmidt: III. Scharlach (Scarlatina.). In: ders. (Hg.): Lehrbuch der Kinderheilkunde. Begründet vom Emil Feer. Jena [15]1944, S. 545-562, hier S. 552.

Was waren nun die Grundprinzipien der zeitgenössischen Scharlach-
behandlung? Welche Medikamente wurden den Kindern z. T. gegen Ihren Willen in den Mund gespritzt? Schwerpunkt der Therapie der leichten Erkrankungsfälle war eine antientzündliche Therapie und Bettruhe
über drei Wochen, bei schweren Erkrankungen auch über sechs Wochen.
Hufeland weist schon 1798 in seiner Abhandlung *Bemerkung über die natürlichen und inokulierten Blattern* auf die Gefährlichkeit der Scharlacherkrankung und die Therapie der verschiedenen Schweregrade derselben
hin. Nach Gabe eines Brechmittels, „weil fast immer ein gallichter Stoff
zum Grunde liegt", wurde von ihm die Gabe der fiebersenkenden China-
rinde und die Gabe von Abführmittel empfohlen, „so daß der Kranke
täglich zwei flüssige Stühle hat".[45]

Das Auslösen von Erbrechen und die Gabe von Abführmitteln sollten
der Giftelemination dienen, ebenso wie die Blasenbildung mit Kanthari-
den-Pflaster auf der Haut. Neben den genannten Mitteln wurden auch
bei schweren Krankheitsfällen die innerliche Verabreichung von Chlor-
wasser, das eine desinfizierende Wirkung ausüben sollte, vorgenommen.

Bei den Überlegungen, um welche Medikamente es sich handelte, die
Luise zum Teil in den Mund „geprützt" wurden, da diese sie nicht nehmen wollte oder konnte, muss man in erster Linie Mittel, die der
Behandlung der Mandelentzündung, der Scharlachangina, dienten, in
Betracht ziehen. Die zeitgenössischen Therapieempfehlungen sahen
Gurgeln mit Holunderblüten- und/oder Malvenauszügen vor, die Nutzung von Oxymel simplex (Sauerhonig), aber auch die löffelweise Gabe
von verdünnter Schwefelsäure (!). Bei höheren Graden wurde die Nutzung von Senfölpflastern (Sinapismen) empfohlen. Bei Kranken, die
nicht sehr geschwächt waren, erfolgte auch das Setzen von Blutegeln im
Halsbereich. Hufeland warnt allerdings schon frühzeitig vor der Anwendung von Blutegeln bei Kindern.[46] Dieser Hinweis ist allerdings von den
die Rückertschen Kinder behandelnden Ärzten nicht beachtet worden.[47]

---

[45] Christoph Wilhelm Hufeland: Ueber Masern und Scharlachfieber. In: ders.:
Bemerkungen über die natürlichen und inoculierten Blattern, verschiedene
Kinderkrankheiten, und sowohl medizinische als diätetische Behandlung der
Kinder. Berlin [3]1798, S. 457-462.

[46] Vgl. ebd., S. 457.

[47] Ein weiteres Problem ist es, dass die Scharlacherreger (hämolysierende Streptokokken!) einen Teil der roten Blutkörperchen zerstören, d.h. eine „Hämolyse"
veranlassen. Dies führt zu einer Verminderung des Sauerstofftransportes in die
Gewebe und damit zu einer Störung des Körperstoffwechsels und Erschwerung
der Abwehr- und Heilungssituation. Eine zusätzliche Verminderung des zirku-
lierenden Blutvolumens ist kontraindiziert.

Medizinische Reflexionen in Rückerts Kindertodtenliedern

Das Erleben des qualvollen Sterbens seiner Kinder findet eine medizinische Reflexion in Rückerts *Kindertodtenliedern.* Entsprechende Themenbezüge sind hier nachfolgend zusammengestellt. Aussagen finden sich zu folgenden, die Krankheitsverläufe betreffenden Themen:

- Ansteckungsgefahr,
- Fieber,
- Mittelohrentzündung,
- Herzversagen „mit dem Wurm im Herzen",
- Gewichtsverlust,
- zweiphasiger Krankheitsverlauf der Scharlacherkrankung (bei Ernst),
- Bewusstseinstrübung, Somnolenz, Sprachverlust,
- abgedunkelte, ungelüftete Krankenstube,
- Rekonvaleszenz der drei überlebenden Kinder,
- angewandte therapeutische Maßnahmen.

Nachfolgend seien einige der Themen, die Rückert in seinen *Kindertodtenliedern* erwähnt, aufgezeigt.

Tödliche Scharlachinfektion

> Als die lieben Kinder mir
> An der Seuche niederlagen,
> Deren Todesfunken so
> Leicht ansteckend weiter schlagen.
> […].
> Keiner durfte einen Schritt
> In mein Haus zu setzen wagen,
> Aus gerechter Furcht, das Gift
> In sein eignes Haus zu tragen.[48]

Beschreibung klinischer Befunde und Symptome

Herzversagen

> […] Mit dem Wurm im Herzen,
> Sank vom schwachen Stiel.

---

[48] Friedrich Rückert: „Musen, meine Freundinnen". In: ders., Kindertodtenlieder (Anm. 14), S. 26f., hier S. 26.

Nicht ein Apfel, tödtlich
An den Bäckchen röthlich,
War es morsch im Herzen,
Der vom Baume fiel.[49]

Ohrenentzündung

Seine Stimme ward nicht heiser,
Aber täglich ward sie leiser.
[…]
In die Ohren, wie sichs trifft,
War getreten der Krankheit Gift;
[…]
An Bildchen, im Dunkel halb gesehn,
Ließ er die Tag' über sich ergehn.

Endlich spricht er wieder laut,
So sind die Ohren aufgethaut;
[…][50]

Gewichtsverlust, Abmagerung

[…] von giftiger Seuche
Abgedorrt zum Skelette.[51]

Du hast zum Tod gelagert, […],
Die Händchen abgemagert[52]

Todeskampf

Mein eignes Kind, das liebste, das ich habe,
Und das nun unter meinen Augen rang
Seit vierzehn Tagen, schmerzlicher Geberde
Und ringt umsonst, daß es ein Engel werde.[53]

Rückert beschreibt die Schädigung des Herzens bei Luise mit den Worten: „mit dem Wurm im Herzen" und die eitrige Mittelohrentzündung bei Ernst:[…] „in die Ohren, wie sich's trifft, war getreten der Krankheit Gift".

---

[49] Friedrich Rückert: „Nicht ein Rosenknöpfchen". In: Ebd., S. 72.
[50] Friedrich Rückert: „Ich kenn' einen alten tauben Mann". In: Ebd., S. 167.
[51] Rückert, „Im Gedränge des Heeres" (Anm. 32).
[52] Rückert, „Es hat dir die Weihnachtszeit" (Anm. 33), S. 126.
[53] Friedrich Rückert: „Man läutet wieder ein Kind zu Grabe". In: ders., Kindertodtenlieder (Anm. 14), S. 134.

Rückerts Erschütterung über die Hilflosigkeit der Medizin seiner Zeit

Rückert gibt den Ärzten eine Teilschuld am Tod seiner Kinder, den sie durch gravierende medizinische Maßnahmen mit „abscheulichen Regeln" mit verursacht hätten.

Ärzte

> Aerzte wissen nach den Regeln
> Aus der Welt kein Kind zu schaffen,
> Ohne mit abscheul'chen Egeln,
> Die Naturkraft hinzuraffen.[54]

Entsetzt hat Rückert der Einsatz der blutsaugenden Egel, „[d]ie das Leben mit dem Blute meines Kindes entsogen".

Blutegel

> Immer werd' ich [...]
> Schaudern vor Blutigeln,
>
> Die das Leben mit dem Blute
> Meines Kinds entsogen;
> So mißhandelt ist das gute
> Seelchen, ach, entflogen.[55]

Rückerts Qual, sein Mitgefühl, seine Hilflosigkeit und sein Missbehagen mit dem ärztlichen Vorgehen kommen auch in nachfolgenden Versen zum Ausdruck:

> Schlimmer als ein Kranker seyn,
> Ist es einen haben,
> Dem man heilend anthut Pein,
> Quält ihn statt zu laben.[56]

Auch schreckten ihn Arzneimittel, deren Wirkung man nicht übersehen konnte. Gemeint sind hier sicherlich vor allem mineralische Abführmittel und Quecksilberpräparationen. Rückert bezeichnet diese Medikationen als „erdentstiegene Geister":

---

54 Friedrich Rückert: „Aerzte wissen nach den Regeln". In: Ebd., S. 51.
55 Friedrich Rückert: „Nie mehr werd' ich mich in Quellen". In: Ebd., S. 51.
56 Friedrich Rückert: „Schlimmer als ein Kranker seyn". In: Ebd., S. 105.

Unterird'sche Mächte

So viel Arzeneiengläser,
Mit den mysth'schen Signaturen,
Zugezählt nach Stund' und Tropfen,
Konnten nicht ein Leben fristen.
Soviel erdentstiegne Geister,
Von der Kunst gebannt in Flaschen,
Konnten nicht den Tod bekämpfen.
So viel unterird'sche Mächte,
Fremd dämonische Gewalten,
Über den Beschwörer herrschend,
Mußten aufgerufen werden,
Eingefangen, um von Banden
Einen Engel frei zu machen.[57]

Rückert geht davon aus, dass diese Arzneimittel „über den Beschwörer herrschend" sind, d.h., dass die Ärzte nicht die Nebenwirkungen der Arzneimittel beherrschen können, sondern die „unterird'schen Mächte" mit ihren geheimnisvollen Wirkungen die Ärzte beherrschen.

Therapie mit kaltem Wasser

Rückert erwähnt in seinen Liedern aber auch die lindernde Wirkung der Wasseranwendung bei hohem Fieber[58] und die Rekonvaleszenz der überlebenden Kinder:

Nicht nur erquickst du den Durst, der lechzt.
Wasser,
Du auch heilest mein Kind, das ächzt,
Wasser!
Ihm gelegt auf die glühende Stirn,
Wasser,
Schütze vorm Fieberbrand das Gehirn,
Wasser![59]

Er macht sich Vorwürfe, dass er die Kinder genötigt hat, die Arzneien, die sie nicht nehmen wollten, zu schlucken, sowie auf Bitten der Eltern

---

57 Friedrich Rückert: „Als ich aus dem Fenster schaute". In: Ebd., S. 86.
58 Die Anwendung von kaltem Wasser wurde in der damaligen Zeit als besondere wirksame Therapie des Scharlachfiebers angesehen; vgl. dazu: D[aniel] F[riedrich] Erhard: Ueber die äusserliche Anwendung des kalten Wassers als Heilmittel im Scharlachfieber. Inauguraldissertation. Nördlingen 1824.
59 Friedrich Rückert: „Mild beschwichtendes Element". In: ders., Kindertodtenlieder (Anm. 14), S. 119.

das Setzen von Blutegeln, das Blasenziehen am Hals und die Quecksil-
bereinreibungen am Kopf (bei Ernst) zu erdulden.

Selbstvorwürfe nach dem Tod von Luise

> Du trankst das Bittre, wie reut michs nun,
> Weil ich dir sagte: Trinke!
>
> Dein Mund, geschlossen vom Todeskrampf,
> Hat meinem Gebot sich erschlossen;
> Ach! nur zu verlängern den Todeskampf,
> Hat man dirs eingegossen.
>
> Du aber hast, vom Tod umstrickt,
> Noch deinem Vater geschmeichelt,
> Mit brechenden Augen ihn angeblickt,
> Mit sterbenden Händchen gestreichelt.
>
> Was hat mir gesagt die streichelnde Hand,
> Da schon die Rede dir fehlte?
> Daß Du verziehest den Unverstand,
> Der dich gutmeinend quälte.[60]

Neben der Unvollkommenheit der medizinischen Betreuung macht er
aber auch die Natur, ihre Barbarei, die solches Leid zulässt, mitverant-
wortlich:

> Abzuschaffen geschärfte Todesarten,
> Abzustellen den Graus der Folterkammern,
> War wohl unseren aufgeklärten Zeiten
> Vorbehalten zu einem Ruhm. Doch leider
> Daß unschuldige Menschenleben gleichwol,
> Von Krankheit gespannt auf Folterbetten,
> Schwerem langsamem Tod entgegenschmachten!
> Ach wenn menschlicher auch die Menschen wurden,
> Unsre Mutter Natur, sie ist bei ihrer
> Alten heiligen Barbarei geblieben.[61]

Rekonvaleszenz der überlebenden Kinder

> Als von den vier Todeskranken
> Zwei nun aus den Bettchen stiegen
> Und durchs Zimmer wieder wanken,

---

[60]   Friedrich Rückert: „Ich hatte dich lieb mein Töchterlein!". In: Ebd., S. 64f.
[61]   Friedrich Rückert: „Abzuschaffen geschärfte Todesarten". In: Ebd., S. 114.

Kehren erst mir die Gedanken,
Daß zwei andre draußen liegen.[62]

Befreiend ist für ihn, dass das verdunkelte und ungelüftete Krankenzimmer nun wieder ein normales, lichterwecktes Zimmer werden kann.

Genesung – Sonne und reine Luft

Nun dem Sonnenscheine
Nicht versagt der Eintritt,
Noch der Luft, der reinen.
[…].
Statt des Queckentrankes
Und des Quittenschleimes,
Frisches Obst des Schrankes
[…].
Und die Bäckchen selber,
Die noch waren bleicher
Als die Quitten, werden
Wieder apfelgleicher.[63]

Die drei Kinder Rückerts, die die schwere Scharlacherkrankung über-
standen haben, wurden 75 Jahre (Karl), 54 Jahre (August) und 77 Jahre
(Leo) alt.[64] Die zwei verstorbenen Kleinsten, die „Inséparables", die beiden Unzertrennlichen, Luise und Ernst, lebten aber besonders in den
Herzen der Eltern fort.[65]

Scharlachtherapie heute

Wie würden wir heute die damals angewandte Therapie sehen? Bei der
Medizin zu Beginn des 19. Jahrhunderts handelt es sich um eine rein

---

[62] Friedrich Rückert: „Als von den vier Todeskranken". In: Ebd., S. 151.
[63] Friedrich Rückert: „Daß im Krankenzimmer". In: Ebd., S. 117f.
[64] Karl (1824-1899) wurde praktischer Arzt und herzoglicher Wundarzt, August
(1826-1880) Rittergutsbesitzer in Neuses und Ökonomierat, Leo (1827-1904)
Gutsbesitzer in Bielrieth/Meiningen und Ökonomierat. Friedrich und Luise Rückert hatten noch vier weitere Kinder, von denen drei überlebten: Marie (1835-
1920), Friedrich (1837-1868) und Anna (1839-1919). Anna heiratete den Cobur-
ger Arzt Friedrich Berger. Ihr Sohn Hans Berger (1873-1941), ein Enkel Friedrich
Rückerts, ist der Entdecker des Elektroencephalogramms beim Menschen
(EEG). Er war Professor und Direktor der Universitäts-Nervenklinik in Jena; vgl.
Ingeborg Forssman: „Liebster Rückert!" – „Geliebte Luise!" Braut- und Ehebrie-
fe aus den Jahren 1821-1854. Würzburg 2002, S. 288f.
[65] Forssman, Luise Rückert (Anm. 42), S. 62.

empirische Medizin, um Erfahrungsmedizin, nicht um eine wissenschaftlich begründete Medizin. Diese begann ihren Siegeszug erst etwa ab dem Jahr 1850. Die heutige Therapie ist darauf gerichtet, Wasserverluste, die z. B. durch Fieber, Erbrechen und Schwitzen hervorgerufen werden, durch eine ausreichende Flüssigkeitszufuhr und die Verabreichung von verlorenen gegangenen Salzen (Elektrolyten) sowie ggf. Glucose (als Energiezufuhr) zu ersetzen. Von entscheidender Bedeutung ist heute die frühzeitige Antibiotikatherapie mit Penicillin oder anderen modernen Antibiotika, die neben der Heilung der Erkrankung auch Komplikationen wie z.B. der Entstehung einer Nierenentzündung oder einer rheumatischen Erkrankung vorbeugt. Völlig kontraindiziert ist es, den Kreislauf der Kinder durch Auslösen von Erbrechen, Abführmittel oder Blutentzug[66] zu schwächen und diese dadurch vital zu gefährden.

Vom Scharlachtod ihrer Kinder betroffene Zeitgenossen Rückerts

Auch andere Persönlichkeiten des 19. und 20. Jahrhundert erschütterte der Scharlachtod ihrer Kinder:

Friedrich Hoffmann, Berlin

Eine Dokumentation des Scharlachtodes von vier Kindern, die 1855 an Scharlach starben, findet sich auf dem Dorotheenstädtischen Friedhof in Berlin. Der Vater der Kinder, der königliche Baurat Friedrich Hoffmann, hat – ähnlich wie Rückert mit seinen *Kindertodtenliedern* – seinen toten Kindern ein Denkmal gesetzt, ein bleibendes Denkmal, ein Grab aus Stein. Die vier Kinder der Familie Hoffmann hatten ein Alter von neun Monaten bis zu sechs Jahren und neun Monaten. Sie starben innerhalb eines Zeitraums von vier Wochen, vom 14. Februar 1855 bis zum 15. März 1855.[67]

---

[66] Bereits der englische Arzt Thomas Seydenham widerrät schon im 17. Jahrhundert, bei der Therapie des Scharlachfiebers bei Kindern Brechmittel, Aderlässe oder Cardiaca (Herzmittel) anzuwenden; vgl. Erhard, Ueber die äußerliche Anwendung des kalten Wassers (Anm. 58), S. 5. Zur Vorsicht mit „Blutlässen beim Scharlachfieber" rät auch Hufeland; vgl. Christoph Wilhelm Hufeland, Ueber Masern und Scharlachfieber (Anm. 47), S. 457.

[67] Peiper, Chronik der Kinderheilkunde (Anm. 2), S. 557.

Clemens von Brentano

Bewegend ist auch der Scharlachtod des zweiten Kindes des Dichters Clemens Brentano und seiner Frau Sophie, geborene Schubart, geschiedene Mereau. Die Tochter Joachime Elisabeth (13. Mai 1805 – 17. Juni 1805) verstarb im Alter von nur fünf Wochen an Scharlach. Brentano schreibt nach dem Tode seines zweiten Kindes an seinen Schwager, den Juristen Savigny: „Früher, lieber Savigny, als wir ihr gütiges schönes Taufgeschenk erhielten, ist meinem seligen Kinde ein Scharlachröckchen verehrt worden, das es mit in das Grab genommen hat. [...] [E]s ist uns an einer Kinderseuche, am Scharlach in der Zeit von einem Tag und Nacht hingestorben«.[68] Das erste Kind des Ehepaares war bereits in der Neugeborenenperiode verschieden. Bei der Geburt des dritten Kindes verstarben Mutter und Kind am 31. Oktober 1806.

Gustav Mahler

Erschütternd ist auch das Schicksal von Gustav Mahlers Tochter Maria. Mahlers hatte 1901 und 1904 tief bewegt von den Versen Rückerts, fünf *Kindertotenlieder* komponiert. Seine Tochter Maria starb 1907 an Scharlach und Diphtherie. Gustav Mahler soll danach nie wieder die *Kindertotenlieder* dirigiert haben.

Trauerbewältigung im 19. Jahrhundert und heute

Besprechung der Thematik erfolgt nach folgenden Themenkreisen:

- Die Trauer und ihr Einfluss auf die trauernde Persönlichkeit; Stadien der Trauerarbeit,
- Veränderung des Hirnstoffwechsels und der Immunabwehr,
- Trauerbewältigung bei Zeitgenossen Rückerts,
- Friedrich Rückerts literarischer Selbstbefreiungsversuch,
- Trauerarbeit heute.

Der normale Trauervorgang nach dem Verlust eines Angehörigen bzw. eines geliebten Menschen läuft in unterschiedlichen Phasen ab, die in

---

[68] Dagmar von Gersdorff: Dich zu lieben kann ich nicht verlernen. Das Leben der Sophie Brentano-Mereau. Frankfurt/M. 2006 (insel-taschenbuch, 3235), S. 346.

verschiedenen Stadien klassifiziert werden. Erwähnt werden sollen hier die vier Trauerstadien nach Kast:[69]

1. Phase des Nicht-Wahrhaben-Wollens.
2. Phase der aufbrechenden Emotionen und Gefühle (Trauer, Wut, Zorn, Angst, Ruhelosigkeit, Schlafstörungen, Schuldsuche, Schuldgefühle),
3. Phase des Suchens, des Findens und Sich-Trennens, Loslassens. Langsame Neuorientierung,
4. Phase des neuen Selbst- und Weltbezuges, neues Gleichgewicht.

Während des Trauervorgangs kommt es in unserem Körper, speziell im Gehirnstoffwechsel zu folgenreichen Veränderungen. Die bedeutendsten Veränderungen des Körperstoffwechsels sind hierbei:

– Verminderung von Hirnbotenstoffen (der Neurotransmitter), die für eine normale Hirntätigkeit erforderlich sind;
– Überhöhte Konzentrationen des Stresshormons Cortisol, bedingt durch eine verstärkte Stimulation der Hirnanhangsdrüse (Hypophyse);
– Verminderung der Energiekapazität und -nutzung u. a. durch Störungen im Zuckerstoffwechsel und
– Eine Schwächung der Immunabwehr.

Versuche der Trauerbewältigung anlässlich des Todes von Kindern bei Zeitgenossen Rückerts

Wie haben andere Zeitgenossen Rückerts den Verlust von Kindern verarbeiten können?

Wilhelm von Humboldt

Wilhelm von Humboldts besonders geliebter erster Sohn Wilhelm starb 1803 an Malaria. Humboldt schreibt an den befreundeten Friedrich Schiller nach Weimar über den Tod seines Sohnes aus Rom am 27. August 1803: „Unser ältester Knabe, Wilhelm, dessen Sie sich vielleicht dunkel erinnern, ist plötzlich an einem bösartigen Fieber gestorben […]. Wir waren auf dem Lande in Lariccia, […]. Er liegt jetzt bei der Pyramide des Cajus Cestius, […]. Ich habe mit diesem Kinde unendlich viel verloren. Unter allen, die ich habe, war er am liebsten um mich […]. Dieser Tod

---

[69] Vgl. Verena Kast: Trauern. Phasen und Chancen des psychischen Prozesses. Stuttgart 1982.

hat mir auf der einen Seite alle Sicherheit des Lebens genommen. [...] Wenn dieß rasche, blühende, kraftvolle Leben so auf einmal untergehen konnte, was ist dann noch gewiß? [...] Ich habe keine Stimmung, heute mehr zu schreiben, mein theurer lieber Freund. Leben Sie herzlich wohl und bedauern Sie ihren armen Freund." Humboldt berichtet an anderer Stelle, dass Wilhelm ihm noch nach seinem Tod im Traum erscheint und er sich mit ihm unterhält.

Johann Wolfgang von Goethe

Von den fünf Kindern Johann Wolfgang von Goethes überlebte nur der älteste Sohn August,[70] die anderen Kinder starben nach der Geburt, wahrscheinlich infolge einer Blutgruppenunverträglichkeit zwischen dem werdenden Kind und der Mutter. Auch Goethe freute sich jeweils auf die Geburt seiner Kinder. Nach der Geburt seines Sohnes Karl, geb. 30. Oktober 1795, strebte Goethe 1795 sogar eine Schwägerschaft mit Friedrich Schiller an: „Nun wäre es an Ihnen, zur Bildung der Schwägerschaft und zur Vermehrung der dichterischen Familie für ein Mädchen zu sorgen."[71] Nach dem Tode Karls teilte er Schiller mit:

> Man weiß in solchen Fällen nicht, ob man besser tut, sich dem Schmerz natürlich zu überlassen, oder sich durch Beihülfen, die uns die Kultur anbietet, zusammen zu nehmen. Entschließt man sich zu dem letzteren, wie ich es immer tue, so ist man dadurch nur für einen Augenblick gebessert, und ich habe gemerkt, dass die Natur durch andere Krisen immer wieder ihr Recht behauptet.[72]

Goethes Bewältigung von psychischen und dichterischen Krisen erfolgte durch verstärkte Arbeit und dichterische Gestaltung, entsprechend dem Motto, das er in *Torquato Tasso* (V. 3432f.) benennt: „Und wenn der

---

[70] Zu den Umständen von August von Goethes Tod in Rom und den Strategien seines Vaters, den Verlust zu bewältigen, vgl. Ralf Georg Czapla: Autobiographisches Schreiben im Zeichen von Einflussangst. Johann Caspar, Johann Wolfgang und August von Goethe in ihren Reiseberichten aus Italien. In: Uwe Baumann/Karl August Neuhausen (Hg.): Autobiographie: Eine interdisziplinäre Gattung zwischen klassischer Tradition und (post-)moderner Variation. Göttingen 2013 (Super alta perennis. Studien zur Wirkung der Klassischen Antike, 14), S. 259-297, hier S. 280-291.

[71] Der Briefwechsel zwischen Friedrich Schiller und Johann Wolfgang von Goethe. Hg. im Auftrag der Nationalen Forschungs- und Gedenkstätten der Klassischen Deutschen Literatur in Weimar von Siegfried Seidel. Bd.1: Briefe der Jahre 1794-1797. Leipzig 1984, S. 117.

[72] Ebd., S. 121.

Mensch in seiner Qual verstummt, / Gab mir ein Gott zu sagen, wie ich leide."[73]

Johannes Daniel Falk

Der Laientheologe, Satiriker und Diplomat Johannes Daniel Falk verlor in dem Krisenjahr der Völkerschlacht bei Leipzig 1813 in Weimar vier seiner Kinder. Diese hatten ein Alter von zwei Monaten bis sechs Jahren. Nachdem der erst 1812 geborene Sohn Roderich bereits im Mai verstorben war, verstarben am Nervenfieber (Typhus) drei weitere Kinder. Lediglich zwei seiner sechs Kinder überlebten das Jahr 1813. Obwohl er selbst auch schwer an dem Nervenfieber erkrankte, resignierte er nicht und gab er nach der Genesung nicht auf. Er trieb die Weiterentwicklung der im Mai 1813 gegründeten *Gesellschaft der Freunde in der Not* und die Gründung eines Rettungshauses für verwahrloste Kinder voran, um vagabundierenden, verwaisten Kindern, deren es in dieser Kriegszeit viele gab, eine Lebensperspektive zu ermöglichen. Diese Einrichtung erwies sich als sehr segensreich, da sie die Kinder resozialisierte und ihnen eine Ausbildung ermöglichte. Drei Jahre nach dem Schreckensjahr 1813 schrieb Falk zu Weihnachten für seine verwaisten Kinder und auch die eigenen Kinder das heute weltweit bekannte Weihnachtslied: „O du fröhliche, o du selige […]". Die Melodie entstammt einem alten sizilianischen Marienlied mit dem Incipit „O, sanctissima".

Falk gilt heute als einer der ersten Sozialpädagogen. Als Subscribent (Sponsor) für den Unterhalt der Tochter einer Zuchthäuslerin konnte er übrigens u.a. auch Johann Wolfgang von Goethe gewinnen. Die persönliche Not, die er durch den Verlust seiner Kinder erlitten hatte, und die Situation der Zeit beschreibt er eindrücklich: „Es gab Zeiten in unserem Haus, wo wir alle zusammen nur ausgeweinten Gespenstern glichen. Kinder kamen zu Hunderten aus dem ganzen Land, gingen ein und aus und die meinigen wurden begraben. Gott hielt mein Herz, sonst wäre es zersprungen."[74]

---

[73] Johann Wolfgang von Goethe: Torquato Tasso. In: ders.: Sämtliche Werke. Briefe, Tagebücher und Gespräche. Abt. 1. Bd. 5: Dramen 1776-1790. Hg. von Dieter Borchmeyer. Frankfurt/M. 1988 (Bibliothek deutscher Klassiker, 32), S. 731-834, hier S. 833.

[74] Gerhard Heufert: Johannes Daniel Falk. Satiriker, Diplomat und Sozialpädagoge. Weimar 2008, S. 20.

Friedrich Rückerts literarischer Selbstbefreiungsversuch

Wie Goethe suchte Friedrich Rückert die Befreiung von dem ihm wider-
fahrenen psychischen Leid in der Dichtung. Er nahm nicht den alleini-
gen Trost an, der sich aufgrund der hohen Kindersterblichkeit jener Zeit
für viele gläubigen Menschen in der Aussage konkretisierte: „Der Herr
hat's gegeben, der Herr hat's genommen." Die Dichtkunst schaffte ihm
Linderung in der Not, wie nachfolgende Zeilen zu erkennen geben:

> Musen, meine Freundinnen,
> Oft schon in betrübten Tagen
> Brachte ihr mir Trost ins Haus,
> Nie doch wie in diesen Tagen,
> Als die lieben Kinder mir
> An der Seuche niederlagen,
> Deren Todesfunken so
> Leicht ansteckend weiter schlagen.[75]

Die größte Teil seiner 520 Totenlieder entstandenen in den ersten sechs
Monaten nach dem Ableben seiner Kinder. Die Verarbeitung seiner
Trauer begleitete ihn lebenslang in modifizierter Form. Seine *Kindertodtenlieder* haben das Ziel, das Gedächtnis an die verstorbenen Kinder und
damit ideell die Kinder selbst lebendig zu erhalten. Dieses Ziel gipfelt
in den oft zitierten Schlussversen des Gedichts „Immer that ich ihren
Willen":

> Soll die Mutter ihrem Gatten
> Haben sie umsonst geboren?
> Nein, ich hab' es mir geschworen,
> Euer Leben fort zu dichten,
> Daß mir nichts es kann vernichten.[76]

Rückert akzeptiert den Tod und das Vergessen nicht. Die Dichtung wird
für ihn zur Möglichkeit, den Kindern Unsterblichkeit zu verleihen. Seine Selbsterkenntnis und den Sinn seiner Psychoselbsttherapie benennt
er mit den Worten:

> Freilich bist Du selber krank,
> Wenn Du singst, wo Kinder sterben;
> Doch der Krankheit sage Dank,
> Die Dir bricht des Todes Herben.[77]

---

[75] Rückert, „Musen, meine Freundinnen" (Anm. 48), S. 26.
[76] Friedrich Rückert: „Immer that ich ihren Willen". In: ders., Kindertodtenlieder
(Anm. 14), S. 29.
[77] Friedrich Rückert: „Pflegte stets die Poesie". In: Ebd., S. 30.

Das bereits geschaffene und in Arbeit befindliche Werk vermittelt Rückert Befriedigung. Das kommt in folgenden Zeilen zum Ausdruck:

> Zwar der Tod, den Sieg erfocht er,
> Der die Tochter
> Nahm, von Klagen ungerührt;
> Doch hat mein ununterjochter
> Muth die Tochter
> Dem Entführer nun entführt.[78]

Das Ziel seiner Dichtung klingt nachdrücklich in einem Gedicht mit dem Refrain an:

> Ihr habet nicht umsonst gelebt;
> Was kann man mehr vom Menschen sagen?[79]

Golo Mann schätzte Rückerts *Kindertodtenlieder*, da sie seiner Ansicht nach „unendlich wahr und ergreifend in ihrem Schmerz" seien.[80] „Du bist ein Schatten am Tage" galt dem Sohn des Schriftstellers Thomas Mann sogar als „hohe Dichtkunst":

> Du bist ein Schatten am Tage,
> Und in der Nacht ein Licht;
> Du lebst in meiner Klage,
> Und stirbst im Herzen nicht.[81]

Dieses Gedicht ist Ausdruck der ganztägigen Begleitung des Trauernden durch den Verlustschmerz und gleichzeitig der anhaltenden Bewahrung der Liebe zu den Verstorbenen.

Trauerarbeit heute

Die Trauer um verstorbene Kinder ist zeitlos. Der Tod eines Kindes ist das tiefgreifendste, erschütterndste und einschneidendste Erlebnis, das Eltern, aber auch Angehörigen und Geschwistern widerfahren kann. Die hohe Kindersterblichkeit zur Zeit Rückerts konnte durch die Erfolge der modernen Frauenheilkunde und Geburtshilfe einerseits sowie die Fortschritte der Kinderheilkunde andererseits drastisch reduziert werden. Die Kindersterblichkeit wird heute nicht mehr pro 100 Geborene

---

[78] Friedrich Rückert: „Die du mir in lustdurchpochter Brust". In: Ebd., S. 39.
[79] Friedrich Rückert: „Ihr habet nicht umsonst gelebt". In: Ebd., S. 40.
[80] Golo Mann: Über Rückert, einen der liebenswertesten unter den deutschen Dichtern. Würzburg ²1996 (Rückert zu Ehren, 2), S. 42.
[81] Friedrich Rückert: „Du bist ein Schatten am Tage". In: ders., Kindertodtenlieder (Anm. 14), S. 35.

angegeben, sondern pro 1.000 Geborene. Sie beträgt heute 3,8 ‰. Deutlich verändert hat sich das soziale Gefüge. Die Zahl der pro Familie geborenen Kinder ging nach Einführung der Ovulationshemmer, der sogenannten ,Antibabypille', und aus sozialen Gründen zurück. Heute haben wir eine Fruchtbarkeitsziffer von 1,4 Kindern pro Elternpaar in Deutschland, d.h., sechs 6 Elternteile haben zusammen nur vier Kinder, die nächste Generation wird um ein Drittel kleiner sein.

Das durchschnittliche Gebäralter der Frauen hat sich für das erste Kind von 23 Jahren auf 29,2 Jahre verschoben. Für das zweite Kind beträgt es zwischen 30,6 und 31,5 Jahre.[82] Kinder, die heute geboren werden, sind meist geplante Kinder, d.h. Wunschkinder. Frühgeborene mit einem Geburtsgewicht von 600 g oder sogar darunter können heute durch die moderne Neonatologie häufig am Leben erhalten werden. Ultraschalluntersuchungen, die den Eltern demonstriert werden, zeigen im 3-D-Bild die im Mutterleib wachsenden Kinder mit ihren Körperbewegungen. Das schafft früh eine hohe Identifikation der Eltern mit ihrem werdenden Kind.

Trauerhilfen

Trauernden Eltern stehen heute neben den religiösen Institutionen auch zahlreiche andere Vereinigungen sowie medizinisch-psychologische Einrichtungen bei. Genannt seien u.a. der Verein verwaister Eltern und Geschwister e.V., der uns ein Wort von Immanuel Kant in Erinnerung ruft: „Wer im Gedächtnis / Seiner Lieben lebt, / Der ist nicht tot, der ist nur fern; / tot ist nur, wer vergessen wird." Erwähnt seien auch das Buch von D. Burger, *Das Kind bei lebensbedrohender Krankheit und der Tod*, sowie Ratschläge zur Trauerhilfe, die im Internet abrufbar sind. Beispielhaft seien die nachfolgenden Ratschläge von Wolfgang Zimmermann genannt:[83]

1. Akzeptiere die Trauer!
2. Rede über deinen Verlust!
3. Beschäftige dich!
4. Sei gut zu dir selber!
5. Ernähre dich richtig!
6. Mache regelmäßig Körperübung!
7. Versuche, angemessen mit deinen Schuldgefühlen umzugehen!
8. Akzeptiere dein Verständnis von Tod!

---

[82] Statistisches Jahrbuch Deutschland 2011 (Anm. 5), S. 36.
[83] http://www.zimmermannwolfgang.de; abgerufen am 2. Januar 2014.

9. Schließe dich einer Gruppe von Trauernden an!
10. Behalte Kontakt zu den alten Freunden!
11. Verschiebe wichtige Entscheidung!
12. Führe ein Tagebuch, wenn du gerne schreibst!
13. Verwandle deine Trauer in kreative Energie!
14. Nutze deine Kirchenzugehörigkeit, wenn du eine hast!
15. Suche dir gegebenenfalls fachlichen Beistand!

Die medizinische Klassifizierung der Trauerarbeit

In der praktischen Medizin gibt es für die Erfassung von Störungen der Trauerarbeit eine eigene Klassifikationsnummer der „Internationalen Klassifikation der Krankheiten" (ICD), die Nummer J 43.2. Unter dieser Nummer werden z.B. abnorme Trauerreaktionen, emotionale Krisen, Anpassungsstörungen, Stresssyndrome, kurz und lang dauernde depressive Reaktionen, soziale Anpassungsstörungen mit emotionaler Beeinträchtigung und vorübergehende Situationsstörungen zusammengefasst bzw. klassifiziert. Bei Friedrich Rückert bestand danach eine verlängerte Trauerreaktion.

Trauerbewältigung bei stillgeborenen Kindern

Lassen Sie mich abschließend von einer besonderen Form der Trauerfürsorge für Eltern stillgeborener Kinder berichten, wie sie z. B. durch die Initiative der Pfarrerin Gabriele Smend an der Frauenklinik des Sana-Klinikums in Berlin-Lichtenberg gestaltet wird.

Der Verlust eines Kindes, das bereits im Mutterleib gelebt hat, ist heute bei der geringen Geburtenzahl und den oft älteren Müttern ein besonders schmerzliches Ereignis. Durch den modernen 3-D-Ultraschall haben die werdenden Eltern bereits sehr früh einen Eindruck von ihrem im Mutterleib wachsenden Kind und dadurch auch bereits eine besondere Beziehung zu ihm.

Ein Frühgeborenes von 500 g Geburtsgewicht gilt nach dem heutigen Personenstandsrecht als Mensch, hat infolge dessen auch einen Anspruch auf einen Namen und einen Eintrag in das Personenstandsregister und damit auch prinzipiell einen Anspruch auf eine reguläre Bestattung. Kinder unter 500 g werden auch als „Sternenkinder" bezeichnet und hatten bisher keinen entsprechenden Anspruch. Mittels Einwerbung von Spenden gelang es Gabriele Smend für verstorbene Kindern unter 1000 g Geburtsgewicht eine würdige gemeinsame Ruhestätte auf

Abb. 5: Grabstätte für stillgeborene Kinder auf dem Friedhof der Evangelischen
Kirchengemeinde Berlin-Karlshorst.

dem Friedhof in Berlin-Karlshorst zu gestalten. Die Eltern werden in
die Beerdigung einbezogen. Sie gestalten die Beisetzungsgaben und be-
teiligen sich an der Abschiedsfeier. Auch bemalen sie, in aktiver Mitge-
staltung, den für die Gemeinschaftsbestattung vorgesehen Sarg. Dieser
wird dann nach einer Trauerfeier, wo sich die Eltern interreligiös mit
Worten, Musik und Gebet einbringen können, im Beisein der Angehörigen auf der zur Verfügung gestellten Ruhestätte beigesetzt. Eine Wür-
digung der Kinder und ein Psalm sind in dem Stein eingemeißelt, der
die Grabstätte markiert:

> „Obwohl man sagt, Ihr habt noch nicht gelebt, sind Eure Spuren in unseren
> Herzen und Eure Namen in den Himmel geschrieben."
>
> Ps 91,4: „Er wird Dich mit seinen Fittichen decken / Und Zuflucht wirst Du
> haben unter seinen Flügeln."

In den Himmel geschrieben sind auch die Namen von Luise und Ernst
Rückert. Darüber hinaus aber haben das Werk ihres Vaters, des Dichters
Friedrich Rückert, und die Musik des Komponisten Gustav Mahler sie
unvergesslich werden lassen. Wenn wir uns heute, rund 180 Jahre nach
dem Entstehen von Rückerts *Kindertodtenliedern* hier zusammengefun-

den haben, um seiner Kinder und seiner Dichtung zu gedenken, ist dies ein lebendiger Ausdruck dafür, dass Rückert für seine Kinder das erreicht hat, was sein gequältes Herz gewünscht hat. Er hat ihnen ein literarisches Denkmal errichtet, das sein Hauptanliegen verwirklicht hat: „Ihr habet nicht umsonst gelebt."[84]

---

[84] Friedrich Rückert: „Ihr habet nicht umsonst gelebt". In: ders., Kindertodtenlieder (Anm. 14), S. 40.

Die Poetologie von Totenklage und ‚Totenersatz' in Friedrich Rückerts *Kindertodtenliedern*

von

Sascha Monhoff

Obwohl Friedrich Rückert „zu den meistvertonten Dichtern deutscher Sprache" gehört,[1] ist seinen *Kindertodtenliedern* – oder genauer: fünfen davon – fast ausschließlich durch Gustav Mahler ein Restandenken bewahrt geblieben. Aus rezeptionsgeschichtlicher Sicht könnte man da allerdings von einem Bärendienst sprechen. Denn das kleine Grüppchen der Texte, die Mahler offenbar nach dem Kriterium der Vertonbarkeit ausgewählt hat, kann kaum als repräsentativ für die ganze Sammlung gelten – qualitativ ebenso wenig wie quantitativ. Ein Komponist, für den immerhin vorrangig das Endergebnis der Verbindung von Text und Musik zählt, wird bestimmte Gedichte verständlicherweise nach ihrer Brauchbarkeit für diesen Zweck beurteilen.[2] Auf der Suche nach dem sprachästhetischen Anspruch, an dem es den *Kindertodtenliedern* insgesamt durchaus nicht mangelt, stößt man jedenfalls auf andere Texte. Zugegeben: Die insgesamt 563 Gedichte[3] sind allein schon ihres kurzen

---

1 Jessica Riemer: Verzeichnis der Rückert-Vertonungen (2009). Eine Ergänzung des Verzeichnisses von Gernot und Stefan Demel. In: Ralf Georg Czapla (Hg.): Friedrich Rückert und die Musik. Tradition – Transformation – Konvergenz. Würzburg 2010 (Rückert-Studien 19), S. 245-272, hier S. 245. Für das Verzeichnis, auf das Riemer sich bezieht, siehe Gernot und Stefan Demel: Verzeichnis der Rückert-Vertonungen. In: Jürgen Erdmann (Hg.): 200 Jahre Friedrich Rückert 1788-1866. Dichter und Gelehrter. Katalog zur Ausstellung. Coburg 1988, S. 417-550.

2 Zu den Rückert-Vertonungen bei Mahler und anderen Komponisten sowie deren Auswahlkriterien siehe auch Harald Fricke: Rückert und das Kunstlied. Literaturwissenschaftliche Beobachtungen zum Verhältnis von Lyrik und Musik. In: Rückert-Studien 5 (1990), S. 14-37. Das alleinige Kriterium „einer besonders hohen lyrischen Qualität" schließt auch Fricke aus; ebd., S. 19.

3 Teils in Gedichtgruppen bzw. -paaren angeordnet und in dieser Form nummeriert (1-421): Friedrich Rückert: Kindertodtenlieder und andere Texte des Jahres 1834. Bearbeitet von Hans Wollschläger und Rudolf Kreutner. Göttingen 2007 (Schweinfurter Edition). Im Folgenden werden alle Gedichte nach dieser Ausgabe zitiert, mit Angabe der Seiten- und ggf. der Verszahl im Text.

Entstehungszeitraums wegen[4] nicht durchgehend literarisch erstklassig oder originell. Überkommen wirkende Bilder und gesucht erscheinende Fügungen finden sich häufig, insbesondere wo traditionelle Topoi aufgegriffen werden, wie zum Beispiel das Weiterleben bzw. die Unsterblichwerdung der Verstorbenen durch die Dichtung. Zusätzlich zum intimen Charakter ihres Anlasses dürfte auch dies ein Grund dafür gewesen sein, dass sich Rückert nie um die Publikation der gesamten *Kindertodtenlieder* bemüht hat.[5]

Dennoch lassen sich sehr viele Texte finden, die auf ästhetisch äußerst gelungene Weise ein Konzept umzusetzen versuchen, dessen fundamentale Bedeutung für die Poetik der Sammlung hier nachgewiesen werden soll. Diese Gedichte funktionieren nicht nur als Klage über den Tod der geliebten Kinder,[6] sondern sie besetzen zugleich selbst deren ästhetische Stelle in der Wahrnehmungswelt des lyrischen Subjekts. Da die Körper der Betrauerten vor ihrem Tod einen ihnen fest zukommenden Platz in der sinnlichen Umwelt des Subjekts hatten, klafft dort nach ihrem Tod eine Leerstelle, die das Korpus (lat. *corpus* = Körper) der Gedichte zu füllen versucht, um die Welt wieder als eine ganze erfahrbar zu machen. Wie unzureichend das Textkorpus als ‚Ersatzkörper‘ im Allgemeinen auch sei, übernimmt es doch wenigstens diese eine wichtige Funktion. Damit die *Kindertodtenlieder* sie erfüllen können, widmen sie sich bei genauerem Hinsehen weniger der Dokumentation von Erinnerungen als vielmehr der Beschreibung der häuslichen und natürlichen Umwelt, in der die Betrauerten nicht mehr vorhanden sind. Das wiederholte Sprechen von ihrem Nichtvorhandensein und seine sprachliche Gestaltung manifestieren die Leerstelle, das reine Fehlen, zu einem ästhetisch wahrnehmbaren Phänomen. In dieser Hinsicht werden sie zu einem Ersatz für die Verstorbenen. *Wie* sich diese ‚Anstatt-Setzung‘ (gr. *pro-thesis*; davon abgeleitet das deutsche ‚Prothese‘) genau vollzieht, soll unten im Einzelnen gezeigt werden. *Dass* sie geschieht, und zwar auf eine Weise, die ihre Funktion zugleich poetologisch mitreflektiert, ist die leitende These dieses Aufsatzes.

---

4   Für einen genaueren Abriss der Entstehungsgeschichte siehe ebd., S. 565f., sowie Helmut Prang: Friedrich Rückert. Geist und Form der Sprache. Schweinfurt 1963, S. 152-154.

5   Nur vereinzelte Gedichte sind der Öffentlichkeit zugänglich gemacht beziehungsweise an Freunde und Verwandte weitergegeben worden. Vgl. Prang, Rückert (Anm. 4), S. 152-154.

6   Genaueres zur literarischen Totenklage zu Rückerts Zeit und ihrer Tradition bei Eva Horn: Trauer schreiben. Die Toten im Text der Goethezeit. München 1998 (Theorie und Geschichte der Literatur und der schönen Künste, 95).

Damit ist aber keineswegs gesagt, dass sich die Folgen des ‚Aus-der-Welt-Seins' der ehemals Lebenden nur auf die physische Welt, aus der sie verschwunden sind, und auf deren Wahrnehmung beschränken. Der beschriebenen außenweltlichen Leerstelle entspricht natürlich auch, um im Bild zu bleiben, die sprichwörtlich gewordene Leere *innerhalb* des Subjekts. Solche Emotionen fließen zwar zwangsläufig in die Weltwahrnehmung ein. Auf der Ebene der poetischen Gestaltung in den *Kindertodtenliedern* überwiegen aber in vielen Texten die Verweise auf die durch den Kindertod unvollständig gewordene Außenwelt bei Weitem, und zwar aus gutem Grund. Da nämlich das Verschwinden der Betrauerten aus der Welt die notwendige Voraussetzung für die Trauer um sie ist, ist es nur konsequent, wenn auch die Gedichte von der Abwesenheit der Toten als einer physischen Tatsache ausgehen, d.h. von ihrer körperlichen Abwesenheit in bestimmten außenweltlichen Kontexten. Erst dadurch können dann auch die emotionalen Auswirkungen angemessen versprachlicht und gestaltet werden.[7] In einem weiteren Schritt machen die Gedichte zudem auf sich selbst als ein Mittel aufmerksam, diese Kontexte weiterhin als eine Lebensumwelt[8] wahrzunehmen: Wo zuvor

---

[7] Dadurch entsteht außerdem auch ein gesteigerter Empathieeffekt: Die Verlusterfahrung wird so womöglich für einen Leser nachvollziehbarer, der zwar möglicherweise die Erfahrung einer ähnlichen sozialen und natürlichen Umwelt mit dem lyrischen Subjekt teilt, aber nicht unbedingt auch einen gleichermaßen tiefgreifenden Verlust erfahren hat. Vom Standpunkt der Emotionsforschung und Neurowissenschaften aus, zu denen die Literaturwissenschaft ja in den vergangenen Jahren vielfältig interdisziplinäre Anknüpfungspunkte gefunden hat, ließe sich über die Erfolgsaussichten einer solchen poetisch-empathischen Strategie wahrscheinlich Genaueres sagen. An dieser Stelle würden Einlassungen dazu allerdings zu weit führen; hier sei nur auf einige m. E. bemerkenswerte aktuellere Studien zu diesem Thema verwiesen: Gary D. Fireman (Hg.): Narrative and Consciousness. Literature, Psychology, and the Brain. Oxford 2003; Patrick Colm Hogan: What Literature Teaches us about Emotion. New York, Cambridge 2011 (Studies in emotion and social interaction. Second series) sowie ders.: The Mind and its Stories. Narrative Universals and Human Emotion. New York, Cambridge 2003 (Studies in emotion and social interaction. Second series); Norman N. Holland: Literature and the Brain. Gainesville, Fl. 2009; Raoul Schrott und Arthur Jacobs: Gehirn und Gedicht. Wie wir unsere Wirklichkeiten konstruieren. München 2011; Semir Zeki: Splendors and Miseries of the Brain. Love, Creativity, and the Quest for Human Happiness. Chichester, Malden, MA 2009.

[8] Bei diesem Begriff muss nicht schon an den Lebenswelt-Begriff der philosophischen Phänomenologie (Husserl, Blumenberg) oder der Soziologie (Habermas, Schütz) gedacht werden. Wenn ich hier von ‚Lebensumwelt' spreche, meine ich damit – grundsätzlicher – den häuslichen und natürlichen ‚Lebensraum' des lyrischen Subjekts und seiner stellenweise angesprochenen Familienmitglieder. Mehr zu einer phänomenologischen Perspektive auf die *Kindertodtenlieder*: Sascha Monhoff: Das Totenlied der Natur, S. 247-265, im vorliegenden Band.

die Kinder im Zentrum ihrer eigenen, ihnen zugehörigen Welt standen, steht nun – jedenfalls aus der Perspektive des lyrischen Subjekts – ein *Kindertodtenlied*, das diese Welt beschreibt, gestaltet und dadurch von derselben ‚ästhetischen Mitte' aus zusammenhält, die davor die Kinder besetzt hatten. Das lässt sich wahrscheinlich am besten anhand des Gedichts Nr. 177 [209] zeigen, von dem die folgende Analyse ausgehen soll.

„Zur heiteren Stunde fehlet ihr...": Die Anwesenheit der Abwesenheit

Im Laufe der Literaturgeschichte haben sich Mittel herausgebildet (Bilder, Topoi, Sujets, Redeweisen), um den Tod zu thematisieren und damit „Grundmöglichkeiten der Poesie, Sterben und Totsein vorstellbar zu machen".[9] Alternativ dazu kann man entweder vor der Einsicht kapitulieren, dass der Tod als solcher eigentlich „nicht vorstellbar" und deshalb „alles Reden vom Tod prinzipiell leer"[10] ist. Oder man wählt die Methode, die ein Ghasel in den *Kindertodtenliedern* nutzt, indem es im Grunde nicht den wie auch immer gearteten Existenzzustand der Toten zu seinem Thema macht, sondern die Welt, die sie zurückgelassen haben:

> Zur heiteren Stunde fehlet ihr,
> Zum fröhlichen Bunde fehlet ihr.
> Den Sommer kündigen Schwalben an,
> Der freudigen Kunde fehlet ihr.
> [5] Die Blumen im Wiesengrunde blühn,
> Dem blühenden Grunde fehlet ihr.
> Mit lachendem Mund gehn Rosen auf,
> Mit lachendem Munde fehlet ihr.
> Gefunden hat Glück und Lust die Welt,
> [10] Zum glücklichen Funde fehlet ihr.
> Die Brüder schlingen den Reihentanz;
> Warum in der Runde fehlet ihr?
> Die Mutter erzählt ein Mährchen schön;
> Warum bei der Kunde fehlet ihr?
> [15] Ihr fehlt, ich weiß nicht, warum ihr fehlt;
> Aus nichtigem Grunde fehlet ihr.
> Ihr fehlt uns in jedem Augenblick,
> In jeder Sekunde fehlet ihr.

---

9 Wilfried Barner: Die Vorstellbarkeit des Todes. Beobachtungen zur Literatur. In: Rüdiger Görner (Hg.): Traces of Transcendency – Spuren des Transzendenten. Religious Motifs in German Literature and Thought. München 2001 (London German studies, 7), S. 235-250, hier S. 240.
10 Ebd., S. 235.

Ihr fehlet an jedem Ort, nur nie
[20] Dem Herzen als Wunde fehlet ihr.
Was fehlt dem Herzen? ihr fehlet ihm,
Damit es gesunde, fehlet ihr. [209]

Schon auf den ersten Blick wird die doppelt paradoxe Situation deutlich, die das Gedicht beschreibt bzw. selbst generiert: Zum einen richtet es sich an Adressaten, die nicht gegenwärtig sind, die offenbar dauerhaft „fehle[n]" und die deswegen von der an sie gerichteten Anrede gar nicht erreicht werden können. Die auf ihr Fehlen bezogene Formulierung „an jedem Ort" (V. 19) weist deutlich auf den Tod der Angesprochenen hin und schließt insofern jede Form der Übermittlung aus. Das ist literaturgeschichtlich keine Seltenheit – in vielen Trauergedichten wird der Verstorbene direkt angesprochen und die Reflexion über den Tod und die Trauer als Anrede gestaltet. Erwähnung verdient diese Tatsache hier dennoch; besonders darum, weil die Anrede der toten Kinder auf einer Metaebene als Parallelismus zu dem Verhältnis steht, das inhaltlich zwischen der Mutter und den lebenden Kindern hergestellt wird. „Die Mutter erzählt ein Mährchen schön" – und das lyrische Ich spricht seinerseits die Verstorbenen darauf hin an. Im Vergleich mit den lebendigen Geschwistern wird beinahe ein Anspruch an die Toten auf Gegenwärtigkeit gestellt. In gewisser Weise, so meine These, bemüht sich das Gedicht selber, diesen Anspruch einzulösen.

Denn zum anderen – darin besteht die zweite Paradoxie – wird das ‚Fehlen' der Adressierten durch die Epipher („fehlet ihr") derart gehäuft angesprochen, dass das Fehlen selbst eine ganz eigene Präsenz erhält – und zwar eine viel stärkere Präsenz noch als zum Beispiel die Erinnerung an die Toten. Die Bilder, die in diesem Gedicht evoziert werden, sind nämlich ausschließlich Bilder der natürlichen und sozialen *Kontexte*, in denen sich die toten Kinder sonst aufgehalten haben: Bilder der Sommerwiese, die Märchenstunde und die „Runde" (V. 12) der Geschwister beim Tanz. Nicht evoziert werden Bilder der Kinder selbst, ihr Aussehen, Charakter oder ihr individuelles Verhalten. Sogar dass es sich um Kinder handelt, wird nicht durch eine direkte Beschreibung oder einen Hinweis auf das Alter deutlich, sondern lediglich durch Bezugspunkte im angesprochenen familiären Kontext: „die Brüder" (V. 11) und „die Mutter" (V. 13). Damit sind nicht eigentlich die toten Kinder der Gegenstand des Textes, sondern die Tatsache ihrer Abwesenheit, die zunächst die gewohnte Lebensumwelt, in die sie gehören, zu einer ungewohnt unvollständigen macht. Die scheinbar rhetorische Frage im vorletzten Vers – „Was fehlt dem Herzen?" (V. 21) – darf darum als tatsächliche Frage ernst genommen werden. Denn die so stark auf eine Beschäftigung mit der Umwelt gerichtete Wahrnehmung erfordert eine aktive Rückbesinnung des Subjekts auf die Leerstelle in seiner eigenen Innenwelt, damit sich die Trauer, das Fehlen im Sinne von ‚Vermissen‘, überhaupt direkt artikulieren kann.

Wie geschickt hier die formalen Besonderheiten des Ghasels genutzt werden,[11] zeigt sich, wenn man die Elemente, die im Gedicht formale Beziehungen zwischen einzelnen Versen und Versgruppen stiften, in eine Beziehung zum Abwesenheitsthema setzt. Wenn die Epipher („fehlet ihr“) als eine endgültige Tatsache formal entsprechend auch das Ende des ersten und danach jedes zweiten Verses markiert, ist doch die Beschreibung sowohl der natürlichen als auch der sozialen Umwelt *um die Leerstelle herum* angeordnet, die diese Epipher markiert. Die jeweils vor das entsprechende Versende gesetzten Reimwörter verbinden genau jene Phänomene, die zur Lebenswelt der Betrauerten und des lyrischen Subjekts gehören. Jede einzelne Erwähnung des Fehlens wird insofern von diesen lebensweltlichen Bezugspunkten eingerahmt. Zusätzlich wird vom dritten bis zum zehnten Vers eine Reihung von Verspaaren durch den Gebrauch von Polyptota gebildet („kündigen“/„Kunde“, „Wiesengrunde“/„Grunde“, „Mund“/„Munde“, „Gefunden“/„Funde“). Bis einschließlich zum zehnten Vers verknüpfen diese beiden Bezugsformen (Reim und Polyptoton) die erwähnten Weltelemente zu einer kohärenten Einheit aus Erscheinungsformen der natürlichen Flora und Fauna. Setzt man beispielsweise die „fehlet ihr“-Epipher vom Rest des Gedichts ab oder lässt man sie ganz aus, kann man den übrig bleibenden Teil dieser Passage des Gedichts – ohne jeden Hinweis auf das Nichtvorhandensein der angesprochenen Personen – wie eine reine und fast eigenständige Naturschilderung lesen (abgesehen davon, dass jeder zweite Vers dadurch elliptisch würde):

---

[11] Bis zum Entstehungsjahr der *Kindertodtenlieder* hatte Rückert die Form des Ghasels schon in einer Reihe verschiedener Publikationen benutzt; bemerkenswerterweise ohne eine deutlich erkennbare Einübungsphase. Von vornherein, also schon seit seinen ersten Übersetzungen und der Sammlung *Östliche Rosen* (1821) „verwendete Rückert das Ghasel mit unglaublicher Virtuosität“ – auch im Vergleich etwa zu Goethe, durch dessen *West-östlichen Divan* eine weitere Leserschaft im deutschen Sprachraum zum ersten Mal auf diese Gattung aufmerksam wurde. Siehe Hendrik Birus: Goethes Annäherung an das Ghasel und ihre Folgen. In: Klaus-Michael Bogdal (Hg.): Orientdiskurse in der deutschen Literatur. Bielefeld 2007, S. 125-140, hier S. 137.

Den Sommer kündigen Schwalben an,
Der freudigen Kunde   fehlet ihr.
[5]   Die Blumen im Wiesengrunde blühn,
Dem blühenden Grunde   fehlet ihr.
Mit lachendem Mund gehn Rosen auf,
Mit lachendem Munde   fehlet ihr.
Gefunden hat Glück und Lust die Welt,
[10]   Zum glücklichen Funde   fehlet ihr.

Wo die Reihe der Polyptota abbricht, d.h. zwischen dem zehnten und dem elften Vers, entsteht noch eine weitere signifikante Zäsur im Text, durch die das Gedicht auch inhaltlich in zwei Teile zerfällt. Denn an die Stelle der natürlichen Umwelt tritt nun die soziale, familiäre Welt als eine, die durch den Tod der Kinder unvollständig geworden ist. Erscheint die natürliche Welt der ersten Gedichthälfte auch für sich allein stehend, wie gerade gezeigt, noch als eine wenigstens einigermaßen ganzheitliche, verlieren die familiären ,Elemente' in den Versen 11-14 mit den Verstorbenen zugleich auch ihr jeweiliges, die Familienmitglieder semantisch bestimmendes Gegenüber: Sind „[d]ie Brüder" (V. 11) noch immer „Brüder" nicht nur untereinander, sondern auch die Brüder der ,Verschiedenen'[12], wenn diese in der „Runde" ihrer Geschwister fehlen? Ist „[d]ie Mutter" (V. 13) immer noch „Mutter", auch in Bezug auf die Toten? Die Semantik der Familienverhältnisse, und damit die Kohärenz der familiären Lebenswelt, wird durch den Verlust der ihr ursprünglich und wortwörtlich ,Angehörigen' viel empfindlicher beeinträchtigt als die Welt der Natur. Aus demselben Grund ist es auch dieses spezielle Fehlen, das hier die Sinnfrage provoziert („Warum […] fehlet ihr?") (V. 12 und 14). Die Antwort darauf fällt ganz in der Manier aus, in der davor schon von den Angesprochenen selbst die Rede war. Nicht etwa *ohne* einen Grund oder aus *keinem* Grund fehlen die Kinder, sondern „[a]us nichtigem Grunde" (V. 16). Diese Formulierung verleiht auch der Abwesenheit einer sinnvollen Erklärung für die Katastrophe, die das lyrische Ich befallen hat, eine erfahrbare Präsenz: Grammatikalisch exakt argumentiert, *gibt* es hier einen, wiewohl semantisch nicht vorhandenen, eben „nichtige[n]", Grund. Genauso, wie aus der physischen Umwelt mit den toten Kindern ein kohärenzstiftendes Element verschwunden ist, aber als Leerstelle permanent auffällt, bleibt auch die Abwesenheit eines benennbaren Grundes dafür dauerhaft erfahrbar. Es wird eine Lücke im Sinngefüge der Welt identifi-

---

12   Ein immerhin recht gängiger Begriff in diesem Zusammenhang, der nicht nur den Todeszustand der Gestorbenen benennt, sondern auch die dadurch bedingte ,Absonderung' bzw. ,Abgeschiedenheit' der Toten von der Welt der Lebenden.

ziert, die zwar nur *ex negativo* besteht, aber darum nicht weniger als andauernd erlebt und beklagt werden kann.

Als ein Ganzes betrachtet vollzieht sich in dem Gedicht, vom Anfang zum Ende, eine Verlagerung der Wahrnehmung von außen nach innen und eine Fokussierung der Aufmerksamkeit vom weiten Umkreis zum einzelnen Individuum. Vom außenweltlichen Naturraum, über den unmittelbaren Familienkreis bis ins „Herz[]" (Vers 20 und 21) durchlaufen die Schilderungen eine konsequente perspektivische Verengung hinein ins lyrische Subjekt. Warum dies für den vorliegenden Zusammenhang relevant ist, versteht man unmittelbar bei dem Versuch, den Polen dieser linearen Bewegung (außen und innen), die entsprechenden Grade von Konkretion und Abstraktion zuzuordnen. Dabei wäre eigentlich zu erwarten, dass das körperlich Konkrete mit dem Nachlassen von Schilderungen einer phänomenal diversen Außenwelt und der Annäherung an das einzelne Subjekt zunimmt. Das trifft aber nur sehr bedingt zu. Denn gleichzeitig werden die verschiedenen Einzeleindrücke, die mit den jeweiligen existenziellen Bereichen assoziiert sind, zunehmend abstrakter und ‚unphysischer'. Während nämlich die erste Gedichthälfte (ab dem dritten Vers) die natürliche Umgebung als eine physische beschreibt – obwohl auch emotionale Adjektive auf sie angewendet werden – besteht der Text zum Ende hin fast ausschließlich noch aus Reflexionen über das Fehlen selbst und seine räumlich-zeitliche Allgegenwart (vgl. V. 17-19). Der Dreischritt ‚weite Außenwelt – Familienkreis – subjektive Innenwelt' stellt unter dem Gesichtspunkt eines Bezugs zur Physis bzw. Körperlichkeit in erster Linie eine Antiklimax dar. An der „fröhlichen" (V. 2), „freudigen" (V. 4), „blühenden" (V. 6) Welt der umgebenden Natur hat das trauernde Subjekt, so scheint es, bis auf Weiteres keinen Anteil mehr. Es ist von der Außenwelt und der Fähigkeit, sich auf sie einlassen zu können, durch genau die unausgefüllte Stelle in seiner Wahrnehmungswelt getrennt, die ursprünglich die Körper der toten Kinder besetzt gehalten hatten. Die einstweilige Aufrechterhaltung dieses Zustands leistet aber vor allem dieses Gedicht selbst. Es aktualisiert die ‚Anwesenheit der Abwesenheit' auf eine Art und Weise, die vermutlich keine Gedichtform besser gewährleisten könnte, als das so hochgradig auf Repetition basierende Ghasel.[13] Auf die naheliegende Frage, in welchem Sinn überhaupt eine Abwesenheit anwesend und ein Fehlen präsent sein kann, antwortet das Gedicht

---

[13] Interessanterweise will Harald Fricke in inhaltlich und formal repetitiven Strukturen – er spricht von „Formen der Wiederaufnahme" – den charakteristischen Zug von Rückerts gesamter Lyrik ausmachen; vgl. Fricke, Kunstlied (Anm. 2), S. 23-27, hier S. 26.

mit sich selbst: Es leistet – ganze 18mal in 22 Versen – die Perpetuierung des Fehlens in sprachästhetisch gestalteter Form. Es bildet so die genannte Leerstelle in wahrnehmbarer Form ab und wird dadurch selbst zur materiellen Form dieser Leerstelle. Deren Ästhetisierung hat nun aber deutliche Konsequenzen für all das, was aus der Perspektive des lyrischen Subjekts gesehen jenseits von ihr liegt. Mit der zum Ende hin auffällig gehäuften Feststellung, dass „[i]hr fehlt/fehlet" (Verse 15, 17, 19, 21) treten die Phänomene der physischen Außenwelt komplett zurück und weichen der völligen inhaltlichen Abstraktion.

Herzenskrankheit und -gesundung

Das gilt jedenfalls so lange, bis sich schließlich beide Aspekte in der Evokation des „Herzen[s]" miteinander verbinden: Das vitale Zentrum des menschlichen Körpers steht hier, wie allerdings auch in einer Unzahl anderer literarischer Texte, zugleich für das Zentrum der Gedanken- und Gefühlswelt. Die Rede von der Herzenskrankheit bzw. Herzenswunde könnte leicht zu den eingangs erwähnten überkommen wirkenden Bildern gezählt werden. Nur wird die Stereotypie dieser Metapher hier dadurch entbanalisiert, dass sie nicht allein als Vehikel für einen ‚übertragenen' Sinn (Gefühle und Gedanken) herhält. Sie ist eben nicht *ausschließlich* eine Metapher. Auf die Geisteswelt des lyrischen Subjekts zu verweisen ist nicht ihre einzige und nicht einmal ihre wesentliche Funktion. Sie dient in diesem Gedicht mindestens ebenso sehr dazu, den Rückbezug von der Gedanken- und Gefühlsebene auf die konkrete physische Umwelt zu gewährleisten. Denn die „Wunde" (V. 20), die emotionale Verletzung, die dem Herzen durch den Tod beigebracht wird, steht durch die Feststellung ihrer Ursache, die Diagnose des permanenten Fehlens der vermissten Kinder, als ein Parallelismus zur von den Kindern verlassenen Außenwelt. Die angesprochene „Wunde" erinnert an die Lücke im Weltgefüge, wie es sich dem lyrischen Subjekt darstellt. Und mehr noch: In einem bestimmten Sinne wird sie durch die Dichtung, die sie thematisiert, zugleich geschlossen und geheilt. Die Doppeldeutigkeit des etwas kryptischen Schlussverses weist darauf hin: „Damit es [das Herz] gesunde, fehlet ihr." (V. 22)

Das bedeutet offensichtlich Folgendes: Zum Gesundwerden des Herzens fehlt nur ihr. Wäret ihr nur wieder hier, in eurem natürlichen und familiären Lebensraum, wären das Herz und ‚die Welt wieder in Ordnung'. Die emotionale Wunde wäre abschließend geheilt. Da die Toten aber nun einmal nicht in die Welt der Lebenden zurückkehren können, besteht für das Herz keine Hoffnung. – Das Gedicht mündet nach dieser Lesart mit dem letzten Vers in einen fundamentalen Pessimismus.

„Damit es gesunde" heißt aber außerdem: Euer Fehlen ermöglicht dem Herzen erst die Heilung. Damit das Herz gesunden *kann*, fehlet ihr (!). Auf den ersten Blick mag diese Deutung als unvereinbar mit dem Ganzen des Gedichts erscheinen – weil sie zum einen der offenkundigen Tatsache zu widersprechen scheint, dass es die „Wunde" des Herzens überhaupt nicht gäbe, wenn die Kinder nicht fehlten, und sie zum anderen der erstgenannten Deutung zuwiderläuft, die sich folgerichtig aus dem thematischen Gesamtzusammenhang des Gedichts ergibt. Allerdings sprechen mindestens zwei Argumente auch für diese Deutung: Erstens entspricht sie dem umgangssprachlich direkten, ganz wörtlichen Sinn des Verses. In Anbetracht der hohen Sprachkunst des übrigen Gedichts kann das kaum als Versehen abgetan werden. Zweitens bildet dieses Gedicht keineswegs eine kuriose Ausnahme in der „unsägliche[n] Masse von Todtenliedern"[14], wenn es dem Fehlen der Kinder eine verletzende und heilsame Wirkung zugleich zuschreibt. Im Zusammenhang mit dem Tod der Kinder wird etwa von „süßem Leid und Wehbehagen" [40, V. 10] gesprochen, von der „Krankheit", die gleichzeitig „dir bricht des Todes Herben" [30, V. 11 und 12] oder auch davon, dass „jubeln [...] und klagen" [469, V. 13] selbst in tiefster Trostlosigkeit gleichwertige Optionen darstellen.[15] Wie also passen beide Bedeutungsebenen zusammen? Das Gedicht legt mit dem letzten Vers nahe, noch einmal mit verstärkter Aufmerksamkeit auf eine eventuelle heilsame Auswirkung der Verlusterfahrung gelesen werden zu müssen. Nur so dürfte sich herausfinden lassen, auf welche Weise die ‚Herzgesundung' durch das ansonsten so traurige Fehlen der Kinder zumindest mitbewirkt werden kann.

Menschen- und Textkörper

Zu fragen, welche der beiden Lesarten die richtige sei, hieße jedenfalls den Umstand zu verkennen, dass das Gedicht (und wie gesehen ein Teil

---

14 So Rückert selbst über seine Sammlung in einem Brief an Xaver Schnyder von Wartensee, Erlangen, 25. Oktober 1834; Friedrich Rückert: Briefe. Hg. von Rüdiger Rückert. Bd. 1. Schweinfurt 1977, S. 561f. (Nr. 377), hier S. 561.

15 Auch dieser Aspekt greift auf eine bereits vorhandene Traditionslinie in der Literaturhistorie zurück, vor allem auf den ‚Joy of Grief' des englischen Sentimentalismus, der auf verschiedenen Wegen auch Eingang in die deutsche Literatur unmittelbar vor Rückert gefunden hat. Die Tendenz zur psychologischen Selbsterforschung bei den deutschen Schriftstellern in dieser Tradition (z.B. bei Karl Philipp Moritz) ist bei Rückert allerdings weniger stark.

der gesamten Sammlung) von Anfang an auf beide Lesarten hinarbeitet, auch auf die leicht kryptische zweite. Was im allgemeinen Verständnis ein ‚gesundes Herz' ausmacht, ist wohl genau die Stimmungslage, die in der ersten Gedichthälfte mit einer Reihe von Adjektiven ganz direkt benannt wird. Schon die ersten beiden Verse geben vor, was die Welt, auch ohne die geliebten Kinder, eigentlich noch immer ausmacht: Die „heitere[] Stunde" (V. 1) und der „fröhliche[] Bund[]" (V. 2), Freude und Geselligkeit, sind geradezu die Innbegriffe dessen, ‚was das Herz braucht'. Die entscheidende Frage wäre natürlich, wie sich diese Einsicht auch in der Konfrontation mit einem so schweren Schicksalsschlag wie dem Tod von Familienangehörigen zurückgewinnen oder aufrecht erhalten lässt. Gehörten die Kinder früher zu einer „Welt" (V. 9), die nicht zuletzt durch ihre Anwesenheit als „freudig[]" (V. 4) und „glücklich[]" (V. 10) erfahrbar war, ist jetzt die Anwesenheit von etwas anderem nötig, das an die Stelle eines Menschen treten kann, der die „Welt" verlassen hat. Dazu bietet das Gedicht nun sein eigenes ‚Korpus' an, und etwas weniger deutlich auch denjenigen der ganzen Sammlung. Auch für die *Kindertodtenlieder* insgesamt gilt, dass sie viel mehr noch als Erinnerungsbilder von den Toten Natureindrücke und Familienbilder fest- und zusammenhalten. Die Materialisierung des Fehlens im zitierten Gedicht ist lediglich das Wenigste, was von einem toten Menschen zurückbleiben muss, wenn die Welt noch einen Sinn als Lebensraum für das hinterbliebene Subjekt haben soll. Denn – darin besteht eine wesentliche Pointe des Ghasels – die toten Kinder fehlen ja gerade nicht nur den Verwandten, die noch leben. Sie fehlen vor allem der Welt selbst. Ihr Sterben ist der Akt, der aus Sicht des lyrischen Ichs den ontologischen Seinszustand der Welt selbst tiefgreifend verändert. Man hat es hier geradezu mit einer ‚negativen Anthropologie' zu tun: Nicht was der Mensch ist und was ihn ausmacht interessiert, sondern was als absolutes Minimum von ihm zurückbleiben muss, damit erstens sein einmal gelebtes Leben einen bleibenden Sinn haben kann und damit sich zweitens *die Welt selber* noch als eine sinnvolle behaupten lässt. Dieses Minimum an Sinnstiftung ist das Gedicht.

Die ‚positive' anthropologische Komponente dieser Dichtung besteht nicht eigentlich in einer Fokussierung auf den Menschen, auch nicht, wie es natürlich zur Anthropologie auch gehört, auf den Menschen *innerhalb* und als Teil seiner Welt. Sie besteht in der Konzentration auf die Lebenswelt *um* den Menschen; die Lebens-*um*-welt ist das Primäre. Den Blick auf die Umwelt ermöglicht ein Innehalten der Wahrnehmung an der Stelle, wo die Kontinuität des Weltganzen als einer sozialen Welt durch den Verlust der Menschen in ihrer Mitte unterbrochen wird. Dieses Innehalten, gewissermaßen ein Stutzigwerden vor dem weißen Fleck in der gewohnheitsmäßigen Weltwahrnehmung des lyrischen Subjekts, befähigt zu einer ungewohnten Sicht auf die Dinge: Das Kuriosum, dass die Welt nach wie vor als eine Welt mit positiven Qualitäten erfahrbar bleibt. Das geschieht nicht *obwohl*, sondern gerade *weil* sich das wahrnehmende Subjekt an diesem weißen Fleck in seinem Welt-Bild aufhält und ihn, ganz wörtlich, beschreibt.[16] Immerhin hat nichts an der Welt selbst das lyrische Subjekt in seine Trauer gestürzt. Alle Elemente und Bezüge, die die Welt schon seit jeher für das Subjekt bereitgehalten hatte, um sich in ihr existenziell zu beheimaten, sind nach wie vor vorhanden. Es sind die Gestorbenen, die hier eklatant ‚gefehlt‘ – im Sinne von ‚versagt‘ – haben. Sie enttäuschen die Erwartung des lyrischen Subjekts, die Geliebten noch irgendwo und irgendwie in seiner Welt vorzufinden. Ihr ‚Fehlen‘ bedingt erst eigentlich den fundamentalen Makel der Welt. Der Tod wird nicht nur als Katastrophe, sondern auch als Versagen erlebt, als ein *Ver*-Fehlen, das schließlich und endlich jeden Menschen betrifft. Philippe Ariès spricht in diesem Zusammenhang von „den großen Unzulänglichkeitskrisen des Alterns und des Todes".[17] Doch das endgültige Scheitern der menschlichen Existenz am Tod (weil sie mit dem Tod endet) und die Unabdingbarkeit dieses Scheiterns (weil ausnahmslos jede menschliche Existenz durch den Tod beendet wird), wenngleich Grundtatsache des menschlichem Lebens, entzieht sich der direkten Erfahrbarkeit. Insofern scheitert nicht nur der Sterbende am Tod, sondern auch der Zurückbleibende an seiner Ästhetisierung. Rückerts Ghasel führt das an sich selbst, wie oben gezeigt, anschaulich vor. Anthropologisch kann das Gedicht nur von denen sprechen, die noch ‚ganze Menschen‘,[18] d.h. körperlich lebende Anwesende

---

[16] Man könnte auch sagen: Das Ghasel fordert die Auseinandersetzung mit den Ursachen der Trauer ein und ermöglicht dadurch die Wahrnehmung der Welt als einer für den Wahrnehmenden fundamental neuen und ungewohnten. Es entwickelt gewissermaßen die Totenklage als einen bloßen Ausdruck von Trauerempfindungen zum Medium einer poetischen Maieutik fort. – Vgl. Susanne Kaul: Literarische Maieutik. In: Wolfgang Braungart (Hg.): Wahrnehmen und Handeln. Perspektiven einer Literaturanthropologie. Bielefeld 2004, S. 267-277.

[17] Philippe Ariès: Geschichte des Todes. Aus dem Französischen von Hans-Horst Henschen und Una Pfau. München ³1987 (dtv, 4407), S. 178.

[18] Die Zeit, in der der ‚ganze Mensch‘, d.h. der Mensch als nicht nur geistiges, sondern auch entscheidend leiblich konstituiertes Wesen, verstärkt in den Mittelpunkt der gelehrten Diskussion gerückt war, liegt nur wenig vor den Kindertodtenliedern. Näheres dazu in Hans-Jürgen Schings (Hg.): Der ganze Mensch. Anthropologie und Literatur im 18. Jahrhundert. Stuttgart, Weimar 1994 (Germanistische Symposien-Berichtsbände, 15).

sind.[19] Eine Wendung des Gedichts ins Nekrologische oder Thanatologische wiederum ist einer mangelnden Erfahrungsgrundlage wegen ausgeschlossen. Aber auf den Tod selbst kommt es ja, wie gesagt, in diesen Gedichten gar nicht an. Stattdessen wird die Frage nach der positiven Erfahrbarkeit der Welt angesichts des Todes gestellt. Die Welt nach dem Tod ist nicht die Welt der Verstorbenen, sondern der Hinterbliebenen. Genau darum hätte es auch wenig Sinn, zu versuchen, das körperliche Erscheinungsbild der Toten in der Dichtung zu verewigen, wie es ansonsten in literarischen Totenklagen häufig passiert. In kaum einem Gedicht der *Kindertodtenlieder* werden jemals der Körper eines der Kinder oder einzelne Körperpartien direkt beschrieben. Die einzige Ausnahme bildet ein Gedicht, in dem ein beschriebenes Gesicht zwar mutmaßlich, aber eben nur mutmaßlich, das des toten Mädchens ist:

> Es bringt die Magd die Todeskunde
> Vom Schwesterchen der Knabenschar;
> Da rufen sie mit einem Munde:
> Sie ist nicht todt, es ist nicht wahr.

> [5]   Sie sehen sie mit blassem Munde
> Mit weißer Wang' im dunklen Haar,
> Und flüstern leiser in die Runde:
> sie ist nicht todt, es ist nicht wahr.
> [54]

---

[19] In welchem Maße auch die Forschungsliteratur vor diesem Problem steht, wird daran deutlich, dass, soweit ich die Forschung überblicke, sämtliche neueren Überblicksdarstellungen zur Literarischen Anthropologie den Tod fast ausschließlich als Konsequenz äußerer Katastrophen (Mord, Selbstmord, Krankheit) thematisieren, jedoch kaum als existenziell eigenständiges Phänomen; vgl. Braungart, Wahrnehmen (Anm. 15); Alexander Košenina: Literarische Anthropologie. Die Neuentdeckung des Menschen. Berlin 2008 (Akademie-Studienbücher); Rüdiger Zymner/Manfred Engel: Anthropologie der Literatur. Poetogene Strukturen und ästhetisch-soziale Handlungsfelder. Paderborn 2004; etwas früher auch schon: Jürgen Barkhoff/Eda Sagarra (Hg.): Anthropologie und Literatur um 1800. München 1992 (Publications of the Institute of Germanic Studies, 54). Viel stärker betont werden stattdessen der Körper selbst und die Bedingungen, die von seiner Konstitution (und auch seiner Fragilität) für das menschliche Leben ausgehen; so etwa bei Claudia Benthien: Im Leibe wohnen. Literarische Imagologie und historische Anthropologie der Haut. Berlin 1998 (Körper, Zeichen, Kultur, 4); und auch Helmut Pfotenhauer: Literarische Anthropologie. Selbstbiographien und ihre Geschichte – am Leitfaden des Leibes. Stuttgart 1987 (Germanistische Abhandlungen, 62). Einen sehr guten Überblick über die Literarische Anthropologie und ihre Forschungsgeschichte gibt Lothar van Laak: Art. ‚Literarische Anthropologie'. In: Jost Schneider (Hg.): Methodengeschichte der Germanistik. Berlin, New York 2009, S. 337-353.

Gehören der „blasse[] Mund" und die „weiße[] Wang' im dunklen Haar"
nun zum Gesicht der toten Schwester oder zu denen der entsetzten Brüder? Grammatikalisch ist immerhin beides möglich. Wenn man der Un-
eindcutigkeit des Bezugs hier einen Sinn unterstellen will, kann man zu
dem Schluss kommen, dass mindestens in demselben Maße, wie vom
Gesicht des toten Mädchens die Rede ist, schon der bevorstehende Tod
der anderen Kinder antizipiert wird. Das Schicksal der Schwester zeichnet
sich auf den Gesichtern der (noch) Lebenden schon ab. Der künftige Tod
ist eine Tatsache in der Welt der Lebenden, der sich an deren Körpern
schon im Kindesalter ersichtlich bemerkbar macht. Alle weiteren Körper-
bezüge, zumal sofern es die Verstorbenen betrifft, bleiben aus.

Es findet sich außerdem so gut wie keine Beschwörung von Jenseits-
bildern. Das ist hier vor allem deswegen bemerkenswert, weil die Weige-
rung, den Tod des Mädchens anzuerkennen, einer literarischen Tradition folgt, die auf die biblische Episode der Erweckung der Tochter des
Jaïrus zurückgeht.[20] Dort ist es Jesus, der den Tod des Mädchens – in
einem positiven Sinne – nicht ,wahrhaben' will und die Nachricht von
ihrem Tod „überhört".[21] Die Erweckung von Toten in der Bibel als
Sinnbild für die Auferstehung zum ewigen Leben *nach* der irdischen
Existenz zu deuten, ist ein Gemeinplatz in Liturgie und Homiletik. In
den *Kindertodtenliedern* findet sich davon jedoch keine Spur. Zwar wird
in ihnen häufiger ganz allgemein auf ein Jenseits oder den Himmel
verwiesen.[22] Aber da, wo religiöse Bilder und Bezüge ausführlich und
im Detail auftauchen, beziehen sie sich auffällig oft gerade auf die diesseitige Welt und sparen einen Jenseitsbezug demonstrativ aus. Auch dafür wurde oben die Erklärung indirekt schon gegeben: Da sich über den
Tod Anderer der Natur der Sache nach weniger sagen lässt, als über das
eigene (Weiter-)Leben, sind die Fragen danach, wie es mit dem Hinterbliebenen – hier: dem hinterbliebenen lyrischen Subjekt – weitergeht,
oft vordringlicher als die möglichen Existenzformen jenseits davon.[23] In

---

[20] Vgl. Mk 5,35-43 und Lk 8,49-56.

[21] Eine Übersetzungsvariante von Mk 5,36, die die Bearbeiter der aktuellen Elberfelder Bibel der zweiten Möglichkeit „hörte nebenbei" vorziehen. Diese und alle
weiteren Bibelstellen werden zitiert nach: Elberfelder Studienbibel mit Sprachschlüssel und Handkonkordanz. Witten [2]2010.

[22] Wenn auch bezeichnenderweise oft sehr lakonisch und nicht durch mehr als
z.B. ein knappes „Droben" [95, 7].

[23] Eine allgemeine Immanenzlastigkeit ist allerdings einem der wenigen prominen-
ten Rückertleser des 20. Jahrhunderts, Oskar Loerke, zufolge auch bezeichnend
für Rückerts sonstige Dichtungen, einschließlich seiner Bearbeitungen orientalischer Dichter: „[S]eine Dichtung ist fast frei vom Wach-Traum, sie kennt wenig
das Magische der Vorstellung, wenig die Begebenheit auf einer anderen Ebene

Anlehnung an Goethes bekanntes Diktum aus seinem Gespräch mit Friedrich Foerster („[D]en Tod aber statuire ich nicht."[24]) ließe sich hier feststellen: Das, worauf der Tod in anderen Kontexten so oft verweist, die metaphysische Sinnoption, statuieren die *Kindertodtenlieder* nicht. Sie bleiben weitgehend bei Evokationen der vom Tod betroffenen Welt. Dementsprechend wird auch zuerst in der Welt, in der bei aller Verzweiflung doch wenigstens für eine Weile weitergelebt werden muss, nach Sinnangeboten gesucht.[25] Selbst diejenigen Gedichte, die eindeutig von biblisch-religiösen Motiven Gebrauch machen, begeben sich dabei eigentlich nicht direkt in eine metaphysische Sphäre. Auch dafür ein anschauliches Beispiel:

> Du bist ein Schatten am Tage,
> Und in der Nacht ein Licht;
> Du lebst in meiner Klage,
> Und stirbst im Herzen nicht.

> [5] Wo ich mein Zelt aufschlage,
> Da wohnst du bei mir dicht;
> Du bist mein Schatten am Tage,
> Und in der Nacht mein Licht.

> Wo ich auch nach dir frage,
> [10] Find' ich von dir Bericht;
> Du lebst in meiner Klage,
> Und stirbst im Herzen nicht.

---

als der festen Wirklichkeit." Ob das wirklich so pauschal zutrifft, steht zu bezweifeln, muss hier aber nicht weiter untersucht werden. Es kommt mir hier nur auf den Hinweis an, dass insbesondere im Verhältnis zu der nach Metaphysik geradezu rufenden Thematik der Kindertodtenlieder die von Loerke so genannte „feste[] Wirklichkeit" doch erstaunlich dominant ist; Oskar Loerke: Friedrich Rückert. In: Wolfdietrich Fischer (Hg.): Friedrich Rückert im Spiegel seiner Zeitgenossen und der Nachwelt. Aufsätze aus der Zeit zwischen 1827 und 1986. Schweinfurt 1988 (Zwischen Orient und Okzident, 1), S. 175-203, hier S. 195.

24 Goethes Gespräche. Hg. von Flodoard Freiherr von Biedermann. Bd. 5. Leipzig 1890, S. 262f. (Nr. 1019/1825), hier S. 262.

25 Diese Feststellung passt außerdem zum werkgeschichtlichen Entstehungskontext der Kindertodtenlieder. Die so stark der Sinnenwelt verpflichteten Gedichte entstehen nämlich direkt auf Kosten einer Psalmennachdichtung bzw. Übersetzung, mit der Rückert zu diesem Zeitpunkt schon begonnen und die er seinem Verleger Salomon Hirzel bereits zugesagt hatte; vgl. Rückerts Brief an Salomon Hirzel, [Erlangen,] 14. April 1834. In: Rudolf Kreutner: Friedrich Rückerts Briefe. Neufunde und Nachträge 1996-2005. In: Rückert-Studien 16 (2004/2005), S. 65-147, hier S. 79f.) Von all dem Schreibdrang, zu dessen Ergebnis schließlich die Kindertodtenlieder werden, überträgt sich jedoch anscheinend nichts auf die Fertigstellung der Psalmen, von denen doch liturgisch, literatur- und musikgeschichtlich einige zu den einschlägigsten Totenklagen überhaupt gehören. Rückerts eigene Bearbeitungen wurden jedenfalls nie veröffentlicht.

> Du bist ein Schatten am Tage,
> Und in der Nacht ein Licht;
> [15] Du lebst in meiner Klage,
> Und stirbst im Herzen nicht. [35]

Formal nähert sich dieses Gedicht erkennbar der trivialen Liedstrophe an – metrisch nur aufgebrochen durch die Variation im sich wiederholenden „Schatten"-Vers. Das Bild vom „Licht", das „in der Nacht" scheint, leitet sich von der Bibel her und ist konventionell. Um 1800, besonders in der romantischen Dichtung, findet es vielmals Verwendung. Zum Vergleich eine Stelle aus Novalis' *Hymnen an die Nacht*:

> Also nur darum
> Weil die Nacht dir
> Abwendig macht die Dienenden
> [95] Säetest du
> In des Raums Weiten
> Die leuchtenden Kugeln
> Zu verkünden deine Allmacht
> Deine Widerkehr
> [100] In den Zeiten deiner Entfernung.
> Himmlischer als jene blitzenden Sterne
> In jenen Weiten
> Dünken uns die unendlichen Augen
> Die die Nacht
> [105] In uns geöffnet.
> Weiter sehn sie
> Als die blässesten
> Jener zahllosen Heere
> Unbedürftig des Lichts
> [110] Durchschaun sie die Tiefen
> Eines liebenden Gemüths,
> Was einen höhern Raum
> Mit unsäglicher Wollust füllt.[26]

Während hier der ganze kosmische Raum von der Sphäre des allmächtigen göttlichen Schöpfer-‚Du' bis zur Geliebten auf dem Nachtlager einbezogen wird, bricht die Perspektive des Gedichts „Du bist ein Schatten am Tage" dort ab, wo auf das Metaphysische, auf den Gott, traditionell für gewöhnlich als Hoffnung spendendes und tröstendes Element, verwiesen wird. Auch bei Novalis können ja die Lichter in der Nacht, „jene blitzenden Sterne", den Betrachter wieder auf die göttliche Schöpferkraft als den Ur-

---

[26] Novalis: Hymnen an die Nacht. In: ders.: Werke, Tagebücher und Briefe Friedrich von Hardenbergs. Bd. 1: Das dichterische Werk, Tagebücher und Briefe. Hg. von Richard Samuel. Darmstadt 1999, S. 147-177, hier S. 150.

sprung „Seliger Liebe" (V. 118) zurückverweisen – oder aber er überlässt sich vorerst der „Wollust" und findet so eine andere Form von ‚Seligkeit'. Rückerts Gedicht dagegen wird gerade dadurch interessant, dass es den oberflächlich vorhandenen metaphysischen Bezug letztlich selbst wieder hintergeht. Der Text setzt unverkennbar einen religiösen Bezugsrahmen durch die Anspielung auf den Auszug der Israeliten aus Ägypten: „Der HERR aber zog vor ihnen her, bei Tag in einer Wolkensäule, um sie auf dem Weg zu führen, und bei Nacht in einer Feuersäule, um ihnen zu leuchten, damit sie Tag und Nacht wandern könnten. / Weder wich die Wolkensäule vor dem Volk bei Tag noch die Feuersäule bei Nacht."[27] Die in der Theologie und Literaturgeschichte durchgehend anzutreffende Auslegung dieser Episode als einer Allegorie für die ‚Lebenswanderschaft' des Menschen, die schließlich im ‚gelobten Land' des Paradieses bzw. Himmelreichs endet, unterschlägt dieses Gedicht völlig. Stattdessen rückt die Beziehung zum lyrischen Du ins Zentrum des Textes. Dass dieses „Du" nur als „Schatten" und „Licht" angesprochen wird, hebt die Abwesenheit eines lebendigen Körpers – oder vielmehr: die Tatsache seines Nichtvorhandenseins – nur umso deutlicher hervor. Kein Körper wirft hier den „Schatten". Von keinem irgendwie beschriebenen Körper strahlt das „Licht" ab. Der körperlosen, aber dennoch sichtbaren Anwesenheit Gottes im Buch *Exodus* entspricht in der Ursituation des lyrischen Subjekts die schemenhafte Erinnerung („Schatten") des Angesprochenen „im Herzen". Sie erfüllt zureichend die Leitfunktion, die der Gott des Alten Testaments ebenfalls wahrnimmt, obgleich auch er einerseits anwesend und gleichzeitig abwesend ist: Gott kann nicht direkt gesehen werden[28] und beweist trotzdem, durch mittelbare Phänomene, den von ihm Geführten seine Anwesenheit. Darin, und nicht etwa in einer allegorischen Wendung zur religiösen Erlösungshoffnung, besteht die eigentliche Gemeinsamkeit Gottes mit dem Angesprochenen – und offenbar toten – „Du". Konsequent weitergedacht wirft diese Analogie allerdings die Frage auf, wohin das „Licht" des Verstorbenen denn eigentlich führt. Gott, als „Schatten am Tage" und Feuer „in der Nacht" führt die Israeliten ins verheißene Land. Und die im Textkorpus verewigten Toten? Deren Ansprache, die ‚Verdichtung' ihrer Abwesenheit zu einer textuellen Anwesenheit führt geradewegs in eine diesseitige Sinnenwelt wie die des Ghasels: zum „Sommer", den „Schwalben" (V. 3) ankündigen, zum „blühenden" (V. 6) „Wiesengrunde" (V. 5), zu einer Natur- und Familienwelt voller „Glück und Lust" (V. 9)!

---

[27] Ex 21f.
[28] Vgl. Ex 33, 20.

Damit ist zugleich auch die Frage beantwortet, inwieweit der so gelei-
stete Totenersatz durch die Dichtung adäquat sein kann – oder anders
ausgedrückt: wie real die literarische Füllung der Leerstelle auf Dauer ist,
die durch den Tod gerissen wurde. Diese Frage betrifft zugleich die Poetologie der *Kindertodtenlieder*. Sie lässt sich mit einem Referenztext aus
der Sammlung beantworten:

> [5] Liebe läßt sich nichts entrinnen,
>   Hat nicht außen, sondern innen;
>   Und das Nichts, sie weiß nicht wie,
>   Macht zum Etwas Poesie. [24]

Mit den letzten zwei Versen dieser Strophe ist *in nuce* das dichterische
Programm der *Kindertodtenlieder* zusammengefasst. Die Toten selbst bringen sie nicht zurück.[29] Um eine detailreiche Verlebendigung der Erinnerung an die Toten bemühen sie sich nicht einmal. Die Evokation einer
besseren, im Jenseits gelegenen Welt – die ‚metaphysische Option' – fällt,
gelinde gesagt, insgesamt äußerst zurückhaltend aus. Aber sie erreichen
immerhin „Etwas". Sie machen das „Nichts", das da ist, wo die geliebten
Kinder zu Lebzeiten waren, zu einem „Nichts", das *da* ist – das es als eine
fassbare Entität im Weltgefüge wirklich gibt. Während Tote, die nicht
zum Gegenstand von Dichtung werden, nur vermisst werden können,
machen Texte wie die *Kindertodtenlieder* das Fehlen der Toten zu einem
positiven, weil ästhetisch erlebbaren Phänomen und damit zu etwas ontologisch Fassbarem. Daher kann dann dieses so vorhandene „Nichts",
dieses Immerhin-„Etwas", mit Assoziationen, Erinnerungen und positiven Gefühlen besetzt werden, die es ermöglichen, von der Welt als einer
letztlich doch noch guten und ‚belebenswerten' zu sprechen. Und nur
das ist es, worauf es den *Kindertodtenliedern* eigentlich ankommt.

Fazit – Die Kindertodtenlieder als memento mundi

Es spricht wenig dagegen, die *Kindertodtenlieder* mit Rudolf Kreutners und
Hans Wollschlägers Worten als „die wohl gewaltigste Todes-Anzeige der
Weltdichtung"[30] zu beschreiben. (Wenn man zusätzlich zur Qualität ih-
ren Umfang in Rechnung stellt, dürfte das Adjektiv mit Sicherheit tref-

---

[29] Und die Kindertodtenlieder sagen das auch ganz direkt: „Wie auch mit buntem
     Leben / Euch blühend mag umgeben / Der Dichtkunst Aufgebot, / Die Todten
     bleiben todt"[270, 5-8].
[30] Rudolf Kreutner/Hans Wollschläger: Editorischer Bericht. In: Rückert, Kinder-
     todtenlieder (Anm. 3), S. 559-613, hier S. 565.

fend gewählt sein.) Und auch wenn sie im Gegensatz zu üblichen Todes-
anzeigen von ihrem Autor nicht zur Veröffentlichung vorgesehen waren,
sind es auf jeden Fall Anzeigen im Sinne von ‚Verweisen': Sie zeigen die
Existenz einer Welt an, die so, wie sie vom lyrischen Subjekt gesehen
wird, eben nur aus der Situation eines Verlustes von geliebten Menschen
gesehen werden kann. Sicher, sie stellen eine große Klage über den Tod
der Geliebten dar, aber sie beschwören in eins damit die Welt, in der die
Toten nun nicht mehr vorhanden sind. Oder in der, um in Anlehnung an
Rückerts Ghasel zu sprechen, ihr Fehlen zu sehr vorhanden und die hinterlassene Leerstelle in der Wahrnehmung des Subjekts zu präsent ist, um
ohne den Aufwand poetisch-ästhetischer Gestaltung überbrückt werden
zu können. Das *Corpus* der Dichtung ist nötig als aisthetisches Bindeglied
zwischen subjektiver Innenwelt und Außenwelt; an eben der Stelle, wo
durch den Tod der Kinder der Kontakt zwischen beiden Welten gestört
worden war. Über die Funktion einer bloßen Totenklage hinaus entsteht
so ein beachtlicher ‚poetischer Mehrwert'. Der in der Literatur- und Geistesgeschichte weit verbreitete Topos des *memento mori* (‚Bedenke, dass du
sterben musst!') wird nicht als Mahnung zur Weltabgewandtheit in den
Bewusstseinsraum des Lesers und des lyrischen Subjekts gestellt, sondern
wird gewendet zu einem *memento mundi* (‚Gedenke der Welt!'). Poetologisch ist diese Dichtung, weil sie ihren Sinn und Zweck mitreflektiert.
Und dieser Zweck ist weit umfassender, als nur die Bewahrung eines An-
denkens an die Toten. Er gilt der Bewahrung einer ganzen Bewusstseins-
Welt. Die Bedingungen, unter denen der Versuch, dies zu schaffen, stattfindet, werden im Zuge dieses Versuchs gleich mit verhandelt. Dabei stellt
sich heraus: Die Toten existieren, auch im Angedenken des lyrischen Subjekts, als unbesetzte Stelle oder blinder Fleck in der Welt – womit nicht
unbedingt gesagt ist, dass sie in jedem Sinne des Wortes ‚weniger existieren'. Um die Existenz der mahnenden Lücke, der oben so genannten
‚Anwesenheit der Abwesenheit' zu bestätigen und sie zugleich zu füllen,
dazu bieten sich diese Texte an. Gedichte wie die *Kindertodtenlieder* gibt es,
weil ein gelingendes Verhältnis zur physisch erfahrbaren Umwelt[31] Anknüpfungspunkte im Sinnlichen braucht. Und weil da, wo ein emotionaler und geistiger Bezugspunkt in der Umwelt unwiederbringlich verloren
gegangen ist, etwas anderes ihn ersetzen muss. Das geschieht aber am besten durch bewusste ästhetische Gestaltung, durch Dichtung, deren eige-

---

31 Verstanden als mundus, d.h. als konkrete Lebenswelt, im Gegensatz zu cosmos,
der gesamten und auch jenseitigen Welt.

ner Körper bzw. eigenes Korpus, durch Erinnerung oder Schrift, potenziell ewig ‚wiederbringlich' ist.[32]

---

[32] Letztlich hat freilich auch die Welt, in der die Dichtung selbst besteht, ein mehr oder weniger fernes Ende – nach eigenen Angaben auch ein Grund, warum Hans Wollschläger, sub specie aeternitatis, den pessimistischen Zug der Rückertschen Dichtungen als memento mori betont, ohne eine metaphysische Trostfunktion aus ihnen ableiten zu wollen. In den Gedichten der Kindertodtenlieder ist diese jedoch keineswegs ausgespart. Mehr zu Wollschlägers bei aller Rückertverehrung tief pessimistischen Lesart der Sammlung in: Hans Wollschläger: „... und aber in fünfhundert Jahren...". Beim Altern der Welt und der Werke. Skizzierter Dank für den Friedrich-Rückert-Preis der Stadt Schweinfurt. In: Rückert Studien 16 (2004/2005), S. 9-19.

Vom Furor der Formerfindung
Friedrich Rückerts *Kindertodtenlieder*

von

Michael Neumann

Mehr als 450 Gedichte umfasst die Sammlung von Rückerts *Kindertodten-liedern*. Blickt man auf die verwendeten Metren und Strophen, so er-weist sie sich als ein ungeheures Schatzhaus der verschiedenartigsten lyri-schen Formen. Da finden sich Sonette und Ghasele, Stanzen, Sizilianen und Dezimen. Von Ritornellen hat Rückert gleich eine ganze Hundert-schaft geboten, mit der er durch seinen Garten zieht und einer Unzahl von Blumen zu Reimen verhilft. Hier vier Beispiele[1]:

> Blühende Mohne!
> Ein Blinder mäht im Garten Blumenhäupter,
> Er hat getroffen meine Freudenkrone.

> Blühnde Resede!
> In dem von Bienen dir gesummten Liede
> Vernehm' ich meiner Kinder Honigrede.

> Blühndes Tazettchen!
> Zu blühn sind dir verliehn kaum soviel Tage,
> Als deinem Blütensterne Stralenblättchen.

> Blühnde Agleie!
> Dich schrumpfet rauhe Luft und welket laue;
> O daß der Mai dir milden Maitag leihe!

Zweiter und dritter Vers geben jeweils das Grundmaß: einen fünfhebigen Jambus mit angefügter unbetonter Silbe. Das entspricht dem Vorbild des italienischen Ritornells, dessen Grundvers der Endecasillabo ist, der „Elf-silber". Der Anfangsvers des Ritornells wird grundsätzlich verkürzt. Rü-ckert wählt einen zweihebigen Vers, der Daktylus und Trochäus kombi-niert. Das entspricht dem antiken Adoneus.

---

[1] Friedrich Rückert: Kindertodtenlieder und andere Texte des Jahres 1834. Bear-beitet von Hans Wollschläger und Rudolf Kreutner. Göttingen 2007 (Schwein-furter Edition), S. 275, 276 und 280. Im Folgenden im Text mit der Sigle „K" und einfacher Seitenangabe zitiert.

Der Mittelvers bleibt in dieser lyrischen Gattung ungereimt. Aber Rückert greift zu den verschiedenartigsten Klangfiguren, um das zu kompensieren. Im ersten Beispiel nimmt das reimlose Schlusswort durch Alliteration den Anlaut des ersten betonten Wortes wieder auf – „Blumenhäupter" : „Blinder" – und greift darüber hinaus noch auf den Anfang des Gedichts zurück: „Blühende". Das zweite Beispiel erzeugt durch Assonanz eine Echowirkung innerhalb des Verses: „Liede" – „Bienen". Im dritten Beispiel wird das Schlusswort des Mittelverses per Alliteration und Assonanz an das zweite Wort des ersten Verses rückgebunden: „Tage" – „Tazettchen". Und der Klang der ersten Silbe kehrt in den beiden folgenden Versen wieder.

Im vierten Ritornell zeigt der Mittelvers ein Klangspiel, das an einen Schüttelreim erinnert: In „laue" klingt per Assonanz „rauhe" und per Alliteration „Luft" wieder an. Halten Sie das bitte nicht für Haarspaltereien eines wildgewordenen Literaturwissenschaftlers! Das Ohr nimmt diese Klangbezüge tatsächlich auch dort auf, wo sie nicht bewusst identifiziert werden. Deswegen empfinden wir die Sprache der Lyrik als „poetisch": Sie beschwört so die Sinne und verdichtet die Bedeutung. Rückert – das sollten diese kleinen Beispiele gezeigt haben – war ein Großmeister solcher Künste.

Manche der genannten Gedicht- und Strophenmaße sind der deutschen Literatur wohlvertraut: das Sonett, die Stanze, das Ritornell. Manche werden immerhin gelegentlich verwendet, wie Ghasel oder Siziliane. Darüber hinaus nutzt Rückert aber auch seltene Formen – und hier durchaus nicht nur aus der orientalischen Dichtung, die ihm als Übersetzer so nahe stand. Als Beispiel sei die Kyrielle angeführt, eine Strophenform, die vor allem in der französischen und englischen Poesie gepflegt wird. Ihre Strophen sind gereimte Zweizeiler oder Vierzeiler; der letzte Vers bildet einen Refrain. In der Regel wird ein vierhebiger Jambus verwendet. Hier eine Kyrielle von Rückert (K 54):

> Es bringt die Magd die Todeskunde
> Vom Schwesterchen der Knabenschaar;
> Da rufen sie mit Einem Munde:
> Sie ist nicht todt, es ist nicht wahr.
>
> Sie sehen sie mit blassem Munde
> Mit weißer Wang' im dunklen Haar,
> Und flüstern leiser in die Runde:
> Sie ist nicht todt, es ist nicht wahr.

Der Vater weint aus Herzenswunde,
Die Mutter weint, sie nehmens wahr,
Und bleiben doch bei ihrem Grunde:
Sie ist nicht todt, es ist nicht wahr.

Und als gekommen war die Stunde,
Man legt sie auf die Todtenbahr,
Man senkt sie ein im kühlen Grunde:
Sie ist nicht todt, es ist nicht wahr.

So bleibe sie mit euch im Bunde
Und werde schöner jedes Jahr
und werd' euch lieber jede Stunde!
Sie ist nicht todt, es ist nicht wahr.

Auch hier ließen sich manche Klangspiele aufspüren. Auffällig ist vor allem die Konstanz der gleichen Reime über sämtliche Strophen. Aber das
Gedicht wirkt im Vergleich zu den Ritornellen doch einfacher. Alles konzentriert sich auf die Wiederkehr des Refrains. Der schneidet mit jeder
Wiederholung die Fassungslosigkeit tiefer in den Zuhörer hinein: Es
kann nicht wahr sein, was hier so schrecklich wirklich ist – bis sich am
Ende in der letzten Wiederkehr das Licht einer christlichen Verheißung
ahnen lässt, die andere Gedichte noch ausdrücklicher formulieren.

Oft erfüllt Rückert die formalen Vorgaben solcher Formen genau bis
auf den Punkt. In anderen Fällen variiert er sie aber auch. Das folgende
Gedicht behält den Refrain der Kyrielle bei, ersetzt jedoch den vierhebigen Jambus durch einen zweihebigen Anapäst und verzichtet ab der zweiten Strophe sogar für die erste Strophenhälfte auf den Reim (K 317f.):

Lasst im Grünen mich liegen,
Unter Blumen und Klee,
Unter Blumen mich schmiegen.
Unter Blumen und Klee!

Wo nach Düften die Lüfte
Jagen, Stralen des Lichts
Auf Thautropfen sich wiegen,
Unter Blumen und Klee!

Wo nach Beute die Bienen,
Und nach müßiger Lust
Summen goldene Fliegen,
Unter Blumen und Klee!

[...]

Und so geht es fort über insgesamt zwölf Strophen. Dass der Refrain in
der ersten Strophe auch als Vers 2 eingesetzt wird, mag daran erinnern,
dass die Regeln der Kyrielle auch zweizeilige Strophen erlauben würden.

Rückert hat bei seinen Variationen der Kyrielle-Strophe die Anfangs-
strophen häufig nach diesem Prinzip gebaut. So auch im nächsten Beispiel. Hier verändert er das Muster noch weiter, indem er zwei verschiedene Metren abwechselt, nämlich vierhebige und zweihebige Trochäen
(K 308):

Um die Blumen auf den Auen
Laßt uns klagen,
Daß sie werden abgehauen,
Laßt uns klagen!

Die beim Untergehn die Sonne
Gestern grüßte:
Lebet wohl auf Wiederschauen! –
Laßt uns klagen!

Heute schaut die Sonne lächelnd
Ihre Leichen;
Ist auf Sonnengruß zu trauen?
Laßt uns klagen!

Und die Luft, die schmeichelnd ihnen
Koste, küsst sie
Welk mit Hauch, dem todeslauen;
Laßt uns klagen!

Unter Perlen, die der Morgen
Ihnen weinet,
Bis des Abends Thränen thauen,
Laßt uns klagen!

Diese Form kann man, wie demonstriert, von der Kyrielle ableiten. Die
Ableitung ist aber nicht eindeutig. Man muss die Schreibweise nur ein
wenig verändern und schon ergibt sich ein anderes, aus Rückerts Œuvre
wohlvertrautes Muster:

Um die Blumen auf den Auen Laßt uns klagen,
Daß sie werden abgehauen, Laßt uns klagen!

Die beim Untergehn die Sonne Gestern grüßte:
Lebet wohl auf Wiederschauen! – Laßt uns klagen!

Heute schaut die Sonne lächelnd Ihre Leichen;
Ist auf Sonnengruß zu trauen? Laßt uns klagen!

Und die Luft, die schmeichelnd ihnen Koste, küsst sie
Welk mit Hauch, dem todeslauen; Laßt uns klagen!

Unter Perlen, die der Morgen Ihnen weinet,
Bis des Abends Thränen thauen, Laßt uns klagen!

Das erkennen Sie auf den ersten Blick als ein Ghasel: Ein identisches Reimpaar eröffnet das Gedicht. Dieser identische Reim kehrt dann an jedem zweiten Versende wieder. Die Verse dazwischen sind Waisen, bleiben also ungereimt. Zum Ghasel passen auch die Langzeilen und die reichen Reime – zwei Versfüße reimen identisch, im drittletzten Versfuß kehrt jeweils derselbe einfache Reim wieder.

Befänden wir uns im 16. oder 17. Jahrhundert, so wäre die Schreibweise der Strophen noch nicht so streng normiert. Wir könnten die Form des Ghasels auch dann identifizieren, wenn die beiden Langverse zu Strophen von vier kurzen Versen umgebrochen wären – einmal davon abgesehen, dass das Ghasel damals in Europa noch gar nicht bekannt war. Im 19. Jahrhundert ist das anders. Das Formbewusstsein hat sich mittlerweile auch auf die Graphie ausgedehnt. Wir müssen davon ausgehen, dass die Anordnung in Strophen von je vier Versen bewusst getroffen wurde. Folglich müssen wir auch den eher liedhaften Charakter dieser Strophen respektieren. Im Ergebnis haben wir eine Form vor uns, die gleichermaßen unter dem Einfluss von Kyrielle und Ghasel steht, aber beiden gegenüber etwas Neues bietet.

Dass hier sprachliche Virtuosität am Werke ist, steht außer Frage. Das letzte Gedicht drängt allerdings auch die Frage auf, ob die virtuose Sprachfertigkeit mit den Worten nicht manchmal etwas zu leichtfertig umspringt. So redet die erste Strophe davon, dass Blumen „abgehauen" werden. Die Bildvorstellung des groben Abhauens würde freilich eher zu Bäumen passen als zu Blumen. Um des Reimes willen bleibt diese Härte stehen.

Die zweite Strophe beginnt mit dem Personalpronomen „Die". Die exponierte Position am Satz- und Strophenanfang veranlasst den Leser oder Hörer, dieses Pronomen als Nominativ zu interpretieren. „Die Sonne" wäre dann Akkusativ und also das Objekt des Satzes: „Die beim Untergehn die Sonne / Gestern grüßte". Worauf das Anfangs-„Die" sich bezieht, wäre im Fortgang der Strophe aufzuklären. Diese Aufklärung kommt allerdings nie; das „Die" bleibt in der Luft hängen. Und somit muss man plötzlich den ganzen Doppelvers syntaktisch neu durchrechnen. Ergebnis: Das Pronomen „Die" war Akkusativ; die Sonne muss man als Subjekt, nicht als Objekt des Satzes begreifen. „Die" bezieht sich zurück auf die Blumen, die in der ersten Strophe beklagt und in der zweiten Strophe von der Sonne gegrüßt werden – und indirekt natürlich auch auf die beiden Kinder, auf welche die Blumen symbolisch verweisen. Aber ein solches syntaktisches „Nachrechnen" und Korrigieren wirft den Leser aus dem Rhythmus seines Lesens heraus. Die Verse wirken holprig, der

Satzbau gewaltsam. – Nun ist das keine neue Einsicht. Die ungleiche Qualität von Rückerts Gedichten ist in der Rezeption immer bemerkt worden. Wir werden darauf aber später kurz zurückkommen müssen.

Fürs erste möchte ich noch eine Variation der Kyrielle-Strophe anführen, in welcher der Kontrast zwischen den beiden kombinierten Metren weiter verschärft wird (K 106f.):

Schmeichelndste der Lügnerinnen,
Hoffnung,
Laß die Täuschung nicht zerrinnen,
Hoffnung!

Webe zu dein Truggewebe,
Fahr nur
Fort den goldnen Duft zu spinnen,
Hoffnung!

Einen Schleier über Mutter-
Augen,
Blendwerk über Muttersinnen,
Hoffnung!

Daß sie wähne, mütterliche
Pflege
Müss' es über'n Tod gewinnen,
Hoffnung!

Daß sie in des Sterbeflämmchens
Zucken
Neues Leben seh' beginnen,
Hoffnung!

Halt am Krankenbett die Kranke
Aufrecht,
Wärterin der Wärterinnen,
Hoffnung!

Weil du von mir bist entflohen,
Floh ich;
Bleib du bei der Mutter drinnen,
Hoffnung!

Wer, wenn alle sie verlassen,
Bleibt ihr,
Wenn auch du noch gehst von hinnen,
Hoffnung!

Einer bleibt, von dem gesandt du
Selber
Schwebst herab von jenen Zinnen,
Hoffnung!

Hier werden vierhebiger und einhebiger Trochäus miteinander konfrontiert. Der Effekt ist dramatisch, und Rückert hat solche Kombinationen von langen und kurzen Versen immer wieder gerne eingesetzt (K 119):

Mild beschwichtendes Element,
Wasser,
Nicht nur löschest du Feur, das brennt,
Wasser!

Nicht nur erquickst du den Durst, der lechzt,
Wasser,
Du auch heilest mein Kind, das ächzt,
Wasser!

Ihm gelegt auf die glühende Stirn,
Wasser,
Schütze vorm Fieberbrand das Gehirn,
Wasser!

Auf die welkende Blüthe gesprengt,
Wasser,
Wie auf Blumen sonnversengt,
Wasser!

Essig müßte mir sein der Wein,
Wasser,
Eh er dürfte gemischt dir seyn,
Wasser.

Abermals der Wechsel zwischen vier- und einhebigem Trochäus – in den vierhebigen Versen sind die unbetonten Hebungen hier allerdings mit einiger Freiheit gefüllt: teils einsilbig, teils zweisilbig. Diesmal sind wieder alle Verse gereimt. Die einhebigen Verszeilen sind durchwegs identisch. Über den Variationen mit der Kyrielle hat Rückert hier eine recht schlagkräftige eigene, neue Form gefunden, von der nicht einmal das große *Handbuch der deutschen Strophenformen* von Horst J. Frank etwas weiß. Das ist kein Wunder. Das Handbuch führt ja „nur" die 300 häufigsten Strophen der deutschen Literatur auf. Aus den Ingredienzien von Metrum, Kadenz, Reim und Versanzahl lassen sich im Prinzip unendlich neue Formen erfinden. Und gerade die *Kindertodtenlieder* zeigen, wie fruchtbar Rückert bei der Kreation neuer Gedicht- und Strophenmaße gewesen ist.

Manche hat er dann mehrfach verwendet, viele bloß ein einziges Mal. Aber auch bei den Formen, die in den *Kindertodtenliedern* nur einmal auftauchen, lässt die strenge Konsequenz, mit der die Form innerhalb dieses einen Gedichts durchgesetzt wird, meist keinen Zweifel daran, dass es sich jeweils um eine neue, eigene Form handelt. – Ich zeige

Ihnen dafür noch einige Beispiele, die auf der Wiederholung ganzer Verse aufgebaut sind.

> Du bist ein Schatten am Tage,
> Und in der Nacht ein Licht;
> Du lebst in meiner Klage,
> Und stirbst im Herzen nicht.
>
> Wo ich mein Zelt aufschlage,
> Da wohnst du bei mir dicht;
> Du bist mein Schatten am Tage,
> Und in der Nacht mein Licht.
>
> Wo ich auch nach dir frage,
> Find' ich von dir Bericht,
> Du lebst in meiner Klage,
> Und stirbst im Herzen nicht.
>
> Du bist ein Schatten am Tage,
> Doch in der Nacht ein Licht;
> Du lebst in meiner Klage,
> Und stirbst im Herzen nicht. (K 35)

Die ersten beiden Verse der ersten Strophe kehren hier als die zweite Hälfte der zweiten Strophe wieder; nur „ein" aus Vers 1/2 wird zu „mein" in Vers 7/8. Der dritte und vierte Vers der ersten Strophe kehrt als die zweite Hälfte der dritten Strophe wieder. In der vierten Strophe werden die beiden Hälften wieder zusammengesetzt. Nur im Anfang von Vers 14 steht „Doch" statt „Und"; aber das „ein" aus Vers 1/2 wird in Vers 13/14 wiederhergestellt. So wiederholt diese Schluss-Strophe fast wörtlich die Anfangs-Strophe. Es entsteht ein Maximum an Wiederholung. In einem Gedicht von 16 Versen finden sich nur vier Verse, die nicht wiederholt werden.

In einem anderen Beispiel werden die Wiederholungen durch Variationen ersetzt (K 200):

> Alles Klagen frommt nicht
> Um verlornes Glück;
> Was du rufest, kommt nicht
> Aus dem Grab zurück.
>
> Was du rufest, kommt nicht
> Wieder aus dem Grab;
> Alle Klage frommt nicht
> Die du klagst hinab.
>
> Alle Klage frommt nicht;
> Das verlorne Glück,
> Das du rufest, kommt nicht
> Aus dem Grab zurück.

Die zweite Strophe eröffnet mit der Wiederkehr von Vers 3. Der nächste Vers wiederholt zwar sinngemäß die Fortsetzung des Satzes in Vers 4, baut sie aber in der Formulierung so weit um, dass sich auch das Reimwort ändert: statt „zurück" steht „Grab". Obwohl von den vier Worten drei erhalten bleiben, empfindet das Ohr diesen sechsten Vers daher als eine deutliche Veränderung gegenüber dem vierten. Der siebte Vers greift dann wieder leidlich genau auf Vers eins zurück. Zwar wird das substantivierte Verb „Alles Klagen" ersetzt durch das Substantiv „Alle Klage", aber Klang und Stellung im Vers bleiben so ähnlich, dass das Ohr hier eine fast identische Wiederholung wahrnimmt.

Vers 8 schließlich ist zwar aus dem Sprachmaterial der ersten und zweiten Strophe entwickelt. Das Verb „klagst" nimmt die „Klage" aus Vers 7 und Vers 1 wieder auf. Die Richtung „hinab" bietet das Gegenstück zu der Richtung „herauf", die in Vers 6 und in Vers 4 durch die Formulierung „aus dem Grab" impliziert wird. Aber die Sprachgestalt von Vers 8 ist doch so eigen, dass man ihn ganz eindeutig nicht als die Wiederholung einer vorangegangenen Zeile empfindet.

Die dritte Strophe wiederholt das Verfahren der zweiten. Der Anfangsvers zitiert wörtlich den Vers 7 aus der zweiten Strophe: „Alle Klage frommt nicht". Vers 11 in der dritten Strophe zitiert den Vers 5 aus der zweiten Strophe: „Das du rufest, kommt nicht". Geändert ist hier nur der Anfangsbuchstabe; das Relativpronomen „Was" wird durch das Relativpronomen „Das" ersetzt. Die Änderung ist übrigens durchaus nicht willkürlich: Das „Was" in der zweiten Strophe ist ebenso durch Alliteration eingebunden wie das „Das" in der dritten Strophe.

Der Schlussvers variiert dann den Vers 6 aus der zweiten Strophe und kommt auf diesem Wege wieder wörtlich auf den Vers 4 der ersten Strophe zurück. Im Vers 10 dagegen findet der Vers „Alle Klage frommt nicht" eine ganz andere Fortsetzung, als sie der identische Vers in der zweiten Strophe erfahren hatte – und gelangt damit wieder fast wörtlich zu Vers 2 zurück: „Das verlorne Glück" (9) – „Um verlornes Glück" (2).

Vom Klangeindruck erscheint die dritte Strophe als eine genaue Wiederholung der ersten Strophe. Bei genauerer Betrachtung stellt man fest, dass das tatsächlich nur für Vers 12 gilt: „Aus dem Grab zurück." Das wiederholt buchstabengenau den Vers 4. Die anderen drei Verse zeigen kleinere Veränderungen gegenüber der ersten Strophe im Wortmaterial. Und die Schluss-Strophe ist syntaktisch anders gegliedert. Die erste Strophe bietet ausgewogen zwei Sätze zu je zwei Versen. Die vierte Strophe eröffnet knapp mit einem einzeiligen Satz: „Alle Klage frommt nicht". Das bietet gewissermaßen das Resümee des Ganzen. Der folgende Satz, der dann über drei Verse läuft, gibt dazu eine Erläuterung. Gegenüber dem vorangegangenen Gedicht, in dem das Gesetz der puren Wiederholung herrschte, dominiert hier also das Gesetz der Permutation, der kontinuierlichen Umformung. Der annähernde Gleichklang von erster und dritter Strophe kann darüber nur beim ersten Hören hinwegtäuschen.

Solche kunstreichen Formerfindungen Rückerts ließen sich fast ad infinitum demonstrieren. Ich hoffe aber, Sie haben auch jetzt schon einen ersten Eindruck von der ungeheuren Kunstfertigkeit gewonnen, mit welcher der Autor hier am Werke ist.

In seiner Zeit steht er damit als ein Solitär. Blickt man in die Almanache und Gedichtbände des 19. Jahrhunderts, so findet man vor allem Variationen der vier- und dreihebigen Liedstrophen. Nicht zufällig machen in Horst Franks Handbuch die Vierzeiler, Sechszeiler und Achtzeiler die größten Blöcke aus; die meisten der hier verzeichneten Strophenformen sind Liedstrophen. Im 16. und 17. Jahrhundert standen kompliziertere Gedicht- und Strophenformen in hohem Ansehen. Das 18. Jahrhundert wandte sich davon ab. Schon Gottsched blickte befremdet auf die Lieder und Gesänge, wie sie von den provenzalischen und „wälschen Poeten, in unsäglicher Menge ausgehecket worden" seien. Und er sieht insbesondere beim Sonett „gar nicht ab, warum ein Poet sich quälen soll, einem solchen Zwange ein Gnügen zu thun, da man viel leichtere Versarten hat, die eben so angenehm sind."[2]

Solche Bedenken aber waren nur ein Vorspiel zu der revolutionären Neubegründung der Lyrik im Sturm und Drang. Klopstock, Herder und der junge Goethe verwarfen die kunstvoll-komplizierten Formen der frühen Neuzeit als bloß gelehrt und verkünstelt. Poesie, so meinten sie, entspringe nicht der Nachahmung der Tradition, sondern dem freien Schaffen des Genies. Und sie solle auch gar nicht der Unterhaltung der Gelehrten dienen, sondern unmittelbar und kraftvoll zu allen Menschen sprechen. So begann die große Zeit der freien Lied- und Oden-Strophen.

Wohl fanden Klassik und Romantik dann wieder zu einer neuen Achtung vor den Formen. In der Folge wurde manche ältere Gedicht- und Strophen-Form rehabilitiert. Aber es ist bezeichnend, dass sich dagegen auch erbitterter Widerstand artikulierte. Im Zentrum des Papierkrieges stand abermals das Sonett. Johann Heinrich Voß las den Rückgriff auf die strenge Form als ein Symptom jener romantischen Krankheit, die sich auch für Mittelalter, Katholizismus, ja Monarchie begeistern konnte –

---

2 Johann Christoph Gottsched: Versuch einer Critischen Dichtkunst. Darmstadt 1977 [Nachdruck der Ausgabe Leipzig: Bernhard Christoph Breitkopf, [4]1751], S. 691 und 700.

kurz, als ein Symptom für den romantischen Verrat an Freiheit und Aufklärung. Als der bewunderte Goethe ebenfalls schwach zu werden begann und sich für die italienische Form erwärmte, sandte Voß ihm eine entsetzte Warnung:[3]

> [...] Laß, Freund, die Unform alter Truvaduren,
> Die einst vor Barbarn, halb galant, halb mystisch,
> Ableierten ihr klingelndes Sonetto;
> Und lächle mit, wo äffische Naturen
> Mit rohem Sang' und Klingklang' afterchristisch,
> Als Lumpenpilgrim, wallen nach Loretto.

Voß war nicht der letzte, der dem Sonett eine unnatürliche Künstlichkeit vorwarf. Die Schlacht ums Sonett hat er gegen die Romantiker zwar verloren. Aber die Zahl der älteren Formen, die ins Repertoire der Lyriker des 19. Jahrhunderts einging, blieb doch recht begrenzt. Sonette und Oktaven setzten sich durch. Terzinen, Romanzen und Ritornelle begegnen gelegentlich. Aus der Antike wurde das Distichon übernommen. Hölderlins Erneuerung der antiken Odenstrophen findet dagegen kaum Nachahmer. Dazu wandert aus der persischen Lyrik noch das Ghasel ein, befördert vor allem durch Goethe, Rückert und Platen.

Rückerts Formlust aber steht in seinem Jahrhundert einzig da. Er nimmt tradierte Formen aus allen Himmelsrichtungen auf, um sie zu variieren und zu kombinieren. Und oft genug erfindet er auch schlichtweg neue Formen. Eine Parallele hat solches Formerfinden allenfalls in der neugierigen Vielseitigkeit, die Goethe über sein langes produktives Leben hinweg bewahrt. Nach Goethes Tod ragt Rückerts Formenfülle als ein staunenswerter Anachronismus aus der Landschaft.

Der antibarocke Affekt des 18. Jahrhunderts hat mit seinen entschlossenen Vereinfachungen die deutschsprachige Lyrik grandios erneuert. Aber er hat auch eine Formtradition von gewaltigem Reichtum zerstört. Von diesem Reichtum lebt vieles noch in Rückerts Dichten fort, und die Unermüdlichkeit im Erfinden und Erproben neuer Formen verbindet diesen Reichtum mit dem kreativen Individualismus der neuen Lyrik. Das macht ihn einzigartig, und ich bin nicht sicher, ob diese Seite von Rückerts Schaffen bislang schon ausreichend gewürdigt worden ist.

Für den heutigen Leser allerdings – und darin unterscheidet er sich wohl nicht sehr von den Lesern des 19. Jahrhunderts – hält diese spielerische Formlust auch Irritationen bereit. Die poetische Erneuerung

---

[3] Johann Heinrich Voß: An Goethe. In: Friedhelm Kemp: Das europäische Sonett. Bd. 2. Göttingen 2002, S. 74.

durch Sturm und Drang, Klassik und Romantik hat uns gelehrt, von der Dichtung einen neuen Ernst zu erwarten, und dieser Impetus hat sich in der Moderne nicht verloren. Sicher blieb heitere und humoristische Lyrik auch noch erlaubt – aber diese Tonarten bilden eigene, abgetrennte Sektoren. Innerhalb des lyrischen Kernbereichs dominiert der existentielle Ernst.

Solche Erwartungen werden irritiert, wenn Rückerts Experimentierlust ausgerechnet in den *Kindertodtenliedern* immer neue und immer verwegenere Formen auswirft. Ohne Zweifel charakterisiert das Variieren und Erfinden lyrischer Formen sein ganzes Werk. Wenn ich aber recht sehe, gelangt die Produktivität des Formenerfinders ausgerechnet in den *Kindertodtenliedern* auf ihren Höhepunkt. Kaum sonstwo steht Verschiedenartigstes so dicht nebeneinander. Kaum sonstwo drängt Neues derart zahlreich ans Licht. Was geht hier vor? Wie vertragen sich diese Formspiele mit der Trauer des Dichters, an deren wüster Gewalt die Zeugnisse doch keinen Zweifel lassen?

Rückert hat hier offensichtlich keinen Widerspruch gesehen. Uns mag die Variationen- und Erfindungsfülle an jene spielerischere Dichtungsauffassung erinnern, die in der frühen Neuzeit die Lyrik an gesellige Gelegenheiten band und als eine erlernbare Tätigkeit verstand – als eine Handwerkskunst der Gelehrten. Und uns bestätigen darin Autoren wie Herder und Voß, die jene Virtuosenkunst als kunstfremd verschmähten und zu wirkungsstarker Einfachheit aufriefen. Für Rückert waren Verse aber bekanntlich nicht eine besondere Art des Schreibens, sondern die einzige, in der er sich sicher fühlte. Immer wieder hat er seine Unfähigkeit beklagt, Prosa zu schreiben.[4] Immer wieder hat er beteuert, selbst im Nachdenken nicht weit zu kommen, wenn er dessen Gegenstand nicht in Verse fassen konnte.[5] Rückert hatte gar keine Alternative zum Verseschmieden. Und das galt auch und gerade angesichts einer solchen Katastrophe wie dem Sterben seiner Kinder.

Was uns als eine Fülle von Formspielen erscheint, entspringt in Wahrheit der vergleichslosen Intensität, die Rückerts Versen von seiner

---

[4] Vgl. Friedrich Rückert: Brief an Johann Friedrich von Cotta, [Ebern, 16. Juli 1819]. In: Friedrich Rückert: Briefe. Hg. von Rüdiger Rückert. Bd. 1. Schweinfurt 1977 (Veröffentlichungen der Rückert-Gesellschaft), S. 139 (Nr. 92): „zumal ich bei dieser Gelegenheit [sc. der Einleitung zur Rumi-Übersetzung] wieder gefunden, daß ich noch gar keine deutsche Prosa schreiben kann."

[5] Vgl. Friedrich Rückert: Die Weisheit des Brahmanen. Ein Lehrgedicht in Bruchstücken. Bd. 2. Bearbeitet von Hans Wollschläger und Rudolf Kreutner. Göttingen 1998 (Schweinfurter Edition), S. 50: „Kann jeder doch die Welt nur Seinem Sinn anpassen, / Und was ich fassen soll, muss ich in Verse fassen."

Verzweiflung abgefordert wurde. Immer neue Formen waren nötig, um dem letztlich Unaussprechlichen doch eine Sprache abzugewinnen. Und ohne Sprache hätte der überlebende Vater wohl nicht überleben können. Dass die Kreativität der Formenerfindung für sich genommen noch nicht poetische Qualität garantierte, habe ich an einer Stelle kurz angedeutet. Rückert hat nicht lange am einzelnen Gedicht gearbeitet, sondern im unermüdlich fortgesetzten Schreiben und Ausprobieren nach dem Gelingen gesucht. Einige große Gedichte hat er auf dieser Suche dann auch gefunden. Das zu demonstrieren, bräuchte einen eigenen Vortrag. Für heute lasse ich Rückert mit einem dieser Gedichte das letzte Wort – Sie haben es vorhin schon einmal gehört (K 54):

Es bringt die Magd die Todeskunde
Vom Schwesterchen der Knabenschaar;
Da rufen sie mit Einem Munde:
Sie ist nicht todt, es ist nicht wahr.

Sie sehen sie mit blassem Munde
Mit weißer Wang' im dunklen Haar,
Und flüstern leiser in die Runde:
Sie ist nicht todt, es ist nicht wahr.

Der Vater weint aus Herzenswunde,
Die Mutter weint, sie nehmens wahr,
Und bleiben doch bei ihrem Grunde:
Sie ist nicht todt, es ist nicht wahr.

Und als gekommen war die Stunde,
Man legt sie auf die Todtenbahr,
Man senkt sie ein im kühlen Grunde:
Sie ist nicht todt, es ist nicht wahr.

So bleibe sie mit euch im Bunde
Und werde schöner jedes Jahr
und werd' euch lieber jede Stunde!
Sie ist nicht todt, es ist nicht wahr.

Das Totenbuch der Natur

Die ‚Lesbarkeit der Welt' in Friedrich Rückerts *Kindertodtenliedern*

von

Sascha Monhoff

I.

Friedrich Rückerts *Kindertodtenlieder*[1] thematisieren nur in erster Linie, nicht aber ausschließlich den Tod zweier Kinder. Die Trauer um die Kinder wird um einen Aspekt ergänzt, der tiefgreifende Konsequenzen für die Poetik von Rückerts Trauerdichtung hat: Die Sammlung beklagt über den Tod der Kinder hinaus den defizitären Zustand einer Welt, in die eine solche Katastrophe eingebrochen ist. Damit ist eine der verschiedenen Funktionen erklärt, welche die Naturgedichte in der Sammlung haben.[2] Sie beschreiben die Umwelt des lyrischen Subjekts aus dessen Perspektive als Trauernder. Aus dieser Perspektive ist die Welt durch den Tod der Kinder unumkehrbar beschädigt und wird durch den ‚ontologischen Skandal' der Möglichkeit eines so frühen Todes als andauernd defizitär erlebt. Zugleich schildern diese Texte die Umwelt aber häufig auch, unter bloßer Beachtung ihrer objektiven Beschaffenheit, als eine bemerkenswert idyllische, auch wenn Wollschläger zurecht bemerkt, dass in den bloßen Naturschilderungen motivisch und stilistisch oft schon „das hell und schön Gesagte als Platzhalter einer antithetisch finsteren Unsagbarkeit" erkennbar wird.[3]

---

1 Soweit nicht anders angegeben, beziehe ich mich auf die Ausgabe der Schweinfurter Edition: Friedrich Rückert: Kindertodtenlieder und andere Texte des Jahres 1834. Bearbeitet von Hans Wollschläger und Rudolf Kreutner. Göttingen 2007 (Schweinfurter Edition). Die Nachweise erfolgen jeweils unter Angabe der Seitenzahl und der Gedichtnummer nach der Zählung in diesem Band.

2 Und zwar Naturdichtung der kulturell und historisch verschiedensten Traditionen. Einige der wichtigsten sind auswahlhaft aufgeführt in: Hans Wollschläger: Der Gang zu jenen Höhn. Friedrich Rückert zum 200. Geburtstag. In: Friedrich Rückert: Kindertodtenlieder. Hg. von Hans Wollschläger. Nördlingen 1988, S. 9-36, hier S. 9f.

3 Ebd., S.14f.

Das überrascht insofern, als das zentrale Thema der Gedichte, der Kindertod, mutmaßlich in erster Linie die häusliche Umwelt betreffen sollte; die Familienverhältnisse und die familiären Beziehungen. Die häuslichen Umstände der zurückbleibenden Familie machen entsprechend ebenfalls einen großen Teil der Sammlung aus. Trotzdem enthalten sie nicht nur sehr viel Naturlyrik; auch in Gedichten mit Schilderungen des häuslich-familiären Lebensbereichs sind diese oft ihrerseits in den Kontext einer idyllischen Natur eingebunden.[4]

Es überrascht nicht, insofern Naturbilder in Trauerlyrik traditionell häufiger vorkommen. Man kann hier etwa an die Barocklyrik denken – nicht ganz zufällig, wenn man die verschiedenen Anleihen beachtet, die Rückerts *Kindertodtenlieder* bei der barocken Dichtungstradition machen. Das betrifft einzelne Gedichtformen und Metren.[5] Außerdem, und wichtiger noch, betrifft es die Verwendung bestimmter Symbole und Metaphern; darunter einer Metapher, deren „unverwüstliche Beanspruchbarkeit" Hans Blumenberg in seiner Studie *Die Lesbarkeit der Welt* durch verschiedene Kontexte und Epochen der Literaturgeschichte verfolgt hat.[6] Die Metapher vom ‚Weltbuch', dem ‚Buch der Natur', dem ‚Buch der Schöpfung' und, mit etwas anders gelagerten Konnotationen, dem ‚Buch des Lebens', ist seit dem Mittelalter auch in säkularem literarischen Gebrauch,[7] geht aber auf die Bibel zurück.[8] Im Kontext christli-

---

[4] Vgl. im vorliegenden Band: Sascha Monhoff: Die Poetologie von Totenklage und ‚Totenersatz' in Friedrich Rückerts *Kindertodtenliedern*, S. 213-232.

[5] Die Sonettform wird häufiger verwendet, ebenso Gedichte mit epigrammatischen Merkmalen. Von den verschiedenen Versformen tritt der Alexandriner auf; auch der dreihebige Jambus, der auch als ‚Quasi-Alexandriner' gelesen werden kann, wenn man den Versumbruch als Zäsur versteht oder ein, offenbar vom Alexandriner abgeleiteter, sechshebiger Trochäus mit Mittelzäsur. Sogar die Rückertschen Ghaselen lassen sich bedingt in diesen Zusammenhang einordnen. Rückert führt das Ghasel zwar erst in die deutsche Dichtung ein, wo es dementsprechend keine direkten Vorläufer hat, doch erklärt er schon 1819 in einem Brief an Hammer-Purgstall ausdrücklich das Sonett zum Maßstab für den Erfolg, der für das Ghasel als einer nunmehr ‚deutschen' Gedichtform zu hoffen steht. Vgl. Friedrich Rückert: Brief an Joseph von Hammer[-Purgstall], Ebern, 12. Dezember 1819. In: ders: Briefe. Hg. von Rüdiger Rückert. Bd. 1. Schweinfurt 1977 (Veröffentlichungen der Rückert-Gesellschaft), S. 146-148 (Nr. 98). S. 147. Zur Formenvielfalt von Rückerts Kindertodtenliedern vgl. auch den Beitrag von Michael Neumann im vorliegenden Band.

[6] Hans Blumenberg: Die Lesbarkeit der Welt. Frankfurt/M. 1986, S. 19.

[7] Für eine knappe, aber alle wichtigen Etappen enthaltende Übersicht vgl. Ernst Robert Curtius: Europäische Literatur und lateinisches Mittelalter. Tübingen, Basel [11]1993, S. 306-353, bes. S. 326-329.

[8] Einschlägig sind folgende Stellen: Ex 32,33; Ps 69,29; Ps 139,16; Jes 34,4; Jer 51,63f.; Dan 12,1; Röm 1,20; Phil 4,3; Offb 3,5; Offb 17,8 und passim in Offb.

cher Dichtung ist der Welt die Signatur ihres Schöpfers eingeschrieben, der sich als ihr Autor dem Menschen mitteilt; die „Welt ist die unverfehlbare Hinweisung auf Unendlichkeit und Gott".[9] Doch zeichnet sich (und zwar, so Blumenberg, ebenfalls schon im Barock) zugleich auch die Ambivalenz dieser Metapher ab. Denn eine Sprechweise, die das Himmlische und Paradiesische für die Wahrnehmung des Betrachters in seiner unmittelbaren Umwelt ausstellt, „führt […] nicht mehr zur Weltbetrachtung des ruhenden Zuschauers, der aus dem Staunen über das Universum nicht herauskommt und nur noch einer winzigen Schlußfolgerung bedarf, um dies alles zugunsten seines Urhebers hinter sich zu lassen; vielmehr ist der Standort des Weltbetrachters in Bewegung geraten, wie die Erde im Sonnensystem durch Kopernikus und Galilei. Dadurch wird Erfahrung zum weiträumigen Prozeß, der durchlaufen sein will und Verkürzungen nicht verträgt."[10] Der „Standort des Weltbetrachters" ist ursprünglich derjenige, der gegenüber dem Himmelreich auf der schlechteren, sündhafteren, ontologisch defizitären Seite des Kosmos liegt. Deswegen verdient er nur insofern Beachtung durch den Weltbeobachter, als die diesseitige Realitätssphäre auf die jenseitige kontrastiv verweist. In der Neuzeit eröffnet sich dann die Reise als Option, die ‚erfahrene' Welt in ihrem Innersten und, bezogen auf ihre transzendente Schöpferentität, in ihrem Äußersten zu begreifen. Sofern Erleuchtung möglich ist, findet sie nun auch in der Bewegung durch die Welt statt und nicht erst am Endziel einer Reise, wie auf der mittelalterlichen Pilgerschaft.[11]

---

[9] Blumenberg, Lesbarkeit (Anm. 6), S. 108. – Vgl. Röm 1,20: „Denn Gottes unsichtbares Wesen, das ist seine ewige Kraft und Gottheit, wird seit der Schöpfung der Welt ersehen aus seinen Werken, wenn man sie wahrnimmt […]." (Zitiert nach: Die Bibel nach der Übersetzung Martin Luthers. Bibeltext in der revidierten Fassung von 1984. Stuttgart 2006.) Noch deutlicher in der Elberfelder Übersetzung: „Denn sein unsichtbares ‹Wesen›, sowohl seine ewige Kraft als auch seine Göttlichkeit, wird seit Erschaffung der Welt in dem Gemachten wahrgenommen und geschaut […]." (Elberfelder Studienbibel mit Sprachschlüssel und Handkonkordanz. Witten [2]1994; Hervorhebung S. M.). Das „Gemachte[]" speziell als ‚Buch der Natur' zu verstehen und damit Gott als Autor bzw. Dichter im Gegensatz etwa zu einem Maler oder Kunsthandwerker setzt allerdings die Parallelisierung der zitierten Stelle mit anderen Passagen voraus, in denen ausdrücklich von einem Buch die Rede ist – meistens vom ‚Buch des Lebens' oder schlicht von ‚Seinem', d.h. Gottes, Buch (siehe Referenzen in Anm. 8). Angesichts dessen ist es begriffsgeschichtlich allerdings nur umso bemerkenswerter, dass sich vom griechischen Wort für ‚Gemachtes', ποίημα (poīēma), unmittelbar der Begriff für eine sprachliche Form von Kunst (‚Poesie') ableitet – und nicht z.B. für Bildhauerei oder Malerei.

[10] Blumenberg, Lesbarkeit (Anm. 6), S. 108.

[11] Vgl. ebd.

Das öffnet den Blick für die Details der natürlichen Umwelt. Übertragen auf die Metapher von der Natur als Buch bedeutet dies, dass es möglichst gründlich zu lesen gilt und man sich mit der Entzifferung ihrer Zeichen akribisch zu befassen hat. In einigen Gedichten thematisieren Rückerts *Kindertodtenlieder* genau diesen Versuch. Sie thematisieren außerdem, so meine These, die damit verbundene Gefahr, über allem Lesen in den Zeichen der Natur bei keiner Konklusion mehr anzulangen. Der Versuch, eine Schrift zu entziffern, birgt immerhin das Risiko, im Gelesenen Widersprüche oder Unklares zu entdecken, etwas zu übersehen oder nicht richtig zu verstehen. Aus der Perspektive des lyrischen Subjekts in den *Kindertodtenliedern* ist dieses Risiko nur umso größer. Angesichts der einschneidenden Erfahrung, zwei der eigenen Kinder verloren zu haben, versteht es buchstäblich die Welt nicht mehr. Das hat für die Poetik von Rückerts Trauerdichtung bedeutende Konsequenzen.

II.

Die Metapher von der Lesbarkeit der Welt steht in der Sammlung nicht voraussetzungslos. Sie kann als Konsequenz der Feststellung verstanden werden, dass sich die Welt und ein etwaig in ihr präsenter Sinn nicht mehr unmittelbar selbst über die Sinne mitteilen. Mehrere Gedichte beschreiben den Verlust der Kinder explizit als Problem der *aisthesis;* als ein Ereignis, das die Weltwahrnehmung des trauernden Subjekts tief beeinträchtigt:

> Von Gebirg umschlossen,
> Rings von Flut umflossen,
> Geht kein Weg von dir,
> Welt herein zu mir.
>
> Keine Stimme klinget
> Und kein Auge dringet
> In die stille Bucht,
> Die mein Schmerz gesucht.
> [...]^{12}

Der Leser wird hier mit einer scheinbar paradoxen Wahrnehmungssituation konfrontiert: Einerseits soll „kein Weg" von der Außenwelt in das Subjekt hineinführen. Andererseits kann es von derselben Welt in Begriffen sprechen, die eine Wahrnehmung außenweltlicher Phänomene voraussetzen. Selbst wenn man das „Gebirg" und die „Flut" ausschließlich

---

12 Friedrich Rückert: „In des Waldes heil'gem Schweigen". In: ders., Kindertodtenlieder (Anm. 1), S. 305 (Nr. 244).

als Metaphern für die emotionale und sinnliche Verschlossenheit des Subjekts verstehen will, ohne eine exakte Entsprechung in den Phänomenen der Außenwelt, wird hier doch auf Dinge rekurriert, die sich dem Subjekt bei aller inkommensurablen Erschütterung unmittelbar anbieten – als Metaphern für die Konsequenzen eben dieser Erschütterung. Es muss daher eine Verbindung zwischen der Umwelt des lyrischen Subjekts geben und dem, was der Sprachgebrauch der Zeit als sein ‚Gemüt' bezeichnet.[13] Das Problem lässt sich auflösen, wenn man die Natur hier als das betrachtet, was sie auch für das Subjekt des Gedichts ist: als bloßen Makrokosmos. Es fehlen der Welt, wie der Trauernde sie wahrnimmt, die mikrokosmischen Erscheinungen, die eine detaillierte Naturbetrachtung ausmachen. Viele gerade dieser *phaenomena* stehen ja nicht zufällig traditionell als Sinnbilder für Emotionen und Gefühlsregungen, beispielsweise Pflanzen und deren Farben. Sie erreichen das lyrische Subjekt ebenso wenig, wie die Versuche seiner sozialen Umwelt, sich ihm bemerkbar zu machen. Die „Stimme" und das „Auge" eines Anderen rühren nicht an ein Gemüt, das demgegenüber als seine ganz eigene Welt beschrieben wird. „Die stille Bucht, / Die mein Schmerz gesucht" liegt zu weit abseits der außenweltlichen Phänomene, zu denen auch „Stimme" und „Auge" gehören. Sie stehen nicht nur für einen anderen Wirklichkeitsbereich, die soziale Umwelt, sondern auch für den Anspruch der Außenwelt an das Subjekt, an den Vorgängen seiner Umgebung zu partizipieren.

Dieser Anspruch bleibt uneingelöst. Was die zitierten beiden Strophen des Gedichts in knappster Form diagnostizieren, ist die Unverfügbarkeit der Welt für das Subjekt des Gedichts und umgekehrt. Der naheliegende ‚Ausweg' (auch aus sich selbst heraus) besteht in der Hinwendung zur göttlichen Instanz, die im 19. Jahrhundert für die meisten Menschen noch die wechselseitige Verfügbarkeit von Subjekt und Umwelt garantiert, weil sie die Welt bis hin zu ihren ersten Ursachen erklärlich macht.[14]

---

13 Kant etwa versteht unter ‚Gemüt' „das die gegebenen Vorstellungen zusammensetzende und die Einheit der empirischen Apprehension bewirkende Vermögen". So verstanden bezeichnet der Begriff genau diejenige Instanz des menschlichen Geistes, deren gestörtes Verhältnis zur „empirischen Apprehension" im vorliegenden Gedicht beklagt wird; vgl. Immanuel Kant: Über den Gebrauch teleologischer Principien in der Philosophie. In: Kant's gesammelte Schriften. Hg. von der Königlich Preußischen Akademie der Wissenschaften. Abt. I. Bd. 8: Abhandlungen nach 1781. Berlin 1968 [Nachdruck der Ausgabe: Berlin 1912], S. 157-184, hier S. 178.

14 Es darf hier vielleicht mit Manfred Frank daran erinnert werden, dass nicht allzu lange vor Beginn von Rückerts Dichterkarriere die Spannungen zwischen den Idealisten und den frühromantischen Philosophen, einschließlich deren „kantischer Erbmasse", auch von der romantischen „Skepsis gegen transzendente Spe-

Aber auch für das Göttliche findet das Gedicht keinen Begriff mehr als
nur den allgemeinsten und denkbar unspezifischsten:

> Schatten dicht gewoben!
> Alles kommt von oben,
> Luft und Duft und Licht,
> Was hier mit mir spricht.
>
> Schatten dicht gewoben!
> Alles geht nach oben,
> Blumenglanz und Hauch,
> Blick und Seufzer auch.

Von der Transzendenz geht keine tröstende Offenbarung aus, wie man
denken könnte, wenn man den 16. Vers als Hinweis darauf versteht,
dass dem lyrischen Subjekt etwas von „oben" mitgeteilt wird, was sich
nur dem Leser verschließt. Stattdessen lässt sich aus der Analogie mit
den Phänomenen in der letzten Strophe („Blumenglanz und Hauch")
erkennen, worin die Mitteilung eigentlich besteht. Es ist ein reines *memento mori*, durch das zwar daran gemahnt wird, dass alles in der Welt
vergänglich ist, das dem Subjekt aber eigentlich keine bessere Alternative zum ‚Hier und Jetzt' mehr anbietet. „Was hier" genau „spricht", ist
beachtenswert: Die flüchtigsten Naturerscheinungen, genauso vergänglich wie diejenigen im vorletzten Vers, treten nicht als Botschaft dessen,
was „oben" ist, in Erscheinung, sondern als Sprechendes selbst! Damit
ist aber jede potenzielle Hoffnung, die im Gesprochenen liegen könnte,
genauso hinfällig, wie die ‚Sprechenden'. Infolgedessen bleibt schließlich auch offen, ob auf das „oben" Liegende irgendeine berechtigte
Hoffnung gesetzt werden kann. Dafür spricht die Verwendung der Metapher des „Hauch[s]". Sie geht zwar direkt auf die Bibel zurück, wo sie
das Predigerbuch – und damit das Ur-Memento der europäischen Literaturgeschichte – einleitet.[15] Allerdings scheint hier durchaus nicht das-

---

kulationen" ausgehen. Mit der Forderung, „‚Ideen' nicht für Konzepte zu halten,
die konstitutiv in das Bild unserer Wirklichkeit eingreifen", nimmt die frühro-
mantische Philosophie auch direkt gegen die institutionalisierte Religion Stellung. Wenn mit Kants „peinvolle[n] Fragen" an die Metaphysik „eine Epoche
auf[ging], die das Ende [des] Glaubens an die Realität einer heilsamen und bele-
benden übersinnlichen Welt einläutete", und die Frühromantiker diese Denkrich-
tung aufgreifen, kommen in der Folgezeit Gelehrte nicht um die Auseinandersetzung mit der philosophischen Religionsskepsis herum. Das gilt auch und
besonders wenn sie, wie Rückert, privat noch selbst traditionelle Formen von Religiosität pflegen; vgl. Manfred Frank: ‚Unendliche Annäherung'. Die Anfänge
der philosophischen Frühromantik. Frankfurt/M. ²1998 (stw, 1328), S. 19-21.

15 Deutsche Übersetzungen des nicht zuletzt durch die Barockdichtung berühmten
zweiten Verses des ersten Kapitels des Bibelbuchs Prediger geben in der Regel

selbe Vertrauen darein gesetzt zu werden, dass die Vergänglichkeit der Dinge als Teil einer göttlichen Weltordnung vom Göttlichen auch wieder zurückgenommen werden kann.[16] Der Versuch, eine Verbindung mit dem Jenseitigen herzustellen, beschränkt sich auf „Blick und Seufzer", ist also nicht-sprachlich und allenfalls in Ansätzen kommunikativ. Die in diesem Vers denkbare Klimax, vom stummen „Blick" über den leisen „Seufzer" zur sprachlichen Artikulation im Gebet bricht vor der Selbstaussprache des Subjekts gegenüber dem Göttlichen ab. Mehr noch: Der „Blick" der letzten Strophe greift das Motiv des „Auge[s]" in der zweiten Strophe wieder auf, wo es ja immerhin das lyrische Subjekt nach dessen eigenem Bekunden nicht erreicht! Damit wirft das Gedicht an seinem Schluss die Frage auf, ob der „Blick" des lyrischen Subjekts wirklich in seinen gedachten Empfänger „oben" „dringet" – oder ob dort ein solcher Adressat überhaupt existiert. Statt eines an Gott gerichteten Gebets gibt es jedenfalls im Gedicht nur zwei Verse, welche die Form einer Anrede annehmen. Zweifellos liegt es nahe, den dreizehnten und siebzehnten Vers als Ausruf des Entsetzens über die Undurchdringbarkeit der „Schatten" zu verstehen, d.h. als Klage über die eigene Sinnenlähmung angesichts der tiefen emotionalen Notlage. Man kann allerdings nach den dargestellten religiösen Bezügen nicht leicht darüber hinwegsehen, dass diese Ausrufe der Zweideutigkeit ihrer grammatischen Form nach auch als Anrufung der „Schatten" gelesen werden können. Angesprochen würde dann, statt eines Transzendenten, das sich in klaren Bildern leicht nachvollziehbar fassen lässt – beispielsweise als anthropomorphisierter Gottvater – das reine Numinose, der „Schat-

---

mit ‚Eitelkeit' oder ‚Nichtigkeit' den Begriff wieder, der wörtlich u.a. ‚Wind', ‚Hauch', ‚Dunst' bedeutet; vgl. Elberfelder Studienbibel (Anm. 9), S. 1558; ebd. Pred 1,2: „Nichtigkeit der Nichtigkeiten! – spricht der Prediger; Nichtigkeit der Nichtigkeiten, alles ist Nichtigkeit!"

[16] Allerdings weist gerade auch Prediger jede gesicherte Erkenntnis über den Zustand der Verstorbenen zurück. Wenn es dennoch mit Blick auf das doch nichtige ‚diesseitige' Leben einen vergleichsweise positiven Grundton von Genussbejahung und -freude anschlägt, gehört das sicher zu jenen „Widersprüche[n] und Spannungen", die schon der älteren jüdischen Theologie aufgefallen sind; vgl. etwa Ludger Schwienhorst-Schönberger: Art. ‚Predigerbuch'. In: Religion in Geschichte und Gegenwart. Handwörterbuch für Theologie und Religionswissenschaft. Bd. 6. Tübingen [4]2001, Sp. 1579-1583, hier Sp. 1583 und 1581.) Immerhin wird noch heute von Religionswissenschaftlern und Theologen diskutiert, ob, inwieweit und ab welcher historischen Epoche in der jüdischen Kultur zu Zeiten des Alten Testaments überhaupt an ein Weiterleben nach dem Tod geglaubt wurde; vgl. dazu u.a. Kevin J. Madigan/Jon D. Levenson: Resurrection. The Power of God for Christians and Jews. New Haven, Conn., London 2008, S. 42-45. Das vorliegende Gedicht macht sich die „Spannungen" im Text ganz bewusst zu Nutze.

ten" als Sinnbild für die Gestaltlosigkeit des Heiligen, auf das sich zwar noch hoffen lässt, das sich aber in der verzweifelten Situation des Subjekts nicht mehr deutlich zeigt.[17]

In der Umwelt bietet sich rein empirisch für die Sinne des Betrachters keine Rechtfertigung mehr für so schwere Leiderfahrungen wie den Kindstod an. Dass Verlusterfahrungen solcher Art existenzielle Sinnfragen aufwerfen, ist ein Gemeinplatz in der Literatur wie im Alltagsleben. Hinterfragt wird dabei ein Weltzustand, in dem das erfahrene Leid überhaupt möglich gewesen ist. So auch bei Rückert: Die Welt selbst krankt aus Sicht des trauernden Subjekts, auch lange nachdem das Leiden der Kinder vorbei ist, an der Möglichkeit von Leid schlechthin.[18] In dieser Hinsicht steht die Gedichtsammlung wiederum in einer literarischen Tradition, die bis auf das Bibelbuch *Hiob* zurückgeht, insbesondere aber für die Zeit ab der zweiten Hälfte des 18. Jahrhunderts an Bedeutung gewinnt.[19] Eine Möglichkeit, den Bruch zwischen dem Übersinnlichen und dem Sinnlichen, der *aisthesis*, zu schließen, lässt sich aus dem Sinnlichen allein nicht mehr gewinnen. Das ist das Problem, das dieses Gedicht seinerseits ästhetisiert.

---

[17] Ich beziehe mich hier auf Rudolf Ottos grundlegende Studie, weil ihre Termini in mehrfacher Hinsicht sehr gut auf das Gedicht anwendbar sind – zunächst wegen des Motivs der Gestaltlosigkeit, das hier zum einen in Form der eingeschränkten Wahrnehmungs- und Empfindungsfähigkeit das ganze Gedicht durchzieht, zum anderen in den beschriebenen Perspektiven: Auf der horizontalen Ebene wird durch die topografische Überdehnung des subjektiven Blicks kein Fokus auf Partikuläres zugelassen, in der Vertikalen ist der Blick dagegen nur auf solche Dinge gerichtet („Luft", „Duft", „Licht", „Schatten", „[G]lanz", „Hauch"), die wenigstens optisch und akustisch gestaltlos sind. Otto bemerkt außerdem, dass Darstellungen erhabener Gegenstände (wie hier „Gebirg" und „Flut") traditionell gern als Mittel verwendet werden, um das Numinose in der Kunst darzustellen, das ansonsten, eben wegen seiner Gestaltlosigkeit, nicht darzustellen wäre. Vgl. Rudolf Otto: Das Heilige. Über das Irrationale in der Idee des Göttlichen und sein Verhältnis zum Rationalen. München 2004 (Beck'sche Reihe, 328), S. 85.

[18] Da diese Möglichkeit beständig aktuell ist, bedroht sie nicht nur permanent die Gemütsverfassung des Subjekts, sondern auch seine Fähigkeit, sein Erleben ästhetisch zu gestalten, d.h. zu dichten. Die Ästhetik als „Theorie der inneren Sinnlichkeit" und, etwas vereinfacht ausgedrückt, der ‚gemütsinternen' Voraussetzungen künstlerischer Weltgestaltung entsteht zur Zeit der Aufklärung; vgl. Ernst Stöckmann: Anthropologische Ästhetik. Philosophie, Psychologie und ästhetische Theorie der Emotionen im Diskurs der Aufklärung. Tübingen 2009 (Hallesche Beiträge zur Europäischen Aufklärung, 39), S. 39.

[19] Vgl. Wolfgang Braungart: Die Geburt der modernen Ästhetik aus dem Geist der Theodizee. In: ders./Gotthard Fuchs/Manfred Koch (Hg.): Ästhetische und religiöse Erfahrungen der Jahrhundertwenden. Bd. 1: Um 1800. Paderborn, München, Wien, Zürich 1997, S. 17-34.

Damit scheint nun aber auch der Versuch einer Lösung zu diesem Problem angedeutet zu sein. Wenn es der Dichtung möglich wäre, jenen Sinn aus sich selbst heraus zu erzeugen, der der Welt als dem Werk eines ins Ungreifbare entrückten Urhebers abhanden gekommen ist, wäre damit die ,ästhetische Theodizeefrage' bewältigt. Gleichzeitig hätte sich die Dichtung selber den Status der ,Heiligkeit' attestiert, den ihr schon 1811 Rückerts Dissertation zuweist.[20]

III.

Einige der *Kindertodtenlieder* versuchen sich an der Restitution der Sinnhaftigkeit von Welterfahrung, indem sie selber die Umwelt als ,Weltbuch' identifizieren und beschreiben, wie es zu ,lesen' ist. Das folgende Beispiel[21] veranschaulicht wahrscheinlich von allen Texten der Sammlung am besten, wie das ,Lesen der Welt' stattfinden kann:

> Das erste Frühlingsblatt
> Fand ich voll seltner Chiffern,
> Es wurde gar nicht satt
> Mein Herz sie zu entziffern.
>
> Es war eine Liebesschrift
> Von einer Hand geschrieben,
> Die mit dem künstlichen Stift
> Es noch nicht lang getrieben.

---

20 Vgl. Friedrich Rückert: Dissertatio philologico-philosophica de idea philologiae. Hg. von Claudia Wiener. In: dies.: Friedrich Rückerts „De idea philologiae" als dichtungstheoretische Schrift und Lebensprogramm. Schweinfurt 1994 (Veröffentlichungen des Stadtarchivs Schweinfurt, 10), S. 173-285, hier S. 195-197.

21 Friedrich Rückert: „Das erste Frühlingsblatt". In: ders., Kindertodtenlieder (Anm. 1), S. 300 (Nr. 240). – Wenn im vorliegenden Aufsatz die Reihenfolge der Gedichte in der Sammlung durchbrochen wird, beeinträchtigt das nicht den Argumentationsgang. Die Beobachtungen zu den einzelnen Gedichten können ohne Weiteres nebeneinander stehen, ohne eine sukzessive Gedankenentfaltung der Sammlung hindurch annehmen zu müssen. Sie wäre ohnehin kaum belegbar, schon deshalb, weil sich für die einzelnen Gedichte das genaue Entstehungsdatum nicht nachweisen lässt; vgl. den editorischen Bericht von Kreutner und Wollschläger, ebd., S. 559-613. Was hier zu den ausgewählten Gedichten gesagt wird, gilt, wie oben ausgeführt, meist repräsentativ für eine Anzahl von Gedichten innerhalb der Kindertodtenlieder, nicht für die Sammlung als Ganzes. Über das große verbindende Thema der Trauerklage hinaus rechtfertigt sie nirgendwo einen Anspruch auf zyklische Geschlossenheit – sinnigerweise, denn das Fehlen einer solchen Geschlossenheit ist der Reflexion über die existenzielle Verunsicherung durch die Konfrontation mit dem Tod ästhetisch selbst angemessen.

Und als ich den Schlüssel fand,
Wie froh war ich gerühret!
Ein Engel hat die Hand
Meines Kindes geführet.

Das hier der Schul' entlief,
Ist dort darein genommen,
Und dieser erste Brief
Ist mir von ihm gekommen.

Es hat in kurzer Frist
Schon artig lernen schreiben,
Und viel zu hoffen ist,
Wenn es wird fleißig bleiben.

Gegenüber dem zuerst zitierten Gedicht ist das lyrische Subjekt hier aufmerksam auf die partikulären Erscheinungen seiner natürlichen Umwelt; eine davon wird ‚gelesen‘ und ausgedeutet. Es ‚alphabetisiert‘ sich durch Aufmerksamkeit für die Einzelheiten in den Naturerscheinungen. Das Heilige wird nicht auf dem Weg der ästhetischen Abkürzung, sondern eigentlich auf einem Umweg, über einen so unscheinbaren (und ausnehmend profanen) Gegenstand wie ein Blatt gefunden. Wäre eine direkte Schau des Heiligen möglich, hätte es sich, im zuerst zitierten Gedicht, schon beim direkten Blick nach „oben" zeigen müssen – von woher alles Gute und Sinnvolle die gesamte Kulturgeschichte hindurch erhofft wird.[22] Das verzweifelte *De profundis*, die horizontale Perspektive auf das „oben" Liegende ‚aus der Tiefe‘ der diesseitigen Welt heraus, die das Gedicht „Von Gebirg umschlossen" [Nr. 244] einnimmt, fehlt hier völlig. Auch ist der Blick nicht mehr auf das „Gebirg" oder die „Flut" in der fernen Umgebung gerichtet, sondern in den allernächsten Umkreis. Die ‚heilige Schrift‘ liegt auf derselben Wirklichkeitsebene wie die Umwelt des lyrischen Subjekts. Ihr Medium entsteht erst innerhalb derselben Lebenswirklichkeit durch natürliches Wachstum.

Trotzdem erschließt sich ihr Sinn nicht von selbst. „Chiffern" bzw. Chiffren müssen, um verstanden zu werden, in eine gemeinverständliche Form übertragen werden. „Seltne[] Chiffern" verlangen ein kryptografisches Spezialwissen, das erarbeitet werden muss. Auch in diesem Gedicht verfügt das lyrische Subjekt nicht einfach über den Schlüssel, um die Geheimzeichen verstehen zu können, sondern muss ihn erst finden (vgl. V. 9). Darum wäre es zu einfach, hier vorschnell auf den Frühling als Metapher für Leben und Auferstehung zu verweisen. Sie ist

---

[22] Vgl. George Lakoff/Mark Johnson: Metaphors we live by. Chicago, London 2003, bes. S. 22-24.

so gründlich in das religiöse Denken des Abendlands eingeführt, dass ihr Verständnis kein besonderes Wissen voraussetzt. Das Wissen, das hier vom lyrischen Subjekt erfordert wird, ist die Kenntnis der „Liebesschrift" und der Sprache, die in ihr ausgedrückt ist. Die Art, wie das Blatt gelesen wird, erinnert dabei mehr an phyllomantischen Volksaberglauben[23] als an irgendwelche christlichen Deutungstraditionen.

Das Gedicht macht nicht explizit, auf welche Weise der „Schlüssel" zur Entzifferung der ‚Naturzeichen' gefunden wird, lässt aber doch erkennen, wie er funktioniert: Offenbar nimmt das lyrische Subjekt eine Umbesetzung des religiösen Paradigmas von der messianischen Vermittlung zwischen der göttlichen und der menschlichen Welt vor. Es weist dem verstorbenen Kind die Rolle der vermittelnden Instanz zu. In dieser Mittlerfunktion bekommt das Kind nicht nur Züge einer Heiligengestalt, es wird direkt zur messianischen Figur stilisiert! Der Heiland mag für die Menschheit gestorben sein – der Tod der eigenen Kinder aber steht (und geht) dem lyrischen Subjekt näher, weshalb es diesem Tod die subjektiv größere Bedeutung zuschreibt. Immerhin hinterlässt das Kind in der natürlichen Umwelt des lyrischen Subjekts seine eigene ‚heilige Schrift', aus der heraus das Himmlische, etwa in Form von „Engel[n]", erst ersichtlich wird. In der Folge setzt der trauernde Vater, subjektiv, das überkommene ‚Wort' (λόγος) in seiner traditionellen christologischen Form ab und ersetzt es durch das Kind, das nun die Brücke zwischen der diesseitigen und der jenseitigen Welt schlägt. So funktioniert der Code, der die „seltnen Chiffern" zu entschlüsseln erlaubt. Offenbar ist die Urheberschaft dieser speziellen Naturerscheinung durch das Kind die einzige Interpretation, die hier für den Trauernden sinnstiftend sein kann.

Diese Übersetzungstechnik hat eine doppelt häretische Tendenz: Erstens behandelt sie, wenigstens subjektiv, die Zentralgestalt des religiösen Glaubens an die Heilsgeschichte als austauschbar. Zweitens wertet sie die diesseitige Welt, sei sie auch eine durch den Einbruch des Todes defizitäre, gegenüber der jenseitigen in einem unerhörten Maß auf. Das wird besonders deutlich, wenn man dieses Gedicht mit anderen Kindertotendichtungen vergleicht, von denen es am Anfang des 19 Jahrhunderts tatsächlich eine „regelrechte Flut" gibt.[24] Üblicherweise wird darin

---

23 Vgl. Josef Boehm: Art. ‚Phyllomantie'. In: Hanns Bächtold-Stäubli (Hg.): Handwörterbuch des deutschen Aberglaubens. Bd. 7. Berlin, New York ³2000, Sp. 21-24.

24 Hans-Ulrich Wagner: Klage, Trost und irre Lieder. Zur Poetik der Kindertotendichtung bei Friedrich Rückert und Joseph von Eichendorff. In: Max-Rainer

die Seinssphäre des toten Kindes als paradiesischer Zustand beschrieben, der mit der Welt der Trauernden durch seine beseligenden Attribute kontrastiert. So etwa in Eichendorffs Zyklus *Auf meines Kindes Tod*:

> „Und was weint ihr, Vater und Mutter, um mich?
> In einem viel schöneren Garten bin ich,
> Der ist so groß und weit und wunderbar,
> Viel Blumen steh'n dort von Golde klar,
> [...]"[25]

Die Gegenüberstellung von Diesseits und Jenseits lässt hier, wie in anderen Kindertotendichtungen, wenig Zweifel an den Konnotationen der jeweiligen Seinssphäre. Wie beispielsweise schon in der barocken Memento-Dichtung wird der transzendente Bereich zum einzig erstrebenswerten Ziel, demgegenüber die natürliche Welt keine annähernd gleichwertige Geltung beanspruchen kann. Die Aufmerksamkeit angesichts dieser Aufteilung muss soweit wie möglich auf das Jenseitige gerichtet sein. Die *Kindertodtenlieder* dagegen machen deutlich, dass diese Aufmerksamkeit keinen ästhetischen Gegenstand haben kann (und darum als poetisches Modell unglaubwürdig wäre):

> Du wandelst ober der Sonne,
> In einem anderen Licht;
> Für deine höhere Wonne
> Hab' ich die Sinne nicht.
> [...][26]

Weil die übersinnlichen Dinge eben das sind – über den Sinnen, d.h. ästhetisch nicht zugänglich – wird hier auch auf nähere Schilderungen oder Imaginationen des Seinszustandes des/der Toten verzichtet.

Die Unerreichbarkeit durch sinnliche Wahrnehmung ist dabei wechselseitig. Darin liegt der zweite wichtige Unterschied zwischen dieser Sammlung und den anderen Totendichtungen, die um diese Zeit entstehen. Üblicherweise erfordert darin der Kontakt zwischen dem/den Trauernden und dem toten Kind, sofern ein solcher beschrieben wird, keine ‚Leseanstrengungen' sondern wird vom toten Kind selbst aufgenommen, ohne Zutun der Angesprochenen. So etwa im zitierten Eichendorff-Gedicht oder auch in Luise Hensels *Kindesgruß von drüben* (1823):

Uhrig (Hg.): Gestörte Idylle. Vergleichende Interpretationen zur Lyrik Friedrich Rückerts. Würzburg 1995, S. 19-39, hier S. 20f.

25 Joseph von Eichendorff: Auf meines Kindes Tod. In: ders.: Sämtliche Gedichte. Versepen. Hg. von Hartwig Schultz. Frankfurt/M. 1987 (Bibliothek deutscher Klassiker, 21), S. 284f., hier S. 284.

26 Friedrich Rückert: „Du wandelst ober der Sonne" In: ders., Kindertodtenlieder (Anm. 1), S. 430 (Nr. 351); Hervorhebung S. M.

O weine nicht! Ich bin dir nicht gestorben,
Ein ewig selig Leben ging mir auf.
O, sähst du ihn, den Kranz, den ich erworben,
Es hemmte gleich sich deiner Thränen Lauf.
Hier wohnt der Friede, leuchtet ew'ges Licht,
O weine nicht!
[...][27]

Sowohl bei Eichendorff als auch bei Hensel fehlt ein Hinweis darauf, auf welche Weise die Angesprochenen vom toten Kind erreicht werden. Zumindest der Eichendorffsche Zyklus lässt sogar offen, wie verlässlich das lyrische Subjekt selbst ist, wenn es seine Wahrnehmung der Welt nach dem Tod des Kindes „wie im Wahnsinn" und „in irren Liedern"[28] wiedergibt. Die Botschaft des Kindes, die als wörtliche Rede im ersten Gedicht des Zyklus steht und als Zitat durch das lyrische Subjekt gelesen werden kann, schlösse das mit ein. In den *Kindertodtenliedern* ist von Zweifeln an der Interpretation des „ersten Frühlingsblatt[es]" dagegen keine Spur. Im Gegenteil: Das Lebenszeichen des Kindes aus dem Jenseits gibt nicht nur Aufschluss über sein Weiterleben als solches, sondern sogar über seine weitere ‚sprachliche Ausbildung' nach dem Tod. Ob das lyrische Subjekt sein Angesprochensein durch die Schreibübungen des seligen Kindes vielleicht auch nur in einem „irren Lied" imaginiert, kann der Leser nicht entscheiden. Jedenfalls gehört das Gedicht nicht zu denjenigen in der Sammlung, in denen das lyrische Subjekt an der Möglichkeit jeder Verbindung zwischen der Welt der Lebenden und der Welt der Toten annähernd verzweifelt. (Dieser existenziell tief pessimistische Grundton charakterisiert allerdings die meisten der *Kindertodtenlieder*.)

Viel entscheidender ist die Art der Hoffnung, die sich aus der Möglichkeit ergibt, der Geist des Kindes könnte als Autor von Naturerscheinungen in der diesseitigen Welt wirken. Dass ein Gedicht darüber geschrieben werden kann, rechtfertigt die Deutung des „ersten Frühlingsblatt[s]" als Schöpfung des toten Kindes hinreichend. Das lyrische Subjekt erklärt apodiktisch sein Wissen über die Autorschaft des Blatts und demonstriert dieses Wissen durch sein eigenes ‚Blatt': das Gedicht. Durch die Parallelisierung wird beansprucht, das, was die *Kindertodtenlieder* darstellen, das Ergebnis von Dichtung, als heilig bestimmen zu dürfen; das Gedicht wird gewissermaßen zum Träger seiner eigenen Of-

---

27 Luise Hensel: Lieder. Hg. von Christoph Schlüter. Paderborn 1869, S. 122.
28 Joseph von Eichendorff: Nachts. In: ders., Sämtliche Gedichte (Anm. 25), S. 286.

fenbarung. Das „Frühlingsblatt" ist hier ebenso wenig nur eine Metapher für Dichtung, wie das Gedichtblatt selbst nur Metapher für Dichtung ist: Die Sprache, die Rückert schon in seiner Dissertation von 1811 zur Triebkraft der gesamten Menschheitsgeschichte erklärt hatte,[29] die als einzige Form allen Bewusstseins auch Grundsubstanz der wirklichen Welt ist, versöhnt das Heilige mit dem Profanen in einem Maße, das für den größten Teil der religiösen Dichtung vor Rückert undenkbar gewesen wäre. Während das vollendete himmlische Leben, ganz der christlichen Tradition gemäß, bei Eichendorff und mehr noch bei Hensel eine statische Glückseligkeit auszeichnet, in der die paradiesische Vollkommenheit und völlige Befriedigung aller menschlichen Bedürfnisse jeden weiteren individuellen Fortschritt überflüssig macht, ist das Rückertsche Himmelreich eines der perpetuierten sprachlichen Weiterentwicklung. Das Kind lernt im Jenseits erst, in der Welt solche Zeichen zu hinterlassen, die fortdauernde Relevanz für die (einstweilen) Hinterbliebenen haben. Was auf dem „Frühlingsblatt" eigentlich geschrieben steht, ob es irgendeine Art von direkter Botschaft gibt, ist dann völlig irrelevant. Die Welt, die gelesen werden kann, muss zwar eine Welt sein, in die etwas eingeschrieben ist; was genau in ihr steht, ist aber fast gleichgültig, denn die Tatsache der ‚Lesbarkeit' selbst macht ihren Sinn aus. Die „Liebesschrift" drückt nicht mehr und nicht weniger aus, als dass sie Schrift eines Urhebers ist. Dass der Autor hier nicht der Urhebergott als ‚Poet' seiner Schöpfung ist, sondern ein aus dieser Welt selbst herkommender Verstorbener, begründet die Hoffnung auf die Möglichkeit von ‚Selbstfortschreibung' in der Welt, wo doch nach herkömmlicher Auffassung diese Welt von den Toten endgültig verlassen wird. Bei Eichendorff besteht beispielsweise die eigentliche Botschaft des Kindes an seine Eltern letztlich nur darin, dass im Leben schon auf einen himmlischen Erlösungszustand gehofft werden soll, der so vollkommen ist, dass es darin eigentlich nichts mehr zu sagen gibt:

> Ich kann nicht sprechen und auch nicht weinen,
> Nur singen immer und wieder dann schauen
> Still vor großer, seliger Lust.[30]

Die uneingeschränkte Seligkeit der Toten bedingt bei Eichendorff das Ende der Sprache. Bei Rückert zeichnet sich dagegen die wahre Seligkeit durch den fortgesetzten schöpferischen Gebrauch der Sprache aus. Die Seelen der Toten sind in den *Kindertodtenliedern* nicht, wie bei Eichen-

---

[29] Vgl. Rückert, Dissertatio (Anm. 20), S. 175f.
[30] Eichendorff, Auf meines Kindes Tod (Anm. 25), S. 285.

dorff, bloße Nachsinger ewiger Litaneien, sondern Dichter, die weiterhin ihre eigenen Schöpfungen verantworten, ohne dabei Rücksicht auf einen eventuellen göttlichen Einspruch nehmen zu müssen. Zwar führt ein „Engel […] die Hand / [des] Kindes", aber nur zum Zweck der weiteren Vervollkommnung der schöpferischen Gabe. Dieser Umstand heiligt, vom lyrischen Subjekt her gedacht, auch dessen Gedichte als Vorwegnahme des höchsten und letzten Seinszustandes.

Dabei geht es um viel mehr als eine Variante des uralten Topos von ‚Gott als Poet' seiner Schöpfung oder vom ‚Dichter als Gott' seiner imaginierten Welten. Denn bei Rückert lässt es das Apodiktische in der Verwendung der Metapher vom ‚Buch der Natur' im Grunde kaum noch zu, hier von einer Metapher im strengen Wortsinn zu sprechen. Schließlich wird die reale Urheberschaft der Zeichen auf dem „Frühlingsblatt" durch das tote Kind ohne Weiteres vorausgesetzt. Das lyrische Subjekt liest die Strukturen auf dem „Frühlingsblatt" nicht *wie* eine Nachricht des toten Kindes, sondern geht ganz selbstverständlich davon aus, dass es eine Nachricht des Kindes ist. Damit steht auch dessen quasimessianische Stellung außer Zweifel. Darüber hinaus noch zu fragen, woher dieses Wissen kommt, wäre im Grunde Ketzerei gegen die Dichtung als der heiligen Sprache der Schöpfung. Begreift man die Welt nicht nur metaphorisch, sondern ontologisch als eine gedichtete, wird die Dichtung selbst damit zur ästhetischen Demonstration des letzten Seinsprinzips und somit zur ‚Dichtungsreligion': „Philosophie und Poesie werden, wenn die Sprache […] zur Vollendung gelangt ist, zur Einheit und können nichts anderes sein als die Sprache selbst."[31] Was Rückert in seiner Dissertation als heilsgeschichtliches Prinzip für die gesamte Menschheit formuliert, gilt auch für den individuellen Menschen: Die Vollendung seiner Sprache ist der einzige Weg zur Vollendung seines Bewusstseins und damit zur Seligkeit. Dieses Ziel, sein individualgeschichtliches *telos*, bleibt ihm nötigenfalls bis über den Tod hinaus aufgegeben.

IV.

Vom Diesseits aus ist der Fortschritt des Kindes zwar nicht exakt messbar, aber doch an Naturerscheinungen ablesbar. Die Welt auf diese Weise als beseelt zu begreifen und die Kinder wie in einem reversierten Ahnenkult als diejenigen, die die Beseelung der Welt bewirken, setzt de-

---

[31] Rückert, Dissertatio (Anm. 20), S. 195.

ren Tod zuallererst voraus. Beseelung ist aber nur in der lebenden, der natürlichen Umgebung möglich. In der vom lyrischen Subjekt selbst geschaffenen Umwelt, der häuslichen, stellt sich derselbe Effekt nicht ein. Einige Gedichte, welche die Erinnerung an die Kinder innerhalb des häuslich-familiären Kontextes thematisieren, enden in der Resignation vor der Bedeutungslosigkeit aller Zeichen, die noch von den toten Kindern im Haus zurückgeblieben sind:

> An der Thüre Pfosten waren
> Angezeichnet eure Maße,
> Und wir freuten uns zu sehen,
> Wie in jedem halben Jahre
> Ihr um eine halbe Spanne
> Oder eine ganze wuchset.
> Scheidend trat der Tod nun zwischen
> Unsre Freud' und euer Wachsen,
> Und nicht werden an den Pfosten
>
> Eure Maße höher steigen.
> Aber gleichsam um auf eine
> Art – ach eine schlimme Art – uns
> Zu entschäd'gen, hat der Würger
> Euch nun auf die Sterbebettchen
> Hingestreckt um eine ganze
> Spanne länger als ihr lebtet.
> Soll das etwa dafür gelten
> Euern Eltern, um ein ganzes
> Oder halbes Jahr des Lebens
> Euch im Tode nachzumessen?[32]

Die Zeichen an der Türzarge messen das Wachstum der Kinder. Mit dem Tod der Kinder, der dem Wachstum ein Ende setzt, haben die Markierungen keinen Bezug in der Wirklichkeit mehr. Aber auch die Körper der gestorbenen Kinder sind, da sie sich nicht mehr entwickeln und am Familienleben teilnehmen können, aus den häuslichen Sinnbezügen herausgefallen. Für das, was die vor dem Begräbnis im Haus aufgebahrten Kinder innerhalb der Familie bedeuten, gibt es keinen ‚Maßstab'. Mit dem verschwundenen Leben der Kinder kommt nicht nur den Zeichen an „der Thüre Pfosten" ihre Referenz abhanden. In dem ‚Maße', in dem die Kinder zur Familie gehörten, ist die Bedeutung dieses Teils der Welt ebenfalls in Frage gestellt. Sie können noch gelesen werden, haben aber keinen aktualisierbaren Kontext mehr. Sie beziehen

---

[32] Friedrich Rückert: „An der Thüre Pfosten waren". In: ders., Kindertodtenlieder (Anm. 1), S. 323 (Nr. 260).

sich nicht mehr auf die Körper der Kinder, wenn diese tot sind und nicht mehr wachsen. Das Zeichensystem der Eltern versagt. Das Gedicht markiert den Umbruch, der in der häuslichen Umgebung der Familie stattfindet. Genauer: Es markiert den Übergang von der Lebenswelt[33] der Familie zur ‚hinterfragten' Welt. In der Wirklichkeit, die „für den – in der natürlichen Einstellung verharrenden – Menschen selbstverständlich[]" ist,[34] stimmen die Tatsachen des Alltagslebens mit den Erwartungen des Menschen an seine Umwelt überein. Die „natürliche Einstellung" zu den Dingen wird nicht grundsätzlich dadurch enttäuscht oder in Zweifel gezogen, dass lebensverändernde Ereignisse außerhalb der Erwartungsnorm stattfinden. Normalerweise überleben Kinder ihre Eltern. Normalerweise wachsen sie zu Volljährigen heran und nehmen neue soziale Rollen ein, die durch die gesellschaftlichen Strukturen festgelegt sind. Veränderungen sind also erwartbar. Die toten Körper der Kinder im Haus machen aber alle diese Erwartungen hinfällig, indem sie für die „Spanne" der Aufbahrung daran erinnern, welche Möglichkeiten der Kindesentwicklung durch den Tod zerstört wurden: Die Kinder wachsen nicht mehr, entwickeln sich nicht mehr und bewegen sich nicht mehr in den sozialen Kontexten von Familie und Gesellschaft. Durch die „Thüre" gehen sie nicht mehr ein und aus.

Hier nun bietet das „Chiffern"-Gedicht die einzig mögliche Lösung an: Die häusliche Welt wird verlassen, um in der Natur nach Spuren der

---

33 Der Begriff ‚Lebenswelt', der aus der Husserlschen Phänomenologie stammt, bezeichnet den „unbefragte[n] Boden der natürlichen Weltanschauung"; vgl. Alfred Schütz/Thomas Luckmann: Strukturen der Lebenswelt. Konstanz 2003 (UTB, 2412), S. 29. Man könnte auch sagen: Die Lebenswelt ist die Welt für das Subjekt, solange dieses nicht mit solchen existenziellen Fragen und Problemen konfrontiert wird, die es veranlassen, zwischen der Welt und seiner subjektiven „Weltanschauung", seinen Hoffnungen für und Erwartungen an die Welt, zu unterscheiden. Dem lyrischen Subjekt in den Kindertodtenliedern widerfährt genau das: Durch die Katastrophe, die ‚seine' Welt heimsucht, wird es auf die Unzulänglichkeit der Welt gegenüber seinen Ansprüchen an sie gestoßen. Die Kindertodtenlieder artikulieren die Inkongruenz von präkatastrophaler Lebenswelt und der ins Krise gestürzten Welt in einer Vielzahl von Variationen. Das vorliegende Gedicht demonstriert z.B. wie dem lyrischen Subjekt durch den Verlust der Kinder als zentraler Konstituenten seiner Lebenswelt sogar die Selbstverständlichkeit von Raum- und Zeitempfinden – die „Spanne" im doppelten Wortsinn – verloren geht. Interessanterweise gehört dieses Problem zu den großen Herausforderungen der Phänomenologie selbst, der sich die Frage stellt, welche Formen von Welterfahrung überhaupt noch denkbar sind, wenn selbst Raum und Zeit als die letzten Bürgen eines „vermeintlich einheitlichen Werts der Existenz" infrage stehen. Vgl. Hans Blumenberg: Theorie der Lebenswelt. Hg. von Manfred Sommer. Berlin 2010, hier S. 117.

34 Schütz/Luckmann, Strukturen (Anm. 33), S. 29.

Kinder zu suchen, die auf ihr Weiterleben hinweisen. Im Haus widerspricht alles dieser Aussicht: Die toten Körper sind dort ausgestellt (gewesen), ihre Hinterlassenschaften stellen nur noch „die Spur / [...] meiner Todten"[35] dar, die Bilder, die es von ihnen gibt, sind „Täuschung".[36] In der Natur wird der entscheidende Hinweis auf Weiterleben und -entwicklung eines der toten Kinder gefunden, das „dort" in die „Schul' [...] genommen" ist. Aber mit der Frage, wie glaubwürdig diese Entdeckung des lyrischen Subjekts ist, lässt das Gedicht den Leser allein. Wie sie beantwortet wird, hängt letztlich schlicht davon ab, für wie überzeugend die Metapher von der ‚Lesbarkeit der Welt' gehalten wird. Das Gedicht ist nicht darauf angelegt, außenstehende Leser von seinen metaphysischen Grundannahmen zu überzeugen, sondern darauf, mit der ‚Lesbarkeit' einen Modus von Welterfahrbarkeit zu demonstrieren, der selbst ‚Sinn macht', der Sinn erzeugt. Das Risiko, dass auch der Sinn des „Frühlingsblatt[s]" irgendwann als „Täuschung" entlarvt wird, bleibt letztlich bestehen.

V.

„Für die Lyrik der Moderne ist es ganz geläufig geworden, von absoluten Metaphern, von absoluten, unauflösbaren Chiffren zu reden, von der Hermetik, der Rätselhaftigkeit und Dunkelheit des Kunstwerks, vom Sich-Entziehen des Sinns."[37] Gleichzeitig wird die Verstehbarkeit des Gedichts als ‚rätselhaft', als ‚dunkel', durch die bloße Existenz des Gedichts grundsätzlich behauptet. Oft spiegelt sich genau darin jenes „Moment des Bruches" zwischen Ich und Natur, das dem lyrischen Subjekt begreiflich und dem Leser von Lyrik nachvollziehbar macht, dass es „mit der Natur, auf die sein Ausdruck sich bezieht, [...] nicht unvermittelt eins" ist.[38]

Die *Kindertodtenlieder* reflektieren an vielen Stellen die Notwendigkeit einer Vermittlung zwischen Subjekt und Natur. Sie versuchen, sich dem „Sich-Entziehen des Sinns" entgegenzusetzen, indem sie die ‚Lesbarkeit

---

35 Friedrich Rückert: „Dies Haus, in welchem ich das tiefste Leid erfuhr". In: ders., Kindertodtenlieder (Anm. 1), S. 149 (Nr. 122).

36 Friedrich Rückert: „Daß es Tauschung ist, weiß ich". In: ders., Kindertodtenlieder (Anm. 1), S. 187 (Nr. 157).

37 Braungart, Geburt (Anm. 19), S. 21.

38 Theodor W. Adorno: Rede über Lyrik und Gesellschaft. In: ders.: Gesammelte Schriften. Hg. von Rolf Tiedemann. Bd. 11: Noten zur Literatur. Frankfurt/M. 2003 (stw, 1711), S. 48-68, hier S. 53.

der Welt' gegen alle Unwahrscheinlichkeit behaupten. Unwahrschein-
lich deshalb, weil auch das Gedicht nicht angeben kann, wie genau die
„Chiffern" der Natur entschlüsselt werden oder was sie ausdrücken. Bei
Rückert wird letztlich die ‚Lesbarkeit der Welt' auch schon zu einer „absoluten Metapher" – losgelöst (= *absolutum*) nämlich von einer zu le-
senden Botschaft. Wir wissen nicht einmal, wie das Gedichtsubjekt auf
die Idee kommt, das Blatt könne gelesen werden. Unabhängig davon,
ob man mit Adorno den gestörten Naturbezug als allgemeines Charak-
teristikum (moderner) Lyrik gelten lassen will, trifft er doch auf die Naturlyrik in den *Kindertodtenliedern* zweifelsfrei zu. Das moderne Subjekt,
so Adorno, „trachtet, [die Beziehung zur Natur] durch Beseelung,
durch Versenkung ins Ich selber, wiederherzustellen."[39] Die „Versenkung
ins Ich selber" führt bei Rückert, wie gezeigt, zu nichts. Das in sich
selbst zurückgezogene Subjekt ist von seiner Umwelt nicht mehr er-
reichbar. Entsprechend kann auch die „Beseelung" der Natur eigentlich
nicht vom Subjekt ausgehen. Es wird vielmehr seinerseits von einer
Botschaft seines toten Kindes erreicht. Andererseits ist es für die Gedichtsammlung entscheidend, dass hier kein einfacher Verweis von der
Natur auf eine tröstende, transzendente Entität stattfindet. Stattdessen
wird das Verweisungsverhältnis auf eine sehr originelle Art umgekehrt:
Während zumeist in religiöser Naturlyrik vor Rückert die Natur an die
Realität des Göttlichen gemahnt, verlangt hier das Sinnbedürfnis des lyrischen Subjekts nach einer Hinwendung zur natürlichen Umwelt und
dem darin schlechthin Gegebenen. Ob es die Grundhaltung des Subjekts der Natur gegenüber ist, die es zulässt, die Welt als ‚geschrieben'
zu verstehen, oder ob die Chiffre des Metaphysischen in der Welt erst
die Beziehung des Subjekts zur Natur ermöglicht, bleibt schließlich
auch unentscheidbar. Das ist nicht etwa ein Mangel, sondern eine poetische Leistung und gehört zur Modernität dieser Gedichte. Sie geben
sich mit vorgegebenen metaphysischen Modellen nicht mehr zufrieden,
lassen aber ihre Möglichkeit weiterhin zu. „Der Text der Welt will" –
auch hier – „angestrengt, im Gegenspiel von Skepsis und Unbefangenheit [...] gelesen sein".[40] Die *Kindertodtenlieder* messen, wie an den ausgewählten Beispielen gezeigt wurde, den ganzen Raum zwischen „Skepsis und Unbefangenheit" aus.

---

[39] Ebd.
[40] Blumenberg, Lesbarkeit (Anm. 6), S. 109.

„Mein Kind ist mein einzig gutes Gedicht!"

Kindstod und Kinderlosigkeit bei Carmen Sylva: Von der poetischen Trauerverarbeitung bis zur Legitimierung literarischer Öffentlichkeitsarbeit im Dienst der Krone

von

Silvia Irina Zimmermann

Im Nachwort zu den *Kindertodtenliedern* Friedrich Rückerts, herausgegeben von Hans Wollschläger und Rudolf Kreutner, heißt es, dass es nur wenige Beispiele ähnlicher poetischer Trauerverarbeitung in der Literaturgeschichte gebe und dass die „geistig-seelische Strategie von Rückerts Leidensbewältigung" einzigartig zu nennen sei als „Umsetzung der Klage in Kunst, wie die Weltliteratur keine ähnliche hat".[1] Ein weiteres, weniger bekanntes Beispiel für die Bewältigung von Leiderfahrung und deren Umsetzung in Literatur ist eine deutschsprachige Schriftstellerin, die 1880 unter dem Pseudonym Carmen Sylva zu veröffentlichen begann und die nach dem Tod ihres einzigen Kindes ähnlich wie Rückert „ein ew'ges Denkmal früh verblichnem Schönen"[2] schaffen wollte.

Wer genau verbirgt sich hinter dem Pseudonym Carmen Sylva? Heute weitgehend unbekannt, galt Königin Elisabeth von Rumänien, geborene Prinzessin zu Wied, die unter dem Dichternamen „Carmen Sylva" zahlreiche Bücher in deutschen Verlagen veröffentlichte, als eine der fünf wichtigsten weiblichen Persönlichkeiten ihrer Zeit – nach Bertha von Suttner die zweitbedeutendste Frau, schenkt man einer Leserumfrage des *Berliner Tageblatts* vom 7. Mai 1905 Glauben.[3] Und wenn es bei Rückert heißt:

---

[1] Rudolf Kreutner/Hans Wollschläger: Editorischer Bericht. In: Friedrich Rückert: Kindertodtenlieder und andere Texte des Jahres 1834. Bearbeitet von Hans Wollschläger und Rudolf Kreutner. Göttingen 2007 (Schweinfurter Edition), S. 559-613, hier S. 561.

[2] Friedrich Rückert: „Sie haben ganz, o Kind, um das wir trauern". In: Ebd., S. 37.

[3] Vgl. Brigitte Hamann: Bertha von Suttner. Ein Leben für den Frieden. München [2]1987, S. 319.

Immer tat ich ihren Willen
Meiner Dichtung, und sie meinen,
Herzbedürfnisse zu stillen,[4]

so trifft dies auch auf Carmen Sylvas Gelegenheitsdichtung zu, die sie seit frühester Kindheit pflegte und in der sie Freude und Leid gleichermaßen Ausdruck gab. Im Unterschied zu Rückerts Selbstverständnis als Dichter, „Dein Vater aber, der sich nennt ein Dichter", und dem bewussten Verzicht auf eine Veröffentlichung seiner *Kindertodtenlieder*, löst bei Carmen Sylva die persönliche Familientragödie erst recht eine öffentliche Dichtertätigkeit aus, die sie fortan als Ersatz für ihre Kinderlosigkeit zu verstehen und als Berufung zu legitimieren versucht:

> Nach weltlichem Ermessen wäre mancher Thron dem rumänischen vorzuziehen, ich aber sollte ein Dichter werden, das war der wahre Beruf, zu dem ich getrieben wurde. Nach weltlichem Ermessen ist es ein Unglück, dass ich keinen Sohn habe, aber einmal werden wir auch hierfür Gott danken![5]

Kurzbiografie Carmen Sylvas (Königin Elisabeth von Rumänien)

Kurz zu der Biografie Carmen Sylvas: Elisabeth Pauline Ottilie Luise, Prinzessin zu Wied, wurde am 29. Dezember 1843 in Neuwied, als älteste Tochter des Fürsten Hermann zu Wied und seiner Frau Prinzessin Marie von Nassau, Fürstin zu Wied geboren. Sie erhielt eine für ihre Zeit unübliche intensive Erziehung in verschiedenen geistes- und naturwissenschaftlichen Fächern (Geschichte, Kunstgeschichte, Kirchengeschichte, Musik, Mathematik, Physik) und sie lernte mit Leichtigkeit mehrere Fremdsprachen (Französisch, Englisch, Latein, Griechisch, Italienisch und Schwedisch). Im November 1869 wurde Prinzessin Elisabeth mit Karl von Hohenzollern-Sigmaringen vermählt, der seit 1866 Fürst Carol der vereinigten rumänischen Fürstentümer (Moldau und Walachei) war, und sie lebte fortan am rumänischen Hof in Bukarest. Das einzige Kind des Fürstenpaares, Prinzessin Maria, starb 1874 im Alter von drei Jahren an Diphtherie und Scharlachfieber, mit dem es sich bei einem gemeinsamen Besuch mit Fürstin Elisabeth in einem Bukarester Waisenhaus angesteckt hatte. Der Tod ihres Kindes stürzte die Fürstin in eine Depression. Darüber hinaus wurde Elisabeth unter dem permanenten Druck, die Dyna-

---

4   Rückert, Kindertodtenlieder (Anm. 1), S. 29.
5   Aus einem Brief Carmen Sylvas an Mite Kremnitz, Sinaia, im Herbst 1888; zitiert nach: Mite Kremnitz: Carmen Sylva. Eine Biographie. Halle/S. o.J. [1903] (Biographien bedeutender Frauen, 1), S. 275.

stie durch einen Thronfolger zu festigen, überlastet. Trotz aller Hoffnungen und Kuraufenthalte Elisabeths blieb die Ehe des Fürstenpaares kinderlos. Den „Imageverlust" wegen der Kinderlosigkeit versuchte Elisabeth als Fürstin und ab 1881 als Königin von Rumänien durch ein Wirken als vorbildliche Landesmutter und als Kulturvermittlerin zu kompensieren.

Erziehung und Prägung durch das Elternhaus

Bereits seit ihrer Kindheit schrieb Elisabeth gelegentlich Gedichte, in denen sie ihre Empfindungen, Betrachtungen, Naturbeobachtungen, Freuden des Alltags, aber auch die Leiderfahrungen, Krankheiten und Todesfälle in ihrer Familie und die daraus zeitweise sehr bedrückende Stimmung im Elternhaus in der Lyrik auszudrücken versuchte. Trotz offensichtlicher dichterischer Begabung wurde dieses Talent der Prinzessin in der Familie nicht als etwas Besonderes betrachtet und nicht über das intime Maß der Gelegenheitsdichtung hinaus ermutigt. Vielmehr versuchte ihre Mutter Fürstin Marie zu Wied die Phantasie ihrer Tochter zu bändigen, indem sie die Lektüre aufregender Romane unterband und dem zu intensiven Klavierspiel Elisabeths Grenzen setzte, denn sie befürchtete, dass zu viel an Phantasie und Unbändigkeit sowohl der geistigen Entwicklung als auch den Heiratschancen der jungen Prinzessin schaden würden.[6] Liest man Elisabeths Äußerungen in ihren Briefen oder Erinnerungen über die strenge Erziehungszeit im fürstlichen Elternhaus, so fällt ihr Schwanken zwischen der Ablehnung einerseits und dem Nachvollziehen andererseits der Strenge im Erziehungsstil ihrer Mutter auf:

> Ich arbeitete von vier Uhr früh bis Mitternacht manchmal, und wurde noch gescholten, wenn mir nach dem Tee, bei der Lektüre von Molière und den französischen Chroniken, die Augen zufielen.[7]

> Wenn ich in der Klavierstunde schlecht gespielt hatte, so bekam ich einfach hernach, wenn der Lehrer fort war, Schläge. Von Überbürden war noch keine Rede damals. Man fand, die Kinder seien zum Lernen da.[8]

> Man kann Kindern nicht früh genug Selbstzucht und Selbsterziehung angewöhnen. [...] Meine Mutter machte mir stets zwei Dinge zur heiligsten Pflicht [...]: „Demut und Frohsinn!" Demütig und fröhlich sollte man sein, das sei man den Nebenmenschen schuldig. Ich war aber ein bisschen stolz, nicht hochmütig, aber unbeugsam und starr, und das Frohsein war in unserm Hause

---

6 Näheres dazu in: Carmen Sylva: Mein Penatenwinkel. Frankfurt/M. 1908.
7 Ebd., S. 267.
8 Ebd., S. 140.

wirklich eine Kunst, denn es war gar kein Grund dazu vorhanden. Es kam nur
auf einen erhöhten Grad von Willensstärke an, um den andern zuliebe heiter
zu scheinen. Es war eine Pflicht, und musste deshalb dieser Grad von Selbstüberwindung geübt werden.[9]

Wirklich, die Erziehung einer jungen Prinzessin ist eine schwierige Sache. Sie
war es wenigstens. Ich sehe jetzt, dass Eltern, Kindererzieher und Lehrer es
nicht so tragisch auffassten. Mir sagte einmal eine junge Prinzessin, die noch
nicht lange verheiratet war: „Eigentlich ist es doch sehr ungerecht, von der
kleinsten Lehrerin verlangt man solch schwierige Examina, und uns bereitet
man auf einen tausendmal schwereren Beruf nicht vor und lässt uns allein alles
herausfinden." Ich konnte nur antworten: „Parlez pour vous, Madame!" Ich
bin vorbereitet worden, und wie gründlich, obgleich mir meine Mutter immer
sagte, ich würde wahrscheinlich nicht heiraten; daneben wappnete sie mich gegen alle Vorkommnisse des Lebens mit eiserner Hand.[10]

Kindstod und dichterische Trauerarbeit

Soweit zur Erziehung der jungen Prinzessin. Nun aber zur Frage nach
dem Grad von Selbstüberwindung, der Bewältigung der Sinnkrise nach
dem Tod des einzigen Kindes sowie zur Frage nach der Beziehung Carmen Sylvas zu ihrem Gemahl, König Carol I. von Rumänien, von dem
anzunehmen ist, dass er auch von dem Tod des einzigen Kindes und von
dem Fehlen eines leiblichen Thronfolgers betroffen war, und auch, dass
ihm die schriftstellerische Tätigkeit seiner Partnerin auf dem Thon nicht
dermaßen gleichgültig war und er diese nicht nur als Ersatzbeschäftigung
der trauernden Königin duldete, wie das zuweilen behauptet wird. In den
Biografien und der weiteren Forschungsliteratur über Carmen Sylva heißt
es oft, ihr Gemahl König Carol sei emotional kälter und überwiegend
kunstfern gewesen und beide Charaktere grundverschieden: er vorwiegend Staatsmann und Soldat, sie die weltfremde Künstlernatur, zwei
Menschen also, die in der Ehe einander nur fremd bleiben konnten.
Doch die Briefe des Königs an seine Familie beweisen das Gegenteil, und
es ist somit nicht korrekt zu behaupten, nur die Königin und Frau Elisabeth habe unter dem Tod der einzigen Tochter gelitten. Denn genauso offen beklagt Carol in seinen persönlichen Briefen an seine Eltern sein tie-
fes Leid:

> Euch darf ich meinen tiefen Schmerz klagen, denn niemand besser als ihr
> könnt ihn in seinem ganzen Umfange fassen und verstehen. Ja, teuerste Eltern,
> Ihr wisst es, dass es kein größeres Weh auf dieser Erde gibt, als sein eigen Kind

---

[9] Ebd., S. 155.
[10] Ebd., S. 272.

ins Grab zu legen. [...] Tief ist die Wunde, die uns geschlagen ward, und niemals wird sie ganz heilen, denn sein Leben lang beweint man sein Kind. [...] Mit uns weinen Tausende, das ganze Land teilt unseren Schmerz.[11]

Über die möglichen Folgen eines solchen Unglücks für die Ehe schreibt Königin Elisabeth in ihrem Aphorismenband *Vom Amboss* 1890 folgendes: „Nach einem großen Unglück geht die Ehe leicht auseinander. Man muss sich sehr lieb haben, wenn man dann nicht kalt und fremd werden soll."[12] Nach der Erhebung des Landes zum Königreich 1881 wurde die Thronfolgefrage brisanter denn je, eine Scheidung und Neuvermählung des Königs hatten bereits vorher im Parlament als eventuelle Lösung zur Debatte gestanden, doch König Carol hielt allem Drängen zum Trotz weiter zu seiner Gemahlin, und sie wählten schließlich, nach längerem gemeinsamen Zögern, einen von Carols Neffen zum Thronfolger.

Als Königspaar waren Elisabeth und Carol denselben Vorstellungen und Werten verbunden. Sie verstanden ihre Position in Rumänien als eine Mission, der sie sich auf Lebenszeit verpflichtet hatten, und ihre Ehe als Partnerschaft im Dienst dieser Mission für das Land Rumänien. Wie sollte nun die traditionelle Rollenteilung aussehen, nachdem feststand, dass die Ehe kinderlos bleiben würde und für das Königreich und den Fortbestand der jungen rumänischen Dynastie ein Erbe bestimmt werden sollte? Die Königin deutete ihr dichterisches Talent als ihren wahren inneren Beruf und ihre Dichtungen als ein geistiges Erbe für das Land anstelle des leiblichen Erben, der ihr nicht zuteil wurde.

Private und veröffentlichte Klagelieder

Von den zahlreichen Klageliedern, die Carmen Sylva zum Tod ihres Kindes gedichtet hat, haben sich nur wenige erhalten. Einige davon sind in den veröffentlichten Werken der Autorin zu finden, einige andere, die von ihr nicht veröffentlicht wurden, tauchen nur in den Biografien und Briefausgaben der Königin und sogar in denen des Königs Carol auf. So erscheint zum Beispiel das Gedicht *Mein Sonnenkind* in der Biografie *Carmen Sylva* (1903) von Mite Kremnitz, einer ehemaligen Hofdame und

---

[11] Aus einem Brief Carols an seine Eltern, im April 1874; zitiert nach: Paul Lindenberg: König Karl von Rumänien. Bd. 1. Berlin 1923, S. 311f.

[12] Carmen Sylva: Gedanken einer Königin – Les pensées d'une reine. Gesammelte Aphorismen in deutscher und französischer Sprache und Epigramme der Königin Elisabeth von Rumänien, geborene Prinzessin zu Wied (1843-1916. Hg. und mit einem Vorwort von Silvia Irina Zimmermann. Stuttgart 2012, S. 166 (Nr. 418d101).

Koautorin der Königin von 1881 bis 1889, sowie in der Biografie *König Karl von Rumänien* (1921) von Paul Lindenberg.[13] Mite Kremnitz erwähnt auch die genauere Datierung des Klageliedes: „am 25. April 1874, also sechzehn Tage nach ihrem namenlosen Unglück"[14]:

Mein Sonnenkind

Zur Sonne bist du geflogen,
Mein kleines Kind,
Von mir zum Lichte gezogen,
Wo die Engel sind.

O lass mich, lass mich es schauen
Du Sonnenschein,
In deinen goldenen Auen
Den Engel mein!

Hier wohnt nur Grabesstille,
Hier ist's so kalt!
Der lieblichen Töne Fülle –
Sie ist verhallt!

Und einsam das Herze mein –
Ich rufe dich! – – –
Ein Sonnenstrahl schwebte herein
Und küsste mich.[15]

Es ist anzunehmen, dass die Autorin auch selbst nicht alle ihre Gedichte veröffentlichen wollte und dass sie einiges bewusst nur für einen engeren Kreis an Freunden und Bekannten behielt. Des Weiteren schrieb und verzierte sie Pergamentblätter mit ihren Gedichten speziell als individuelles Geschenk für bestimmte Personen. Sie sah dies eher als eine kunstgewerbliche Tätigkeit an, wohl wissend, dass diese Blätter auf dem Autografenmarkt hohe Preise erzielen konnten, weil sie aus der Hand einer Königin stammten. Einige Gedichte und Betrachtungen bewahrte Carmen Sylva vermutlich auch nur in ihren persönlichen Gedichtheften und in Tagebüchern auf, und anzunehmen ist auch, dass vieles im Laufe der Jahre verloren gegangen ist oder sich verstreut in Privatbesitz befindet. Es gibt nur wenige Manuskripte und Gedichtblätter in den öffentlichen Archiven (zum Beispiel in Marbach, Bukarest und Neuwied), und es lässt sich nur schwer rekonstruieren, wie viel vom Gewesenen fehlt. Bereits zu ihren Lebzeiten wurden ihre Handschriften und Typoskripte anscheinend nicht akribisch aufgelistet, trotz einer Schar von Hofdamen und eines Se-

---

[13] Lindenberg, König Karl (Anm. 11), Bd. 1, S. 313.
[14] Kremnitz, Carmen Sylva (Anm. 5), S. 115.
[15] Ebd., S. 115f.

kretärs der Königin, die angeblich alle mit dem handschriftlichen Kopieren, Übersetzen und Lektorieren ihrer Schriften beschäftigt waren.

Trauerarbeit im veröffentlichten Werk Carmen Sylvas

Carmen Sylva thematisiert in einer Vielzahl von veröffentlichten Gedichten ihre Trauer um die verstorbene Tochter und die Klage über ihre Kinderlosigkeit. Insofern kann man sicherlich von einer dichterischen Trauerarbeit Carmen Sylvas sprechen. Einschränkend sei bemerkt, dass dies nur eines unter einer Vielzahl von Themen ihrer Dichtung ist, die Carmen Sylva behandelt, und dass das Thema Kinderlosigkeit quantitativ wie qualitativ in ihrem publizierten literarischen Werk nicht dominiert. Im Folgenden werde ich anhand von Textbeispielen aus dem veröffentlichten Werk Carmen Sylvas näher auf ihre dichterische Trauerarbeit und auf die Legitimierung ihrer Dichtung eingehen.

Bereits zu Lebzeiten ihres einzigen Kindes, der Prinzessin Maria, hatte Carmen Sylva in Gelegenheitsdichtungen ihr Mutterschaftsglück besungen. Einige dieser Gelegenheitsgedichte veröffentlichte Mite Kremnitz, so z.B. das rührende Gedicht *Nur Eines!* vom 16. Januar 1873, das nur wenige Monate vor dem Tod des Mädchens entstand:

Nur Eines

Ich habe ein Pfand unsrer innigen Lieb,
Ein liebliches, lachendes Kleines,
O Gott, ihm die herrlichsten Tugenden gieb,
Denn es ist, es ist ja nur Eines!

Es jauchzet mein Herz voll seliger Lust,
Wenn ich sage: Du Kindchen, du Meines,
Und wenn so glückselig ich drück's an die Brust,
Dann denk' ich: es ist ja nur Eines![16]

In ihrem umfangreichsten Lyrikband *Meine Ruh'* veröffentlichte Carmen Sylva mehrere Mutter-und-Kind Gedichte. In der Erstauflage von 1884, die wie eine kalenderartige Hauschronik konzipiert ist, sind diese Gedichte im Monat Juli zusammengefasst und mit folgendem Motto versehen: „Mutterliebe ist eine Leidenschaft, die ihre eigene Gewalt und Größe hat, ihre Übertreibungen und sogar ihre Sinnlichkeit."[17] Passend dazu ist das erste Gedicht ein Preisgesang der Mutterschaft:

---

[16] Carmen Sylva: Nur Eines. In: Ebd., S. 100f.
[17] Carmen Sylva: Meine Ruh'. Berlin 1884, S. 165.

Der schönste Nam' im Erdenrund,
Das schönste Wort in Menschenmund
Ist: Mutter!
Ja, Keines ist so tief und weich,
So ungelehrt gedankenreich,
Als: Mutter!

Und hat es wohl so große Macht,
Weil es von Kinderlippen lacht:
Die Mutter!
Weil es aus Kinderaugen winkt,
Weil es in Kinderherzen singt:
Die Mutter!

Ja, Wem auch dieses Wort erklang,
Hat hohe Würde lebenslang,
Als Mutter!
Und Der's besessen und entbehrt,
Der ist das Erdenglück verwehrt,
Der Mutter![18]

Nach dem Tod ihrer dreijährigen Tochter 1874 erhält das Motiv des Kindstodes eine Wende ins Mystische. Im Gedicht „Auf der Erde, in hellen" wird die verstorbene Tochter zu einer Lichtgestalt verklärt, ähnlich wie in dem bereits erwähnten Gedicht *Mein Sonnenkind*:

Auf der Erde, in hellen,
Spielenden Sonnenstrahlen,
Die in goldenen Lichtwellen
Schimmernde Farben malen,

Übergossen vom Scheine,
Küssend den Strahlenregen,
O! wie oft hast Du, Kleine,
Lächelnd im Glanze gelegen.

Und dann wußte ich nimmer:
Fingst Du die Strahlenwellen?
Oder wollte der Schimmer
Selbst sich zu Dir gesellen?

Oder warst Du gewoben
Spielend vom Sonnenscheine,
Und geliehen von droben
Mir und der Erde, Kleine?[19]

---

[18] Carmen Sylva: Mutter. In: Ebd., S. 165f.
[19] Carmen Sylva: „Auf der Erde in hellen". In: dies.: Meine Ruh'. 5 Bde. Berlin 1901, hier Bd. 2: Mutter und Kind, S. 38.

Das Gedicht „Auf der Erde, in hellen" erschien in der späteren fünfbändigen Ausgabe von *Meine Ruh'*, in Band 5 „Blutstropfen". Im selben
Band finden wir auch das Gedicht *Die Flügellaute*, in dem die Trauerarbeit der Dichterin um die verstorbene Tochter von christlicher Symbolik geprägt ist und synästhetische Reize (Hauch, Duft, Strahlen, Gesang
und Tränen) die Vorstellung des Liedes als einer direkten Verbindung
des lyrischen Ichs mit der verstorbenen Tochter im Himmel vermitteln:

Die Flügellaute

Ich lehn an Dich die Wange,
Du bist mein Saitenspiel,
Ich lebe vom Gesange,
Der Dir vom Munde fiel.

Und meine Feder tauche
Ich in Dein Herzchen ein,
Es soll von Deinem Hauche
Mein Lied durchduftet sein.

Die Saiten zieh'n nach oben,
Weil sie von Strahlen sind,
Weil in den Himmel droben
Verklammert ihr Gewind.

Weil Flügel meine Laute
Und Engelstimme hat,
D'rum schreibt das Herz, das traute,
Mir singend Blatt um Blatt.

Weil Du aus meinem Leben
Entschwebt bist, sendest Du
Mit unerschöpftem Geben
Mir heil'ge Lieder zu!

D'rum lehn ich Stirn und Wange
An meine Laute, dass
Von ihrem Himmelsklange
Mir Aug' und Feder naß![20]

Die Klage an das Schicksal wird in mehreren veröffentlichten Gedichten
Carmen Sylvas geäußert.[21] Im autobiografischen Gedicht *Am Strande von
Hastings* trauert die Dichterin um ihr verstorbenes Kind, als ein Mädchen

---

20 Carmen Sylva: Die Flügellaute. In: Ebd., Bd. 5: Blutstropfen, S. 95.
21 Vgl. z.B. Carmen Sylva: Kein Erbe. In: dies., Meine Ruh' (Anm. 17), S. 194, sowie
    in dies., Meine Ruh' (Anm. 19), Bd. 2, S. 49f.; „Am Strande von Hastings" in:
    dies.: Meerlieder. Bonn 1891, S. 14-16; Sylt, in: Ebd., S. 26); Ich hatt' ein kleines
    Knöspchen, in: dies., Meine Ruh' (Anm. 19), Bd. 2, S. 45, Nicht murren, in: Ebd.,
    S. 48f.

sich nähert und sie zum Spielen auffordert. Die Verwunderung des Mädchens über die weinende und das Spiel ablehnende Frau (dem lyrischen Ich) führt zu einem gefühlsbetonten Schluss, der zur Anteilnahme mit der Leidenden auffordert:

Ich saß gestorben, mein Schoß war leer,
Blieb leer mir für alle Zeiten, –
Ich saß verglommen am Lebensmeer,
Ließ Sand durch die Hände gleiten.[22]

In dem Gedicht *Unter den Fischern* aus dem Band *Handwerkerlieder* (1891) behandelt Carmen Sylva ihre Kinderlosigkeit mittels einer Szene in einem niederländischen Hafen, bei der die Fischersfrauen mit ihren Kindern auf die Heimkehr ihrer Männer warten:

Den Säugling an der Brust, so steht
Und harrt dort Eine, scharf vom Winde
Umflattert. Wie sie sorgsam dreht,
Zum Schutz dem kleinen Kinde!

Mitleidig sprach ich: „Habt Ihr noch
Der Kinder mehr, wie dieses schöne?"
„Mehr?" rief sie stolz und streckt' sich hoch,
„Mit dem hab' ich eilf Söhne!"

„Eilf Söhne!" Wie ein Schrei entfloh'n
War neidvoll mir das Wort vom Munde,
Sie wandten sich nach jenem Ton,
Umdrängten mich im Runde.

Ein Glitzern in der Augen Grau
Frug mich das Weib, das Kind am Herzen:
„Wieviele habt denn Ihr, Mefrauw!"
Hochmüthig klang's, wie Scherzen.

Wieviel? sie sah'n mich an, Verkauf
Und Meer vergessend, Ebb' und Schimmel, -
Ich schwieg, hob Einen Finger auf,
Und deutete gen Himmel![23]

---

22 Carmen Sylva: Am Strande von Hastings. In: dies., Meerlieder (Anm. 21), S. 14-16.
23 Carmen Sylva: Unter den Fischern. In: dies.: Handwerkerlieder. Bonn 1891, S. 58 (Strophe 13-17).

In den Gedichten, die das Thema Dichtung als Ersatz für die Kinderlosigkeit behandeln, wird das eigene Leid zur Muse der Dichtung personifiziert.[24] Die Dichtung ist Trostarbeit und „Betäubungsmittel" zugleich:

Schicksal! Laß mich Lieder dröhnen,
Daß am Schall der eignen Lieder
Ich den Schmerz betäube![25]

Und dennoch betont die Dichterin weiter vor allem die eigene Charakter- und Willensstärke zur Leidüberwindung:

[…] Doch immer retten
Mich Wahn und Wille, rufen: Weiter![26]

Beides, Dichtung und Willensstärke, nennt Carmen Sylva als Voraussetzungen für ihre persönliche Leidüberwindung, die Versöhnung mit dem Schicksal und dem Sich-Fügen in die „göttliche" Weltordnung:

Und hast du, Gott, mir in deinem Zorn,
Zur Strafe die Leier gegeben,
Doch saugt mein Herz aus dem Märchenhorn
Die Kraft, den Willen zum Leben.

[...]

Und wenn den Tod ich auch tausendmal
Gerufen mit brennendem Munde,
Noch dank' ich, Gott, dir für meine Qual
Und lächle der strömenden Wunde.[27]

Ihren Zwiespalt zwischen der privaten Person und ihrer sozialen Position als Königin ironisiert Carmen Sylva in dem Gedicht *Der Zweifel*. Hier betrachtet das lyrische Ich nur den eigenen Anspruch und das persönliche Schicksal als Antriebsfeder der dichterischen Schöpferkraft und verneint jeden anderen, äußeren Einfluss für die eigene Kunst:

Ich zweifle, weil mein Haar zu grau,
Zu jung noch mein Gesicht,
Ich zweifle, weil ich eine Frau -
Ach nein! auch darum nicht!

---

24 Vgl. unter anderem die Gedichte *Ob ich schreibend weine*, *Wie gut hat's Sonne*, *Gäste und Genug* in Carmen Sylva, Meine Ruh' (Anm. 19), Bd. 1, S. 21, 22f., 97f. und 119.

25 Carmen Sylva: Das Gong, in: dies.: Thau. Bonn: Strauß, 1900, S. 25.

26 Carmen Sylva: Komm her, mein Schicksal. In: dies., Meine Ruh' (Anm. 19), Bd. 1, S. 59.

27 Carmen Sylva: Die Leier. In: dies., Thau (Anm. 25), S. 56 (Strophe 1 und 4).

Ich zweifle, weil ich leicht ersann,
Was Andre feilen schwer,
Weil ich das Lob nicht glauben kann,
Und keinen Tadel mehr.

Doch nein! gewiß auch darum ist
Mein Herz ganz unbesorgt, -
Der Geier, der es ewig frißt,
Der ist's der Kraft ihm borgt.[28]

Die Anspielung auf Prometheus erinnert an einen Aphorismus Carmen Sylvas: „Jeder Mensch trägt einen Prometheus in sich, einen Schöpfer, Empörer und Märtyrer."[29]

Legitimierung der eigenen schriftstellerischen Tätigkeit

In zahlreichen Texten erklärt und rechtfertigt Carmen Sylva ihre Beweggründe zum Herantreten an die Öffentlichkeit als Schriftstellerin. Und diese Taktik ist an sich kein Einzelfall, sondern bei vielen deutschsprachigen Schriftstellerinnen vor 1900 festzustellen.[30] Vorzugsweise in den autobiographischen Märchen vermittelt sie ihre literarischen Anliegen, so etwa im folgenden Beispiel:

> Und siehe, da hat er [Gott] mir ganz leise und still, da es Niemand sah und wußte, die Lieder in die Brust gelegt. Denn ich fing schon mit acht Jahren an zu dichten, aber ich wußte nicht, dass mir der liebe Gott da ein wunderschönes Geschenk gemacht. Ich achtete es gar nicht, ich meinte, das habe Jedermann, diese Gabe, wenn er nur wollte. Als ich größer wurde, da sah ich wohl, dass es eine Himmelsgabe sei, und da wagte ich erst recht nicht davon zu sprechen.[31]

Auch in der stark autobiographisch geprägten Lyrik erklärt sie, dass ihre dichterische Gabe vornehmlich dazu da sei, die Menschen zu erfreuen, so zum Beispiel in dem Gedicht „Mir hat ein Gott das Wort gegeben", das nicht in ihren frühen Lyrikbänden sondern in dem letzten zu ihren Lebzeiten erschienenen, fünfbändigen Werk *Geflüsterte Worte* (1903-1912)

---

28 Carmen Sylva: Der Zweifel. In: dies., Meine Ruh' (Anm. 19), Bd. 1, S. 75 (Strophe 2-4).
29 Carmen Sylva, Gedanken einer Königin (Anm. 12), S. 63 (Nr. 59d18).
30 Zu den Legitimierungsbestrebungen der weiblichen Autoren im 19. Jahrhundert vgl. Uta Treder: Das verschüttete Erbe. Lyrikerinnen im 19. Jahrhundert. In: Gisela Brinker-Gabler: Deutsche Literatur von Frauen. Bd. 2: 19. und 20. Jahrhundert. München 1998, S. 27-41.
31 Carmen Sylva: Carmen Sylva. In: dies.: Märchen einer Königin. Bonn 1901, S. 334.

zu finden ist, das vier Bände mit Essays über ihre Wertvorstellungen und philosophischen Betrachtungen sowie einen Band letzter Gedichte enthält. Auch hier wird die Legitimierung ihrer Dichtung formuliert, und diese Wiederholung in mehreren und unterschiedlichen Veröffentlichungen Carmen Sylvas lässt vermuten, dass sie besonderen Wert auf die Vermittlung ihrer dichterischen Anliegen legt, so wie sie dies auch im folgenden Gedicht ausspricht:

Mir hat ein Gott das Wort gegeben,
Als Instrument, geformten Klang,
Im Rhythmus einer Welt Erleben,
Den erdverständlichen Gesang.

Mich hat ein Gott gelehrt zu reden,
Gedankenkraft im schönen Laut
Zu tragen, sangreich, tief, für jeden
Sein Innerstes zum Dom erbaut.

Was jeder denkt und alle fühlen,
Warum man weint, warum man bangt,
Wie Schmerzen nagen, Sorgen wühlen,
Worauf man harrt, woran man krankt,

Das darf im Wohllaut leis ich sagen,
Wenn's keiner weiß und keiner hört
Als Gott, dann zittert unser Klagen
Dahin wo's keine Freude stört.

Und ruf' ich aller Menschen Freude
Wortschwebend in die Welt hinaus,
Dann wird's ein luftiges Gebäude,
Ein weltenweites Gotteshaus.

Denn ob mit Steinen man, mit Worten,
Akkorden oder Stichen baut,
Dasselbe ist's, dass allerorten
Man Schönheit fühlt und denkt und schaut.[32]

Deutlich werden die Vorstellung von einer christlichen Weltordnung, in die sich die Dichterin einreiht, und die Auffassung ihrer Tätigkeit als ein Handwerk, das gleichwertig ist mit dem des Maurers, des Musikanten, des Malers oder der Näherin. Die Pflicht lautet für alle gleichermaßen: durch ihr Tun die göttliche Ordnung zu preisen und die Schönheit zu erkennen und zu schaffen. Das Selbstverständnis der Autorin als „Hand-Arbeiterin" wird auch in dem Lyrikband *Handwerkerlieder* thema-

---

[32] Carmen Sylva: „Mir hat ein Gott das Wort gegeben". In: dies.: Geflüsterte Worte. Bd. 4: Frageland. Regensburg 1912, S. 136-138 (Strophe 1-6).

tisiert, in dem Carmen Sylva zwei autobiographisch geprägte Gedichte über die Dichtkunst hinzugefügt hat.[33]

Naturtalent, Naturverbundenheit und naive Dichtung

Im Gegensatz zu einem erlernten Handwerk begreift Carmen Sylva ihre dichterische Begabung als etwas Angeborenes, das sie nicht erst lernen musste, sondern das ihr zugefallen ist. Wie ein Vogel nicht erst lernen muss, zu singen, so meint auch die Dichterin Carmen Sylva an ihren Versen nicht feilen zu müssen, da sie wie „von selbst", natürlich und unge-fälscht aus dem Herzen entspringen. Ihr dichterisches Naturtalent, die Verbundenheit mit der Natur und ihre naive Dichtung vermittelt die Kö-nigin auch durch die Wahl ihres Pseudonyms Carmen Sylva, den sie im Einleitungsgedicht zur ersten Ausgabe ihres umfangreichsten Lyrikbandes *Meine Ruh'* entschlüsselt:

> Motto:
> Carmen heißt: Lied, und Sylva heißt: Wald,
> Von selbst gesungen das Waldlied schallt
> Und wenn ich im Wald nicht geboren wär',
> So säng' ich die Lieder schon längst nicht mehr,
> Den Vöglein hab' ich sie abgelauscht,
> Der Wald hat Alles mir zugerauscht,
> Vom Herzen that ich den Schlag dazu,
> Mich singen der Wald und das Lied zur Ruh'.[34]

Politische Folgen für die Kinderlosigkeit der Königin

Die eigenen Schuldgefühle, die mehr oder minder direkt geäußerten fremden Schuldzuweisungen[35] zu ihrer Kinderlosigkeit und der unerfüll-

---

[33] Vgl. die Gedichte *Die Schreibhand* und *Auf der Alp* in: Carmen Sylva, Handwer-kerlieder (Anm. 23), S. 136 und 104.

[34] Carmen Sylva: Motto: Carmen heißt: Lied. In: dies., Meine Ruh' (Anm. 17), S. VIII.

[35] König Carol I. soll von der herrschenden politischen Klasse in Rumänien die Scheidung von Elisabeth und eine neue Eheschließung nahegelegt worden sein. Der Sekretär der Königin, Robert Scheffler, erwähnt dies in seinem satirischen Roman Misère royale (Paris 1898, S. 73): „le mot de „divorce" avait été pronon-cé en plein conseil par un ministre." – und ähnlich heißt es auch in seiner auto-biografischen Schrift Orient royal. Cinq ans à la Cour de Roumanie (Paris 1918, S. 43): „des conseillers puissantes menaient secrètement campagne pour qu'elle fût répudiée [...] Le roi ne voulut jamais." Weiter erklärt Scheffer (ebd., S. 109): „Pour être juste, il convient de dire qu'à ce prurit de notoriété littéraire

ten Pflicht der Königin, dem Land einen Thronerben zu schenken, thematisiert die Dichterin in dem Gedicht *Kein Erbe*, in dem sie ein Idealbild des Thronfolgers und des erwünschten Sohnes schafft: Ein „andrer Prometheus", so heißt es, solle er sein. Wegen des unerfüllten Kinderwunsches wird nicht Gott, sondern die Natur als Neiderin des menschlichen Glücks angeklagt, so wie es auch in zwei ihrer Aphorismen heißt: „Gott verzeiht, – die Natur niemals."[36] und:

> Man muss entweder sehr fromm oder ein großer Philosoph sein. Entweder muss man sagen: Vater, dein Wille geschehe! Oder: Natur, ich bewundere deine Gesetze, selbst wenn sie mich zermalmen.[37]

So akzeptiert und versöhnt sich auch die Dichterin mit dem eigenen Schicksal und erklärt im Gedicht *Kein Erbe* ihre Bewunderung und Anbetung der wunderbaren Natur gegenüber. In der Beschreibung des Sohnes folgt Carmen Sylva dem Muster rumänischer Volksdichtung. Vergleiche mit der Natur, die sie von dort übernimmt, verbindet sie mit antiken Motiven wie Prometheus und Niobe:

Kein Erbe

Und wenn Natur einen Sohn mir gewährte,
Wollt' ich ihn schlank, wie die Tanne, und biegsam,
Goldbraun der Haare Gelock, wie der Buche
Sonnenbeschienenes Herbstlaub; die Stirne
Mächtig das Auge beschattend, das leuchtend,
Klar, wie Tautropfen strahlte, drin zweimal
Sonnenglanz spiegelt; sein Mund wie die Quelle,
Lauter und frisch aus verborgenen Tiefen
Sprudelnd, wahrhaftig und rein; sein Atem
Waldesduft gleich: wie der Wind sei sein Gehen,

---

qui chatouillait si vivement Carmen Sylva, il y a avait une cause morale profonde. Depuis peu, elle croyait devoir abdiquer en partie la majesté royale, car elle avait définitivement renoncé à ses prérogatives de mère éventuelle du futur souverain." Das rumänische Parlament verfolgte das Interesse, eine Dynastie zu gründen und die Kinderlosigkeit des ersten Herrscherpaares entweder durch eine neue Eheschließung des Königs oder aber durch die Bestimmung eines geeigneten Familienmitglieds der Königsfamilie zu klären. Der König entschied sich für die letzte Variante. Carmen Sylva beklagte selber ihre zahlreichen erfolglosen Schwangerschaften: „16 or 17 times I suffered all the discomforts of that state up to 10 months, and never a child! O cruel! most cruel!" (Bukarest, 5. März 1889); „The constant disappointment opened the doors wide to all intrigues against me."; „Bratiano illtrated me and upbraided me for not having children." (Bukarest, 25. Januar 1908, zitiert nach: Karl Peters: Carmen Sylva als lyrische Dichterin. Marburg 1925, S. 23).

36 Carmen Sylva, Gedanken einer Königin (Anm. 12), S. 59 (Nr. 54d13).
37 Ebd., S. 151 (Nr. 332d82).

Mächtig und treibend sein Schaffen, dass Totes
Leben gewinne, dass Feuer dem Himmel
Kühn er entreiße, ein andrer Prometheus.

Aber nicht leiden auch müssen, nein, sieghaft,
Frei soll er wandeln. Die neidischen Götter
Müßten der Mutter gewähren, statt seiner,
Gern die unseligen Ketten zu tragen,
Klaglos ihr Herzblut von Felsen zu Felsen
Träufeln zu lassen, für ihn, bis der Meerfluth
Sich es vermählte; sie schaut' es mit Lächeln,
Stolz, den Gewalt'gen geboren zu haben.
Doch eine Stiefmutter bist Du, Natur, mir,
Neidest mir den Gepriesenen, reichest
Voll mir die Schale der Hoffnung. Kaum nipp' ich
Schüchtern am Rande, so ziehst Du sie zürnend
Wieder zurück, und schüttest sie andern
Ganz in den Schoß, die sie nimmer begehrten.
Aber, anstatt Dir zu grollen, verfolg' ich
Anbetend noch Deine Schritte, und jauchze
Ob Deiner Größe, belausche im Stillen
All Deiner Wunder unfaßbare Fülle![38]

Die Akzeptanz des Schicksals ermöglicht eine Befreiung und den Entschluss für Carmen Sylva nach Erledigen ihrer Pflichten als Königin die
ganze Freizeit ihrer literarischen Berufung zu widmen. Es ist keine „l'art
pour l'art"-Mentalität, die Carmen Sylva hier vertritt, sondern vielmehr
eine Kunst für die Seele, eine Dichtung, die für Elisabeth als Frau eine
persönliche Freiheit bedeutet, die ihr als Königin nicht in dieser Weise
gegeben ist:

> Ach, wie himmlisch, sich am Ende der Tage einmal, endlich seinem inneren
> Berufe hingeben zu dürfen. Das ist ein solches himmelhohes Glück, weit grö-
> ßer als dasjenige [der Kinderwunsch], dem ich so lange nachgejagt und meine
> beste Kraft und Zeit geopfert! Um die Zeit in den 18 Jahren, die falsche
> Hoffnungen fortgefressen, ist's mir ewig leid, denn die ist nicht einzubringen.
> Jetzt will ich nie mehr ein Diebsgefühl haben beim Arbeiten und dadurch nie
> mehr so hastig sein, sondern frei meine Bahnen gehen, unbekümmert um die
> umgebende Welt... An die Freiheit des Willens glaube ich nie mehr – ich! die
> mich meines eisernen Willens gerühmt! Es gibt gar keinen Willen, sondern
> nur eine Führung![39]

Kunst bedeutet für die dichtende Königin demnach die Substitution für
persönliche Freiheit und gewissermaßen Trost und Ersatz für die Kin-

---

[38] Carmen Sylva: Kein Erbe. In: dies., Meine Ruh' (Anm. 19), Bd. 2, S. 49f.
[39] Carmen Sylva: Brief an Mite Kremnitz, Sinaia, im Herbst 1888, zitiert nach:
Kremnitz, Carmen Sylva (Anm. 5), S. 279.

derlosigkeit. Darüber hinaus aber versucht sie ihre Kinderlosigkeit und die Erbproblematik im Sinne einer anderen Art von Erbe zu wenden. Statt des erwünschten Thronerben widmet die Königin dem Land ihre Dichtung als ein geistiges Erbe. Dies vermittelt Carmen Sylva bereits 1876, noch vor dem Beginn ihrer schriftstellerischen Tätigkeit, in einem Gedicht, das in den Grundstein des Schlosses Pelesch in Sinaia (dem Sommersitz des rumänischen Königspaares) gelegt wurde:

All' die Gedanken schließe
In unserm Bau ich ein,
Daß Geistessaat entsprieße
Aus diesem ersten Stein.[40]

Mit dem Einmauern eines Gedichts in den Grundstein des neuen Schlosses vollzieht das Königspaar ein Ritual[41], das auf eine rumänische Sage hinweist, in der das Einmauern eines Lebewesens in das Fundament einer Kirche vorkommt.[42] Das Gedicht als Opferbeigabe stellt eine andere, geistige Form des Opferns dar.

In dem Gedicht *Götterkinder* idealisiert Carmen Sylva ihre autobiografische Leidensgeschichte und legitimiert ihre Dichtertätigkeit im doppelten Sinne als „gottgewollt", hinsichtlich ihres Schicksals und der Freundschaft mit dem in Rumänien geschätzten Dichter Alecsandri:

Götterkinder

Die Sonne sinkt in hehrem Glanz,
Auf Schlosses Fenster blitzt
Es feurig, dran die Königin
In stiller Wehmut sitzt.

Sie seufzt: „Wie öd', wie tot das Schloß!
Mir wird kein Kind zuteil!
Im fernen Krieg ist mein Gemahl,
Ich bin allein derweil."

Da tönt's wie Himmelsharmonie,
Da rauscht's wie Flügelschlag,
Und heller wird und heller noch
Das dämm'rige Gemach.

---

40 Carmen Sylva: In dem Grundstein von Castel Pelesch. In: dies., Meine Ruh' (Anm. 17), S. 366 (letzte Strophe).

41 Das Ritual ist vergleichbar mit anderen symbolischen Handlungen, die zukunftsweisend sind, wie z.B. das Taufen eines Schiffes, das Pflanzen eines jungen Baumes etc.

42 Vgl. die Fassung der Volkssage „Monastirea Argeşului" in: Vasile Alecsandri: Poezii populare ale românilor [Volksdichtung der Rumänen]. Hg. von D. Murăraşu. Bukarest 1971, S. 112-118. Carmen Sylva behandelte den Sagenstoff in ihrem Theaterstück Meister Manole (1892).

Und aus den Strahlen tritt hervor
Er selbst, der Gott Apoll':
„Was weinst Du, schönes Erdenkind?"
So spricht er liebevoll.

„Ich weine nicht, mir bebet ja
Das Glück in tiefer Brust!"
„Mich zog es her, mit viel Gewalt,
Zu Dir ich kommen mußt'!"

Sie sank zu seinen Füßen hin,
Er aber hob sie auf,
Und der erschrock'nen Erde stand
Ganz still der Sonne Lauf.

Am andern Morgen war so schön
Wie nie die Königin,
Ihr Auge strahlte sternengleich,
Sie schwebte her und hin.

Sie griff in ihre Harfe tief,
Ihr Sang erbrauste weit,
Er weckte alle Märchen auf,
Aus großer, alter Zeit.

Die zogen schnell ins Schloß hinein
Und füllten es mit Licht,
Mit Liedern und Geschichten schön,
Und Duft und Freude dicht.

Sie lockte flüsternd sie herbei,
Beim ersten Morgenstrahl,
Die Erdensöhne sah'n von fern
Des Königs schön Gemahl.

Sie wagten ihr zu nahen nicht,
Trotz ihrem Augenpaar,
Sie las in ihren Herzen tief,
Und schaute alles klar.

Sie standen andachtsvoll vor ihr,
Als ob es jeder wüßt':
Das hochbegnadet' Frauenbild,
Das hat ein Gott geküßt.

Die Sonnenstrahlen folgten ihr
Bis in ihr Kämmerlein
Und küßten sie und hüllten sie
In Wunderbilder ein.

Wohl hat die schöne Königin
Noch immer keinen Sohn,
Doch in dem Herzen Himmelslicht,
Auf Lippen Himmelston.[43]

Das Gedicht *Götterkinder* enthält eine Reihe von autobiografischen Bezügen: Kinderlosigkeit, kein Thronerbe, die Anspielung auf den Feldzug des Königs Carol I. von Rumänien im russisch-türkischen Krieg (zugleich der Unabhängigkeitskrieg Rumäniens 1877/1878), die nähere Bekanntschaft mit dem Dichter Alecsandri und die Ermutigung durch ihn, eigene Dichtungen zu veröffentlichen; das im Gedicht gemeinte Schloss deutet auf das Sommerschloss in Sinaia, dessen Grundsteinlegung 1876 stattfand, der Beginn schriftstellerischer Tätigkeit 1878 unter dem Pseudonym F. de Laroc. Die Königin im Gedicht kann somit als Königin Elisabeth (Carmen Sylva) und Apollo (in der griechischen Mythologie der Gott des Lichts, der Dichtung und der Musik) als der Dichter Alecsandri (der zu Lebzeiten als „König der Dichtung" bezeichnet wurde und dessen Ermutigung zum Beginn schriftstellerischer Arbeit die Königin besonders schätzte) identifiziert werden. Den märchenhaften Rahmen des mit mythologischen Motiven und real-autobiografischen Elementen ausgestalteten Gedichts bildet eine Situation, die an Grimms Märchen *Schneewittchen* erinnert: eine Königin sitzt am Fenster, die Kinderlosigkeit beklagend.[44] Statt des erwarteten Sohnes empfängt die Königin im Gedicht den „Kuss" des Gottes Apollo (Schätzung und Aufnahme in den Dichterkreis durch einen großen Dichter) und die „Götterkinder", die eigenen literarischen Schöpfungen, die entsprechend der Vorstellung von der „göttlichen Dichtung" ebenfalls „göttlich" sind, d. h. den Wert einer Dichtung aufweisen. Am Schluss wird die märchenhafte Situation durch den Ausdruck „die schöne Königin" erneut hergestellt, wobei als glücklicher Märchenschluss die Dichtungen, die „Götterkinder", als eine realistische statt einer wunderbaren Lösung aufgefasst werden. Die melodischen vierzeiligen Strophen, das märchenhafte Gepräge und das Motiv des Er-

---

43 Carmen Sylva: Götterkinder. In: dies., Meine Ruh' (Anm. 19), Bd. 4: Balladen und Romanzen, S. 84–86.

44 Möglicherweise wurde die Ähnlichkeit des Anfangs von Carmen Sylvas Gedicht mit dem Beginn des Märchens Schneewittchen durch das Fenstermotiv aus Carmen Sylvas Arbeitszimmer im Schloss Pelesch in den Karpaten inspiriert. In einem Brief an Mite Kremnitz schildert Carmen Sylva die Mondeinstrahlung durch das „Schneewittchenfenster": „Da rauschen die Tannen und der Mond scheint direkt durchs Schneewittchen-Fenster auf meinen Schreibtisch, so wundervoll!! Wenn ich denke, wie glücklich ich bin in meiner Lebens- und Arbeitskraft!"; Carmen Sylva: Brief an Mite Kremnitz, Sinaia, 1886; zitiert nach: Kremnitz, Carmen Sylva (Anm. 5), S. 239.

scheinens des Gottes als Lichtgestalt vor der Königin erinnern jedoch nicht an Alecsandris Dichtung sondern eher an das in Rumänien berühmte Gedicht *Luceafărul* (Der Abendstern, 1883) von Mihai Eminescu. Diese zum Teil formale und motivische Zuweisung ist sicherlich nicht zufällig, trotz aller Unterschiede zwischen den beiden Gedichten. In Eminescus Gedicht, das märchenhafte Handlung mit kosmogonischen Bildern und mythischen Elementen verbindet und die Entfremdung des Genies von der Welt, hier symbolisiert durch den Abendstern, sowie die Einsamkeit des Künstlers thematisiert, scheitert die Liebe des Genies zur schönen Königstochter an der Ungleichheit des Paares. So wie der Abendstern in Eminescus Gedicht menschliche Gestalt annimmt, um auf die Erde zu sinken und der Königstochter im Schloss zu begegnen, so erscheint auch in Carmen Sylvas Gedicht die Lichtgestalt des Gottes Apollo im Schloss der Königin. Während aber das Genie in Eminescus Gedicht sich in „seine" Welt zurückzieht, als die Königstochter einen „Ihresgleichen" vorzieht und im „engen Kreis" ihrer Welt bleibt, behandelt der „Dichtergott" in Carmen Sylvas Gedicht die Königin als eine Ebenbürtige und verleitet sie zu künstlerischer Tätigkeit. Carmen Sylvas Königingestalt wird zu einem göttlichen Wesen erhöht, vor dem die „Erdensöhne" in Anbetung verweilen.

Auch in dem autobiografisch grundierten Märchen *Pelesch im Dienst* (1888) werden die Kinderlosigkeit der Königinfigur und ihr Wunsch, dem Land einen geeigneten Thronfolger zu geben, Auslöser einer Reihe von Prüfungen, welche die Königin im Märchen bestehen muss, um einen Thronfolger zu bekommen. Sie geht auf eine lange und schwierige Wanderschaft bis zum Himmelreich, wo die ungeborenen Kinder auf den Beginn ihres Erdenlebens warten. Die Unentschlossenheit der Königin im Märchen, ein passendes Kind für die Aufgaben des zukünftigen Königs zu wählen, führt zum Wunschverzicht der Märchenheldin. Dennoch wird die Königin im Märchen für ihren Mut belohnt. Statt mit einem Thronerben kehrt die Königin mit der Ermutigung zurück, ihre Dichtergabe auszuüben, und sie bekommt dafür die Hilfe der wunderbaren Märchengestalten.

Carmen Sylva und Friedrich Rückert: Parallelen und Unterschiede

Im Folgenden seien einige Gemeinsamkeiten und Unterschiede zwischen Friedrich Rückert und Carmen Sylva genannt. Beide waren bestrebt, Brücken zwischen der östlichen und der westlichen Kultur zu schlagen, Rückert durch Übersetzungen orientalischer Dichtungen ins

Deutsche, Carmen Sylva durch Übersetzungen rumänischer Volksdichtung und zeitgenössischer rumänischer Dichter. So hat Carmen Sylva 1878 mit *Melancholie* erstmals ein Gedicht des rumänischen Nationaldichters Mihai Eminescu ins Deutsche übersetzt und ihre Übertragung in der Zeitschrift *Die Gegenwart* veröffentlicht.[45] Im Jahr 1881 erschien Carmen Sylvas wichtigstes Übersetzungswerk, der Band *Rumänische Dichtungen*,[46] der zahlreiche Gedichte zeitgenössischer rumänischer Dichter enthält, darunter Vasile Alecsandri und Dimitrie Bolintineanu, sowie mehrere Übertragungen von Mite Kremnitz aus der Lyrik von Mihai Eminescu.

Eine weitere Gemeinsamkeit zwischen Rückert und Carmen Sylva ist die dichterische Gabe, und wenn es bei Rückert im *Liebesfrühling* heißt: „Ich denke nie, ohne zu dichten, / und ich dichte nie ohne zu denken",[47] so kann dies gleichermaßen auch von Carmen Sylva behauptet werden, die das Schreiben als Ventil und Lebenselixier erklärt:

> Wenn ein Gedanke mir kommt, so *will* ich nicht, ich *muss* ihn in Worte, in ein Lied fassen, dann erst bin ich beruhigt. Wie bitter habe ich oft mein Dichtertalent verwünscht, und dem Himmel nicht vergeben können, der es mir aufgeladen, und nun weiß ich, dass es mein höchstes Glück, meine einzige Rettung gewesen ist, und dass es auch andern zur Freude gereichen kann. Meine höchste Idee ist, so zu schreiben, dass jeder glaubt, er habe es selbst geschrieben. Ich will nichts anderes sein als eine befreiende Zunge, die in annehmbarer Form und ihrer Schroffheit entkleidet die Wahrheit sagen darf und damit auch andern eine Last von der Brust nimmt. Beweisen, dass das Wahre schön ist, das Schöne sehen und darstellen, welches Glück! [...] Das Schreiben hat nur in seiner äußeren Form mit Erlerntem zu schaffen. Der Inhalt muss durchweg erlebt sein und kann sich nicht auf Charakterentwicklung gründen. [...] Wie oft sträube ich mich Wochen und Monate lang, etwas zu schreiben. Es lässt mich aber nicht los, bis es geschrieben ist. Dann ist es für alle Zeit vergessen, so vergessen, dass ich oft manche der alten Sachen nicht mehr erkenne. Das ganze Schreiben ist doch nur *une décharge d'électricité*.[48]

---

[45] Melancholie von Mihai Eminescu, nach den Originalen ins Deutsche übertragen von E. Wedi [Elisabeth von Rumänien]. In: Die Gegenwart. Wochenschrift für Literatur, Kunst und öffentliches Leben 13 (1878), H. 29 (20. Juli 1878), S. 39. Die Übersetzung erschien in der Rubrik „Proben neuester rumänischer Lyrik".

[46] Rumänische Dichtungen. Deutsch von Carmen Sylva. Hg. und mit weiteren Beiträgen versehen von Mite Kremnitz. 1. und 2. Auflage Leipzig 1881, 3. vermehrte Auflage Bonn 1889.

[47] Friedrich Rückert: „Sie sagen bei jedem neuen Lied". In: ders.: Werke. Ausgewählt und hg. von Annemarie Schimmel. Bd. 1. Frankfurt/M. 1988 (inseltaschenbuch, 1022), S. 194.

[48] Natalie von Stackelberg: Aus Carmen Sylva's Leben. Heidelberg ⁵1889, S. 232f.

Darüber hinaus kennt und schätzt die Königin den Dichter und Übersetzer Rückert, wie einem Brief an ihren Bruder Wilhelm Fürst zu Wied vom 5. September 1906 zu entnehmen ist:

> Dall'Orso [damaliger Sekretär der Königin] ist nun wieder da, so voll von Cambridge, wo er studiert hat [...], und jetzt soll er Shakespeare studieren. [...] [Ich] bin selbst mit der schlegelschen Uebersetzung mehr als unzufrieden, zumal die deutsche Sprache seit Goethe sich so ganz veraendert und vergrössert hat und Schlegel über einen viel geringeren Wortschatz verfügte, als man heute besitzt dank Rückert und Platen und anderen Puristen, von Heine und Hebbel gar nicht zu reden.[49]

Unterschiedlich sind die Entschlüsse beider Dichter, ihre persönliche Trauerlyrik der Öffentlichkeit verfügbar zu machen. Ist bei Rückert in dem Vorwort zu den *Kindertodtenliedern* noch die Absicht seiner Klagelieder derart aufgefasst, dass er im Mitteilen „ein'gen Trost" findet, so ändert er dann doch seine Meinung und leiht sie – nicht zuletzt auf Anraten seiner Ehefrau –nur engsten Freunden zur Lektüre.

Carmen Sylva dagegen veröffentlicht einige ihrer Klagelieder in dem Band „Mutter und Kind" in ihrer fünfbändigen Lyriksammlung *Meine Ruh'* (1884/ 1901) und greift insbesondere im Märchen *Pelesch im Dienst* das autobiografische Motiv des Kindstodes und der weiteren Kinderlosigkeit auf, um ihre Dichtung als Gabe und Auftrag sowie als Teil des Berufs der Königin zu erklären.

Eine weitere Parallele zwischen Rückert und Carmen Sylva besteht darin, dass ihre Gedichte vertont wurden. Wie Rückerts *Kindertodtenlieder* durch Mahlers Vertonungen berühmt wurden, so wird an Carmen Sylva hauptsächlich durch die Vertonungen des berühmten rumänischen Violinisten und Komponisten George Enescu erinnert. Diese wurden und werden bei verschiedenen Anlässen aufgeführt und insbesondere dann, wenn es sich um deutsch-rumänische Kulturbeziehungen handelt oder wenn Veranstaltungen zu Carmen Sylva musikalisch zu umrahmen sind. Diese Lieder Enescus nach Carmen Sylvas Versen gelten als nicht bedeutsam für die Musikgeschichte und für die kompositorische Leistung Enescus. Sie waren weniger für eine musikalische Öffentlichkeit bestimmt (vielleicht mit Ausnahme eines einzigen Liedes, das Enescu längere Zeit beschäftigte), sondern vielmehr für den engeren Kreis der kulturellen Geselligkeit am Hofe und für die Unterhaltung im engsten Umkreis der Königin, die selbst täglich und mit großer Leidenschaft musizierte. Aber sie weisen auf eine besondere persönliche Bindung beider hin und zeigen zugleich, worauf sich die Erinnerung an die

---

[49] Fürstlich Wiedisches Archiv, Briefmappe 113-12-1.

dichtende Königin insbesondere in Rumänien stützt: Carmen Sylva lebt weiter als Dichterin durch die Vertonungen des berühmt gewordenen Musikers Enescu, den sie seit seiner Jugend stark gefördert hatte und den sie sogar ihr „Seelenkind" nannte. Andere Vertonungen Carmen Sylvas, wie zum Beispiel jene des deutschen Komponisten August Bungert, die dagegen für eine breitere zeitgenössische Öffentlichkeit bestimmt waren, sind heute weitgehend vergessen. Die Erinnerung an den Komponisten Bungert ist heute in stärkerem Maße von seiner persönlichen Bekanntschaft mit der königlichen Dichterin verbunden, also umgekehrt als im Falle Enescu und Carmen Sylva.

Weitere Gemeinsamkeiten zwischen Rückert und Carmen Sylva sind in der Lyrik das Aufgreifen ähnlicher Motive für ihre poetische Trauerarbeit wie Licht, Sonne, Knospen, Blumen, Garten etc. Zu erwähnen ist in diesem Zusammenhang das Motiv der Blumenknospe, das in je einem Gedicht von Rückert und Carmen Sylva auftaucht und das jeweils aus anderer persönlichen Lebensperspektive interpretiert wird. In seinem Gedicht betont Rückert die Einzigartigkeit seines verstorbenen Kindes:

Ein Knöspchen unentfaltet
Ists was der Sturm dir bricht;
Und was daraus gestaltet
Sich hätte, weißt du nicht.
[...]
Es wächst in Jahr und Tagen
Mir keine solche nach.[50]

Carmen Sylva dagegen betont in dem Gedicht „Ich hatt' ein kleines Knöspchen" nicht nur ihren persönlichen Verlust, sondern vermittelt auch ihre Auffassung von der Übertragung ihrer Mütterlichkeit auf das ganze Volk – die Königin als Landesmutter:

Nun stehn von schönen Blumen
Mein ganzes Fenster voll, –
Die Leute frag' ich zögernd,
Wie ich sie pflegen soll.

Ward denn in diesem Jahre
Die Hand so ungeschickt?
Nur Mut! Die Knospen werden
Nicht alle Dir geknickt![51]

---

50 Friedrich Rückert: „Ein Knöspchen unentfaltet". In: ders., Kindertodtenlieder (Anm. 1), S. 322.
51 Carmen Sylva: „Ich hatt' ein kleines Knöspchen". In: dies., Meine Ruh' (Anm. 19), Bd. 2, S. 45 (Strophe 3f.).

Wenn Carmen Sylva persönlich bekennt: „Mein Kind ist mein einzig gutes Gedicht!"[52], und Zeit ihres Lebens bei verschiedenen Künstlern Porträts ihrer verstorbenen Tochter in Auftrag gibt, so überwindet sie ihre private Trauerarbeit, indem sie sich öffentlich auf ihre Pflicht als Landesmutter konzentriert. Dieses Pflichtbewusstsein versucht sie aber mit ihrer dichterischen Begabung zu verbinden, um daraus einen neuen persönlichen Lebenssinn und Nutzen für das Land zu gewinnen.

In ihrer Schilderung einer Donaufahrt der rumänischen Königsfamilie im Mai 1904, bei der sie einzelne Stationen aufgreift, um dem Leser Geschichte und Kulturgeschichte Rumäniens und der benachbarten Völker nahe zu bringen und gleichzeitig auch Rückblicke auf ihr eigenes Schicksal zu gewähren, erklärt die Königin folgendes:

> Familiengeschichte ist Leidgeschichte... Völkergeschichte ist Kampfgeschichte! Ich habe darum eigentlich das Studium der Geschichte nie leiden können. So gern ich Sprachen lernte, die mir eine friedlichere Entwicklung der Völker schienen, so ungern las ich ihre Streitigkeiten. [...] Das Einzige, was Völker zurücklassen, sind ihre Lieder und die sind der Mühe wert zu leben, sonst leben sie nicht, da sogar die Steine verschwinden, die für die Ewigkeit gefügt scheinen.[53]

Unter dem Schriftstellernamen Carmen Sylvas übertrug Königin Elisabeth von Rumänien ihre persönliche dichterische Trauerarbeit auf einen weiteren, öffentlichen Wirkungskreis und gab ihrer Begabung und ihrer Rolle als kinderlose Königin einen neuen Sinn. Als dichtende Königin wollte sie durch ihre literarischen Werke sowie durch ihre Übersetzungen rumänischer Volksdichtung und zeitgenössischer rumänischer Dichter ins Deutsche zu einer größeren Bekanntheit der Kultur und Geschichte ihres 1881 neu gegründeten Königreichs Rumänien im Westen Europas führen. Damit hoffte sie, Rumänien ein geistiges Erbe zu schenken.

---

[52] Carmen Sylva: Mon plus triste jour de l'année. In: „Œuvres choisies. Publiées par George Bengesco. Paris 1908, S. 176; auch zitiert in: Eugen Wolbe: Carmen Sylva. Der Lebensweg einer einsamen Königin. Leipzig 1933, S. 73.
[53] Carmen Sylva: Rheintochters Donaufahrt. Regensburg 1905, S. 11f.

In Memoriam Morgue

Gottfried Benns tote Kinder

von

Friederike Reents

Zwanzig Jahre nach dem Tod der Rückert-Kinder Luise und Ernst (1833/1834) erschien 1853 Karl Rosenkranz' *Aesthetik des Häßlichen*. Im Vorwort begründete dieser die Notwendigkeit einer solchen Ästhetik damit, dass die Idee des Schönen, mit der bis dahin das Ästhetische ausschließlich in Verbindung gebracht worden war, nur durch ihr Gegenteil, das „Negativschöne[..]", nicht nur bestimmt, sondern auch systematisch „auseinandergesetzt" werden müsse.[1] Zum Hässlichen zählte er u.a. das „Gemeine", das „Schwächliche", das „Rohe", das „Scheußliche", auch das „Todte und Leere", schließlich auch das „Gespenstische" und „Diabolische".[2] Der Tod, zumal der eines Kindes und erst recht der eines eigenen, ist hässlich in jeglicher der genannten Hinsichten: Das noch ungelebte Leben, von Schwächlichkeit überwältigt, dahinsiechen zu sehen, ist für Betroffene nicht nur scheußlich, sondern mitunter auch gespenstisch mit anzusehen, scheint doch eine höhere, vielleicht sogar diabolische Macht (man denke an Thomas Manns Nepomuk Schneidewein aus dem *Doktor Faustus*) nach diesem zu greifen. Der viel zu frühe Verlust stellt sich den Zurückgelassenen als Gemeinheit und Rohheit dar, das Tote und Leere zeigt sich in der bleibenden Lücke Die Verkörperung des Schönen in einem unschuldigen und unversehrten Kind wird durch Krankheit und Tod in ihr Gegenteil verkehrt. Insofern gehört nach dieser Definition des Negativschönen nicht nur die Klage über den Verlust des Kindes oder die Erinnerung an die viel zu kurze gemeinsame Zeit, sondern auch die Abbildung von dessen Siechtum und Tod zum Gegenstandsbereich der Ästhetik.

Im Folgenden soll es indes nicht darum gehen, eine ‚Ästhetik des Hässlichen' in Rückerts Klageliedern festzumachen, sondern vielmehr Gottfried Benns ‚Totenlieder' in Augenschein zu nehmen – sofern man

---

[1]   Karl Rosenkranz: Aesthetik des Häßlichen. Hg. von Walther Gose und Walter Sachs. Stuttgart, Bad Cannstadt 1968 [Faksimile-Nachdruck der Ausgabe Königsberg 1853], S. III.

[2]   Ebd., S. 176, 186, 197, 226, 289, 298, 337, 353.

bei seinen Gedichten, die den Tod zum Gegenstand haben, überhaupt von Totenliedern im Rückertschen Sinne sprechen kann. Anders als Rückert hatte Benn den Tod eines leiblichen Kindes nicht zu beklagen. Seine einzige Tochter Nele, die mit sieben Jahren ihre Mutter, Benns erste Ehefrau, verlor, gab er daraufhin in die Obhut einer dänischen Pflegefamilie; sie überlebte ihren Vater, zu dem sie offenbar kein schlechtes Verhältnis hatte.[3] Benn erlebte in seinem persönlichen Umfeld einige Todesfälle ihm nahestehender Personen. Seine erste Frau starb an den Folgen einer Operation,[4] die zweite beging Selbstmord[5] und sein Adoptivsohn Andreas aus erster Ehe erlag 1930 einem Lungenleiden.[6] Als Arzt, zumal als Pathologe sowie als Teilnehmer zweier Weltkriege (an Nele im Juni 1941: „2 mal Weltkrieg ist zu viel"[7]) war er schon von Berufs wegen regelmäßig mit Krankheit und Tod konfrontiert, was deutliche Spuren in seinem Werk hinterließ.

Benns lyrisches Frühwerk, um das es im ersten Teil dieser Abhandlung („Benns frühe Leichenlyrik") gehen soll, wird in aller Regel „umstandslos der Ästhetik des Hässlichen zugeordnet".[8] Diese wurde von vielen Vertretern der Avantgarde-Bewegungen Anfang des 20. Jahrhunderts propagiert und entsprechend umgesetzt. Benns literarischer Umgang mit dem Tod war allerdings, dies ist meine These, bereits in der frühen Lyrik, zumal in Bezug auf darin bedichtete Kinder, nicht nur abgebrüht, kalt und zynisch, wie dies gemeinhin angenommen wird. Dass der Dichter keines-

---

3   Nele Poul Soerensen: Mein Vater Gottfried Benn. Wiesbaden 1960.

4   Holger Hof: Gottfried Benn. Der Mann ohne Gedächtnis. Eine Biographie. Stuttgart 2011, S. 189f.

5   Ebd., S. 332. Abgesehen von seiner zweiten Frau Herta von Wedemeyer begingen nach eigenem Bekunden noch vier weitere seiner Partnerinnen (u.a. die Schauspielerin Lili Breda) Selbstmord (vgl. Gottfried Benn: Briefe an Friedrich Wilhelm Oelze. Bd. 1: 1932-1945. Hg. von Harald Steinhagen und Jürgen Schröder. Stuttgart 1977, S. 194), was in der Forschung zynisch wie folgt bilanziert wurde: „Frauenleichen pflasterten seinen Weg", so Gunter Geduldig: Kann uns die Form noch retten? Tod und Verfall bei Gottfried Benn. In: Wilfried Kürschner (Hg.): Kulturerinnerungen – Erinnerungskulturen. Mozart, Heine, Benn. Literatur, Musik, Denkmäler. Berlin, Münster 2012 (Vechtaer Universitätsschriften, 27), S. 189-210, hier S. 190f.

6   Ebd., S. 197.

7   Gottfried Benn: Brief an Nele, Berlin, 8. Juni 1941; zitiert nach: Holger Hof: Benn. Sein Leben in Bildern und Texten. Stuttgart 2007, S. 187.

8   Walter Delabar: Benns Leichen. Zum lyrischen Frühwerk Gottfried Benns. In: Dominik Groß/Altena Marga (Hg.): Die Realität des Todes. Zum gegenwärtigen Wandel von Totenbildern und Erinnerungskulturen,. Frankfurt/M., New York 2010 (Todesbilder, 3), S. 173-194, hier S. 173.

wegs nur „Der Unberührbare"[9] oder auch „Der Mann ohne Gedächt-nis"[10], geschweige denn schlicht „Der Zeitzeuge"[11] (Dyck 2006) war – wie die Titel der drei großen Benn-Biografien der letzten Jahre lauten – son-dern durchaus auch zu klagenden und trauernden Tönen in der Lage war, wird im zweiten Teil vorliegenden Beitrags („Benns Trauergedichte") an-hand zweier ausgewählter Totengedichte gezeigt.

1. Benns frühe Leichenlyrik

Während des Ersten Weltkriegs an der Westfront in Brüssel stationiert, arbeitete Benn parallel zu seinen ‚Rönne-Novellen' an dem Gedichtzy-klus *Fleisch*, aus dem folgendes, gleichnamiges Gedicht stammt. Neben seinen viel bekannteren *Morgue*-Gedichten kann dieses exemplarisch für seine „medizynische" Dichtung im Rahmen besagter ‚Ästhetik des Häss-lichen' stehen.[12] Die erste Strophe von *Fleisch* lautet:

> Leichen.
> Eine legt die Hand ans Ohr:
> Wat bibberste? Uff meinen heizbaren Sektionstisch?
> Von wegen Fettschwund und biblisches Alter??
> 'ne Kinderleiche kriegste ins Gesicht!
> 5   Gichtknoten und ausgefranste Zähne
> ziehn hier nicht!!
> Bleibt man ruhig aufs Eis liegen! –[13]

Die Protagonisten des Prosagedichts sind Leichen, die u.a. miteinander darüber in Streit geraten, wer in der Pathologie den besten Platz, nämlich den auf dem „heizbaren Sektionstisch" (V. 3), ergattert hat. Charakteri-stisch für Benns frühe Lyrik ist die Fixierung auf den körperlichen Verfall. Dieser spielt offenbar nicht nur unter Lebenden, sondern hier auch noch nach deren Tod eine entscheidende Rolle: Der eine Tote ist offenbar schwerhörig („legt die Hand ans Ohr", V. 2), die anderen alt und fett

---

9   Christian Schärf: Der Unberührbare. Gottfried Benn – Dichter im 20. Jahrhun-dert. Bielefeld 2006.

10   Hof, Gottfried Benn. Der Mann ohne Gedächtnis (Anm. 4).

11   Joachim Dyck: Der Zeitzeuge. Gottfried Benn 1929-1949. Göttingen 2006.

12   Vgl. dazu Monika Fick: Ästhetik des Hässlichen; Medizynische Lyrik. In: Chris-tian M. Hanna/Friederike Reents (Hg.): Benn-Handbuch. Leben – Werk – Wir-kung. Stuttgart, Weimar 2015 [im Erscheinen].

13   Gottfried Benn: Fleisch. In: ders.: Sämtliche Werke. Stuttgarter Ausgabe in Ver-bindung mit Ilse Benn. Hg. von Gerhard Schuster. Bd. I: Gedichte 1. Stuttgart 2002, S. 28-32, hier S. 28. Benns Werk wird im Folgenden nach der Stuttgarter Ausgabe zitiert: Benn, SW I, S. 28 (Fleisch), Z. 1-8; die Zeilenangabe erfolgt hinter dem Zitat in Klammern.

(„Von wegen Fettschwund und biblisches Alter??", V. 4) und voller Gicht und zahnlos („Gichtknoten und ausgefranste Zähne", V. 6). Eine schwangere Frauenleiche wird als Schaf (sie „blökt", 10) und unansehnliches Wirtstier ihrer Leibesfrucht degradiert („Neun Monat lang / bemurkst es einen Zeitvertreiber", V. 17f.); sie soll auf Betreiben des noch im Tod verantwortungslosen Erzeugers des Kindes („wat geht mir mein Geschlechtsorgan an!", V. 13) nun von den übrigen Leichen verprügelt werden. Man wirft sich hier nicht nur Unflätigkeiten an den Kopf, sondern offenbar auch den Leichnam Wehrloser: „'ne Kinderleiche kriegste ins Gesicht" (V. 5). Das szenische Gedicht ist eine Stimmensammlung toter Menschen, die, über den Tod hinaus mit Makeln und Lastern behaftet, keine Ruhe finden und ihre vulgärsprachlich geführten Auseinandersetzungen weiterführen, was stellenweise ins Grotesk-Komische ausgreift. Auf die diesbezügliche Sonderstellung der Kinderleiche in *Fleisch* ist noch zurückzukommen. Auf formaler Ebene wird das Stimmengewirr der Untoten durch den Mangel an metrischer und sogar strophischer Gesetzmäßigkeit unterstrichen. Die szenischen Gestaltungsmittel, wie die in Klammern gesetzten Regieanweisungen oder die Ankündigung eines Auftritts [z.B.: „(stürzen an die Kellerfenster und schreien auf die Straße)", V. 24; „(ein Mann klopft ihm auf die Schulter)", V. 57), die mündliche Rede („Wat bibberste?", V. 3; „Brecht aus! Beißt um Euch! Peitscht die Weiber!", V. 16) und das szenisch aufgeführte Personal („Ein Mann tritt auf:", V. 33; „Eine Kinderstimme:", V. 62; „Geschrei", V. 69), brechen auch auf gattungstheoretischer Ebene mit der Tradition.

Weitgehend anders sind Mach- und Tonart von Benns wohl bekanntestem Gedicht auf eine Kinder-, genauer gesagt auf eine Mädchenleiche:[14]

II. SCHÖNE JUGEND

Der Mund eines Mädchens, das lange im Schilf gelegen hatte,
sah so angeknabbert aus.
Als man die Brust aufbrach, war die Speiseröhre so löcherig.
Schließlich in einer Laube unter dem Zwerchfell
5   fand man ein Nest von jungen Ratten.
Ein kleines Schwesterchen lag tot.

---

[14] Neben dem Verweis auf das Ophelia-Motiv ist die Forschung, wohl aufgrund liebeslyrischer Anspielungen wie ‚Mund', ‚Brust' und ‚Laube' bislang davon ausgegangen, dass es sich um eine junge Frau und nicht um ein Kind handelt; vgl. etwa Annemarie Christiansen: Benn. Einführung in das Werk. Stuttgart 1976, S. 18: „Der Mund, für sich alleine betrachtet, zum Küssen einladend, ist angeknabbert". Zum Ophelia-Motiv vgl. Christian M. Hanna: „Die wenigen, die davon was erkannt". Gottfried Benns (un)heimlicher Dialog mit Goethe. Würzburg 2011 (Epistemata. Reihe Literaturwissenschaft, 737), S. 58, Anm. 49.

Die andern lebten von Leber und Niere,
tranken das kalte Blut und hatten
hier eine schöne Jugend verlebt.
10 Und schön und schnell kam auch ihr Tod:
Man warf sie allesamt ins Wasser.
Ach, wie die kleinen Schnauzen quietschten![15]

Wie in *Fleisch* gibt es kein Metrum, das zwölfzeilige Gedicht besteht aus
einer einzigen Strophe. Es steht an zweiter Stelle des 1912 erschienenen
Morgue-Zyklus, Benns Gedichtsammlung aus dem Leichenschauhaus. Die
„schöne Jugend" (V. 9) hatte nicht das Mädchen verlebt, wie man zunächst hätte meinen können, sondern ein Schar „junge[r] Ratten", die
sich „in einer Laube unter dem Zwerchfell" (V. 4f.) des Mädchens einge-
nistet und von dessen Organen und kaltem Blut ernährt hatten. Bedauert
wird an keiner Stelle der Tod des Kindes, dessen Mund und Speiseröhre
offenbar von den Ratten „angeknabbert" (V. 2) bzw. „löchrig" (V. 3) waren, sondern nur der eines kleinen Ratten-Schwesterchens, das, anders als
seine Geschwister, bereits tot war, als man die Mädchenleiche fand. Selbst
die Beseitigung der Ratten wird noch als „schön und schnell" (V. 10) beschrieben: „Man warf sie allesamt ins Wasser." (V. 11) Und fast klagend, ja
mitleidig, werden sie bedauert: „Ach, wie die kleinen Schnauzen
quietschten!" (V. 12).

Das letzte Gedicht desselben Zyklus, *Requiem*, erzählt schließlich von
Leichen, die allerdings bereits zerstückelt sind, wahrscheinlich bedingt
durch vorangegangene Obduktionen bzw. makroskopische Anatomie-
Studien:

V REQUIEM

Auf jedem Tische zwei. Männer und Weiber
kreuzweis. Nah, nackt, und dennoch ohne Qual.
Den Schädel auf. Die Brust entzwei. Die Leiber
gebären nun ihr allerletztes Mal.

5 Jeder drei Näpfe voll: von Hirn bis Hoden.
Und Gottes Tempel und des Teufels Stall
nun Brust an Brust auf eines Kübels Boden
begrinsen Golgatha und Sündenfall.

Der Rest in Särge. Lauter Neugeburten:
10 Mannsbeine, Kinderbrust und Haar vom Weib.
Ich sah von zweien, die dereinst sich hurten,
lag es da, wie aus einem Mutterleib.[16]

---

[15] Benn, SW I (Anm. 13), S. 11 (Schöne Jugend).
[16] Ebd., S. 13 (Requiem).

Hier werden nun Teile einer Kinderleiche (die „Kinderbrust") mit „Mannsbeine[n]" und „Haar vom Weib" (V. 10) wie für eine Horrorshow zusammengesetzt und als „Rest in Särge" (V. 9) gepackt. Anders als in *Fleisch* ist das Groteske hier nicht komisch, sondern nur abstoßend und unvereinbar mit jeglicher Vorstellung von würdiger Totenruhe (auch wenn die Verstorbenen, anders als im sexuellen Verhältnis von Mann und Frau, nun „ohne Qual" (V. 2), sich nackt nah sein können). Entgegen der fortgeschrittenen Auflösung der Toten in ihre Einzelteile ist das Gedicht formal jedoch durchgestaltet, indem es aus drei vierzeiligen, kreuzgereimten Strophen besteht. Die Nähe zum traditionsgebunden Liedhaften wird durch den Titel unterstrichen. Benn spielt hier mit dem Verfahren der Kontrafaktur, die besonders häufig im Kirchenlied verwendet wurde, wobei ursprünglich der lateinische Text unter Beibehaltung der Melodie ersetzt wurde. Allerdings wird man auf Grund der verzerrenden und wertenden Nachahmung eines Kirchenliedes doch eher von einer Parodie als von einer wertungsfreien Kontrafaktur sprechen müssen. Die religiösen Werte werden in *Requiem* von den Leichenteilen selbst verspottet: sie „begrinsen Golgatha und Sündenfall" (V. 8).

Ob man diesen drastischen, grotesken oder auch zynisch-menschenverachtenden Umgang mit Verstorbenen, vielleicht sogar Getöteten dieser drei Gedichte als expressionistischen ‚Schrei' und Anklage deuten kann, wie dies die ältere Forschung getan hatte,[17] oder aber als Ausdruck des ‚kalten Blicks' eines Naturwissenschaftlers, der sein Wissen provokativ[18] und im Hinblick auf die Form als höchstem Inhalt montiert hat,[19] sei an dieser Stelle dahingestellt. Von der zeitgenössischen Kritik sind Benns frühe Gedichte jedenfalls zwiegespalten aufgenommen worden;[20] der ästhetische Charakter wurde ihnen, zumindest von der Forschung, niemals abgesprochen. Benns Gedichte aus dem Leichenschauhaus sind – als Ausdruck der ‚Ästhetik des Hässlichen' par excellence – wirkungsmächtig

---

[17] Edgar Lohner: Passion und Intellekt. Die Lyrik Gottfried Benns. Frankfurt/M. 1986 (fischer-taschenbuch, 4695), S. 69-91; Theo Meyer: Gottfried Benn und der Expressionismus. In: Bruno Hillebrand (Hg.): Gottfried Benn. Darmstadt 1979 (Wege der Forschung, 316), S. 379-408, hier S. 384-391.

[18] Marcus Hahn: Das Wissen der Moderne. Bd. 1: 1905-1920. Göttingen 2011, S. 93-145.

[19] Ursula Kirchdörfer-Boßmann: „Eine Pranke in den Nacken der Erkenntnis". Zur Beziehung von Dichtung und Naturwissenschaft im Frühwerk Gottfried Benns. St. Ingbert 2003 (Saarbrücker Beiträge zur Literaturwissenschaft, 79), S. 102-120.

[20] Vgl. Benn. Wirkung wider Willen. Dokumente zur Wirkungsgeschichte Benns. Hg., eingeleitet und kommentiert von Peter Uwe Hohendahl. Frankfurt/M. 1971 (Wirkung der Literatur, 3), S. 89-98.

in die Literaturgeschichte eingegangen[21] und prägen das Bild des als wenig empathiefähig und zynisch geltenden expressionistischen Dichters bis heute.

Eine neue Lesart forderte 2010 Walter Delabar, insofern, als Reaktionen wie „Ekel, Abscheu, Skandal, Unbehagen [oder] Ablehnung" bei Lektüre der Gedichte jedoch „einer angemessenen Wahrnehmung und dem Erkenntnispotential der Texte", „im Weg" stünden. Nicht das Provokatorische sei „ihr eigentlicher Kern, sondern die ihnen eingeschriebene Wahrnehmung und Verarbeitung von Welt".[22] Das Bemerkenswerte an den Gedichten sei weniger die plötzliche Salonfähigkeit bedichteten körperlichen Verfalls, sondern vielmehr, *wie* „[d]er Körper und seine physiologische Verfasstheit [..] das menschliche Verhalten, die Haltung und Wahrnehmung" bestimmten.[23] So hat bereits Peter Rühmkorf das Morgue-Gedicht *Mann und Frau gehn durch die Krebsbaracke*[24] weniger als Todesgedicht, sondern als „modernes Liebesgedicht" gelesen, als einen „poetische[n] Rapport vom Verlöschen der Liebe und der menschlichen Leidenschaften, auch der Nächstenliebe, der seelischen Anteilnahme".[25]

Eine gewisse Anteilnahme oder zumindest ein sachlicher, man könnte auch sagen: keimfreier Umgangston ist vor allem in Bezug auf die Kinderleichen in Benns Lyrik zu beobachten. Anders als die körperlich vom Alterungsprozess, vom Verschleiß oder von zurückliegenden sexuellen Handlungen gezeichneten Leichen aus *Fleisch*, die sich noch nach dem Tod mindestens verbal zerfleischen, schlägt das tote Kind, das, wie er-

---

[21] Vgl. dazu Helmuth Kiesel: Geschichte der literarischen Moderne. Sprache, Ästhetik, Dichtung. München 2004, der als erstes Prinzip der programmatischen Moderne die „Integration des Unschönen in die Schöne Literatur" ausmacht („Ästhetisierung des Häßlichen und Widerwärtigem als Erscheinungsformen des Interessanten", S. 99-102 bzw. „Das Widerwärtige als Bewährungsprobe des modernen Künstlers", S. 102-108). Benns „unvergleichlich drastische Morgue-Gedichte" seien „durch die Eindringlichkeit der Beobachtung" nicht nur „peinigend", sondern wahrten, anders als etwa noch in Rilkes *Aufzeichnungen des Malte Lauridds Brigge*, nun auch nicht mehr „die Idee des guten Geschmacks" (S. 106f.). „Die äußerste Stufe einer Kunst, die einer extremen Erfahrung des Negativen gerecht werden wollte", sieht Kiesel indes nicht in Benns *Morgue*-Gedichten erreicht, sondern in dessen poetologischer Äußerung im *Epilog* (1921), in dem es heißt, man müsse „mit Spulwürmern [...] und Koprolalien" (SW III, 130) schreiben, um dem „negative[n] Menschen- und Weltbild" gerecht zu werden; vgl. Kiesel, ebd., S. 107f.

[22] Delabar, Benns Leichen (Anm. 8), S. 178.

[23] Ebd., S. 179.

[24] Benn, SW I (Anm. 13), S. 16 (Mann und Frau gehn durch die Krebsbaracke).

[25] Peter Rühmkorf: ‚Ein modernes Liebesgedicht'. In: ders.: Strömungslehre I: Poesie. Reinbek bei Hamburg 1978, S. 151-154, hier S. 153.

wähnt, einer der anderen Leichen ins Gesicht geworfen werden sollte, eine kindliche Tonart an, als es sich flehend an den Bestatter wendet:

> 62 Eine Kinderstimme:
>
> Ach lieber, lieber Herr Leichendiener,
> noch nicht in den dunklen Sarg!
>
> 65 Ach erst den alten Mann! Noch diesen Streifen Licht!
> So gänzlich fort –
> so nimmermehr.
> Ach binden Sie mir die Augen zu.[26]

Ganz anders als der bisherige sprachliche Duktus sind die Worte des Kindes frei von Vulgarismen, stattdessen kommt in ihnen die Angst vor dem Ende zum Ausdruck, das, wie bei einer standesrechtlichen Erschießung, nur durch Verdecken der Augen mit einer Binde ertragbar zu sein scheint. Des Weiteren wird auch auf die Beschreibung körperlicher Merkmale verzichtet (das Kind tritt nur in Form seiner Stimme in Erscheinung), was dazu führt, dass weder Abscheu noch Ekel erzeugt, sondern, durch die Bitte des Kindes, ausschließlich Mitleid und Grauen erregt werden. Durch die Anteilnahme an der kindlichen Todesangst entsteht beim Leser inmitten dieses Gruselkabinetts auf einmal etwas wie Trauer. Und sogar der ansonsten nur kalt gezeichnete Leichendiener, der mitunter sogar zum Leichenfledderer wird, erfährt durch die hoffnungsvolle Erwartungshaltung, die das schutzbedürftige, tote Kind ihm gegenüber zeigt, sogar eine gewisse positive Zuschreibung. Das Kind fordert eindrücklich und in gewählter Sprache das, was man sich gemeinhin nach dem eigenen Tod erwartet oder zumindest erhofft: einen würdevollen Umgang und die Gewährleistung der Totenruhe.

Bei Benns Beschreibung der Leichen sei, so Delabar, kein *vanitas*-Motiv erkennbar, vielmehr möchte er diesen als „‚Wirte‘ von Lebenden" eine „vitale Qualität"[27] zuweisen. Diese Lesart halte ich indes für zu positiv. Anders als bei der *memento-mori*-Motivik im Sinne quälenden Todesbewusstseins (über das die Kinderleiche als Einzige verfügt) stehen beim *vanitas*-Motiv Nichtigkeit und Vergänglichkeit menschlichen Lebens im Vordergrund. Die erwachsenen *Fleisch*-Leichen verfügen zwar über kein Todesbewusstsein, ihr offensichtlicher Verfall und ihr Tod stehen dem Leser dafür umso drastischer vor Augen. Seine eigene Vergänglichkeit wird ihm dadurch umso deutlicher bewusst wird, zumal das Leiden am Niedergang – trotz aller Erlösungsversprechen – offenbar selbst

---

[26] Benn, SW I (Anm. 13), S. 30 (Fleisch).
[27] Delabar: Benns Leichen (Anm. 8), S. 190 und 192.

nach dem Tod nicht aufhört. Aufs Ganze gesehen zählen *vanitas*-Motive
– und deren Aufhebung – geradezu zu Benns Leitmotiven. So spitzt
Benn etwa im *Morgue*-Gedicht *Negerbraut*[28] die *vanitas*-typische Darstellung älterer Frauen in aufreizenden jugendlichen Posen entsprechend zu,
indem er keine gealterte, sondern eine bereits tote, weiße Frau, „noch
unentstellt durch Laster und Geburt" (V. 6), mit einem verunglückten
Schwarzen auf dem Sektionstisch vereinigt und die Verstorbene schließlich durch das Sektionsmesser des Pathologen quasi entjungfern entlässt
(„Bis man ihr / das Messer in die weiße Kehle senkte / und einen Pur-
purschurz aus totem Blut / ihr um die Hüften warf.", V. 15-18). Schließlich ist auch die zur *vanitas*-Vorstellung seit dem Barock gehörige, religiös
motivierte Transzendenzidee bei Benn meist kontrafaktisch vorhanden,
wie dies bereits an Hand des, nach der heiligen Messe für Verstorbene
genannten Gedichts *Requiem*[29] deutlich wurde,[30] wo nicht nur besagte
Leichenteile vom Boden eines Kübels aus einschneidende biblisch überlieferte Stationen wie „Golgatha" und den „Sündenfall" „begrinsen"
(V. 8) sondern auch „Gottes Tempel" und „Teufels Stall" (V. 6) wie
gleichberechtigt gegenüber gestellt werden. Aber nicht nur in *Requiem*
kontrastiert Benn Krankheit und Tod mit Anspielungen auf das christliche Weltbild, sondern etwa auch in *Fleisch*, wo vom „biblische[n] Alter"
(V. 4) einer Leiche, oder im *Saal der kreissenden Frauen*, wo von der Sal-
bung mit Exkrementen (vgl. V. 16) eines Neugeborenen die Rede ist.[31]

Die Transzendenz steht bei Benn regelmäßig in Zusammenhang mit
der Vorstellung der „Wiederkehr des Gleichen"[32] bzw. des „Unaufhörli-
chen".[33] So erzählt das Gedicht *Kreislauf*, wie ein Leichendiener von der
„Goldplombe" (V. 3) aus dem „einsame[n] Backzahn" (V. 1) einer Pro-

---

28 Benn, SW I (Anm. 13), S. 12 (Negerbraut).

29 Ders., SW I (Anm. 13), S. 13 (Requiem).

30 Christian M. Hanna geht noch weiter und sieht in *Requiem* die nihilistische
    Aufhebung des memento mori, vgl. Hanna, „Die wenigen, die davon erkannt"
    (Anm. 14), S. 66-79.

31 Benn, SW I (Anm. 13), S. 16 (Mann und Frau gehn durch die Krebsbaracke)
    und S. 17 (Saal der kreissenden Frauen).

32 Vgl. ders., SW IV (Anm. 13), S. 369f. (Wiederkehr des Gleichen); V, S. 49 (Der
    Ptolemäer). Die ‚Wiederkehr des Gleichen' steht bei Benn in Verbindung mit
    Heraklits Flussmetapher und Nietzsches Kunstästhetik, vgl. Friederike Reents:
    „Ein Schauern in den Hirnen". Der ‚Garten von Arles' als Paradigma der Mo-
    derne. Göttingen 2009, S. 106-108; S. 140f. Zu Nietzsches „ewiger Wiederkehr
    des Gleichen" vgl. auch Annemarie Pieper: ‚Ein Seil geknüpft zwischen Tier und
    Übermensch'. Philosophische Erläuterungen zu Nietzsches erstem ‚Zarathustra'.
    Stuttgart 1990, S. 371-383.

33 Vgl. Benn, SW I (Anm. 13), S. 136-142 (Aus dem Oratorium ‚Das Unaufhörliche';
    Studien zu dem Oratorium), III, S. 304 (Fazit der Pespektiven).

stituierten tanzen geht: „Denn, sagte er, / Erde soll zur Erde werden" (V. 8f.).[34] So respektlos, unwürdig und im Übrigen auch strafbar dieses ausweidende Verhalten auch sein mag, es hat ansatzweise etwas Tröstliches zu sehen, wie dem Tod auf diese Weise etwas Positives abgerungen wird – was Delabar wohl mit der „vitale[n] Qualität" der Leichen als „Wirtstiere" meinte.[35] Eine ästhetische Lesart schließlich, welche die Leichen nicht primär als menschliche Überreste, sondern ausschließlich als Material begreift, das, wie Benn später mehrfach betonte, „kalt gehalten werden"[36] müsse, lässt in erster Linie die formfordernde, bionegative Tendenz (Leiche als Gefäß) dieser Gedichte deutlich werden: In *Requiem* sind es „drei Näpfe voll: von Hirn bis Hoden" (V. 5) (als physische Korrelate von Ratio und Geschlechtstrieb) sowie die aus Leichenteilen zusammengesetzten „Neugeburten" (V. 9) in den Särgen, die das an sich nicht Zusammengehörende künstlerisch kombinieren und den blasphemischen Akt damit auch legitimieren. So dient im Eröffnungsgedicht *Kleine Aster*[37] die Brusthöhle des „ersoffene[n] Bierfahrer[s]" (V. 1) der Herbstblume als „Vase" (V. 13) und letzte Ruhestätte, in *Schöne Jungend* die Bauchhöhle des Mädchens als Brutstätte neuen Rattenlebens, und in *Mann und Frau gehn durch die Krebsbaracke* ist es schließlich der bionegativ „verkrebste[..] Schoß" (V. 15), aus dem ein Kind offenbar noch rechtzeitig herausgeschnitten werden konnte.

Und damit kommen wir nun noch einmal auf die Kinder in Benns Totengedichten zurück, die – trotz der zahlreichen Leichen um sie herum – häufig selbst gar nicht sterben. Nicht nur der soeben genannte Säugling konnte trotz der zum Tode führenden Krebserkrankung der Mutter offenbar gerettet werden, sondern auch das Neugeborene, das „bläulich und klein" (V. 15), mit „Urin und Stuhlgang" (V. 16) gesalbt nach schwerer Geburt im *Saal der kreissenden Frauen* zur Welt kommt, steht erst am Beginn seines Lebens. Von himmelsgleichem Jubel empfangen, hat das Kind immerhin die Aussicht auf Leben, wenngleich auch sein Ende eines „in Röcheln und Qual" (V. 23) sein wird. Und sogar die in Särgen zusammengeworfenen Überreste aus dem *Requiem* werden lesbar als „Neugeburten" (V. 9) der Leiber bezeichnet, die „nun ihr allerletztes Mal" „gebären" (V. 4), also ihrerseits neues Leben stiften. Und doch sind Benns „Neugeburten" wohl nur als äußerste, von Verzweiflung getragene Kon-

---

[34] Ders., SW I (Anm. 13), 12 (Kreislauf).

[35] Delabar, Benns Leichen (Anm. 8), S. 190 und 192

[36] Benn, SW VI (Anm. 13), S. 234 (Soll die Dichtung das Leben bessern?), vgl. auch: ders., SW V, S. 230 (Prosaische Entwürfe; 1946).

[37] Ders., SW I (Anm. 13), S. 11 (Kleine Aster).

trafaktur lesbar, denn, so bereits Albrecht Schöne, „hinter der Rückführung des Menschen auf seine nackte Kreatürlichkeit steht die verborgene Verzweiflung des betrogenen Gottsuchers".[38] Die von Krankheit und Tod gezeichneten Kinder in Benns früher Lyrik sind, anders als die Erwachsenen, körperlich und seelisch in aller Regel (noch) ohne Makel. Die Toten unter ihnen weisen kaum Verfallserscheinungen oder, wie im Fall der Mädchenleiche im Schilf, kaum Zeichen von Ekel erregender Verwesung auf. Schon durch den Titel *Schöne Jugend* werden Schönheit und Jugendlichkeit mit dem Mädchen in Verbindung gebracht, bevor die Zuschreibung auf die glückliche Kindheit der Ratten in der Schilfleiche erfolgt. Fast harmlos oder wenigstens sachlich wirkt die Beschreibung der „löcherig[en]" (V. 3) Speiseröhre und des Mädchenmundes, der nur „angeknabbert" (V. 2) war. Das ‚Anknabbern' im Sinne von ‚jemanden zum Fressen gerne haben' lässt jedoch erneut einen zynischen Ton sachte anklingen. Die Kinderleiche aus *Fleisch* erfährt überhaupt keine äußerliche Zuschreibung. Das einzige, geradezu humane Bild ist das von dessen Wunsch nach Licht anstelle der Dunkelheit im Sargesinneren, und als ihm dieses versagt wird, nach einer Augenbinde, damit es die faktische Finsternis nicht sehen muss oder besser ertragen kann.

Auch die Überlebenden unter ihnen sind noch nicht entstellt von Lastern oder Beschwernissen, zu denen nicht nur altersbedingte Gebrechen, sondern, wie bereits erwähnt, auch „Hirn und Hoden" (*Requiem*, 5) als Korrelate für ‚Verhirnung' und Geschlechtstrieb zählen. Der Geburtsvorgang entstellt in erster Linie die werdende Mutter, das Neugeborene wird dabei nur kurz mit ihren Exkrementen beschmutzt (vgl. *Saal der kreissenden Frauen*, V. 16). Einzig im dreiteiligen Gedicht *Der Arzt* ist das Kind durch seine als abscheulich beschriebenen Eltern von Geburt an mit Unschönem gewissermaßen infiziert: Seine Eltern sind nur „Gattungspack" (V. 51), die sich „[m]it Pickeln in der Haut und faulen Zähnen" (V. 41) „paar[en]" (V. 42) und dabei wie „Gott und Göttin fühlen" (V. 44) und es wie die Tiere miteinander treiben („Und abends springt der Bock die Zibbe an", V. 60).[39] Der Mensch ist alles andere als die ‚Krone der Schöpfung', sondern er rangiert in der Reihenfolge sogar noch nach dem Schwein: „Die Krone der Schöpfung, das Schwein, der Mensch –:" (V. 21).[40] Und als Kind solcher

---

[38] Albrecht Schöne: Säkularisation als sprachbildende Kraft. Studien zur Dichtung deutscher Pfarrersöhne. Göttingen ²1968, S. 234. Für diesen und andere wichtige Hinweise danke ich Christian M. Hanna, auf dessen Dissertation in diesem Rahmen noch einmal verwiesen wird: Hanna: „Nur wenige, die davon erkannt" (Anm. 13), S. 69f.

[39] Benn, SW I (Anm. 13), S. 15 (Der Arzt III).

[40] Ebd., S. 14 (Der Arzt II).

Eltern ist dieses als deren „Frucht" „sehr häufig schon verquiemt geboren: mit Beuteln auf dem Rücken, rachenspalten, / schieläugig, hodenlos, in breite Brüche / entschlüpft die Därme –" (*Der Arzt III*, 44-46).[41]

Trotz des vorherrschenden inhumanen und auch gotteslästernden Tons innerhalb von Benns ,medizynischer Lyrik' sind es also die Kinder, ob tot oder lebendig, die, bis auf die eben genannte Ausnahme, rein, man könnte auch sagen: makellos sind (wenn man einmal vom Tod als Makel absieht). Der alttestamentarisch verwurzelte Sündenfall samt Erkenntnisdrang und Geschlechtstrieb trennt Benns tote Kinder von den übrigen Leichen und lässt für diese, im Gegensatz zu den Erwachsenen, keinen Platz für Ekel und Abscheu, sondern allenfalls für Mitleid oder Trauer.

2. Benns Trauergedichte

KANN KEINE TRAUER SEIN

In jenem kleinen Bett, fast Kinderbett, starb die Droste
(zu sehn in ihrem Museum in Meersburg),
auf diesem Sofa Hölderlin im Turm bei einem Schreiner,
Rilke, George wohl in Schweizer Hospitalbetten,
5   in Weimar lagen die großen schwarzen Augen
Nietzsches auf einem weißen Kissen
bis zum letzten Blick –
alles Gerümpel jetzt oder garnicht mehr vorhanden,
unbestimmbar, wesenlos
10   im schmerzlos-ewigen Zerfall.

Wir tragen in uns Keime aller Götter,
das Gen des Todes und das Gen der Lust –
wer trennte sie: die Qualen und die Statt,
15   auf der sie enden, Holz mit Tränenbächen,
für kurze Stunden ein erbärmlich Heim.

Kann keine Trauer sein. Zu fern, zu weit,
zu unberührbar Bett und Tränen,
kein Nein, kein Ja,
20   Geburt und Körperschmerz und Glauben
ein Wallen, namenlos, ein Huschen,
ein Überirdisches, im Schlaf sich regend,
bewegte Bett und Tränen –
schlafe ein!

6. 1. 1956[42]

---

41 Ebd., S. 15 (Der Arzt III).
42 Ebd., S. 7 (Kann keine Trauer sein).

Wenige Monate vor seinem eigenen Tod schrieb Benn das Gedicht *Kann keine Trauer sein,* das dem Lyrikband der Stuttgarter Ausgabe vorangestellt ist. Gleich in der ersten Zeile ist von einem „kleinen Bett, fast Kinderbett" (V. 1) die Rede, in dem Annette von Droste-Hülshoff gestorben sein soll. Nachdem das lyrische Ich seinen Blick über weitere Dichter-Totenbetten hat gleiten lassen, kommt es zu dem titelgebenden Schluss: „Kann keine Trauer sein. Zu fern, zu weit / zu unberührbar" (V. 17f.), denn alles, was das Lebens ausgemacht habe, sei nur ein „Wallen, namenlos, ein Huschen / ein Überirdisches" (V. 21f.), mit anderen Worten: nichtig und vergänglich, zu unwichtig, um darüber Tränen zu vergießen. Auch die für kurze Stunden fließenden „Tränenbäche[..]" (V. 15) am Totenbett seien nur ein „erbärmlich Heim" (V. 16). Bemerkenswert in Bezug auf die Personenstruktur ist das nun in der letzten Zeile angesprochene Du, das wie ein Kind beim Zubettbringen zum Einschlafen aufgefordert wird: „schlafe ein!" (V. 24).

Trotz der Negation von Trauer angesichts von Vergänglichkeit und Nichtigkeit des Daseins spielt diese durch entsprechende Reflexionen häufig sogar explizit in Benns Lyrik mit hinein wie etwa in den Gedichten *Valse triste, Qui sait*[43] oder auch *Der Dunkle I,* in dem „die alte Trauer" (V. 1) von der „Trauer von anderer Art" (V. 12) unterschieden wird:

DER DUNKLE

I

Ach, gäb er mir zurück die alte Trauer,
die einst mein Herz so zauberschwer umfing,
da gab es Jahre, wo von jeder Mauer
ein Tränenflor aus Tristanblicken hing.

5   Da littest du, doch es war Auferstehung,
da starbst du hin, doch es war Liebestod,
doch jetzt bei jedem Schritt und jeder Drehung
liegen die Fluren leer und ausgeloht.

Die Leere ist wohl auch von jenen Gaben,
10   in denen sich der Dunkle offenbart,
er gibt sie dir, du mußt sie trauernd haben,
doch diese Trauer ist von anderer Art.[44]

Während die „alte Trauer" (V. 1) mit Tränen und unerfüllter Liebe zu tun hat, also mit „Gefühle[n]" und „Räusche[n], denen die anderen

---

[43] Ebd., S. 68 (Valse triste), S. 76 (Qui sait).
[44] Ebd., S. 240 (Der Dunkle I)

sich menschlich überlassen dürfen",[45] so entspricht die „Trauer [..] von anderer Art" (V. 12) „einer radikalen Leere", die es jenseits von „Trost und Geschwätz" auszuhalten und mit entsprechender Kälte künstlerisch produktiv zu machen gilt.[46] Die an Totenbetten vergossenen Tränen aus *Kann keine Trauer sein* gehören als Gefühlsausbrüche von kurzer Dauer offenbar zur ‚alten‘, man könnte auch sagen: subjektiven oder gefühligen Art von Trauer, die der Tiefe der „Trauer [..] von anderer Art" nicht entsprechen kann.

Vor dem Hintergrund dieser Unterscheidung gilt es nun, zwei autobiografisch motivierte Gedichte Benns zu untersuchen, in denen er den Verlust geliebter Menschen bedichtet: Es handelt sich um das frühe Gedicht *Mutter* (1913) und das zwanzig Jahre später entstandene, seinem jüngeren Bruder gewidmete Gedicht *In memoriam Höhe 317*.[47] Anstelle der Vater-Kind-Beziehung, wie sie für Friedrich Rückerts *Kindertodtenlieder* konstitutiv ist, handelt es sich hier um eine Kind-Mutter- bzw. Geschwister-Beziehung, so dass man Benns Gedichte gewissermaßen nur unter umgekehrten oder entsprechenden Vorzeichen als Kindertotenlieder im Rückertschen Sinne bezeichnen kann: Auch wenn nicht der Tod eines eigenen Kindes betrauert wird, so trauert hier doch ein Kind um ein Eltern- bzw. Geschwisterteil.

MUTTER

Ich trage dich wie eine Wunde
auf meiner Stirn, die sich nicht schließt.
Sie schmerzt nicht immer. Und es fließt
das Herz sich nicht draus tot.
5   Nur manchmal plötzlich bin ich blind und spüre
Blut im Munde.[48]

Auch hier richtet sich das Ich an ein Gegenüber, die im Titel genannte Mutter. Formal arbeitet das 6-zeilige Gedicht mit einem erweiterten umarmenden Reim, in den zwei ungereimte Zeilen eingeschoben sind,

---

[45] Ders., SW IV, S. 182 (Lebensweg eines Intellektualisten), VI, S. 234 (Soll die Dichtung das Leben bessern?)

[46] Friederike Reents: Kann eine Trauer sein. Gottfried Benns poetische Schadensabwicklung. In: Carsten Dutt/Roman Luckscheiter (Hg.): Figurationen der literarischen Moderne. Helmuth Kiesel zum 60. Geburtstag. Heidelberg 2007 (Beiträge zur neueren Literaturgeschichte, 245), S. 293-308, hier S. 305.

[47] Ein weiteres Gedicht, in dem Benn Abschied von einem geliebten Menschen, nämlich seiner zweiten Ehefrau nimmt, ist *Orpheus' Tod*, in dem es, in der Tradition des joy of grief heißt: „An Totes zu denken, ist süß"; Benn, SW I (Anm. 13), S. 182.

[48] Benn, SW I (Anm. 13), S. 22 (Mutter).

was die Worte „tot" (V. 4) und „spüre[n]" (V. 5), unterstrichen durch ihre semantische Opposition (‚Tod' versus ‚Spüren' als Form des Lebens) besonders hervorhebt. Benns Mutter starb am 9. April 1912 nach qualvoller Lungenkrebserkrankung, aufgrund derer sie am Ende kaum noch Luft bekam, mit Metastasen im ganzen Körper. Trotz ihres Bittens konnte bzw. durfte der junge Benn, der unmittelbar vor der Approbation stand, ihre offenbar unerträglichen Schmerzen nicht lindern, da sein Vater als Pfarrer der Auffassung war, das „Übel ist uns von Gott geschickt […] wir müssen es ertragen".[49] Benn beschrieb den Tod seiner Mutter als den „schwersten, den ich je gesehen habe".[50] Das im Folgejahr entstandene Gedicht legt Zeugnis ab von dem tiefen Einschnitt, den ihr Tod für ihn bedeutet. Es handelt sich nicht etwa um eine Narbe, die auch nach einer gewissen Zeit auf die zurückliegende Verletzung hinweist, sondern um eine offene Wunde, eine Versehrtheit, die dem lyrischen Ich buchstäblich ins Gesicht geschrieben steht, deren Schmerz es aber nicht permanent wahrnimmt, obwohl das Blut nicht aufhört zu fließen. Es hat offenbar gelernt, mit dem Verlust zu leben, aber es gibt Momente, in denen die ‚Mutter-Wunde' so stark blutet, dass dem Kind die Sinne versagen, gewissermaßen das Sehen (als Ausdruck für die Erkenntniskraft oder auch das dichterische Sehen?) vergeht – und es auf die Wahrnehmungsform des Spürens zurückgeworfen ist. Das lyrische Kind spürt dann nur noch das aus der Wunde herausgelaufene „Blut im Munde" (V. 6); es erlebt den Einschnitt durch den qualvollen Tod und den Verlust des geliebten Menschen immer wieder.

Die Frage, ob es sich hier nun um die „alte Trauer" oder um die „Trauer [..] von anderer Art" in Form melancholischer Leere handelt, ist nur mit der Zeile „kein Nein, kein Ja" (V. 19) aus *Kann keine Trauer sein* zu beantworten. Beide Trauerarten scheinen in Benns *Mutter*-Gedicht miteinander zu verschmelzen. Der Zustand der Leere des nicht nur gezeichneten, sondern permanent blutenden Ichs,[51] die „Trauer [..] von anderer Art", scheint jedoch vor zu herrschen; indes hat der zwar andauernde, aber nur momentweise spürbare Blutfluss Anteile der gefühlsgeleiteten, akuten Trauer.

---

[49] Thilo Koch: Gottfried Benn. Ein biographischer Essay. Frankfurt/M. 1986, S. 18

[50] Gottfried Benn: Brief an Leo Koenigsmann, Berlin, 2. Mai 1912. In: Frankfurter Allgemeine Zeitung, 11. Januar 2007; vgl. dazu auch: Hof, Gottfried Benn. Der Mann ohne Gedächtnis (Anm. 4), S. 109-112.

[51] Vgl. dazu auch das späte Gedicht *Nur zwei Dinge* mit den berühmten Schlusszeilen, das die beiden einzig bleibenden Dinge benennt: „Die Leere / und das gezeichnete Ich", Benn, SW I (Anm. 13), S. 320.

Um das Spüren von Vergänglichkeit und Tod geht es auch im zweiten Gedicht *In memoriam Höhe 317,* das bereits vor Oktober 1927 (und nicht, wie man bislang angenommen hatte, bis Dezember 1933) entstanden ist. Es bezieht sich auf ein zurückliegendes Ereignis aus dem Jahr 1915, in dem Benns jüngerer Bruder Siegfried in Galizien auf einem Bergrücken mit dem Namen bzw. der Bezeichnung der militärischen Geländemarkierung ,Höhe 317' gefallen ist:

IN MEMORIAM HÖHE 317

Auf den Bergen, wo
Unbekannte nachten
nicht auf Sarg und Stroh
Opfer aus den Schlachten –:
5   wie die Stunde rinnt,
spürst du's nicht im Ohr –
eine Spinne spinnt
Netze vor das Tor.

Auf den Bergen, die
10   Art von Leben tragen,
daß man schauert, wie
nah die Quellen lagen,
wie die Stunde rinnt,
spürst du's nicht im Ohr,
15   von den Bergen rinnt,
spinnt ein Aschenflor.

Ach, dem Berge, den
Frucht und Sommer kränzt,
ist nicht anzusehn
20   all das Ungeglänzt,
wie die Stunde rinnt,
spürst du's nicht im Ohr,
wie vom Berg im Wind
schluchzt ein Schattenchor.[52]

Seit der Entdeckung von Jörg Döring und Erhard Schütz, dass das Gedicht (damals unter dem Titel *In memoriam*) bereits im Jahr 1927 (und nicht erst 1934) publiziert wurde,[53] ist Simon Karchers Deutung, man könne in diesen Versen einen „lyrischen Beitrag Benns zur staatlich ver-

---

[52] Ebd., S. 163 (In memoriam Höhe 317).
[53] Vgl. Jörg Döring/Erhard Schütz: Benn als Reporter: „Wie Miss Cavell erschossen wurde". Siegen 2007, S. 34-36.

ordneten Heldenverehrung für gefallene Soldaten sehen",[54] hinfällig geworden. Vor dem biografischen Hintergrund, dem in Galizien gefallenen Bruder, schloss Karcher auf eine „Verquickung von persönlichem lyrischen Ausdruck und Tribut an das ideologisch Geforderte",[55] was angesichts des nun nachgewiesenen, deutlich früheren Publikationsdatums nicht mehr haltbar ist. In hiesigem Kontext interessiert jedoch ohnehin nur der Anteil des Brudertotenliedes: Dem Gedicht war folgende Widmung beigefügt: „in Erinnerung an einen armseligen kleinen gefallenen Bruder von mir, der als kommuner Fusssoldat in einem Massengrab auf den galizischen Höhenzügen liegt".[56] Eine letzte Begegnung der Brüder an Allerheiligen 1915 in Brügge hatte Benn offenbar sehr bedrückt, was er knapp 20 Jahre später seinem Brieffreund Oelze anvertraute: Er schildert den damals 22-jährigen Bruder rückblickend als stillen, bescheidenen und einfachen Jungen, der bereits „140 Schlachten und Gefechte" hinter sich hatte, als die beiden sich in einem „verdunkelten Café" an jenem „Graue[n] Sonntag" trafen: Siegfried sei „schweigsam, hoffnungslos, vertiert" gewesen, „sämtliche Kameraden von 1914 tot, kein Tag Urlaub bisher, von einer unsäglichen Traurigkeit wir beide. Kurz darauf kam er nach Galizien u. fiel auf ‚Höhe 317'".[57]

Das Gedicht ist metrisch und strophisch durchkomponiert. Benn gedenkt in dem Gedicht nur indirekt seines Bruders, seine Erinnerung gilt direkt und damit auch überindividuell dessen letzter Ruhestätte, die auch anderen Gefallenen als Grabstätte dient. Beschrieben wird eine bergige Gegend, in der unbekannte Soldaten („Opfer aus den Schlachten", V. 4) unter der Erde liegen. Noch lebend waren sie dort Unbekannte, da fremd in der Gegend, nun sind sie unbekannt, weil sie ohne Begräbnis (ohne „Sarg und Stroh", V. 3) offenbar in einem Massengrab verscharrt wurden. Die zweite Strophe beschreibt auf den Bergen wieder eine „Art von Leben", das einen „schauer[n]" lässt ob seiner „Quellen" (V. 10-12), die man, so eine zweite mögliche Lesart, bei Begehung der Stätte zu (er)„tragen" (V. 10) hat. Denn Lebensgrundlage dessen, was nun dort wächst, sind die körperlichen Überreste der gefallenen Soldaten. Die letzte Strophe beginnt, in Abwandlung von Strophe 1 und 2, nunmehr mit einem klagenden „Ach" (V. 17) und bezieht sich nun konkret auf einen be-

---

54 Simon Karcher: Sachlichkeit und elegischer Ton. Die späte Lyrik von Gottfried Benn und Bertolt Brecht. Ein Vergleich. Würzburg 2006 (Der neue Brecht, 2), S. 95.

55 Ebd.

56 Benn, SW I (Anm. 13), 425.

57 Benn, Briefe an F. W. Oelze 1932-1945 (Anm. 5), S. 153f.

stimmten Berg, offenbar die in Galizien gelegene „Höhe 317", die inzwischen von sommerlichen Attributen („Frucht und Sommer", V. 18) bekränzt ist. Der Schönheit des Ortes ist nicht anzusehen, wie viele Menschen dort zu Tode gekommen sind und fern ihrer Heimat begraben werden mussten. Ihr Kämpfen und ihr Sterben haben nichts Glanzvolles, sie sind „[u]ngeglänzt" (V. 20). Das angesprochene Gegenüber ist nicht der gefallene Bruder, sondern entweder das (implizite) lyrische Ich oder der implizite Leser, die sich des allgegenwärtigen Todes bewusst sein sollten. Der Refrain des Gedichts erinnert über das Bild des Verrinnens von Zeit an das eigene Ende: *memento mori*, „wie die Stunde rinnt" (V. 5, 13 und 21), verknüpft mit der wiederholten Frage an das Gegenüber „spürst du's nicht im Ohr" (V. 6, 14 und 22). Was dieses im Ohr spüren könnte, verkünden die jeweils letzten Strophen: das lautlose Spinnen eines Spinnennetzes „vor das Tor" (V. 8), das Rinnen eines gesponnenen „Aschenflor[s]" (V. 16)[58] und schließlich das plötzlich hörbare Schluchzen eines „Schattenchor[s]" (V. 24). Während also einerseits Gras über die Massengräber wächst und ein neuer Sommer beginnt, werden die Todessignale auf der anderen Seite immer deutlicher. In der Erstfassung hatte Benn anstatt ‚spüren' noch das unmittelbar mit dem Ohr verbundene ‚hören' verwendet: „Hörst Du's nicht im Ohr" hatte die Stelle gelautet.[59]

Das Spüren im Ohr erinnert an das *Mutter*-Gedicht. Dort war das Spüren als Ausdruck des Lebens dem Tod gegenüber gestellt und diente der wiederkehrenden Vergegenwärtigung des Verlusts und der Aktivierung von Trauer. Im Bruder-Gedicht ist nun eine weitaus größere Distanz eingebaut – das lyrische Ich überblickt hier nicht nur die Vergangenheit, sondern weist auch in die Zukunft und fordert sich bzw. das Gegenüber auf, genauer hinzuhören bzw. hinzuspüren. Dann könnte es das Schluchzen der Toten nicht nur hören, sondern diese nachträglich auch betrauern und sich dadurch der eigenen Vergänglichkeit bewusst werden. Über das Spüren kommt die „alte Trauer" aus dem Gedicht *Der*

---

[58] „Aschenflor" (V. 16) als Benn-typischer Neologismus enthält zum einen die ‚Flora' (der Bergwelt), die auf Grundlage der dort verscharrten menschlichen Überreste gewachsen ist, sowie den Flor, also Fasern, die zum Spinnen von Fäden genommen werden. Hier geht es wohl um den ‚Trauerflor', wobei die ‚Trauer' durch die ‚Asche' (der eingeäscherten Leichen) ersetzt wurde. In dieser Lesart ist auch das auf das ‚Spinnen' gereimte ‚Rinnen' (vgl. V. 15) verständlich, da die Leichen in Strophe 2 als „Quellen" (V. 12) für das neue Leben bezeichnet worden waren. Das von den Bergen kommende Wasser weist noch die Spuren der Toten auf. Nicht die Angehörigen, sondern die Berge tragen gewissermaßen Trauer- bzw. Aschenflor.

[59] Benn, SW I (Anm. 13), S. 425 (Lesarten).

Dunkle mit hinein in dies Klagelied auf den unbekannten Soldaten bzw. dessen Verkörperung durch Benns jüngeren Bruder. Die viel tiefer gehende, metaphysisch ausgreifende „Trauer [..] von anderer Art" kann sich dann vom wissenden lyrischen Ich auf das angesprochene Du und damit auch auf den Leser übertragen.

3. Abgesang

Die zuletzt vorgestellten Totenlieder könnten kaum weiter entfernt sein von Ton und Darstellungsweise in Benns früher Leichenlyrik. Die Gedichte auf die früh verstorbene Mutter bzw. den gefallenen kleinen Bruder sind von Trauer geprägte Lieder, die den Verlust eines Familienmitglieds beklagen. Das späte lyrische Diktum „Kann keine Trauer sein"[60] trifft auf diese sehr persönlichen Gedichte jedenfalls nicht zu. Auch wenn die toten und überlebenden Kinder in der frühen Leichenlyrik nicht wirklich betrauert werden, so ist der sprachliche Umgang mit ihnen doch weitaus humaner als der mit dem übrigen Personal. Der frühe Benn hat die Kinder, die noch von ‚Verhirnung' und Triebhaftigkeit frei sind, in seinen Gedichten geschont, ihr Sterben und ihr Leiden werden weitestgehend versachlicht. Als Pastorensohn, dessen Jugend „ausschließlich" vom „Religiöse[n] […] bestimmt" war und der noch Jahrzehnte später „[v]on einem großen Faible fürs Pfarrhäusliche sprach"[61] war er jedoch mit der Erbsünde vertraut. Offenbar scheint er sich von der Idee des christlich theologischen Unheilszustands, aufgrund dessen der Mensch immer schon – also auch schon als Kind – im Zustand der Sünde ist, zu distanzieren.

Benns Totenlieder sind jedenfalls nicht nur zynisch und kalt, sie können gerade auch innerhalb der frühen Phase den Tod von Kindern (und den in der Rolle des Kindes hilflos erlebten Tod der Mutter bzw. später dem des Bruders) von der ansonsten geradezu paradigmatisch umgesetzten ‚Ästhetik des Hässlichen' ausnehmen. Dann kann auch Trauer in seiner Lyrik sein.

---

[60] Ebd., S. 7 (Kann keine Trauer sein).
[61] Hof, Gottfried Benn. Der Mann ohne Gedächtnis (Anm. 4), S. 61.

Dialogizität der Trauer

Die Kindertotendichtungen von Stefan Andres

von

Alexis Eideneier

Gemessen an seiner Bedeutung in den ersten Nachkriegsjahrzehnten ist Stefan Andres in unseren Tagen weitgehend in Vergessenheit geraten – und trotz wiederholter Anstrengungen auch weitgehend in Vergessenheit geblieben. In den 1950er- und 1960er-Jahren hingegen gehörte der 1906 geborene Müllerssohn aus dem Moselland zu den sowohl produktivsten als auch auflagenstärksten deutschen Autoren. Er hinterließ ein über 8000-seitiges Werk aus Romanen, Novellen, Erzählungen, Dramen und Gedichten – darunter auch das 1948 erschienene *Requiem für ein Kind*.

Im Frühjahr 1933, unmittelbar nach der nationalsozialistischen Machtergreifung also, hatte sich der frisch verheiratete Dichter mit seiner Ehefrau Dorothee in das Fischerdorf Positano unweit Neapel zurückgezogen. Durch diese Zuflucht, die in der Folge immer mehr auch mit einer inneren Emigration einherging, bewahrte er sich und seine zwar evangelisch getaufte, aber aus Sicht der NSDAP eben auch halbjüdische Frau vor der Verfolgung. Trotz Bildung der „politischen Achse" Berlin-Rom im Jahr 1938 blieb die Familie in Italien und kehrte erst 1949 wieder nach Deutschland zurück.[1] Allerdings ohne die älteste Tochter Mechthild: Das Mädchen verstarb mitten in dieser bitteren, entbehrungsreichen Zeit an einer Fleckfieber-Epidemie. Der im Volksmund auch als ‚Hungertyphus‘ bekannten, von Läusen übertragenen bakteriellen Infektionskrankheit waren bereits mehrere Personen aus dem Umfeld der Familie erlegen, darunter eine Nachbarstochter. Noch am Allerheiligentag 1942 war Mechthild mit ihren Eltern in den Gottesdienst und anschließend auf den Friedhof gegangen, um am Grab der verstorbenen Spielgefährtin einen Kranz niederzulegen. Am Nachmittag des folgenden Tages ging Mechthild mit starkem Fieber zu Bett, verbrachte über drei Wochen in einem

---

1   Zu Stefan Andres' Italien- und inbesondere Rombild vgl. Christopher Andres/ Michael Braun: „Roms Name hat Magie". Stefan Andres' Rom. In: Ralf Georg Czapla/Anna Fattori (Hg.): Die verewigte Stadt. Rom in der deutschsprachigen Literatur nach 1945. Bern, Berlin, Brüssel, Frankfurt/M., New York, Oxford, Wien 2008 (Jahrbuch für Internationale Germanistik, A 92), S. 127-144.

Zustand der Apathie, schließlich kam eine Lungenentzündung hinzu, und sie verstarb am 25. November 1942. Ein einschneidender Verlust. Zunächst kennzeichnen Gefühle der Leere, der Ohnmacht, der Verzweiflung, der Fassungs- und der Ratlosigkeit, der Reue, der Schuld, bald aber auch des Trostes und der Nähe die Trauer des Vaters:

> Wie bedauere ich es heute, der lieben Mechthild nicht noch mehr Vater gewesen zu sein, wieviel Ungeduld, Missverstehen und Gleichgültigkeit für Stunden musste sie ertragen – und ging dann fort. Aber es ist seltsam: nun ist sie immer bei mir. Ich bin eigentlich nie mehr allein. Besonders wenn ich unter dem Sternenhimmel einsam dahingehe und übers Meer ausblicke, wie nach einem andern Ufer: immer ist es mir, als ginge sie neben mir und stecke mir ihr stilles, blondes Köpfchen mit den ernsten blauen Augen unter den Arm.[2]

Durch sein *Requiem für ein Kind* will Andres den Tod seiner Tochter in lyrischer Form bewältigen oder, wie er in einem Brief an den Komponisten Wilhelm Maler formulierte, „dem Schmerz die Möglichkeit zum Kristallisieren geben".[3] Nicht zufällig deutet bereits der Titel auf die Heilige Messe für Verstorbene, das Sterbeamt in der katholischen Kirche, hin. Vergleicht man diesen zwischen 1942 und 1945 entstandenen Zyklus aus 22 Sonetten mit anderen lyrischen Trauernarrativen, so erweist sich der Autor zunächst und vor allem als ein zutiefst religiös geprägter Mensch; als ein gläubiger Christ, dem der Tod nicht das Ende, sondern das Tor zum Paradies bedeutet. Auch so lässt sich sein einsamer Ausblick über den nächtlichen Golf von Salerno „wie nach einem andern Ufer" natürlich verstehen.

„Unsere liebe kleine Mechthild ist in Gott eingegangen", so die feste Überzeugung des Familienvaters, der sich im verstorbenen Kind „dem geheimnisvollen und unaussprechlichen Gotte am nächsten" fühlte. Deswegen seien der Gedanke an die zeitlose Existenz der Seelen in Gott und das Lob Gottes sein einziger Trost. Denn nur „in der Demut und Liebe vor dem Allerheiligsten" sei „der Schmerz dieses Lebens, das ja ein Sterben ist", zu ertragen.[4]

Rudolf Walter Leonhardt, damaliger Feuilleton-Chef der Wochenschrift *Die Zeit*, konstatiert in seinem Nachruf auf den 1970 verstorbenen Andres, dass dieser bis zuletzt eine kleine, aber treue „Gemeinde" gehabt

---

2   Stefan Andres: Brief an Pierre Elcheroth, Positano, 23. Dezember 1943; zitiert nach: Joseph Groben: Requiem für ein Kind. Trauer und Trost berühmter Eltern. Köln 2001, S. 397.
3   Stefan Andres: Brief an Wilhelm Maler, Positano, 12. Mai 1943; zitiert nach: Ebd., S. 397.
4   Stefan Andres: Brief an Pierre Elcheroth, Positano, 27. November 1942; zitiert nach: Ebd., S. 396f.

habe, und erwähnt erstmals ein interessantes literatursoziologisches Detail, nämlich dass Andres' Bücher stets von Katholiken besprochen worden waren – „denn er war ihrer, obwohl er als junger Mann aus dem Priesterseminar davongelaufen war".[5] Tatsächlich wird der Autor von manchen seiner Anhänger – die 1979 gegründete Stefan-Andres-Gesellschaft zählt über 350 Mitglieder – noch heute gelegentlich dafür gerühmt, „die erlösende Botschaft des Christentums" durch seine Dichtkunst auch zu manchem getragen zu haben, der der Kirche fernstand.[6] In der Tat hatten Andres' Eltern ihren Sohn einst für den Priester-Beruf bestimmt. So kam dieser bereits 1918 im Alter von 12 Jahren als Klosterschüler in das zum Orden der Redemptoristen gehörende Gymnasium *Collegium Josephinum*, ein Pensionat für geistlichen Nachwuchs im niederländischen Vaals. Im Herbst 1920 verließ er das Kolleg auf Anraten der Schulleitung und begann im Jahr darauf als Krankenpfleger bei den Barmherzigen Brüdern von Maria Hilf in Trier. Andres glaubte unverdrossen an seine Lebensbestimmung und begann 1921 das Juvenat bei den Armen Brüdern vom Heiligen Franz Xaver im niederländischen Bleijerheide. Im September 1926 trat er in das Noviziat des Kapuzinerordens in Krefeld-Inrath ein. Am Ende stand auch hier die Entlassung, das *consilium abeundi* – der Rat wegzugehen. Anfang 1928 übernahm Andres die Leitung der katholischen Monatszeitschrift *Der Marienborn*, und das Bischöfliche Konvikt Bensheim bot ihm die Möglichkeit, als Lateinlehrer zu unterrichten. Welche zentrale Funktion der Glauben im Denken der späteren Familie übernahm, zeigt sich auch in der Tatsache, dass Dorothee Andres zu Ostern 1942 – also wenige Monate vor Mechthilds Tod – in Rom zum Katholizismus konvertierte. So wichtig es Andres einst war, dass Mechthild auf dem „schönsten Friedhof der Welt" begraben liege („hoch über dem Meer, ganz nahe unserer Terrasse unter einem großen Johannisbrotbaum"[7]), so viel Wert legte der bekennende Katholik später auch auf die Situation seiner eigenen Grabstätte: Das Ehepaar Andres liegt in unmittelbarer Nähe zum Heiligen Stuhl auf dem *Campo Santo Teutonico*, dem deutschen Friedhof im Vatikan.

Obwohl Kindstode seit der Aufklärung immer seltener als durch eine schicksalhafte oder göttliche Macht bestimmt gelten, glaubte Stefan Andres durch seine katholische Prägung viel stärker an derartige Prädestinationen als etwa die meisten seiner existenzialistischen Zeitgenossen. Mit

---

5   Rudolf Walter Leonhardt: Nachruf Stefan Andres. In: Die Zeit, 3. Juli 1970.
6   Jürgen Wichmann: Dem Dichter Stefan Andres zum Einhundertsten. In: Luxemburger Wort, 24. Juni 2006.
7   Andres, Brief an Elcheroth (Anm. 4), S. 396.

Blick auf seine verstorbene neunjährige Tochter spricht er von Gott als einem, „der dich so früh erwählte". Andres empfand es als eine ihm von Gott gestellte Aufgabe, „mein Herz am Tod zu üben" und das Antlitz Gottes zu erwarten: „Das erwarte ich: dass sich alles, aber alles, in Gott wiederfindet und nichts verloren geht! Et vitam venturi saeculi!"[8]

Diese Zuversicht strahlen auch die Sonette des Requiems aus, die häufig in einen regelrechten Taumel zwischen Schwermut und frommer Hoffnung geraten:

> Noch bist du Schmerz, dein Name steht verhangen
> Wie eine Harfe, drob die Liebe wacht;
> Und greif ich in die Saiten – Nacht um Nacht,
> Steht alles auf, ist da und ist vergangen;
>
> Ist nah und fern! Sogar die Dinge, Wände,
> Von Wissen schwer – als ob ich sie nicht kennte,
> Blick ich vorbei; als ob ich nichts verstände,
>
> Dem Kranken gleich, sieht er die Instrumente
> Des Arztes funkeln... Laß mich sanft versinken
> In Dämmerung, bis neue Sterne blinken.[9]

Die funkelnden Sterne am Firmament sind ein Hoffnungsschimmer, ein Silberstreifen, ein Lichtblick im wörtlichen und im übertragenen Sinne, denn sie erinnern an die ständige Gegenwart Gottes und gewähren eine Vorschau auf das ewige Licht, das als *lux aeterna* zu den festen Bestandteilen der liturgischen Totenmesse gehört. Schon dieses Zitat verdeutlicht: Ähnlich wie ein Trauerprozess sowohl durch Aktualisierung als auch durch Distanzierung bestimmt sein kann, ist Andres' Requiem – das sich auch als autofiktionale Repräsentation von Trauer lesen lässt – durch ein Nebeneinander und Gegeneinander von divergierenden narrativen Instanzen strukturiert. Die Verlusterfahrung ist gemäß der Rhetorik des antiken Epikedeions bzw. Epicediums poetisiert – und bringt daher sowohl Verlustklage (*lamentatio*) als auch Verstorbenenlob (*laudatio*) und Hinterbliebenentrost (*consolatio*) in Einklang. Die Ambiguität des Redeverkehrs innerhalb dieses Textes ergibt sich durch die Interferenz zweier Sprechweisen, einer Art textimmanenter Rede und Gegenrede zwischen Verlust-

---

[8]   Stefan Andres: Brief an Pierre Elcheroth, Positano, 4. November 1943; zitiert nach Groben, Requiem (Anm. 2), S. 398. Das große Glaubensbekenntnis schließt mit den Worten: „Et exspecto resurrectionem mortuorum / Et vitam venturi saeculi." [Wir erwarten die Auferstehung der Toten / und das Leben der kommenden Welt.]

[9]   Stefan Andres: Requiem für ein Kind. In: ders.: Der Granatapfel. Oden – Gedichte – Sonette. München 1950, Hamburg, S. 49-70, hier S. 58 (Sonett X).

schmerz und Rückhalt, zwischen Lamento und Zuversicht, zwischen Klage und Hoffnung, zwischen Tränen und Trost, zwischen Verzweiflung und Vorfreude, zwischen Tod und Auferstehung – ein durchgängiger Spannungsbogen der Dialogizität.

Zunächst bezichtigt die Totenklage die Qual des Getrenntseins: Der Tod wird gedacht als nahtlos glatte, das heißt ungreifbare, unfassbare Wand, die nicht nur die tote Tochter von den Eltern trennt, sondern die auch Herz und Verstand gleichermaßen durchtrennt. Doch bevor die Klage sich wirklich ausbreiten kann, wird ihr bereits ein Hoffnungsschimmer entgegen gesetzt: Das lyrische Ich wagt es, hat den Mut, der Kälte der Wand aus Flint „des Glaubens Feuerstrahl" entgegen zu setzen. Feuerstrahl gegen Feuerstein also:

> Dein Leben und das unsre, liebes Kind,
> Trennt nun des Todes nahtlos glatte Wand
> Und ragt – unendlich! – quer durch den Verstand
> Und quer durchs Herz, gefügt aus jenem Flint,
>
> Der, porenlos für des Getrennten Qual,
> Mit jedes Klettrers Griff nur glätter ragt.
> Kälteste Wand! – So hab ich es gewagt
> Und treff dich mit des Glaubens Feuerstrahl.[10]

Dieser Feuerstrahl lässt nun erträumen, dass die Trennung durch die Wand vielleicht doch zu überwinden sei. So ermöglicht er ein Wiedersehen nicht erst im Jenseits: Durch die tröstliche Zuversicht des Glaubens wird die Trennung des Todes bereits im Diesseits wieder aufgehoben.

Darüber hinaus geht es um die Frage, auf welche Weise die unsterbliche Seele den erkalteten Leib verlässt, bevor dieser der Erde überlassen wird. Freilich ist die Seele christlicher Lehre zufolge kein vom Körper trennbares Lebensprinzip, das in sich bestünde. Demgemäß wird der Tod auch in Andres' Requiem nicht als Trennung von Körper und Seele, sondern als ein Aushauchen des Lebens verstanden, das eine zwar tote, aber im Schattendasein der Unterwelt doch unsterbliche Seele hinterlässt. Das Bild der leeren, ausgeflossenen Honigwabe symbolisiert hier den Verlust der Kraft und Süße des Lebens, weshalb der Trauerschmerz bisweilen als besonders stechend empfunden wird. Das lyrische Ich bittet um Verzeihung für seine törichten Tränen, blickt dabei auf den Ernst, die Sanftmut, die Neugier, die Lernbereitschaft und die Fürsorglichkeit der Verstorbenen zurück. Gottes Nähe gegenwärtig, idealisiert die Erinnerung an eine lustige gemeinsame Szene das Mädchen schließlich zum

---

[10] Ebd., S. 49 (Sonett I).

Engel bzw. Seelenvogel, der die Erdenschwere abstreift und als unsterblicher Geist in die Lüfte entschwebt:

> […] Und da wir lachend fanden,
>
> Die Schulterblätter wuchsen dir wie Flügel,
> Da lachtest du noch mehr – und schwangst die Arme.
> O flügger Geist, der Schweren dich erbarme!"[11]

Der Armut und Einsamkeit des Hinterbliebenen wird hier bewusst das Beflügelnde und Erfrischende des Toten entgegen gesetzt. Wer dies für ein Paradoxon hält, dem gibt dieses Requiem zu verstehen: Das Intervall, das die Toten von den Lebenden trennt, wird sie dereinst auch vereinen. Denn die Verbindung zu den Toten ist dem Gläubigen eine Verbindung ins Jenseits, in den Himmel und schließlich zu Gott.

Zum Luftgeist im Diesseits noch untauglich, verdingt sich das lyrische Ich einstweilen als treuer Arbeiter im Weinberg des Herrn. Stefan Andres stammte aus dem Dhrontal in der Gemeinde Trittenheim und war daher von Kindesbeinen an von einigen der besten Weinbergen der Mosel umgeben. 1951 veröffentlichte er ein *Weinpilger-Buch* und neun Jahre später einen opulenten Band über die großen Weine von Deutschland, den Rudolf Walter Leonhardt in seinem Nachruf – nicht ganz frei von Ironie – für Andres' bestes Buch hielt. Wie in vielen weiteren Andres-Werken kommt die Wein-Metaphorik auch im *Requiem* zum Einsatz: Zwar ist die Verstorbene als junges Reis vom Baum gebrochen, doch das fromme Beackern des Weinbergs durch die Hinterbliebenen verheißt ewiges Leben. Noch ist das Leben der Gestorbenen ganz nah und doch vergangen. Eines Tages jedoch, wenn ihr Tod „vergoren" ist und seine Bitternis verloren hat, wird der Wein ihres Lebens ein rauschhafter Genuss sein. Denn dem „Tranke /[A]us diesem Holz ist süß vermischt [ihr] Leben."[12] Neben dem Rebenholz, das auf diese Weise als Medium fungiert, weist die Karube (der schon erwähnte Johannisbrotbaum) den Weg zu Mechthild. Ein Todeswind weht vom Meer herauf und reißt unreife Früchte von den Ästen: Metapher für den viel zu frühen Tod des Mädchens. Das Wohl der Familie hing früher oft vom Gedeihen eines Wächterbaums ab, den man neben das Haus pflanzte. Jetzt wacht die Karube über das Mädchen, das unter ihr begraben liegt. Der Zustand der Trauer ist einerseits gekennzeichnet durch Leere, Ratlosigkeit – „man sitzt und einer blickt vorbei am andern" – und große Sehnsucht, doch tröstlich ist, dass der Tod unser aller Ausgang, Ziel und Wandern ist. Als wären wir

---

[11] Ebd., S. 50 (Sonett II).
[12] Ebd., S. 51 (Sonett III).

fort auf einer großen Reise – doch irgendwann kommt die Rückkehr und das Wiedersehen.

Anfangs bringt der Tod indes Trennung und Einsamkeit mit sich. In seinem Angesicht gedenken wir nicht nur der Toten, sondern werden uns auch unserer eigenen Endlichkeit bewusst: Auf der dünnen Eisfläche eines zugefrorenen Meeres droht uns in jedem Moment der tödliche Sturz in den Abgrund. Andres beschwört den schmerzlichen Begräbnistag herauf, an dem Vernunft und Glaube leibhaftig auftreten, zunächst getrennt (langnäsig, stumm, mit bleichgefrornen Wangen), dann beim Wein der Totenfeier sich immer näher kommen. Vernunft und Glaube, so die implizite Botschaft, sind also keine Gegensätze: Gerade für Trauernde ist es vernünftig zu glauben.

In allen großen Religionen gilt der Tod als Übergang in ein überzeitliches, nichtstoffliches Dasein. Christen glauben, dass Verstorbene in das Himmelreich Gottes auffahren, weshalb beispielsweise das Kreuz beim Gang zum Grab als Hoffnungszeichen vorangetragen wird. Deshalb liest man bei Stefan Andres auch keine Zeile über das Nichtwahrhabenwollen des Todes, findet keine Spur von Ärger, Niedergeschlagenheit, Kränkung oder Verbitterung. Stattdessen wird im *Requiem* auch der familiäre Umgang mit dem Todesfall beschrieben: Da die fröhliche Routine der Töchter nun verloren ist, müssen alle das Schweigen, den Schmerz, die wunschlose Stille ertragen lernen, Geduld haben und „Mut zur Lücke" beweisen. Bei aller Sehnsucht und aller Ungewissheit, wo sich die geliebte Verstorbene nun befinden möge: Nur wer Respekt vor dieser Kontaktlosigkeit, diesem Schweigen, dieser Trennung hat, so lehrt Andres' Requiem, verdient die christliche Zuversicht des Weiterlebens, die Vorschau auf das ewige Leben:

> Die Zeit ist wirklich – wirklich wie der Tod.
> Doch fühl' an deinem Grab auf gleiche Weise
> Ich oft das Morgen- und das Abendrot.
>
> Es geht dahin! Ich danke dir, o Zeit!
> Und wenns die Liebe will, schon jetzt im Kreise
> Beweg ich mich – im Kreis der Ewigkeit.[13]

Auch Stefan Andres' fast 20 Jahre später erschiener Roman *Der Taubenturm* (1966) spielt in Italien, in einem Haus über dem Meer, und zeichnet mehr oder weniger autobiografisch die Situation der Familie Andres in Positano nach: Der Professor und seine Frau Susanne haben den Tod ihrer kleinen Tochter Madleen zu beklagen. Wie Mechthild ist

---

13 Ebd., S. 66 (Sonett XVIII).

auch Madleen am Typhus gestorben, und auch auf ihrem Grab steht ein Johannisbrotbaum. Zur Familie gehören die zehnjährige Felizitas, der Madleen im Sarg „heilig" vorkam und der fünfjährige Urban, der seine tote Schwester sehen kann. In Madleens Todesnacht schrie und jammerte der Professor wie ein Betrunkener,[14] verließ die Familie nach Madleens Tod in einem Zustand geistiger Verwirrung und versteckt sich seither oft in der Zisterne, wo er angeblich betet.

Über dem Roman steht die große Schuldfrage, ob die kleine Madleen zu retten gewesen wäre, wenn der Professor seinen Stolz verleugnet hätte:

[W]ir beide sind durch den Tod unserer Tochter nicht menschlicher geworden. Vor allem, was doch der Tod eines Kindes eigentlich bewirken müßte: der große Schmerz hätte uns inniger miteinander verbinden müssen. Das Gegenteil trat ein. Nun sind – seit etwa zwei Monaten – alle meine früher von Susi so freudig hingenommenen Entscheidungen falsch. Ja, wenn ich ihren leise und absichtlich geäußerten Klagen genau zuhöre, trage ich an Madleens Tod die Schuld.[15]

Nach einem Verlust sei intensive *Trauerarbeit* nötig, postulierte Sigmund Freud bereits 1915, und setzte mit diesem Schlagwort allen Hinterbliebenen das Ziel, die „Bindung der Libido an das Objekt" bewusst zu lösen statt ihren Schmerz zu verdrängen.[16] Seither glaubte die Forschung, dass alle Trauernden einen bestimmten Prozess durchlaufen müssten, an dessen Ende die vollständige Verarbeitung, eine bewältigte Verlusterfahrung stehe. Nicht erst seit den berühmten fünf Phasen des Trauerns, die Elisabeth Kübler Ross in den 1970er-Jahren definierte (Nichtwahrhaben-Wollen und Isolierung, Zorn, Verhandeln, Depression, und schließlich Akzeptanz), enthielten viele Veröffentlichungen zum Thema Listen mit diesen und/oder anderen Entwicklungsaufgaben, die der Trauerprozess in seinen einzelnen Stufen stelle. „Erfolgreiches" Trauern, so hieß es allenthalben, hänge von der Bewältigung dieser einzelnen Aufgaben und Stufen ab. Genauer gesagt davon, wie Trauernde an diesen Aufgaben reifen und inwieweit sie ihren Verlust womöglich auch als Chance zu begreifen in der Lage sind.

---

14 Vgl. Stefan Andres: Der Taubenturm. München 1966, S. 137.
15 Ebd., S. 25f.; vgl. auch Claudia Gärtner: Biographische Elemente und Interpretationsansatz des Romans „Der Taubenturm" von Stefan Andres. In: Mitteilungen der Stefan-Andres-Gesellschaft 15 (1994), S. 34-52 (Teil I) und *16* (1995), S. 42-47 (Teil II).
16 Vgl. Sigmund Freud: Trauer und Melancholie. In: ders.: Gesammelte Werke. Chronologisch geordnet. Bd. 10: Werke aus den Jahren 1913-1917. Frankfurt/M. 1963, S. 428-446.

Die neuere Forschung hat indes herausgearbeitet, dass Trauer mitnichten ein eindimensionaler Vorgang ist. Trauer bedeutet für jeden Menschen etwas anderes, und demgemäß lassen sich bei Trauernden im Laufe der Zeit die verschiedensten Verarbeitungsmuster beobachten. Von bestimmten Stufen oder Aufgaben, die jeder Trauernde zu durchlaufen habe – so der amerikanische Psychologe George Bonnano – könne keine Rede sein.[17] Dass sich Trauerverläufe höchst individuell manifestieren, macht narrative Verlustbewältigungen – und erst recht *poetisierte Kindstode* –, in ihrer Verschiedenheit so interessant. Schließlich ist Trauer ein sehr weitreichender psychologischer Indikator. Wer Einblick in die verschiedenen Arten der Verlustbewältigung gewinnt, gewinnt Einblick in ein Humanum, erfährt etwas darüber, wie Individuen Leben und Tod erfahren und welche Rolle dabei etwa Liebe und Freude, Einsamkeit und Verzweiflung spielen.

Freuds Postulat der Verlustbewältigung, der Loslösung vom geliebten Objekt bleibt als Aufgabe freilich bestehen. Die neuere Verlustforschung hat erwiesen, dass wir Menschen, mit denen wir uns tief verbunden fühlen, immer auch als Teil von uns selbst wahrnehmen. Wenn dieser Teil in uns dann plötzlich schwindet, fühlen wir uns nicht mehr *ganz*, sondern sind seelisch regelrecht amputiert. Da die Bindung zwischen Eltern und Kind naturgemäß eine sehr enge ist, kann man den Kindstod daher als eine besonders traumatische Form der Verlusterfahrung ansehen. Entsprechend schwerer ist die Aufgabe der Trauerbewältigung in diesem Falle.

Der Verlustforscher Hansjörg Znoj hält es für die beste Strategie, zwischen bewusster Trauer einerseits und einer Orientierung auf neue Lebensziele andererseits abzuwechseln, gewissermaßen zwischen beiden Bereichen zu oszillieren.[18] Genau dies führt Andres' Gedichtzyklus vor: In seiner Zwiesprache zwischen aktualisiertem und distanziertem Kindsverlust, zwischen Kummer, Sehnsucht, Leere und christlicher Heilserwartung ist er poetisches Beispiel einer offenbar gelingenden Trauerarbeit. Trotz seiner Sprachkraft und seines Metaphernreichtums gründet er jedoch vor allem auf der schon erwähnten Dialektik zwischen Trauerschmerz und Heilserwartung – und bietet nur in sehr geringem Ausmaß die Pluralektik eines individuellen Trauerbewältigungsprozesses. Es handelt sich also um eine christlich ritualisierte Form der Trauerarbeit, bei der die Sinnangebo-

---

[17] Vgl. George A. Bonnano: The Other Side of Sadness. What the New Science of Bereavement Tells Us About Life After Loss. New York 2009, S.6.

[18] Vgl. Hansjörg Znoj: Trauer und Trauerbewältigung. Psychologische Konzepte im Wandel. Stuttgart 2012.

te der Religion vom lyrischen Ich nicht durch eigene ergänzt oder gar ersetzt werden.

Reiner Sörries weist in seiner Kulturgeschichte der Trauer[19] darauf hin, dass mit dem Wort Trauer einerseits die persönlich-emotionale Gefühlswelt verbunden ist (engl. *grief*), andererseits aber auch der soziale und kulturelle Aspekt des Trauerns (engl. *mourning*). Wenn Stefan Andres in seinen Kindertotendichtungen mehr *mourning* als *grief* bietet und letztlich alles auf die Verkündigung der Auferstehung hinausläuft, so sollte man bedenken, dass die heute ja längst nicht mehr verbindlichen christlichen Riten zu Andres' Lebzeiten durchaus noch allgemein anerkannt waren. Heute erfahren wir Tod und Abschied auf vielen verschiedenen, stets sehr persönlichen Ebenen. Wir verstehen Trauer als eine mehrdimensionale psychische Bewältigungs- und Integrationsleistung, der nicht durch religiöse Rituale (bzw. nicht durch sie allein) beizukommen ist. Dies lässt sich nicht zuletzt auch an der fortschreitenden Individualisierung der Trauerkultur in den letzten Jahrzehnten ablesen.

„Positives religiöses Coping" hingegen, wie es in der aktuellen Psychologie genannt wird, rekurriert seit jeher auf Normen, Rituale und Konventionen beim Umgang mit Tod und Trauer. Man denke etwa an Gebete, Lieder, Predigten, die Feier des Abendmahls und andere feste Bestandteile eines Bestattungsgottesdienstes oder einer Totenmesse. Man denke an den Leichenschmaus, die Trauerkleidung, den Andachtsgottesdienst – das so genannte „Sechswochenamt" – und das Trauerjahr. Wie in allen anderen Religionen soll auch die Ritualisierung der Trauer im Christentum: Schutz bieten, entlasten, erleichtern, den Schmerz überwinden, die Angst mildern, beim Weiterleben helfen. Sie ermöglicht das gesellschaftlich akzeptable Ausleben von Gefühlen, hält die Emotionen aber im Zaum.

Die aktuelle Trauerforschung ist jedoch zumindest skeptisch, ob Religiosität bei der Trauerverarbeitung überhaupt hilfreich sein kann. Selbst wenn die Vorstellung tröstlich anmuten mag, einander irgendwann im Jenseits wieder zu begegnen, so zeigen neuere Studien doch deutlich, dass religiöse Haltungen und Rituale in Wahrheit keinen wesentlichen Beitrag zur Trauerverarbeitung leisten. Die Belastung sei praktisch für alle gleich, ob der Betroffene nun gläubig ist oder nicht.[20]

---

[19] Reiner Sörries: Herzliches Beileid. Eine Kulturgeschichte der Trauer. Darmstadt 2012.

[20] Wer ein strafendes Gottesbild hat und den Tod auch als eine Art Bestrafung für eine vermeintliche Schuld ansieht, der hat potentiell sogar ein deutlich höheres Risiko für eine Depression. Und selbst der Glaube an einen liebenden und trö-

Wenden wir uns also getrost dem lyrischen Ich des Requiems zu, das wie der Dichter Andres selbst eines Nachts voll Trauerschmerzen über das Meer blickt. Zwar ist die Verstorbene nun so „tödlich ferne" wie die Sonne, ein Umstand, den das lyrische Ich als das genaue Gegenteil von Liebe und Nähe empfindet. Die irdische Vergänglichkeit wird durch ein Himmelsbild veranschaulicht und der Unvergänglichkeit des Gottesreichs gegenübergestellt: Die Mondsichel „mäht der Erde Zeit, / [S]ie sammelt in die Scheuer Ewigkeit".[21] Zeit vergeht, und zum Leben gehört der Tod. Doch die Liebe begehrt Dauer. Genau das ist die Fähigkeit des Glaubens: Nähe, Liebe, Heimat spüren zu können im Angesicht der Ferne. Die am Sternenhimmel ablesbare Ferne lässt das lyrische Ich inne werden, dass seine und die Seele der Verstorbenen dieselbe Herkunft (und dieselbe Zukunft) haben. Dabei verheißt ein Strahl süßes Leben, ewiges Sein. Die Aussicht, zum Gestade der Seligen zu entfliehen und in Gott erhalten zu sein, erweist sich als der letzte Hoffnungsanker. Voll Verlangen träumt der Vater von seiner Tochter. Seine Freude steigt empor zu ihr, zu seinem Stern im Himmel. Zwar lebt er und sie nicht. Doch wer als Trauernder lernt, die Todessprache zu verstehen (die zunächst nur aus Schweigen besteht), dem schenkt die Liebe den Schlüssel zum Himmelreich. Stefan Andres bringt das mit Blick auf seine verstorbene Tochter Mechthild auf die knappe Formel: „Ist Gott – bist du!"[22]

---

stenden Gott habe es religiösen Menschen nicht leichter gemacht als Nichtgläubigen. Vgl. dazu Sabine Wigger/Sebastian Murken/Andreas Maercker: Positive und negavite Aspekte religiösen Copings im Trauerprozess. In: Trauma & Gewalt 2 (2008), H. 2, S. 118-128.
[21] Andres, Requiem für ein Kind (Anm. 9), S. 55 (Sonett VII).
[22] Ebd., S. 67 (Sonett XIX).

Kindstod als Pop-Spektakel

Destination Anywhere mit Jon Bon Jovi und Demi Moore

von

Ralf Georg Czapla

Obwohl *Destination Anywhere* (1997) nie in den Kinos gezeigt, sondern nur von den Fernsehsendern MTV und VH1 ausgestrahlt wurde, zählt der Film bis heute zu den erfolgreichsten Produktionen des US-amerikanischen Regisseurs Mark Pellington. Schien es zunächst, als handle es sich bei ihm nur um einen von jenen Videoclips, die man ebenso schnell wieder vergisst, wie man sie gesehen hat, so stieß er beim Publikum auf reges Interesse, und zwar nicht nur weil Pellington, Absolvent des Studiengangs Rhetorik an der University of Virginia, mit ihm eine beeindruckende Mischung aus *social drama*, *film noir* und *musical* gelang, sondern weil er es verstanden hatte, das emotional besetzte Thema ‚Kindstod‘ populär aufzubereiten. Von der hochkarätigen Besetzung abgesehen, hat vor allem die Musik zum Erfolg von *Destination Anywhere* beigetragen. Sie stammt aus Jon Bon Jovis gleichnamigem Soloalbum, das im Juni 1997 zeitgleich mit der Premiere des Films in den Handel kam.

Destination Anywhere erzählt die Geschichte vom tragischen Verlust ihrer Tochter, den Janie und Jon, gespielt von Demi Moore und Jon Bon Jovi, zu bewältigen haben. Weil jeder von ihnen Trauer und Schmerz auf eigene Weise zu überwinden sucht, hat sich das Paar auseinandergelebt. Während er ziellos durch die Straßen von Manhattan zieht und Abend für Abend in zweifelhaften Bars abhängt, greift sie zur Flasche und betrinkt sich bis zur Besinnungslosigkeit. Als der Leidensdruck schließlich übermächtig wird, entführt Janie aus der Säuglingsstation der Klinik, in der sie arbeitet, ein Baby, das von seiner Mutter ausgesetzt wurde. Das Ende des Films bleibt offen und vieldeutig. Ob Janie und Jon das Kind in die Obhut des Krankenhauses zurückgeben oder sich um seine Adoption bemühen, erfährt der Zuschauer nicht.

Demi Moore und Jon Bon Jovi als trauerndes Elternpaar auf die Leinwand zu bringen, wirkt auf den ersten Blick gewagt. Betrachtet man jedoch den individualgeschichtlichen Hintergrund der beiden Hauptdarsteller, so wird rasch deutlich, wie geschickt diese Besetzung war: Als

Ehemann und Vater von vier Kindern schien Jon Bon Jovi bestens geeignet, einem Mann, der am Tod seines Kindes zu zerbrechen droht, Gestalt und Gesicht zu geben. Mangelnde Erfahrung als Schauspieler machte der Sohn italienischer Einwanderer durch sein introvertiertes Naturell wett. Regisseur Marc Pellington formte daraus eine grüblerische, in sich gekehrte Persönlichkeit und damit einen Widerpart zur emotionalen und impulsiven Janie. Als die Dreharbeiten begannen, blickte Bon Jovi bereits auf eine beachtliche Karriere im Showbusiness zurück. 1982 war ihm mit dem Song *Runaway*, den er im Tonstudio seines Cousins aufgenommen hatte, der Durchbruch in der Musikszene gelungen. Im Jahr darauf hatte er mit Richie Sambora, Alec John Such und Tico Torres eine Rock-Band gegründet, der er seinen Namen gab. Bald schon entwickelte sich dieser zu einem Markenzeichen in der Branche. Trotz seiner Affinität zur Rockmusik war Bon Jovi aber auch als Schauspieler gefragt, wozu insbesondere seine smarte Erscheinung beitrug. 1987 erhielt er eine Rolle in der TV-Produktion *The Return of Bruno*, in der Bruce Willis, der Verlobte seiner künftigen Filmpartnerin Demi Moore, den fiktiven Rockmusiker Bruno Radolini spielte und Lieder aus seinem gleichnamigen Erfolgsalbum sang. Bon Jovis Wunsch, ähnlich wie sein Idol Frank Sinatra nicht nur als Musiker, sondern auch als Schauspieler zu arbeiten, war damit in Erfüllung gegangen:

> I would love to be able to do both (acting and making music). If I look at someone like Sinatra, who toured until he was 80 and made 60 movies, that would be a great life to have.
>
> [Ich ware gerne in der Lage, beides zu tun, Schauspieler zu sein und Musiker. Wenn ich mir jemanden wie Sinatra ansehe, der auftrat, bis er 80 war, und 60 Filme machte, dann wäre dies ein wunderbares Leben, das ich gerne führte.][1]

Filmproduktionen sollten bei Jon Bon Jovi jedoch einen weitaus geringeren Teil seiner künstlerischen Arbeit ausmachen als bei Demi Moore, die sich nach einer turbulenten Kindheit mit zahlreichen Umzügen entschieden hatte, die High School abzubrechen, um Karriere als Model und Schauspielerin zu machen. Kurzfristige Aufenthalte in Frankreich und Deutschland dienten der beruflichen wie der privaten Orientierung. Aus Angst, man könnte ihr ein darstellerisches Talent absprechen, verzichtete sie darauf, sich bei einer Schauspielschule zu bewerben, sondern eignete sich autodidaktisch an, was sie für das Fach benötigte. Ab 1982 sammelte

---

[1] http://m.imdb.com/name/nm0000954/quotes; abgerufen am 2. März 2014. Die Herkunft des Zitats, das sehr häufig herangezogen wird, um Bon Jovis Begeisterung für Sinatra zu dokumentieren, ließ sich nicht ermitteln.

sie mit der amerikanischen Seifenoper *General Hospital* erste schauspielerische Erfahrungen,[2] die sie in den kommenden Jahren durch Kinoproduktionen wie *Blame it on Rio* (1983) oder *St. Elmo's Fire* (1984) erweiterte, deren *plot* sich noch weitgehend am Muster des amerikanischen Jugend- und Adoleszenzfilms orientierte. Im selben Zeitraum erschienen in amerikanischen und europäischen Herrenmagazinen wie *OUI* oder *Playboy* freizügige Aktfotos von ihr. Mit ihnen begann eine Strategie der Selbstvermarktung, der Moore auch in späteren Phasen ihrer Karriere gefolgt ist, ehe das Publikum ihrer Zeigefreudigkeit überdrüssig wurde und sie – so die Kolumnistin Tracy Quan – „a kind of negative cover girl" wurde.[3] Ihren Durchbruch feierte Demi Moore 1990 an der Seite von Patrick Swayze und Whoopi Goldberg in Jerry Zuckers Fantasykomödie *Ghost*, in der sie nicht zuletzt durch ihre melodramatische Begabung überzeugte. Als trauernde Molly, die mit Hilfe eines schrillen Mediums Kontakt zu ihrem ermordeten Freund Sam aufnimmt,[4] spielte sie sich in die Herzen der Zuschauer. Die Nominierung für den Golden Globe war die verdiente Anerkennung für ihre schauspielerische Leistung, auch wenn sie die begehrte Trophäe letztlich Julia Roberts für ihre Rolle in *Pretty Woman* überlassen musste.

Zum Zeitpunkt der Dreharbeiten für *Destination Anywhere* war Demi Moore bereits dreifache Mutter. Ihre Töchter Rumer Glenn (1988), Scout LaRue (1991) und Tallulah Belle (1994) stammten aus der 1987 mit Actionheld Bruce Willis geschlossenen Ehe, die in den Medien zwar häufig als Traumverbindung gefeiert wurde, in Wirklichkeit aber immer wieder schwere Krisen erlebte, bis das Paar sie 1998 für gescheitert erklärte. Zwei Jahre später wurden die beiden geschieden. Um eine kriselnde Ehe, wie sie im Mittelpunkt von *Destination Anywhere* steht, glaubwürdig spielen zu können, erwiesen sich derlei Erfahrungen als hilfreich, zumal

---

2   Vgl. Randi Walseth: Demi Moore: A (General Hospital) Star is Born! In: Afternoon TV. Vol. 13. Nr. 11 (Juli 1982), S. 38-40. Zur TV-Serie *General Hospital*, die seit dem 1. April 1963 ohne Unterbrechung von der ABC ausgestrahlt wird, vgl. Gerard J. Waggett: The Official General Hospital Trivia Book. New York 1997.

3   Tracy Quan: About Last Night... Demi Moore's Poignant Fall. In: The Daily Beast, 14. Februar 2012. Online unter: http://www.thedailybeast.com/articles/2012/02/14/demi-moore-s-poignant-fall.html; abgerufen am 11. November 2014. Vgl. zum Zusammenhang auch: Christopher Goodwin: Demi Moore. She Can't Take Any Moore. In: The Sunday Times Magazine, 4. März 2012. S. 14-23; Zoë Heller: Demi Moore. L'obsédée de sons corps. In: marie france, Februar 1998, S. 62-65.

4   Zur religiösen Dimension der Filmhandlung vgl. Bettina Brinkmann-Schaeffer: Kino statt Kirche? Zur Erforschung der sinngewährenden und religionsbildenden Kraft populärer zeitgenössischer Filme. Rheinbach 2000 (Hermeneutica, 8). S. 79-92.

Moore schon einmal unglücklich verheiratet gewesen war, und zwar mit dem Rockmusiker Freddy Moore, dessen Namen sie auch nach der Scheidung behalten hatte. Durch ihn war sie früh schon in Kontakt mit Alkohol und Drogen gekommen, mit denen sie Ängste und Selbstzweifel zu kompensieren suchte.

Dass Demi Moore zuvor schon in Mutterrollen schauspielerisch hatte überzeugen können, machte sie für Pellington zusätzlich interessant. Zwar galt sie wegen der Darstellung sinnlich-erotischer Frauenkonfigurationen in Blockbustern wie *Indecent Proposal* (1993), *Disclosure* (1994) oder dem weniger erfolgreichen *Striptease* (1996) in der öffentlichen Wahrnehmung als „last pin-up",[5] als *femme fatale*[6] und – gewissermaßen in der Summe all dessen – als Sexsymbol,[7] am häufigsten aber spielte sie in Filmen Mütter, was ihr zuweilen ein „intensives Erleben abforder[te], das diese Rolle[n] in ihrer Emotionalität und Warmherzigkeit über andere hinaush[ob]".[8] *Destination Anywhere* darf dabei als Teil einer Kindstod-Tetralogie gelten, in der sich Frauen unterschiedlichen Alters und sozialer Herkunft mit dieser Thematik auseinandersetzen, von der schwangeren jungen Abby in *The Seventh Sign* (1988), die bereits ein Kind durch Fehlgeburt verloren hat und nun das zweite durch übersinnliche Mächte bedroht sieht, über die Krankenschwester Claire in dem kontrovers diskutierten Episodenfilm *If These Walls Could Talk* (1996), die einen illegalen Schwangerschaftsabbruch vornehmen lässt, weil sie nach einem *one night stand* mit dem Bruder ihres gefallenen Mannes ungewollt schwanger geworden ist, über die verzweifelte Janie in *Destination Anywhere* (1997), die am Tod ihres Kindes zu zerbrechen droht, bis hin zur Schriftstellerin Rachel in *Half Light* (2006), die nach dem Unfalltod ihres Sohnes, an dem sie sich die Schuld gibt, in der Einsamkeit eines Dorfes an der schottischen Küste zu sich selbst zu kommen und ihre Schreibblockade zu

---

5   Vgl. Michael Angeli: The Last Pinup. In: Esquire (USA), Mai 1993, S. 80-89.

6   Vgl. Hellmuth Karasek: Gewalt am Mann. „Enthüllung". Spielfilm von Barry Levinson. In: Der Spiegel, Nr. 1 (2. Januar 1995), S. 134, sowie zum Kontext: Yvonne Tasker: Working Girls. Gender and Sexuality in Popular Cinema. London, New York ²2000, S. 131-134.

7   Vgl. Stella Bruzzi: Undressing Cinema. Clothing and Identity in the Movies. London, New York 1997, S. 120-144; Linda Ruth Williams: Body Talk. In: Sight and Sound 11/1997, S. 18-21; Susanne Weingarten: „Body of Evidence". Der Körper von Demi Moore. In: montage/av. Zeitschrift für Theorie & Geschichte audiovisueller Kommunikation 6 (1997), H. 2, S. 113-131; dies.: Susanne Weingarten: Bodies of Evidence. Geschlechterrepräsentationen von Hollywood-Stars. Marburg 2004, S. 224-255.

8   Meinolf Zurhorst: Demi Moore. Lady und Vamp. München 1997 (Heyne Filmbibliothek, 32/248), S. 184.

Abb. 1: Demi Moore. Privatfoto, 1982.

überwinden sucht. Als Mutter war Moore darüber hinaus auch in *We're No Angels* (1989), *Mortal Thoughts* (1991), *The Scarlet Letter* (1996), *The Juror* (1996), *Striptease* (1996), *Passion of Mind* (2000), *The Joneses* (2009) und *LOL* (2012) zu sehen. Auch wenn die attraktive Brünette, von mehreren Fehlgeburten abgesehen, im realen Leben nicht mit dem Tod eigener Kinder konfrontiert wurde, so schien sie für Pellington doch die nötige Sensibilität zu besitzen, um dieses Thema einem breiten Publikum authentisch zu vermitteln.

Schwangerschaft, Mutterschaft und der Verlust von Kindern besitzen als Formen spezifisch weiblicher Erfahrung für Demi Moore einen hohen Stellenwert, wie sie mir Anfang der achtziger Jahre in mehreren persönlichen Gesprächen mitteilte, als sie als Fotomodell in Europa Fuß zu fassen versuchte und ich in Berlin ihre Bekanntschaft machte. Während ihrer ersten Schwangerschaft konnte sie beweisen, dass sie in der Lage war, diese

Erfahrungen auch schauspielerisch umzusetzen. Produzent Paul R. Gurian und Regisseur Carl Schultz hatten sie 1987 für *The Seventh Sign* verpflichtet. In diesem mit religiöser Symbolik aus der christlichen Apokalyptik und Soteriologie überfrachteten Mystery-Streifen spielt Moore eine werdende Mutter, die ihr Kind vor einem unheimlichen Fremden schützen will, der mit einer Totgeburt das siebte und letzte Zeichen erfüllen will, um eine verkommene Welt im Feuer vergehen zu lassen. Als die Verzweiflung übermächtig wird, beschließt Abby, gemeinsam mit ihrem Kind zu sterben. Bevor sie in die Badewanne steigt, um sich die Pulsadern aufzuschneiden, legt sie den Bademantel ab und steht für wenige Augenblicke nackt vor den Augen des Zuschauers. Doch das Gefühl der Verantwortung für das ungeborene Kind lässt sie von ihrem grausigen Vorhaben Abstand nehmen. Als Abby später bei einem Schusswechsel schwer verwundet wird und im Krankenhaus die Geburt eingeleitet werden muss, rettet sie mit ihrem Selbstopfer dem Kind das Leben – und sichert der Welt zugleich das Überleben.

Dass der Anblick einer schwangeren Frau, die sich völlig entblößt dem Publikum darbietet, keinen Aufschrei auslöste, verwundert ein wenig, zumal die Szene durchaus nicht „an der Grenze zur Lächerlichkeit angesiedelt" ist,[9] sondern von Moore glaubhaft und gekonnt gespielt wird. Das mag einerseits mit dem geringen Besucherinteresse zu erklären sein, das der Film in den Kinos fand und ihn zu einem „finanzielle[n] Reinfall" für die Produzenten machte.[10] Ein Film wie *The Seventh Sign* wird vor allem von Liebhabern des Mystery-Genres konsumiert. Diese aber sind an eine gewisse Drastik sowohl in der Darstellung von Gewalt als auch von Sexualität gewöhnt, so dass die Nacktheit der schwangeren Demi Moore bei ihnen kein Aufsehen erregte. Andererseits wurde die Szene dramaturgisch geschickt in einen biblisch-mythischen Kontext eingebettet, wie er bis ins 19. Jahrhundert hinein sogar das Vorhandensein von Aktbildern in sakralen Räumen legitimiert hatte. Sie folgt der Logik der Handlung und dürfte daher selbst von einem kritischen Zuschauer nicht als Effekthascherei empfunden worden sein.

Drei Jahre später allerdings sorgte dasselbe Motiv in den USA für einen handfesten Skandal. Annie Leibovitz hatte Aktaufnahmen von der hochschwangeren Demi Moore gemacht, von denen eine das Cover der August-Ausgabe von *Vanity Fair* zierte.[11] Susan Sontag, Leibovitz' Le-

---

9   Ebd.
10   Ebd., S. 185.
11   Vgl. Daniel Schreiber: Susan Sontag: Geist und Glamour. Biographie. Berlin ²2008, S. 250.

Abb. 2: In einer Traumsequenz erlebt Abby sich als Augenzeugin der Kreuzigung
Christi.

bensgefährtin und eine der anerkanntesten Essayistinnen weltweit, hatte
in einem persönlichen Gespräch mit Tina Brown, der damaligen Heraus-
geberin des Lifestyle-Magazins, die Veröffentlichung dieses Fotos lanciert.
Moore ist darauf splitternackt zu sehen, geschmückt nur mit diamante-
nen Ohrringen und einem ebensolchen Ring. Mit dem linken Arm stützt
sie ihren prallen Babybauch, während sie mit dem rechten ihre Brüste vor
den Blicken des Betrachters verbirgt. Anders als in *The Seventh Sign* stehen
Nacktheit und Schwangerschaft hier in keinem narrativen Kontext (oder
allenfalls in einem, den der Betrachter in seiner Phantasie ausspinnt),
sondern werden um ihrer selbst willen inszeniert. Das Spiel mit Elementen der Marienikonografie verstärkt die einzigartige Wirkung des Bildes
noch. Maria hat nun Evas Gestalt angenommen, dazu noch auf dem Titelbild eines Hochglanzmagazins, und zeigt mit ihrem Körper, dass
Schwangerschaft notwendigerweise Geschlechtsakt und Empfängnis voraussetzt und dass es der Bejahung von beidem bedarf, um Mutterschaft
möglich werden zu lassen. Tina Brown, seinerzeit eine der einflussreichsten Publizistinnen in den Vereinigten Staaten, verteidigte das Titelbild
offensiv als Plädoyer für die Schönheit der schwangeren Frau. „There is
nothing more glorious than the sight of a woman carrying a child" [Es
gibt nichts Prächtigeres als den Anblick einer Frau, die ein Kind austrägt],
erklärte sie der empörten Öffentlichkeit, die das Titelbild und mehr noch

die Aufnahmen im Inneren des Heftes, auf denen Moore in reizvollen Dessous und auf High Heels zu sehen war, als „Angriff auf die puritanische Seele Amerikas" empfand.[12] In manchen US-Bundesstaaten durfte das Heft sogar nur eingeschweißt verkauft werden. Ein weißes Deckblatt sollte dabei verhindern, dass Jugendliche den Körper der Schauspielerin zu Gesicht bekämen.

Die Idee zu dieser Fotoserie war Moore schon früher gekommen, nämlich während der Dreharbeiten zu *The Seventh Sign*. Wie sie in einem Interview mit Roger Ebert einräumte, hatte sie sich schon 1988 in der Endphase ihrer ersten Schwangerschaft von Annie Leibovitz nackt ablichten lassen, nur seien diese Bilder seinerzeit nicht für die Öffentlichkeit bestimmt gewesen, sondern für die Familie.[13] Mit „Nude Madonna Exspecting Child"[14] kreierten die beiden Frauen nun einen neuen ikonografischen Typus. Das Bild entwickelte sich zu einer Ikone der Moderne – säkular trotz seines religiösen Subtextes, schön trotz seines Bruchs mit einem Tabu, dem sich die Bildkunst bis dahin unterworfen hatte. Tina Brown bezeichnete es rückblickend sogar als die „Definition von Glamour der neunziger Jahre" schlechthin. Es wurde eine Matrix, nach der in der Folge zahlreiche ähnliche Aufnahmen entstanden, mal in affirmativer, mal in parodistischer Absicht, selten aber mit derselben Intensität des Ausdrucks wie bei Leibovitz.[15]

Realitätsflucht als Strategie der Realitätsbewältigung?

Destination Anywhere entstand also in einem überaus komplexen individual- und mediengeschichtlichen Horizont. Die Voraussetzungen, dass der Film trotz seiner schwierigen Thematik beim Publikum ein Erfolg

---

12   Ralf Georg Czapla: Leibovitz porträtiert Moore. Wie Fotografien zu Kultbildern werden. In: Filmforum. Zeitschrift für Film und andere Künste. Heft 19. September/Oktober 1999, S. 36-38, hier S. 36.

13   Vgl. Roger Ebert: Demi Moore Interview, 21. Oktober 1991. Online unter: http://www.rogerebert.com/interviews/demi-moore-interview; abgerufen am 11. November 2014.

14   Nigel Goodall: Demi Moore. The Most Powerful Woman in Hollywood. Edinburgh, London 2000, S. 92. Vgl. auch die Rezension von Ralf Georg Czapla: Der steile Aufstieg zur Filmdiva. Nigel Goodalls Biographie über die US-Schauspielerin Demi Moore. In: literaturkritik.de. Rezensionsforum für Literatur und Kulturwissenschaft Nr. 4 (April 2001), S. 32-34 [Online unter: http://www.literaturkritik.de/public/rezension.php?rez_id=3535; abgerufen am 11. November 2013].

15   Vgl. Czapla, Leibovitz porträtiert Moore (Anm. 12), S. 37f.; Sandra Matthews/ Laura Wexler: Pregnant Pictures. New York, London 2000, S. 195-218.

werden konnte, schienen geradezu ideal. Pellington lässt Janie und Jon, für die es allem Anschein nach weder in seinem Lebensumfeld noch in dem von Tom Gorai unmittelbare Vorbilder gab, in eine Konstellation treten, an der Formen und Wege geschlechtsspezifischer Trauerarbeit fassbar werden. Zwei Aspekte sollen im Folgenden eingehender betrachtet werden, da sie den Film in auffälliger Weise an die Tradition der literarischen Auseinandersetzung mit dem Kindstod anbinden: die Flucht aus der Realität, die von den Trauernden zwar exzessiv betrieben wird, letztlich aber aporetisch bleibt; und zum anderen die Rückkehr in die Realität über das kreative Schreiben, mit der den Trauernden wenigstens partiell die Befreiung aus dieser Aporie gelingt.

Zu Beginn von *Destination Anywhere* kehrt Jon nach einer nächtlichen Tour nach Hause zurück. Da er die Auseinandersetzung mit Problemen scheut, war er aus der gemeinsamen Wohnung geflohen, wo ihn alles schmerzlich an den Verlust der Tochter erinnert. Als Janie ihn betrunken und völlig aufgelöst mit offenen Rechnungen konfrontiert, eskaliert die Situation. Im Gespräch mit ihrer Freundin Dorothy wird deutlich, dass Jon Janie des Öfteren alleinlässt, dass sein Rückzug also ein Verhaltensmuster im Umgang mit persönlichen Problemen darstellt. Bei Janie erweckt diese Haltung jedoch den Eindruck, als ließe Jon sie im Stich. Sie ist so verletzt, dass sie nicht mehr bereit ist, ihm sein Verhalten zu verzeihen. Das Schreien eines Babys, das sie im Rausch imaginiert, erinnert sie nicht nur an ihr totes Kind, sondern intensiviert ihren Schmerz so sehr, dass es bei ihr zu einem völligen Kontrollverlust kommt. Zweimal wird sie gegenüber Jon handgreiflich, worauf dieser erneut von zu Hause ausbricht. Bei seinem Freund Mike, der von Kevin Bacon gespielt wird, mit dem Demi Moore 1992 bereits in *A Few Good Men* zu sehen war, findet Jon nicht nur Verständnis für sein Verhalten gegenüber Janie, sondern auch Bestätigung. Jons Verhalten sei „typisch männlich". Der Mann ziehe sich „into his own little cave" zurück und versuche, die Probleme allein zu lösen, während die Frau dazu das Gespräch benötige. Trauerarbeit, so bestätigt der kurze Dialog, verläuft bei den Geschlechtern unterschiedlich. Der Habitus ist bei Mann und Frau jeweils ein anderer, die Bildlichkeit, in die Trauer gefasst wird, ebenso.[16]

---

[16] Vgl. dazu u.a. Martin Kreuels: Männer trauern anders. Norderstedt 2014, sowie die nur maschinenschriftlich vorliegende Arbeit von Rainer Strauß: Trauern Männer anders als Frauen? Eine genderspezifische Untersuchung zu Trauer und Trauerarbeit im Umfeld eines Kinderhospizes. Middlesex, Univ., MA, 2011.

Vergleicht man die Situation des trauernden jungen Paares in *Destination Anywhere* mit derjenigen Rückerts und seiner Frau, die beim Tod ihrer Kinder bereits 45 und 36 Jahre alt waren, so zeigen sich Analogien, aber auch fundamentale Unterschiede. Anders als für Jon, der aus der eigenen Wohnung immer wieder ausbricht, da ihn die Erinnerung an seine Tochter dort am heftigsten bedrängt, bilden für Friedrich Rückert das eigene Heim und die Familie das psychologische Feld seiner Trauer, denn nur hier sind die Verstorbenen für ihn gegenwärtig. Zwar verlässt der Dichter den Ort, an dem Ernst und Luise gestorben sind, und fährt mit seiner Frau und den übrigen Kindern auf das Landgut seiner Schwiegereltern, statt sich aber dem Rausch hinzugeben, sucht er Ablenkung in der „Beschäftigung mit der spanischen Sprache und Poesiegeschichte" sowie in der „Fortsetzung des abgebrochenen Arabisch-Kollegs".[17] Mit der Poesie, d.h. mit der Niederschrift der *Kindertodtenlieder*, schafft er sich einen individuellen Fluchtraum, in den er sich jederzeit zurückziehen kann, um seine Trauer kreativ zu verarbeiten. Zwar wählt auch Jon in *Destination Anywhere* die räumliche Isolation, sein Umgang mit Sprache aber ist rezeptiv. Der Beginn des Films zeigt ihn allein in einem abgedunkelten Hotelzimmer, wo er Nachrichten abhört, die auf seinem Anrufbeantworter eingegangen sind. Entsprechend ist sein Umgang mit Janie: Jon hört zwar, aber er teilt sich ihr verbal nicht mit.

Rückert fand seinen „own little cave" in seinem Schreibtisch. Allein und in relativer Abgeschiedenheit von der Familie brachte er hier seine Gedichte zu Papier, die er nach der Niederschrift allesamt in der Schublade des Möbels verschwinden ließ. Mehr als vierhundertmal wiederholte sich dieser Vorgang im Laufe eines Jahres. Zuspruch fand der Dichter bei keinem Freund, sondern in der Literatur. „Der Adler fliegt allein, der Rabe schaarenweise; / Gesellschaft braucht der Thor, und Einsamkeit der Weise", scheint ein Zweizeiler aus dem 16. Buch der *Weisheit des Brahmanen* ihn in seiner Haltung zu bestätigen.[18] In einer Art *work in progress* umkreist Rückert den Kern seiner Trauer, ohne ihn freilich jemals fassen zu können, wie nicht nur die stupende Anzahl der Gedichte, sondern auch die fehlende Struktur der Sammlung beweist. Wo Schmerz und Trauer zum ausschließlichen Movens für Literatur werden, kann diese nur noch hilflos vervielfachen, wodurch sie konditioniert wird.

---

[17] Vgl. die Lebenstafel des Jahres 1834 in: Friedrich Rückert: Kindertodtenlieder und andere Texte des Jahres 1834. Bearbeitet von Hans Wollschläger und Rudolf Kreutner. Göttingen 2007 (Schweinfurter Edition), S. 8 und 10.

[18] Friedrich Rückert: Die Weisheit des Brahmanen. Ein Lehrgedicht in Bruchstücken. Bd. 2. Bearbeitet von Hans Wollschläger und Rudolf Kreutner. Göttingen 1998 (Schweinfurter Edition), S. 751.

Für Jon wächst die Schwierigkeit, den Tod seiner Tochter zu bewältigen, je mehr er davor flieht. Deshalb kehrt er immer wieder in die vertraute Umgebung seiner Wohnung zurück, die ihm wenigstens vorübergehend emotionale Sicherheit bietet. Musikalisch untermalt wird der nächtliche Exzess von Bon Jovis Song „Queen of New Orleans", in dem sich gleich zu Beginn die konfliktreiche Beziehung zu Janie spiegelt: „Baby, our love's just like your songs / The beat ain't bad but the words are all wrong." Der Rhythmus stimme zwar, heißt es, aber die Worte seien die falschen. Wie ein Song disharmonisch klingt, wenn Text und Melodie nicht aufeinander abgestimmt sind, so stimmen bei Janie und John Sprache und Gefühl nicht überein. Jede Äußerung wird vom Gegenüber falsch verstanden und gibt Anlass zu neuen Auseinandersetzungen. Obwohl die beiden bis zum Tod ihrer gemeinsamen Tochter eine harmonische Beziehung geführt haben, stehen sie jetzt einander fremd gegenüber. Während der Song läuft, schaut Jon in einem Nachtclub einer Tänzerin zu, die ihm später anbieten wird, privat für ihn zu tanzen. Doch der Versuch, auf diese Weise über den Verlust seines Kindes und das drohende Scheitern seiner Ehe hinwegzukommen, will ihm nicht gelingen. Trügerisch ist zudem die Hilfe, die der Alkohol ihm verspricht. Statt die Trauer zu dämpfen, verstärkt er sie noch. Halluzinatorisch erlebt Jon seine Umgebung. Als der Rausch schließlich delirant wird, gaukeln ihm die vielen Lichtreflexe in der Bar vor, seine Tochter blicke ihm entgegen. Wohin Jon auch zieht, um den Problemen mit Janie zu entkommen, die Realität holt ihn immer wieder ein. Auch dies spiegelt sich in „Queen of New Orleans": „It's time to pack my bags / it's time to just move on." [Es ist Zeit, meine Taschen zu packen, es ist Zeit, einfach weiterzuziehen.]

Trauerbewältigung durch Schreiben

Seit dem Beginn der literarischen Überlieferung versuchen Menschen ihre Trauer zu bannen, indem sie schreiben. Dass dies nicht immer zum Ziel führt, zeigt gerade das Beispiel Friedrich Rückert. Wie seine Dichtung so findet auch seine Trauer keinen Abschluss. Auch Janie entdeckt in *Destination Anywhere* im Schreiben einen Katalysator für ihre Trauerarbeit, denn immer dann, wenn sie sich nicht dem Alkohol ergibt, um ihren Schmerz zu dämpfen, schreibt sie. Destruktivität und Resignation verwandeln sich in diesem Moment in Kreativität und Zuversicht. In tagebuchartigen, dabei überaus poetischen Aufschrieben versucht Janie das Erlebte Sprache werden zu lassen. Angesichts des Sinnverlustes, den sie durch den Tod des Kindes erlitten hat, wird das Schreiben für sie zur einzig noch verbleibenden Form der Sinnstiftung. Das Tagebuch ist ihr „own little cave".

Etwa in der Mitte des Films, dramaturgisch insofern vom Regisseur deutlich akzentuiert, wird Janie erstmals beim Schreiben gezeigt. Ihre Aufzeichnungen – die Texte stammen von der amerikanischen Lyrikerin und Dozentin für kreatives Schreiben Terry Wolverton und wurden eigens für Pellingtons Videoproduktion verfasst – enthalten überwiegend Erinnerungen an die Tochter und werden von ihr während der Niederschrift halblaut vorgelesen. Videosequenzen, die während des Schreibprozesses eingeblendet werden, zeigen ihre Tochter, als sie noch lebte. Janie schreibt nicht in gebundener Form, sondern in Prosa, nicht im *past tense*, sondern im *present tense*. Ihre Erinnerungen erhalten dadurch Gegenwartscharakter:

> I never imagined she would be so perfect. That every day, I would glimpse another miracle. She makes me humble. The way her dark eyes gleam like the moon in negative. The way her body reaches out to the world, eager to touch and smell and taste every part of it. She trusts completely as if the whole world were as full of love as she is. And I want so much to make that true for her.

> [Ich hätte nie gedacht, dass sie so perfekt sein würde. Dass ich jeden Tag ein neues Wunder sehen würde. Sie macht mich demütig. Ihre dunklen Augen funkeln wie der Mond als Negativ. Wie ihr Körper sich nach der Welt ausstreckt, fühlen und riechen will, jeden Teil davon schmecken will. Sie hat absolutes Vertrauen, als wäre die ganze Welt voller Liebe wie sie. Und ich möchte es so gerne für sie wahr werden lassen.][19]

Rückerts Klage, dass der Tod ihm seine „schönsten Kinder" genommen habe, findet hier ihre filmische Entsprechung und Aktualisierung. Janie empfindet ihre Tochter in der Rückschau als „perfect", wobei sich ihre Vollkommenheit sowohl in ihrem Aussehen als auch in ihrem Wesen zeigt. Einerseits schwärmt Janie von ihren strahlenden dunklen Augen, die dem Mond am Nachthimmel glichen, andererseits beschreibt sie das Mädchen als liebe- und vertrauensvoll. Lebensfreude und die Neugier, mit ihren Sinnen die Welt zu entdecken, treten als weitere positive Eigenschaften hinzu. Rückert beschwört die Schönheit seiner Kinder in vielen seiner Totenlieder, entweder um zu betonen, wie reich er mit ih-

---

[19] Transkription nach: Destination Anywhere. Regie: Mark Pellington. Drehbuch: Stuart Cohn, Mark Pellington und Tom Gorai. USA: Mercury Record, 1997. Fassung: DVD. Universal Music International, 2005. 45 Minuten, hier 25:13-25:41. Die deutschen Übersetzungen stammen von Matina Grebener und können beim Abspielen der DVD als Untertitel eingeblendet werden.

nen beschenkt wurde, oder wie schwer der Verlust für ihn nun wiegt. So heißt es in dem Gedicht „In Gesichten und Gedichten", dass Ernst und Luise seine Vorstellung von Schönheit, die ihm durch Traumbilder und durch die Poesie vermittelt worden sei, noch potenziert hätten: „Was mir Schönstes je erschienen, / Habt ihr alles überschönet." Und voller Bewunderung fährt Rückert fort:

> Und ich staunte, daß ich lebend
> Sollt' in euch vor Augen sehen,
> Was ich nur geglaubt, es lebe
> In Gesichten und Gedichten.[20]

Augen, die wie Himmelskörper leuchten, sind für die Darstellung von Liebreiz und Schönheit topisch geworden. Im Erlöschen ihres Glanzes konkretisiert sich ein elegisches Moment, das immer dann, wenn es gilt, die Erfahrung eines Verlusts, sei es durch Tod, sei es – etwa in der Liebesdichtung – durch Untreue, metaphorisch abzubilden, von den Vertretern der Höhenkammliteratur ebenso in Anspruch genommen wird wie von populären Liedtexten. So lässt etwa Art Garfunkel den Refrain seines Erfolgssongs „Bright Eyes" aus dem Jahre 1979 mit den schwärmerischen Worten „Bright eyes burning like fire" beginnen, ehe er zu trauern beginnt, dass dieses Strahlen für ihn, den liebenden Mann, nun erloschen sei: „How can the light that burned so brightly / Suddenly burn so pale?" [Wie kann das Licht, das so strahlend leuchtete, jetzt so matt sein?] Rückert erinnert sich an das Leuchten der Augen seiner Kinder u.a. in dem Gedicht „Nun seh' ich wohl, warum so dunkle Flammen". „[I]n künft'gen Nächten", d.h. in den Nächten nach ihrem Dahinsterben, heißt es darin, würden sie als Sterne am Himmel aufgehen.[21]

Drehtechnisch wird in *Destination Anywhere* der Erinnerungsprozess, der bei Janie mit dem Schreiben einsetzt, durch die bereits erwähnten Rückblenden unterstützt, die ihre Tochter in Alltagssituationen wie z.B. beim Spielen zeigen. Die Kamera geht dabei in Naheinstellung und fokussiert Janies zuweilen tränenerfüllte Augen und ihren sprechenden Mund. Auch wenn Janie gegen den Tod ihrer Tochter anzuschreiben versucht, so akzeptiert sie ihn doch als gegeben. Um das Unbegreifliche für sich fassbar zu machen, bedient sie sich eines mythologischen Bil-

---

20 Rückert, Kindertodtenlieder (Anm. 17), S. 31.
21 Ebd., S. 91. Vgl. zu diesem Gedicht auch: Dennis Roth: Vertonte Wahrnehmung. Friedrich Rückerts Gedichte „Nun seh' ich wohl, warum so dunkle Flammen" und „Nächtlicher Gang" in den Vertonungen von Gustav Mahler und Richard Strauss. In: Ralf Georg Czapla (Hg.): Friedrich Rückert und die Musik. Tradition – Transformation – Konvergenz. Würzburg 2010 (Rückert-Studien, 19), S. 181-218, bes. S. 189-193.

des, das der griechischen Göttin Demeter nämlich, deren Tochter Kore einst von Hades geraubt wurde, worauf die Erde in einen eisigen Winter fiel. „My daughter has stolen from me" [Meine Tochter ist mir gestohlen worden], schreibt Janie, und zwar nun nicht mehr in der Zeitstufe des Präsens, sondern im *present perfect*, d.h. in der vollendeten Gegenwart. Der Tod des Mädchens wird damit als unwiderruflich akzeptiert. Er ist Teil der Gegenwart seiner Eltern, die nun so kalt und leer erscheint wie im Mythos:

> Winter now. Its icy fingers reach beneath the frame of one solid door, beneath the blankets that shroud our bed, into the ventricles of my heart. All color is frozen out. My face, grey, the streets, grey. The voices that creep through the phone lines are grey. No sap runs through me. No current of life. Like Demeter, my daughter has been stolen from me. Exiled to hell and I condemn the world to perpetual winter. At night I hear her in my dreams. She calls: „Mummy." Her voice echoes through the dark and I rise to go to her as I always have. My feet grey on the ice-slick floors of the house. I run from room to room but every one of them is empty. The walls draped in frost. I hear her calling beyond the windows but the door is stuck. I can't get out. I'm trapped here, without her on the other side. And there he is, like a frigid god without compassion. [...] „Let go", he tells me. „You've got to accept." But it's not his womb that's turned to glacier. She never lived inside his body as she did in mine. As she still does. The heart will never beat unless I breathe. Baby cries until her mother holds her. The mother holds her until the winter thaws.

> [Es ist jetzt Winter. Seine eiskalten Finger strecken sich unter den massiven Türrahmen, unter den Decken, die unser Bett bedecken, in meine Herzkammern hinein. Der Frost hat die Farbe zerstört. Mein Gesicht und die Straßen sind grau. Die Stimmen, die durch die Telefonleitungen kriechen, sind grau. Ich bin kraftlos. Kein Lebenssaft. Wie Demeter wurde mir meine Tochter gestohlen, in die Hölle verbannt, und ich verdamme die Welt zu ewigem Winter. Nachts höre ich sie in meinen Träumen. Sie ruft: „Mami." Ihre Stimme hallt in der Dunkelheit, und ich gehe wie immer zu ihr. Meine Füße werden grau auf den eisigen, glatten Böden des Hauses. Ich laufe von Zimmer zu Zimmer, aber sie sind alle leer. Die Wände sind mit Frost bedeckt. Ich höre sie hinter den Fenstern rufen, aber die Tür klemmt. Ich kann nicht raus. Ich bin hier gefangen, ohne sie auf der anderen Seite. Und da ist er, wie ein kalter Gott ohne Mitgefühl. [...] „Lass los", sagt er zu mir. „Du musst es akzeptieren." Aber es ist nicht sein Leib, der zum Gletscher wurde. Sie lebte nie in seinem Körper, wie sie es in meinem tat. Und es immer noch tut. Das Herz wird nie schlagen, wenn ich nicht atme. Das Baby schreit, bis die Mutter es im Arm hält. Die Mutter hält es bis zum Tauwetter nach dem Winter.] [22]

Die Kälte in Janies Innerem gleicht der des Winters, der inzwischen Einzug gehalten hat und durch die Türritze ins Haus schleicht. Da sie

---

[22] Destination Anywhere (Anm. 19), 35:09-37:22.

ihr nicht entkommen kann, identifiziert Janie sich mit Demeter, dem Archetyp der trauernden Mutter, wie Carl Gustav Jung sie gedeutet hatte. Doch bei aller Trauer birgt der antike Mythos auch Hoffnung: Auf Druck von Demeters Schwestern hatte Hades Kore nämlich für einen Teil des Jahres freigeben müssen, den sie mit ihrer Mutter Demeter auf der Erde verbringen durfte, ehe sie für den übrigen Teil wieder in die Finsternis des Totenreichs zurückkehrte, um dort als Persephone zu herrschen. Janie entdeckt im Schreiben einen Weg, ihre Tochter wenigstens ein Stück weit zurückzugewinnen und die Angst zu überwinden, die sie immer wieder mit expressiven Bildern bedrängt:

> The dark birds in my head flapping their wings... ...and every shadow in my brain... their cries raise the tiny hairs along my spine... ...like debris shattering inside my skull and set my teeth on edge... ...they're dive-bombing, locked together in mortal combat... ...these are the birds that spatter the walls of my brain with blood...

> [Die Vögel in meinem Kopf schlagen mit den Flügeln... ...und jeder Schatten in meinem Gehirn... ...ihre Schreie lassen mir die Härchen am Rücken zu Berge stehen..., ...als ob Trümmer in meinem Schädel zersprängen, es macht mich fertig... ...sie fliegen im Sturzflug, zusammengeschmiedet im tödlichen Kampf... ...die Vögel, die meine Hirnwände mit Blut bespritzen...][23]

Bei Rückert führte die Erfahrung des Winters ein Jahr nach dem Tod von Ernst und Luise ebenfalls zu einem psychischen Einbruch. In den Nachträgen zu den *Kindertodtenliedern*, die er in dieser Zeit verfasste, beschwört er abseits von Klage und Trauer die therapeutische Kraft poetischen Schreibens, um die Janie in *Destination Anywhere* sichtbar ringt:

> Im Sommer war es mir ein Trost, mit Blüten
>   Die Gräber meiner Kinder zu umfloren;
>   Neu glaubt' ich mir die blühenden geboren,
>   Wenn sich die Knospen aufzubrechen mühten.
> Nun aber bei des Winters strengem Wüthen
>   Die zarten Frühlingskinder sind erfroren,
>   Gieng mir der süßen Täuschung Spiel verloren,
>   Und Dichtung nur kann den Verlust vergüten.
> Die Kinder meiner Wonne, meiner Schmerzen,
>   Sind nicht begraben in der harten Erde,
>   Sie sinds in meinem weichen lockern Herzen;
> Das wird zu einem Rosenfeuerherde,
>   Aus welchem sprühn wie Flammen heil'ger Kerzen
>   Trostlieder, die ich ziehn statt Lilien werde.[24]

---

[23] Ebd., 37:54-38:16.
[24] Rückert, Kindertodtenlieder (Anm. 17), S. 526.

Abb. 3: Janie, Jon und das Neugeborene – eine heilige
Familie im Zeichen der Moderne?

Der Winter erinnert den Dichter an das Vorjahr, als seine beiden Kinder starben. Die Tochter von Janie und Jon dagegen kam nicht im Winter ums Leben. In einer kurz eingeblendeten Szene, die das Mädchen tot auf der Straße liegend zeigt, trägt sie wie die Passanten, die den Unfall beobachten, leichte Kleidung. Der Tod trat bei ihr nicht nach längerer Krankheit, sondern plötzlich, unvorhergesehen und zudem noch zur Unzeit ein: an einem warmen Frühlings- oder Sommertag, mit dem sich die Vorstellung vom Erwachen der Natur verbindet, für das der Demeter-Mythos das Bild vom Aufstieg Kores an die Oberwelt gefunden hat.

Das Bild vom strengen Winter, der sich nach Kores Verschwinden der Erde bemächtigt und die Natur erstarren lässt, war dem in der klassischen Literatur umfassend belesenen Dichter und Gelehrten Friedrich Rückert zweifellos vertraut. Wenn man so will, bildet sein Sonett „Entgegen geh' ich nun den trüben Tagen" einen möglichen *missing link* zwischen dem antiken Mythos und dem modernen Pop-Spektakel Mark Pellingtons. Es entwirft eine Szenerie, die umso trister anmutet, als die vom Dichter beklagte „Lichtabnahme" der Welt nicht nur die Blumen nimmt, die einerseits konkret den floralen Schmuck von Gärten und Wiesen meinen und andererseits metaphorisch das verstorbene Geschwisterpaar, sondern auch die Farben.[25] Wenn das Licht verlöscht und Dunkelheit herrscht, dann erscheint die Welt in Grau, jenem Grau, das für Janie in der Stille ihrer Wohnung zugleich zum Grauen wird. Selbst das Weihnachtsfest vermag dem Dichter keinen Trost mehr zu spenden:

> Und wenn in Mitte dieser Finsternisse
>> Sonst ein Gestirn des Trosts und Heiles stand
>> Das Kinderfest der heiligen Weihnachten;
> O wie ich nun auch dessen Segen misse,
>> Da ihr zu Grabe ginget, in der Hand
>> Die Gaben haltend, die vom Fest gebrachten![26]

Ebendiesen Mythos der Weihnacht aber, der für Rückert mit dem Tod von Ernst und Luise verloren schien, belebt Pellington neu, indem er Janie und Jon, für die Religion bis dahin im Leben keine Rolle gespielt zu haben scheint, sich eines ausgesetzten Kindes annehmen lässt, als wären sie ins ausgehende 20. Jahrhundert versetzte Postfigurationen von Maria und Josef. Der christliche Mythos von der Geburt des Gottessohnes löst den paganen Mythos von der trauernden Göttin ab. Eine der letzten Einstellungen des Filmes zeigt Janie, Jon und das Kind als quasi-heilige Familie auf der Flucht vor dem, was ihr Leben und ihre Liebe bedroht. Der Wiederholung der archetypischen Konstellation voraus aber ging die Rettung im Text. Jon, der sich Janie nie hat mitteilen können, entdeckt in ihrer Abwesenheit ihre Aufzeichnungen und notiert darunter Worte, die das Paar über den Abgrund der Trauer wieder zueinander finden lassen, Worte, für die Bon Jovis Song „It's Just Me" Pate gestanden hat: „What's it gonna take to make you believe in me?"[27] [Was muss passieren, damit du an mich glaubst?]

---

25 Ebd., S. 525.
26 Ebd.
27 Destination Anywhere (Anm. 19), 39:00–39:08.

339

„Spielwerk" des Biedermeier?

Friedrich Rückerts Sprachkonzeption in dessen *Dissertatio philologico-philosophica de idea philologiae* als poetologische Konstitutive

von

Jacqueline Arnold

Mit dem Namen Friedrich Rückert wird gemeinhin ein Autor biedermeierlicher Dichtung verbunden.[1] Dies stützt sich wohl vor allem darauf, dass Rückert als politischer Dichter Zeit seines Lebens lediglich zu Beginn der Restaurationszeit durch Publikationen in Erscheinung getreten ist und im Zuge der Revolution 1848/49 zunehmend in Vergessenheit geriet.[2] Vor allem als Autor des *Liebesfrühlings*[3] und des Lehrgedichts *Die Weisheit des Brahmanen*[4], beide in zahlreichen Auflagen, sowie mannigfacher Übersetzungen erschienen war der späte Rückert bekannt. Mit Aus-

---

[1] Zu einer auf das Biedermeierliche in Rückerts Gedichten besonders eingehenderen Studie vgl. Max-Rainer Uhrig: Anakreontisches Erbe und biedermeierliche Eigenart. Stilhaltung und Lebensgefühl in Rückerts lyrischem Zyklus „Haus und Jahr" und seinem Umkreis. In: Wolfdietrich Fischer/Rainer Gömmel (Hg.): Friedrich Rückert. Dichter und Sprachgelehrter in Erlangen. Neustadt a.d. Aisch 1990 (Schriften des Zentralinstituts für fränkische Landeskunde und allgemeine Regionalforschung an der Universität Erlangen-Nürnberg, 29), S. 179-202.

[2] Zu den politischen Publikationen Friedrich Rückerts zählen: Deutsche Gedichte von Freimund Raimar. Heidelberg: Mohr und Zimmer, 1814; Napoleon. Politische Komödie in drey Stücken. 1. Stück: Napoleon und der Drache. Stuttgart, Tübingen: Cotta'sche Buchhandlung, 1815; Kranz der Zeit. Stuttgart, Tübingen: Cotta'sche Buchhandlung, 1817; Napoleon. Politische Komödie in drey Stücken. 2. Stück: Napoleon und seine Fortuna, Stuttgart, Tübingen: Cotta'sche Buchhandlung, 1818. Von Interesse an der frühen politischen Dichtung Rückerts zeugen nur wenige Publikationen. Vgl. dazu die Rückertschen Gedichte in Adolf Müller/H[ermann] Kletke (Hg.): Preußens Ehrenspiegel. Eine Sammlung preußisch-vaterländischer Gesänge von den ältesten Zeiten bis zum Jahre 1840 [...]. Berlin: Gebauer'sche Buchhandlung, 1851. Vgl. zudem die Rückertschen Gedichte in Karl Simrock (Hg.): Lieder vom deutschen Vaterland. Zur Jubelfeier der Leipziger Schlacht, Frankfurt a.M.: Brönner, 1863.

[3] Die Popularität zeigt vor allem die Separatausgabe Friedrich Rückert: Liebesfrühling. Frankfurt a.M.: Sauerländer, 1844. Diese erschien in 17 Auflagen.

[4] Friedrich Rückert: Die Weisheit des Brahmanen. Ein Lehrgedicht in Bruchstücken. Leipzig: Weidmann, 1836-1839. Erschienen in 14 Auflagen.

nahme der *Kampflieder für Schleswig-Holstein*[5] trat Rückert als politischer Dichter jedenfalls nicht mehr an die Öffentlichkeit. Es stellt sich also zwischen Früh- und Spätwerk eine Heterogenität ein, die generell zugunsten einer Nivellierung des politischen Rückert ausfällt. In Auseinandersetzung mit der Frage, wie das Bild vom Biedermeierschriftsteller mit dem des „Freimund Reimer"[6] zusammengebracht werden kann, wird zugleich verhandelt, ob das Werk Rückerts überhaupt Kontinuität aufweist. Diese Konstante als eine poetologische Konstitutive, welche für die vielfältigen Dichtungen Rückerts gleichermaßen bestimmend wäre, würde Früh- und Spätwerk in eine Homogenität poetischen Schaffens überführen. Die These solch einer Poetologie vertritt Claudia Wiener[7]. Grundlage für die Erarbeitung einer Programmatik im Werk Rückerts stellt bei ihr dessen *Dissertatio philologico-philosophica de idea philologiae*[8] dar. Als „Programmschrift" beinhalte die *Dissertatio* die für Rückerts Dichtung maßgeblich bestimmenden theoretischen Überlegungen. Diese zeichneten sich durch eine Sprachkonzeption aus, die auf dem Gedanken des *lusus verborum*, des Spiels mit den Wörtern und der Sprache fuße.[9] Aus diesem Verständnis von Dichtung als Spiel werde die besondere Rolle des Reims ersichtlich, die etwa auch für die *Kindertodtenlieder* wesentlich sei.[10] Dass Rückert

---

5   Ein Dutzend Kampflieder für Schleswig-Holstein. Leipzig: Brockhaus, 1863. Im Gegensatz zu den oben erwähnten Bänden erreichte dieser Band ‚nur' eine zweite Auflage 1864.

6   Pseudonym Rückerts, verändert im Band Rückert, Deutsche Gedichte (Anm. 2).

7   Friedrich Rückerts „De idea philologiae" als dichtungstheoretische Schrift und Lebensprogramm. Schweinfurt 1994 (Veröffentlichungen des Stadtarchivs Schweinfurt, 10). Als „Grundstein für sein späteres Wirken als Dichter, Nachdichter und Übersetzer" bezeichnete Rückerts *Dissertatio* Mahmoud Al-Ali: Rückert in Jena (1810-1812). In: Recherches Germaniques 24 (1994), S. 45-53, hier: S. 53. Diese These verfolgt Al-Ali weiter, vgl. Mahmoud Al-Ali: Der dichtende Philologe. Eine Untersuchung zu Rückerts Sprachanschauungen anhand seiner Gedichte. In: Nouveaux Cahiers d'Allemand 16, 1 (1998), S. 21-32. Durch das Aufzeigen einzelner Elemente der *Dissertatio* soll plausibel werden, dass Rückert „[i]n seinen philologischen Dichtungen […] die Forderung zu erfüllen versucht, die er der Sprache in der Habilitationsschrift gestellt hatte: Die Vereinigung von Philosophie und Poesie in der deutschen Universalsprache.", vgl. ebd., S. 31. Dabei geht Al-Ali ähnlich vor wie Viktor Suchy, der im dritten Kapitel seiner Studie ebenfalls Bespiele aus Gedichten für die Sprachanschauung der *Dissertatio* anführt. Vgl. Viktor Suchy: Friedrich Rückerts „Idee der Philologie" im Lichte der romantischen Sprachphilosophie. Wien 1945, S. 100-113. Jedoch erhellt sich aus keiner dieser ganzen Studien anhand impliziter Nachweise, in welchem Maß Rückert tatsächlich an seinem ursprünglichen poetologischen Konzept im Laufe seines gesamten Werkes festhielt oder sich davon entfernte.

8   Jena 1811.

9   Vgl. Wiener, Rückerts „De idea philologiae" (Anm. 7), S. 14f.

10   Vgl. ebd., S. 17f.

nach seiner *Dissertatio* mit dem Band *Deutsche Gedichte von Freimund Raimar*[11] seine ersten politischen Gedichte veröffentlichte, lässt einen Zusammenhang zwischen der Konzeption seiner Poetologie und dem zeitgeschichtlichem Kontext vermuten, dessen Bedeutung für die Gewinnung einer politischen Dimension des poetischen Werks Rückerts bisher nicht eingehend gewürdigt wurde.[12] Die Beleuchtung des Dichtungsverständnisses Rückerts unter dem Gesichtspunkt des Politischen muss dabei von der Sprachkonzeption, die in der *Dissertatio* entwickelt wird, ihren Ausgang nehmen. Es wird sich zeigen, dass diese als eine Antwort auf die Frage nach der nationalen Identität Deutschlands zu lesen ist und somit direkt Stellung zur politischen Situation nimmt. In Anwendung auf die Dichtung würde dies bedeuten, dass das Gedicht als Medium politischer Stellungnahme fungiert; und unter Voraussetzung, dass die *Dissertatio* als dichtungstheoretische Schrift für das gesamte Werk bindend ist, wird so das Spätwerk einem neuen Verständnis unterzogen. Auf diese Weise kann der verbreiteten Tendenz, Rückert ohne Vorbehalte der Literatur des Biedermeier zuzuordnen, wenigstens ein mehr differenziertes Verständnis seiner Dichtung entgegengehalten und diese vielleicht in eine stärkere Gewichtung seiner theoretischen Leistung überführt werden. Zur Annahme einer poetologischen Kontinuität zwischen Früh- und Spätwerk aber muss zum einen diese Einteilung begründet, zum andern muss plausibel gemacht werden, inwiefern das Frühwerk für das spätere Werk eine wegweisende Funktion einnimmt. Das Frühwerk soll bis zum Erscheinen der *Deutschen Gedichte* im Jahr 1814 angesetzt werden.[13] Dies geschieht

---

11 Rückert, Deutsche Gedichte (Anm. 2).

12 Wiener verweist lediglich auf die „politische Relevanz" der Rückertschen Sprachkonzeption. Vgl. Wiener, Rückerts „De idea philologiae" (Anm. 7), S. 49f.

13 Bereits Magon teilte in seiner Rückert-Biografie der politischen Dichtung die Bedeutung eines besonderen Einschnittes in Rückerts poetischem Schaffen zu, was auch dem Titel des Bandes zu entnehmen ist. Vgl. Leopold Magon: Der junge Rückert. Sein Leben und Schaffen. Bd. 1: Fr. Rückerts persönliche und dichterische Entwicklung bis zum Beginn der politischen Dichtung. Halle 1914. Dabei muss allerdings auch bedacht werden, dass Magon dies kurz vor Beginn des ersten Weltkriegs publizierte, zu einer Zeit also, in der das Verhältnis zwischen Deutschland und Frankreich nach dem ‚Deutsch-Französischen Krieg' immer noch gespannt war. Die politische Dichtung Rückerts – auf die damals gegenwärtigen Verhältnisse übertragen – wurde wohl auch aufgrund ihrer antinapoleonischen resp. antifranzösischen Haltung in verstärktem Maße bedacht. Ein anderer Ansatz stellt die Grenzziehung nach Erscheinen des Bandes *Kranz der Zeit* 1817 und Rückerts Treffen mit dem Wiener Orientalisten Hammer-Purgstall 1818 dar, aus dem seine darauf folgenden Orientstudien resultieren. Vgl. dazu Mahmoud Al-Ali: Rückerts patriotische Dichtungen. Eine Untersuchung der Geharnischten Sonette. In: Kairoer Germanistische Studien 14 (2004), S. 45-63, hier: S. 59-61. Prang bemerkt dazu, dass das Jahr 1817/18 als Italienjahr „weit eher den Ab-

aufgrund des besonderen Einschnitts in Rückerts Leben, den die Jahre 1811 bis 1814 darstellen: So erscheint 1811 seine *Dissertatio* in Jena, das er ein Jahr später verlässt, er beginnt mit der Arbeit an seinen politischen Gedichten, die 1814 erscheinen und durch die er erstmals von einer breiten Öffentlichkeit wahrgenommen wird. Dabei soll vor allem das Verhältnis von Rückerts Werkschaffen zu seiner Biografie, dem politischen Zeitgeschehen und seiner Poetologie in diesen Jahren herausgearbeitet werden. Ausgehend von einer poetologischen Dimension, die sich in den frühen Gedichten nachweisen lässt, wird so die Entwicklung einer Programmatik im Frühwerk einmal mehr untermauert.

Nationale Idee und Poetologie

Persönlicher Umbruch und politische Unruhen markieren in gleichem Maße den Abschluss des frühen Werkes Rückerts. Als Bürger und Dichter ist Rückert von den Napoleonischen Kriegen nicht unbeeinflusst geblieben. Seine Heimat Franken war seit 1792 in Auflösung begriffen. Die folgenden Jahre bedeuteten für den fränkischen Reichskreis einen stetigen Wechsel der Herrschaftszugehörigkeit einzelner Territorien. Erst als mit dem Aachener Kongress 1818 die Umschichtung einzelner Gebiete beendet war, stand die Zugehörigkeit Frankens zum Königreich Bayern endgültig fest. Aber bereits im Zuge des Reichsdeputationshauptschlusses von 1803 waren einige Teile Frankens, darunter das Bistum Würzburg, das Bistum Bamberg und auch Schweinfurt an das Kurfürstentum Bayern gegangen, wenn auch nur vorübergehend. Dies kann Rückert nicht entgangen sein, zumal er zwischen 1802 und 1805 das Kurfürstliche Gymnasium Gustavianum in Schweinfurt besuchte.[14] Franken wurde also zunehmend Bayern zugehörig, das als Mitglied im Rheinbund zunächst Verbündeter Napoleons gewesen ist. Erst mit dem Vertrag von Ried vom 8. Oktober 1813 änderte sich dies und Bayern positionierte sich unter den Gegnern Napoleons, auch in der kurz dar-

---

schluß für Bisheriges als den Beginn von etwas Neuem" bedeute und betrachtet ebenfalls den Winter 1818/19 als denjenigen, in dem sich Rückert den orientalischen Sprachen zuwendet. Einen Abschluss des frühen Werkes erwähnt Prang jedoch nicht. Vgl. Helmut Prang: Friedrich Rückert. Geist und Form der Sprache. Schweinfurt 1963 (Veröffentlichungen des Fördererkreises der Rückert-Forschung), S. 80f. Eine Einteilung im Werk Rückerts trifft Prang im Jahr 1826, ab dem „[n]ach den Jahren allmählichen Werdens, unsteten Suchens und gärenden Ringens [...] fast vier Jahrzehnte der arbeitsamen Reife, schaffensreicher Höhe und stillen Alterns [folgen]." Vgl. ebd., S. 125.

[14] Vgl. Prang, Friedrich Rückert (Anm. 13), S. 18.

auf folgenden Völkerschlacht bei Leipzig. Diese jüngsten politischen Ereignisse nahm Rückert wohl zum Anlass einer Veröffentlichung seiner patriotischen Gedichte in dem Band *Deutsche Gedichte*. In diesen kommt seine antinapoleonische Haltung zum Ausdruck.[15] Rückerts Patriotismus stellt dabei allerdings nicht einen fränkisch-bayerischen, sondern einen gesamtdeutschen dar.[16] Aus der Feindschaft gegenüber dem napoleonischen Frankreich kristallisierte sich zu dieser Zeit zunehmend ein nationaler Patriotismus als Freiheits- und Einheitsbewegung heraus. So ist in der Rückertschen Gedichtsammlung deutlich die Idee eines einheitlichen Deutschland, nämlich die Idee des Nationalen erkennbar.

Etwa die Hälfte der Gedichte dieser Sammlung besteht aus den *Geharnischten Sonetten*, deren Textgenese hier deshalb interessiert, da sie Aufschluss über das Schreiben Rückerts am Ende seines Frühwerks geben kann, das zum Politischen tendiert. Im Dezember 1813 schickte Friedrich Rückert seinem Freund Christian Stockmar eine Auswahl seiner jüngsten Gedichte mit folgender Notiz:

> Ich schicke Dir hier zweierlei 1.) die geharnischte Sonette in einer zusammengeschmolzenen Remision. Es waren nach schon vielfach weggeräumtem Kehricht 52 […] 2.) Dieses ist ein Spaß, in einer einzigen Nacht ausgeheckt […] Ich möchte sie als Fuchsschwanz für meinen Vater, zum Christtag für sein Aeffchen, meine kleine Schwester, gedruckt haben.[17]

Dieser Brief gilt als erster Beleg für Rückerts Arbeit an den von ihm unter Punkt eins genannten *Geharnischten Sonetten*. Gleichzeitig ist er Beleg dafür, dass eine neue thematische Phase in seinem lyrischen Schaffen einsetzt: Mit den *Geharnischten Sonetten* erfolgt erstmals im Medium des Gedichts die Formulierung und Publikation der patriotischen Gesinnung und nationalen Idee. Da es sich aber bei den an Rückerts Freund gesendeten *Geharnischten Sonetten* um Umarbeitungen handelt, drängt sich die Frage nach dem Entstehungszeitpunkt der ursprünglichen Sonette auf. Hierfür allerdings – und damit zum Beginn der explizit politischen

---

[15] So befassen sich etwa die Gedichte innerhalb der vierten Abteilung der *Deutschen Gedichte* vor allem mit der Niederlage Napoleons in Russland. Vgl. Rückert, Deutsche Gedichte (Anm. 2), S. 31-45.

[16] Die Gedichte innerhalb der zweiten Abteilung der *Deutschen Gedichte* rufen die Deutschen zur Befreiung von der fremden Herrschaft auf. Vgl. Rückert, Deutsche Gedichte (Anm. 2), S. 67-79.

[17] Brief zitiert nach Friedrich Rückerts Werke: Historisch-kritische Ausgabe „Schweinfurter Edition". Zeitgedichte und andere Texte der Jahre 1813-1816. Bd. 2. Göttingen 2009, S. 688 (= SE). Die Briefe ab 1813 werden nach der Schweinfurter Edition, diejenigen vor 1813 zitiert nach Rüdiger Rückert (Hg.): Friedrich Rückert. Briefe. 2 Bde. Schweinfurt 1977, Bd. 1 (= Briefe).

Dichtung bei Rückert überhaupt – gibt es lediglich Vermutungen.[18] Auffällig erscheint dabei jedenfalls, dass politische Themen parallel zu einer Themenvielfalt in anderen Dichtungen aufkommen. Rückert hatte seinem Freund neben den *Geharnischten Sonetten* zugleich die *Fünf Mährlein*[19] mitgeschickt. *Die Mährlein* stehen in einem scharfen Kontrast zu politischer Dichtung und spiegeln eher das von Rückert gemeinhin angenommene Biedermeierliche wider.[20] Die unübersehbare Gemeinsamkeit beider kann lediglich die Form darstellen: Auch die *Mährlein* sind in gebundener Sprache mit Reim verfasst, was für die Textsorte des Märchens eher ungewöhnlich ist.[21] Neben den *Mährlein* können als exemplarische Dichtungen Rückerts dieser Zeit die beiden Sonettzyklen *Agnes' Totenfeier*[22] sowie *Amaryllis. Ein Sommer auf dem Lande* genannt werden, welche aufgrund ihrer Sonettform mit den *Geharnischten Sonetten* in Zusammenhang stehen,[23] allerdings so wie auch die *Mährlein* mehr den privaten Bereich betreffen. Über das breite dichterische Schaffen Rückerts gibt zudem ein Brief an Friedrich Schubart Aufschluss, den Rückert kurz vor seinem Weggang aus Jena im April 1812 verfasst hat.[24] Darin berichtet Rückert von verschiedenen Tragödien- und Lustspielprojekten, darunter die Tragödie *Schloß Raueneck* und die zwei Lustspiele *Der Scheintod* sowie *Die Türkin*. Diese frühen dramatischen Versuche verarbeiten fränkische sowie orientalische Sagenstoffe und stellen daher ebenfalls

---

18 Vgl. Heinz Vierengel: Die „Geharnischten Sonette" von Friedrich Rückert. In: Rückert-Studien. Jahrbuch der Rückert-Gesellschaft 1 (1964), S. 7-44. Vierengel datiert den Beginn der Arbeit an den *Geharnischten Sonetten* auf den Zeitraum Ende 1812 bis Anfang 1813, als sich Rückert in Hanau aufhielt. Anders Prang, Friedrich Rückert (Anm. 13), S. 44.

19 Fünf Mährlein zum Einschläfern für mein Schwesterlein. Zum Christtag. Coburg: Ahl'sche Buchhandlung, 1813.

20 So zeigt etwa das letzte Märchengedicht *Das Männlein in der Gans* den Rahmen der vorhergehenden an: Die Vortragssituation der Märchen spielt sich im familiären, häuslichen Kreis während des Weihnachtsfests ab.

21 Da der erste Band der Grimmschen Märchensammlung 1812 erschienen ist, kann angenommen werden, dass Rückert die Verschriftlichung von Märchenerzählung in Prosa kannte.

22 Erstdruck des Zyklus in Friedrich Rückert: Gesammelte Gedichte. 6 Bde. Erlangen: Heyder, 1834-38, Bd. 2, S. 53-86. Davor veröffentlicht als: Agnes. Bruchstücke einer ländlichen Todtenfeier 1812. In: Taschenbuch für Damen auf das Jahr 1817. Tübingen: Cotta'sche Buchhandlung, 1816, S. 172-202.

23 Die im Druck 1814 erschienenen *Geharnischten Sonette* wurden in der Erlanger Gedichtausgabe ergänzt, allerdings neben Sonetten ganz unterschiedlichen Inhalts in der Abteilung „Aprilreiseblätter". Diese umfasst 95 Sonette von 1811 bis 1817 und bezeugt die besondere Bedeutung der lyrischen Gattung des Sonetts im Frühwerk. Vgl. Rückert, Heyder (Anm. 22), Bd. 2.

24 Vgl. Briefe (Anm. 17), S. 15f.

weniger Werke politischer Art dar. Die Dichtung am Ende des Frühwerks ist demnach keineswegs ausschließlich politischer Art. Vielmehr zeichnet sie sich durch eine ambivalente Thematik biedermeierlichen und politischen Inhalts aus.

Besondere Aufmerksamkeit muss der politischen Dichtung Rückerts, die mit der Arbeit an den *Geharnischten Sonetten* einsetzt, auch aus dem Grund geschenkt werden, da diese neue thematische Tendenz innerhalb der Dichtung eigentlich gar keine neue in der Biografie Rückerts ist; vielmehr zeigt sich erst jetzt im dichterischen Werk, was in der Biografie Rückerts längst eine Rolle spielte. Bereits Briefe aus dem Jahr 1805 zu Beginn seines Studiums belegen, dass er vom politischen Zeitgeschehen nicht unberührt geblieben ist und ernsthaft daran interessiert war.[25] In einem im Jahr 1811 an Karl August Böttiger adressierten Brief schildert Rückert sogar seine ehemaligen Bestrebungen, in den Militärdienst einzutreten.[26] Dabei ist es Rückerts Anliegen, das aktive Eingreifen in das politische Geschehen mit seiner Tätigkeit als Dichter zusammenzubringen. Rückert formuliert dieses Hin- und Hergerissensein in einem Brief an Christian Stockmar im Frühjahr 1813:

> Ich sage mir oft, daß das Dichten mein einziges Handeln ist, und nicht das Handeln; und doch kann ich mirs nicht abwehren, daß manchmal ein in meine Verschlossenheit brechendes Waffengeräusch mich unter meinen Papierschnitzeln aufstört. Ich wollt', ich könnte die Poesie von meinem Halse abschütteln, die schwerer d[*arauf*] hängt als ein Weib und zehen Kinder; so stünde ich morgen unter den [*preus*]sischen Freiwilligen. Aber daraus wird nichts, wenn nicht alle mei[*ne*] Entwürfe vorher verbrennen. Ich lege hier einen Kriegsruf gegen die […] bey, der als scharmutzirender Vortrab vor künftig zu bildenden regulären Truppen gut genug ist.[27]

In dieser Gegenüberstellung von Handeln und Dichten positioniert sich Rückert klar als der Dichter. Sein „Kriegsruf" ist in die Form der Dichtung gefasst. Die politische Dimension seiner Dichtung, die mit den *Geharnischten Sonetten* wohl in unmittelbarer Nähe zur Verfassung dieses Briefes einsetzt, vermag es, den Widerstreit von Handeln und Dichten in Einklang zu bringen. In politischer Dichtung nämlich kann zum politischen Handeln aufgefordert werden, wie es auch in den *Geharnischten Sonetten* geschieht. Das eigene politische Handeln bleibt Rückert nämlich

---

25 Vgl. dazu die Briefe an Lorenz Sixt vom 18. November 1805 („Von politischen Neuigkeiten muss ich Dir schreiben […]"), ebd., S. 1-3 sowie vom Dezember 1805 („Ganz sicher ist es auch, daß morgen hier in Wirzburg die erste Ziehung zum Militärdienste vorgeht."), ebd., S. 3-5.

26 Vgl. ebd., S. 12f.

27 SE (Anm. 17), S. 670.

verwehrt: „Denn es hängt nur noch an einigen Zwirnsfädchen, daß ich noch nicht meinem Bruder nachgelaufen bin, der bereits nach Würzburg ist, um der erste zu sein, sich dem ergangenen Aufruf der Freiwilligen zu stellen. Mich hält man hier im Hause an allen Rockschößen."[28] Damit werden die *Geharnischten Sonette* zum Sprachrohr einer bereits vorher angelegten patriotisch-nationalen Gesinnung, die Einheit Deutschlands in Abgrenzung zur napoleonischen Macht herzustellen.

Mit dem Verlassen der Stadt Jena im Frühjahr 1812 scheint sich die Intention, die patriotischen Gedanken auch in Gedichtform zu formulieren, jedenfalls erst noch mit dem Selbstverständnis des Dichters zu entwickeln. Rückert äußert sich zu dieser Zeit über seine Dichtung folgendermaßen: „Ich habe eine ungeheure Verwüstung unter meinen kleinen Gedichten angerichtet, da ich nun eingesehen, daß sie samt und sonders nichts werth sind."[29] Zudem spricht Rückert von seiner „sehr zerstückelten Poesie"[30]. Den Wunsch nach Vollständigkeit und Perfektion in seiner Dichtung umschreibt er mehrere Monate nach Jena wie folgt: „Ich habe diesen Sommer in ländlicher Muße allerley geschafft, aber nichts erschaffen, was ein Werk heißen könnte."[31] Auch noch 1813 beschreibt Rückert das Verhältnis zu seiner eigenen Dichtung negativ: „Ich schaffe durchaus nichts, und das Geschaffene eckelt mich als nicht geschaffen, höckerig, zwerghaft, aufgedunsen, leer."[32] 1814 erscheinen dann die *Deutschen Gedichte*, mit denen Rückert überhaupt zum ersten Mal von einer breiten Öffentlichkeit als Dichter wahrgenommen wird. Dieser große dichterische Erfolg steht in Kontrast zu der Unsicherheit, von der Rückerts Selbstverständnis als Dichter noch in der jüngsten Zeit nach Jena geprägt war. Dass er aber nun Berühmtheit erlangt, spricht dennoch dafür, die Publikation der politischen Gedichte als wegweisend für Rückerts Selbstverständnis als Dichter zu bewerten.

Die *Geharnischten Sonette* jedenfalls entstanden wohl nach Rückerts Weggang aus Jena im Frühjahr 1812. Das Verlassen der Stadt Jena kann insofern als sichtbarer Umbruch in Rückerts Leben betrachtet werden, als er das Ende seiner Studienzeit und die sich daran anschließende be-

---

[28] Zum Brief an Caroline Bergner vom Dezember 1813 vgl. ebd., S. 690. Auf eine Ausmusterung Rückerts weist der Brief an Christian Stockmar vom 8. April 1813 hin, in dem er „den Krieg (zu dem ich übrigens nichts tauge)" erwähnt. Vgl. ebd., S. 679.

[29] Zum Brief an Friedrich Schubart vom April 1812 vgl. Briefe (Anm. 17), S. 15f.

[30] Zum Brief an Jean Paul vom 29. Juni 1811 vgl. ebd., S. 14f.

[31] Zum Brief an Karl Ludwig von Knebel, vom 22. Dezember 1812 vgl. ebd., S. 21f.

[32] Zum Brief an Christian Stockmar vom 15. April 1813 vgl. SE (Anm. 17), S. 680.

rufliche Orientierungsfrage markiert. Eine Position zum politischen Zeitgeschehen nicht nur in Briefen, sondern auch in der Dichtung zu beziehen, geht ebenfalls mit diesem Ortswechsel einher; es werden die politischen Gedichte vorbereitet, die schließlich als *Deutsche Gedichte* erscheinen. Somit stellt der Weggang aus Jena nicht nur einen Einschnitt in Rückerts Biografie, sondern auch in seinem Werk dar, wodurch es berechtigt erscheint, mit dem Verlassen Jenas und der sich daran anschließenden Publikation der *Deutschen Gedichte* das Ende des ‚frühen' Rückert anzusetzen. Gleichzeitig ist Jena insofern von Bedeutung, als Rückert dort 1811 sein dichtungstheoretisches Programm in der *Dissertatio* vorgelegt hat. Geht man von einer Kontinuität dieser Poetologie im gesamten Werk Rückerts aus, so erscheint es umso plausibler, einen Zusammenhang zwischen dieser poetologischen Schrift und der politischen Dichtung zu vermuten, die kurze Zeit darauf einsetzt. So wird die *Dissertatio* zur Grundlage einer expliziten Poetologie für seine politische Dichtung, die sein späteres Werk einleitet.

Die explizite Poetologie: Dissertatio

Inwiefern kann man also von einer Poetologie der Nationalität[33] bei Rückert sprechen? Hierfür müssen die wesentlichen Aspekte des Sprachkonzepts in Rückerts *Dissertatio* erläutert werden. Zunächst ist die spekulative Struktur von Sprache zu nennen. „Das Wort ist es, in dem sich der Begriff der Menschheit enthüllt, so wie sie ihn von sich selbst und von der Natur der Dinge im Geist gefaßt hat. […] Die Menschheit kann sich selbst überhaupt nur in dem treuen Spiegel ihres Wesens sehen: im Wort. Philologie ist Philosophie."[34] Sprache ist das dem Menschen wesenhafte Medium seiner Selbsterkenntnis. Durch sie kann sich der Mensch in seiner sprachlichen Veranlagung als Teil einer ganzen Menschheit erkennen. Philologie als diejenige Disziplin, welche „die Wesenheit des Worts und seine tiefere Bedeutung"[35] betrachtet, ergründet also nicht nur Sprache, sondern das Wesen des Menschen überhaupt. Hier wird ein enger Zusammenhang von Sprache, Mensch und Welt er-

---

[33] Bereits Wiener machte auf die „politische Relevanz" der von Rückerts in seiner Abhandlung entfalteten Ideen von Sprache aufmerksam. Vgl. Wiener, Rückerts „De idea philologiae" (Anm. 7), S. 49-51.

[34] Rückert, Dissertatio (Anm. 8), Kap. 2, S. 3f. Die Übersetzung wird an dieser Stelle und im Folgenden wiedergegeben nach der Übersetzung in: Wiener, Rückerts „De idea philologiae" (Anm. 7).

[35] Rückert, Dissertatio (Anm. 8), Kap. 2, S. 3f.

kennbar. Außerdem führt Rückert damit einen engen Begriff von Philologie ein, innerhalb dessen sich Philologie vor allem durch ihre spekulative Struktur auszeichnet: Sie ist spekulative Sprachphilosophie. Hinsichtlich dieses Gesichtspunktes werden Philologie und Philosophie auch gleichgesetzt, indem Rückert von seinem Verständnis von Philosophie als einer spekulativen Wissenschaft ausgeht.[36] So geht es Rückert also in einem spekulativen Zugang zur Sprache um die Idee von Sprache, die wiederum der Idee der Menschheit gleichkommt.[37] Diese Idee von Sprache ist als „Totalität von Sprache", als eine „Idealsprache" zu verstehen.[38] Das Konzept einer Idealsprache als Universalsprache beruht auf dem Verhältnis von Ganzheit und Einzelnem, das Rückert in seinem Sprachverständnis anwendet. So ist in jeder einzelnen menschlichen Sprache die Idee der Sprache enthalten, aber eben nur teilweise; es finden sich lediglich „einzelne[...] Setzungen"[39]. Erst die Ganzheit der menschlichen Sprachen, nämlich die Zusammenfassung ihrer Ideen in einer Universalsprache kann die Idee der Sprache vollkommen widerspiegeln: Universalität ist Ausdruck des Ideals, als einer in ihrer Ganzheit vorhandenen Idee. Nun steht aber bei der geschichtlichen Dimension dieser Idee nicht die Erfassung eines Ursprungs der Sprachen im Vordergrund, sondern die Vorstellung einer zu verwirklichenden Idealsprache gemäß eines triadisch angelegten Geschichtmodells: „Meine Abhandlung über die Sprache ist nicht daran interessiert zu zeigen, von wo die Sprache ausgegangen ist, sondern den Zielpunkt zu zeigen, auf den sie zustreben muß. Dieser ist zugleich der Punkt, von dem sie ausgegangen ist."[40] Kernpunkt von Rückerts Poetologie ist also die Herstellung einer universalen Sprache, nämlich eine in die Erscheinung zu bringende Idee. Die verlorene Einheit der Sprache, mit der auch der Verlust eines Urglaubens einhergeht, soll wiedergewonnen werden. Der Dichter kann diese Einheit der Sprache erfassen, indem er sich des Reims bedient. Für Rückert folgt aber der Reim dem Prinzip der Polarität, das nicht nur in der Sprache, sondern auch in der Natur vorhanden ist: „Die Sprache soll die Universalität ihres Lebens (den Pantheismus) und die Notwendigkeit erkennen! Sie soll sich in Gegensätze, bzw. Pole, aufspalten! Nur in den

---

[36] Wiener erarbeitete den idealphilosophisch geprägten Einfluss während Rückerts Studienzeit. Rückert orientierte sich vor allem an der Idealphilosophie seines Lehrers Johann Jakob Wagner in Würzburg. Vgl. Wiener, Rückerts „De idea philologiae" (Anm. 7), S. 21-51.

[37] Vgl. Rückert, Dissertatio (Anm. 8), Kap. 3, S 4f.

[38] Ebd.

[39] Ebd.

[40] Ebd., Kap. 18, S. 17.

Polen der Sprache sind die Pole der Natur zu erkennen [...]"[41] Das Reimen als poetisches Werkzeug eröffnet damit den Weg zum Erkennen von Welt; Poesie wird Philosophie. Dieser Zusammenhang ruht dabei einem heraklitischen Naturverständnis auf, innerhalb dessen sich die Einheit der Natur in ihren Gegensätzen zeigt. Das von Gegensätzen geprägte Wesen der Natur wird durch das Medium der Sprache erkannt; so wird das Dichten zum eigentlichen Philosophieren. Eben darum heißt es: „Die Philosophie muß zum Spiel mit den Wörtern zurückkehren. Denn mit Wörtern und ihren Bestandteilen, den Buchstaben, zu spielen, heißt, die innersten notwendigen Zusammenhänge der Natur zu berühren."[42] Philosophie wird also zur dichtenden Philosophie, sobald sie ein Sprachspiel mit dem Reim vollzieht. Rückert stellt mit dem Sprachspiel das Modell einer reflexiven Dichtung auf, die durch den Reim das Wesen der Natur zu fassen sucht. Somit ist der reimende Dichter eigentlich Philosoph; das ‚Spiel' mit den Wörtern wird zum ‚ernsthaften Spiel' als einer Suche nach dem, was Welt überhaupt ist.

Wenn Rückert dem Medium der Sprache eine maßgebliche Funktion zur Welterkenntnis zuschreibt, so muss auch in dieser Hinsicht der Einheitssprache als derjenigen, welche die Idee von Sprache verkörpert, eine bedeutsame Rolle zukommen. Wie aber sieht Rückert eine Universalsprache im Konkreten zu verwirklichen? Die dafür geeignete Sprache ist das Deutsche. In der Geschichte der Menschheit, die einen Verlust der Einheit der Völker verzeichnet, entsteht zugleich der Dualismus von Idealität und Realität, für Rückert im Konkreten der Dualismus zwischen Philosophie und Poesie.[43] In der Auflösung dieses Dualismus, der die Integration der Philosophie in die Poesie bzw. Poesie in die Philosophie, d.h. deren innige Vereinigung bedeutet, wird die Universalität wiederhergestellt. Dabei bedeutet Universalität zugleich die der Sprachen als auch die der Nationen. Diese Engführung von Sprache und Nation ist entscheidend: In einer Idealsprache wird zugleich das Ideal einer Universalnation verwirklicht. Die Möglichkeit dieser Verwirklichung sieht Rückert bei der deutschen Sprache gegeben.[44] Diese Vorrangstellung des Deutschen wird durch dessen besondere Fähigkeit zur Integration des Fremden begründet.[45] Sie basiert auf der Annahme, dass die Ideen einer jeden Sprache in der deutschen Sprache bereits enthalten, aber noch

---

[41] Ebd., Kap. 20, S. 18f.
[42] Ebd., Kap. 21, S. 20f.
[43] Vgl. ebd., Kap. 31, S. 31f.
[44] Vgl. ebd., Kap. 32, S. 32f.
[45] Vgl. ebd., Kap. 33, S. 33f.

nicht in Erscheinung getreten sind.[46] Somit zeichnet sich das Deutsche durch den Besitz aller Ideen zugleich durch die Befähigung zur Welterkenntnis aus. Bei der Wiederherstellung der ursprünglichen Einheit soll allerdings keine Auflösung einzelner Identitäten in einer Einheit, sondern die Zusammenführung dieser unter Beibehaltung der Individualität stattfinden. Das bedeutet, dass das Deutsche, sofern in ihm die Ideen aller Sprachen in die Erscheinung treten, unter Integration des Fremden seine Eigenheit behalten muss. Die Methode zur Herstellung einer Einheitssprache ist die Übersetzung.[47] Rückert nennt mit dieser neben dem Reim ein zweites Mittel poetischer Reflexion. Während der Reim auf den Zusammenhang von Dichtung und Natur verweist und Mittel zur Erkenntnis der Polaritätsstruktur ist, ist die Übersetzung der Weg, durch Sprache eine vollkommene Welterkenntnis zu ermöglichen. Indem die Übersetzung poetische Werke anderer Sprachen in die eigene überführt, wird je ein Teil der Idee von Sprache, die in der Erscheinung auf alle Sprachen verteilt ist, und damit ein Teil auf dem Weg zum vollkommenen Naturverständnis in die deutsche Sprache integriert. Die Übersetzung integriert nämlich stets die Idee einer ganzen Sprache bzw. einer ganzen Nation.[48] Dass dabei diese Ideen bereits der deutschen Sprache angehören, lässt zwei Kriterien der Übersetzung entstehen: Zum einen muss sie Fremdes in seiner Eigenheit bewahrend integrieren, zum anderen muss die Eigenheit der deutschen Sprache unter Integration des Fremden aufrechterhalten werden; Individualität darf im Prozess der Integration keine Auflösung erfahren.

Deutlich wird in Rückerts Poetologie, dass Sprache nicht isoliert behandelt wird. Die Sprachkonzeption basiert wesentlich auf der Annahme, dass Sprache und Welt stets in Zusammenhang betrachtet werden müssen, da sie gegenseitig aufeinander verweisen. So kann Sprache in Bezug auf Welt epistemisch fungieren. Zudem erlangt die Zusammenführung von Universalsprache und Totalität von Welt eine besondere Bedeutung, da im Gedanken der Einheit der Nationen zugleich die Verwirklichung eines in der Zukunft anzustrebenden Ideals ausgedrückt ist: das Ideal der Einheit unter Beibehaltung von Individualität. Epistemologische und universalisierende Funktion von Sprache sind als die zwei wesentlichen Merkmale dieser Sprachkonzeption festzuhalten, die neben einer weltanschaulichen Position zugleich eine poetologische Dimension des Werkes Friedrich Rückerts vorführen. Dass dabei der

---

[46] Vgl. ebd., Kap. 37, S. 37f.
[47] Vgl. ebd.
[48] Vgl. ebd., Kap. 38, S. 39.

deutschen Sprache ein Alleinstellungsmerkmal zukommt, hat für eine Deutung durchaus Relevanz. So wird für Rückert nämlich durch den Reim jedes Gedicht Teil des Prozesses des Begreifens von Welt. Jedes einzelne Gedicht muss in ein Kontinuum der philosophischen Reflexion eingeordnet werden. Die Übersetzungen sind ebenfalls ein Prozess, innerhalb dessen nicht lediglich die Integration anderer Werke, sondern die Aneignung von Welt stattfindet. Letztendlich gelangt das dichterische Schaffen auf diese Weise zu einer philosophischen Bedeutung; das Spiel mit der Sprache wird zum eigentlichen Begreifen von Welt und damit zum Philosophieren im eigentlichen Sinn. Das poetische Schaffen ist kein leeres Spiel, sondern es hat eine existentielle Bedeutung[49], was ihm den Charakter eines ‚ernsthaften Spiels‘, eines ‚reflektierenden Spiels‘ verleiht.

Mit dieser Deutung gewinnt die Sprachkonzeption auch ihre zeitpolitische Relevanz. Da dem Deutschen eine besondere Funktion zur Herstellung der Einheit unter den Völkern zukommt und diese Einheit den Weg über die Sprache eines Volkes nehmen muss, basiert die Poetologie Rückerts wesentlich auf der nationalen Idee und einer patriotischen bzw. antinapoleonischen Haltung. Wird eine Universalsprache hergestellt, so werden die Ideen aller Nationen in einer einzigen Nation in Erscheinung gebracht. Sprache ist für jede Nation identitätsbildend. Die Idee einer Nation ist in ihrer jeweiligen Sprache enthalten, weshalb sie auch durch die Übersetzung in eine andere Nation resp. Sprache überführt werden kann. Dies schließt also zugleich ein, dass auch die deutsche Nation durch ihre Sprache eine Idee enthält, die identitätsbildend ist und das Volk in sich eint. Das Deutsche ist dabei eine gegenüber dem Französischen privilegierte Sprache insofern, als sie unter Integration anderer Sprachen ihre Eigenheit zu bewahren vermag. Rückert legte mit seiner *Dissertatio* demnach ein Konvolut aus sprachlicher Anschauung und politischer Aussage vor. Wenn also Rückert knapp drei Jahre später seine *Deutschen Gedichte* veröffentlicht, so kommt im Medium des politischen Gedichts eine politische Aussage doppelt zum Tragen: durch den politischen Inhalt der Gedichte und auch durch die Form, die der Sprachkonzeption seiner Poetologie aufruht. Das Spiel mit der Sprache avanciert zur politischen Stellungnahme schlechthin. Unter diesem Gesichtspunkt kommt auch Rückerts Konflikt zwischen politischem Handeln und dichterischer Betätigung zu einer Lösung. Der Dichter wird durch den spielerischen Umgang mit der Sprache zum politischen Akteur; das Gedicht

---

[49] Auf den „existentielle[n] Ernst", der mit dem Sprachspiel einhergeht, verweist auch Wiener, Rückerts „De idea philologiae" (Anm. 7), S. 14.

wird zur Waffe des Dichters, worauf auch der Titel der *Geharnischten Sonette* verweist. Es erstaunt, dass Rückert, der gemeinhin als ein biedermeierlicher Dichter gilt, mit seiner *Dissertatio*, in der er eine explizite Poetologie vorlegt, weniger biedermeierlich eigentlich nicht sein könnte.

Die politische Dimension der Poetologie Rückerts zeigt sich zudem im Vergleich zu anderen sprachphilosophischen Theorien der Romantik[50] dadurch, dass sie den utopischen Charakter von sich weist. Die Frage nach dem Sprachursprung, der ganz im Geiste der Romantik steht, widmet sich auch bei Rückert dem, was die Idee einer in der Vergangenheit vorhandenen Einheit der Nationen spiegelt. Diese Einheit fußt auf der von Sprache und Religion. Gleichzeitig aber verlagert Rückert den Fokus auf die Wiederherstellung dieses Zustands und stellt die dazu nötige Methode vor. So wird Sprache auf ihren Ursprung hin nicht selbstzweckhaft untersucht, sondern als Mittel der Einigung der Nationen dargestellt. Aus diesem Grund geht es Rückert auch bei der Etymologie weniger um die Erforschung eines gemeinsamen Ursprungs der Sprachen, sondern um die Idee der Einheit, die sich in einer jeden Sprache ausdrückt. Dadurch grenzt sich Rückert von Johann Arnold Kanne und Friedrich Creuzer entschieden ab.[51] Die Methode des Übersetzens zur Wiederherstellung der Universalsprache dient so der Verwirklichung eines Ideals der Einheit, und eben nicht nur von Sprache. Das sprachphilosophische Modell in Rückerts *Dissertatio* erscheint auf diese Weise als ein auf die politische Situation Deutschlands reagierendes poetologisches Programm, das patriotisch ausgerichtet[52] eine Konfliktlösung anstrebt.

---

[50] Eine allgemeine Verortung der *Dissertatio* im romantischen Denken leistete die Studie von Suchy, Rückerts „Idee der Philologie" (Anm. 7). Suchy geht dabei hauptsächlich auf Einflüsse von Johann Arnold Kanne, Johann Jakob Wagner, Friedrich Schlegel, Bernhardi und Fichte ein, aus deren Schriften er eine hypothetische ‚Lektüreliste' Rückerts erstellt. Vgl. ebd., S. 99.

[51] Diese Abgrenzung Rückerts muss jedoch angesichts seiner eigenen etymologischen Praxis als weniger konsistent angesehen werden. Vgl. dazu Wiener, Rückerts „De idea philologiae" (Anm. 7), S. 82f. Zur etymologischen Praxis Rückerts als einer „Poetik der Etymologie" vgl. Stefan Willer: Haki Kraki. Über romantische Etymologie. In: Gabriele Brandstetter/Gerhard Neumann (Hg.): Romantische Wissenspoetik. Die Künste und die Wissenschaften um 1800. Würzburg 2004, S. 393-412, hier: S. 403-412.

[52] Auch Suchy betont den Patriotismus, der sich in der Methode des Übersetzens zeigt: „So wird ihm auch das vielgelästerte Bestreben der deutschen Sprache und des deutschen Volkes, Fremdes sich einzuverleiben, zur hervorragenden Tugend der weltaufgeschlossenen Empfangsbereitschaft. Kosmopolitismus im besten Sinne ist Aufgabe des Deutschtums. Das sind die Schlussfolgerungen dieser begeisterten Gedankengänge, die dem patriotischen Herzen Rückerts entströmen.

Die implizite Poetologie: An die Sprache, Wilder Sommer, Der Mittelpunkt

Die Entwicklung der Sprachkonzeption nicht nur auf die *Dissertatio* beschränkt, sondern auch im poetischen Werk nachvollziehen zu können, lässt Rückerts Bestrebung, zum politischen Zeitgeschehen als Dichter Stellung zu beziehen, noch deutlicher werden. So wird sich zeigen, dass die Sprachkonzeption vom poetischen Werk nicht isoliert betrachtet werden kann. Insgesamt wird so die Bedeutung des Frühwerks für die Konstitution der Poetologie Rückerts noch plausibler.

Als programmatisch kann das Gedicht *An die Sprache* gelten. Dieses ist im Zeitraum zwischen 1810 und 1813 entstanden[53] und deckt sich damit etwa mit der Verfassung der *Dissertatio*. Als Hymnus wird in diesem ein göttliches Idealbild der Sprache gezeichnet, das vom lyrischen Ich als Quelle der dichterischen Inspiration gepriesen wird:

> Reine Jungfrau, ewig schöne,
>> Geist'ge Mutter deiner Söhne,
>> Mächtige von Zauberbann,
>> Du, in der ich leb' und brenne,
>> Meine Brüder kenn' und nenne,
>> Und dich selber preisen kann!
> Da ich aus dem Schlaf erwachte,
>> Noch nicht wußte, daß ich dachte,
>> Gabest du mich selber mir,
>> Ließest mich die Welt erbeuten,
>> Lehrtest mich die Räthsel deuten,
>> Und mich spielen selbst mit dir.
> Spenderin aus reichem Horne,
>> Schöpferin aus vollem Borne,
>> Wohnerinn im Sternenzelt!
>> Alle Höhn hast du erflügelt,
>> Alle Tiefen du entsiegelt,
>> Und durchwandelt alle Welt.
> Durch der Eichenwälder Bogen
>> Bist du brausend hingezogen,
>> Bis der letzte Wipfel barst;

Daran schließt sich notwendig eine Uebersetzungstheorie, die im Wesentlichen auf den Erkenntnissen der älteren Romantik [...] beruht [...]." Vgl. Suchy, Rückerts „Idee der Philologie" (Anm. 7), S. 96. Allerdings scheint dieser Patriotismus bei Suchy anders konnotiert, da er an keiner Stelle auf den zeitpolitischen Kontext Rückerts eingeht.

53 Zu den Angaben zum Entstehungszeitraum der im Folgenden zitierten Gedichte vgl. Rückert, Heyder (Anm. 22), Bd. 3.

Durch der Fürstenschlösser Prangen
Bist du klingend hergegangen,
Und doch bist du, die du warst.
Stürme, rausche, lispl' und säusle!
Zimmre, glätte, hau' und meißle,
Schaffe fort mit Schöpfergeist!
Dir läßt gern der Stoff sich zwingen,
Und dir muß der Bau gelingen,
Den kein Zeitstrom niederreißt.
Mach' uns stark an Geisteshänden,
Daß wir sie zum Rechten wenden,
Einzugreifen in die Reihn.
Viel Gesellen sind gesetzet,
Keiner wird gering geschätzet,
Und wer kann, soll Meister seyn.[54]

Das Gedicht zeigt eine Zweiteilung. Zunächst geht es in den Strophen
eins bis vier um die Sprache selbst. Sie wird in der Variation ihrer Anre-
denamen zu einer göttlichen Person stilisiert („Reine Jungfrau", „Geist'ge
Mutter", „Spenderin aus reichem Horne", „Schöpferin"). Dabei wird zugleich auf deren existentielle Funktion hingewiesen. In Strophe zwei beschreibt das Ich seine Bewusstseinswerdung vom noch nicht reflektierenden hin zum sprachfähigen Wesen. Bewusstsein und Sprache erfahren
dabei eine Kopplung. Erst mit der Sprache wird das lyrische Ich zu einem
Ich, das auf sich selbst reflektieren kann („Gabest du mich selber mir").
Neben der einsetzenden subjektiv ausgerichteten Reflexion geht mit der
Sprache zugleich die Erkenntnis der objektiven Sphäre einher: Durch sie
kann „Welt" begriffen werden, indem die „Räthsel" der Natur gelüftet
werden. Im letzten Vers der zweiten Strophe heißt es: „Und mich spielen
selbst mit dir." Hierbei handelt es sich um eine Andeutung auf das
Sprachspiel. Im spielerischen Umgang mit der Sprache kommt deren epistemologische Funktion zum Tragen: Welt und Natur als Objektebene
werden durch ein reflektierendes Subjekt erkannt. Dieser Gedanke begegnete bereits in der Sprachkonzeption der *Dissertatio*. Es schließen sich im
Gedicht zwei weitere Aspekte aus der *Dissertatio* an: In Strophe drei wird
die Universalität von Sprache, in Strophe vier ihre Idealität hervorgeho-
ben. Die Betonung der Göttlichkeit der Sprache als „Wohnerinn im Ster-
nenzelt" zeigt diese keinesfalls als ein transzendentes Wesen. Vielmehr ist
sie als eine pantheistische Göttin zu verstehen, welche nicht nur die Welt,
sondern das gesamte Universum durchdringt: „Alle Höhn hast du erflü-
gelt, / Alle Tiefen du entsiegel, / Und durchwandelt alle Welt." Dabei ist

---

[54] Ebd., S. 132f.

Sprache auch insofern göttlich, als sie nicht an Zeit und Ort gebunden ist. Ihre Durchdringung der Welt, die als ein in der Vergangenheit stattgefundenes Ereignis dargestellt wird, erfährt in der vierten Strophe weitere Differenzierung. Sprache ist ein Ideal, das keiner Veränderung unterworfen ist. Das wird deutlich, wenn nach ihrem Wirken im Universum festgestellt wird: „Und doch bist du, die du warst." Ihre Unveränderlichkeit zeigt sich besonders durch die Zeichnung eines Bilds, in dem Sprache fähig ist, Widerstände zu überwinden. In einem indirekten Vergleich zum Sturm („brausend hingezogen") durchbricht sie mit Macht das Geäst der Wälder („Bis der letzte Wipfel barst") und durchdringt durch ihren Klang selbst prunkvolle Gebäude („Durch der Fürstenschlösser Prangen / Bist du klingend hergegangen"). Für die einzelnen Sprachen bedeutet dies, dass in deren geschichtlicher Entwicklung zwar Veränderung stattgefunden hat, aber diese nicht das Wesen von Sprache geändert hat. Die Idee von Sprache ist zeit- und ortsunabhängig dieselbe. Und gerade in dieser Hervorhebung des Ideals von Sprache zeigt sich der entscheidende Aspekt der Sprachkonzeption Rückerts, auf dem auch seine *Dissertatio* basiert. Im zweiten Teil, der aus den letzten beiden Strophen besteht, kommt es zu einer Hinwendung zum poetischen Schaffen, das dem lyrischen Ich durch die Sprache ermöglicht wird. Dichtung wird hier als Handwerk betrachtet.[55] Das Bild des Sturms der Sprache wird zunächst weitergeführt („Stürme, rausche, lispl' und säusle!"), um das Ganze in einem darauf folgenden parallel gebauten Vers auf die Tätigkeit im handwerklichen Bereich zu wenden („Zimmre, glätte, hau' und meißle"). Die Sprache wird demnach als Handwerkerin angeredet. Sie hat „Schöpfergeist", mithilfe dessen sie den „Stoff" zu einem „Bau" formt, der ewig Bestand hat. Der zeitliche Aspekt von Sprache kommt hier wieder zum Tragen. Da Sprache eine zeitlose Idealität ist, kann der Dichter aus ihr ein Werk schaffen, das die Zeit überdauert. So gewinnt die Anrede der Sprache als Quelle dichterischen Schaffens ihre Legitimation, indem sie diejenige ist, die das eigentliche dichterische Werk vollbringt. Der Dichter eifert dem Vorbild der Sprache nur nach. Das lyrische Ich gibt sich bereits in der ersten Strophe als Dichter zu erkennen, indem es auf sein Preislied anspielt („Und dich selber preisen kann!"). Dort zählt es sich auch unter die „Söhne" der Sprache, die seine „Brüder" sind. In der letzten Strophe wird dieses Familienverhältnis auf ein berufliches Verhältnis in einer handwerklichen Zunft übertragen. Dabei ist die Sprache die Meisterin der Poesie, von der das lyrische Ich als Dichter zusammen mit anderen Lehr-

---

[55] Dies lässt deutlich das Modell des *poeta faber* erkennen.

lingen lernt. Als „Gesellen" schließlich eifern die Dichter der Sprache nach, um selbst Meister zu werden („Und wer kann, soll Meister seyn."). Dass es sich dabei aber um ein Handwerk geistiger Betätigung handelt, kommt durch die Metapher „Geisteshände[…]" zum Ausdruck. Die Ambivalenz von Geist und Tat, welche diese Metapher in einem Oxymoron veranschaulicht, ist auch für die Bitte bezeichnend, die in der letzten Strophe vom lyrischen Ich an die Sprache für alle angehenden Dichter ergeht („Mach' uns stark an Geisteshänden, / Daß wir sie zum Rechten wenden, / Einzugreifen in die Reihn."). Die Sprache lehrt das dichterische Handwerk, das eigentlich eine Arbeit mit dem Geist ist. Dennoch kommt in der Bitte genauso ein praktischer Aspekt zum Tragen, der das Handeln betrifft. So ist Dichtung schließlich nicht lediglich leeres Wortemachen, sondern befähigt dazu, auf das Geschehen in der Welt zu wirken. Eben dieser poetologische Aspekt des Gedichts unterstreicht Rückerts Verständnis des Dichters als desjenigen, der auf das zeitpolitische Geschehen durch seine Sprachkunst Einfluss nehmen kann.

Auch die Privilegierung der deutschen Sprache, die Rückert in seiner *Dissertatio* begründet, zeigt sich im frühen poetischen Werk. Neben dem Hinweis, den spätere Druckfassungen des Gedichts geben, in denen es sogar mit *An unsere Sprache* überschrieben ist,[56] begegnet in der vierten Strophe das Bild der Sprache als eines Sturms, der durch die Wälder fegt. Hier ist es nicht unbezeichnend, dass von „der Eichenwälder Bogen" gesprochen wird. Die Eichen sind dabei Metonymie für Deutschland. Ging es in den Strophen davor mehr um die Zeichnung eines Ideals der Sprache, wendet sich das lyrische Ich ab Ende der dritten Strophe der Erscheinung der Sprache zu. Dort wird schließlich allgemein von „Welt" gesprochen, wenn der Wirkungsort der Sprache beschrieben wird. Diese Welt wird nun in der vierten Strophe näher expliziert. Auffällig ist dabei, dass dies lediglich unter zwei Gesichtspunkten geschieht: Zum einen wird die Wirkungsmacht der Sprache in der Welt als eine alles durchdringende Kraft vorgeführt, zum anderen beschränkt sich die Beschreibung dieses Bereichs auf Deutschland. Anstelle eine Darstellung der zahlreichen Facetten von Sprache in den verschiedenen Ländern zu geben, wird der Blick bewusst auf den deutschen Wirkungs-

---

[56] Vgl. Friedrich Rückert: Gesammelte Gedichte. 3 Bde. Frankfurt a.M.: Sauerländer, 1843, Bd. 2, S. 105f.; vgl. Friedrich Rückert: Gesammelte poetische Werke. 12 Bde. Frankfurt a.M.: Sauerländer, 1868-69, Bd. 7, S. 4; vgl. zudem Friedrich Rückert: Werke. 6 Bde. Leipzig: Fock, 1897, Bd. 2, S. 75f. Neben der Erlanger Gedichtausgabe bei Heyder trägt das Gedicht noch in einer anderen Ausgabe den Titel *An die Sprache*. Vgl. dazu Friedrich Rückert: Werke. 6 Bde. Stuttgart: Laistner, 1896, Bd. 2, S. 118f.

bereich gelenkt. Ähnlich verfährt Rückert in einem früher entstandenen Gedicht, *Wilder Sommer,* das zwischen 1807 und 1810 entstanden ist:

An dem Himmel Wolkenwogen,
   Windesbrausen in dem Wald,
   Dabei bin ich auferzogen,
   Dieses ist mein Aufenthalt;
   Solchen Sommer liebt mein Sinn,
   Weil ich selbst ein solcher bin.
Wenn die Sonne aus dem Blauen
   Ungedämpft herniederblickt,
   Kann ich frei nicht aufwerts schauen,
   Weil der Glanz mich niederdrückt.
   Fragend sieht das Licht mich an,
   Warum ich nur trauern kann?
Aber wenn in Waldesblättern
   Sturmes Ahnung flüsternd wacht,
   Sich der Himmel regt zu Wettern,
   Und der Donner furchtbar lacht;
   Richt' ich meines Auges Blitz
   Kühn nach dem aus Wolkenritz.
Tag für Tag ein Regenbogen
   Ueber meine Flur gespannt!
   Komm' ich drunter hergezogen,
   Träufl' es auf die heiße Hand;
   Süß ist Regenbogenlicht,
   Weil sein Blick aus Thränen bricht.
Nicht auf regungslosen Feldern
   Schäfer, der die Flöte spielt!
   In den lauten Eichenwäldern,
   Wo der Schütz nach Blute zielt,
   Wo der Falk noch kreischen kann,
   Flieg' ich meine Falkenbahn.
Darum bin ich dir gewogen,
   Dir vor allen, Heimatsland;
   Kühl im Wald mich auferzogen
   Hast du, nicht im Sonnenbrand;
   Was mich wiegen kann in Ruh,
   Sturm und Wolken schenkest du.
Und in deinen deutschen Eichen
   Lehrst du deine Sprache mich;
   Wie sie rauschen, so desgleichen
   Rauschet sie gewaltiglich.
   Nur in deutscher Sprache Braus
   Stürmt das Herz von Grund heraus.[57]

---

[57] Rückert, Heyder (Anm. 22), Bd. 3, S. 29f.

Bereits der Titel verweist auf das Leitmotiv dieses Gedichts, nämlich die Unwetter des Sommers, mit denen sich das lyrische Ich wesentlich identifiziert. Davon handelt der erste Teil des Gedichts, der aus den Strophen eins bis fünf besteht. Zu Beginn der ersten Strophe wird daher einleitend diejenige Szenerie gezeichnet, in der sich das lyrische Ich beheimatet fühlt. „Wolkenwogen", „Windesbrausen" und „Wald" sind die entscheidenden Merkmale dieser Heimat, die durch eine Alliteration in Beziehung zueinander gesetzt werden. Der Wald als der „Aufenthalt" des lyrischen Ichs steht dabei in Kontrast zu den offenen, „regungslosen Feldern", auf welche die Sonne direkt einstrahlt („Ungedämpft herniederblickt"). Neben dem Sturm wird also die Sonne als ein zweites Gesicht des Sommers dargestellt, welches das Gegenbild zum lyrischen Ich ist; das lyrische Ich sieht sich ersterem zugehörig („Solchen Sommer liebt mein Sinn, / Weil ich selbst ein solcher bin."). Der Wald jedenfalls ist eine Art Protektivum, in dem innere Emotionen wie Trauer bewältigt werden können. „Glanz" und „Licht" der Sonne hingegen tragen nicht zur Aufarbeitung der Gefühle bei. So verhindert das Licht der Sonne den Blick in den Himmel, der für die Freiheit des lyrischen Ichs steht („Kann ich frei nicht aufwerts schauen"). Das Verbleiben in der Offenheit des Feldes wird sogar zur eigentlichen Trauer. Dies wird durch die Frage deutlich, die das lyrische Ich von Seiten des personifizierten Lichts an sich provokativ gerichtet sieht („Fragend sieht das Licht mich an, / Warum ich nur trauern kann?"). Es schließt sich eine Schilderung der Situation im Dunkel des Walds an, die durch das Bild des Blicks in den Himmel einen Gegenentwurf zum offenen Feld vorbringt. Der Wald wird nicht als Standort des lyrischen Ichs während eines Unwetters beschrieben, sondern er selbst ist eigentlich derjenige, der ein Unwetter darstellt. Es sind nämlich die Geräusche, die „in Waldesblättern" verursacht werden, welche die Akustik des Waldes zum Sinnbild für den Sturm des Sommers, dem sich das lyrische Ich verwandt fühlt, werden lassen. Nach der einleitenden Standortbestimmung („Aber wenn in Waldesblättern") folgt demnach nicht nur die Beschreibung eines heranziehenden Unwetters („Sturmes Ahnung flüsternd wacht, / Sich der Himmel regt zu Wettern, / Und der Donner furchtbar lacht), sondern auch eine nähere Definition dessen, was mit dem ‚wilden Sommer' eigentlich gemeint ist. Das Entscheidende ist die Bedeckung des Himmels, die im Wald durch das Blätterdach und beim Unwetter durch die Wolken hergestellt wird, wodurch das Licht nicht in das Auge treffen kann. Unter diesem gemeinsamen Aspekt von Wald und Unwetter wird es dem lyrischen Ich ermöglicht des „Auges Blitz / Kühn nach dem aus Wolkenritz" zu richten. Die Metapher „Auges Blitz" verdeutlicht dabei, dass der Blick in den Himmel lediglich unter Voraussetzung einer Abschirmung gegenüber dem Licht, wie im Schatten der Blätter, möglich ist. „Blitz" und „Donner" stehen wiederum sinnbildlich für das Unwetter. Der Schutz vor dem Sonnenlicht kommt auch bei seiner Funktion der Trauerbewältigung in der vierten Strophe durch das Bild des Regenbogens zum Tragen: „Süß ist Regenbogenlicht, / Weil sein Blick aus Thränen bricht." Der Regenbogen ist Symbol für die Vereinigung von Sonnenlicht und Unwetter, von der Sphäre des offenen Felds und des schattigen Walds. Dies zeigt auch das Bild der „heiße[n] Hand", auf die das Licht des Regenbogens gleich eines Regentropfens fällt („Träufl' es"). Die Vorrangstellung des Unwetters gegenüber dem Licht der Sonne zeigt sich dadurch deutlich, dass der Regenbogen nur entstehen kann, sofern dem Sonnenlicht Regen vorhergegangen ist. Dass zudem das „Regenbogenlicht" personifiziert wird, indem jetzt von dessen „Blick" die Rede ist, zeigt eine Verbindung zum Blick in den Himmel des lyrischen Ichs. War dieser in der zweiten und dritten Strophe unter dem Gegensatz von Trauer und Kühnheit aufgetreten, steht der Blick des Regenbogenlichts nun wiederum für Trauer („aus Thränen"), wobei diese zugleich eine Auflösung in der Schönheit des Regenbogens selbst erfährt („Süß ist Regenbogenlicht"). Insgesamt verweist der Blick des Regenbogenlichts also durch dessen Personifikation, aber auch durch die Erwähnung der „Thränen" auf das Auge des lyrischen Ichs, das im Schutz des Walds „[k]ühn" in den Himmel schauen kann. Gleichzeitig steht es im Gegensatz zum Blick des Sonnenlichts („sieht das Licht mich an"), das den Blick des lyrischen Ichs in den Himmel verwehrt. Das Bild des Regenbogenlichts wird so Ausdruck der Identität des lyrischen Ichs, das sich dem ‚wilden Sommer' zugehörig sieht. Auch die fünfte Strophe schließt an diesen Gedanken an. In Abgrenzung zum Flöte spielenden Hirten, der „auf regungslosen Feldern" musiziert, steht wiederum der Wald, diesmal noch konkreter die „lauten Eichenwälder[…]" für eine Lebendigkeit, die sich in der Offenheit des Lichts nicht ereignet. Der Bewegungslosigkeit wird zudem eine Lebendigkeit gegenübergestellt, die auf einem akustischen Eindruck basiert. Dies wird durch das Bild des Flötenspielens eingeleitet, das in Hinblick auf die Laute in den Eichenwäldern verblasst. Dort nämlich ist der „Falk" zu hören, mit dem sich das lyrische Ich vergleicht („Wo der Falk noch kreischen kann, / Flieg' ich meine Falkenbahn."). Der Ort des Fliegens richtet sich somit auf die Sphäre des Walds, aber auch auf die des Himmels, in der sich die Wolken befinden. Die „Falkenbahn" wird somit Bild für die freie Entfaltung, die außerhalb des Walds nicht möglich ist. Als fliegender Vogel befindet sich das lyrische Ich in seinem eigentlichen

Element, nämlich in Höhe von Wolken und Wind. Eine Wende vollzieht sich im zweiten Teil des Gedichts, das aus den letzten beiden Strophen besteht. Dort erfährt der zuvor kontrastiv beschriebene heimatliche Raum des Walds eine Überführung in den Bereich der deutschen Sprache. So wird das „Heimatsland" in der Anrede nochmals mit „Wald", „Sturm und Wolken" sowie den „deutschen Eichen" in Beziehung gesetzt. Die Einleitung der sechsten Strophe („Darum bin ich dir gewogen") verweist auf die Ermöglichung des Flugs, die „im Sonnenbrand" nicht stattfindet. Entscheidend ist dabei, dass nun das gesamte Bild des Unwetters und Sturms sowie die Geräuschkulisse des Walds auf die Wirkung der deutschen Sprache übertragen werden. Es sind die „deutschen Eichen" der Heimat, in denen das lyrische Ich die Sprache erworben hat („Lehrst du deine Sprache mich"). Sprache wird also direkt mit Natur verknüpft. Nun wird ein Vergleich von deutscher Sprache und der Akustik des Walds gezogen: „Wie sie rauschen, so desgleichen / Rauschet sie gewaltiglich." Diese Beleuchtung der akustischen Seite von Sprache ergibt schließlich die Funktion der deutschen Sprache als derjenigen, welche die Gefühle in Einklang bringen kann: „Nur in deutscher Sprache Braus / Stürmt das Herz von Grund heraus." Die Assoziierung der Sprache mit einem Unwetter steht also bezeichnenderweise am Ende des Gedichts und erklärt letztlich auch, wie der Titel zu deuten ist; der ‚wilde Sommer' wird Metonymie für die Wirkungsmacht der deutschen Sprache. Das Element der Luft, durch das die Sprache charakterisiert wird, stellt die Verbindung zu den vorhergegangen Bildern des Windes her. Zum Wortfeld der Luft gehören das Unwetter, der Sturm, die Wolken, der Himmel, das Blätterrauschen, die Vögel und auch die Flöte des Hirten als Blasinstrument.

Eine poetologische Dimension gewinnt nun das Gedicht durch die Abgrenzung des lyrischen Ichs vom Flöte spielenden Hirten. Dieser musiziert nicht in der Sphäre des Walds, sondern auf den Feldern. Dadurch befindet er sich nicht im Wirkungsbereich der Sprache, was sich auch durch seine Instrumentalmusik zeigt. Das lyrische Ich hingegen kann sich der Sprache bedienen. Im Bild des Musizierens ist das lyrische Ich also kein Instrumentalmusiker, sondern Sänger, das bedeutet Dichter. Die „Falkenbahn", in der sich das lyrische Ich in der Sphäre der Luft frei bewegen kann, wird so Ausdruck für den Dichter, der sich der Sprache frei bedienen kann. Das Spiel mit den Wörtern beim Dichten ist dabei ein Sprachspiel, das die Funktion der Gefühlsbewältigung einnimmt. Dahingehend gelangt die Metapher des Regenbogenlichts auf eine neue Ebene. Dieses ist deshalb „[s]üß", da es für die gelöste Trauer steht. Voraussetzung des Regenbogens ist das durch den Regen ‚blickende' Sonnenlicht. Da das vorhergegangene Unwetter für der „Sprache Braus" steht, ist der Regenbogen Symbol für die Auflösung der Trauer im Spiel mit der Sprache. Das „Regenbogenlicht" wird so Metapher für Dichtung, die gefühlsbewältigend fungiert. Gleichzeitig ist er Zeichen dafür, dass diese innere Ruhe nur eintritt, sofern der Regenfall vorhergegangen ist. Dies zeigt sich auch in der Anrede des personifizierten Deutschlands als Erzieher: „Was mich wiegen kann in Ruh, / Sturm und Wolken schenkest du." Bewusst ist das Bild der Kinderwiege in hohem Kontrast zum lauten Unwetter und der Dunkelheit des bedeckten Himmels gewählt, um die Wirkungsweise der Sprache deutlich zu machen. Insgesamt drückt das Gedicht eine tiefe Verbundenheit zur Natur aus. Heimat und Sprache werden durch die reich vorhandenen Naturbilder selbst als Teil von Natur dargestellt. Dass sich so auch ein Zusammenhang von Natur und Dichtung ausdrückt, kann auf die naturdeutende Funktion des Reims verweisen, die in der *Dissertatio* begegnet. Gleichzeitig lässt es eine Anschauung der Natur als Quelle poetischen Schaffens vermuten. Das Alleinstellungsmerkmal der deutschen Sprache in Bezug auf die Umsetzung einer Universalsprache wird jedenfalls sehr deutlich durch die Beschränkung der dichterischen Gefühlsbewältigung auf das Deutsche („Nur in deutscher Sprache […]"). Durch die besondere Bedeutung, die dem Deutschen innerhalb der Poetologie zugewiesen wird, zeigt sich ein Patriotismus, der auf der Sprachkonzeption beruht. Die Legitimierung des Patriotismus erfolgt durch die sprachphilosophische Theorie, die zugleich eine Vermittlung der Nationen andenkt.[58] Diese Verknüpfung von Sprache und politischem Denken kann als entscheidendes Merkmal der Poetologie Rückerts festgehalten werden.

Dabei stellt sich die Frage, wie dies mit den biedermeierlichen Gedichten des frühen Werkes zusammenbracht werden kann. Aber genauso wie die Bezeichnung ‚Biedermeier-Lyrik' wäre das Schlagwort ‚Patriotismus' ebenfalls nicht zureichend, um Rückerts frühe Lyrik zu bestimmen. Vielmehr muss gefragt werden, inwiefern sich beides ineinanderfügen kann, um so das Bild des biedermeierlichen Rückert zu relativieren und damit ein Gesamtbild zu ergeben, das diesem mehr gerecht wird. Das Gedicht *Der Mittelpunkt*, 1810 entstanden, zeigt exemplarisch, wie Rückert als Dichter zwischen Biedermeier und Patriotismus oszilliert und diese Größen dabei austariert:

---

58 Zu Rückert als Weltversöhner und Nationalist zugleich vgl. Wiener, Rückerts „De idea philologiae" (Anm. 7), S. 18f.

Deutschland in Europas Mitte,
    Und in Deutschlands Mitte Franken,
    In des schönen Frankenlandes
    Mitte liegt ein schöner Grund.
In des schönen Grundes Mitte
    Liegt ein schöner schöner Garten;
    In des schönen Gartens Mitte
    Liegt der Allerschönsten Haus.
Fragt ihr noch, warum ich immer
    Mich um dieses Häuschen drehe,
    Als um meines Vaterlandes
    Allerschönsten Mittelpunkt?[59]

Das Gedicht erhält seinen eigentümlichen Charakter durch die Dynamik des Drehens, in der das Haus der Geliebten eine topografische Zentrierung vom Politischen hin zum Privaten erfährt. So wird es, wie die Auflösung des Rätsels im letzten Wort des Gedichts offenbart, zum „Mittelpunkt" dessen, was in der ersten Strophe noch als mehr allgemeine geografische Beschreibung erschien. Das Haus ist also Dreh- und Angelpunkt, aus dem heraus der Gedichtaufbau bestimmt wird. Dabei leitet die erste Strophe das Gedicht nicht im Sinne des Häuslichen ein. Hier geht es zunächst um die Verortung von „Deutschland", das „in Europas Mitte" liegend als eigene Mitte „Franken" hat. Diese Zentrierung von Deutschland im europäischen sowie die Zentrierung Frankens im nationalen Raum ist Ausdruck eines national-regionalen Patriotismus, der von der nationalen Idee geleitet wird. Im Folgenden geht es aber nun um die Frage, was denn den eigentlichen, nämlich den „[a]llerschönsten Mittelpunkt" dieser geografischen Räume darstellt. Die zweite Strophe klärt dies, indem der Fokus auf „Garten" und „Haus" wandert. Diese Verschiebung wird durch den Aufenthalt der Geliebten begründet, die lediglich als „Allerschönste[...]" genannt wird. Der Deminutiv „Häuschen" offenbart dabei, dass die Geliebte die Bedeutung dieses verhältnismäßig kleinen Raumes als Mittelpunkt Deutschlands legitimiert. Die Größendimensionen der Räume verwischen angesichts der immensen persönlichen Bedeutung, die das Haus der Geliebten beherbergt; auf diese Weise erscheint schließlich das Haus als ein *locus amoenus*, der als Ort der Idylle fernab von Raum und Zeit existiert. Durch die Überführung des politischen Bereichs in den privaten entsteht eine Spannung zwischen Nationalem und Persönlichem, die den Patriotismus in einem idyllenhaft-verklärten Gewand zeigt. Die Suche nach dem Mittelpunkt des „Vaterlandes" wird eine Suche nach der

---

[59] Rückert, Heyder (Anm. 22), S. 38.

persönlichen Mitte des lyrischen Ichs. Insgesamt erscheint so das ‚Drehen' des lyrischen Ichs als eine Überhöhung des Privaten und der Liebe insofern, als dadurch der Patriotismus eine Begründung erfährt. In dieser Darstellung des Hauses als Zentrum des Politischen und Privaten avanciert das Gedicht zum Ausdruck einer ‚Biedermeier-Anakreontik', durch deren Brille das patriotische Denken nur uneigentlich durchscheint.[60] Dennoch darf angesichts des Biedermeierlichen das Patriotische des Gedichtes nicht gänzlich nivelliert werden. Ein Brief an Jean Paul aus dem Jahr 1811 gibt Aufschluss darüber, wie Rückert dieses Gedicht betrachtet hat:

> Noch ein Wort habe ich beizufügen über das Extrablättchen. Das Spielwerk, dem es zum Träger dient, der Mittelpunkt überschrieben, wollte ich Ihnen beilegen, weil es mich, wenigstens von fern her, als Ihren Landsmann legitimieren soll. Vielleicht ist Ihnen bekannt, wo die Baunach fließt; dort sind auch diese Lieder geflossen. Wegen der Dissertation, die ich zugleich beizulegen mir die Freiheit nehme, bitte ich Sie, wenn Sie ungefähr Lust haben sollten, hinein zu schaun, um großmüthige Verzeihung des sich ungebührlich breitmachenden Sprachwitzes, dem Sie selbst ja ein Wort in der Noth geredet haben vor Kanne's Werk, mit dem übrigens mein dünnleibiges Werkchen sich so wenig an Gehalt als an Umfang zu messen gedenkt.[61]

Sowohl die Anrede Jean Pauls als „Landsmann" als auch der direkte Verweis auf die Baunach als Inspirationsquelle zeigen, dass *Der Mittelpunkt* in einen regional-fränkischen Kontext einzuordnen ist. Dies wird auch durch die ursprüngliche Widmung an Agnes Müller sowie die Verwendung von „Baunachsgrund" im fünften Vers der Handschrift belegt.[62] Für das Gedicht ist also eine Überlappung von lyrischem Ich und Autor-Ich anzudenken, was generell für die Gedichte Rückerts charakteristisch ist.

---

[60] Zur These von Rückert als repräsentativen Vertreter der ‚Biedermeier-Anakreontik' vgl. Friedrich Sengle: Biedermeierzeit. Deutsche Literatur im Spannungsfeld zwischen Restauration und Revolution 1815-1848. 3 Bde. Stuttgart 1971-80, Bd. 2, S. 514-516. Diese These wird gestützt von Walter Schmitz: Vom Patriotismus zur Weltversöhnung. Friedrich Rückerts *Der Mittelpunkt* und August von Platens *Das Grab im Busento*. In: Albrecht Weber (Hg.): Handbuch der Literatur in Bayern. Vom Frühmittelalter bis zur Gegenwart. Geschichte und Interpretationen. Regensburg 1987, S. 275-287. Dort analysiert Schmitz die „Stileigenheiten anakreontischer Poesie" des Gedichts *Der Mittelpunkt*. So begründe „die Rätselform allein den Inhalt", nämlich den „Übergang in die private Sphäre". Zu den anakreontischen Elementen zählen ferner die „Vertauschung der Prioritäten, die witzige Reduktion von weltgeschichtlichen Größen auf eine kleinhäusliche Dimension, die gesellige Sprechsituation und das raffinierte Spiel mit den geselligen und volkstümlichen, einfachen Formen der Poesie und schließlich auch der anschmiegsame vierhebige Trochäus […]". Vgl. ebd., S. 279.

[61] Briefe (Anm. 17), S. 14f.

[62] Vgl. Schmitz, Patriotismus (Anm. 60), S. 278.

Neben dieser biografischen Dimension deutet der Brief zudem eine poetologische an. Die Bezeichnung des Gedichts als „Spielwerk" macht es plausibel, dieses mit der *Dissertatio*, die ebenfalls dem Brief beigelegt worden ist, in Verbindung zu bringen. Wenn das lyrische Ich seinen persönlichen Mittelpunkt innerhalb des Gedichts verortet, so ist es der Schreibprozess, innerhalb dessen das Verhältnis von Politischem und Privatem ausgelotet wird, um so zum Ausdruck des persönlichen Standpunktes zu finden. Dazu dient das Spiel mit den Wörtern beim Dichten, dessen Ergebnis eben ein „Spielwerk" ist. Dieses Spiel jedoch ist ein ,ernsthaftes Spiel', in dem es nicht um selbstzweckhafte Sprachgebilde, sondern um eine Verständigung über Fragen von persönlicher Relevanz geht. Die Drehung, die sich in der Verlagerung des Fokus des lyrischen Ichs vollzieht, kann als Sinnbild für das Sprachspiel, das in diesem Gedicht stattfindet, genommen werden. Dieses Drehen bzw. das Spielen hat dabei die Funktion der Verhandlung von Existentiellem inne. Der Weg zur persönlichen Mitte erfolgt also über die Sprache. Dass dabei allerdings ein ,Umweg' über die politische Ebene genommen wird, steht bezeichnend dafür, dass der Versuch unternommen wird, zu einem Ausgleich von Politischem und Privatem zu gelangen; überhaupt lebt das Gedicht ja von seinem Rätselcharakter, der ohne Einbezug von beidem nicht gegeben wäre. Das Gedicht zeigt damit anschaulich, wie sich Patriotismus und heimatliche Idylle überlagern. So wird das Politische nicht gänzlich ausgeblendet, sondern vielmehr erfährt es eine Integration in den privaten Bereich. So erfolgt eine eigenwillige Legitimierung, aber zugleich auch Aufhebung des Patriotismus. Diese Verschränkung kann so vielleicht überhaupt als paradigmatisch für das gesamte Werk Rückerts gelten. Für Rückert scheint es sich nicht gegenseitig auszuschließen, eine patriotische Idylle zu kreieren, als ,Freimund Reimer' die Idee der deutschen Nation zu propagieren und als Übersetzer das Programm der Weltversöhnung[63] zu verfolgen.

Fazit

Rückerts Poetologie des ,existentiellen Spiels', die sich im frühen Werk explizit und implizit nachweisen lässt, kann ein für sein Werk universales Programm darstellen. Die sprachphilosophische Theorie ergibt dabei eine Konstitutive für seine reges poetisches Schaffen, aber auch seine

---

[63] Vgl. Annemarie Schimmel: Weltpoesie ist Weltversöhnung. Schweinfurt 1967 (Veröffentlichungen des Fördererkreises der Rückert-Forschung).

Übersetzungsprojekte. Im Kontext des zeitpolitischen Geschehens macht die *Dissertatio* angesichts der nach ihr auftretenden politischen Lyrik darauf aufmerksam, dass im Hinblick auf ein ‚Lebensprogramm' auch das Bild des Biedermeier-Schriftstellers überdacht werden muss. Diese These eines für das gesamte Werk verbindlichen poetologischen Programms, das im Kontext des frühen Werks entstand, eingehend nachzuweisen, steht dabei allerdings noch aus.

Fernklingende Poesie

Friedrich Rückerts Idee einer versöhnenden Weltpoesie und seine Spracherweiterungen unter dem Zeichen der Weltliteratur

von

Arne Klawitter

Von Friedrich Rückert heißt es, dass er ein „Sprachgenie" gewesen sei, das in nur jeweils sechs bis acht Wochen eine neue Sprache erlernen konnte und schließlich insgesamt gut 40 Sprachen beherrscht habe.[1] Die diesem Phänomen zugrunde liegende Methode war ebenso mühsam wie zeitraubend, aber, wie sein Beispiel zeigt, zweifellos effektiv. Sie bestand darin, einschlägige Elementarbücher und Lexika eigenhändig abzuschreiben, und so verfuhr er mit griechischen Grammatiken, mit lateinischen und slawischen Kompendien, und in gleicher Weise ging er auch mit persischen, türkischen und arabischen Lehrbüchern vor. Außerdem lernte er Hebräisch, Sanskrit, Syrisch, Aramäisch, Koptisch, Albanisch, Litauisch, Finnisch, Äthiopisch, Afghanisch, Altpersisch, Malaiisch, Armenisch und sogar einige südindische Sprachen wie Tamilisch; ganz zu schweigen vom Englischen, Französischen, Italienischen, Spanischen und Portugiesischen, wobei man vermuten darf, dass selbst diese lange Liste seiner Sprachfähigkeiten keineswegs vollständig ist.

Das Chinesische beherrschte Rückert allerdings nicht. Seine Übertragung der chinesischen Gedichtsammlung *Shijing*[2] basiert statt auf dem Original auf einer lateinischen Übersetzung des Jesuitenpaters Lacharme, die, obwohl bereits 1733 angefertigt, erst 1830 veröffentlicht wurde, da sie nach dessen Tod lange Zeit in der Pariser Sternwarte lagerte, weil man sie seinerzeit irrtümlich der astronomischen Literatur zugeordnet hatte.[3] Bei Lacharmes Versuch handelt es sich allerdings nicht um eine Inter-

---

[1] Vgl. Conrad Beyer: Friedrich Rückert. Ein biographisches Denkmal. Frankfurt/ M. 1868, S. 304.

[2] Schi-King. Chinesisches Liederbuch, gesammelt von Confucius, dem Deutschen angeeignet von Friedrich Rückert. Altona 1833.

[3] Confucii Chi-King, sive Liber carminum. Ex latina P. Lacharme interpretatione edidit Julius Mohl. Stuttgart 1830.

linearversion, wie es dann später bei Albert Ehrenstein fälschlicherweise heißt,[4] sondern um eine lateinische Prosaübersetzung, weshalb im Falle Rückerts eher von einer Nachdichtung des *Shijing* gesprochen werden sollte und nicht von einer wortgetreuen Übertragung; eine solche wurde erst 1880 von dem Sinologen Viktor von Strauß erstellt und auch publiziert. Anzumerken ist, dass davor bereits eine weitere Bearbeitung des Originals durch Johann Cramer (*Schi-King, oder Chinesische Lieder, gesammelt von Confucius. Neu und frei nach P. Lacharmes lateinischer Übertragung bearbeitet. Fürs deutsche Volk herausgegeben* (1844)) existierte, die allerdings so gut wie keine Beachtung fand und bedeutungslos blieb. Großen Einfluss auf die Sinologie hatte hingegen die englische Übersetzung von James Legge aus dem Jahre 1871 mit dem Titel *The She-Ching or Book of Poetry*.

Während die Übersetzung von Strauß die volle Akzeptanz der Sinologen fand und von ihnen bis heute hoch geschätzt wird, wie z.B. von Günther Debon,[5] kritisierten Dichter wie Ehrenstein sie vor allem auf Grund ihrer poetischen Ausdruckslosigkeit und ihres spröden Geistes[6] und verkannten damit die Strauß'sche Intention, dessen Ziel es gewesen war, die chinesischen Lieder in größtmöglicher Nähe zum Original wiederzugeben. In der Einleitung heißt es nicht nur, dass er „überall sinngetreu, dann aber auch möglichst wörtlich [...] übersetzen"[7] wolle: Strauß übernahm außerdem die Anordnung, Reihenfolge und Einteilung seiner Vorlage in vier Gruppen, und auch hinsichtlich des Vers- und Strophenbaus sowie des Reimschemas bemühte er sich um eine „getreue Nachbildung"[8] der ursprünglichen Form. Dazu führte er ein Prinzip ein, das seitdem viele Übersetzer beibehalten haben: Jede Silbe bzw. jedes chinesische Wort wird von ihm mit einer Hebung wiedergegeben.[9] In der Regel umfasst jede einzelne Zeile eines chinesischen Liedes vier Schriftzeichen, die jedes für sich einem Wort entsprechen. Alle diese Wörter sind gewöhnlich „inhaltsschwer" und müssen, weil sie sich nicht durch vier

---

4   Albert Ehrenstein: Werke. Band 3/I: Chinesische Dichtungen. Lyrik. Hg. von Hanni Mittelmann. Wien 1995, S. 107.

5   Vgl. Günther Debon: Chinesische Dichtung. Geschichte, Struktur, Theorie. Leiden, Köln 1989 (Handbuch der Orientalistik, 4,2,1), bes. S. 218.

6   Ehrenstein nennt sie die im Vergleich zu Rückerts Nachdichtung „philologisch wertvollere, dichterisch schwächere Professorenarbeit"; Albert Ehrenstein: Schi-King. In: Ehrenstein, Chinesische Dichtungen (Anm. 4), S. 142.

7   Schi-King. Das kanonische Liederbuch der Chinesen. Übersetzt von Victor von Strauß. Heidelberg 1880, S. 60.

8   Ebd.

9   Vgl. dazu Debon, Chinesische Dichtung (Anm. 5), S. 208.

(zudem einsilbige) deutsche Begriffe wiedergeben lassen, im Deutschen durch Füllwörter ergänzt werden, die aber nicht betont werden dürfen: „Allein ein chinesisches Wort füllt auch das Ohr ganz anders, als etwa eine unserer kurzen oder halbkurzen unbetonten Silbe. Daher scheint es dem chinesischen Verse am nächsten zu kommen, wenn für jede seiner wuchtigen Silben im Deutschen ein einfacher Versfuß gesetzt wurde."[10] Daraus ergibt sich als Metrum ein Jambus oder Trochäus.

Bei allen Bemühungen um Formtreue steht für Strauß die Sinntreue trotzdem an erster Stelle. Selbst wenn manchmal die wörtliche Bedeutung zurückstehen musste, war dieser Kompromiss dem Umstand geschuldet, dass zumindest „der volle Sinn des Verses getreu wiedergegeben wurde".[11]

Rückert hingegen war es nicht möglich, eine solche Forderung zu erfüllen. Bereits die lateinische Übertragung von Lacharme war, wie Strauß selbst einmal anmerkte, „voller Fehler und Missverständnisse" und in vielen Fällen „nur Umschreibung des ungefähren Sinnes".[12] Im Gegensatz zum sprachkompetenten Sinologen ging Rückert von vornherein mit einer viel größeren Formfreiheit an seine Nachdichtung heran. Er löste sowohl die ursprüngliche Einteilung der Lieder als auch ihre Reihenfolge auf und stellte die Gedichte um, indem er sie bestimmten Themen und Motiven entsprechend neu gruppierte. Frei seiner Phantasie folgend, ergänzte er einige Gedichte oder paraphrasierte andere. Im Großen und Ganzen kann man sagen, dass Rückert in seiner Nachdichtung versucht hat, die chinesischen Lieder einzudeutschen, d.h. sie der deutschen Sprache und dem deutschen Geschmack anzueignen.

Ebenso neu ist das Vorspiel mit dem Titel „Die Geister der Lieder", in dem er seine Auffassung über die Weltpoesie gleichermaßen ‚weltpoetisch' darlegt und in dem er eine Reihe von Motiven zusammenbringt, um die historische und dichterische Bedeutung seiner Nachdichtung zu unterstreichen. Die Stimmen der Lied-Geister sind dabei in direkter Rede an den Leser gerichtet:

Wie mancher ist an diesem Ort
Unachtsam schon vorbeigegangen,
Und hat nicht den vergrabnen Hort
Geahnet, der hier liegt gefangen.
Und wirst auch du vorübergehen

---

10 Schi-King, übers. von Strauß (Anm. 7), S. 59f.
11 Ebd., S. 61.
12 Ebd., S. 58.

Und nicht vernehmen unser Flehen,
So werden wir noch lang' hinfort
Zum Leben nicht erstehen.[13]

Das *Shijing* wird als ein geistiger Schatz dargestellt, als ein „Hort", was offensichtlich auf das *Nibelungenlied* anspielt – eine Wortwahl, durch die Rückert die chinesische Volksdichtung bewusst dem deutschen Nationalepos an die Seite zu stellen sucht. Die Bergung eines solchen Schatzes verlangt vom Dichter, zum Bergmann zu werden, dem die Geister zurufen: „O grabe doch und dring' herein / Und laß nicht hart Gestein dich schrecken!",[14] womit sie auch den Leser zur Fahrt in die Erzgrube drängen. Es folgen Bilder einer Geisterbeschwörung und der Befreiung der im unterirdischen Grab gefangenen Geister der Lieder durch das lyrische Verfasser-Ich, die allerdings nur dadurch möglich geworden ist, dass im Gegenzug die Geister das Ich von seinem „Wahne" erlösten, „daß am gelben Flusse [...] Nichts blühe zum Genuße." Dies liest sich wie eine Reaktion auf das überkommene Vorurteil China gegenüber, wie es z.B. noch bei Herder und anfangs auch bei Goethe zu finden ist.[15] Offen bleibt, ob das Ich hier stellvertretend für den deutschen Gelehrtengeist oder für Rückert spricht (beide Leseweisen wären möglich), denn spätestens gegen Mitte der 1820er Jahre hatte sich das China-Bild unter den deutschen Gelehrten deutlich verändert. Im „Vorspiel" heißt es dazu:

Denn was in Schauspiel und Roman
Mir kam vom Wesen der Chinesen,
Das sprach mich doch auch gar nicht an,
Ich hab's, aufrichtig, nie gelesen.
Und jetzo seh' ich's um mich walten,
Sich glänzend einen Lenz entfalten,
Mir eine Neuwelt aufgethan
In der urält'sten alten.[16]

---

[13] Rückert, Schi-King (Anm. 2), S. 2.
[14] Ebd.
[15] Herder war der Auffassung, dass China, weil es sich allem Fremden gegenüber verschlossen habe, mit der Kultur des Abendlandes unvereinbar sei, weshalb es (wie Ägypten) als ein Symbol für den Untergang angesehen werden könne: „Das Reich ist eine balsamirte Mumie, mit Hieroglyphen bemalt und mit Seide umwunden; ihr innerer Kreislauf ist wie das Leben der schlafenden Winterthiere."; Johann Gottfried Herder: Ideen zur Philosophie der Geschichte der Menschheit. In: Herders sämtliche Werke: Hg. von Bernhard Suphan. Bd. 14. Hildesheim 1967 [Nachdruck der Ausgabe Berlin 1909], S. 13. Das Bild Chinas als Mumie prägte die Vorstellungen der deutschen Gelehrten im 19. Jahrhundert über dieses Land, obgleich Herder später bestrebt gewesen war, die Auffassung von einem erstarrten China in seiner *Adrastea* (1801-03) wieder zu korrigieren.
[16] Rückert, Schi-King (Anm. 2), S. 4.

Die poetische Welt Chinas kann sich ihm eröffnen, weil es einen vereinenden Geist gibt, der in verschiedenen Zungen redet, wie es in seiner „Ermutigung zur Übersetzung der Hamâsa"[17] (1828) heißt: Sprachen, Literaturen sind für Rückert ein „Gewächs aus Einem Kern".[18] Keineswegs ist

> der Liebe Morgenroth
> Von China's Mauer ausgeschlossen;
> Auch dort liebt Liebe bis in Tod,
> Und treu bleibt Treue, selbst verstoßen;
> Und alle starken Herzensbande
> Um Kinder, Eltern und Verwandte,
> Und Ahnen, hoch der Lebensnoth
> Entrückt zum Götterstande.[19]

Für Rückert gibt es in der Dichtung keine Mauern und Barrieren, denn in ihr waltet ein universaler Weltgeist. Die beiden letzten Zeilen des „Vorspiels" fassen den Grundgedanken seiner Nachdichtung in diesem Sinne exemplarisch zusammen:

> Daß ihr erkennt: Weltpoesie
> Allein ist Weltversöhnung.[20]

Weltliteratur und Weltpoesie

Rückert spricht an der eben zitierten Stelle seiner *Schi-King*-Nachdichtung ausdrücklich von „Weltpoesie" und nicht von „Weltliteratur" wie Goethe. Bemerkenswert ist in diesem Zusammenhang, dass sich Goethe durch die Lektüre eines chinesischen Romans, und zwar des aus der frühen Qing-Zeit (Mitte des 17. Jh.) stammenden Sittenromans *Yu jiao li*, den er in französischer Übersetzung las,[21] dazu anregen ließ, Eckermann gegenüber seine berühmt gewordenen Worte über eine bevorstehende „Epoche der Welt-Literatur" zu äußern:

---

17 Vgl. Friedrich Rückert: Ermutigung zur Übersetzung der Hamâsa. In: ders.: Hamâsa oder die ältesten arabischen Volkslieder, gesammelt von Abu Temmân. Hg. von Wolfdietrich Fischer. Bd. 1. Göttingen 2004 (Schweinfurter Edition), S. 49f., hier S. 49.
18 Rückert, Schi-King (Anm. 2), S. 5.
19 Ebd.
20 Ebd., S. 6.
21 Lu-kiao-li, ou, Les deux cousines. Roman chinois, trad. [Jean Pierre] Abel-Rémusat. Paris 1826. Die erste datierte chinesische Ausgabe stammt aus dem Jahr 1658. Eine deutschsprachige Neuübersetzung wurde von Anna von Rottauscher unter dem Titel *Rotjade und Blütentraum. Ein chinesischer Liebesroman* (Wien 1941) veröffentlicht.

Ich sehe immer mehr [...], daß die Poesie ein Gemeingut der Menschheit ist, und daß sie überall und zu allen Zeiten in hunderten und aber hunderten von Menschen hervortritt. [...] Aber freilich wenn wir Deutschen nicht aus dem engen Kreise unserer eigenen Umgebung hinausblicken, so kommen wir gar zu leicht in diesen pedantischen Dünkel. Ich sehe mich daher gerne bei fremden Nationen um und rate jedem, es auch seinerseits zu tun. National-Literatur will jetzt nicht viel sagen, die Epoche der Welt-Literatur ist an der Zeit und jeder muß jetzt dazu wirken, diese Epoche zu beschleunigen.[22]

In der Goethe-Forschung ist viel darüber gestritten worden, ob die Sätze, die Goethe dann seiner Vision nachreichte, eine Zurücknahme des Projekts „Weltliteratur" bedeuten; mit Sicherheit aber implizieren sie eine Einschränkung:

Aber auch bei solcher Schätzung des Ausländischen dürfen wir nicht bei etwas Besonderem haften bleiben und dieses für musterhaft ansehen wollen. Wir müssen nicht denken, das Chinesische wäre es, oder das Serbische, oder Calderon, oder die Nibelungen; sondern im Bedürfnis von etwas Musterhaftem müssen wir immer zu den alten Griechen zurückgehen, in deren Werken stets der schöne Mensch dargestellt ist. Alles übrige müssen wir nur historisch betrachten und das Gute, so weit es gehen will, uns daraus aneignen.[23]

Goethe bleibt bis zum Ende seines Lebens Klassiker und damit dem Griechischen verpflichtet. Für ihn bedeutet Weltliteratur nicht gleichzeitig Entgrenzung. Wenn die Grenzen der Nationalliteraturen überschritten werden, dann nur unter der Voraussetzung, dass ihre jeweilige Individualität erhalten bleibt und dass sie als geistige Individuen miteinander kommunizieren, um ihre Differenzen abzubauen.[24] Goethe kommt es vor allem darauf an, einer Ermüdung des Geistes entgegenzuwirken: „Eine jede Literatur ennüyiert sich zuletzt in sich selbst, wenn sie nicht durch fremde Teilnahme wieder aufgefrischt wird."[25]

---

[22] Johann Wolfgang von Goethe: Sämtliche Werke. Briefe, Tagebücher und Gespräche. Abt. 2. Bd. 39: Johann Peter Eckermann: Gespräche mit Goethe in den letzten Jahren seines Lebens. Hg. von Christoph Michel. Frankfurt/M. 1999 (Bibliothek deutscher Klassiker, 167), S. 223-228, hier S. 224f. Das Gespräch ist auf den 31. Januar 1827 datiert.

[23] Ebd., S. 225.

[24] Vgl. dazu Goethes Bemerkungen in einem Brief an Sulpiz Boisserée, Weimar, 12. Oktober 1827, wo es heißt, dass „[...] dasjenige, was ich Weltliteratur nenne, dadurch vorzüglich entstehen wird, wenn die Differenzen die innerhalb der einen Nation obwalten, durch Ansicht und Urtheil der übrigen ausgeglichen werden."; Sulpiz Boisserée: Briefwechsel/Tagebücher. Mit einem Nachwort von Heinrich Klotz. Göttingen 1970 (Deutsche Neudrucke. Reihe Texte des 19. Jahrhunderts), S. 486-488, hier S. 486.

[25] Johann Wolfgang von Goethe: Bezüge nach außen. In: ders.: Sämtliche Werke. Briefe, Tagebücher und Gespräche. Abt. 1. Bd. 12: Bezüge nach außen. Hg. von

An anderer Stelle, wo sich Goethe zum Ideal der höheren Bildung äußert, kommt sein unnachgiebiges Festhalten am Leitbild der Klassik noch stärker zum Ausdruck: „Möge das Studium der griechischen und römischen Literatur immerfort die Basis der höheren Bildung bleiben." Und er fügt hinzu: „Chinesische, Indische, Aegyptische Althertümer sind immer nur Curiositäten; es ist sehr wohlgethan sich und die Welt damit bekannt zu machen; zu sittlicher und ästhetischer Bildung aber werden sie uns wenig fruchten."[26]

Für Friedrich Rückert war das Orientalische zu keiner Zeit bloß eine Kuriosität. Ohne Goethes dichterische Leistung in Zweifel ziehen zu wollen, die seine Divan-Nachdichtung darstellt, muss dennoch festgehalten werden, dass es Rückert war und nicht Goethe, der die deutsche Dichtung im fernen Orient wirklich ankommen ließ. Für Rückert bedeutet „Weltliteratur" in erster Linie Aneignung der Literaturen anderer Völker. Der Geist der Poesie ist für ihn weder durch nationale Grenzen festgelegt, noch ist er kulturgebundenen Bildungsidealen verpflichtet. Während Wieland, der nachweislich vor Goethe den Begriff „Weltliteratur" verwendete,[27] ihn im Sinne von ‚Gelehrsamkeit, Wissen

---

Hans-Georg Dewitz. Frankfurt/M. 1999 (Bibliothek deutscher Klassiker, 166), S. 530-532, hier S. 532.

[26] Johann Wolfgang Goethe: Sämtliche Werke. Briefe, Tagebücher und Gespräche. Abt. 1. Bd. 13: Sprüche in Prosa. Sämtliche Maximen und Reflexionen. Hg. von Harald Fricke. Frankfurt/M. 1993 (Bibliothek deutscher Klassiker, 102), S. 175.

[27] Vgl. Hans-Joachim Weitz: „Weltliteratur" zuerst bei Wieland. In: Arcadia 22 (1987), S. 206-208. Weiterführend ist jedoch bereits darauf verwiesen worden, dass der Historiker August Ludwig Schlözer in seiner *Isländischen Literatur und Geschichte* (1773) noch vor Christoph Martin Wieland und lange vor Goethe diesen Begriff benutzt hatte; vgl. Rüdiger Schmitt: „Grußwort" In: Manfred Schmeling (Hg.): Weltliteratur heute. Konzepte und Perspektiven. Würzburg 1995 (Saarbrücker Beiträge zur vergleichenden Literatur- und Kulturwissenschaft, 1), S. 1-4, hier S. 1. Schmitt verweist auf den Aufsatz von Árpád Berczik: *Zur Entwicklung des Begriffs ‚Weltliteratur' und Anfänge der Vergleichenden Literaturgeschichte.* In: Acta Germanica et Romanica 2 (1967), S. 3-22, hier S. 7, Anm. 9. Zu Wieland siehe den Kommentar von Anne Bohnenkamp in: Johann Wolfgang Goethe: Sämtliche Werke. Briefe, Tagebücher und Gespräche. Abt. 1. Bd. 22: Ästhetische Schriften 1824-1832: Über Kunst und Altertum V-VI. Hg. von Anne Bohnenkamp. Frankfurt/M. 1999 (Bibliothek deutscher Klassiker, 160), S. 937f. Ebenso aufschlussreich ist der Aufsatz von Wolfgang Schamoni: „Weltliteratur" zuerst 1773 bei August Ludwig Schlözer. In: Arcadia 43 (2008), S. 288-298, sowie das Postskriptum, ebd., S. 515f., wo Schamoni bemerkt, dass vor ihm bereits der skandinavische Germanist Gauti Kristmannsson 2007 in seinem Aufsatz *The Nordic Turn in German Literature* [In: Edinburgh German Yearbook 1 (2007), S. 63-72] auf Schlözers Verwendung des Begriffs hingewiesen habe. Schlözer war zuvor bereits in Sigmund von Lempickis Geschichte der deutschen Literaturwissenschaft bis zum Ende des 18. Jahrhunderts (Göttingen 1920, er-

von Geschriebenem besitzen' versteht[28] und Goethe ihn im Kontext von geistigem Handelsverkehr und Weltverständigungsprozess ansiedelt,[29] klingt in Rückerts Vorstellung einer Weltpoesie die utopische Idee einer alle Grenzen überschreitenden Weltversöhnung an.

Dass Rückert den Begriff „Weltpoesie" dem der „Weltliteratur" vorzieht, mag vielleicht daran liegen, dass er ihn vor dem Hintergrund chinesischer Lyrik entwickelt hatte, d.h. an dem, was er davon in der lateinischen Prosaübersetzung noch zu spüren vermeinte. Goethe hingegen verwendet beide Begriffe, jedoch in unterschiedlicher Bedeutung. Fritz Strich verdeutlicht den Unterschied folgendermaßen: „Weltliteratur ist die zwischen den Nationen vermittelnde, sie miteinander bekanntmachende Literatur, der geistige Raum, in dem sich die Völker begegnen und ihre geistigen Güter zum Austausch bringen. Weltpoesie ist die allgemein menschliche, allen Völkern und Zeiten von der Natur verliehene Gabe der Dichtung, die sich ganz unabhängig von Stand und Bildung überall hervortun kann und daher besonders klar in dem, was man Volksdichtung nennt, zur Erscheinung kommt."[30]

Goethes Auffassung von „Weltpoesie" als einer „Welt- und Völkergabe"[31] ist, wie man aus *Dichtung und Wahrheit* weiß, stark von Herder beeinflusst, der in der Volksdichtung die echte und reine Ausdrucksform der Poesie sah. Je nach den kulturellen Umständen prägt sich in der jeweiligen Volksdichtung die Weltpoesie auf unterschiedliche Weise aus. Für Goethes Überlegungen spielten vor allem die slawischen Völker eine Rolle, denn bei der Lektüre ihrer Volksdichtung scheint er zum ersten Mal auf den Gedanke einer Weltpoesie gekommen zu sein.[32]

gänzte Neuauflage 1968), S. 418, zitiert worden, jedoch ohne eine exakte Quellenangabe.

28 Manfred Koch: Weimaraner Weltbewohner. Zur Genese von Goethes Begriff „Weltliteratur". Tübingen 2002 (Communicatio, 29), S. 44.

29 Ebd., S. 2.

30 Fritz Strich: Goethe und die Weltliteratur. Bern ²1957, S. 351.

31 Johann Wolfgang Goethe: Sämtliche Werke. Briefe, Tagebücher und Gespräche. Abt. 1. Bd. 14: Aus meinem Leben. Dichtung und Wahrheit. Hg. von Klaus-Detlef Müller. Frankfurt/M. 1999 (Bibliothek deutscher Klassiker, 15), S. 445 (Teil II, 10. Buch).

32 Das dokumentiert die erste Verwendung des Begriffs bei Goethe in dem 1826 verfassten Aufsatz *Serbische Gedichte*; vgl. dazu Talvj [d.i. Therese Albertine Louise Robinson]: Volkslieder der Serben. Metrisch übersetzt und historisch eingeleitet. 2 Bde. Halle/S. 1825-1826, und Fritz Strich, Goethe und die Weltliteratur (Anm. 30), S. 353.

Der erste Beleg für das Wort „Weltliteratur" wiederum findet sich bei Goethe in einer kurzen Tagebuchnotiz vom 15. Januar 1827,[33] also zwei Wochen vor dem denkwürdigen Gespräch mit Eckermann. In kurzen Bemerkungen, Briefen und als Gedankenbaustein in einigen Abhandlungen entwickelt er dann in den folgenden Jahren seine Vorstellung von der Weltliteratur immer weiter, und er spricht davon, dass die Literaturen einander kennenlernen, aufeinander Bezug nehmen, ihre Ansichten und Urteile ausgleichen und sogar Neigung und Anlass finden sollten, gemeinsam „gesellschaftlich zu wirken".[34] Indem Goethe das Literarisch-Ästhetische mit dem Gesellschaftlichen verknüpft, eröffnet er einen Resonanzraum, in den die Literatur gleichsam hineinklingen und mehr noch hinein*greifen* kann. Damit wird auch deutlich, dass er den Begriff der Weltliteratur nicht im Sinne eines auf bestimmte Werke eingeschränkten Literaturkanons missverstanden wissen wollte.

Im Gegensatz zu Goethe denkt Rückert beide Begriffe zusammen. Mit seinen Nachdichtungen offeriert er ein Stück vermittelnder Weltliteratur, das er als ‚weltversöhnende Weltpoesie' konzipiert, oder um mit Hans Wollschläger zu sprechen: Während Wieland und Goethe den Begriff der „Weltliteratur" prägten, definierte ihn Rückert neu als „Weltpoesie".[35] Für ihn bezeichnet dieser Begriff den weltoffenen Resonanzraum des Poetischen schlechthin. „Die Poesie ist überall nur zufällig durch Sprache, Charaktere, Situationen u. dgl. national; an sich aber ist sie rein menschlich".[36] Dieser Gedanke wird auch von seinem Zeitgenossen Johannes Scherr geteilt, wenn dieser 1848 in seiner zweibändigen Zusammenstellung *Bildersaal der Weltliteratur* ein „Weltkonzert' der Poesie" anstimmt, „in dessen Universalsymphonie die dichterischen Stimmen- und Instrumentalklänge der verschiedenen Zeiten und Völker

---

[33] Goethes Werke („Sophienausgabe"). Hg. im Auftrag der Großherzogin Sophie von Sachsen. Abt. III. Bd. 11: 1827-1828. Weimar 1900, S. 8: „An Schuchardt diktirt bezüglich auf französische und Welt-Literatur."

[34] 1828 auf einer Zusammenkunft von Naturwissenschaftlern in Berlin; vgl. Johann Wolfgang Goethe: ‚Zu den Versammlungen deutscher Naturforscher und Ärzte'. In: ders.: Sämtliche Werke. Briefe, Tagebücher und Gespräche. Abt. 1. Bd. 25: Schriften zur allgemeinen Naturlehre, Geologie und Mineralogie. Hg. von Wolf von Engelhardt und Manfred Wenzel. Frankfurt/M. 1989 (Bibliothek deutscher Klassiker, 40), S. 79f., hier S. 79.

[35] Vgl. Hans Wollschläger: Rückerts ist der Orient, Rückerts ist der Okzident... Das übertragene Morgenland. In: Deutsche Akademie für Sprache und Dichtung. Jahrbuch 2003. Göttingen 2004, S. 112-141, hier S. 114.

[36] P. K.: Rez. „Gesammelte Gedichte von Friedrich Rückert". Teil 2. In: Allgemeine Literatur-Zeitung 51 (1835), 3. Bd., Nr. 157 (September 1835), Sp. 33-40, hier Sp. 34.

dereinst zusammenfließen könnten und sollten".[37] Scherrs umfangreiche Sammlung von Dichtungen verschiedener Völker trägt als Motto
die letzten Verse aus dem Schi-King-Vorspiel und setzt dann auch mit
Auszügen aus Rückerts Schi-King-Übersetzungen ein.

Maßgeblich für Rückerts Auffassung eines weltpoetischen Raums ist
der Aspekt der Entgrenzung, und zwar sowohl in räumlicher als auch in
zeitlicher Hinsicht:

> Was vor Jahrtausenden gerauscht
> Im Wipfel ind'scher Palmen,
> Wie wird es heut von dir erlauscht
> Im Strohdach nord'scher Halmen![38],

was ihn jedoch nicht daran hindert, sein einleitendes Gedicht stilistisch
und formal dem deutschen Volkslied anzugleichen und nicht etwa dem
arabischen Ghasel oder der chinesischen Liedform – ein Vorgehen, das
er in der letzten Strophe des Gedichts dem Leser nicht gerade zwin-
gend, doch wenigstens einprägsam zu explizieren sucht:

> Daß über ihrer Bildung Gang
> Die Menschheit sich verständ'ge,
> Dazu wirkt jeder Urweltsklang,
> Den ich verdeutschend bänd'ge.[39]

Rückerts Ideal einer poetischen Endosmose

Rückerts Vorstellung von Weltpoesie trägt Züge einer Sprachutopie, die
das Deutsche als eine universelle Sprache imaginiert und die mit der
Suche nach einer „inneren Sprache des Denkens"[40] verbunden ist. Wie
Stefan Willer gezeigt hat, begründet Rückert seine Sprachutopie vom
Deutschen im Modus einer Übersetzungstheorie.[41] Willer zieht als Beleg die *Dissertatio philologico-philosophica de idea philologiae* aus dem Jahr
1811 heran, in der Rückert auf die besonderen Eigenschaften des Deutschen zu sprechen kommt: „Was man unserer Sprache früher zum Vor-

---

[37] Johannes Scherr: Bildersaal der Weltliteratur. Bd. 1. Stuttgart 1869, S. 5.
[38] Friedrich Rückert: Weltpoesie. In: ders.: Werke. Ausgewählt und hg. von Annemarie Schimmel. Bd. 1. Frankfurt/M. 1988 (insel-taschenbuch, 1022), S. 217.
[39] Ebd.
[40] Friedrich Rückert: „Jetzt am Ende der Zeiten". Unveröffentlichte Gedichte. Hg.
von Richard Dove. Frankfurt/M. 1988, S. 11.
[41] Siehe dazu Stefan Willer: Poetik der Etymologie. Texturen sprachlichen Wissens
in der Romantik. Berlin 2003, S. 183. Die Zitate aus Rückerts *Dissertatio philologico-philosophica de idea philologiae* sind ebenfalls Willer entnommen, ebd.
S. 183f.

wurf gemacht hat, nämlich daß sie keinen eigenen Charakter habe und in der Nachahmung aller ausländischen Sprachen richtungslos zerfließe, gerade darin liegt ihre höchste Universalität." (§ 33) Rückert, so kommentiert Willer die Passage, entwerfe „die deutsche Sprache gleichsam im Zustand einer Immunschwäche: Sie kann ihre Grenzen nicht stabil halten und läßt daher alle anderen Sprachen in sich einwandern."[42] Allerdings war das für Rückert keineswegs eine Schwäche. Bereits in seiner *Dissertatio* entwickelte er die Vorstellung einer *poetischen Endosmose*, die durch das unablässige Einströmen fremder Dichtung ins Deutsche gekennzeichnet ist und die davon ausgeht, dass die Sprache gleichsam poröse Wände besitze, wenn nicht gar offene Grenzen.

Für Rückert macht diese Durchlässigkeit die spezifische Besonderheit des Deutschen aus: „Denn während alle anderen Sprachen jeweils in ihre eigentümliche Gestalt eingeschlossen sind, deren Grenze sie nicht überschreiten können, versucht unsere Sprache, alle diese Gestalten zur Einheit zusammenzufassen und sich eine universelle Sprachgestalt, die wahre Idealsprache auszubilden." (§ 33) Die deutsche Sprache, die ihre Grenzen nicht geschlossen halten könne und das Fremde in sich aufnimmt, wird Rückert zum „Muster sprachlicher Inklusion",[43] als deren Transportmittel ihm die Übersetzung gilt. Übersetzungen sind für Rückert *versiones* im buchstäblichen Sinne des lateinischen Wortes: „Wenn sie ihren Namen verdienen und das leisten, was sie versprechen, so sieht man, wie hoch sie zu schätzen sind! Und gerade durch ihren Namen zeigen die *versiones*, daß sie sich das Fremde zum Eigenen anverwandeln [*vertere*] wollen." (§ 37)

Die übersetzte Anverwandlung ließe sich also mit Rückert im Sinne einer Inklusion verstehen. Die an ihren Rändern durchlässige deutsche Sprache wird dabei zur *Umgebung* für jede andere Sprache. Übersetzen, so Willer, sei „nichts anderes als der Entzug von Fremdheit; ein Entzug, der aber keiner assimilatorischen Anstrengung bedarf, sondern selbst ein Apriori der Übersetzung darstellt".[44] Das Deutsche als Zielsprache der Übersetzung werde bei Rückert zu einem „Bereich vollendeter Extension, in dem sich alle anderen Sprachen überschneiden".[45] Es erfüllt damit zugleich die Bedingungen einer Idealsprache, die gleichsam *zwischen* allen Sprachen steht, und inkorporiert mit ihrer endosmotischen Ästhetik Rückerts Vorstellung von der Weltpoesie.

---

[42] Ebd., S. 183.
[43] Ebd.
[44] Ebd., S. 183f.
[45] Ebd., S. 184.

An dieser Stelle wird ein weiterer Unterschied zu Goethe deutlich, denn fernab von der Vision einer Idealsprache, sieht Goethe das Konzept Weltliteratur in der praktischen Tätigkeit des Übersetzens fortgeführt.[46] Das wird an Goethes Einschätzung der gemeinsamen Arbeit mit Frédéric Jacob Soret deutlich, der mit der französischen Übersetzung von Goethes *Versuch über die Metamorphose der Pflanzen*, die erstmals 1790 bei Ettinger in Gotha erschien, beauftragt worden war. In einem Brief vom 24. April 1831 an den Kölner Kunstsammler Sulpiz Boisserée äußert sich Goethe höchst positiv über diese Zusammenarbeit, in der er ein Ergebnis der neuen Funktionsform „Weltliteratur" erblickte:

> Bei der Uebersetzung meiner letzten botanischen Arbeiten ist es ganz zugegangen wie bei Ihnen. Ein paar Hauptstellen, welche Freund Soret in meinem Deutsch nicht verstehen konnte, übersetzt ich in mein Französisch; er übertrug sie in das Seinige, und so glaub' ich fest, sie werden in jener Sprache allgemeiner verständlich seyn, als vielleicht im Deutschen. Einer französischen Dame soll dieß Kunststück auch schon eingeleuchtet haben; sie läßt sich das Deutsche verständlich und ungeschmückt übersetzen und ertheilt ihm alsdann eine Anmuth, die ihrer Sprache und ihrem Geschlechte eigen ist. Dieß sind die unmittelbaren Folgen der allgemeinen Weltliteratur; die Nationen werden sich geschwinder der wechselseitigen Vortheile bemächtigen können. Mehr sag' ich nicht, denn das ist ein weit auszuführendes Kapitel.[47]

---

[46] Auch der späte Goethe sah das Deutsche als eine Vermittlersprache für die Weltliteratur an. In *Serbische Lieder* (1824) rühmt er die deutsche Sprache wegen ihrer anpassungsfähigen Eigenschaften und erklärt, dass sie zum assimilierenden Übersetzen „besonders geeignet" sei: „[S]ie schließt sich an die Idiome sämmtlich mit Leichtigkeit an, sie entsagt allem Eigensinn und fürchtet nicht daß man ihr Ungewöhnliches, Unzulässiges vorwerfe; sie weiß sich in Worte, Wortbildungen, Wortfügungen, Redewendungen und was alles zur Grammatik und Rhetorik gehören mag, so wohl zu finden, daß, wenn man auch ihren Autoren bey selbsteignen Productionen irgend eine seltsamliche Kühnheit vorwerfen möchte, man ihr doch vorgeben wird, sie dürfe sich bey Uebersetzung dem Original in jedem Sinne nahe halten. [...] Wenn uns eine solche Annäherung ohne Affectation wie bisher nach mehrern Seiten hin gelingt, so wird der Ausheimische in kurzer Zeit bey uns zu Markte gehen müssen, und die Waaren, die er aus der ersten Hand zu nehmen beschwerlich fände, durch unsere Vermittelung empfangen."; Johann Wolfgang Goethe: Serbische Lieder. In: ders.: Sämtliche Werke. Briefe, Tagebücher und Gespräche. Abt. 1. Bd. 22 (Anm. 27), S. 124-135, hier S. 134 und 135. In *Volkslieder der Serben* von 1826 heißt es weiter: „Anlockung für Fremde, Deutsch zu lernen; nicht allein der Verdienste unsrer eignen Literatur ‹wegen›, sondern daß die Deutsche Sprache immer mehr Vermittlerin werden wird, daß alle Literaturen sich vereinigen." (Ebd., S. 684-687, hier S. 687.).

[47] Johann Wolfgang Goethe: Brief an Sulpiz Boisserée, Weimar, 24. April 1831. In: Goethes Werke („Sophienausgabe"). Hg. im Auftrag der Großherzogin Sophie von Sachsen. Abt. IV. Bd. 48: Briefe November 1830 – Juni 1831. Weimar 1909, S. 148f.

Als Goethe 1827 den Beginn der „Epoche der Welt-Literatur" proklamierte, handelte es sich weniger um eine Prognose als vielmehr um eine Feststellung: „Welt-Literatur" war ein Phänomen, das er, seitdem er mit anderen europäischen Autoren in Kontakt stand, selbst miterlebte, und die „Epoche der Welt-Literatur" bedeutete für ihn in erster Linie Austausch mit einigen wenigen Dichtern und Forschern, wie Alessandro Manzoni, Lord Byron, Thomas Carlyle und Germaine de Staël – auch wenn diese Bündnisse mitunter mit Bedenken und Ärger verbunden waren oder wie im Falle Byron nur über eine große räumliche Distanz geführt wurden.[48]

Rückert hingegen zog sich zurück. Seit 1846 publizierte er nur noch wenig. Er entfloh dichterisch in den Orient, um der deutschen Sprache und Dichtung, wie Loerke es ausdrückt, „neue Großreiche zu erwerben".[49] Doch dahin wollten ihm auf Dauer nur wenige folgen. Das Bild des zu seiner Zeit hochgeschätzten Dichters verblasste schnell. Schon Franz Muncker beschließt 1890 seine Kurzbiografie Rückerts mit dem Befund, dass, obgleich dessen Verdeutschungen „für alle neueren, wirklich künstlerischen Übersetzungen aus der morgenländischen Litteratur massgebend geworden"[50] seien, seine eigene Dichtung aber „nur noch ganz wenige Verehrer" finden würde, die zudem „in übertriebener Begeisterung den Sänger des ‚Liebesfrühlings' unsern grössten Meistern Goethe und Schiller als ebenbürtig beizugesellen wagen".[51]

Spracherweiterungen im Zeichen der Weltliteratur.
Rückerts spätere Übertragungen

Davon abgesehen wurden Rückerts Dichtungen und Übersetzungsarbeiten von der zeitgenössischen Kritik höchst beifällig aufgenommen. Das gilt sowohl für die 1834-1838 herausgegebenen *Gesammelten Gedichte* in sechs Bänden als auch für die zweibändige Übersetzung der *Hamâsa*, die 1846 erschien. In der Besprechung seines ersten Gedichtbandes fei

---

[48] Richard Friedenthal stellte in diesem Zusammenhang die Frage, ob eine persönliche Begegnung für beide Seiten vorteilhaft abgelaufen wäre, was wohl offen bleiben muss; vgl. Richard Friedenthal: Goethe. Sein Leben und seine Zeit, München 1963, S. 667. Zu Goethes Verhältnis zu den genannten Dichtern siehe außerdem Dieter Lamping: Die Idee der Weltliteratur. Ein Konzept Goethes und seine Karriere. Stuttgart 2010 (Kröner-Taschenbuch, 509), S. 26-45.

[49] Oskar Loerke: Friedrich Rückert. In: ders.: Gedichte und Prosa. Hg. von Peter Suhrkamp. Bd. 2: Die Schriften. Frankfurt/M. 1958, S. 431-480, hier S. 434.

[50] Franz Muncker: Friedrich Rückert. Bamberg 1890 (Bayerische Bibliothek, 14), S. 69.

[51] Ebd., S. 69f. *Liebesfrühling* erschien 1844 und war Rückerts größter Erfolg.

erte ihn der Rezensent in den *Blättern für literarische Unterhaltung* als einen „Virtuosen in der Poesie",[52] und auch die *Allgemeine Literatur-Zeitung* lobte in ihm besonders den Sprachkünstler. Rückert, so heißt es dort, erweise sich als „Meister aller Formen, der einheimischen wie der fremden und fremdesten, der alten wie der neuen": „Man erstaunt über die Gewandtheit und Fertigkeit, mit der jede Form, nach einem sicheren rhythmischen Gefühl, unserer Sprache von ihm anbequemt ist, ohne daß ihr übergroße Gewalt angethan wird."[53]

Das Gesagte unterstreicht bereits, was die Biografien und Werkdarstellungen dann weiter ausführen sollten: die meisterhafte Beherrschung der äußeren Formen, seinen leichten Umgang mit der Sprache, wenn er wie „ein schwärmender Kolibri [...] den Honig aus den Blumen aufsaugt", „die ganz mühelose ungezwungene Weise, in der bei ihm die Sprache in seinen schönsten Gedichten dem Gedanken folgt"[54] und schließlich seinen Einfluss auf die deutsche Sprache der Dichtung überhaupt: „Rückert wirkte als Sprachkünstler auf die deutsche Sprache ein; dieselbe stand vollkommen in seinem Dienste, sie war unter seiner Hand biegsam und wohltönend",[55] heißt es zwei Jahre nach Rückerts Tod bei Conrad Beyer.

Die meisten Rückert-Biographen sehen ihren Dichter in der Nachfolge Goethes. Bereits Franz Muncker merkte an, dass keiner Goethes Idee der Weltliteratur „so praktisch aufgefasst, keiner so unermüdlich gearbeitet [habe], sie zur That zu machen, wie Friedrich Rückert". Und selbst, was nach ihm geleistet worden sei, stehe doch, so Muncker weiter, „zum grossen Teile unter seiner Einwirkung".[56] Als Übersetzer und „künstlerischer Nachbildner" habe Rückert sich die Aufgabe gestellt, „die mannigfachen Töne zu treffen, welche in der Poesie der verschiedensten Völker des Abend- und Morgenlandes ihm erklangen":[57]

Er hatte sich in die Sprache und Anschauungen, in die Vorzüge und Schwächen namentlich der morgenländischen Dichter vollständig eingelebt. So ausgerüstet, ging er an die Übersetzung, war aber nunmehr bemüht, all dieses

---

52 Dr. Mises (i.e. Gustav Theodor Fechner): Friedrich Rückert. Bei Gelegenheit der jüngst erschienen Sammlung seiner Gedichte. Teil 1. In: Blätter für literarische Unterhaltung 10 (1835), Bd. 1, Nr. 60 (1. März), S. 245-247, hier S. 245.

53 P. K.: Rez. „Gesammelte Gedichte von Friedrich Rückert". Teil 1. In: Allgemeine Literatur-Zeitung 51 (1835), Bd. 3, Nr. 156 (September 1835), Sp. 25-32, hier Sp. 25.

54 Mises, Friedrich Rückert (Anm. 52), S. 246.

55 Beyer, Rückert (Anm. 1), S. 306.

56 Muncker, Rückert (Anm. 50), S. 3.

57 Ebd.

philologische Einzelwissen, so weit es der rein dichterischen Wirkung Eintrag thun könnte, zu verbergen und besonders jede schulmeisterlich pedantische Genauigkeit zu vermeiden. Er übersetzte stets im Geist und Ton der Originale; aber wie seine Sprache, so sollte auch sein ganzer dichterischer Stil, die äussere Form seiner Übertragung im weitesten Umfange deutsch sein. Er gab nicht sklavisch Wort für Wort und Vers für Vers wieder; er vertauschte oft ausländische Bezeichnungen, deren Fremdartigkeit uns unnötigerweise stören würde, mit deutschen Begriffen und nannte z.B. in seinen Übersetzungen aus dem Chinesischen öfters lauter deutsche Namen von Bäumen, Früchten, Fischen und andern Tieren; er wandte sehr oft verhältnismässig einfache Vers- und Reimformen der neueren deutschen Poesie an.[58]

Diese Eindeutschungen in seiner *Schi-King*-Nachdichtung sind allerdings mit Sicherheit auf Rückerts nicht vorhandene Chinesischkenntnisse zurückzuführen. Doch auch in einigen seiner persischen Übertragungen, so Muncker, schweife er mitunter in breite Paraphrasen aus und erweitere Bilder und Gleichnisse, welche die persischen Dichter nur andeuteten, nach seinen eigenen Vorstellungen. Und dennoch habe die Dichtung durch dergleichen Zusätze nichts an Kraft und Wirkung eingebüßt; „sprachlich tadellos" biete Rückerts Wiedergabe die persische Dichtung „in einem neuen, in der That ganz deutschen, durchaus schönen Gewande dar".[59]

Mit Blick auf eine Episode aus dem *Mahabharata* vermerkt Muncker dann aber doch, dass Rückert, um auch noch seiner sprachlichen Nachbildung „das eigentümliche Kolorit des Originals zu geben, in dieselbe sprachliche Formen aufgenommen [habe], die, so bezeichnend sie auch für die indische Poesie sein mögen, im Deutschen doch äusserst gewagt erscheinen".[60] Zu ihnen zählt er zunächst einmal die „durch kühne Zusammensetzung neu gebildeten malenden Substantiva und Adjektiva, die zwar die Herrschaft des Dichters über die Sprache beweisen, aber auch den Zwang, den er der Sprache anthut",[61] dann aber auch „die zahlreichen Participia Praesentis, die im Deutschen immer etwas unnatürlich klingen" wie z.B. „zeitortkundig, gliederzart-wuchsrichtig, gewölbtaugenbrauenbogig, sanftlächelredewogig, feindestodumerzt, lotosblumenkelchgeaugt, haupt-himmelan-entrückt, gattensehnsuchtsthrän-umflossen, Schlangen-Tigerwald, Kummer-Gramverzehrung u. dgl. m."[62] Darüber hinaus verwende er gänzlich „undeutsche Partizipialkonstruk-

---

58 Ebd., S. 35.
59 Ebd., S. 39.
60 Ebd., S. 36.
61 Ebd., S. 36f.
62 Ebd., S. 37.

tionen" wie in den beiden Versen „Der König, an einem Abend / Den Leib verunreint habend."[63] Solche Überschreitungen und sprachliche Exzesse sieht Muncker keineswegs in einer sprachlichen Unbeholfenheit begründet, sondern in einem Streben nach formaler Meisterschaft, das den Dichter „über das erlaubte Mass hinaus zu Kühnheiten verleitete, die der Genius der deutschen Sprache nicht verträgt",[64] womit er eben jenes „Zuviel" anspricht, das schon Fechner beklagt hatte: „Den Umstand haben allerdings mehre Dichter mit Rückert gemein, daß das Fehlerhafte ihrer Poesie im Zuviel liegt, aber nicht den, daß durch Beschränkung dieses Zuviel etwas Gutes entsteht; blos ein Uebel wird entfernt."[65]

Was Rückert in sprachlicher Hinsicht geleistet habe, so Fechner, sei „bisher unerreicht, ja ungeahnt gewesen".[66] In seiner Dichtung bezähme er die Sprache, dehne und strecke ihre Gelenke, vor allem aber erziehe er sie:

> Er lehrt sie ja gradezu indisch und arabisch sprechen, und in den künstlichsten Windungen und Verschlingungen und Schnörkeln, worin sich die orientalische Sprache geberdet, folgt er ihr nicht nur auf das genaueste, sondern thut es ihr, gleichsam mit ihr wetteifernd, oft zuvor, wenngleich diese den Vortheil voraus hatte, in freier Entwicklung, blos ihrem Genius folgend, ihr Product haben gestalten zu können, während Rückert der deutschen Sprache dieselben Bewegungen, die der orientalischen von Natur eigen sind, als Taschenspielerkunststücke erst lehren muß.[67]

Übersetzung zwischen Aneignung und Verfremdung

Fechners und dann auch Munckers Bemerkungen zu den „undeutschen" Satzkonstruktionen und den sonderbaren „künstlichen Windungen und Schnörkeln", die den Anschein erweckten, als habe Rückert eine arabische Kalligrafie in deutsche Dichtung übertragen, weisen bereits auf ein modernes Übersetzungsdenken hin, wie man es bei Rudolf Pannwitz im Anhang seiner Schrift *Die Krisis der europäischen Kultur* von 1917 finden kann. Hölderlin, so schreibt Pannwitz, habe das Griechische nicht einfach verdeutscht, sondern das Fremdartige des Griechi-

---

[63] Ebd.

[64] Ebd.

[65] Dr. Mises: Friedrich Rückert. Bei Gelegenheit der jüngst erschienenen Sammlung seiner Gedichte. Teil 3. In: Blätter für literarische Unterhaltung 10 (1835), Bd. 1, Nr. 63 (4. März), S. 257f., hier S. 257.

[66] Mises, Friedrich Rückert (Anm. 52), S. 246.

[67] Ebd.

schen innerhalb der deutschen Übersetzung spürbar werden lassen, indem er die deutsche Syntax umstrukturierte. Pannwitz ist der Ansicht, dass die Idee einer Verdeutschung des Indischen, Griechischen oder Englischen von einem falschen Grundsatz ausgehe; ganz im Gegensatz dazu müsse man das Deutsche Verindischen, Vergriechischen oder Verenglischen.[68] Das Ziel einer adäquaten Übersetzung besteht seiner Meinung nach darin, das Fremde in die eigene Sprache hineinzuholen und hineinragen zu lassen, sodass diese bewegt und verändert wird:

> Der grundsätzliche irrtum des übertragenden ist dass er den zufälligen stand der eignen sprache festhält anstatt sie durch die fremde sprache gewaltig bewegen zu lassen. er muss zumal wenn er aus einer sehr fernen sprache überträgt auf die letzten elemente der sprache selbst wo wort bild ton in eins geht zurück dringen er muss seine sprache durch die fremde erweitern und vertiefen man hat keinen begriff in welchem masze das möglich ist bis zu welchem grade jede sprache sich verwandeln kann sprache von sprache fast nur wie mundart von mundart sich unterscheidet dieses aber nicht wenn man sie allzu leicht sondern gerade wenn man sie schwer genug nimmt.[69]

Pannwitz bezieht einen beträchtlichen Teil seiner Ideen zur Übersetzungstheorie von Goethe, der in den *Noten und Abhandlungen zu besserem Verständnis des West-östlichen Divans* drei Arten von Übersetzung unterschieden hatte, die er zugleich als drei historische Epochen verstand. Die erste sei die „schlicht-prosaische"[70] und diene dazu, sich überhaupt mit dem Auslande bekannt zu machen; die zweite sei parodistisch und werde vor allem von „geistreichen" Menschen gepflegt, die sich zwar in die Zustände des Auslands zu versetzen suchten, „aber eigentlich nur fremden Sinn sich anzueignen und mit eignem Sinne wieder darzustellen" vermochten. Goethe nennt in diesem Zusammenhang besonders Wieland, der „einen eigenthümlichen Verstands- und Geschmackssinn" gehabt habe, „mit dem er sich dem Alterthum, dem Auslande nur insofern annäherte, als er seine Convenienz dabei fand".[71]

Die dritte Art der Übersetzung hingegen stelle etwas völlig Neues dar und sei deshalb auch anfangs auf „größten Widerstand" gestoßen, „denn der Uebersetzer der sich fest an sein Original anschließ[e], [gebe] mehr oder weniger die Originalität seiner Nation auf, und so entsteh[e] ein

---

[68] Vgl. Rudolf Pannwitz: Werke. Bd. 1: Die Krisis der europäischen Kultur. Nürnberg 1917, S. 240.

[69] Ebd., S. 242.

[70] Goethe: Sämtliche Werke. Briefe, Tagebücher und Gespräche. Abt. 1. Bd. 3/1: West-östlicher Divan. Teil 1. Hg. von Hendrik Birus. Frankfurt/M. 1994 (Bibliothek deutscher Klassiker, 113), S. 280.

[71] Ebd., S. 281.

Drittes, wozu der Geschmack der Menge sich erst heran bilden"[72] müsse. Voß sei mit seinen Homer-Übertragungen einer der ersten gewesen, die eine solche Art der Übersetzung gewagt hätten; ebenso könne man bei Hammer-Purgstall eine vorzügliche Annäherung an die äußere Form der orientalischen Dichtung erkennen.

Auch wenn Goethe den Namen nicht erwähnt, so gehört auch Rückert zweifellos in diese dritte Kategorie, in der man, „die Uebersetzung dem Original identisch machen möchte, so daß eins nicht anstatt des andern, sondern an der Stelle des andern gelten solle".[73] Für die Nachdichtungen des chinesischen Liederbuchs waren allein aufgrund der fehlenden Chinesischkenntnisse Rückerts die Voraussetzungen dafür noch nicht gegeben, sehr wohl aber für seine Übertragungen aus dem Persischen, Arabischen und Altindischen bzw. Sanskrit.

Rückert, so bemerkt ein Rezensent, lebte so sehr im Poetisch-Orientalischen, dass dort seine geistige Heimat zu sein schien: „Ihm ist die Sprache der Poesie, die Andere erst wie eine ausländische erlernen müssen, die angeborene, die Muttersprache; er braucht den Mund nur zu öffnen, so entquillt ihm, wie jener märchenhaften Prinzessin, eine Blume und eine Perle."[74] Viel stärker noch als Goethe in seinem *West-östlichen Divan* war Rückert bestrebt, den Horizont der eigenen Sprache durch eine fremde zu erweitern und dem Deutschen die orientalischen Sprachgebärden anzueignen, ein Vorgehen, dessen sich die zeitgenössische Kritik durchaus bewusst war:

> Wenn es nun Rückert zum Verdienst angerechnet wird, daß er unsere Rhythmik mit den schönsten Formen musterhaft bereichert hat, wie überall zugestanden wird: so muß es ihm auch zum Verdienst zugerechnet werden, daß er die Sprache mit Wörtern, grammatischen Formen und Satzgliederungen jeder Art bereichert hat, falls diese nur allgemeinverständlich sind, insbesondere aber in dem Gehalt der Poesie selbst der Grund und Anlaß zur Spracherweiterung gegeben ist.[75]

Auch Conrad Beyer vermerkt, dass Rückert „die Grenzen des Sprachgebiets" erweitert, „den Schatz der Wörter und Wendungen" vermehrt und „den Geist der Sprache"[76] bereichert habe.

---

[72] Ebd.
[73] Ebd.
[74] Mises, Friedrich Rückert (Anm. 52), S. 245.
[75] P. K.: Rez. „Gesammelte Gedichte von Friedrich Rückert". Teil 1 (Anm. 53), Sp. 27.
[76] Beyer, Rückert (Anm. 1), S. 306.

Vor diesem Hintergrund lassen sich einige wichtige Schlussfolgerungen in Hinblick auf die Übersetzungstheorien des 19. Jahrhunderts ziehen. Bei Rückert ist ein Übergang vom Übersetzen im Sinne einer Abbildung des Fremden zum Übersetzen als einer Erzeugung von Fremdheit innerhalb der Muttersprache, in die das Fremde übersetzt wird, zu konstatieren. Das wird vor allem dann deutlich, wenn man Rückerts Nachdichtung des chinesischen Liederbuchs mit seinen späteren Übertragungen aus dem Arabischen, Persischen und Altindischen vergleicht. Während seine *Schi-King*-Nachdichtung noch den ergänzenden Untertitel „Dem Deutschen angeeignet" trägt, verfremdet er in seinen späteren Übertragungen die deutsche Muttersprache derart, dass man ihn selbst schon als einen „deterriorialisierten" Dichter (Deleuze/Guattari)[77] wahrnehmen könnte, dessen geistige Heimat im Orient liegt.

Übersetzung wird bei Rückert in dem Maße, wie er die Sprache, aus der er übersetzt, beherrscht, zur Expropriation, d.h. sie ist weniger Aneignung des Fremden, wie es noch bei der Nachdichtung aus dem Chinesischen der Fall war, als vielmehr Verfremdung der eigenen Sprache. Mit Hilfe außergewöhnlicher Wortformen konstruiert er einen Grad an Unverständlichkeit, durch die das Fremde als erratischer Block spürbar bleibt, die Sprache aber als dehnbar und verwandlungsfähig erscheint:

> Mit den schwerfälligsten Ausdrücken wirft er da so behend um sich, daß er fast wie der Indianer erscheint, der mit dem Wurfe schwerer eiserner Kugeln leichte Bogen und Ringe durch die Luft zieht. Die widerspenstigsten Worte und Reime zäumt er auf und koppelt sie zusammen, daß sie den Gedankenwagen ziehen müssen, wohin er will, manchmal ein wunderbares Gespann! [...] Manches Wort sieht bei ihm aus wie ein kleiner indischer Götze, so vielgliedrig und heterogen ist es zusammengesetzt. Die Worte wachsen, wachsen zusammen, verlieren und gewinnen Formen unter seinen Händen; es ist, als wenn er die Sprache nicht schon geschaffen vorfände, sondern selbst erst schaffte [...].[78]

---

77   Vgl. Gilles Deleuze/Félix Guattari: Kapitalismus und Schizophrenie. Bd. 2: Tausend Plateaus. Hg. von Günther Rösch. Aus dem Französischen übersetzt von Gabriele Ricke und Ronald Voullié. Berlin 1992.

78   Mises, Friedrich Rückert (Anm. 52), S. 246.

„Die Künste sind noch jetzt im Bunde."[1]
Kunsthistorische Gedichte
Friedrich Rückerts und Wilhelm Waiblingers

von

Lucas Eigel

I.

„Soll ich ihn wirklich zu betreten wagen?",[2] so fragt August von Platen bei seiner Ankunft in Venedig zu Wasser, an der Schwelle zum Markusplatz. Das weist die deutsche Italien-Dichtung in eine Kehre. Wo die Reise Verjüngung, neuen, frischen Mut, den Griff ins Lebendige, den sinnlichen Genuss voller Wirklichkeit verhieß, tritt furchtsamer Zweifel in sein Recht. Die Stadt stößt den so zaghaften wie sehnsuchtsvollen Besucher zurück. Als verwirrendes „Labyrinth", als „große[s] Rätsel"[3] bleibt sie ihm ungreifbar: „Wir ziehn davon, und wir besitzen keine."[4] Dem entspricht als innere Verfassung: die Schwermut.

Diesen Wandel des Italien-Erlebnisses gründet das Bewusstsein, nurmehr Historischem zu begegnen: „Venedig liegt nur noch im Land der Träume", seine Bauten „verfallen und [...] zerstieben."[5] Die italienische Wirklichkeit zieht ins Vergangene. Sie lässt sich nicht vergegenwärtigen. Das nimmt ihr die belebende Wirkung. Dass sie allenthalben Vergänglichkeit bezeugt, greift das ewige Wesen an, der Italien in der Tradition eignet.

In diese Problemlage tritt die Kunsthistorie. Ihren Spuren nachzugehen, stellt sich dem literarischen Italien-Reisenden seit jeher zur – einmal pflichtschuldig, einmal mit Begeisterung abgeleisteten – Aufgabe.

---

1 Friedrich Rückert: Gedichte von Rom. In: ders.: Gedichte von Rom und andere Texte der Jahre 1817 und 1818. Bearbeitet von Claudia Wiener. Göttingen 2000 (Schweinfurter Edition), S. 143-265, hier S. 199 (V. 1961).

2 August von Platen: Sonette aus Venedig. In: ders.: Werke. Hg. von Kurt Wölfel und Jürgen Link. Bd. 1: Lyrik. München 1982 (Winkler-Weltliteratur. Dünndruck-Ausgabe), S. 338 (Sonett XVIII, V. 14).

3 Ebd. (Sonett XIX).

4 ‚Ich liebe dich, wie jener Formen eine', ebd. S. 402.

5 Platen, Sonette aus Venedig (Anm. 2), S. 379f. (Sonett XXII).

Dabei rückt die bildende Kunst in den Vordergrund: zum einen wegen ihrer Ortsgebundenheit, die zur Anreise aus der Fremde erst nötigt, zum anderen wegen ihrer Vorzugsstellung in der italienischen Kunstüberlieferung. Ihre geschichtliche Stellung schwankt. Sie ist ruinenhaftes Zeugnis der großen Vergangenheit – oder ewig jung und unvergänglich. Bei Platen soll sie den Mangel an Erleben stillen: Dem Ungenügen an der verfallenden Stadt verbürgt die Malerei „Kraft und Leben".[6] Die Maler und ihre Werke sind gegenwärtig und lebendig. Über sie lässt sich, anders als über die Stadt selbst, verfügen. Sie heilen die Schwermut: „[W]ie lernt sich irdscher Schmerz besiegen / Vor Paolos heiligem Sebastiane!"[7] Sie weisen ins Ewige: „Ihr Maler führt mich in das ew'ge Leben."[8] Der Abstand von Leben und Kunst zeigt die Spanne zwischen Vergänglichkeit und Ewigkeit an. Als „Freund" gibt die Malerei dem unsicheren Reisenden „sicheres Geleit".[9] Das Bündnis mit der Kunsthistorie überwindet die Ferne zur Stadt. Sie wird durchs Perspektivglas der Malerei gesehen. Den sentimentalischen Spätling leitet nur Kunst ins Wirkliche zurück.

Als Beispiel steht Platens Italien-Dichtung für die Literatur der ausgehenden Kunstperiode ein. Was der Genie-Zeit und der Klassik gewiss war, kommt ihr abhanden. Der unmittelbare Bezug aufs Leben ist der Dichtung entzogen; sie entfernt sich vom Wirklichen. Diese Entfernung wird als schmerzliche Not empfunden.[10] Ob grundlegend neues, ursprüngliches Schöpfertum im Sinne der Genie-Ästhetik noch möglich sei, muss die Generation nach Goethe bezweifeln; sie begreift die eigene Epoche als historische Spätzeit.[11] Das zwingt dazu, die Bedingungen des eigenen künstlerischen Wirkens im Verhältnis zur Vergangenheit zu denken. Dieses Verhältnis ist eines der Abhängigkeit. Das kann sich dazu steigern, dass der Kunst zum Stoff wird, was selbst schon Kunst ist – in Platens Fall die italienische Malerei. Werke dieser Art erschaffen eine Kultur der Kultur. Sie bedroht notwendig der Vorwurf, epigonal zu sein. Das kann als Epochenschicksal gelten.

---

6   Ebd., S. 380 (Sonett XXIII). Dort bezogen auf Tizian.
7   Ebd., S. 382 (Sonett XXVI).
8   Ebd., S. 383 (Sonett XXVII).
9   Ebd., S. 379 (Sonett XXI).
10   Vgl. Friedrich Sengle: Biedermeierzeit. Deutsche Literatur im Spannungsfeld zwischen Restauration und Revolution 1815-1848. Bd. 1: Allgemeine Voraussetzung, Richtungen, Darstellungsmittel. Stuttgart 1971, S. 1-33 zum ‚Weltschmerz' und S. 93-98 zum ‚Epigonenproblem'.
11   Vgl. Walter Urbanek: Deutsche Literatur. Das 19. und 20. Jahrhundert. Bamberg ⁴1978, S. 18 und S. 41f.

Die Literatur der späten Kunstperiode versucht, diesem doppelten Mangel, dem Entzug des Lebens und dem Entzug der Originalität, abzuhelfen. Zugleich wählt sie sich die Vergangenheit zum Vorbild und Gegenstand,[12] und zwar eine Vergangenheit, die nicht bloß überzeitliche Stoffe gibt, sondern als historisch echt vergangene der eigenen Gegenwart vorausgeht. Der vorliegende Aufsatz geht auf eine Einzelheit: den Umgang ausgewählter Rom-Dichtung mit der Kunsthistorie. Die Rezeption von Renaissance-Malerei soll in zwei Einzelfällen die poetische Arbeit an der eigenen Künstlerproblematik kenntlich machen.

Die Italien-Erfahrung fordert die ‚Epigonengeneration' heraus. Der Kunstschatz der Antike und der Renaissance muss ihren Selbstzweifel stärken, zumal ihr die Kunsttheorie der Renaissance den Typus des gottgleichen Künstlers zum Maßstab gibt. Dennoch soll der Aufenthalt in Italien zu seiner poetischen Auslegung anregen. Die kunsthistorische Dichtung der nachgoetheschen Zeit nimmt diese Aufgabe an. Sie spricht von historischer Kunst. Sie spricht vom eigenen Verhältnis zur historischen Kunst. Und indem sie historische Kunst ins Verhältnis zur Gegenwart setzt, spricht sie vom Wesen der Kunsthistorie selbst.

Friedrich Rückert und Wilhelm Waiblinger sind Nachgeborene wie Platen. Beide bereisen Italien: Rückert von 1817 bis 1818, Waiblinger von 1826 bis zu seinem Tod 1830. Beide verarbeiten ihre Reisen poetisch. Damit erfüllen sie, sicher bewusst, ein „kulturelles Muster".[13] Goethe liefert dreifach das Vorbild: für die inspirierende Reise nach Italien, für die Aufzeichnung italienischer Impressionen im Tagebuch (*Italienische Reise*) und für ihre lyrische Darstellung (*Römische Elegien, Venezianische Epigramme*).

Die Italien-Dichtung beider Autoren hält Eindrücke bildender Kunst fest. Für Platen galt: Die italienische Wirklichkeit entzieht sich; sie kennzeichnet Verfall. Dagegen steht die ewig junge Malerei; sie vermittelt das Italien-Erlebnis. Rückert und Waiblinger lassen sich in diese

---

12 Der historische Roman etwa erfährt einen ersten Aufschwung. Ob poetische Verfahren der Vergangenheitsschau in der späten Kunstperiode dem Geist verwandt sind, aus dem der Historismus entstand, kann hier gefragt, aber nicht untersucht werden. Dass der Versuch, in die Vergangenheit blickend sie zu überwinden und ins Gegenwärtige zurückzufinden, einen offenen oder geheimen Widersinn einschließt, darf nicht vorschnell zugestanden werden. Noch Nietzsches *Vom Nutzen und Nachteil der Historie für das Leben* beschäftigt dieses Problem.

13 Alexandra Pontzen: Ein deutscher Dichter im Rom der Maler. Friedrich Rückert bei den Nazarenern. In: Ralf Georg Czapla (Hg.): Von Goethe bis Gregorovius. Friedrich Rückert und die Romdichtung des 19. Jahrhunderts. Würzburg 2009 (Rückert-Studien, 18), S. 117-135, hier S. 117.

Problemlage rücken. Es ist danach zu fragen, welche Aufgabe der Malerei in ihrer Italien-Lyrik überantwortet ist. Dazu lege ich den Schwerpunkt auf jeweils ein Gedicht beider Autoren über Raffael. Zu klären ist: Was veranlasst die Beschreibung historischer Kunst? Welche Kunstwerke werden warum zum Gegenstand genommen? Wie werden sie beschrieben? Wie vermitteln Gemälde Wirklichkeitserleben? In welches historische Bewusstsein werden sie verstehend aufgenommen? Besondere Aufmerksamkeit wird darauf fallen, wie der Epigonalitätsdrohung der Epoche begegnet wird.

II.

Friedrich Rückerts Romreise bewahrt ihren bedeutendsten poetischen Ertrag im Sonettzyklus *Aus dem römischen Tagebuch, von Allerheiligen bis Weihnachten 1817*.[14] Er führt das Erlebte zwar anlassgebunden, doch formstreng zusammen. Der Zyklus beginnt eindrücklich: an Allerheiligen, in einer mit Gebeinen angefüllten Totenkapelle. Der Dichter verspürt die Nähe des Todes. Sie lässt an eine verstorbene Geliebte denken: „Vom Tod sah ich die schönste Blum' entfärben."[15] Zu dem Andenken aus der persönlichen Vergangenheit tritt ein literarhistorisches: Im vierten Sonett begegnet ein italienisches Mädchen, das beim Abschied vom „nord'schen Wilden" (IV., V. 2), dem Dichter selbst, zu weinen beginnt; doch gelten ihre Tränen in Wahrheit einem einstigen Geliebten, dessen Wiedergänger – nachkommende deutsche Reisende – bloß noch die Erinnerung an ihn wecken können. Gemeint ist Goethe. Der übermächtige Vorgänger lässt kein Erleben, erst recht kein erotisches, zu, das erstmalig wäre. Nach ihm bleibt nur Wiederholung. Selbst die italienische Gegenwart neigt sich wehmütig ins Vergangene. Das Problem des Epigonalen deutet sich an. Der zeitlichen Rückschau entspricht eine räumliche. Der Blick in die Heimat beherrscht die Gedichte. Als geografische Fremde bleibt Italien mangelhaft.

In diesen Zusammenhang führt Rückert die Malerei. Das fünfte Sonett beschreibt eine „Handzeichnung von Overbeck, als Denkblatt für einen

---

14 Vgl. Ralf Georg Czapla: Fremderfahrung als ästhetisches Movens. Kunst und Leben in den Romgedichten Friedrich Rückerts und August von Platens. In: Ebd., S. 137-172, hier S. 140.
15 Friedrich Rückert: „Herr! laß mich nicht im fremden Lande sterben". In: ders., Gedichte von Rom (Anm. 1), S. 270 (V. 8). Im Folgenden zitiere ich aus dem Zyklus mit Angabe der Sonettnummer und des Verses.

Heimreisenden".[16] Der Bildinhalt – eine familiäre Szene: ein heimkeh-
render Sohn wird von Mutter und Vater erwartet – gibt dem Reisenden
eine Weisung: Er erinnert ihn, heimzukehren. Die Malerei hat keinen ästhetischen Wert in sich, sondern eine Funktion außerhalb ihrer selbst; sie
soll mahnen. Sie ist ein *memorandum.* Ihr Bildgehalt ist emblematisch.
Dichtung entschlüsselt ihre Botschaft, indem sie ihr Sujet, nicht aber ihre
Form beschreibt. Rückerts Bildbeschreibung verschweigt, was in den Bereich des malerischen Stils fällt, etwa Farbgebung und Bildaufbau.

Rückerts Rom-Dichtung schätzt das Visuelle gering, und zwar aus drei
Gründen. Erstens wenden sich die römischen Gedichte gegen den Kult
des bloßen Augenscheins, der den italienischen Katholizismus zu kennzeichnen scheint. Dafür steht im neunten Sonett beispielhaft ein Madon-
nenbildnis, das prächtiger Schmuck mit „mancher Schleife / Mit gold-
nem Flitter, buntem Pfauenschweife" (IX., V. 3f.) ziert. Die malerische
Hülle, die der bunte Zierrat um das religiöse Empfinden legt, nötigt Rückert Spott ab. Das reiche Äußere stört die ernste Innerlichkeit wahren
Glaubens: „Die Andacht wird zerstreut vom Festgepränge." (XII., V. 11)[17]
Die Pracht ist „aufgelegt" (XIII., V. 8), überflüssige Zugabe. Dem folgt
Rückerts Bildbeschreibung. Aus der Zeichnung übernimmt sie den geisti-
gen Gehalt ins Gedicht, nicht die sinnliche Erscheinung.

Zweitens schaden während des Romaufenthalts optische Eindrücke offenbar der günstigen schöpferischen Laune. In der Reisebeschreibung *Gedichte von Rom* deckt eine symbolische Szene des Dichters unsicheres Verhältnis zum visuellen Stoff auf.[18] Er sitzt abends in seinem Zimmer und
öffnet das Fenster, auf dass ihm das „Farbenspiel" (V. 2980), das in den
Raum drängt, ein Gedicht eingebe. Rückert legt einen Paragone an: Im
benachbarten Zimmer sitzt ein Maler und sieht ebenfalls hinaus. Die
beiden Räume trennt eine Glasscheibe, deren beide Seiten ein Vorhang
bedeckt. Nur wenn sowohl der Dichter als auch der Maler den eigenen

---

16 Den Nazarenern begegnete Rückert in der deutschen Künstlerkolonie in Rom;
vgl. dazu Erich Schneider: Friedrich Rückert und die ‚Nazarener' in Rom,
1817/1818. In: Mainfränkisches Jahrbuch für Geschichte und Kunst 40 (1988),
S. 150-174. Die Kunst der Nazarener ist selbst schon der kunsthistorischen Vergangenheit verpflichtet. Rückerts metaphysisch-unsinnliches Kunstverständnis
musste sie ihm nahelegen. Raffael ist Overbecks wichtigstes Vorbild; vgl. Stefan
Matter/Maria-Christina Boerner: „... kann ich vielleicht nur dichtend mahlen?".
Franz Pforrs Fragment eines Künstlerromans und das Verhältnis von Poesie und
Malerei bei den Nazarenern. Köln 2007 (Pictura et poesis, 25), S. 213. Zu Rü-
ckerts Verhältnis zu den Nazarenern siehe auch Pontzen, Ein deutscher Dichter
(Anm. 13), S. 124-133.

17 Vgl. auch Czapla, Fremderfahrung (Anm. 14), S. 150-152.

18 Rückert: Gedichte von Rom (Anm. 1), S. 227-229 (V. 2977-3052).

Vorhang beiseite schieben, stören sich die „Nachbarkünste" (V. 3008). Der Einfluss der wetteifernden Malerei schadet der Poesie. Sie ist von ihm rein zu halten. Während des Sonnenuntergangs dringt ein Lichtstrahl durch die Vorhänge und zeigt dem Dichter den eifrigen Maler. Das entmutigt: „Ihn neiden muß ich, daß vergebens / Mir so des Abends Purpur glüht." (V. 3025f.) Der Dichter erkennt einen tieferen Grund dafür, dass der gemeinsame Stoff den Maler anregt, ihn selbst aber hemmt. Die Stadtansicht schenkt beiden optische Fülle. Der Überreichtum ist dem Maler günstig, den Dichter überwältigt er: „Und ringend unter all den Stoffen, / Fühlt' ich des Übermanntseyns Qual." (V. 3043) Der Dichtung ist das allzu Anschauliche feind. Das muss ihren Umgang mit der Malerei anleiten, insbesondere dann, wenn sie sich mit der Beschreibung eines Gemäldes weit in die andere Gattung wagt. Nur indem sie das Optische vom Bild aussondert und sein Sujet bewahrt, kann sie es sich aneignen.

Das unterstützt Rückert – drittens – kunsttheoretisch im *Deutschen Künstlerfest in Rom (Frühjahr 1818)*.[19] Allegorisch treten dort die Künste auf und erklären das ihnen Eigene. Die vordergründige Huldigung der Malerei birgt doppelten Sinn. Die Malkunst „bezaubert und entzükt".[20] Sie ist auf reizendes Lustempfinden beschränkt und wirkt durch Illusion: „In Schlummer wiegt' ihn rauf der Farbentanz [...] / Im Traum umgaukelt' ihn ein Bild von Glanz".[21] Sie rückt in die Nähe fälschender Sinnestäuschung. Warnend schließt die Passage: „Das Hauptbild" werde in der Bibel „nur angetroffen".[22] Anders als der göttliche Schöpfer erschafft die Malerei bloß „Menschenbilder".[23] Die Malerei ist bei Rückert abbildend, nachschöpferisch, zweitrangig. Wie allen Künsten ordnet er ihr die Poesie über: die Malerei hat „nur ihren Bilderhort", die Dichtung verfügt über das Wort. Da es unmittelbar von Gott her stammt, der mit ihm „einst [...] sichtbar diese Welt erbaut" hat,[24] erlaubt es den übrigen Künsten erst, sich auszudrücken: „[W]as sie sprachen, sprachen sie durch mich",[25] behauptet die Poesie. Die Künste sind sämtlich rhetorische verstanden: Sie sprechen. Ihre Sprache gibt ihnen die Poesie. Ein Kunstwerk, im Besonderen: ein Gemälde gründet in

---

[19] Vgl. Pontzen, Ein deutscher Dichter (Anm. 13), S. 129f.
[20] Friedrich Rückert: Mahlerei. In: ders., Gedichte von Rom (Anm. 1), S. 323f., hier S. 324.
[21] Ebd., S. 323.
[22] Ebd., S. 324.
[23] Ebd., S. 323.
[24] Ebd.
[25] Friedrich Rückert: Poesie. In: Ebd., S. 326-328, hier S. 326.

dem, was auch das Wort vermitteln kann. Was es eigentlich zu sagen versucht, spricht erst das ‚Wort' aus.

III.

In die Mitte des Zyklus stellt Rückert ein Sonett auf Raffaels Amor und Psyche-Gemälde in der Villa Farnesina.[26] Es ist das sechste Gedicht der Sammlung. Als einziges nennt es einen italienischen Künstler beim Namen, als einziges gilt es einem italienischen Kunstwerk – die Kapuzinerkrypta begreift Rückert nicht als solches.[27]

> IN DER FARNESINA.
> DIE GESCHICHTE VON AMOR UND PSYCHE,
> ENTWORFEN VON RAFAEL,
> AUSGEMALT VON SEINEN SCHÜLERN.[28]
>
> Die zarte Braut, die Seele, die, verlangend
>   Nach ihrem ihr entrissenen Gemale,
>   Dem Himmelsamor, tief im dunklen Thale
>   Der Erde seufzt, verlassen, zagend, bangend;
> Dann, den beseligenden Ruf empfangend,
>   Geleitet aufwerts zum olympischen Saale,
>   Froh aufgenommen wird beim Göttermale,
>   Den Bräutigam, auf ewig nun, umfangend:
> Den Todesschmuck hat sich dein Geist ersonnen,
>   O Rafael, und dann sich heimgewendet,
>   Eh auf der Wand das Bild war ausgeführet.
> Doch solche Schüler waren dir gewonnen,
>   Die haben, was du schufest, so vollendet,
>   Daß man im Werke deinen Geist noch spüret.

Zur Form wählt Rückert das italienische Sonett. Er bemüht sich, den Endecasillabo einzuhalten, alle Endungen sind klingend, es wiederholt sich ein gleichlautender Schweifreim in den Quartetten, die Terzette sind verschränkt gereimt. Die Quartette beschreiben das Gemälde, die Terzette seine Entstehung. Quartette und Terzette sind unter sich und zueinander antithetisch: Das erste Quartett beschreibt die Qual der Seele, das zweite ihren Aufstieg, das erste Terzett den Tod des Malers, das

---

26 Dieser Gemäldezyklus wird, wie Raffaels Werk im Ganzen, zu Beginn des 19. Jahrhunderts breit rezipiert; vgl. Beate Reifenscheid: Raffael im Almanach. Zur Raffaelrezeption in Almanachen und Taschenbüchern der Romantik und des Biedermeier. Frankfurt/M. 1991 (Bochumer Schriften zur deutschen Literatur, 24), passim und bes. S. 114.

27 Vgl. Czapla, Fremderfahrung (Anm. 14), S. 145.

28 Friedrich Rückert: In der Farnesina. In: ders., Gedichte von Rom (Anm. 1), S. 271f.

zweite das Fortwirken seiner Schüler. Der zweite Teil des Gedichts liegt parallel zum ersten; er überträgt den Bildgehalt in die Kunstreflexion.

Mit der Form des Sonetts knüpft Rückert an Petrarca an.[29] Auch die Entrückung des „Himmelsamors" (V. 3), die schwermütige Trauer der zurückbleibenden Psyche und der Wunsch nach ruhmreicher Verewigung in der Kunst sind wohl Spuren, die auf den aretinischen Dichter verweisen.[30] Überhaupt folgt die Rom-Dichtung einem petrarkistischen Muster: Der seiner Umwelt entfremdete Dichter – Rückert nimmt keinen oder einen doch nur ungehaltenen Anteil am römischen Alltagsleben; zumindest im Sonettzyklus durchwandert er die Stadt einsam und sieht sie mit Vorliebe vom exzentrischen Punkt des Monte Mario – sucht so sehr nach der ‚Muse',[31] wie er sich nach der Heimat sehnt. Heimat und ‚Muse' besetzen den Platz der unerreichbaren Geliebten. Auch deshalb mag sich ihm das Amor und Psyche-Sujet angeboten haben: Die einsam trauernde Seele wünscht sich zum entschwundenen Geliebten. Weiter unten zeige ich, dass Rückert diesen zur Allegorie künstlerischer Vollendung werden lässt.

Im poetischen Detail erweist sich der Gelegenheitscharakter des Gedichts. Unschön prallen die Pronomina „ihrem ihr" (V. 3) aufeinander. Die doppelte Senkung bei „olýmpischen" (V. 6) bricht das Metrum. Bei nochmaliger Überarbeitung hätte Rückert das Adjektiv wohl durch Vokalstreichung verkürzt. Unbemerkt scheint auch die Wiederholung von „Geist" (V. 9 und 14) geblieben. Kunsthistorische Tatsachen werden umgebogen: Die Ausmalung einer Gartenloggia soll „Todesschmuck" (V. 9) – das erfindet Rückert.

Wie schon bei Overbecks Zeichnung nennt Rückerts Ekphrasis kein Detail der malerischen Ästhetik. Es geht ihr um den geistigen Gehalt: „Daß man im Werke deinen Geist noch spüret." (V. 14) Das macht der Titel deutlich. Zum einen Notiz in der Art eines Reisetagebuches, verrät er zum anderen Rückerts Auffassung der Malerei: Der Gemäldezyklus ist eine „Geschichte". Das verleiht ihm, auf die literarische Vorlage des Apuleius verweisend, einen episch-symbolischen Charakter. Die Malerei

---

[29] Vgl. Czapla, Fremderfahrung (Anm. 14), S. 141.

[30] Rückert schreibt in Arezzo drei *Sonetti in onore del divin poeta Petrarca* auf Italienisch und fügt kokett hinzu: „scritti […] da un tedesco che non sa l'italiano"; vgl. Rückert, Gedichte von Rom (Anm. 1), S. 281f., hier S. 281.

[31] Pontzen, Ein deutscher Dichter (Anm. 13), S. 119: „Die Gedichte von Rom haben als strukturierendes Leitmotiv die Suche nach der Muse, die dem Dichter in der Heimat versprochen hat, ihn ins Ausland zu begleiten, sich ihm aber auf der Reise entzieht."

gibt eine *fabula*, die eine Botschaft enthält. Dichtung muss sie finden. Die Genauigkeit der Überschrift („entworfen von Rafael, ausgemalt von seinen Schülern") dient nicht dazu, die Entstehung der Gemälde festzuhalten. Rückert katalogisiert nicht den kunsthistorischen Fundus. Vielmehr legt sie den Schwerpunkt des Gedichts auf das Problem künstlerischer Nachfolge. Raffael wird zu der Lehrer- und Vorbildfigur, die Goethe der Rückertschen Italienreise ist. Die Entstehungsgeschichte der Farnesina-Gemälde führt ins Allgemeine kunsthistorischen Werdens.

Auch die Gemäldebeschreibung neigt folgerichtig zur Episierung. Die Figuren stattet sie mit einer nuancenreichen Psychologie aus: Psyche ist „verlangend" (V. 1), „zagend, bangend" (V. 4) und „froh" (V. 7). Das Malerische ist ins seelische Innere überspielt. Dieses Vorgehen nimmt die sinnliche Konkretion des allegorischen Gehalts zurück: Raffael gestaltete die symbolisch-metaphysische ‚Geschichte' von Amor und Psyche im individuellen Bild, aus dem Rückert wiederum das Allgemeingültig-Symbolische heraushebt; den persönlich-stilistischen Beitrag des Malers sondert er aus. Er öffnet das Kunstwerk so für eine neue allegorische Deutung, die nun vom Dichter stammt. Die malerische Auskleidung des Mythos ersetzt eine poetische. Das ‚Wort' behält sein Vorrecht. Keinen einzigen optischen Eindruck erfasst das Gedicht, es herrschen akustische vor: „seufzt" (V. 4), „Ruf" (V. 5). Das „dunkle Thal" (V. 3), mag als Färbung eingeräumt werden, bloß findet es sich im Gemälde nicht wieder. Rückert schöpft nicht aus Raffaels Farbgebung.

Seine eigenen Eindrücke von Rom sind in den Gemäldezyklus eingepasst. Der tote Maler hat sich „heimgewendet" (V. 10); das ruft das Heimweh des Dichters auf. Die Gemälde sind ein „Todesschmuck" wie die Gebeine in der Kapuzinerkapelle. Die Trauer der Verlassenen ist überbetont und fügt sich in die schmerzvolle Vergänglichkeitserfahrung der vorangehenden Sonette. Rückert deutet das Kunstwerk nicht auf die Absicht seines Schöpfers hin, sondern entlang der eigenen Romdichtung.

Heldin der ‚Geschichte', die das Gedicht erzählt, ist Psyche. Sie gilt es als Allegorie zu entschlüsseln. Sie ist eine „zarte Braut" (V. 1). Das betont ihre Jugendlichkeit. Sie ist unvollendet. Zu ihrer Vermählung, das ist: ihrer Vollendung leitet sie erst der Aufstieg in den Olymp. Sie ist „verlangend" (V. 1). Das Verlangen geht auf den toten Gemahl und über ihn hinaus auf das ewige Leben selbst. Die zwar unvollendete, doch bereite Seele drängt der Wunsch, sich ins Himmlische, Ewige zu erhöhen. Der Trieb zur Vollendung ist in ihr angelegt. Ihre unsichere seelische Verfassung („zagend, bangend") zeigt an, dass sie auf der Schwelle zwischen

Untergang und Auferstehung steht. Sie schwankt zwischen „dunkle[m]
Thale" (V. 3), und „olympischen Saale" (V. 6). Unvollendet, bedroht sie
die Nähe des Todes, „tief im dunklen Thale" ist sie der himmlischen
Höhe am fernsten. Erst neue Belebung, Beseelung („den beseligenden
Ruf empfangend", V. 5) kann sie aus der schmerzvollen Trauer befreien.
Dann vollendet sich das Begonnene: sie vereint sich mit dem „Bräuti-
gam" und gehört fortan als Vollkommene zu den Himmlischen.

Die Terzette legen eine allegorische Deutung nahe. Die Beziehung der
Psyche zum verstorbenen Amor gleicht der Beziehung des Gemäldes zu
dem während der Arbeit an ihm verstorbenen[32] Maler. Er legt das
Kunstwerk geistig an: „hat sich dein Geist ersonnen" (V. 9). „Eh auf der
Wand das Bild war ausgeführt" (V. 12), verstirbt der ursprüngliche
Schöpfer. Wie Psyche bleibt das Kunstwerk zurück. Was ihr drohte, droht
ihm. Ihre Totenklage wiederholt sich: das Werk ist der „Todesschmuck"
seines Schöpfers. Sein Schwinden färbt es in schwere Trauer. Zwar bereit
zur Vollendung, innerlich nach ihr strebend, auf sie hin ausgerichtet, ist
es, unvollendet, von Verfall und Vergessen gefährdet. Es tritt in eine miss-
liche Zwischenstufe. Seine kunsthistorische Überlieferung wird ungewiss.
Aus dieser Lage lösen es die Schüler des Verstorbenen aus. Die Bilder
werden von ihnen „ausgemalt". Das heißt: Sie weichen vom ursprünglich Angelegten nicht ab, vollenden es jedoch. Jetzt erklärt sich, von wem
der „beseligende Ruf[]" (V. 5), stammte, dessen Urheber die Bildbeschreibung ungeklärt ließ: von den Schülern. Im Geiste des Meisters erzogen,
können sie das halb fertige Kunstwerk, das nach seinem Tod der Psyche
gleich „verlassen" ist, in seinem Sinn neu beleben und „aufwerts" zur
Vollendung und zur Aufnahme in den kunsthistorischen „Olymp" „geleiten". Die Psyche, allegorisch: das Kunstwerk vermag diesen Aufstieg allein
nicht zu leisten. Erst die dienstbaren Schüler führen es dem verstorbenen
Schöpfer als endgültiges Eigentum zu. Im kunsthistorischen Nachleben
ist der „Bräutigam, auf ewig nun, umfangen[]" (V. 8). Es ist dem verstorbenen Künstler als vollkommenes, abgeschlossenen wiedergegeben und
dient seinem Nachruhm. Denn ihm gebührt der Vorzug vor den Schülern: Sie haben es nur „ausgemalt", er aber „entworfen". Sein „Geist"
stiftet die Idee, das Urbild, seine Schüler, die in den von ihm angelegten
Grenzen bleiben, nur die äußere Erscheinung, die sinnliche Konkretion.
Das mag Rückert auf rinascimentale Überzeugungen beziehen: Der *in-
venzione* („entworfen") gibt die Kunsttheorie der Renaissance den Vorrang
vor der Koloratur („ausgemalt") – die Malerei ist ‚cosa mentale'. Mehr

---

[32] So nimmt es zumindest Rückert an; tatsächlich aber hat Raffael die Arbeit am
Zyklus zugunsten anderer Arbeiten abgebrochen.

noch: seit Albertis *De pictura* pflegt sie von der Malerei in Begriffen der Rhetorik zu sprechen. Davon mag sich ein Rest bei Rückert erhalten: Raffael verantwortet *inventio* und *dispositio*, die Schüler besorgen die ausmalende *elocutio* und dienen der – kunsthistorisch verstandenen – *memoria*. Schließlich ist eine gleichsam pneumatische Geistlehre angedeutet: Indem sich der Geist des Malers auf seine Schüler überträgt, können sie seinem Werk den „beseligenden" spiritus wieder eingeben.

Rückert deutet Raffaels Werk eigenwillig. In dem, was es zeigt, soll das Bild die Geschichte seiner Entstehung bewahren. Seine *aisthesis* soll seine *poiesis* enthalten. Die Ewigkeitsthematik, die das Sujet anlegt, ist geschichtlich aufgefasst. Metaphysische Erhöhung ist in kunsthistorische Kontinuität übersetzt. Nur sie hält das Kunstwerk lebendig und sichert den Nachruhm seines Schöpfers. Das ewig gültige Kunstwerk überwindet die Vergänglichkeit, die sich Rückert in Rom aufdrängt. Das rückt ihn zu Platen. Die Zeit zu überdauern, ist das Vorrecht der Kunst. Dazu trägt epigonale Nachfolge bei. Die Autorität des genialischen Urschöpfers anerkennend, vollenden erst die ‚Schüler' das Werk. Indem sie seinen Geist in sich aufnehmen und das von ihm Begonnene nachahmend weiterführen, ermöglichen sie historisches Werden hin zum Ewigen. Das Farnesina-Sonett bekennt sich zur Epigonalität, um die Generation, die ihr erliegt, aufzuwerten. Es entwirft ein kunsthistorisches Muster von Schöpfung und Nachahmung. Ohne Nachfolge kann das Werk sogar des überlegenen Geniekünstlers – Raffael/Goethe – nicht fortdauern. Auch kostbarste Schönheit kann vergehen: „[W]o gepflücket / Vom Tod ich sah die schönste Blum' entfärben."[33] Erst der zeitenverbindende Zusammenhang, den Nachahmung stiftet, kann das ewige Wesen der Kunst sichern.

Es ist auf eine literarische Quelle hinzuweisen. Raffaels Tod wird durch Vasari zum literarischen Stoff.[34] Seine Raffael-Vita schließt mit einer dichterischen Totenklage auf den Verstorbenen, einem lateinischen Epigramm Baldassare Castigliones.[35] Wie das Rückertsche Sonett stellt es Ewigkeit und Vergänglichkeit zueinander. Raffael hat jener durch die Wiederbelebung der Antike getrotzt. Sein Tod lässt Freunde und Schüler in ratloser Trauer. Das ähnelt Rückerts Gedicht. Die Nachfolge erscheint jedoch

---

[33] Rückert: „Herr! laß mich nicht im fremden Lande sterben" (Anm. 15), S. 270 (V. 8).

[34] Rückert hat Vasari aller Wahrscheinlichkeit nach während seines Aufenthaltes in Italien gelesen; vgl. dazu Czapla, Fremderfahrung (Anm. 14), S. 155.

[35] Vgl. Giorgio Vasari: Leben der ausgezeichnetsten Maler, Bildhauer und Baumeister von Cimabue bis zum Jahre 1567. Hg. von Ludwig Schorn und Ernst Förster. Bd. III,1. Darmstadt 1983 [Nachdruck der Ausgabe Stuttgart und Tübingen 1843], S. 252.

doppelt: Schon Raffaels Nachahmung der Antike stand im Dienst kunsthistorisch verewigender Kontinuität. Sein Tod bezeugt die Macht der Vergänglichkeit umso stärker; er muss die Verewigung durch Kunst in Zweifel
stellen. Castigliones Aufruf geht an die Nachwelt. Sie soll das Begonnene
dem Tod zum Trotz weiterführen. Verewigung ist Aufgabe der Zurückbleibenden. Rückert nimmt diese Aufforderung auf: Sie soll nun literarische Nachfolge rechtfertigen.

IV.

Rückerts Farnesina-Sonett wurde als Ekphrasis bezeichnet. Ist es eine?[36]
Anders gefragt: Gelingt ihm die Beschreibung der Gemälde? Es fiele
schwer, aus dem Sonett eine auch nur unbestimmte Vorstellung vom
Farnesina-Zyklus zu gewinnen. Es beschreibt keine Bilder, sondern erzählt ihre Geschichte nach. Die Gemälde erscheinen im Gedicht nicht
dinglich; es gibt der *storia*, die sie übermitteln, ihre allegorische Auslegung. Es spricht nicht von dem, was sie zeigen, sondern von dem, was
sie meinen. Es spricht nicht von dem, was auf ihnen zu sehen, sondern
von dem, was in ihnen zu verstehen ist.

   Das heißt: Die Beschreibung grenzt aus dem Bild das Sinnliche aus.
Als Ersatz gibt sie ihm einen literarischen Sinngehalt. Diese Beobachtung
lässt sich allgemeiner fassen. Erwin Panofskys Aufsatz *Zum Problem der Beschreibung und Inhaltsdeutung von Werken der bildenden Kunst* gibt dazu Begriffe an die Hand. An einem Gemälde kann beschrieben werden, was
das Auge erkennt, was das Bild unmittelbar zeigt: Figurenzeichnung,
Farbgebung, Bildaufbau, dargestellte Szenen und Haltungen – das Sichtbare. In der „optischen Anschauung"[37] ist dem Betrachter das Bild „auf
Grund seiner unmittelbaren Daseinserfahrung zugänglich".[38] Das nennt
Panofsky den ‚Phänomensinn'. Er umfasst, was am Werk sinnlich wahr-

---

[36] Ich halte mich an das Gängige und verstehe ‚Ekphrasis' im weiteren Sinne als
      Synonym zu *descriptio*; vgl. dazu: Albert W. Halsall/Lisa Gondos: Art. ‚Descrip-
      tio'. In: Historisches Wörterbuch der Rhetorik. Hg. von Gert Ueding. Bd. 2.
      Tübingen 1994, Sp. 549-553. Eng gefasst ist ‚Ekphrasis' die descriptio von Wer-
      ken der bildenden Kunst; vgl. dazu: Gottfried Boehm/Helmut Pfotenhauer: Be-
      schreibungskunst, Kunstbeschreibung. Ekphrasis von der Antike bis zur Gegen-
      wart. München 1995 (Bild und Text). Rückerts Gedicht ist ins Verhältnis zur
      zweiten Definition zu setzen.
[37] Erwin Panofsky: Zum Problem der Beschreibung und Inhaltsdeutung von Wer-
      ken der bildenden Kunst. In: Logos 21 (1932), S. 103-119, hier S. 105.
[38] Ebd.

nehmbar ist.[39] An einem Gemälde kann indes auch beschrieben werden, was es der Sache nach bezeichnet: die Identität seiner Figuren, sein handlungsmäßiger Inhalt und Kontext, sein ikonischer Gehalt – das erst zu Verstehende. Der Phänomensinn mag eine Frau mit Kind wahrnehmen, als Gottesmutter und Christus vermag er sie nicht zu erkennen. Das „bildungsmäßig Hinzugewusste[]"[40] erlaubt dem Betrachter erst, das Bild zu deuten und zu verstehen. Dazu verhilft ihm literarisches Wissen. Das nennt Panofsky den ‚Bedeutungssinn'.

Rückerts Farnesina-Sonett sucht im Zyklus seinen Bedeutungssinn. Phänomensinn hält es nicht fest. Der Bedeutungssinn ist zweifach. Erstens: allegorisch. Psyche ist das unvollendete Kunstwerk. Amor ist der Maler. Der Aufstieg in den Olymp ist die Fertigstellung des Werkes. Der Bildinhalt weist allegorisch in die Kunsttheorie. Zweitens: anagogisch. Die Gemälde zeigen die Geschichte von Amor und Psyche. Darin birgt sich die Geschichte ihrer eigenen Entstehung und Vollendung. Was das Kunstwerks in seinem Inneren enthält, zeigt sein Äußeres sein Werden in der geschichtlichen Welt. Der Bildinhalt weist ihm seinen Platz in der Kunstgeschichte. Und zwar: in die Kunstgeschichte als Heilsgeschichte. In sich erzählt es eine Geschichte, und diese Geschichte lehrt, wie Kunst zur Vollendung und zum ewigen Leben im kunsthistorischen Olymp gelangt. Die Bildbedeutung greift ins kunsthistorische Jenseits des Bildes selbst über. Das Sinnliche, Diesseitige, Gegenwärtige am Kunstwerk rückt sich, indem es mehr als sich selbst bedeutet, in den gleichsam eschatologischen Zusammenhang der Kunstgeschichte im Ganzen. Das gegenständliche Dasein des Kunstwerks trägt in sich, wie es zur kunsthistorischen Ewigkeit gelangt – seine *anagoge*.

V.

Auch Wilhelm Waiblingers *Dichtungen aus Italien* sind poetischer Ertrag von Reisen.[41] Konnte das Reiseerlebnis Friedrich Rückert letzthin zu einer bloß kargen lyrischen Verarbeitung anregen, so begegnet in Waiblingers Italiendichtung eine reiche Sammlung persönlicher, landeskundlicher und kunsthistorischer Eindrücke. Mit planvoller Sorgfalt arbeitet

---

[39] Die sinnliche Wahrnehmung ist abhängig und wird angeleitet vom Wissen um malerische Stile. Sie kann nicht aus den Grenzen des gestaltungsgeschichtlich Möglichen einer Epoche treten; vgl. ebd. S. 107-109.

[40] Ebd. S. 105.

[41] Zu den biografischen Umständen vgl. Ralf Oldenburg: Wilhelm Waiblinger. Literatur und bürgerliche Existenz. Osnabrück 2002, S. 27-31.

Waiblinger den kunstgeschichtlichen Kanon durch. Auf ihn fällt besonders helles Licht. Die Kunsthistorie rückt in die Mitte des Erlebens. Doch nicht nur: Sie gibt den Reisebeschreibungen außerdem ihr mediales Vorbild. So bringt Waiblinger etwa *Bilder aus Neapel* mit in die Heimat. Sie bündeln die Eindrücke zu gleichsam sichtbaren lyrischen Bildern.

> Und ich tret' ans Gemäuer, es schäumt die tosende Welle
> Grünlich wie ein Lavageblöck wachsend und schwindend empor.
> Rötlich glüht der Vesuv, der schöne gefährliche Nachbar,
> Mit dem dampfenden Haupt über des Meeres Azur;
> [...]
> Weiter schweift der Blick, und es wächst mit der Ferne die Sehnsucht,
> Ihr lustseliges Blau öffnet dem Auge die Bucht![42]

Das ist in mehrfacher Weise an der Malerei geschult. Der Sehsinn beherrscht die Wahrnehmung: „schweifet der Blick", „öffnet dem Auge die Bucht". Das Gedicht will ein Bild geben; es ist malerisch eingefärbt: „Grünlich", „[r]ötlich", „lustseliges Blau". Die Farben wirken perspektivisch: Das Blau, im Allgemeinen und besonders in der rinascimentalen Landschaftsmalerei Farbton der Ferne und des Horizonts, zieht den Blick ins Weite und öffnet das lyrische Bild in die Tiefe. Es bildet nicht nur an der Wirklichkeit vor allem ab, was das Auge sieht – die Abbildung verwendet zudem malerische Techniken. Waiblingers Italiendichtung eignet eine Nachahmungsästhetik[43] im Geist und mit den Mitteln der Kunstwerke, die ihm seine Reise als kanonische vors Auge stellt: die der bildenden Kunst. Sie führen den Sinn ins Wirkliche.

Das kann sich, Platen ähnlich, in Schwermut kehren; dann muss die bildende Kunst gewähren, was das Erleben nicht mehr vermag. Das zeigt eines der berühmtesten italienischen Gedichte Waiblingers, *Das Pantheon*.[44] Den einsamen Dichter treibt „tiefste Sehnsucht" (V. 6) der großen Vergangenheit zu, die im Pantheon „vom Grab empor" (V. 14) ersteht. Die Gegenwart des Dichters ist mangelhaft: „Ich bin allein [...] / Die ich für treu hielt, sind's nicht mehr" (V. 75f.). „[W]eil mir ja der Mensch nichts

---

42 Wilhelm Waiblinger: Bilder aus Neapel. In: ders.: Werke und Briefe. Bd. 1: Gedichte. Stuttgart 1980, S. 369-404, hier S. 371 (Epigr. VI., V. 55-62).

43 Zentral ist der Begriff der ‚lebendigen Anschauung'; vgl. Carsten Gerhard: Wilhelm Waiblingers Reiseberichte aus Italien. Wahrnehmung, Darstellung, Zwecke. Diss. FU Berlin 2006, S. 130. Das Kriterium der ‚Anschaulichkeit' ist von Baumgarten in die Ästhetik eingeführt worden. Es reichert die traditionelle evidentia sinnlich an.

44 Wilhelm Waiblinger: Das Pantheon. In: ders., Werke und Briefe, Bd. 1 (Anm. 42), S. 177-179.

gab" (V. 78), wendet er sich an das historisch Übermächtige („Du Stolz der Vorwelt und der Ahnen", V. 21). Anders als die leere Gegenwart, die der Dichter aufzugeben nur allzu bereit ist („alles Andre geb' ich her", V. 74), bewahrt die Vergangenheit „kühner[e] Schöpfung" (V. 35) und „Unsterblichkeit" (V. 40). Die Zeit hat sie nicht angegriffen, sie ist historisch jung und neu geblieben: „Du Riesenkind voll Majestät" (V. 21). Der Nachgeborene kreist beschwörend um die Epochen, in denen die vitalen Künstlerentwürfe, deren Entzug er fürchten muss, noch in vollem Recht standen: „So wird dich selbst mein Geist umschweben, / Du meines Herzens ewig Grab." (V. 79f.). Was die Kunsthistorie als ewig gültiges Gut überliefert, soll sichern, woran die Gegenwart schon zweifeln lässt. Sie soll von der quälenden Gewissheit erlösen, zu spät gekommen zu sein.

Dabei leistet die Sammlung *Sinngedichte und Epigramme* das Wesentliche. Sie bietet einen Katalog der Künstler und Werke, die Waiblinger maßgeblich sind. Die Gedichte huldigen der kunsthistorischen Vergangenheit; sie verspotten die grobsinnige Unkenntnis dieser so sehr wie den gelehrigen Kunstverstand jener Italienreisenden; sie grenzen Waiblingers eigenen Standpunkt ein. Hierbei gelten ihm Maler wie Dichter, Dichter wie Maler. Beide Gattungen denkt er als gleichartige. Was die eine lehrt, lässt sich auf die andere anwenden. Das verhindert ihre Trennung einerseits, den Wettbewerb zwischen ihnen andererseits.[45] Eine Hommage an Dante bildet Waiblingers eigene Stellung zur bildenden Kunst nach. Wie er selbst stand jener am „mächtigen Dom, vor dem er gedichtet".[46] Das Vorbild Dante rechtfertigt das Dichten nach Maßgabe der bildenden Kunst.

Die kunsthistorische Vergangenheit begründet ein Urteil über die Kunst der Gegenwart. Waiblinger greift an, womit sich Rückert verband. Ausführlich schmäht er die Nazarener und andere „Supranaturalisten in der Kunst",[47] da sie die Sinnlichkeit geringschätzten: „Ihr verachtet die gute Natur."[48] Sie zu überschreiten, trachteten sie nach „Verklärung",

---

45 Die Parallelität beider Gattungen legt schon die Renaissance an: „Amant se artes hae (eloquentia et pictura) ad invicem", sagt Enea Silvio Piccolomini; zitiert nach: Erwin Panofsky: Die Renaissancen der europäischen Kunst. Übersetzt von Horst Günther. Frankfurt/M. 1979, S. 331, Anm. 41.

46 Wilhelm Waiblinger: Dante. In: ders., Werke und Briefe, Bd. 1 (Anm. 42), S. 247 (Epigr. 7, V. 1).

47 Zur Kunstauffassung der Nazarener vgl. Mitchell Benjamin Frank: German Romantic Painting Redefined. Nazarene tradition and the narratives of Romanticism. Aldershot, Hants, Burlington, VT 2001.

48 Wilhelm Waiblinger: An die Supranaturalisten in der Kunst, Fiesolaner, Nazarener, die vom strengen Stil u.s.w. In: ders., Werke und Briefe, Bd. 1 (Anm. 42), S. 254-259, hier S. 257 (Epigr. 22, V. 1).

„Frömmigkeit", „Geist".[49] Die Stärkung des übersinnlichen Anteils schade der malerischen Schönheit: „Göttliches malt ihr gern, es enthüllt sich der Kunst in der Form nur, / Darum wünsch' ich mir auch göttliche Formen gemalt."[50] Die körperlose Jenseitigkeit bringe „hässliche Kunst"[51] hervor. „[D]ie Natur und die Wahrheit"[52] gälten nichts mehr. Das wende die kunsthistorische Rangfolge um: Indem die Nazarener Raffael und Michelangelo naturalistische Rohheit und mangelnde Idealität vorwürfen und an ihren Platz schwächliche „Heil'gengerippe"[53] setzten, gefährdeten sie überhaupt die Stellung der Malerei innerhalb der schönen Künste.[54] Die Beschränkung auf den geistigen, übersinnlichen Gehalt greift das Wesentliche der Malerei an. Rinascimentale Werte, Natürlichkeit, sinnliche Schönheit, kraftvolle Wirkung, sollen ihren Platz im „weite[n] Gebiet der Ästhetik"[55] sichern.

Waiblinger stellt zweierlei fest. Erstens: Bildende Kunst wirkt im sinnlich Wahrnehmbaren: „Sinnlicher Fülle hast du, uranische geistige Schönheit, / All' dein Wesen und Sein, all' dein Geheimnis vertraut", so ruft er die ‚Venus des Capitols' an. Zweitens: Kunst überhaupt wirkt im sinnlich Wahrnehmbaren. Es ist das eigentlich Kunstwürdige. Waiblinger lobt „Petrarc's schwärmende Sinnlichkeit"[56] und tadelt Dantes scholastische Anmaßungen:

> Statt den heitern Gebilden, den menschlichen, die du verstehest,
>   Zaubert vom Abgrund er dir wesenlos Furchtbares auf.
> Ungeheures umgibt dich, du fassest es nicht, die Scholastik
>   Füllet mit dunklen Ideen Himmel und Hölle dir aus.[57]

Sucht Kunst Unsinnlich-Überirdisches darzustellen, begibt sie sich der Möglichkeit, begriffen zu werden und zu ergreifen. Übersinnlichkeit setzt verstehendem Genießen seine Grenze. Waiblingers Dichtung geht wohl auf den ‚Phänomensinn' der Malerei. Im Geist der italienischen Renaissance wertet sie das sinnlich Schöne auf. Das angegriffene Ver-

---

[49] Ebd. S. 258 (Epigr. 32, V. 1f.).
[50] S. 256 (Epigr. 18).
[51] S. 258 (Epigr. 35, V. 2).
[52] S. 255 (Epigr. 6, V. 1).
[53] S. 258 (Epigr. 34, V. 4).
[54] Es war ja die Renaissance selbst, die die bildenden Künste unter die artes liberales erst aufgenommen hat. Vgl. Erwin Panofsky, Die Renaissancen der europäischen Kunst (Anm. 45), S. 29f.
[55] Waiblinger, Gedichte (Anm. 42), S. 258 (Epigr. 35, V. 1).
[56] Wilhelm Waiblinger: Petrarca. In: ders., Werke und Briefe, Bd. 1 (Anm. 42), S. 248f., hier S. 249.
[57] Waiblinger, Dante (Anm. 46), S. 247f., hier S. 248 (Epigr. 8, V. 5-8).

hältnis von Kunst und Leben soll so versöhnt werden. Die rinascimentale Malerei steht dafür als Inbild natürlicher Lebendigkeit ein. Sie leitet die Dichtung an. Und sie leitet das Erleben selbst an. Sie wird zum vitalistischen Exempel.

VI.

Waiblingers Epigramme auf Raffael[58] mögen die Unterschiede zu Rückert verdeutlichen. Einen ersten zeigt die Form an: Waiblinger wählt fließende, geläufige Distichen, die eine ausführliche, großzügige Abschilderung gestatten. Die Absicht der insgesamt sieben Epigramme ist es, in liebevoller Nachschöpfung der malerischen Schönheit „Raffaels Genius"[59] vor Augen zu stellen. Dichtung steht im Dienst der Malerei.[60] Dem rinascimentalen Nachahmungsgebot sucht sie zu genügen, indem sie die sichtbare Schönheit im Wort wiederholt. Sie soll die historische Größe des Malers vergegenwärtigend bezeugen, denjenigen insbesondere, denen die Gemälde nicht vor Augen stehen.[61]

Am Anfang der Epigramme steht des Malers Wesen. Seine Eigenschaften erklären seine Werke. Ihn kennzeichnet Überlegenheit. Raffael ist der Renaissance-Typus des Ausnahmemenschen: „Es gibt Seelen, doch wen'ge" (V. 1). Als Schöpfer ist er gottgleich: „Ja sie [sc. die großen Künstler] schaffen wie er [sc. Gott]" (V. 11). Seine „übernatürliche" (V. 5) Natur und seine „Allmacht" (V. 6) entheben ihn dem Irdischen. Das folgt der rinascimentalen Künstlervergottung.[62] Damit ist das Allgemeine seines Künstlertums angelegt. Im Besonderen zeichnet sein Schaffen ruhige Lieblichkeit aus: Obgleich er „ungemessene Kräfte" (V. 9) innehat, entzückt er durch die Milde „[s]anft holdseliger Lust" – seine schöpferische Gewalt ist „im Bild blühender Rosen verhüllt" (V. 10). Ihm entgegen steht Michelangelo, den Waiblinger charakteristisch anruft: „Du hast im Rosenduft den schöpfrischen Gott nicht gefunden, / Nur in dem Riesen-

---

[58] Wilhelm Waiblinger: Raffael. In: ders., Werke und Briefe, Bd. 1 (Anm. 42), S. 238-240.

[59] Ebd., S. 239 (Epigr. 2, V. 32). Im Folgenden zitiere ich mit Angabe des Verses.

[60] Das Epigramm ist wegen seiner Verwandtschaft mit der Inschrift der bildenden Kunst ohnehin verbunden.

[61] Eine Aufgabe kunsthistorischer Dichtung in einer Epoche, die getreue Reproduktionsmedien nicht kannte.

[62] Vgl. Vasari, Leben der ausgezeichnetsten Maler (Anm. 35), S. 181: „ein sterblicher Gott".

gebräu seiner Planeten erkannt."[63] Das greift einen kunsthistorischen Allgemeinplatz auf, den schon Vasari anlegt: der sanftmütige, maßvolle Raffael und der titanische, stürmische Michelangelo als zwei Typen in der Spanne schöpferischer Temperamente. Überhaupt folgt Waiblinger dem psychologischen Musterbild, das Vasari mit seiner Raffael-Vita vorgibt: Der Maler ist „bescheiden" (V. 19), ungetrübten, fröhlichen Wesens – „[k]eines Zweifels erzitternder Hauch" (V. 7) rührt ihn an –; er wirkt auf seine Umwelt harmonisierend und beruhigend: „Jeglicher Widerstreit hold und entzückend versöhnt" (V. 4).[64] Raffaels Sanftheit unterlegt Waiblinger zugleich mit dem rinascimentalen Ideal der *sprezzatura*: Er ist „nie sich" seiner „Allmacht bewußt" (V. 6). „Jedes Rätsel der Welt" (V. 3), „[j]egliche[n] Widerstreit" (V. 4) löst er mit unerklärlicher Leichtigkeit; Schwieriges wird bei ihm einfach.

Die kunsttheoretischen Debatten der 1760er Jahre haben das Verhältnis von Dichtung und Malerei am Gegensatz von Simultanität und Sukzession entlang aufgefasst. Das greift Waiblinger auf: Raffaels Werk erlangt „Vollendung", zweimal fällt das Wort im Eingangsgedicht (V. 14 und 26). Das meint nicht allein künstlerische Vollkommenheit. Tiefer begründet seine ‚Vollendung', dass der Maler nirgends das Vergehen der Zeit, nirgends das Nacheinander der Dinge abbildet: „Nicht im üppig erquellenden Werden, im schmachtenden Welken, / Stellen sie's eben wie's ist, wo es entfaltet ist, dar" (V. 21f.). Nur das zur Entfaltung Gereifte („der Keim, / Der sich zur Fülle der Frucht in frischer Gesundheit erschwellet", V. 12f.) nimmt er sich zum Stoff. Dadurch sammelt sich die sukzessive „flüchtige Welt" zur simultanen „Einheit" (V. 15 und 23). So deutet Waiblinger auch die ‚Stanzen' etwa die *Schule von Athen*. Sie vereinen das Höchste der Philosophie, Geschichte, Dichtkunst, Religion und der menschlichen Geschichte. Die Menschheit, die Waiblinger personifiziert sprechen lässt, beklagt die „Vergänglichkeit" (V. 52) des Tempels. Das Gemälde überwindet sie: Es zeigt die ‚Schule von Athen' in überzeitlicher Blüte und stellt die Gipfel der menschheitsgeschichtlichen Entwicklung nebeneinander. Allgemeiner: Die Malerei ist die Kunst des Neben-, nicht des Nacheinanders. Das bevorzugt sie zur Darstellung des Ewigen.

Raffael nimmt Christi Züge an. Sie sind ihm durch ein Gemälde gegeben. Waiblinger beschreibt Raffaels *Transfigurazione*. Den auferstandenen Christus, den sie abbildet, vergleicht er mit dem Maler selbst, in „seiner vollendeten Hoheit" (V. 31). Auf Raffael sei schon während sei-

---

63   Wilhelm Waiblinger: Michel Angelo Buonarroti. In: ders., Werke und Briefe, Bd. 1 (Anm. 42), S. 241 (Epigr. 2, V. 3f.).

64   Vgl. dazu Vasari, Leben der ausgezeichnetsten Maler (Anm. 35), S. 179f.

nes Lebens göttliche Gnade gefallen, und zwar wegen seiner künstlerischen Befähigung. Christus ist Sinnbild des Malers. Das kehrt die übliche Richtung des Allegorischen um: Jesu überweltliche Vollkommenheit ist Bild der innerweltlichen Vollkommenheit des Malers.

Der Künstler als überirdisches Wesen, als Schöpfergott – Waiblinger blendet das rinascimentale Künstlerbild in die zeitgenössische Genievorstellung. Er betont an Raffael das Ursprüngliche, das verstandesmäßig Unbegreifliche, das mehr als Handwerkliche. Bei Rückert sicherte erst historische Kontinuität das Fortwirken des Urschöpfers. Waiblinger hingegen stellt den Künstler autonom außerhalb der Historie. Er sucht zu erhalten, was die Genie-Zeit forderte: unbedingte künstlerische Ursprünglichkeit. Das soll vor dem Zweifel, nur epigonale Schöpfung sei noch möglich, schützen und das bedrohte Kunstprogramm des Genie-Denkens wieder aufrichten. Dass sich autonome Ursprünglichkeit an einer vergangenen Blütezeit aufrichten muss, zeigt den geheimen Widersinn dieses Bemühens.

Vergöttlichende Vollendung bilden für Waiblinger zwei weitere Gemälde ab, die *Madonna del Gran Duca* und die *Madonna di Foligno*. Das eine zeigt die Gottesmutter nach ihrer Empfängnis, das andere nach ihrer Himmelfahrt. In beiden Fällen ist sie über das menschliche Dasein hinaus gereift. Sie gleicht dem göttlichen Maler: Ihn kennzeichnet „vollendete[] Hoheit" (V. 31), sie „strahlende[] Hoheit" (V. 59). Wie er weiß sie um ihre göttliche Natur nicht: „[S]o bist du / Dir's nicht bewußt, und weißt selbst noch nicht, wie dir geschah." (V. 55f.). Das Bild der Madonna ist „Bild der Seelenschönheit Raffaels", so kommentiert Waiblinger in einer Anmerkung.[65] Sie stellt seine übernatürliche, überzeitliche Vollendung dar, wie zuvor Christus. Nochmals: Tatsächlich Göttliches versinnbildlicht die innerweltliche Göttlichkeit des Künstlers. Die Malerei stellt das Übernatürliche sinnlich dar: „Wie er [sc. Christus] im Lichte zumal der enthüllten Herrlichkeit Gottes, / [...], hat auch in seiner vollendeten Hoheit / Raffaels Genius sich unseren Augen verklärt." (V. 29-32). Das Prädikat „verklärt" bezeichnet eben die Grenze, die das Sichtbare vom Unsichtbaren trennt. Die Malerei überschreitet sie in beide Richtungen. Sie ist eine Epiphanie. Sie vermag der sinnlichen Wahrnehmung, „unseren Augen", Übersinnliches zu schenken.

Waiblinger entnimmt der Kunsthistorie verschiedene Lehren und gibt ihr verschiedene Aufgaben. Das muss seine kunsthistorische Dich-

---

[65] Waiblinger, Raffael (Anm. 58), S. 240, Fußnote zu Epigr. 6 („Madonna del Gran Duca").

tung überlasten. Sie soll Gemälde beschreiben; sie soll ihre Schönheit poetisch nachahmen; sie soll ein Charakterbildnis ihrer Schöpfer geben; sie soll Urteile herleiten, die auf die zeitgenössische Kunst anwendbar sind; sie soll das Übersinnliche im Sinnlichen auffinden; sie soll einen Künstlertypus heraustrennen, der dem noch wirksamen, schon angegriffenen Genie-Gedanken genügt; sie soll ins Leben zurück führen; sie soll schließlich noch gelungene Dichtung sein. Wie ist das zu bewältigen? Waiblinger beschreibt (V. 53-56) ein Gemälde

Madonna del Gran Duca

Wie voll Unschuld du bist, du süß jungfräuliches Antlitz,
    So befangen, so sanft, kaum noch der Kindheit entblüht.
Schüchtern noch tust du, obwohl schon Mutter geworden, so bist du
    Dir's nicht bewußt, und weißt selbst noch nicht, wie dir geschah.

Diese Beschreibung ist typisch. Ich führe sie stellvertretend an. Sie gibt keine malerischen Einzelheiten wieder. Sie hält keinen farblichen Eindruck fest. Aus einem Gemälde macht sie eine psychologische Szene *en miniature*. Mit zarter Genauigkeit fühlt sie einem inneren Zustand nach. Der Dichtung vertraut das Gemälde wohl an, was seine Figuren im Inneren empfinden. Die Beschreibung beobachtet Seelisches, nicht Optisches. Dabei bezieht sie Informationen mit ein, die bloß die biblische, d.h. literarische Vorlage zum Gemälde, nicht aber das Gemälde selbst gibt. Literarisches Wissen hilft der Wahrnehmung. Wie bei Rückert ist das malerische Kunstwerk episiert: „wie dir geschah"; „[s]chüchtern noch tust du, obwohl schon Mutter geworden". Darin ist ein zeitlicher („noch", „schon") und ein konzessiver („obwohl") Zusammenhang angelegt. Waiblinger folgt literarischen Mustern. Das verwundert: Schildert er die äußere Wirklichkeit, so verwendet er gleichsam malerische Verfahren. Ist es ihm um die Malerei selbst zu tun, wendet er sie ins Epische. Seine Aufmerksamkeit fällt auf den symbolischen, idealen Gehalt. Die dingliche Gestalt des Gemäldes rückt nicht ins Licht.

Der ‚Phänomensinn' der Malerei war ihm Sinnbild des Lebendigen. Seine Ekphrasis arbeitet jedoch den ‚Bedeutungssinn' aus. Das Programm, das an der Malerei entwickelt ist, nämlich sinnliche und insbesondere optische Wahrnehmung aufzuwerten, erfüllen gerade seine Gemälde-Gedichte nicht. Sie nehmen die Gemälde nicht als dinglichen Gegenstand, sondern als ideellen Träger wahr. Gegenstandsbezogene Mimesis, wie sie später den Realismus kennzeichnen wird, vermag Waiblinger seiner Zeit nicht einzugeben. Er begibt sich in die Ausweglosigkeit der Kunstperiode. Indem Kunsterleben in die sinnliche Wirklichkeit zurückführen soll, ist diese einem historischen, in sich kunsthaf-

ten Vorbild schon verpflichtet. Indem die bildende Kunst den Betrachter beleben und ihm die Natur wiederschenken soll, ihre Beschreibung
der Erbschaft des Idealismus aber treu bleibt, kann die Entfernung zur
Wirklichkeit nicht überwunden werden.

Rückert und Waiblinger gingen von entgegengesetzten Voraussetzungen aus. Dass ihre Ekphraseis sich gar im Einzelnem gleichen, macht sie
zu Schicksalsgenossen einer literarischen Epoche.

VII.

Ich fasse zusammen. In der späten Kunstperiode scheint Dichtung der
unmittelbare Griff ins Wirkliche entzogen. Ihr droht Epigonalität. Das
nimmt dem Italienerlebnis deutscher Dichter seine einstmalige Wirkung. Die Kunsthistorie soll für das einstehen, was die Wirklichkeit
nicht mehr erfüllen kann. Friedrich Rückert und Wilhelm Waiblinger
suchen sich in ihr künstlerischer Normen zu vergewissern, die ihrer Gegenwart zweifelhaft geworden sind. Dazu dienen ihnen kanonische
Werke der Malerei. Beide betonen deren Ewigkeitscharakter. Für Rückert bringt ihn erst imitierende Nachfolge hervor. Künstlerisches Nachleben ist historisch hergestellt. Waiblinger leitet die Unvergänglichkeit
der Kunst aus der genialischen Ursprünglichkeit ihrer Schöpfer ab. Sie
überwinden als übermenschliche Ausnahme den historischen Wandel.

Dass die Malerei literarische Programmatik stützen muss, prägt ihre
Beschreibung. Die malerische Ästhetik ist ausgesondert, die Darstellung
ist allegorisierend, nicht mimetisch. Die bildende Kunst soll das entzo-
gene Italien-Erlebnis vermitteln. Indem jedoch ihre Beschreibung idea-
listisch auf den inneren Gehalt, nicht aber aufs sinnliche Wahrnehmba-
re geht, kann sie den Abstand zum Wirklichen nicht verringern.

Friedrich Rückert trifft Gottfried Benn

Ein Totengespräch

von

Rolf Stolz

(Gottfried Benn in seinem weißen Kittel, in Bewegung, Rückert in einem geblümten Morgenmantel, an einem Tisch mit schweifartigen Füßen.)

Benn: „Gestatten, Benn." *(Angedeutetes Kopfsenken.)*

Rückert *(Zuckt zusammen, steht auf und schüttelt dem Doktor Benn freundlich, aber immer noch etwas abwesend, die Hand.)*: „Es freut mich sehr. Ich bin Friedrich Rückert. Ich war nur etwas in Gedanken. Ich wollte nicht unhöflich erscheinen. Darf ich Sie bitten, mir gegenüber Platz zu nehmen?" *(B. nickt, dreht die Stuhllehne herum und setzt sich, die Unterarme auf die oberste Kante des Stuhls gelegt.)*

B.: „So. Der Name sagt mir nicht viel, habe ihn aber schon gehört. Er erinnert mich an Musik."

R.: „Ich war kein Musiker."

B.: „Das war klar. Man hat Sie in Töne gebracht. Scheußliche Prozedur, wenn ich an Hindemith denke. War im Rundfunk, aber wer hat das schon gehört, nach einer Woche nur noch Schall und Rauschen. Diese Luft über den märkischen Kartoffelfeldern, kurz vor der Stadt, als der Herbst schon abtreten wollte…"

R.: „Sie assoziieren."

B.: „Ich? Kann schon sein. Das Leben ist…"

R.: „Ich habe vor ihnen gelebt und auch länger, als Sie es konnten. Wurde fast hundert bei Ihrer Geburt." *(Er lacht meckernd.)*

B.: „Eine einzige Assoziation von Momenten, eine Alliteration der verschwundenen Ausflüchte. Aber Sie sollten mir von sich erzählen, ich habe immer ein Interesse gehabt an den Ereignissen und an Fremden."

R.: „Ich hatte mein Leben der Dichtkunst geweiht."

B.: „Ich nannte immer wieder den Dichter einen Artisten. Sie verstehen, kein Handwerker – und doch einer, der seine Sache kann und seinen Kopf für sich riskiert."

R.: „Hoch in der Luft, frei von der Gebundenheit an die Erde unter uns."

B.: „Sicher, aber er stürzt nicht für die, die ihn fallen sehen. Sein Scheitern ist seine ewige eigene Sache. Er stürzt in sich hinein, in die Räusche und Abgründe, selbstvergessen."

R.: „Ich könnte Ihnen einige Gedichte vorlesen, sie werden Ihr Gefallen finden."

B.: „Jeder für sich, all die gebeugten und krebszerfressenen Gestalten, die Hurenböcke und Besitzzerfetzer, die kaum ihr eigenes Geschreibsel entziffern können und nur für kurze Zeit es verstehen – wenn es dazu reicht. Also, lesen Sie frei weg!"

(R. holt einen ausgebeulten schweinsledernen Koffer. Der hölzerne Rahmen ist an einer Seite gebrochen und die Beschläge lassen sich nicht mehr schließen. R. drückt den Koffer an sich und gerät ein wenig ins Schwitzen.)

B.: „Eine Juno?"

R.: „Ein gefährliches und verwirrtes Weib. Ich hätte es nicht getan. Niemand sollte sich daran wagen, die Kreise der Göttlichen zu stören."

B. *(Lächelt milde)*: „Ich meinte nicht die alte Sau. Ich meinte nur meine Zigaretten."

R.: *(Hüstelt verlegen und greift umständlich in ein silbernes Etui, in dem die Zigaretten voneinander getrennt sind durch vergoldete Phalli.)* „Ein schönes Ding, ein lustiges Sujet." *(Er zündet die Zigarette an, schnippt dann aber mit den Fingernägeln die Glut auf den Boden und tritt sie aus.)* „Nachher, später erst. Ich wollte Ihnen zunächst etwas lesen." *(Er klappt einen der grünen Leinenbände auf, sucht im Inhaltsverzeichnis, bemerkt dann aber, daß er eine welke Blume als Lesezeichen vorgesehen hatte. Er legt das offene Buch auf den Tisch, blickt nach oben ins Leere und auf die erloschene Glutspitze. Er räuspert sich und liest.)*

B. dreht seine Daumen gegeneinander, reibt mit dem Ellenbogen über den Tisch. Das Stethoskop fällt aus der Seitentasche seines Kittels, er hebt es hoch, schnauft.

R. (*Liest.*):

Aus der Jugendzeit

Aus der Jugendzeit, aus der Jugendzeit
Klingt ein Lied mir immerdar;
O wie liegt so weit, o wie liegt so weit,
Was mein einst war!

Was die Schwalbe sang, was die Schwalbe sang,
Die den Herbst und Frühling bringt;
Ob das Dorf entlang, ob das Dorf entlang
Das jetzt noch klingt?

„Als ich Abschied nahm, als ich Abschied nahm,
Waren Kisten und Kasten schwer;
Als ich wieder kam, als ich wieder kam,
War alles leer."

O du Kindermund, o du Kindermund
Unbewußter Weisheit froh,
Vogelsprachekund, vogelsprachekund
Wie Salomo!

O du Heimatflur, o du Heimatflur,
Laß zu deinem heiligen Raum
Mich noch einmal, mich noch einmal nur
Entfliehn im Traum!

Als ich Abschied nahm, als ich Abschied nahm,
War die Welt mir voll so sehr;
Als ich wieder kam, als ich wieder kam,
War alles leer.

Wohl die Schwalbe kehrt, wohl die Schwalbe kehrt,
Und der leere Kasten schwoll,
Ist das Herz geleert, ist das Herz geleert,
Wird's nie mehr voll.

Keine Schwalbe bringt, keine Schwalbe bringt
Dir zurück, wonach Du weinst;
Doch die Schwalbe singt, doch die Schwalbe singt
Im Dorf wie einst:

„Als ich Abschied nahm, als ich Abschied nahm,
Waren Kisten und Kasten schwer;
Als ich wieder kam, als ich wieder kam,
War alles leer."

B.: „Habe es oft gesungen gehört, hatte einen Schauder im Kreuz, süß-
liches Klanggetriefe. War das, was meine Generation um keinen Preis
wollte, nicht mehr feierlich lamentieren und idyllisch vor dem Nichts

posieren. Kam es über den Äther herein, habe ich das Radio abgestellt, nach dem ersten Geplärr."

R.: „Sie sind sehr schmeichelhaft. Ich hatte anscheinend vergessen zu erwähnen, daß ich der Verfasser bin und nicht der Notenschinder." *(Er geht zum Fenster, blickt starr hinaus, ballt die Fäuste und schüttelt seine langen grauen Haare.)*

B.: „Seien Sie nicht so, ich habe nichts über die Worte gesagt und über Sie. Es war eine Petitesse, ein Aperçu über all die armen Jungen, die unter dem Kaiser in Weiß und Blau gesteckt wurden, Matrosenuniförmchen, und in den Schulen und sonntags nach Tisch wurden ihnen verheulte oder heldenmütige Poemata ins Hirn geblasen, Melodien wie perinatale Abszesse, lyrische Afterfisteln. Es war nur über die allgemeine Misere, das Versaufen der lyrischen Epiphanien im Sabber- und Tränenmeer."

R. *(bitter, stockbeleidigt)*: „In meinem Gedicht weint niemand."

B.: „Geben Sie mir das Buch, ich hatte nicht genug zugehört, meine Därme rumorten." *(Er liest das Gedicht, berührt die vertrocknete Blume, eine weiße Heckenrose, streicht mit einem abgekauten Bleistiftstummel das Wort „vogelsprachekund" an. R. betrachtete ihn verwundert und anscheinend zu überrascht, um bis zur Mißbilligung zu gelangen.)*

B.: „Es ist ein gutes Gedicht. Dieses eine Wort, das ist phänomenal, ein durchsichtiger Funken, den niemand fangen könnte. Sie haben sparsam gearbeitet."

R.: „Ich habe sehr lange gearbeitet, ich hatte eine Zeile, die allererste, im Ohr, aber es fiel mir nicht ein, wie es enden könnte. Als ich die Strophen beieinander hatte, habe ich es einige Male umgeschrieben. Ich bitte Sie, die Wiederholungen besonders zu beachten. Es ist nicht Armut und Verstummen. Die Kinder reden so."

B.: „Die Natur wiederholt sich laufend. Immer diese ineinander verschachtelbaren und ineinander aufgehenden Wellen, dieses Bespringen und Befruchten in einer Reihe durch die Geschlechter und Sippenverschlingungen hindurch, die Grashalme und Ähren so endlos gleich und fast ununterscheidbar eingefugt …"

R. *(Scheint sich unbehaglich zu fühlen.)*: „Das Gedicht sagt etwas aus über mich, meine Freunde und mein Jahrhundert."

B. *(Stockt)*: „Was?"

R.: „Ich galt als ein Knabe, als es begann. Die klassischen Heroen waren reife Männer schon, der Geheime Rat längst in der zweiten Hälfte seines Lebens angekommen und Schiller fast schon ein Toter. Ich erlitt die Besatzung, aber es schien mir ein leicht bestehbares Spiel. Ich wollte leiden und aus der Qual ausbrechen in einen großen Kampf."

B.: „Wieviel Franzosen schlugen Sie tot?"

R. *(Voller Pathos.)*: „Nicht einmal einen einzigen, aber ich schrieb Sonette, in denen hell der Stahl klang, und es war mir, als hörte ich von Osten her das Klirren der Schwerter und das Zersplittern bunter Lanzen. Hoffnung brach aus, als die Große Armee sich in Marsch setzte nach Rußland, daß nicht einer zurückkäme unter der zerfetzten Trikolore, und es waren doch auch unsere deutschen Brüder eingepreßt und hineingelockt in des Korsen Heer, auch Verräter und Huren dabei, aber es mußte gelingen, die Freiheit zu erobern für das ganze deutsche Land."

B. *(Kalt, skeptisch.)*: „Schöne Jugend, besser als für meine Ratten und die wurden am Schluß alle weggemacht."

R. *(Scheint ihn nicht gehört oder zumindest nicht verstanden zu haben.)*: „Wenn ich es bedenke, lag unsere Jugend noch vor dem großen Kriege, auf den Dörfern draußen, wir fingen Frösche in den Abzugsgräben und an den Weihern, ein grauer Rauch stieg empor über die friedvollen Hütten hinweg, und wir ahnten wenig vom fernen Schlachtenlärm. Ich war vierzehn, als ich in die Stadt gebracht wurde."

B.: „Kleine tote Landstädte, Anklam oder Neustrelitz, Weißkohl und Rosmarin in allen Gärten und weite Kartoffeläcker in der schnellen Hitze des Sommers, oder die Fliederbüsche, weiß und wie verschwindend oder in einem rötlichen Blau, Gesichter, die wieder auftauchen in einer Menge stygischer Gestalten, und niemand mag sagen, ob sie Lebende waren…"

R. *(unterbricht ihn, eher ärgerlich.)*: „Lieber Doktor Benn, ich wollte Ihnen von *meiner* Jugend sprechen. Tatsächlich, es war schön in den kleinen Städten. Ich habe die großen nie ganz verstanden und in ihnen nur halb gelebt. Es war mir ein Schrecken in meiner Berliner Zeit durch all das quirlige Gelärm zu gehen, vor den jagenden Kutschen beiseite zu springen oder den schreienden Bettlern und Straßenweibern zu entlaufen. Ich war Professor dort geworden, eher durch Protektion als aus eigenem Antriebe. Ich suchte, so oft es sich machen ließ, zu entfliehen in mein heimatliches Gefild, mein geliebtes Neuses. In der Stadt lebte ich als ein Einsiedler, fast wie ein Verstorbener, wie einer, der seine Zeit überlebt hat und sogar seine Enkel, den niemand mehr betrauern mag, wenn er endlich abtritt…"

B.: „Sie wollten über Ihre Jugend sprechen!"

R.: „Ach, ja doch. Eine schöne Jugend, viel zu schön. Ich habe es zu gut gehabt, es war vollendet und unübertrefflich. Ich mußte dafür bezahlen, ich mußte so sehr leiden, als es vorbei war, als die Laute in Stücke geschlagen war mit den Hallen, in denen der Sänger gesungen hatte."

B.: „Sie sprachen über die Heraufkunft des europäischen Nihilismus. Die letzte Blüte der Romantik, die Mohnkapsel springt auf und lädt zur Ernte, zum Hinüberreifen in ein chimärisches Vergessen. Die Liebeslieder sind verklungen wie nie gewesen, und nur eine finale Liebe bleibt: die zum Absturz in die bunten Gifte und in den Tod. Nur so kann ich das verstehen, wenn Sie völlig ausgeräumt zurückkehren. Ein frühes Gefühl für all die Kataklysmen und Untergänge. Ich sah auch oft die Erde sich öffnen…"

R.: „*Als ich wieder kam, war alles leer.*"

B.: „Aber was hatten Sie denn in den Kisten und Kasten, was waren das für Aufputschungen und Selbstberauschungen? Die klassischen Heroen, die kleinen und großen Meister des appollinischen Traums waren doch abgetreten oder auf Restverwertung aus, Schiller schon von der Bühne, abgestochen am Skäischen Tor, der arme Hölderlin ausgeblüht in seinem gelben Turm und der Herr Minister kompiliert die späten Scherben. Nur noch ein einstiger Flügelschlag diese Epoche, eine museale Erinnerung, keine Fanale und keine Mysterien übrig und auch das mittelländische Meer nur noch ein Transitbassin für englische Fregatten und private Kreuzzüge des korsischen Mythomanen."

R.: „Das war ein Feind noch. Wir verloren selbst unsere Feinde mit der Zeit. Und unsere Helden auch! Wie sehr ich die großen Gestalten geliebt habe, wie sehr ich gehofft habe, daß die Adler sich noch einmal erhöben über den Schädelstätten! Aber allzu früh starben die einen, die anderen gingen verbittert und verstört in fremde Lande hinweg oder wurden um sich selbst gebracht in dem doch nicht wahrhaft befreiten Land."

B.: „Länder, Ländchen, Ländler – ich kann das nicht mehr ertragen. Ich kenne nur die Flut und das feste Land, das sie längst im Blick und im Griff hat, und die Vulkane kochen den Erdbrei flüssig. Und die Heldengeschichten, als wären es Vereine und Prozessionen, als wären es nicht die sich überlassenen Bacchanale der Einzeltänzer, der Selbstgeißler und Weltzertrümmerer."

R. *(Spöttisch, kühl.):* „Sie sind ein belesener Mann, aber Sie haben einen Hang zum Apodiktischen und zur Apokalypse."

B. *(Zunächst befremdet, lächelt schließlich grimmig.):* „Sie haben recht. Sie haben es getroffen. Und mich dazu, wenn Sie mir den platten Scherz erlauben."

R. *(Ganz ernsthaft):* „Ich gestehe es Ihnen so zu wie mir auch."

(Beide setzen sich, schweigen sich an. Nach einiger Zeit räuspert sich R.)

R.: „Warum erklären Sie sich zu einem Traum Gottes, warum räumen Sie sein mögliches Vorhandensein ein? Wenn es ihn gibt, gibt es dann auch den alten Spinnenmann, ist er das selbst? Was sagt er uns, der doch gefangen ist in seinem eigenen geschickten Netz? Schaut er immer nur zu, wie das Menschengeschlecht abtritt, aus einem sicheren und nie mehr überwindbaren Abstand?"

B.: „Eine interessante Frage, es begann mit dem Deismus. Jenseits der einfachen Gewißheiten, daß niemand es wissen kann, gestatte ich mir eine kleine Frage nach den schließlichen Rätseln, nach den Endgültigkeiten – eine Frage, die vielleicht sogar ihre Antwort erhält. Ich proklamiere ein Ende des Menschen, aber nach diesem Ende muß etwas sein, ein dunkles fremdes Ufer des letzten Meeres."

(Beide sehen sich an, nicken und schweigen.)

Der Mops im literarischen Bestiarium, mit zwei unveröffentlichten Gedichten von Friedrich Rückert

von

Reinhold Münster

Logbuch der Wissenschaften
225. Jahrgang
16. Mai 2013

Den ersten Besuch in der neuen Stadt hatte ich mir anders vorgestellt. An diesem Tag drückte die Hitze des Sommers auf das Gemüt, in der Ferne kündigte sich mit Donnergrollen ein Unwetter an. Die Gassen schienen fast ausgestorben zu sein. Endlich tauchte am Rande der Innenstadt ein kleines Straßencafé auf. Die Tische waren verwaist. Ich suchte einen Platz im Schatten der Häuserwände und bestellte einen großen Cappuccino, um die erschlafften Lebensgeister aufzumuntern, doch bald wirkte die Stille einschläfernd auf mich.

Plötzlich, wie auch sonst in der modernen Literatur, riss mich ein unheimliches Geräusch aus meinem leichten Dösen. Ich fuhr hoch. Ein rascher Blick um mich: keine Bewegung, nichts, niemand. Die Fenster in der kleinen Straßenschlucht waren geschlossen. Der Lärm ging in ein lautes Schnarchen über. Da entdeckte ich den Täter – einen feisten Mops, der sich im Schatten unter meinem Stuhl häuslich eingerichtet hatte, tief und fest schlummerte und im Schlaf nach Beute schnappte.

In diesem Augenblick erwachte der Wissenschaftler in mir; alle Müdigkeit war gewichen. Der Mops als Zeichen (für Stil)? Als Symbol? Als Metapher? Als Allegorie? Als Genderproblematik? Als wissenschaftliche Tatsache? Als kulturelle Ikone? Als „Weißwurstmarzipanschweinkampfstier" – so die Zusammenfassung der Beschreibung aus Brehms *Tierleben*? Ich beschloss, mich dem Problem zu widmen, öffnete das Logbuch der Wissenschaften und notierte die folgenden Fragen: Was wusste ich über den Mops? Wo kam er her? Worin bestand seine kulturelle Leistung für die Menschen? Wo geht er hin?

Mein Wissen über den Mops – die erste Frage ließ sich einfach beantworten – bewegte sich auf keinem besonders hohen wissenschaftlichen

Niveau, griff auf die direkte, empirische Beobachtung zurück: Vier Beine, ein geringelter Schwanz, kupierte Ohren, ein schwarzes, flaches Gesicht, in diesem Fall zu einer beigen Färbung des Fells getragen. So lag er fett und schwer schnaufend da.

Es blieb nur eine Lösung: Ich schleppte mich zur Staatsbibliothek den Berg hinauf, bestellte die gängigen Nachschlagewerke, deren Stapel langsam auf dem Tisch anwuchsen. Der erste Band, den ich aufschlug, war die frühchristliche Naturkunde des Physiologus. Schön sprach der *Physiologus* vom Charadrius, von den Eselskentauren, dem Einhorn, dem Enhydris und dem Ichneumon, dem Antholops, dem Hydrippos, sogar von der Ameise, nicht aber vom Mops; er erwähnte ihn mit keiner Silbe. Schön sprach der *Physiologus* auch vom Baum Peridexion, behandelte aber nicht die Frage, ob der Mops nicht an diesem immer wieder sein Hinterbein anhob und auf diese Weise seinen Betrag leistete, den Fortbestand der Fauna zu sichern.

Auch die Lektüre moderner *Bestiarien* blieb ernüchternd. Franz Blei behauptete, er habe alle lebenden Tiere in sein *Bestiarium literaricum* aufgenommen. „Den Nutzen dieses kurz und bündig abgefassten Bestiariums wird der Tierfreund und –feind beim Durchblättern also gleich mit Vergnügen bemerken." Dabei befleißigte er sich, so seine Aussage, des damaligen Standards wissenschaftlicher Objektivität. „Aller Kritik unserer Viecher habe ich mich enthalten, wie man merkt: Wir müssen sie hinnehmen, wie Gott sie geschaffen. Ihm allein die Ehre und die Verantwortung." Blei neigte zu unzulässigen Verallgemeinerungen, besonders in der Frage nach der Intelligenz der Tiere. „Denn gerade das, was einige von unseren heutigen Tieren behaupten, das tun sie gar nicht: denken." Dabei blieb er ein kritischer Beobachter, wie die beiden folgenden Beispiele zeigen können. „Der Benn ist ein giftiger Lanzettfisch, den man zumeist in Leichenteilen Ertrunkener festgestellt hat. Fischt man solche Leichen an den Tag, so kriecht gern der Benn aus After oder Scham oder in diese hinein." Oder: „Die Courthsmahler ist eine Laus, die in der Sekunde eine Million Eier legt." Den Mops jedoch sucht der geneigte Leser vergeblich. War er so diskreditiert, dass ihn Blei zu denjenigen Tieren rechnete, die vom Bacillus imbecillus befallen gewesen seien?

Fritz Raddatz, Prachtleierschwanz und Spezialist für biografische Forschungen zum jungen Goethe in Frankfurt, beschäftigte sich im *Bestiarium der deutschen Literatur* mehr mit Mollusken, bunten Vögeln, Fischen und schleimenden Geschöpfen aus unterschiedlichen Gewässern. Kein Dichter, auch keine schreibende Jungfer waren es ihm wert, mit einem Mops verglichen zu werden.

Die Gesamtschau war enttäuschend verlaufen: Die gängigen Bestiarien von der Antike und dem Mittelalter bis zur Gegenwart wussten nichts vom Mops zu berichten.

Wo also kam er her (zweite Frage)? Drei Theorien konkurrierten bisher um die wissenschaftliche Anerkennung und Verifizierung. Bernhard-Victor von Bülow behauptete, die Heimat des Mopses liege in Europa. „Als Herr des Waldes durchstreifte der Mops einst Europa zwischen dem Ural und Fichtelgebirge. Heute weiden nur wenige wilde Möpse in unbewohnten Waldungen Nordschwedens." Knochenfunde aus der Zeit um 1500 erhärteten den Befund. (Dabei ist bis heute nicht geklärt, wer die Ausgräber waren. Ich vermute: Gilbert und Henry aus dem Hause Bülow.) Der Mops galt und gilt bis heute als gefährdete Art, so Bülows Meinung: „Ende des 16. Jahrhunderts galten die mächtigen Mopsschaufeln noch als beliebte Jagdtrophäe." Da der wilde und scheue Waldmops Wälder verwüstete, Vogelnester ausnahm und Rotwild riss, wurde er eingefangen und domestiziert. Bülow erkannte hier indirekt einen wichtigen Aspekt literarischer Moderne seit der Aufklärung: die Domestizierung der Wildnis, die dem Nutzenkalkül unterworfen werden sollte. „Im Laufe des 17. Jahrhunderts hat man sie jedoch rücksichtslos zurückgezüchtet, da sich 14-Ender im Schoße älterer Damen als hinderlich erwiesen hatten." Teile des Wildbestandes sollen in der Gegenwart nach Südafrika ausgewandert sein; einige seltene Exemplare wurden von Bülow noch in den achtziger Jahren an der Wesermündung gesichtet.

Die zweite Theorie verlagerte die Herkunft des Mopses auf den Ursprungskontinent des homo sapiens. Sie besagte, dass der Mops im 17. Jahrhundert von Südafrika nach Europa, besonders in die Niederlande und nach England gekommen sei. Am Kap der Guten Hoffnung hätten Wilhelm III. von Oranien und Maria von Oranien-Nassau die Vierbeiner aufgegriffen und mit zu ihrer Krönung (1689) ins Vereinte Königreich genommen, wobei die Möpse wie die Fan-Gemeinde der niederländischen Nationalmannschaft Schals in Orange getragen haben sollen. (Ein Vergleich beider Gruppen liegt mir fern. Der Mops Pompey jedenfalls soll seinem Herrn während eines Überfalls im Heerlager von Hermigny durch lautes Lärmen und Toben den Sieg gerettet haben.)

Viele Wissenschaftler favorisierten eine dritte Theorie. Sie behauptete die Herkunft des Mopses aus China. Dort hatte er sich hochgezüchtet zum Molosserhund und gelangte vor mehr als 2.000 Jahren an den chinesischen Kaiserhof, wobei er sich anpasste und mehr oder weniger sein heutiges Aussehen annahm. Gerne lag er dort auf rotseidenen Kissen mit goldenen Troddeln. Aktiv stritt er mit Dschingis Khan in dessen

Heer und gelangte mit seinem Feldherrn auch nach Europa. Eindeutig dürfte sein, dass der Mops mit den Entwicklungen in der Alten Welt verbunden ist. Für die Bestätigung der Theorie sprechen einige Fakten, die eng mit der dritten Frage verbunden sind und mit ihr diskutiert werden sollen.

Der Mops trat als kampferprobter und mutiger Held auch in die Geschichte der europäischen Literatur und Kunst ein. 1717, in der Schlacht von Belgrad gegen die Heere der Türken, verteidigte er seinen Herrn, den Feldmarschall Herzog Karl Alexander, als Prinz Eugen schon längst vom Schlachtfeld verschwunden war. Im Zuge der militärischen Bewegungen wurde der Mops auf dem Kampfplatz schlicht vergessen. Heldenhaft suchte er den Weg durch die feindlichen Linien und gelangte heil nach Württemberg.

> Elf Tage lang ist er gerannt,
> von Belgrad heim ins Schwabenland!

So heißt es in einem Gedicht, das bei seinem Ableben verfasst wurde. Es dürfte in der Literaturgeschichte nicht häufig vorkommen, dass Casualcarmina wie Epicedien auf einen Mops gesungen wurden. (Hier öffnet sich eine Forschungslücke in der deutschen Literatur- und Kulturwissenschaft, die sich sicherlich durch einige ambitionierte Doktorarbeiten schließen ließe.)

Das Motiv des die menschlichen Fähigkeiten überschreitenden Kämpfers behielt seinen Reiz bis weit in die Weimarer Republik. So ließ Paul Scheerbart seinen Band *Mopsiaden* mit einem klar positionierten Vierzeiler beginnen:

> Für den ersten Welterlöser
> Muss ich mich natürlich halten.
> Also sprach der kleine Mops,
> Der zu Hause lebt von Klops.

Also sprach der Mops: Ich halte mich für den Übermenschen. Dieser Witz kam im Jahr 1920 a) ziemlich spät und b) mit miserablen Reimen daher. Gerade der Mops verweigert sich dem Reim. Als Reimworte kennt die Literaturgeschichte bis heute lediglich: Klops, Drops, Hops und obs. Das ist dürftig bis beschämend. Aus meiner Sicht war es aber nicht der einzige Grund, warum deutsche Poeten den Mops so wenig in ihr Herz geschlossen haben.

Im Barock ein kriegerischer Held, im Rokoko ein Frauenheld im Boudoir: Hier zeigte sich erneut die Anpassungsfähigkeit des Tieres. Der zärtliche Gleim widmete ihm zwei vergnügliche Gedichte; eins ist abgedruckt bei Felicitas Noeske (*Mops Epitaphium*), das andere findet sich im *Versuch in scherzhaften Liedern* unter dem bezeichnenden Titel *Das Möpschen*. Schon das Diminutiv deutete an, dass der Vierbeiner über eine gewisse Naivität verfügen sollte. Das niedliche Möpschen wurde von Philemon ausgesandt, die Schöne zu bewachen. Während es diese Aufgabe auf dem Schoß der Dame wahrnahm und Zucker leckte, entspann sich ein kleiner Dialog, in welchem der Held überlistet wurde. Die Musa iocosa hatte wohl ihre Finger im Spiel. Das Mädchen, so verriet es der Mops, sollte nur mit Philemon spielen und scherzen, nicht mit anderen Männern Vertraulichkeiten und Küsse austauschen. Sollte dieser Fall eintreten – und er wird sich kurze Zeit später in einer anderen Geschichte (1796) ereignen –, dann komme es zum Hauen und Stechen, zum Bellen und Beißen:

> Ich bin ein treuer Diener,
> Drum hütet Euch vor Möpschen!
> Ich leide keinen Fremden,
> Der Euch die Wangen streichelt,
> Der etwa seine Lippen
> Auf Eure Lippen drücket!

Die spröde Schöne kannte jedoch den klugen Ausweg. Wenn aber eine Freundin sie küssen würde, was dann? Da muss ich meinen Herrn fragen, lautete die prompte Antwort. Und schon war der Mops losgelaufen und hatte Platz gemacht für neue Scherze.

Wichtig für den Fortgang der Geschichte und kulturellen Leistung des Mopses wurde in dem Zusammenhang von Eros und kontrollierender Macht – von Michel Foucault völlig unbeachtet – Fortunée, der Wächter von Joséphine de Beauharnais. Die Fama berichtete, dass in ihrer Hochzeitsnacht Napoleon von dem Tier ins Schienbein, andere sprachen vom Wadenbein, gebissen wurde, als dieser ins Brautbett klettern wollte. Knurrte Fortunée dabei „In Tyrannis"? Die Frage ist bis heute nicht beantwortet, auch nicht diejenige, ob damit in die Trompete für die Erhebung der europäischen Völker gebellt wurde.

Eine neue Konstellation entstand: Die jungen Mädchen liebten den Mops, er galt als ihr Gespiele, als ihr Wächter, als ihr Kuscheltier im Bett. Die jungen Männer, allen voran Napoleon, hassten den Mops als Konkurrenten, aber auch als Revolutionär und weiterhin tapferem Kämpfer für das Gute, Wahre und Schöne. Ein starker Beleg für diesen Abscheu vor dem Mops findet sich in Goethes *Unterhaltungen deutscher Ausgewanderten* (*Das Märchen*). Goethes Ablehnung jeglicher revolutionärer Umtriebe kann als bekannt vorausgesetzt werden; es geht hier nur um die literarische Rolle des Mopses. Dieser opferte sein Leben, um die Geschichte – als Erlösungsgeschehen, Herr Scheerbart! – voranzutreiben. Die schöne Lilie fragte: „Der Mops von Edelstein, hat er wohl seinesgleichen?" Sie spielte mit dem Tier, dem sie das Leben zur Hälfte wieder geschenkt hatte, betrachtete es mit Wohlgefallen, drückte es an ihr Herz und so weiter. Der Jüngling sah dies mit scheelen Augen und wachsendem Verdruss: „[…] aber endlich, da sie das hässliche Tier, das ihm ganz abscheulich vorkam, auf den Arm nahm, an ihren weißen Busen drückte und die schwarze Schnauze mit ihren himmlischen Lippen küsste, verging ihm alle Geduld" und er beschimpfte den Mops als „widernatürliche Missgeburt". Keine Biografie, die mir bekannt ist, berichtet davon, dass Goethe ein Haustier besaß.

Mit der aufgezeigten, erotischen Komponente spielt heute noch das Bild der niederländischen Malerin Nastja Holtfreter: *Frau mit Möpsen*. Die Blicke einer alten Jungfer, die keine genetische Schönheit ist, signalisieren Begehren, die beiden Möpse, die sie in den Armen vor dem Busen hält, signalisieren Aggression und Missmut.

So waren es Männer des 19. Jahrhunderts, die immer wieder schlecht vom Mops und seinen Fähigkeiten sprachen. Den Höhepunkt der Kampagne beschreibt eine Bildergeschichte von Wilhelm Busch. Das junge Mädchen, das gilt auch für die hübsche Erzählung *Horacker* von Wilhelm Raabe, verwandelte sich nun in die alte Jungfer. Der Mops sei alter Damen Freude, dichtete Busch in seinem *Naturgeschichtlichen Alphabet*: Eine alte Vettel taucht ein Biskuit in ihre Tasse, ein fetter Mops auf dem Tisch stehend, wartet schon auf die Leckerei. Drastisch führte Busch seine Kritik des Mopses und dessen Frauchen in *Die Strafe der Faulheit* aus:

> Fräulein Ammer kost allhier
> Mit Schnick, dem allerliebsten Tier.

Das wurde dabei fett und dick. Einen Braten wie diesen wollte sich der Hundefänger nicht entgehen lassen, fing den Mops und fraß ihn auf. Die Haut verkaufte er an das Fräulein für zwei Goldstücke. Das letzte Bild: Schnick mit einer Brezel im Maul.

> Hier steht der ausgestopfte Schnick.
> – Wer dick und faul, hat selten Glück.

Buschs schwarze Pädagogik dürfte bekannt sein, sein Hass auf die Lehrer und die bürgerliche Gesellschaft auch. Und besonders viel Liebesglück schien in seinem Leben auch nicht Platz genommen zu haben. Die Botschaft für die Leser war klar, so Felicitas Noeske: Armen Kerlen wird das Fell abgezogen. „Irgendwann folgte der Grande Révolution der Grillabend."

In diesen Kontext fügen sich die beiden Gedichte von Friedrich Rückert problemlos ein, die im Stadtarchiv Schweinfurt (Sammlung Rückert) zu finden sind.[1] Rückert pflegte im Gegensatz zu Busch ein mehr praktisches Verhältnis zu Haustieren. Dies kann ein ganz kleiner Exkurs zeigen. In *Zur Ehre der Gans* (*Lyrische Gedichte. Haus und Jahr*) wird von einer jungen Liebe berichtet. Nach dem ersten Abschied vom Geliebten fütterte das Mädchen ein Gänschen. Nach einiger Zeit schrieb sie sehnsüchtig:

> Liebster, komm! das Gänschen fett
> Ist genug gepfropfet,
> Und die Federchen ins Bett
> Sind bereits gestopfet.

Gänse scheinen im Hause Rückert ein Lieblingsgericht gewesen zu sein. Ganz realistisch heißt es dazu (*Das Männlein in der Gans*), fast im Stile eines Wilhelm Busch:

> Die Köchin wetzt das Messer,
> Sonst schneidt' es ja nicht;
> Die Gans schreit so, es ist nicht besser,
> Als dass man sie sticht;
> Wir wollen sie nehmen und schlachten
> Zum Braten auf Weihnachten.

Dem Mops ergeht es nicht viel besser. Wie bei Busch gehörte für Rückert der Mops als gesellschaftliches Zeichen zu den alten Damen (Sammlung Rückert, A II 71d-430):

> Willst du als Ehrenangebinde
> Höflichern Mannes Namen tragen,
> Musst du die junge Frau nach ihrem Kinde
> Nach ihrem Mops die alte Jungfer fragen.

Wem der gute Rat gelten sollte, ließ sich nicht feststellen. Auch im zweiten Gedicht bleibt unklar, wer die Totengräberin des Mopses war. Rudolf Kreutner vermutete, dass es sich um die kapriziöse Tochter Marie gehandelt haben könnte. Das Gedicht ohne Titel (Sammlung Rückert, A II 71a-270):

> Und als ihr Lieblingsvieh gestorben war, der Mops,
> Befahl sie daß im Garten mans begrabe;
> Im Grünen stinkt es nun, als obs
> Im Zimmer nicht schon gnug gestunken habe.

---

1   Hier die einzige Fußnote: Ich danke Herrn Dr. Rudolf Kreutner von der Friedrich-Rückert-Gesellschaft für das Auffinden und die Druckerlaubnis der beiden Gedichte.

Damit wäre der Weg, den der Mops in der menschlichen Kultur durchschritt, fast gedeutet: Ein Lebenslauf in absteigender Linie. Christian Morgensterns Beschreibung des Mopses zielte weit an der literarischen und kulturgeschichtlichen Wirklichkeit vorbei (*Mopsleben*).

> Es sitzen Möpse gern auf Mauerecken,
> die sich ins Straßenbild hinaus erstrecken,
> um von sotanen vorteilhaften Posten
> die bunte Welt gemächlich auszukosten

Wer außer Morgenstern hätte je einen Mops in solch lächerlicher Position gesehen? Der Mops als meditierendes Wesen, als kleiner Buddha? Sein Weg in Europa war ein anderer: Vom barocken Helden über den Helden im Bett der jungen Mädchen, zum Tröster alter Jungfern, am Ende zur ausgestopften Haut, zum Braten oder zur stinkenden Leiche. Sic transit gloria mundi. Geht noch mehr?

Natürlich! Auf so viel an Verachtung, auf so viel an Hass, denen der Mops ausgesetzt war, kam die Versprachlichung des Hundes, seine Auflösung in eine Sprachstruktur, die Reduktion als Träger eines phonetischen Merkmals, des Vokals „o". Ernst Jandl (*der künstliche baum*) verwandelte den Mops, aber auch Gott und Otto in ein Sprachspiel des Univokalismus. Dass dabei dem literarischen Mops das Kotzen ankam, entspricht wohl seiner früheren revolutionären und kämpferischen Natur. Seine Reaktion war:

> ottos mops hopst fort.

Doch wo „hopst" er hin? „Bitte Geduld! Nur noch zwei Minuten!" Dann ist auch die letzte Frage in ihren Grundzügen umrissen. Im Jahr 1971 landete die Raumfähre „Wotan I" auf der Mondoberfläche. Die erste Einstellung der Kamera zeigte die Mondfähre, im Hintergrund lag gut erkennbar die Erde. Vorn im Staub des Mondes saßen zwei Möpse, die bunte Welt seelenruhig betrachtend. Bülow druckte das Protokoll in seinen Untersuchungen ab:

> Worte des Sprechers während der Live-Übertragung aus dem Weltraum: „Das sind wohl die bisher eindrucksvollsten Farbfernsehbilder von der Mondoberfläche. Im Hintergrund rechts die Erde, unser blauer Planet, links die Landefähre.
>
> Unter 68 Astronauten, die in die engere Wahl kamen, hatten sich Meyer und Pöhlmann als die härtesten erwiesen. Allerdings höre ich eben, dass Pöhlmanns Puls auf 160 gestiegen ist, Meyers liegt noch bei 92.
>
> Dieses Bild wird sich uns für immer einprägen – ein Bild, das jetzt im Augenblick von über 300 Millionen Menschen rund um den Erdball empfangen wird. Meyer und Pöhlmann, Deutschland ist stolz auf euch."

War der Mops von Fräulein Lunden (James Krüss) heimlich in die Rüstung von Pöhlmann gestiegen, da sein Puls so hoch lag? Ich weiß es nicht. Müde winkte ich den beiden Raumfahrern zu und wünschte ihnen viel Glück für den weiteren Lebensweg. „Lebt wohl, Möpse. Ein lustigeres Leben als auf der Erde findet ihr überall!"

Ich fühlte mich erschöpft und ausgelaugt. Ganz leise sprach eine weibliche Stimme zu mir: „Wir schließen in fünf Minuten." Ich erhob mich vom Lesetisch in der Bibliothek, streckte meine Glieder, löschte das Licht und beschloss mich von den Anstrengungen des Tages im nächsten Weinhaus mit „möpselndem Wein" zu stärken.

Man erzählte später, ich hätte mir diese Geschichten lediglich ausgedacht, und einige Kollegen gingen so weit, mir anzudichten, ich hätte eine Schwäche für Alkohol, aber das ist eine gemeine Lüge! Heiliger Ijon Tichý bitt für mich! Aber so sind die Menschen: Sie glauben lieber den unwahrscheinlichsten Unfug als korrekte Tatsachen, die ich mir hier darzulegen erlaubt habe.

Literatur

Franz Blei: Das große Bestiarium der modernen Literatur. Hg. und mit einem Nachwort versehen von Rolf-Peter Baacke. Hamburg 1995 (Gesammelte Werke, 2).

Wilhelm Busch: Sämtliche Werke und eine Auswahl der Skizzen und Gemälde. 2 Bde. Hg. von Rolf Hochhuth. Gütersloh 1982.

Johann W. L. Gleim: Sämmtliche Werke. Bd. 1. Halberstadt 1811.

Johann Wolfgang von Goethe. Unterhaltungen deutscher Ausgewanderten. München 1982 (Hamburger Ausgabe, 6).

Ernst Jandl: Der künstliche Baum. Hg. von Klaus Siblewski. München 1997 (poetische werke, 4).

Stanislaw Lem: Sterntagebücher. Frankfurt 1978 (suhrkamp taschenbücher, 20)

Loriot: Gesammelte Prosa. Alle Dramen, Geschichten, Festreden, Liebesbriefe, Kochrezepte, der legendäre Opernführer und etwa zehn Gedichte. Hg. von Daniel Keel. Zürich 2006.

Loriot: Möpse und Menschen. Eine Art Biographie. Zürich 1983.

Das Mops-Buch. Ausgewählt von Felicitas Noeske. Frankfurt/M., Leipzig 2001 (insel taschenbuch, 2778).

Art. „Mops". In: https://de.wikipedia.org/wiki/Mops [Abruf am: 23. November 2012].

Physiologus. Naturkunde in frühchristlicher Deutung. Aus dem Griechischen übersetzt und hg. von Ursula Treu. Hanau 1981.

Fritz Raddatz: Bestiarium der deutschen Literatur. Reinbek 2012.

Friedrich Rückert: Poetische Werke. Bd. 2. Frankfurt 1882.

Friedrich Rückert: Vom Bäumlein, das andere Blätter hat gewollt. Hg. vom Evangelischen Frauenbund. Schweinfurt 1999.

Paul Scheerbart: Katerpoesie, Mopsiade und andere Gedichte. Hg. von Michael Matthias Schardt. Stuttgart 1990 (Reclams Universal-Bibliothek, 8638).

Karin Tebbe: Der Mops – eine nutzlose Kreatur? Kurpfälzisches Museum der Stadt Heidelberg, Nr. 294/September 2009.

Kurt Tucholsky: Das Wirtshaus im Spessart. In: ders.: Panter, Tiger & Co. Eine neue Auswahl aus seinen Schriften und Gedichten. Hg. von Mary Gerold-Tucholsky. Reinbek 1954 (rororo, 131).

Rezension

Das Familienbuch des Johann Conrad Schweighauser. Ein Basler Selbstzeugnis aus den Jahren 1663-1712. Herausgegeben von Silvia Flubacher und Simone Zweifel. Basel: Schwabe, 2012 (Selbst-Konstruktion. Schweizerische und Oberdeutsche Selbstzeugnisse 1500-1850, 5). 198 S. ISBN 978-3-7965-2831-6.

„Im J. 1664. den 7. Dezember, Morgens um 4 Uhr erschien [...] ein schrecklicher Comet, mit einem lang ausgebreiteten Schweif."[1] Mit diesen Worten berichtet die 1821 erschienene *Geschichte der Stadt und Landschaft Basel* über den 1664 gesichteten Kometen am Basler Himmel. Ein Zeitzeuge dieses zuletzt 1618 aufgetretenen Himmelsspektakels war der Basler Notar Johann Conrad Schweighauser (1648-1713), der die Erscheinung des Kometen zeittypisch als Zorn Gottes interpretierte und in seinem *Familienbuch* festhält: „In dießem jahr, denn 7t[en] Decembris, vnd etliche tag hernach, ließ vnß Gott ein ernstlich zeichen seines zorns an dem himmel sehen; namblichen einen cometen mit einer langen fewrigen ruthen, vnß damit von [...] vnßeren sünden abzumahnen [...]." (S. 89). Seine Kometenbeschreibung begleitet der damals erst Siebzehnjährige – wie auch zwei spätere Himmelserscheinungen – mit einer Skizze (S. 75), die als Faksimile in der Quelledition abgebildet wurde, die aus einem 2008 von Kaspar von Greyerz und Roberto Zaugg am Historischen Seminar der Universität Basel veranstalteten Archivseminar hervorgegangen ist.

Die sorgfältig recherchierte und kommentierte Ausgabe, die 2012 als fünfter Band der Reihe *Selbst-Konstruktion. Schweizerische und Oberdeutsche Selbstzeugnisse 1500-1850* im Schwabe Verlag publiziert wurde, gliedert sich in drei Teile. Auf den einführenden wissenschaftlichen Kommentar folgt die Edition des im Original im Basler Stadtarchiv aufbewahrten, insgesamt 49 Blätter im Oktavformat umfassenden *Familienbuch[s]* sowie abschließend ein Anhang, der ein Literatur- und Quellenverzeichnis, ein ausführliches Personen- und Ortsregister sowie ein Glossar enthält. Letzteres gibt dem Leser in Form von Kurzbiogrammen Auskunft über die Lebensdaten und Verwandtschaftsverhältnisse von insgesamt 22 Personen, die in Schweighausers *Familienbuch* besondere Erwähnung finden.

---

[1] Peter Ochs: Geschichte der Stadt und Landschaft Basel. Bd. 7: 1797. Basel: Schweighauser, 1821, S. 364.

Der wissenschaftliche Kommentar, der überwiegend aus Beiträgen der beiden Herausgeberinnen Silvia Flubacher und Simone Zweifel besteht, bietet eine informative Einleitung und führt in zwei weiteren Aufsätzen den Leser in die ökonomischen, sozialen und politischen Verhältnisse der Stadt Basel im 17. Jahrhundert sowie in Schweighausers Familiengeschichte ein. Dabei geht die Darstellung der Familiengeschichte nicht über Schweighausers Eltern hinaus, sondern konzentriert sich auf die Biografie des Familienbuchautors selbst sowie auf dessen direkte Nachkommen. Schweighauser, der wie sein Vater als Notar tätig war, konnte am Ende seines Lebens auf eine erfolgreiche politische Karriere zurückblicken, die im Jahr 1691 mit seiner Ernennung zum Sechser der Rebleuten-Zunft begann. Am 29. März 1692 wurde er zum Direktor der Kloster- und Kirchengutsverwaltung und 1697 zum Kirchenältesten der Basler Elisabethenkirche gewählt. Bereits am 11. Dezember 1671 hatte er sich mit der Pfarrerstochter Valeria Stöcklin (1649-1720/1729) vermählt, mit der er zwölf Kinder bekam, von denen lediglich sechs das Erwachsenenalter erreichten, darunter nur eine Tochter. Nach Abschluss seiner Schulbildung und der Rückkehr von einer Bildungsreise nach Genf und Grenoble, die dem Erwerb der französischen Sprache diente, führte ihn sein Vater 1663 in die Notariatsgeschäfte ein. Im selben Jahr begann Schweighauser ein chronikartiges Familienbuch zu führen; ein Entschluss, der möglicherweise mit seiner Rückkehr nach Basel, der dortigen Niederlassung und dem Eintritt in die Amtsgeschäfte seines Vaters in Zusammenhang gebracht werden kann, da solche Veränderungen den „Akt des Schreibens und des Erinnerns" (S. 35) auslösen können.

Gemeinsam mit Elijah Strub stellt Silvia Flubacher im nächsten Beitrag das Prinzip der Taufpatenschaft „als Form der sozialen Vernetzung" und „die Lehre der geistigen Verwandtschaft" (S. 47) vor, bevor Matthias Boos mit seinem Aufsatz „... *ein ernstlich zeichen seines zorns*", in dem er Schweighausers Kometenbeobachtungen von 1664/1665 in einen religiösen, historischen wie soziologischen Kontext einordnet, den Kommentar und damit den ersten Teil der vorliegenden Ausgabe abschließt.

Der zweite Teil ist der Edition des *Familienbuch[s]* vorbehalten, der drei kurze Erläuterungstexte vorangestellt sind. Zunächst informiert Cyril Werndli über das Erscheinungsbild, die Entstehung und die Überlieferungslage der Handschrift, ehe anschließend von Silvia Flubacher und Simone Zweifel die Transkriptionsprinzipien sowie von Suzanne Rupp die Methodik der Personenrecherche erläutert werden. Schweighausers *Familienbuch*, das zunächst chronikalen Charakter besitzt, umfasst den Zeitraum von 1663-1712. Dominierten zu Beginn der Aufzeichnungen noch Berichte über allgemeine stadtpolitische (u.a. Bürgermeisterwahlen, politische Unruhen), soziale (u.a. Unfälle, Pest, Hinrichtungen und Todesfälle) und natürliche Ereignisse (u.a. Kometenbeobachtungen), so treten diese im Verlauf der Aufzeichnungen zugunsten einer Dokumentation familiärer Ereignisse (u.a. Geburten, Hochzeiten) und sozialer Beziehungsnetzwerke, die u.a. durch Taufpatenschaften geknüpft wurden, in den Hintergrund, so dass spätestens nach Schweighausers Hochzeit eine Verlagerung des inhaltlichen Schwerpunkts zu beobachten ist, der sich von der Chronik zum Familienbuch verschiebt. Die ausführliche Darstellung der verwandtschaftlichen Patenbeziehungen diente Schweighauser möglicherweise als Erinnerungshilfe, da dieser bei den 116 Taufpatenschaften, die er neben den Taufen seiner eigenen Kinder verzeichnete, selbst 55mal Pate gestanden hatte. Vielleicht sollte damit auch nur die Integration seiner Familie in der Basler Gesellschaft nachgewiesen werden, da „Patenschaften [...] nicht nur eine spirituelle Vater- oder Mutterschaft dar[stellten], sondern [...] auch Bestandteil einer sozialen Patronagebeziehung [waren]." (S. 14).

Den Herausgeberinnen sowie den Autorinnen und Autoren ist es mit der vorliegenden Edition gelungen, eine für die Basler Stadt- und oberdeutsche Regionalgeschichte bedeutsame Quelle für die Selbstzeugnisforschung nutzbar zu machen und – sieht man von einigen unnötigen inhaltlichen Wiederholungen und Unregelmäßigkeiten sowohl in den Anmerkungen als auch in den Literaturangaben ab – in einer sorgfältig transkribierten und kommentierten, dabei allgemeinverständlichen und gut lesbaren und nicht zuletzt qualitativ hochwertigen Ausgabe einem interessierten Publikum zu öffnen.

Franca Victoria Schankweiler

Der Islam als Gegenstand lebhafter Beziehungen*
Nachruf auf Wolfdietrich Fischer

von

Georges Tamer

Wolfdietrich Fischer gilt als einer der bedeutendsten Experten auf dem Gebiet der orientalischen Philologie in der zweiten Hälfte des 20. Jahrhunderts. Seine Expertise umfasste wie die kaum eines anderen Fachvertreters die Trias der arabischen Grammatik, Dichtung und Dialekte. In jedem dieser umfangreichen Forschungsgebiete hat er einschlägige Werke verfasst oder ediert, deren Bedeutung für nachfolgende Generationen kaum hoch genug eingeschätzt werden kann.

Am 25. März 1928 wurde Wolfdietrich Fischer in Nürnberg als Sohn des Nürnberger Oberbibliothekars Karl Fischer geboren. Von Anfang an lag ihm in seinem Leben Bildung nahe. Nach dem Abitur am Melanchthon-Gymnasium in Nürnberg studierte er von 1947 bis 1953 in Erlangen und München Semitische Philologie, Slawistik, Philosophie, Islamwissenschaft und Turkologie. Anschließend promovierte er in Erlangen bei Hans Wehr mit der Dissertation *Die demonstrativen Bildungen der neuarabischen Dialekte. Ein Beitrag zur historischen Grammatik des Arabischen* (s'Gravenhage 1959). Mit dieser Untersuchung unter Heranziehung aller ihm verfügbaren Quellen hat Fischer einen wichtigen Beitrag zur Erhellung der linguistischen Beziehung zwischen den arabischen Dialekten und dem Hocharabischen und somit zur Erforschung der geschichtlichen Entwicklung der arabischen Sprache überhaupt geleistet.

Im Anschluss an die Promotion wurde Fischer wissenschaftlicher Assistent von Hellmut Ritter in Frankfurt. Nach Ritters Emeritierung wechselte Fischer zu seinem Doktorvater Hans Wehr nach Münster, wo er sich 1963 mit der Schrift *Farb- und Formbezeichnungen in der Sprache der altarabischen Dichtung* (Wiesbaden 1965) in den Fächern Islamwissenschaft und Semitische Philologie habilitierte. Darin wird das umfangreiche lexikografische Material von ihm auf der Grundlage der altarabischen Texte im weiteren Kontext der Semitistik minutiös untersucht.

---

* Wiederabdruck des Beitrags: Wolfdietrich Fischer (1928–2013). In: Zeitschrift der Deutschen Morgenländischen Gesellschaft 164 (2014), S. 1-5.

Von 1964 bis 1995 hatte Fischer den Lehrstuhl für Orientalische Philologie an der Friedrich-Alexander-Universität Erlangen-Nürnberg inne. Über mehr als dreißig Jahre lang hat er die Arabistik in Deutschland maßgeblich geprägt und akademisch über die Grenzen Deutschlands hinaus strahlen lassen. Im Verlauf seiner Lehr- und Forschungstätigkeit widmete er sich intensiv – wie übrigens schon seine Dissertation bezeugt – der historischen Grammatik des Arabischen. 1972 erschien seine *Grammatik des klassischen Arabisch*, die 2001 von der Yale University Press ins Englische übertragen wurde (*A Grammar of Classical Arabic*). Darauf folgte der zusammen mit seinem späteren Nachfolger Otto Jastrow erarbeitete *Lehrgang für die arabische Schriftsprache der Gegenwart* in zwei Bänden. Zu seinen letzten großen Leistungen zählt ein vierbändiges Werk zur *Syntax der arabischen Schriftsprache der Gegenwart*, das Fischer in Zusammenarbeit mit seinem libanesischen Schüler Hashem El-Ayoubi und Michael Langer vorlegte. Darin werden die syntaktischen Strukturen der heutigen arabischen Schriftsprache und ihre semantischen Funktionen unter Berücksichtigung der Textgrammatik sowie lokaler und stilistischer Varianten umfassend beschrieben (Teil I, Band 1: Wiesbaden 2001; Band 2: Wiesbaden 2003; Teil II: Wiesbaden 2010; der weitgehend fertiggestellte Teil III wird posthum erscheinen).

Insbesondere der von ihm initiierte und in Kooperation mit Helmut Gätje († 1986) herausgegebene *Grundriß der arabischen Philologie* (Bd. I-III, Wiesbaden 1982-1992) – Fischer gab zwei Bände heraus – stellt heute ein Standard-Nachschlagewerk für alle Bereiche der arabischen Sprachwissenschaft und Literatur dar. Dieses bedeutende Handbuch behob ein Desiderat im Lehr- und Forschungsbetrieb der Arabistik. Anhand der darin behandelten Themen der arabisch-islamischen Geistesgeschichte wird deutlich, dass Fischers philologisches Interesse am Arabischen mit seiner festen Überzeugung einherging, dass das Arabische der Schlüssel zum Herzen der islamischen Kultur und Religion ist.

Was Wolfdietrich Fischer, den Menschen und Wissenschaftler, kennzeichnet, ist, dass seine Beschäftigung mit der arabischen Philologie nicht ausschließlich in der stillen Einsamkeit der Gelehrtenbude erfolgte, sondern vielmehr im lebhaften Umgang mit arabischen Muttersprachlern. Er betrieb Philologie, indem er nicht lediglich klassische Werke großer toter Autoren konsultierte, sondern vielmehr mit jenen Menschen sprach und kooperierte, die ihre Muttersprache beherrschten. Diese seine Art, die arabische Sprache in ihren verschiedenen Formen nicht in der Abgehobenheit eines Experten zu erforschen, sondern eher im Gespräch und im Austausch mit Arabern selbst, ist ein früher Ausdruck eines Paradigmenwechsels in der Orient- und Islamforschung: Von nun an wurde nicht mehr nur über den Gegenstand „Orient" geforscht, sondern stattdessen mit dessen Angehörigen gemeinsam gelernt. Dabei galt Fischers Wertschätzung gleichermaßen dem Hocharabischen wie der arabischen Dialektologie – eine wissenschaftliche Doppelbegeisterung, die bei Arabisten nicht oft zu finden ist. Das von ihm zusammen mit Otto Jastrow herausgegebene *Handbuch der Arabischen Dialekte* (Wiesbaden 1980) ist in der Forschung bisher einmalig.

Begeisterung und Aktivität kennzeichneten auch die Art, wie Wolfdietrich Fischer sich am wissenschaftlichen Diskurs beteiligte: Zahlreiche Buchrezensionen, die er über ein halbes Jahrhundert lang in renommierten Zeitschriften veröffentlichte, belegen das. Doch nicht nur im Diskurs bemühte er sich um die Sprachwissenschaft, auch im „wahren Leben": Über seine professorale Tätigkeit an der Universität hinaus, unterstützte Fischer jahrelang die Arbeit des an die Universität Erlangen-Nürnberg gekoppelten Instituts für Fremdsprachen und Auslandskunde. Jahrelang war er zudem Vorsitzender der Rückert-Gesellschaft in Schweinfurt. Mehrere Bände der *Rückert-Studien. Jahrbuch der Rückert-Gesellschaft* hat er mit herausgegeben. Mehrere Schriften seines großen Vorgängers hat er bearbeitet und veröffentlicht. Unter diesen ist besonders hervorzuheben die Neuherausgabe von Friedrich Rückerts Übersetzung der *Hamâsa oder die ältesten arabischen Volkslieder, gesammelt von Abu Tammâm* (Göttingen 2004).

Fischers Interesse an der altarabischen Dichtung galt nicht nur den sprachlichen Ausdrucksformen, sondern im gleichen Maße der Wirklichkeit, die in der Dichtung reflektiert wird – sozusagen dem wahren Leben hinter dem Gedicht. Fischer betrachtete den Dichter als Maler, wie es der Titel eines Aufsatzes bereits sagt, den er dem ebenfalls großen Arabisten Ewald Wagner gewidmet hat (*Festschrift Ewald Wagner zum 65. Geburtstag.* Hg. Wolfhart Heinrichs und Gregor Schoeler, Bd. 2. *Studien zur arabischen Dichtung*, Beirut 1994, S. 3-17). In Fischers Augen waren Dichtung und Realität ebenso wenig zu trennen wie Sprache von den Menschen zu trennen ist, die sie sprechen. In diesem Sinne zeigt er auf übersichtlichen Karten zum Schluss seiner bahnbrechenden Dissertation die Orte in der Levante und Nordafrika, an denen die verschiedenen demonstrativen Formen der neuarabischen Dialekte verwendet werden. In seiner Erforschung der arabischen Grammatik suchte er stets die Rückversicherung durch das Sprachgefühl und Wissen der Muttersprachler – eine konstruktiv-vorsichtige und demütige Haltung eines großen Wissenschaftlers, der stets nach mehr Wissen strebte.

Als engagiertes Mitglied der Universität war Fischer von 1973 bis 1975 Dekan der Philosophischen Fakultät; in mehreren Gremien wirkte er mit. Er war außerdem ein begnadeter Lehrer, der sich intensiv um seine Schüler kümmerte. Seine umfangreiche Betreuung trug erheblich zur Sicherung ausgezeichneter Dissertationen bei, die unter seinen Fittichen entstanden sind. Viele seiner Schüler lehren heute an Universitäten in Ägypten, Jordanien, dem Irak, dem Libanon, Marokko, Syrien, Tunesien und natürlich auch in Deutschland. Dass die Mehrheit dieser Schüler Muslime sind zeigt deutlich, dass für Fischer der Islam nicht nur ein Forschungsobjekt, sondern vielmehr ein Gegenstand lebhafter Beziehungen gewesen ist. Auf die friedliche und offene Zusammenarbeit mit muslimischen Kollegen in der arabischen Welt legte er großen Wert. Wie positiv seine Haltung dort wahrgenommen wurde, zeigt die Tatsache, dass zu seinem 65. Geburtstag drei umfangreiche Festschriften zu seinen Ehren veröffentlicht wurden, eine in Deutschland (Sonderausgabe der *Zeitschrift für arabische Linguistik*, Heft 25, 1992), eine in Ägypten (*Wolfdietrich Fischer Studien zur Arabistik und Semitistik überreicht von seinen Freunden und Schülern an ägyptischen Universitäten*. Hrsg. Mahmoud F. Hegazi. Cairo University 1994) und eine im Libanon (*Abḥāṯ ʿarabiyya fī l-kitāb at-takrīmī li-l-mustašriq al-almāni Wolfdietrich Fischer*. Hrsg. Hāšim Ismāʿīl al-Ayyūbī. Ṭarābulus 1994). Die Art, wie Wolfdietrich Fischer exakte arabische Philologie praktizierte, schlägt Brücken zwischen Völkern und Religionen, die bisweilen durch tiefe, weite Gräben voneinander getrennt zu sein scheinen.

Mit seiner außerordentlich erfolgreichen Lehr- und Forschungstätigkeit prägte Fischer maßgeblich die deutsche Arabistik und trug erheblich zu ihrem internationalen Renommee bei. Er war eine der Größen in seiner Generation von Arabisten. Am 27. Mai 2013 starb er in Erlangen.

Abbildungsnachweis

Einleitung

Abb. 1: Grabstätte des Ingenieurs Ernst Lantschner und seines Sohns, Gemeindefriedhof Biberwier/Tirol, 2014. Foto: Ralf Georg Czapla.

Abb. 2: Grabstätte von Catharina Reuter, Alter Friedhof Siegburg, 2013. Foto: Ralf Georg Czapla.

Abb. 3: Grabstätte von Elise und Caroline Greuell, Alter Friedhof Siegburg, 2013. Foto: Ralf Georg Czapla.

Czapla

Abb. 1: Grabtafel für Ernst und Luise Rückert, Neustädter Friedhof Erlangen, 2012. Foto: Jan Eric Loebe. https://commons.wiki media.org/wiki/File:Erlangen_Neustädter_Friedhof_011.jpg.

Abb. 2: Grabstätte von Ernst und Luise Rückert, Neustädter Friedhof Erlangen, 2012. Foto: Jan Eric Loebe. https://upload.wiki media.org/wikipedia/commons/d/d1/Erlangen_Neustädter_Friedhof_010.jpg.

Hesse

Abb. 1: Friedrich Rückert, 1833, Stahlstich von Carl Barth (1787-1853), Stadtarchiv Schweinfurt, Bildslg., P-Ru-32.

Abb. 2: Meinhard von Pfaundler/Arthur Schlossmann (Hg.): Handbuch der Kinderheilkunde. Ein Buch für den praktischen Arzt. Bd. 2. Leipzig ^{4}1931, S. 92.

Abb. 3: Ernst Rückert, 1832, Pastell von Carl Barth (1787-1853). Museen und Galerien Schweinfurt, Slg. Dr. Rüdiger Rückert, C I-37.

Abb. 4: Luise Rückert, 1832, Pastell von Carl Barth (1787-1853). Museen und Galerien Schweinfurt, Slg. Dr. Rüdiger Rückert, C I-36.

Abb. 5 Grabstätte der stillgeborenen Kinder, Friedhof der Evangelischen Kirchengemeinde Berlin-Karlshorst, 2014. Foto: Gabriele Smend.

Czapla

Abb. 1: Demi Moore, Privatfoto, 1982. Foto. Unbekannt. Privatbesitz Ralf Georg Czapla.

Abb. 2: Filmstill aus *The Seventh Sign*, 1988. Foto: Columbia Pictures Entertainment. Privatbesitz Ralf Georg Czapla.

Abb. 3: Filmstill aus *Destination Anywhere*, 1997. Foto: Unbekannt. Privatbesitz Ralf Georg Czapla.

Personenregister

Das Register verzeichnet die Namen sämtlicher historischer Personen und biblischer bzw. mythologischer Gestalten aus den Texten und Anmerkungen. Verfasser wissenschaftlicher Arbeiten, biografischer Skizzen etc. sind in der Regel nur dort aufgeführt, wo es sich um Autoren des 19. Jahrhunderts handelt. Bei der Aufnahme von Namen wurde mit Blick auf das vermutete Benutzerinteresse flexibel verfahren. So sind gelegentlich auch Antonomasien, Werktitel oder Nominalableitungen berücksichtigt. Dagegen wurden Personen, die weder im dokumentarischen noch im argumentativen Zusammenhang eine Rolle spielen, zumeist übergangen.

Abel-Rémusat, Jean Pierre 373
Abraham 65, 123, 124, 148
Adeodatus 30-32
Adorno, Theodor W. 68, 264, 265
Agamemnon 96, 97, 147
Agaue 148
Alberti, Leone Battista 33, 399
Alecsandri, Valesi 285, 287
Aligheri, Dante s. Dante 164, 174, 403, 404
Alypius 30
Ambrosius, Hl. 30
Amor 395-398, 401
Anaxagoras 33
Andres, Dorothee 313
Andres, Mechthild 16, 311, 312, 314, 316, 317, 323
Andres, Stefan 16, 311-321
Apollo 147, 163, 285
Apollodor 147
Aristoteles 61, 149, 152, 163
Arndt, Johann 92
Artemis 147
Assmann von Abschatz, Hans 86
Athamas 148
Augustinus, Aurelius 27, 30-33, 35, 42
Baal 148
Bacon, Kevin 331
Baldung Grien, Hans 150
Balling, Peter 35, 36
Banks, Thomas 161
Barth, Carl 184, 191

Bathseba 112
Bechstein, Ludwig 123, 140
Becker, Wilhelm Gottlieb 112, 114
Benjamin 43
Benn, Andreas 292
Benn, Caroline 16, 304, 305, 308, 309
Benn, Edith 292
Benn, Gottfried 15, 16, 18, 291-309, 411-417
Benn, Nele 292
Benn, Paul 16
Benn, Siegfried 306-309
Berendsohn, Walter A. 67
Berger, Anna s. Rückert, Anna
Berger, Friedrich 201
Berger, Hans 201
Bergner, Caroline 348
Berkow, Constantin Andreas 90
Berkow, Johann 90
Bernhardi, August Ferdinand 354
Bernini, Gian Lorenzo 150
Beyer, Conrad 369, 382, 386
Blei, Franz 427
Blumenberg, Hans 15, 215, 248, 249
Böhmer, Auguste 105, 106, 117
Boie, Heinrich Christian 107
Boisserée, Sulpiz 374, 380
Bolintineanu, Dimitrie 287
Bon Jovi, Jon 17, 323, 324, 333, 339
Bonaparte, Napoleon s. Napoleon
Bonhoeffer, Dietrich 90
Boothby, Brooke 160, 161

Boothby, Penelope 160, 161
Bosset, Jacques Béninge 150
Böttiger, Carl August 347
Brandes, Wilhelm 64
Brentano, Clemens von 180, 203
Brentano, Joachime Elisabeth von 203
Brentano, Sophie von 203
Brown, Tina 329, 330
Browning, Elizabeth Barrett 159-162, 168
Büchner, Georg 160
Bülow, Viktor von s. Loriot
Buonarotti, Michelangelo s. Michelangelo
Bürger, Gottfried August 71, 125
Busch, Wilhelm 71, 425, 427
Byron, George Gordon s. Lord Byron
Calderon de la Barca, Pedro 374
Carducci, Dante 163-166
Carducci, Giosuè 163, 164, 166, 173
Carducci, Valfredo 165
Carlyle, Thomas 381
Carmen Sylva 15, 267-290
Carol I. von Rumänien 268, 270-272, 280, 285
Carrdus, Anna 93, 95-97, 99
Carrdus, Christoph Friedrich 96
Castiglione, Baldassare 399, 400
Cattermole, George 161
Celan, Paul 65, 67
Chamisso, Adelbert von 117, 124, 157
Chateaubriand, François-René de 174
Cicero, Marcus Tullius 26-28, 33, 37
Clodius, Christian August Heinrich 107
Cohn, Stewart 334
Conz, Karl Philipp 118
Cotta, Johann Friedrich von 244
Cramer, Johann 370
Creuzer, Friedrich 354
Crome, Ludwig Gottlieb 106, 108
Dach, Simon 13, 87, 88
David 112
Deinhardstein, Johann Ludwig Friedrich 113
Demeter 336-338
Derschaw, Agnes von 87, 88
Derschaw, Reinhold von 87

Descartes, Francine 34, 35
Descartes, René 34, 35, 41, 46
Dick, George 183
Dick, Glandys 183
Dickens, Charles 145, 161
Dieterich, Friederike 111
Dietz, Johann Simon 186, 192
Dionysos 148
Dostojewski, Aljoscha 175
Dostojewski, Fjodr 175, 176
Dr. Mises s. Fechner, Gustav Theodor
Droste-Hülshoff, Annette von 122, 158, 159
Eckermann, Johann Peter 373, 374, 377
Ehrenstein, Albert 370
Eichendorff, Agnes 57
Eichendorff, Anna Hedwig Josephine 57, 117
Eichendorff, Joseph von 53, 57-60, 62, 101, 108, 117, 122, 145, 154, 159, 160, 165, 166, 258-260
Ekrem, Recaizade Mahmud 166, 167
Elcheroth, Pierre 314
Elias 93
Elisabeth zu Wied s. Carmen Sylva
Emerson, Ralph Waldo 42, 43, 46, 145, 162, 163, 168
Emerson, Waldo 43, 162, 163
Eminescu, Mihai 286, 287
Enescu, George 288, 289
Engelhard, Philippine 111
Ermengarda 172
Eschenburg, Joachim 39, 40
Euripides 25
Euryalus 80, 172
Eurydike 147
Eva 329
Falk, Johannes Daniel 206
Falk, Roderich 206
Fechner, Gustav Theodor 382, 384, 387
Felicitas, Hl. 98
Fichte, Johann Gottlieb 354
Fischer, Albrecht 190
Flaubert, Gustave 148
Fleischmann, Gottfried 183
Fleming, Paul 90, 93
Foerster, Friedrich 227
Fogazzaro, Antonio 172-174

Fogazzaro, Maria 174
Fogazzaro, Mariano 174
Forster, Georg 40, 41
Förster, Margaretha Susanna s.
    Kuntsch, Margaretha Susanna von
France, Anatole 45, 153
Franz Xaver, Hl. 313
Freud, Sigmund 318
Fröhlich, Abraham Emanuel 106, 112
Füssli, Johann Heinrich 161
Galilei, Galileo 249
Ganymed 145
Garfunkel, Art 335
Gaudy, Franz von 124
Geiling, Wilhelm 107, 112
Gerhardt, Paul 13, 69, 89-93, 100
Gleim, Johann Wilhelm Ludwig 107,
    112, 427
Goethe, August von 205
Goethe, Johann Caspar 205
Goethe, Johann Wolfgang von 17, 104,
    115, 146, 158, 174, 205-207, 218,
    227, 243, 288, 373-377, 380-382, 385,
    390-392, 397, 399, 415, 420, 423,
    427
Goethe, Karl von 205
Goldberg, Whoopy 325
Gorai, Tom 331, 334
Gotthelf, Jeremias 145
Gottsched, Johann Christoph 94, 242
Grebener, Matina 334
Grimm, Ferdinand 124
Grimm, Jacob 124, 346
Grimm, Wilhelm 124, 346
Grünrade, Otto von 79-81
Gruppe, Otto Friedrich 118, 123, 140
Gryphius, Andreas 13, 51, 53-56, 71,
    72, 83-86, 88, 93
Gryphius, Christian 100
Gryphius, Marianne 54, 55, 84
Gryphius, Paul 54
Gryphius, Theodor 55, 56
Gurian, Paul R. 328
Habermas, Jürgen 215
Hades 24, 165, 336, 337
Hagenbach, Karl Rudolph 106, 112
Haimon 147
Halem, Gerhard Anton von 122, 123

Halley, Edmond 55
Hamilkar 148, 149
Hammer-Purgstall, Joseph von 248,
    343, 386
Hannibal 148
Hartmann, Eduard von 44, 45
Haug, Johann Christoph Friedrich 120
Hauser, Kaspar 145
Hebbel, Friedrich 123, 139, 140, 153,
    288
Hegel, Friedrich 147, 169, 176
Heine, Heinrich 39, 288
Heintzelmann, Elisabeth 69
Heintzelmann, Johannes 69
Hempel, Friedrich Ferdinand 102
Hensel, Luise 258-260
Hensler, Peter Wilhelm 109
Herder, Johann Gottfried 147, 242, 244,
    372, 376
Hermann Fürst zu Wied 268
Herodes 152
Herodot 147
Heß, David 106, 112
Hesse, Hermann 168, 169
Hesse, Martin 168, 169
Heuss, Eduard 102
Hindemith, Paul 411
Hinsche, Nikolaus Daniel 107
Hirtz, Georg Daniel 102, 113
Hirzel, Salomon 185, 188, 227
Hitler, Adolf 68
Hoffmann von Fallersleben, August
    Heinrich 124
Hoffmann, Friedrich 180, 202
Hohenhausen, Gertrude von 123, 140
Hölderlin, Friedrich 243, 302, 384, 416
Homer 147, 165, 386
Horatius Flaccus, Quintus 75, 78, 164
Huber, Ferdinand 102, 107, 124
Hufeland, Christoph Wilhelm 180,
    182, 183, 187, 195, 202
Hugo, Léopoldine 156
Hugo, Victor 145, 156, 158, 165, 166,
    173
Humboldt, Wilhelm von (Sohn) 204
Humboldt, Wilhelm von 204, 205
Hunold, Christoph Friedrich 94
Husserl, Edmund 215, 263

Hutcheson, Francis 41
Hypnos 153
Ino 148
Isaak 65, 123, 124, 140, 148
Isaias 152
Iselin, Isaak 37
Jacobi, Johann Georg 111, 143
Jandl, Ernst 426, 427
Jean Paul 102, 104, 113, 348, 365
Jelsig, Thorben 184
Jesus Christus 146, 152, 158, 159, 175,
    226, 257, 328, 338, 339, 401, 406,
    407
Joachim Ernst von Anhalt-Dessau 78
Josef 338, 339
Juda 43
Jung, Carl Gustav 168, 337
Juno 412
Jupiter 147
Kanne, Johann Arnold 354, 365
Kannegießer, Karl Friedrich Ludwig
    106, 125
Kant, Immanuel 48, 209, 251, 252
Karaseck, Hellmuth 326
Karl von Hohenzollern-Sigmaringen s.
    Carol I. von Rumänien
Kaspar s. Hauser, Kaspar 145
Keller, Gottfried 169, 170, 175
Kerner, Justinus 107, 154, 155
Kirsten, Johann 86
Kittlinger, Johann Friedrich 186
Klein, Edward 183
Klopstock, Friedrich Gottlieb 242
Knebel, Karl Ludwig von 348
Kopernikus, Nikolaus 249
Kore 336-338
Kremnitz, Mite 268, 271-273, 282, 285,
    287
Krolow, Karl 61
Krüss, James 427
Kuffner, Christoph 125, 141
Kuhn, Friedrich August 111, 114, 119
Kuntsch, Christoph Friedrich von 98,
    99
Kuntsch, Christoph von 94
Kuntsch, Dorothea Friderica von 98, 99
Kuntsch, Margaretha Elisabeth von 94,
    99

Kuntsch, Margaretha Susanna von 13,
    93-100
Lacharme, Alexandre SJ 369-371
Lafontaine, Justus 102, 104, 124
Langen, Pauline Maria Julia von 125
Lantschner, Ernst 10
Lavater, Johann Caspar 38
Lavater, Luisa Magdalena 38
Learchos 148
Legge, James 370
Leibovitz, Annie 328, 330
Lem, Stanislaw 427
Lenau, Nikolaus 123, 140
Lenz, Jakob Michael Reinhold 160
Leonhardt, Rudolf Walter 312
Leopardi, Giacomo 164
Lessing, Gotthold Ephraim 39, 40
Lichtenberg, Georg Christoph 39
Locke, John 36, 37, 47
Loerke, Oskar 226, 227, 381
Lord Byron 146, 381
Loriot 421, 426, 427
Lucilius Iunior 29
Ludwig, Christiane Sophie 101, 126
Luther, Elisabeth 72, 73
Luther, Magdalena 73, 74, 84, 88
Luther, Martin 13, 72-75, 82, 84, 87, 88,
    249
Lycurgus 152
Mäder s. Stöber, Daniel Ehrenfried
    115, 116, 130
Mahler, Gustav 53, 156, 180, 203, 211,
    213, 288, 335
Mahler, Maria 203
Mailáth, Johann von 122
Maisch, Wilhelmine 110, 111, 122,
    125, 142, 144
Maler, Wilhelm 312
Mann, Golo 208
Mann, Thomas 291
Manzoni, Alessandro 145, 157, 158,
    170, 172, 381
Manzoni, Luigia Maria Vittoria 157
Marcia 28
Marcus Aurelius 29
Marcuse, Herbert 176
Maria 158, 174, 329, 330, 338, 339,
    401, 407, 408

Maria von Oranien-Nassau 421
Maria zu Wied 268, 271-275
Marie zu Wied 268, 269
Marullus 29
Maßmann, Hans Ferdinand 118
Mayer, K. A. 114
Medea 25, 148
Meisner, Friedrich 119
Meißner, August Gottlieb 107
Melanchthon, Philipp 76
Mendelssohn-Bartholdy, Felix 123, 140
Meyer, J. M. 113, 128
Michelangelo 404-406
Minos 152
Mohl, Julius 369
Moloch 148
Monnica 30
Montaigne, Michel de 28, 34, 152
Moore, Demi 17, 323-331
Moore, Freddy 326
Moraweck André 61
Morgenstern, Christian 426
Müller, Agnes 365
Müller, Wilhelmine s. Maisch, Wil-
   helmine
Müller, Wolfgang 114
Muncker, Franz 39, 381-384
Musil, Robert 149, 150
Naci, Muallim 167
Napoleon 344, 345
Neustetter, Erasmus 82
Nietzsche, Friedrich 20, 33, 147, 173,
   299, 302, 391
Niobe 34, 70, 99, 147, 149, 164, 165,
   281
Nisus 80, 172
Nöske, Felicitas 423
Notter, Karoline 63
Novalis 228
Ockel, Ludwig Friedrich 110
Oelze, Friedrich Wilhelm 292, 307
Oldofredi-Hager, Julie von 122
Ophelia 145, 294
Opitz, Martin 75
Ossian 106
Overbeck, Friedrich 392, 393, 396
Ovidius Naso, Publius 34, 99, 147, 154
Pamuk, Orhan 176

Pannwitz, Rudolf 384, 385
Panofsky, Erwin 400, 401, 403, 404
Pascoli, Giovanni 157
Paulus 31
Pellington, Mark 16, 323, 327, 331, 334,
   339
Pentheus 148
Persephone 337
Petrarca, Francesco 151, 396, 404
Peucer, Caspar (Sohn) 76, 78-81
Peucer, Caspar 76, 78, 79, 81
Pfeffel, Gottlieb Konrad 102, 104, 107,
   123, 124
Pforr, Franz 393
Philomena 148
Piccolomini, Enea Silvio 403
Pindar 85, 148
Pithopoeus, Lambert 76
Platen, August von 288, 389-391, 402
Platon 20, 21, 24, 26, 82, 146, 152, 163,
   164, 394
Plavius, Simon 84
Plinius Secundus maior, Gaius 96, 98
Plotin 25, 26, 42, 46
Plutarch 26-29, 33, 37, 41
Pollot, Alphonse de 35
Pontano, Giovanni 151
Popschitz, Marianne von 83-86, 93
Posthius, Johannes 13, 76, 81, 82, 84
Prokne 148
Prometheus 278, 281, 282
Proserpina 148
Prudentius Clemens, Aurelius 95
Psyche 395, 397, 398, 401
Quan, Tracy 325
Raabe, Berta 63
Raabe, Gertrud 62-64
Raabe, Wilhelm 10, 62-64
Raddatz, Fritz 420, 427
Raffael 17, 392, 395, 397-400, 405-407
Raßmann, Christian Friedrich 106, 116,
   118, 131, 132
Raßmann, Philippine 118
Reinhard, Karl Friedrich von 108
Reuter, Catharina 12
Richter, Jean Paul s. Jean Paul
Rilke, Rainer Maria 149, 150, 157, 177,
   297, 302

Roberts, Julia 325
Robinson, Therese Albertine Luise 376
Rosenkranz, Karl 291
Rottauscher, Anna von 373
Rückert, Anna 186, 201
Rückert, August 185, 186, 194, 201
Rückert, Ernst 9, 13-15, 51, 52, 59-61,
  179-183, 185, 186, 190, 191, 193-
  201, 211, 214, 216, 217, 219, 247,
  262, 264, 291, 332, 334, 335, 337-
  339
Rückert, Friedrich (Sohn) 201
Rückert, Friedrich 9, 11, 13-15, 17, 18,
  43, 51-53, 57, 59-64, 70, 90, 101,
  108, 113, 117, 122, 123, 128, 140,
  145, 153, 155, 156, 159-163, 165,
  179-245, 247-265, 267, 268, 286-288,
  291, 292, 332-335, 337-339, 341-367,
  369-387, 389, 391-401, 403, 407-409,
  411-417, 419, 425, 427, 428
Rückert, Heinrich 11, 59, 64, 185
Rückert, Karl 185, 190, 201
Rückert, Leo 185, 190, 201
Rückert, Luise (Ehefrau) 13, 184-188,
  190, 192-194, 217, 332
Rückert, Luise (Tochter) 9, 14, 15, 51,
  52, 59-61, 179-183, 185-191, 193,
  195-201, 211, 214, 216, 217, 219,
  225, 226, 247, 262, 264, 291, 332,
  334, 335, 337-339
Rückert, Marie 201, 425
Rühmkorf, Peter 297
Sachs, Nelly 51, 65-68
Saintne-Marthe, Scevole de 152
Sambora, Richie 324
Sartre, Jean Paul 146
Savigny, Carl von 203
Schaal, Fridericus 49
Schede Melissus, Paul 13, 75, 78-83
Schede, Emil 81, 82
Scheerbart, Paul 424, 428
Schernhagen, Johann Andreas 39
Scherr, Johannes 377, 378
Schiff, Harriet S. 9
Schiller, Friedrich 104, 108, 204, 205,
  381, 415, 416
Schink, Johann Friedrich 110, 111
Schink, Johann Gottlieb 108,

Schlegel, August Wilhelm von 105,
  106, 117, 288
Schlegel, Friedrich 354
Schleiermacher, Friedrich 24, 120, 133
Schlosser, Johann Georg 40-43
Schlözer, August Ludwig 375
Schnyder, Xaver 59, 222
Schoeck, Othmar 53
Schreiber, Aloys 129
Schubart, Friedrich 203, 346, 348
Schultz, Karl 328
Schumacher, August 114, 128
Schütz, Alfred 215
Schwab, Gustav 117
Schweighauser, Johann Conrad 18,
  429-431
Schweizer, Carl von 125
Schweizer, J. 111
Sebastian, Hl. 145, 390
Seneca, Lucius Annaeus 28-30, 32, 41,
  82, 154
Seydenham, Thomas 181, 202
Shelley, Percy Bysse 146
Simeon 43
Sinatra, Frank 324
Sixt, Lorenz 347
Sokrates 20, 24, 25
Solon 152
Sontag, Susan 328
Sophokles 33, 147
Soret, Frédéric Jacob 380
Spinoza, Baruch de 35, 36, 41, 46
Sprickmann, Anton Matthias 107
Stahl, Germaine de Staël 381
Stäudlin, Gotthold Friedrich 108
Stein, Johann Friedrich 38
Stenius, Simon 76
Stepf, Heinrich 121, 137
Stöber, Daniel Ehrenfried, 115, 116, 130
Stöcklin, Valerie 430
Stockmar, Christian 345, 347, 348
Storch, Johann 182
Storm, Theodor 155
Stramm, August 177
Sträter, Edmund 62, 64
Strauss, Richard 335
Strauß, Viktor von 370, 371
Such, Alec John 324

Sulpicius Rufus, Servius 27, 28, 37
Suttner, Bertha von 267
Swayze, Patrick 325
Tagore, Rabindranath 167, 168
Tanit 148
Ter Ellen, Irene 9
Tereus 148
Thackeray, William Makepeace 43
Theresa, Hl. 150
Tieck, Ludwig 106
Timanthes 96
Timoxena 27
Tolstoi, Leo 176
Torres, Tico 324
Tucholsky, Kurt 428
Tullia 26, 27
Ulrich, Andreas 38
Valerius Maximus 33
Vasari, Giorgio 399, 405, 406
Veen, Herman van 9
Venus 404
Vergilius Maro, Publius 80, 164, 172
Voltaire, 40

Voß, Johann Heinrich 242-244, 386
Wackernagel, Karl Heinrich Wilhelm
    106, 112
Wagner, Johann Jakob 354
Waiblinger, Wilhelm 17, 391, 401-409
Weiss, Peter 67, 68
Wendt, Andreas 124
Wieland, Christoph Martin 375, 377,
    385
Wilhelm III. von Oranien 421
Wilhelm zu Wied 288
Willis, Bruce 324, 325
Willis, Rumer 325
Willis, Scout LaRue 325
Willis, Tallulah Belle 325
Winkler, Karl Gottfried Theodor 120,
    136
Wolverton, Terry 334
Wordsworth, William 146, 157
Wys d. Ä., Johann Rudolph 118, 119
Zarlang, Margaretha 89-91
Zarlang, Michael 89, 91-93
Zucker, Jerry 325

Beiträger und Herausgeber des Bandes

Jacqueline Arnold
Friedrich-Dannenmann-Str. 28
72070 Tübingen
jacqueline.arnold@student.uni-tuebingen.de

Prof. Dr. Ralf Georg Czapla
Ankerstr. 32
53757 Sankt Augustin
contact@czapla-germanistik.de

Dr. Jost Eickmeyer
Institut für Deutsche und Niederländische Philologie
Freie Universität Berlin
Habelschwerdter Allee 45
14195 Berlin
jost.eickmeyer@fu-berlin.de

Dr. Alexis Eideneier
Bismarckstr. 117
52066 Aachen
ameiden@yahoo.de

Lucas Eigel
Somerville College
Woodstock Road
Oxford OX2 6HD
United Kingdom
lucaseigel@gmx.de

Dr. Denis Forasacco
Department of Literatures, Cultures and Languages –
Italian Section
365 Fairfield Way U-1057 (Oak Hall)
University of Connecticut
Storrs, CT 06269
USA
denis.forasacco@uconn.edu

Prof. Dr. Volker Hesse
Charité-Universitätsmedizin
Deutsches Zentrum für Wachstum, Entwicklung
und Gesundheitsförderung
im Kindes- und Jugendalter e.V.
Augustenburger Platz 1
13353 Berlin
vhesse@t-online.de

Prof. Arne Klawitter
Waseda University
School of Letters, Arts and Sciences
Toyama 1-24-1, Shinjuku-ku
162-8644 Tokyo, Japan
arne.klawitter@web.de

Sascha Monhoff, M.A.
Aichi Präfektur-Universität, Nagoya, Japan
Kumabari-Jutaku C-302
1522-3 Ibaragabasama, Nagakute-shi, Aichi,
480-1198 Japan
sascha.monhoff@googlemail.com

Dr. Reinhold Münster
Planetenring 4
90471 Nürnberg
muensterrj@yahoo.de

Prof. Dr. Michael Neumann
Vogelkirschweg 1
85640 Putzbrunn
michael.neumann@ku.de

PD Dr. Friederike Reents
Germanistisches Seminar
Ruprecht-Karls-Universität Heidelberg
Hauptstr. 207-209
69117 Heidelberg
friederike.reents@gs.uni-heidelberg.de

Franca Victoria Schankweiler
Heinrich-Fuchs-Str. 27
69126 Heidelberg
franca.schankweiler@gmx.net

Prof. Dr. Andreas Urs Sommer
Nietzsche-Kommentar der
Heidelberger Akademie der Wissenschaften
Deutsches Seminar
Platz der Universität 3
79085 Freiburg im Breisgau
sommer@adw.uni-heidelberg.de

Rolf Stolz
Postfach 2139
53813 Neunkirchen-Seelscheid
rolf.stolz@gmx.net

Prof. Dr. Georges Tamer
Orientalische Philologie und Islamwissenschaft
Friedrich-Alexander-Universität Erlangen-Nürnberg
Bismarckstraße 1
91054 Erlangen
georges.tamer@fau.de

Dr. Karin Vorderstemann
Goethe-Wörterbuch
Arbeitsstelle Hamburg
Von-Melle-Park 6
20146 Hamburg
karin.vorderstemann@uni-hamburg.de

Dr. Silvia Irina Zimmermann
Forschungsstelle Carmen Sylva
Fürstliche Wiedisches Archiv
Schlossstr. 1
56564 Neuwied
siz@carmen-sylva.de

RÜCKERT-STUDIEN

Jahrbuch der Rückert-Gesellschaft

ISSN 0557-4404

Herausgegeben von

Hartmut Bobzin | Ralf Georg Czapla

York-Gothart Mix | Thomas Pittrof

1 | Prang, Helmut (Hrsg.)
Band I (1964)
141 S. Kt. € 19,00
ISBN 978-3-89913-690-6

2 | Prang, Helmut (Hrsg.)
Band II (1965)
127 S. Kt. € 19,00
ISBN 978-3-89913-691-3

3 | Prang, Helmut (Hrsg.)
Band III (1974)
231 S. Kt. € 19,00
ISBN 978-3-89913-692-0

4 | Prang, Helmut (Hrsg.)
Band IV (1982)
146 S. Kt. € 19,00
ISBN 978-3-89913-693-7

5 | Bobzin, Hartmut – Fischer, Wolf-
dietrich – Uhrig, Max-Rainer (Hrsg.)
Band V (1990)
110 S. Kt. € 19,00
ISBN 978-3-928034-13-5

6 | Bobzin, Hartmut – Fischer, Wolf-
dietrich – Uhrig, Max-Rainer (Hrsg.)
Band VI (1991/1992)
113 S. Kt. € 19,00
ISBN 978-3-928034-09-8

7 | Bobzin, Hartmut –
Fischer, Wolfdietrich –
Uhrig, Max-Rainer (Hrsg.)
Band VII (1993)
(vergriffen)
ISBN 978-3-928034-11-1

8 | Bobzin, Hartmut –
Fischer, Wolfdietrich –
Uhrig, Max-Rainer (Hrsg.)
Band VIII (1994)
(vergriffen) ISBN 978-3-928034-60-9

9 | Fischer, Wolfdietrich –
Wiener, Claudia (Hrsg.)
Band IX (1995)
158 S. Kt. € 19,00
ISBN 978-3-928034-79-1

10 | Fischer, Wolfdietrich –
Wiener, Claudia (Hrsg.)
Band X (1996)
200 S. Kt. € 19,00
ISBN 978-3-932004-29-2

11 | Fischer, Wolfdietrich –
Wiener, Claudia (Hrsg.)
Band XI (1997)
149 S. Kt. € 19,00
ISBN 978-3-932004-64-3

12 | Fischer, Wolfdietrich –
Wiener, Claudia (Hrsg.)
Band XII (1998/1999)
191 S. Kt. € 19,00
ISBN 978-3-933563-27-9

13 | Fischer, Wolfdietrich –
Wiener, Claudia (Hrsg.)
Band XIII (2000/2001)
272 S. Kt. € 19,00
ISBN 978-3-935556-74-3

ERGON VERLAG · WÜRZBURG

RÜCKERT-STUDIEN

Jahrbuch der Rückert-Gesellschaft

ISSN 0557-4404

Herausgegeben von

Hartmut Bobzin | Ralf Georg Czapla
York-Gothart Mix | Thomas Pittrof

14 | Fischer, Wolfdietrich –
Mix, York-Gothart –
Wiener, Claudia (Hrsg.)
Band XIV (2002)
164 S. Kt. € 19,00
ISBN 978-3-89913-261-8

15 | Fischer, Wolfdietrich –
Mix, York-Gothart –
Wiener, Claudia (Hrsg.)
Band XV (2003)
224 S. Kt. € 19,00
ISBN 978-3-89913-341-7

16 | Fischer, Wolfdietrich –
Mix, York-Gothart –
Wiener, Claudia (Hrsg.)
Band XVI (2004/2005)
256 S. Kt. € 19,00
ISBN 978-3-89913-464-3

17 | Bobzin, Hartmut –
Czapla, Ralf Georg –
Mix, York-Gothart –
Pittrof, Thomas (Hrsg.)
Band XVII (2006/2007)
289 S. Fb. € 28,00
ISBN 978-3-89913-541-1

18 | Czapla, Ralf Georg (Hrsg.)
Zwischen Goethe und Gregorovius.
Friedrich Rückert und die Romdichtung
des 19. Jahrhunderts
Band XVIII (2008/2009)
356 S. Fb. € 28,00
ISBN 978-3-89913-697-5

19 | Czapla, Ralf Georg (Hrsg.)
Friedrich Rückert und die Musik.
Tradition – Transformation –
Konvergenz
Band XIX (2010)
290 S. Fb. € 28,00
ISBN 978-3-89913-779-8

20 | Mix, York-Gothart (Hrsg.)
Kapraun, Carolina (Mitarb.)
‚Das Völkereintrachtshaus‘.
Friedrich Rückert und der literarische
Europadiskurs im 19. Jahrhundert
Band XX (2012)
282 S. Fb. € 28,00
ISBN 978-3-89913-892-4

21 | Czapla, Ralf Georg (Hrsg.)
„… euer Leben fort zu dichten.“
Friedrich Rückerts „Kindertodtenlieder“
im literatur- und kulturgeschichtlichen
Kontext
Band XXI (2016)
449 S. Fb. € 28,00
ISBN 978-3-95650-123-4